Gordon Thomas
Max Morgan-Witts

DER
VATIKAN

Gordon Thomas
Max Morgan-Witts

DER
VATIKAN

Mechanismen
kirchlicher Macht

Aus dem Englischen übertragen
von Ingo Angres

Titel der Originalausgabe
PONTIFF

Lizenzausgabe für
Manfred Pawlak Verlagsgesellschaft mbH, Herrsching
© 1983 by Gordon Thomas and Max Morgan-Witts Productions Limited
© der deutschsprachigen Ausgabe 1984
by Diana Verlag AG, Zürich
Umschlaggestaltung: Graupner & Partner GmbH, München
Umschlagfoto: Bildagentur Mauritius, Mittenwald
(Krone aus der Kronensammlung Abeler, Wuppertal)
Alle Rechte vorbehalten
Printed in Germany
ISBN 3-88199-322-3

INHALT

HINWEIS DER AUTOREN

Dies ist eine wahre Geschichte. Sie befaßt sich mit drei Gestalten des öffentlichen Lebens – drei Päpsten, die in der kritischsten Phase ihrer jüngsten Geschichte an der Spitze der Römisch-Katholischen Kirche standen. Des öfteren wird hier aber auch über das Privatleben der drei berichtet; dies dürfte größtenteils überraschen und verblüffen. Um in den Besitz der Wahrheit zu gelangen, bedurfte es der Kooperation und des Einvernehmens mit jenen Personen, die in nächster Umgebung der dargestellten Gestalten tätig waren beziehungsweise noch heute dort wirken. Ohne uneingeschränkte Freimütigkeit unserer Informanten – wir sehen uns in ihrer Schuld – gäbe es diese Geschichte nicht. Sie wurden durch Gründe verschiedenster Art zur Mithilfe bewogen. Einige waren der Ansicht, daß es nun wirklich an der Zeit sei, einen realistischen und unbefangenen Blick hinter die Rätsel und Heimlichkeiten zu werfen, die im Vatikan mehr als nur Lebensgewohnheit sind; andere erkannten die Bedeutung, Vorgang und Entscheidungsfindung einer Papstwahl einmal detailliert darzustellen; letztere waren der Auffassung, daß man das System nur dann verstehen lernen kann, wenn man erfährt, wie Päpste sich als Menschen geben; was sie bewegt, wer sie zu beeinflussen versucht, wie sie auf Druck, Drohung und dergleichen mehr reagieren. Unsere Helfer sind unter den Kardinälen bis hin zu den persönlichen Bediensteten dieser Päpste zu finden. Sie verschafften uns Detailinformationen, die von ihnen noch nie zuvor weitergegeben worden waren. Zum großen Teil handelt es sich dabei um Einzelheiten aus der privaten Sphäre, die uns zeigen, daß die Männer, die das höchste geistliche Amt auf Erden bekleiden, in kaum vermutetem Maße Menschen sind. Hier nun die Geschichte von Paul VI., Johannes Paul I. und Johannes Paul II.

NAMEN DER WICHTIGSTEN PERSONEN

DIE PÄPSTE

Paul VI. (Giovanni Battista Montini): alternd und isoliert. Weiß um seinen nahen Tod und fürchtet, durch die Hand von Terroristen, von denen er sich eingekreist sieht, gewaltsam umzukommen.

Johannes Paul I. (Albino Luciani): Er wollte nicht Papst werden, wurde indes als Nachfolger Pauls VI. auf den Stuhl Petri genötigt. Sieht sich sofort mit den divergierenden Gruppen der Kurie, also der Kirchenstaatsverwaltung, konfrontiert. Pinocchio und ein geheimnisvolles Kräuterelixier sind ihm Trost und Stütze zugleich. In einem Monat bewirkt er mehr als man für möglich gehalten hätte – was vielen Kurienkardinälen gegen den Strich geht. Am sechsunddreißigsten Tag seines Pontifikats stirbt er – die Umstände seines Todes leiten den anschließenden Lauf der Dinge ein.

Johannes Paul II. (Karol Wojtyla): Charismatisch, pragmatisch – und jederzeit ganz und gar Pole. Auf dem Höhepunkt des Ringens jener geheimnisvollsten aller Versammlungen, des die Papstwahl vornehmenden Konklave, reißt er die Macht an sich. Er macht das Papsttum wieder zum absoluten Zentrum der politischen Weltbühne und führt es in die offene Konfrontation mit seinem Erzfeind – dem Kommunismus. Das Ergebnis ist traumatisch.

DIE FEINDE

Agca, Mehmet Ali: jugendlicher Fanatiker, Türke, hat den Kopf voll von fundamentalistisch-moslemischen Politikvorstellungen; leidenschaftlicher Christenhasser. Einzig und allein zum Zweck eines Attentats auf Johannes Paul II. angeworben. Ausgebildet in Libyen und im Libanon durch einen übergelaufenen CIA-Agenten.

Andropow, Jurij: im Februar 1984 verstorbener Staats- und Parteichef der Sowjetunion; zuvor Chef des KGB.

Tore, Teslin: auf dem Balkan Agcas KGB-Agentenführer.

Folini, Maurizio: KGB-Zahlmeister und weiterer Agentenführer Agcas.

Etliche andere Terroristen

DIE PÄPSTLICHE UMGEBUNG

Pater John Magee: Privatsekretär aller drei Päpste; kennt ihre Geheimnisse und die höchstpersönlichen Schwächen der Persönlichkeiten des öffentlichen Lebens. Schützend-abschirmend, zäh und sehr irisch.

Pater Pasquale Macchi: Pauls VI. Bürovorsteher; gefürchtet, wenn nicht gar jederzeit respektiert. Seine Kritiker behaupten, er sei der eigentliche Papst gewesen, der herrschsüchtige Mitarbeiter, der den alten Pontifex manipulierte.

Kardinal Jean Villot: Außenminister, Kettenraucher, lange leidend. Er sammelte Feinde, die selbst seine wenigen einflußreichen Freunde nicht abwehren konnten. Am Ende, beim Tode Johannes Pauls I., unterlief ihm ein fataler Fehler, der dem KGB Tür und Tor öffnete.

Kardinal Agostino Casaroli: löste Villot ab. Wegen seiner besonderen Rolle bei der Entwicklung der ›Ostpolitik‹ – dem Versuch des Vatikans, mit dem Ostblock zu einer ›Verständigung‹ zu gelangen – auch als ›Kissinger des Vatikans‹ bekannt.

Kardinal Franz König: Wiener Erzbischof, Geistesgröße, Fachmann in Sachen Weltreligionen, Experte in Fragen der Bedrohung durch den Kommunismus. Als alter Freund Johannes Pauls II. startete er eine verblüffende Kampagne, um letzteren zum Papst zu machen.

Kardinal John Cody: Erzbischof von Chikago. Die widersprüchlichste Gestalt der amerikanischen Kirche; bedrängt durch Geld und Fragen der Moralität.

Bischof Paul Marcinkus: Außergewöhnlicher vatikanischer Bankfachmann. Finanzskandale umgeben diese herausragende Gestalt; weist alles zurück und behauptet, nur Gott kenne die Wahrheit.

Michele Sindona: Mit Paul VI. befreundeter Finanzier. Sitzt gegenwärtig wegen eines Betrugsmanövers, das den Vatikan finanziell beinahe ruiniert hätte, eine längere Freiheitsstrafe in einer Strafanstalt des Staates New York ab.

Kardinal Sebastiano Baggio: Päpstlicher Problemlöser vom Dienst. Energischer Vorsitzender der Bischofskongregation. Sein spektakulärster Mißgriff lag in Codys Amtsenthebung.

Kardinal Giovanni Benelli: mächtiger Prälat, der mit der Papstwahl Johannes Paul I. seine Zeit für gekommen hielt.

Kardinal Pericle Felici: Vorsitzender des Obersten Gerichtshofes der Apostolischen Signatur, des päpstlichen Appellationsgerichts. Kennt jeden wichtigen Kirchenvertreter. Selbst seine Freunde fürchten ihn.

Pater Lambert Greenan: Herausgeber der englischen Ausgabe der Vatikanzeitung ›L' Osservatore Romano‹. Geistvoll, launisch und gescheit.

Pater Sean MacCarthy: Kommentator des Vatikansenders. Konnte es nicht so recht glauben, daß Kollegen Wanzen ins Konklave eingeschmuggelt haben sollten.

Erzbischof Gaetano Alibrandi: Päpstlicher Nuntius in Irland. Ein Diplomat mit ungewöhnlichen Beziehungen zu Leuten und Örtlichkeiten, die von Diplomaten normalerweise gemieden werden.

Pater Andrew Greely: sieht sich als Kritiker vom Dienst.

Sowie diverse andere Mitglieder des Heiligen Kardinalskollegiums, der Kurie und der Kirche.

DIE GESCHICHTE

1

Seit Jesus zu Simon sagte: »Du bist Petrus* und auf diesen Fels will ich bauen meine Gemeinde«, gibt es Päpste. Manche waren heilig, viele sahen in ihrem Amt eine hochgefährliche Beschäftigung. Die ersten achtzehn Päpste wurden allesamt Opfer von Gewalttaten; sie wurden entweder gekreuzigt, erwürgt, vergiftet, geköpft oder erstickt. Manche fanden nicht einmal im Grab ihre Ruhe. Formosus (891–896) wurde neun Monate nach seiner Beisetzung exhumiert; sein in den päpstlichen Gewändern verwesender Leichnam wurde auf einen Stuhl gesetzt, um einem Glaubensgerichtsverfahren beizuwohnen, dem sein Nachfolger präsidierte. Der Leichnam Johannes XIV. wurde enthäutet und durch die Straßen Roms geschleift. Andere Päpste wurden eingesperrt, verbannt und abgesetzt. Manchen wurde der Thron von Gegenpäpsten streitig gemacht, andere erlebten Umwälzungen von säkularer Bedeutung, Ketzerei, massenweisen Abfall vom Glauben sowie Kirchenspaltungen.

Gesamtgeschichtlich gesehen gibt es dennoch nur wenige Institutionen, die fürs eigene Überleben besser gerüstet wären. Katholiken halten diese Langlebigkeit oftmals für den schlagenden theologischen Beweis päpstlicher Göttlichkeit; es mußte einiges aus der Macht des Heiligen Geistes gemacht werden, um zu gewährleisten, daß das höchste Amt der Universalkirche die Fortsetzung des Petrus von Christus übertragenen Priesteramtes bedeutet. Das Papsttum – Toynbee nennt es die größte aller westlichen Institutionen – übt auf jedermann Faszination aus. Gläubige sehen darin ein tröstliches Symbol der katholischen Identität; Neutrale sind gebannt von seinen Komplexitäten und Widersprüchlichkeiten.

Päpste haben Barbaren zivilisiert und dennoch der Inquisition Vorschub geleistet. Sie verurteilten die Folter und empfahlen ihre Anwendung bei Ketzerei. Päpste haben als Apostel des Friedens auch Krieg geführt. Ein paar von ihnen – Johannes XII. (955–964), Alexander VI. (1492–1503) – führten einen anstößigen Lebenswandel. Das Papsttum, typischer Ausdruck der Einheit, ist selbst ein bedeutendes Hindernis kirchlicher Einheit.

So ist es auch 1978, als Paul VI., der zweihundertsiebenundsechzigste Amtsinhaber, noch auf dem Stuhle Petri sitzt. Man schreibt das fünfzehnte Jahr seines Pontifikats. Was die 740 Millionen getauften Katholiken auch für ihn fühlen mögen, sie stimmen jedenfalls darin überein, daß er in der neunzehnhundertjährigen päpstlichen Tradition fest verwurzelt ist. Er ist ebenso hart-

---

* zu deutsch: der Fels

näckig anmaßend, prächtig monarchisch und absolut absolut wie jeder andere Papst vor ihm. Er ist alt und wartet auf den Tod, dem er vorzugsweise im Bett begegnen möchte.

Indes, in diesem Jahr, da überall, wohin sein Auge fällt, nichts als Gewalttätigkeit, Terrorismus in den Städten, religiöse Fanatiker und sinnloses, brutales Morden zu erkennen ist, weiß nicht einmal Paul VI., ob ihm ein friedliches Ende beschieden sein wird.

Dieses Sorgen hält ihn des Nachts wach.

DER SCHAKAL

2

Langsam heraufziehendes Grau – die Uhr weist auf halb fünf – weckt ihn. Es ist der Augenblick, da die Nacht dem neuen Tage weicht. Seine Mutter nennt diesen Augenblick noch immer das erste Dämmern. Einen Moment lang liegt Mehmet Ali Agca völlig reglos. Nur seine Augen bewegen sich; kleine, rotgeränderte, wachsame Augen, die tief in seinem langen Gesicht liegen. Er hat kurzgeschorenes Haar, seine Augenbrauen sind buschig; gleichmäßige Atemzüge lassen die Flügel der schmalen Nase vibrieren. An diesem Julimorgen des Jahres 1978 ist er genau neunzehn Jahre und fünf Monate alt. Die Augen aber lassen ihn um wenigstens zehn Jahre älter erscheinen. Es sind die Augen eines von Schlaflosigkeit Geplagten; ihre Blicke durchwandern einen Raum, der ihnen nur allzu vertraut ist: es ist sein Geburtszimmer, zwischen dessen glatten, weißgekalkten Wänden er alle seine erinnernswerten Erfahrungen machte. Hier weinte er sich nach seiner ersten Straßenrauferei in den Schlaf. In diesem Bett, in dem er seit seiner Kindheit schläft, erlebte er seine ersten sexuellen Phantasien. Und hier, an der Wand unter dem kleinen Fenster, fleht er regelmäßig zu Allah, er möge ihn zu einem berühmten Mann machen. Agca wartet noch immer; dabei gehen ihm andere, häßliche und gefährliche Ideen, die ihn gleichzeitig erregen und ängstigen, durch den Kopf.

Seine Blicke setzen ihre Wanderung fort. Posters hängen an den Wänden. Die meisten von ihnen zeigen das Foto immer wieder desselben Mannes, des Obersten Arpaslan Turkes, Anführer der paramilitärischen Türkischen Idealisten. Geschaffen nach dem Vorbild der Hitlerschen SS und ausgerüstet mit allerlei verschiedenen Waffen des letzten Weltkrieges, sind die Idealisten – unter dem Namen ›Graue Wölfe‹ weitaus besser bekannt – auf dem besten Wege, es an Grausamkeit mit einigen der bekannteren europäischen Terroristenbanden aufnehmen zu können. Das türkische Recht bedroht das offene Aushängen dieser Posters mit Freiheitsstrafe. Das Risiko kümmert Agca indes nicht: er ist seit zwei Jahren bei den Grauen Wölfen. Noch hat er niemanden umgebracht. Dies in Turkes' Namen zu tun – auch zu sterben –, ist er indes bereit und willens.

Agca sieht in solchem Fanatismus nichts Außergewöhnliches. Er ist damit aufgewachsen. Ungezählte Türken sind, wie er, Anhänger der Anarchie. Dieses Wort steht als Sammelbegriff für die entsetzliche

Welle von Gewalt, die über die Türkei, die letzte freie Gesellschaft des Islam, hinwegrollt. Fünfundvierzig Millionen Türken leben in einer Demokratie inmitten einer moslemischen Welt von sechshundert Millionen; nur die katholische Kirche kann auf mehr Seelen verweisen. Die Anarchie mit allen ihren Tentakeln, die sich in jeder Nische der türkischen Gesellschaftsordnung breitmachen, kennt nur ein Ziel: das Ende des herrschenden Systems der Parteienvielfalt bei freien Wahlen. Als Mittel zu diesem Zweck entschied man sich für Gewalt, für aberwitzige, betäubende, fortwährende Gewalt. Ganze Städte sind inzwischen zu geschlossenen Festungen geworden, gehalten und kontrolliert von der Rechten oder Linken. Während der ersten sechs Monate dieses Jahres wurden sechshundert Morde begangen; im Durchschnitt kommt es täglich zu zwanzig bewaffneten Banküberfällen. Niemand weiß, wer sich hinter der Anarchie verbirgt; höchstwahrscheinlich wird sie nicht mehr von einer einzelnen Hand gelenkt. Nicht eine Stimme äußert Drohungen, Forderungen, verfaßt Kommuniqués, sucht die Opfer aus. Die Anarchie macht keine besonderen Anstalten, den türkischen Staat ins Herz zu treffen – wie es zur gleichen Zeit die Roten Brigaden in Italien tun. In der Türkei pickt man sich keine Wehrmachtsoffiziere, Richter, Politiker oder Polizisten heraus – man mordet wahllos. Es gibt auch keine strengen Unterschiede zwischen links und rechts. Ganze fünfundvierzig marxistisch-revolutionäre Gruppen bekämpfen sich in der Türkei gegenseitig. Die Rechte wird beherrscht von den groben Konturen eines Turkes und seiner Grauen Wölfe, die heulen, sobald ihr Führer das Wort an sie richtet. Agca pflegt diesen markerschütternden Tierschrei in seinem Schlafraum regelmäßig zu üben.

Neben dem eisernen Bettgestell weist der Raum außer einem altersschwachen Tisch und einem Stuhl keinerlei Mobiliar auf. Auf dem nackten Zementfußboden, der im Winter eisig kalt, in heißen Sommern jedoch angenehm kühl ist, liegt ein Stück Teppich, auf diesem wiederum eine kleinere, indes prächtigere Matte. Sie ist handgewebt und zeigt ein verzwicktes Muster aus roten und goldenen Fäden. Sie gehörte Agcas Großvater. Nach dessen Tode ging sie der Familientradition gemäß an den ältesten Enkelsohn über. Diese Matte ist Agcas Gebetsteppich, zugleich eines seiner zwei wertvollsten Besitztümer.

Über seinem Kopf hängt ein Bord, auf dem eine Reihe Bücher stehen: Englisch für Anfänger (recht abgegriffen, die Seiten zur Kennzeichnung wichtiger Stellen an den Ecken mehrfach geknickt); Paperbacks, zumeist Kriminalromane, darunter ein Neudruck des ›The Day of the Jackal‹. Diesen Titel hat Agca wohl mindestens zehnmal gelesen, fasziniert von den Einzelheiten, wie man ein Attentat auf eine Person des öffentlichen Lebens verübt. Neben den Büchern steht eine alte Zigarrenkiste, in der sich sein zweites kostbares Erinnerungsstück befindet: eine alte Mauserpistole, gut geölt, in Lappen gewickelt. Und dann liegen noch etliche Patronen in der Kiste.

Während er das Zimmer mit den Augen durchwandert, wird er sich seiner dumpfen Schwere deutlicher bewußt. Angst? Erwartung? Nachwirkungen eines Unwohlseins, das ihn wieder einmal befallen hatte? Er weiß es nicht; fühlt nur Beengtheit in seiner Brust, hat ein übles Gefühl im Magen. Wenigstens läßt er sich sein Unbehagen nicht mehr anmerken: kein Verkrampfen und Lockern der Hände, auch kein plötzliches Lippenschürzen und Entblößen der verfärbten Zähne. Seine Mutter hat ihm gezeigt, wie man solche Anzeichen innerer Unruhe unter Kontrolle bringt. So hat sie ihm in ihrer schrillen Stimme, die andere Leute beängstigend, er hingegen tröstlich findet, auch beigebracht, daß es beim ersten Dämmern aus dem Bett klettern und eine der fünf ›Surates‹, die täglichen Gebete aus dem Koran, herzusagen heiße.

Als er in seinem Unterzeug, worin er immer schläft, aufsteht, wird seine nervöse Energie erkennbar. Stehend wirkt er unscheinbar; Hände und Füße scheinen mit dem schwächlichen Körper, der konkaven Brust, den vorspringenden Schulterblättern und den dünnen Armen und Beinen nicht zu harmonieren. Er wirkt krankhaft unterernährt. Neben der Schlaflosigkeit plagt Agca die Anorexia nervosa (Magersucht), eine ernst zu nehmende psychisch bedingte Krankheit, die häufiger junge Mädchen befällt. Dazu leidet er an periodisch wiederkehrenden lähmenden Depressionen. Nicht einmal seine Mutter kann sein Leiden völlig verstehen.

Wie sie es ihm vor Jahren gezeigt hat, breitet er nun seine Gebetsmatte aus, wirft sich dreimal nieder, wobei er jedesmal mit der Stirn den Boden berührt, und nennt murmelnd den Namen Allahs, des Herrn der Welten, des Gnädigen und Barmherzigen, des Herrschers am Tage des Gerichts.

Danach beginnt er schweigend die Litanei seines Hasses herzubeten.

Das wird den ältesten Sohn der Witwe Muzzeyene längere Zeit beschäftigen.

Wegen des diffusen Lichts ist die Kahlheit des Zimmers noch immer nicht deutlich auszumachen. Das Haus hat vier weitere, ähnlich karg ausgestattete Räume; deren größter ist der Schlafraum der Mutter mit dem Doppelbett, das in den elf Jahren seit dem Tode ihres Mannes niemand mehr mit ihr geteilt hat. Es gibt noch zwei weitere kleinere Schlafräume, der eine gehört Fatma, Agcas siebzehnjähriger Schwester, der andere Adnan, dem fünfzehnjährigen Bruder. Daneben gibt es noch den Wohnraum, in dem man um den dickbauchigen Holzherd geschart und auf dem Fußboden hockend ißt, abends vor dem alten Schwarzweißgerät fernsieht.

Muzzeyene hat den Wohnraum mit Farbe aus einer Dose, die sie auf einer der von ihr regelmäßig durchkämmten Müllkippen fand, in einem widerlichen Grün gestrichen. Die Decke ist rußgeschwärzt. Es gibt eine Außentoilette, Wasser holt man aus der Pumpe. Für diese Bruchbude zahlt Muzzeyene dem woanders wohnenden Eigentümer wöchentlich den Gegenwert eines amerikanischen Dollars. Als Agca die Höhe der Miete erfuhr, fand er sie wucherisch. In diesem Augenblick wurden alle Vermieter, ob sie nun auf ihrem Besitz wohnten oder nicht, in seinen Haß miteinbezogen.

Die lange Liste seiner Haßobjekte ist in ihrer Vielfältigkeit und Umfänglichkeit höchst außergewöhnlich. Darauf stehen: die längst verblichenen russischen Zaren mit ihren imperialistischen Träumen; die NATO mit ihren über die ganze Türkei verstreuten Stützpunkten; Scheich Jamani, der sich weigerte, mit Hilfe des arabischen Öls den Westen zu vernichten. Auf einer etwas persönlicheren Ebene haßt Agca Hamburgers, Ketchup, Blue jeans, ›I love Lucy‹, ›Time‹ und ›Newsweek‹ – alles, was mit der mächtigsten Nation dieser Erde, ihrer Lebensart, ihren Wertvorstellungen und Gebräuchen und den Quellen ihrer Existenz in irgendeinem Zusammenhang steht. Er benötigt geschlagene fünf Minuten, um sich alles einfallen zu lassen, was er an Amerika haßt.

Insbesondere haßt er die Amerikaner, die das Haupterzeugnis des Dorfes – und nicht bloß dieses Dorfes, sondern das aller über die gesamte Türkei verstreuten Dörfer – aufkaufen: Mohn. Seit tausend Jahren – den Beginn setzt Agca fest mit der Schlacht von Malazgrit, in der der Sultan Arpaslan den oströmischen Kaiser aus Byzanz besiegte und das alte Anatolien unter türkische Herrschaft stellte – wird Mohn angebaut. Sein Öl dient zum Kochen, die Blätter kommen an den Salat, die Samenkörner werden ins Brot verbacken, die Kapseln ans Vieh verfüttert, die Pflanzenstengel finden beim Hausbau Verwendung. Lediglich seine Gummiflüssigkeit wurde von den Dorfbewohnern nicht angerührt. Dafür haben die Amerikaner besondere Verwendung gefunden; sie verwandeln die Milch in Rohmorphin, das dann zu Heroin raffiniert wird.

Offiziell darf dies nicht länger sein. Am 30. Juni 1971 unterzeichneten die Regierung der Vereinigten Staaten und das türkische Regime eine Übereinkunft, die den Schlafmohnanbau in der Türkei verbot. Die letzte legale Ernte wurde 1972 eingebracht. Amerika zahlte der Türkei 35 Millionen Dollar als Abfindung für die Mohnbauern und sah sich anderweitig nach Ersatz um. Präsident Nixon begrüßte das Abkommen als bedeutsamen Schritt zur Bewältigung der Heroinkrise in den Vereinigten Staaten: Die Bauern nahmen das Geld und setzten den Mohnanbau fort.

Agca weiß, was Heroin anrichten kann. Der Vorfall in Istanbul ist ihm noch in frischer Erinnerung. Ein Drogenkurier wurde von seinen Auftraggebern beim Betrugsversuch ertappt. Man hielt den Mann fest und injizierte ihm gewaltsam hochwertiges, reines Heroin. Diese Prozedur wurde eine Woche lang täglich wiederholt. Der Mann war inzwischen unheilbar abhängig geworden. Zur Verschärfung der Strafe sorgten seine Auftraggeber dafür, daß er an weiteres Heroin nicht mehr herankam. Nach einer weiteren Woche sprang der Kurier in einem Wahnsinnsanfall in den Bosporus und ertrank in dem verdreckten Wasser. Agca findet das Gewaltsame an dieser Episode erheiternd und zutiefst befriedigend – wie der Kurier schließlich in den Selbstmord getrieben wurde.

Monate später haben die Einzelheiten durch sein fortwährendes Neuerzählen der Geschichte an nichts verloren. Was er vorläufig verschweigt, um es sich für jenen Morgen aufzuheben, an dem er seine anderen verhaßten Dinge erneut durchgeht, ist sein heftiger Groll auf jene unbekannten amerikanischen Bosse des Drogengeschäfts am anderen Ende der Welt. Indirekt wird er von ihnen beschäftigt: er fährt nämlich gelegentlich auf dem Heroin-Trail einen Laster. Für jede Fahrt bekommt er eine Handvoll türkischer Pfunde. Daran jedoch entzündet sich sein Zorn nicht. Der hängt unmittelbar mit seiner Entdeckung zusammen, daß die Amerikaner ungeheure Profite machen. Ein Mohnbauer bekommt vielleicht fünfzehn Dollar für das Pfund Gummi. Raffiniert und weiterverarbeitet, kostet aber das Pfund auf den Straßen New Yorks 200000 Dollar. Somit stehen jetzt auch alle Profitjäger auf Agcas Liste.

Zu diesen gehören desgleichen alle Arbeitgeber – seit Agcas Vater an einem Dienstag bei einem Verkehrsunfall ums Leben kam, und sein Arbeitgeber sich weigerte, einen letzten vollen Wochenlohn zu zahlen.

Wenn er heutzutage an seinen Vater denkt, kann er sich lediglich an dessen Hände deutlich erinnern: schwielige, breitfingrige, praktische; auch gewalttätige Hände. Ein plötzliches Ausholen läßt die Mutter taumeln, das billige Tongeschirr auf dem Fußboden zerspringen. Agca fällt ein, wie er beim Begräbnis seines Vaters gelächelt hatte; seine Mutter hatte ihn angesehen, und sie verstanden sich. Nur aus Achtung vor seiner Mutter steht der Vater nicht auf seiner Liste.

Durch den Tod des Vaters hatte sich die Situation der Familie verändert. Ohnehin schon arm, stürzten sie nun die dörfliche soziale Rangordnung noch weiter hinunter. Seit frühester Kindheit mußten die drei Geschwister sich Arbeit suchen. Schon mit zehn Jahren verkaufte Agca neben einer Bushaltestelle in der Nähe seines Elternhauses tassenweise Wasser an die Businsassen. Zu dieser Zeit etwa begannen seine Schwierigkeiten mit der Nahrungsaufnahme. Er ließ absichtlich Mahlzeiten ausfallen, aß bei Tisch nicht mehr als unbedingt nötig. Seine Mutter schien deswegen nicht über Gebühr besorgt zu sein. Vielleicht deswegen, weil genügend andere Probleme sie plagten – sie mußte die Miete aufbringen, Kleidung für die Kinder beschaffen, die Müllkippe nach einem Stück Fenstervorhang oder einem noch brauchbaren Kochtopf absuchen –, sorgte sie sich nicht ernsthaft wegen der Eßgewohnheiten ihres Sohnes. So entgingen ihr auch zunächst die psychischen Veränderungen des Jungen; sie bemerkte nicht sofort, daß er zu einem jungen Mann heranwuchs, der sich von seinen Gefährten beträchtlich unterschied. Oft überfielen ihn Phasen der Versunkenheit und Untätigkeit, stets zog er sich dann in seinen Schlafraum zurück. Wenn die Mutter über diese Verhaltensweisen nachdachte, hatte sie – ebenso wie er selbst – keinerlei Vorstellung von den komplexen seelischen Vorgängen, die dahinterstanden. Diese ließen sich zum Teil auf ein Schuldgefühl zurückführen, nämlich den Vater nicht geliebt zu haben. Und ebendiese Schuld hielt ihn davon ab, über diese Empfindungen zu reden oder gar um Hilfe zu ersuchen. Statt dessen richtete sich während dieser Phasen die gesamte Feindseligkeit, die früher seinem Vater gegolten hatte, nunmehr gegen sich selbst. Schließlich begann er zu glauben, diese Schuldgefühle nur durch Haß tilgen zu können. Er hatte dies einmal seiner Mutter gegenüber erwähnt, und von Stund an bestärkte sie ihn in seinem Haß – so war seine Liste entstanden.

Das Tageslicht wurde nun kräftiger. Er konnte hören, wie seine Mutter und Schwester das Frühstück herrichteten. Draußen im Dorf, das jemand in einer Anwandlung grausamen Scherzes einmal Yesiltepe – ›Grüner Hügel‹ – genannt hatte, regte sich erstes Leben.

Yesiltepe ist nur auf größtmaßstäblichen Karten der Türkei verzeichnet – genau 750 Kilometer ostwärts von Ankara. Es zieht sich neben der alten Kreuzfahrerstraße nach Jerusalem hin. So etwa alle dreißig Jahre zerkrümeln die Häuser zu Staub. Schreckliche Sommerhitze und eine beißende Winterkälte, die in den Monaten Oktober bis April über der türkischen Steppe lastet, lassen die aus Lehm und Mist gebackenen Ziegel zerbröseln. Seit sechshundert Jahren schon klammert sich Yesiltepe in den steinigen Grund der von Bergen umringten Ebene. 1978 zählte man elfhundert Einwohner: argwöhnische, vorurteilsvolle Männer in dunklen Anzügen und Flanellhemden sowie Frauen, die beim Austrieb der Herden auf der ungepflasterten Dorfstraße und bei der Feldarbeit sich hinter dem Schleier verbergen. Es gibt eine beträchtliche Anzahl Kinder; selbst die jüngsten rauchen, husten und spucken schon. Die kleine Moschee hat ein hohes, spitz zulaufendes Minarett. In vielen Häusern gibt es weder Elektrizität noch fließendes Wasser. Der restriktive moslemische Kodex hindert die Frauen am Betreten der Teehäuser, wo die Männer redend und Karten spielend den Tag vertun.

In diesem abgelegenen Erdenwinkel lernte Agca die Realität des Lebens kennen. Er war ein ungewöhnlich kleines, indes ebenso begabtes Kind: mit fünf konnte er lesen und schreiben. In der Schule von Yesiltepe gibt es kein beschleunigtes Lehrprogramm für die lernfreudigeren Kinder, statt dessen ließen die Lehrer Agca ›überspringen‹: mit acht Jahren war er mit Zwölfjährigen in derselben Klasse. Anfänglich stellte er seine Fähigkeiten gern zur Schau; nachdem ihn seine Klassenkameraden aber mehrfach heftig verprügelt hatten, lernte er es, mit seiner geistigen Brillanz hinter dem Berg zu halten. Dennoch hatte er mit vierzehn alles gelernt, was ihm die Schule bieten konnte. Er blieb noch ein weiteres Jahr, kam und ging aber nach Belieben. Wegen seiner ärmlichen Verhältnisse war es beinahe ganz natürlich, daß er in eine der Banden im nahegelegenen Malatya hineinschlitterte. Er besorgte Botengänge für die örtlichen Bandenchefs. Das machte er gut. Man empfahl ihn den größeren Bossen, die für den örtlichen Sektor des Heroin-Trails verantwortlich waren; brauchten sie einmal zusätzlich einen Fahrer, so griffen sie auf ihn zurück. Auf einer solchen Fahrt nach Istanbul bekam er zufällig Kontakt mit den Grauen Wölfen, deren Pläne, die etablierte Regierung zu stürzen, ihm gefielen. Zur selben Zeit traf er Anstalten, seine Ausbildung an der Universität Ankara fortzusetzen. Trotz seiner Jugend garantierten ihm seine schulischen Leistungen einen Studienplatz. So verbrachte er dort drei ereignislose Jahre. Dann jedoch setzte der Ausbruch einer depressiven Phase seinen Studien ein jähes Ende. Er kehrte nach Yesiltepe zurück und erfuhr, daß die Grauen Wölfe in Malatya eine Zelle gebildet hatten. Er ging zu den Treffen, fand jedoch wenig Gemeinsamkeiten mit seinen revolutionären Mitverschwörern. So trieb es ihn wieder auf den Heroin-Trail. Das Geld für seine Schmuggelfahrten lieferte er seiner Mutter ab. Sie fragte nicht nach dem Woher: dies ein weiteres Beispiel ihres stillen Einvernehmens.

In den letzten fünf Jahren hatte Agca fünf Faustfeuerwaffen besessen. Bis jetzt war der Junghahn eines Nachbarn, dem er bei Zielübungen den Kopf wegschoß, sein einziges Opfer. Seine Mutter mußte den doppelten Marktpreis des Jungtieres bezahlen – von Stund an fand sich auch dieser Nachbar auf der Liste der Profitjäger.

Die Pubertät führte zu einem verhärteten Äußeren Agcas, seine Melancholie jedoch verlieh ihm einen eigenartigen Charme, so daß er in einem der Freudenhäuser Malatyas ein gern gesehener Gast wurde. Von diesen Bordellbesuchen abgesehen, mied er jeden Umgang mit dem anderen Geschlecht. Während seines gesamten Reifeprozesses jedoch stand ein bestimmter Teil seines Selbst gewissermaßen neben ihm – kalt und wachsam; jener Teil seines Wesens, der die Unwissenheit seiner Lehrer erkannte, ihn fortwährend kleine charakteristische Situationen nachspielen ließ, die ihm Schmerz zugefügt hatten; derselbe Teil seines Selbst hieß ihn Rache suchen.

Als junger Mann hat er seinen Platz gefunden. Gleichaltrige achten und fürchten ihn. Seine Beziehungen zu den Grauen Wölfen sorgen dafür, daß ihm selbst die gefährlichsten Raufbolde Yesiltepes aus dem Wege gehen; Oberst Turkes hat bewiesen, daß er sich fürchterlich zu rächen weiß, wenn einem seiner Männer ein Haar gekrümmt wird.

Die älteren Bewohner Yesiltepes halten Agca für einen Sonderling. Er spielt nicht und findet Wettspiele unerträglich. Auch hält er seine Gefühle stets streng unter Kontrolle – zumindest in der Öffentlichkeit. Obschon er begrenzte Aggression vorurteilsfrei versteht, kann er sich nicht daran beteiligen. Er macht keinen Unterschied zwischen friedlichem Wettspiel und Kampf auf Leben und Tod. Aus diesem Grunde auch findet er den gesamten organisierten Sport höchst langweilig.

Wirkliche Leidenschaft zeigt er nur, wenn er allein ist, wenn er die Liste seiner Haßobjekte hersagt. Ein Jahr ist es jetzt her, seit er sie zusammenzustellen begann; es ist ein furchterregender, konfuser Katalog geworden, dessen Umfang oder Bedeutung kein Außenstehender kennt. Diese Liste ist sein einziges Ventil, seine einzige Möglichkeit, einen Teil seines inneren Wütens abzureagieren. Sein Geisteszustand steht gefährlich auf der Kippe, ein gewisser Urinstinkt indes schützt ihn und sorgt dafür, daß niemand – nicht einmal seine Mutter – erfährt, was tatsächlich in ihm vor sich geht.

Ein Arzt würde die Symptome zweifellos als alarmierend befunden haben: Verweigerung der Nahrungsaufnahme, häufiges Meiden normaler alltäglicher Kontakte, plötzlich aufwallender innerlicher Zorn, gefolgt von dumpfem Schmerz. Ein Psychiater würde mit Sicherheit Agcas Selbstvorwürfe untersuchen, sein perfektionistisches Verhalten – die Bücher auf dem Regal sind sorgsam symmetrisch aufgestellt, er legt seine Kleidung stets auf dieselbe Weise neben die Schuhe auf den Fußboden. Dies sind zwar nur kleine Anhaltspunkte, sie zeigen jedoch, inwieweit seine besessenen Vorstellungen Sühne sein sollen, der Versuch, mit Hilfe einer geistigen Zucht größere seelische Not zu überwinden. Und sollte bewußter Psychiater auch noch Analytiker sein und sich mit Agcas korrektem und prüde-sprödem Gehabe befassen, so würde ihm dessen reichlich perverse Sexualität nicht verborgen bleiben. Er könnte etwas über Agcas zwanghaften Trieb erfahren, über Risse im Boden hinwegzusteigen, abergläubisch Holz zu beklopfen oder sich eine einzige Melodie tagelang im Kopf herumgehen zu lassen. Die Deutung dessen hätte vielleicht eines schönen Tages Agca dazu bewogen, seine Haßliste zur Sprache zu bringen.

Es gibt aber keinen Arzt in Yesiltepe, und der nächste Psychiater praktiziert in Ankara.

Agca widmet sich weiterhin seiner selbstgestellten Aufgabe und arbeitet stetig die Liste durch. Er weiß, daß er Zeit hat. Ihm ist bewußt, daß der heutige Tag aller Wahrscheinlichkeit nach wie jeder andere verlaufen wird, seit er wieder bereit ist, sich der selbstgewählten Isolation in seinem Schlafraum zu entziehen. Er wird die meiste Zeit in der Stadt, in einer Teestube, verbringen, dort ›cay‹ – aromatisierten Tee – trinken und sich über die jüngsten Gerüchte auf dem laufenden halten.

Heutzutage gibt es soviel Diskussionsstoff. Die jüngste über die Türkei hinwegschwappende Mordwelle der Sektierer hat vor Yesiltepe nicht haltgemacht. Die Gemeinde hat fünf Todesopfer zu beklagen, dadurch kommt es unter der Bevölkerung zu einer weiteren Polarisierung zwischen extrem links und extrem rechts. In der ganzen Türkei kamen Hunderte zu Tode, wurden Tausende verletzt. Die Opfer wurden zu Tode geprügelt, erlitten Bauchschüsse, wurden mit Benzin übergossen und angezündet, mit Haumessern in Stücke gehackt. Laufend gibt es Verhaftungswellen. In einem einzigen Gefängnis, etwa eine Halbtagsfahrt von Yesiltepe entfernt, sehen 807 Angeklagte im

Gefängnishof ihrer kollektiven Aburteilung entgegen. Gerüchteweise verlautet, die Schuldigen würden in Fünfzigerreihen erschossen. Viele von ihnen sind Agcas Freunde, Graue Wölfe wie er auch; die meisten von ihnen jedoch jünger als er. Killer unter achtzehn sind bei den einzelnen verfeindeten Banden sehr gefragt; denn nach türkischem Recht darf die Todesstrafe nicht an ihnen vollstreckt werden.

Agca weiß, daß er mit größter Sicherheit jetzt auch unter den Arrestanten wäre, wenn ihn seine Depressionen nicht fast zwei Monate lang in seinem Schlafraum festgenagelt hätten, wo er in völliger Zurückgezogenheit darniederlag und außer einem Minimum an Nahrung alles andere von sich wies. Nach einiger Zeit hatte er sich dann langsam aus seiner Apathie befreit und nach und nach seinen gegenwärtig aggressiven Zustand wiedererlangt.

Er nähert sich nun dem Ende seiner Liste. Gemächlich erinnert er sich in dem für die Provinz Malatya typischen bäuerlichen Pathos – dessentwegen er schon von manchem unterschätzt wurde – daran, daß er auch die Königin von England haßt, weil sie das Symbol der übelsten Spielart des Imperialismus stellt; ja, und Südafrika, der Apartheid und seiner Beziehungen zu Israel wegen.

Bleiben nur noch seine religiösen Haßgefühle. Er hebt sie sich für den Schluß auf, denn sie sind seine virulentesten Gefühle, verzehrend wie eine Krebskrankheit. Sie sitzen so fest in seinem Kopf, daß sie ihn gelegentlich sogar zum Weinen bringen. Dann rollen ihm echte Tränen über das Gesicht – die Tränen eines unerbittlichen Fanatikers, der außer der eigenen alle sonstigen Religionen haßt. Er sieht in ihnen Bedrohliches, Ränkevolles, die feste Entschlossenheit, dem Glauben, dem er sich verschrieben hat, den Garaus zu machen. Er ist in der Lage, sie alle auf ein spontan identifizierbares Ideogramm zu reduzieren: die Vorstellung von einem alten weißgekleideten Mann mit Käppchen, der weit hinter den Bergen in einem gewaltigen Palast wohnt. Er herrscht wie ein Kalif mit Dekreten und Befehlen, denen viele Millionen gehorchen müssen. Und wenn er stirbt, nimmt ein anderer alter Mann seine Stelle ein und herrscht auf dieselbe starrsinnige Weise.

Als Agca mit seiner Liste zu Ende ist, hat er sich noch ein letztes Vergnügen aufgespart: den Wunsch zu äußern, wen er, wenn er könnte, gern vernichten würde.

Heute befällt ihn nicht der geringste Zweifel: diesen alten Mann würde er gern töten.

Alles, was Agca über ihn und das von ihm beherrschte grenzenlose Reich weiß, steht in dem Schulbuch, das unter der Zigarrenkiste mit der Mauserpistole liegt.

Was er heute wie jeden anderen Morgen tut, gehört zu dem besessenen Ritual, dem er sein Leben unterworfen hat. Er erhebt sich aus seiner Hockstellung und greift nach seinem Übungsheft. Auf dem Bett sitzend, blättert er die Seiten um. Die Notizen sind fragmentarisch, Wort für Wort dünn hingekritzelt und kaum zu entziffern.

Sie enthüllen Bezeichnendes und Verwirrendes. Agca hält den alten Mann für die Speerspitze einer gezielten Kampagne zur Schleifung der fundamentalsten Fundamente des Islam. Dieser Aufgabe kommt er nach, indem er der Einführung der modernen Lebensart in jene Länder Vorschub leistet, die die letzten Bastionen des moslemischen Glaubens darstellen. Dies geschieht unter dem Vorwand des Fortschritts, angeblich zur Verbesserung der Lebensbedingungen, wobei er doch auf gerissene Weise die lebenswichtige Reinheit des Islam untergräbt, ihm Kompromisse aufnötigt, die ihn schwächen und schließlich auslöschen oder doch zumindest in eine politische Ideologie verwandeln und ihn zum Schluß seiner tiefen religiösen Kraft berauben. Ließe man den alten Mann gewähren, so würde der Islam auf dem religiösen Abfallhaufen landen und nicht mehr sein als eine ethnische oder kulturelle Bedeutungslosigkeit. Dort würde er dann dahinwelken und schließlich absterben – ein weiteres Opfer jener außerordentlich hinterhältigen Ränke und Intrigen, zu denen der alte Mann, seine Vorgänger und alle von ihnen Vertretenen fähig sind. So glaubt es Agca.

In dem Übungsheft stecken auch verblichene Zeitungs- und Illustriertenfotos sowie -berichte, die sich mit den Weltreisen des alten Mannes befassen: Reisen nach Indien, Amerika, Pakistan, in viele weitere Länder, auf denen er seine haßerfüllte Botschaft unter die Leute bringt, wie es alle seine Vorgänger seit neunzehnhundert Jahren getan haben. Umgeben von Pomp und Glorie, ergötzt sich der alte Mann an noch mehr Titeln, als selbst Allah zukommen. Je nachdem kennt man den alten Mann als Diener der Diener Gottes, Patriarch des Abendlandes, Stellvertreter Christi auf Erden, Bischof von Rom, Staatsoberhaupt des Vatikans, Pontifex maximus, Seine Heiligkeit Papst Paul VI.

Am liebsten würde Agca Paul töten. Wenn aber, so hat es Agca in seinem Übungsheft niedergelegt, ›die biologische Lösung, nämlich der Tod, erfolgt‹, dann ist er gleichermaßen zur Ermordung des Nachfolgers entschlossen.

Agca hat indes begriffen, daß sich dies höchstwahrscheinlich nicht aus eigener Kraft bewerkstelligen läßt. Dazu bedarf es sorgfältiger Planung großen Umfangs, des Geldes und anderweitiger Rückhalte. Agca kann sich nur zwei Möglichkeiten denken, woher diese Unterstützung kommen könnte: entweder aus Rußland oder Libyen. Er hat gelesen, daß die Machthaber dieser Länder den Papst ebenso hassen und fürchten wie er selbst. Agca ist überzeugt, daß eines der beiden Länder ihm helfen wird.[1]

Erster Teil

DIE LETZTEN TAGE

Unerschrocken ging er in den Abgrund des Todes

SHELLEY

Seit Monaten fehlt etwas auf dem Petersplatz. Ab Mitternacht ist er für den Verkehr gesperrt, sind die Fontänen abgeschaltet, bis sich am nächsten Morgen die hölzernen Läden vor zwei Eckfenstern des Apostolischen Palastes wieder öffnen. Wie die Römer sagen, kann man aus der Öffnungsstunde der Blendläden sehr gut auf das Befinden und die Stimmung des Mannes schließen, dessen Schlafräume dahinter liegen. Werden die Jalousien geöffnet, bevor die ersten Sonnenstrahlen über den ungetrübten Tiber hinweg auf das Kreuz der Basilika fallen, hat Paul eine weitere Nacht schlaflos verbracht. Bleiben die Läden geschlossen, bis die Sonne auf die gewölbte Kuppel der größten Kathedrale der Christenheit scheint, hat der Papst eine relativ friedliche Nacht hinter sich – vielleicht mit Hilfe zweier Fläschchen, die neben seinem Bett bereitstehen. In dem einen sind ein paar Mogadon-Schlaftabletten, das andere enthält einige Kapseln einer Mixtur, deren Zusammensetzung nur dem allwissenden Mario Fontana, Leibarzt des Papstes, bekannt ist. Sie sollen des Patienten Arthritis lindern. Aber wie auch im Fall der Blendläden, geben sich die Leute auch über die Medizinfläschchen Spekulationen hin.

Anhand solcher Methoden wird das Ergehen des Papstes taxiert – heute, im fünfzehnten Pontifikatsjahr des Giovanni Battista Montini, der 1963 zum geistlichen Führer der größten Religionsgemeinschaft der Erde gewählt wurde; Träger eindrucksvoller Titel und Ämter und einer Macht, die theoretisch direkten Einfluß auf das Leben von 740 Millionen getauften Katholiken nimmt; in Wirklichkeit aber regiert er eine unruhige Kirche, die auf seine Lehren in zunehmendem Maße nur noch mit Lippenbekenntnissen reagiert. Viele Katholiken prahlen mit seiner gegenwärtig berühmten Enzyklika ›Humanae Vitae‹ durch weiteres Praktizieren der (just ebenda verbotenen) Geburtenkontrolle, Frauen streben nach dem Priesteramt, Pfarrer möchten heiraten, Bischöfe wären am liebsten Regionalpäpste, Theologen machen eine Lehrbefugnis für sich geltend, die weit über die absolute Autorität hinausgeht, die sich in der Person des müden, gebrechlichen alten Mannes in seinem Messingbett mit Blick auf die geschlossenen Blendläden manifestiert.

Der Kardinalstaatssekretär des Vatikans, Jean Villot, hat dafür gesorgt, daß der Straßenverkehrslärm unterbunden und die Fontänen abgestellt wurden, um Paul das Einschlafen zu erleichtern.[1] Aber selbst

Villot sah sich nicht in der Lage, das Geläut der sechs gewaltigen Glocken des Petersdoms zu verhindern: seit dreihundert Jahren entledigen sie sich ihrer Freude über einen neuen Heiligen, dröhnen sie ihren Kummer über den Tod eines Papstes hinaus. In seinem achtzigsten Jahr beschäftigt sich der Papst gedanklich mit dem physischen Tode – Paul fragt sich, was er empfinden würde, wie der Tod ihn ereilen werde, vielleicht schnell und bis zum Ende bei vollem Bewußtsein –, er könnte sich sagen, daß seine letzten vier Vorgänger in ebendiesem Schlafzimmer ihrem Tod entgegensahen. Er hat gerade darüber nachgedacht und darüber auch seine engste persönliche Umgebung – die durch den von ihm errichteten Schutzschild zwischen ihm selbst und der Welt gewöhnlicherer Gefühle nicht ausgeschlossen ist – befragt, ob auch jene anderen Päpste das ihn zunehmend beschleichende Gefühl gehabt hätten: nämlich daß es eine gesegnete Erleichterung sei, die schwere Bürde seines Amtes endlich niederlegen zu können.

Niemand wird je wissen, mit welchem ersten Gedanken er an diesem bewußten Julimorgen des Jahres 1978 erwachte. Anders als Pius XII., der private Details seinem Tagebuch anvertraute, oder Johannes XXIII., dem es Spaß machte, seine inneren Empfindungen jeden Morgen einem jeglichen kundzutun, legt Paul seine persönlichen Gefühle weder schriftlich nieder noch spricht er darüber.

Auch wüßte niemand den Augenblick seines Erwachens exakt zu benennen oder gar zu sagen, ob er überhaupt geschlafen habe. Vor Jahren bereits hatte er angeordnet, daß niemand an seine Schlafzimmertür klopfen und ihm einen guten Morgen wünschen dürfe. Er würde aufstehen, wenn ihm danach sei. Wenn man die schwerwiegendsten Krisen einmal ausnimmt – in der heutigen Zeit gehört etwa ein atomarer Angriff seitens der Sowjetunion oder die Ermordung eines wichtigen Staatsoberhauptes wie des amerikanischen Präsidenten oder der Königin von England dazu –, so darf fast niemand ungerufen seinen Schlafraum betreten.

Dieser ist überraschend klein, quadratisch, mit hoher Decke. Das Bett dominiert alles. Paul hat es aus Mailand mitgenommen, wo er als Erzbischof amtierte, bevor er 1963 vom Konklave mit überwältigender Mehrheit zum Papst gewählt wurde. (Man – die zynischen Römer nämlich – behauptet, der Heilige Geist habe Überstunden machen müssen, um dies Ergebnis auf die Beine zu bringen.) Das Bettzeug ist pastellfarben; es paßt zur Farbe der Leinenbespannung der Wände. Ein prachtvolles Mahagonischränkchen trägt einen geschliffenen Spiegel; auf einem kleinen Schreibtisch steht ein altmodisches schwarzes Telefon, das nur selten läutet. Paul hält ein Telefon als Kommunikationsmittel für ungeeignet; er sieht seinem Gesprächspartner gern in die Augen. Auf dem gebohnerten Holzfußboden liegt ein Afghan-Teppich. Auch die Fenstergardinen sind pastellfarben. Über dem Bett hängt ein Bild: Jesu Leiden am Kreuz, das gleichfalls aus Mailand stammt. Es ist ein Jubiläumsgeschenk des Mailänder Klerus zum Gedenken seines Amtsantritts. Neben dem Bett steht ein Tisch. Außer den Medizinfläschchen liegt eine alte Bibel darauf, die er am Tage seiner ersten heiligen Kommunion am 6. Juni 1907 von seinem Vater erhalten hatte; selbst einundsiebzig Jahre später noch ruht die Bibel liebevoll verwahrt in ihrer schweren Lederschatulle. Neben dem Tisch befindet sich ein Betstuhl, in dem Paul allein im Gebet zu knien pflegt. Über dem Betstuhl hängt ein hölzernes Kruzifix an der Wand. Gleich daneben, die Wirkung des Kreuzes dadurch mindernd, hängt ein prächtiges Gemälde der Heiligen Jungfrau. Kruzifix und Bild sind ebenfalls Geschenke, die man ihm auf dem langen und einsamen Weg machte, der ihn schließlich in diesen Raum führte.

Nirgends jedoch ein Stück jenes Plunders, dessen Zurschaustellung man bei einer so weitgereisten Persönlichkeit vielleicht erwarten könnte: keine signierten Fotos anderer Staatsoberhäupter, keine Fotografien, um zu belegen, daß er Orte aufgesucht hatte, die noch keines Papstes Fuß vor ihm betreten hatte. Der Schlafraum wirkt auf geschmackvolle Weise anonym. Es ist, als ob Paul hier, wo er jetzt etwa ein Viertel des Tages verbringt, nicht mit Erinnerungen an seine Vergangenheit überhäuft werden möchte.

Es gibt jedoch eine Ausnahme, einen Gegenstand, den er nicht geschenkt erhielt, an dem der Papst mit beinahe kindlicher Besessenheit hängt. Dieser Gegenstand reist mit ihm, wohin er auch fährt, begleitet ihn – von Don Pasquale Macchi, dem Rangälteren seiner beiden Privatsekretäre, sorgfältig verpackt – stets in seinem Gepäck. An diesem Morgen steht der bewußte Gegenstand an seinem angestammten Platz zwischen Bibel und Medizinfläschchen: ein billiger Wecker mit lackiertem Messinggehäuse und einfachem, weißem römischem Zifferblatt. Die Weckuhr hat zwei gedrungene Messingfüße. Paul zieht die Uhr abends selbst auf. Jeden Morgen um Punkt halb sieben beginnt der Wecker blechern zu läuten. Paul läßt dies ein paar Sekunden geschehen und drückt dann auf den Abstellknopf, als fürchte er, jemanden in der Nachbarschaft aufzuwecken. Diesem Ritual hat er sich fünfundfünfzig Jahre hindurch unterzogen, von jenem Maitage 1923 an, als er zum ›addetto‹, dem Zweiten Sekretär der Nuntiatur in Warschau, ernannt wurde. Während jener sieben Monate dort stellte er den Wecker jeden Abend auf sechs Uhr dreißig ein; seinerzeit schlief er noch tief und fest, und so geschah es, daß der Wecker oftmals zu schrillen begann, noch ehe er so richtig wach war. Danach pflegte er aufzustehen und schon vor dem Frühstück eine Stunde zu arbeiten. Diese Angewohnheit eines frühen Tagesbeginns ist ihm erhalten geblieben.

Heutzutage geschieht es oft, daß er nach bestenfalls unruhigem Schlaf eine Stunde oder mehr vor dem Klingeln erwacht und das Läutwerk ausschaltet. Dann – so hat er sich Macchi offenbart – lauscht er dem Vorüberticken der Minuten. Gelegentlich liest er leise seine

Lieblingspassage aus Shakespeares ›Troilus und Cressida‹: »Das Ende krönt's;/Und jener alte, ewige Richter, Zeit,/Wird einst es enden.«

Pauls schmächtiger Körper im weißen Nachthemd bringt kaum die Laken in Unordnung. An den Füßen trägt er, seines schwachen Kreislaufs wegen, Bettschuhe. Aus medizinischer Sicht billigt Fontana das Textil keinesfalls; aber der kluge alte Arzt – Fontana ist siebzig und entstammt einer anderen Schule als die flotten Mediziner unserer Tage – weiß, wie wichtig in psychologischer Hinsicht die Strümpfe für den Papst sind.

Paul ist seit Jahren körperlich krank. Aus einem zarten Kind wurde ein alles andere als robuster Mann. Als er mittleren Alters war, begannen Blase und Nieren Schwierigkeiten zu machen. Schließlich wurde seine Prostata operativ entfernt. Aber auch Fontanas geheimnisvollen Kapseln zum Trotz, bleibt die Gelenkentzündung im rechten Knie des Papstes so schmerzhaft wie eh und je, so daß er oft nur mit Mühe gehen kann. Dazu ist er bronchitis- und grippeanfällig geworden. Bereits im Frühjahr 1978 hatte Fontana einen derartigen Grippeanfall mit Antibiotika behandeln müssen; die Nebenwirkungen des Medikaments haben Pauls Widerstandskräfte eher noch reduziert. Jetzt, im Juli, scheint sich ein neuer Anfall anzubahnen. Der Arzt fürchtet, daß die feuchte Schwüle der römischen Sommer den Patienten weiter schwächen wird. Er nötigt den Papst zu einem Aufenthalt in Castel Gandolfo. Paul zögert: er möchte sich in den päpstlichen Palast in den Albanerbergen, seit Jahrhunderten Refugium der Päpste, erst zum selben Tag wie jedes andere Jahr auch zurückziehen. Dem Arzt bleibt nichts übrig, als Paul täglich zu besuchen, dessen Brust abzuhorchen und leise für sich die Tage zu zählen, bis der Papst Rom verläßt.

Paul braucht jetzt nur noch eine weitere Nacht in seinem Schlafzimmer hoch oben über dem Petersplatz zu verbringen.

Im Bett wirkt er, wie jeder andere auch, besonders hinfällig: die Haut spannt sich über dem Schädel, das Haar ist dünn und grau, ohne jede Festigkeit. Auf den Rücken seiner langen, schmalen Hände treten die Adern dick hervor, die Fingernägel müßten geschnitten werden. Aber auch am Ende seines langen Lebens gibt es noch etwas, das auch die Zeit nicht trüben konnte: seine Augen. Wunderbarerweise haben sie ihr strahlendes Blau behalten, ihr Leuchten, den durchdringenden, aber dennoch irgendwie sanft forschenden Ausdruck. Sie scheinen zu seinem hageren Gesicht, das persönliche Pein gerunzelt und tief gekerbt hat, nicht zu passen.

Kurz nachdem Paul den Wecker abgestellt hat, drückt er auf einen der drei Knöpfe einer Summeranlage. Damit gibt er den außerhalb des Schlafgemachs Wartenden das Zeichen, daß er nunmehr offiziell wach sei.

*

In ihrem behaglichen Wohnschlafzimmer gleich neben dem Gemach des Papstes wartet Soror Giacomina auf das Summen. Die anderen beiden Knöpfe verbinden Paul mit Macchis Wohnung im dritten Stock des Apostolischen Palastes und mit Franco Ghezzi, dem Kammerdiener und Chauffeur. Ghezzi ist verheiratet. Seine Wohnung liegt im hinteren Teil des ungeheuer weitläufigen Gebäudes mit seinen 10 065 Suiten, Salons, Zimmern, Empfangsräumen, Audienzsälen, Hallen, Passagen und Kellern; untereinander verbunden sind diese Räume durch 997 Treppenfluchten und drei Aufzüge, deren einer ausschließlich von Paul und seinem persönlichen Stab benutzt werden darf.

Die Fahrstuhltür befindet sich direkt neben Giacominas Zimmer; auf Grund dieser strategisch günstigen Lage kann sie den Lift im Auge behalten und unerwünschte Besucher gegebenenfalls abfangen und umleiten.

Sie ist eine der fünf Nonnen, die sich des päpstlichen Haushalts annehmen. Sie besorgen das Waschen und Kochen, beklagen sich auch schon einmal munter, wenn ihnen beim Säubern der achtzehn Räume der päpstlichen Suite die Staubsaugerschnur unter die langen Röcke gerät.

Giacomina ist die Verantwortliche dieser dienstbaren Geister. Diese Funktion hat sie schon inne, solange man sich erinnern kann. Gewisse kirchliche Vorschriften verlangen, daß die Haushälterinnen von Priestern und Prälaten ›kanonischen Alters‹ sein müssen; das soll wohl heißen: jenseits jeder physischen Attraktivität.

Giacomina entspricht diesen Erfordernissen schon seit langen Jahren. Doch trotz ihres ganz offenkundigen Alters besitzt sie eine Elastizität und Spannkraft, die selbst den anmaßendsten Kardinal noch verblüfft. Sie weiß, daß ihre Position zu Pauls Lebzeiten gesichert ist; man sollte nicht vergessen, daß sie wesentlich mehr Funktionen hat als bloß die der Haushälterin. Denn neben der Leitung des päpstlichen Haushalts fungiert sie als Privatpflegerin des Papstes. Sie ist in Mund-zu-Mund-Beatmung ausgebildet und weiß, wie man schmerzstillende und lebensrettende Injektionen verabfolgt. Sie ist jederzeit im Bilde, wo sich Fontana tagsüber oder während der Nacht aufhält, und wird nicht zögern, ihn sofort herbeizurufen, sobald ihr geliebter Paul auch nur das leiseste Anzeichen von akuter Bedrängnis erkennen läßt. Man sagt, sie sei noch formidabler als die legendäre Schwester Pasqualina, die sich um Pius XII. gekümmert hatte. Mit Pasqualina war das ungeschriebene Gesetz abgeschafft, wonach der päpstliche Haushalt nur von Männern geführt werden dürfe. Während Pasqualinas Einfluß auf Pius Gegenstand unzähliger Gerüchte war, so gibt es über Giacominas Wirkung auf Paul keinerlei Zweifel. Mit ein paar wohlbedachten Worten vermag sie ihm noch den düstersten Tagesbeginn zu erhellen.

Sie klopft einmal an die Schlafzimmertür des Papstes und wartet. Hereingebeten, tritt sie ein und begrüßt den Papst mit fast immer den gleichen Worten: »Heiliger Vater, es verspricht ein wunderbarer Tag zu werden.«

Dann tritt sie ans Fenster und öffnet die Läden.

*

Sechzig Meter tiefer, auf dem Petersplatz, hat ein römischer Stadtpolizist just auf diesen Augenblick gewartet. Seinen jenseits der Kolonnaden Berninis – ein Komplex von 284 Säulen und 88 Pilastern, die von 162 je vier Meter hohen Statuen gekrönt sind – wartenden Kollegen teilt er über Sprechfunk das Ereignis mit. Diese räumen sofort die Absperrungen beiseite, die den nächtlichen Verkehr an dem Platz vorbeigeleitet hatten. Auf der großen Piazza – maximale Breite fünfundsechzig Meter – beginnen kurz darauf die Fontänen Wasser zu speien.

*

Wieder allein gelassen, schiebt Paul langsam die Beine aus dem Bett und steht, Fontanas Rat zufolge, schwungvoll auf, um sich über sein schmerzendes rechtes Knie Klarheit zu verschaffen. Der Papst verlagert seine hundertdreißig Pfund auf das rechte Bein. Der Schmerz ist nicht heftiger oder geringer als während der letzten Monate auch. Langsamen Schrittes, wie von Fontana empfohlen, bemüht er sich sodann ins Bad.

Das Badezimmer ist ebenso unpersönlich wie das eines Luxushotels, es hätte genausogut von Hilton oder einem beliebigen anderen Hotelier entworfen sein können. Zu pastellfarben gefliesten Wänden die passende, zitronellengrüne Garnitur. Die Wanne hat eine Duschvorrichtung und einen rutschsicheren Boden. Der Papst wäscht sich, rasiert sich hernach elektrisch. Das Fabrikat des Rasierapparats wird geheimgehalten – der Vatikan befürchtet, daß der Hersteller Pauls Vorliebe für dessen Produkt zu Reklamezwecken ausschlachten könnte.

Während der Papst sich im Bad aufhält, betritt Ghezzi – der einzige Bedienstete, dem dies ohne zu klopfen gestattet ist – das Schlafgemach und legt Pauls Kleider für heute heraus: ein weißleinenes Meßgewand mit cape-artig geschnittenem Fanon, eine weiße Albe, weiße Strümpfe und Schuhe und ein weißseidenes Käppchen. Die Kleidungsstücke haben keinerlei Einnäher. Dies tut auch nicht not; es gibt wahrscheinlich keinen Priester in Rom, der nicht anhand des besonderen Schnitts erkennen könnte, wann ein Kleidungsstück von Gammarelli stammt. Das Haus Gammarelli ist seit zweihundert Jahren päpstlicher Hofausstatter. In einer kleinen Werkstatt im Zentrum der Stadt wird die Gewandung der Päpste für traurige oder erhebende Anlässe angefertigt; in der Bekleidungsbranche stellt Gammarelli wahrscheinlich die exklusivste Adresse der Welt. Während der letzten fünfzehn Jahre haben seine Zuschneider und Näherinnen mehr als zwei Dutzend Soutanen, Stolen, Chorhemden, Mozzettas und Käppchen für Paul gefertigt. Nach Art aller alten Männer hat dieser indes eine Vorliebe für bestimmte Kleider entwickelt: wenn zeremonielle Gründe es nicht verbieten, hält er sich gern an ein paar alte, bequeme Lieblingssoutanen.

Ghezzi hat die Kleider herausgelegt und entfernt sich nun wieder. Paul zieht es vor, sich allein anzukleiden. Dies geschieht langsam; die gichtsteifen Finger haben mit den Knöpfen der Soutane ihre liebe Mühe. Schließlich hängt er sich ein massivgoldenes Kreuz um den Nacken. Es baumelt an einer 24karätigen Goldkette und wird auf der Brust befestigt. Wie ein Journalist jüngst schrieb, dürften Kreuz und Kette gut und gern ihre hunderttausend Dollar wert sein.

Als nächstes unterzieht sich Paul einem weiteren jener persönlichen Rituale, die Teil seines Lebens geworden sind: er läßt sich zum Gebet auf den Betschemel nieder. Nach der Zeremonie erhebt er sich und tritt ans Fenster, wobei er sich wohlweislich hinter den Vorhängen hält. Er hat die nicht unberechtigte Befürchtung, daß draußen ein Fotograf lauern könnte, um ihn unverhofft mit dem Teleobjektiv zu erwischen. Paul blickt auf den riesigen Petersplatz und weiter in die Ferne. Verständlich, daß er dieses Anblicks nicht müde wird.

Zu dieser frühen Stunde zeigt sich die Stadt von ihrer besten Seite. Bis weit in die Ferne erkennt man zwischen Turmspitzen, Zwingern, Monumenten, Palästen und Parks mehr als hundert in der Sonne glänzende Kuppeln. Straßen gibt es; manche sind lang und gerade, andere kurz und gewunden, teils breit, teils eng. Selbst von seinem erhöhten Standort aus kann Paul das einmalige Geräusch Roms hören – ein vielfach zurückgeworfenes Summen, dessen Ursache im ›tufo‹, dem Untergrund der Stadt aus erhärteter Vulkanasche, zu suchen ist.

Unmittelbar zu seiner Rechten, etwa 350 Meter von seinem Schlafgemach entfernt, erhebt sich Michelangelos massige Kuppel über dem St.-Peters-Dom. Vor langer Zeit, als Paul zum erstenmal in vatikanische Dienste getreten war, hatte er sich die Dimensionen der Basilika eingeprägt. Später, wenn er sich als erfahrener Diplomat bei offiziellen Anlässen die Zeit mit höflichen Plaudereien vertreiben mußte, erschienen ihm die Details durchaus nützlich. Wenn er heute die Basilika betrachtet, so gelten seine Gedanken vielleicht dem Tage, da er in einer Gruft tief unter der das Bauwerk tragenden Erde beigesetzt werden wird. Obschon alt und vergeßlich, hat der Papst noch immer die Maße dieses meisterlichen Bauwerks im Gedächtnis: innere Länge 186 Meter, Höhe 133 Meter; 77 tragende Säulen, 44 Altäre, 395 Statuen, die Kuppel von einer Bronzekugel gekrönt, in der sechzehn Personen bequem Platz fänden. Ebensowenig kann er ohne weiteres vergessen, daß seine Vorgänger – wenn auch das römische Imperium zerfiel und Petrus der Menschenfischer wurde – noch tausend Jahre benötigten, um diese

Basilika als Brennpunkt eines neuen Reiches, der Christenheit, zu schaffen. Den Ring des Fischers, den alle seine Vorgänger trugen, legt Paul übrigens nicht mehr an – der Gicht wegen. Obzwar sein Gedächtnis nachläßt, wird er mit Sicherheit nicht vergessen haben, daß Haß und Mißhelligkeiten die christliche Welt spalteten, kaum daß der Schlußstein gesetzt war.

In der Ferne kann er auf dem Janikulum das Collegium Americanum erkennen. Verständlich, daß sein Blick dort nicht lange verweilt. Die Amerikanische Kirche ist für ihn Quelle endloser Probleme. Sie ist noch jung, und er ist alt; er wisse nicht, so hat er es seinen Vertrauten gesagt, wie er die ernsten Herausforderungen von der anderen Seite des Atlantiks her am besten handhaben solle. Ignorieren jedenfalls kann er sie nicht.

Und dort drüben, von seinem Fenster aus rechter Hand, ist das Dach der Sixtinischen Kapelle, deren schlichtes Äußeres keinen Hinweis auf die darunter verborgene Pracht bietet. Dort haben ihn seine Kardinalskollegen vor so vielen langen Jahren zum Papst gewählt, weil sie in ihm den idealen Mann sahen, die Kirche zu leiten, den Haß zu mindern, Mißhelligkeiten zu bereinigen und die Spaltung zu überwinden. Es wird behauptet, er sei nicht einer dieser Wunschvorstellungen gerecht geworden. Andere fragen, wie es wohl anders hätte sein können.

Und der noch leere Petersplatz tief unter ihm erinnert ihn schmerzlich an etwas anderes. Obschon es noch früh am Tag ist, haben sich auf dem Platz bewaffnete Polizisten verteilt. Sie tragen Schnellfeuergewehre und Funksprechgeräte, um gegebenenfalls Verstärkung anfordern zu können. Die Anwesenheit der Polizei ist grausiger Ausdruck der Bedrohung, der sich Paul zur Zeit ausgesetzt sieht.

Irgendwo dort draußen in Rom befinden sich die Mörder Aldo Moros, des Führers der Christdemokraten und eines seiner engsten Freunde. Moros Leben war dem politischen Ausgleich gewidmet. Am Tage seiner Entführung, am 16. März 1978, hatte er den historischen Schritt gewagt, die Kommunisten zur Unterstützung der christlich-demokratischen Regierung in die Koalition hineinzuholen. In Pauls Augen symbolisiert Moros Entführung das gesamte Problem des urbanen Terrorismus. Er hat wiederholt an die Entführer appelliert, Moro freizulassen; zum Schluß hatte er ein eigenhändiges Gesuch an sie gerichtet, ein paar in zierlicher Schrift gehaltene scharfe Zeilen, in denen er die ›Männer der Roten Brigaden‹ auf Knien anflehte, Gnade walten zu lassen. Deren Reaktion war voraussehbar gewesen: Moro wurde ermordet. Ringförmige Einschüsse in der Herzgegend ließen ihn zwanzig Minuten danach im eigenen Blut ertrinken.

Manche behaupten, Paul habe den Mördern nie vergeben. Sicherlich plagt ihn deren Untat noch immer, als er sich jetzt vom Fenster abwendet und in Richtung Schlafzimmertür schlurft. Er ist für einen weiteren langen Tag gerüstet.

Auf dem Korridor vor dem Schlafgemach stehen plaudernd zwei Priester; nur die steifen weißen Römerkragen verringern ein wenig den Ernst ihrer schwarzen Soutanen. Die beiden achten sich gegenseitig, sind jedoch über die einzuschlagende Politik nicht immer gleicher Meinung. Zu dieser Tagesstunde beschränken sie sich in stillem Einvernehmen auf unstrittige Themen: Wetter und Urlaub, aus dem der jüngere der beiden gerade zurückgekehrt ist.

Der ältere heißt Macchi und ist seit dreiundzwanzig Jahren Pauls Privatsekretär. Der andere ist Pater John Magee, ein Ire, der seit drei Jahren eine annähernd vergleichbare Funktion innehat.

Macchi hat die kultivierte Gestik des Seminarprofessors, der er einmal war, beibehalten. Im Laufe der Jahre hat sich aber ein beinahe beständiger finsterer Zug in sein dunkles, männlich-hübsches Gesicht gegraben. Sein einst dichter schwarzer Haarschopf ist ergraut und hat sich bereits gelichtet. Selbst hier in den päpstlichen Gemächern ist Macchi unruhig: seine Augen wandern zwischen Schlafzimmertür des Papstes und Korridor ständig hin und her. Beim leisesten Geräusch – Stimmen aus einem anderen Teil der Gemächer, eine sich öffnende Tür – spannt er sich. So geht es ihm, seit ein Geisteskranker Paul bei einem Besuch auf den Philippinen zu ermorden versuchte. Nur auf Grund seiner schnellen Reflexe und seines physischen Mutes konnte er dem als Priester verkleideten Irren den Dolch entwinden und den Papst vor dem Mordanschlag bewahren. Vielleicht weiß Macchi besser als jeder andere zum Stab des Papstes Gehörige, wie höchst realistisch die jüngsten Bedrohungen des päpstlichen Lebens sind. Die Roten Brigaden würden Paul zu gern umgebracht haben und die deutsche Bundesregierung hat erst jüngst Kardinalstaatssekretär Villot insgeheim davon unterrichtet, daß in Rom weilende RAF-Terroristen, Nachfolger der Baader-Meinhof-Bande, vorhaben, den Papst zu entführen und nach Libyen auszufliegen. Dort solle er im Einvernehmen mit der libyschen Führung als Geisel gehalten werden, um gegen alle in israelischen Strafanstalten einsitzenden abgeurteilten Terroristen ausgetauscht zu werden. MOSSAD, der israelische Geheimdienst, hat dem Vatikan die Existenz dieses Plans bestätigt. Im Augenblick halten sich MOSSAD-Agenten in Rom auf, um die RAFler aufzuspüren. Als Ergebnis dieser Bedrohung mußte Paul sein Vorhaben, wie gewöhnlich mit dem Auto nach Castel Gandolfo zu reisen, fallenlassen. Statt dessen wird er einen Hubschrauber nehmen. Macchi hat über die Presseagentur des Vatikans als Grund für diesen Sinneswandel verlautbaren lassen, man wolle den Verkehrsstau vermeiden, der zwangsläufig entsteht, sobald der Papst per Auto durch die Stadt fährt. Diese Rechtfertigung glaubt eigentlich niemand, aber Macchi ist das egal: Public-Relations sind nicht seine starke Seite. Er ist sonderbar, mitleidlos, ungeduldig, gelegentlich grob, zu jeder Zeit indes Paul völlig ergeben.

Seine Feinde, und deren gibt es viele, behaupten, er sei eine Ein-Mann-Prätorianergarde und höchste nachrichtendienstliche Sammelstelle in einer Person. Nur Giacomina bietet ihm die Stirn. Manche ihrer Zusammenstöße sind denkwürdig.

Niemand wüßte zu sagen, daß Magee einmal mit jemand ein scharfes Wort gewechselt hätte, seit er im Vatikan Dienst tut. Er ist ein muskulöser, wohlproportionierter Mann mit der Figur eines guten Hockeyspielers. Die Angehörigen des päpstlichen Stabes halten seine Stimme, in der der weiche Rhythmus seiner irischen Heimat schwingt (er wurde vor fünfundvierzig Jahren in Newry, Grafschaft Down, geboren), für ausgesprochen anziehend. Die Nonnen lauschen Magees fließendem Italienisch mit Begeisterung; sie lieben seine nie versiegende Höflichkeit und Bescheidenheit, seinen großen Fundus irischer Geschichtchen und Späße. Magee ist wahrscheinlich einer der beliebtesten Männer des Vatikans. Gelegentlich macht ihn dies verlegen. Er tastet sich noch immer behutsam vor, wünscht niemandem den Rang abzulaufen, am allerwenigsten dem empfindlichen Macchi.

Die letzten drei Jahre gingen für Magee im großen und ganzen reibungslos vorüber, hauptsächlich deswegen, weil er die Gültigkeit vieler Erklärungen Macchis bekümmert bestätigte. Er hat festgestellt, daß Kardinäle *lügen*, manchmal gewohnheitsmäßig, oft aber aus keinem anderen Grunde als dem, daß sie Wahrheit für ein Tauschobjekt halten, für eine Ware, mit der sich zum persönlichen Vorteil handeln läßt. Und Kardinäle *versuchen* ihn zu manipulieren, obwohl Magee die Anzeichen eines bevorstehenden Schwindels inzwischen kennt: der frei-offene, stete Blick, das eine Spur zu entgegenkommende Lächeln, die beiläufige, etwas zu lässige Redeweise –: er kennt all diese kleinen Tricks und hat gelernt, daß man nur überlebt, wenn man sich in die Machenschaften derer, die ihn nur als Sprungbrett zum Papst auszunutzen versuchen, persönlich nicht hineinziehen läßt. Mit diesen Leuten pflegt er einen höflichen, gedämpften und neutralen Ton und reagiert auf ihre Schmeicheleien nach folgender unverrückbarer Regel: Wenn ein Fall es verdient, wird er ihn Paul vortragen; ansonsten kommt niemand an Magee vorbei. Er hat festgestellt, daß seine Tätigkeit unendliche Geduld, ein exaktes Gehör fürs Detail und Festigkeit erfordert. Daneben verlangen widersinnig lange Arbeitstage den Einsatz aller Körperkräfte. Magee und Macchi bringen es in der Regel wöchentlich auf hundert Dienststunden, die meiste Zeit davon unter Druck. Beide freuen sich, wenn sie einmal jährlich einen Urlaubsmonat lang die Bürde ihres Amtes niederlegen können.

So ist Magee tatsächlich gerade von seinem Amerika-Urlaub zurückgekehrt, wobei er auf der Rückroute über Irland flog und dort in den Wicklow Hills die Missionsgesellschaft St. Patrick, seinen eigenen Orden, besuchte. Seine Missionsbrüder in Kiltegan hatten ihn voller Stolz begrüßt. Magee ist seit Menschengedenken das erste Ordensmitglied, das in den persönlichen Stab eines Papstes berufen wurde.

Allerdings ist seine ganze Karriere der schlagende Beweis für die schnellen Beförderungsmöglichkeiten innerhalb der Kirchenhierarchie. Nach seiner Ordination im Jahre 1962 schickte man ihn als Missionar nach Nigeria. Vier Jahre später hörte ein vatikanischer Talentsucher von diesem jungen Urwaldpriester. Man holte Magee nach Rom. Dort arbeitete er neun Jahre lang in einer angesehenen Bewegung zur Verbreitung des Glaubens; danach holte ihn sich Paul als englischsprachigen Sekretär.

Es stimmt Magee traurig, daß sich des Papstes Konstitution während seiner Abwesenheit vom Vatikan sichtlich verschlechterte. Paul ist zusehends gealtert. Magee sind die Anzeichen eines bevorstehenden Todes nicht unbekannt, er hat sie bei den Stämmen Nigerias so manches Mal beobachten können. Er bezweifelt es sehr, daß Paul seinen nächsten Geburtstag im kommenden September noch erleben wird. Mit ziemlicher Sicherheit aber wird er Weihnachten nicht mehr am Leben sein. Selbst jetzt, da der Papst aus seinem Schlafgemach kommt und zu den wartenden Sekretären tritt, kann er sich des Eindrucks nicht erwehren, er bewege sich wie ein Mann, der sich in sein Schicksal gefügt habe.

Macchi wünscht Paul, den er als ›Santissimo padre‹ anspricht, einen guten Morgen. Magee schließt sich ihm an. Dann nehmen sie ihn in ihre Mitte und passen ihre Schritte dem langsamen, schlurfenden Gang des Papstes an.

In der dünnen Luft des klerikalen Rom üben die beiden Priester eine immense Macht aus. Menschen jeglicher Art bemühen sich um ihre Gunst. Beide sind wertvolle Gehilfen Seiner Heiligkeit, zum Teil deswegen, weil keiner von beiden Schuldgefühle kennt, Pfahl im Fleische längergedienter Prälaten des Vatikans zu sein. Im Gegensatz zum ewig-ruhigen Magee ist Macchi hochgradig nervös; trotzdem ist es seine Aufgabe, die Sorgen des Papstes wegen nichtiger Kleinigkeiten zu zerstreuen. Magee, der natürlich noch andere Aufgaben hat, ist der Verbindungsmann des Papstes zur Jugend der Welt und hält ferner ein wachsames Auge auf die private Mildtätigkeit des Papstes. Sie sprudelt aus unterschiedlichsten Quellen. Bischöfliche Jahresberichte sind generell mit einem Geldgeschenk verbunden; die Größenordnung hängt vom Wohlstand der Diözese ab. Amerikanische Bischöfe überreichen gewöhnlich 2000-Dollar-Schecks; Kardinal Cody aus Chikago, der einer der reichsten Diözesen vorsteht, bringt normalerweise 10 000 Dollar mit.

Codys verworrenes Finanzgebaren – eigentlich sogar sein ganzes Benehmen – ist für Paul zum ernsthaften Kümmernis geworden. Es gibt wohlbegründete Vorwürfe: der Kardinal sei Rassist, liege im Streit mit einem Teil des Chikagoer Klerus, sei bei vielen Laien unpopulär und gebe erstaunliche politische und militärische Ansichten zum besten. Dann gibt es da noch irritierende Berichte über Codys Rachsucht, seine Geheimniskrämerei, seine Weigerung, sich jährlich zu geistlichen Exerzitien zurückzuziehen. Die übelste Anklage – worüber der Vatikan am meisten entsetzt ist – wirft dem Kardinal indes Mißbrauch des Kirchenfonds vor.

Während Macchi und Magee neben dem schlurfenden Paul langsam vorwärtsschreiten, ist jedoch nicht die Zeit, derart schwerwiegende Angelegenheiten zur Sprache zu bringen. Statt dessen wird man einen vertraulichen, detaillierten Report anfertigen, der sich auf die beweisbaren Tatsachen beschränkt. Es wird keine Empfehlungen geben, das ist auch nicht Aufgabe eines solchen Berichts. Beide Sekretäre sind sich jedoch keineswegs darüber im Zweifel, was passieren wird. Wenn der Papst den Bericht gelesen hat, wird er mit an Sicherheit grenzender Wahrscheinlichkeit das tun, was er schon so manches Mal angedroht hat: mit der nächsten Linienmaschine den Problemlöser des Vatikans nach Chikago schicken. Dieser Mann ist der völlig unsentimentale Sebastiano Baggio, Präfekt der Bischofskongregation, der einzige, der über die Geschicklichkeit verfügt, Cody Pauls ›Bitte‹ um Rücktritt vom Amt zu übermitteln.

Auf halber Länge des Korridors gelangen die drei Männer zu einer Doppeltür; sie führt Paul in dessen Privatkapelle. Die Wände bestehen aus kühlem weißem Marmor, dessen Härte durch diffuses Licht, das durch Glasmosaike in den Raum fällt, gemildert wird. Die Szenen zeigen die Kreuzwegstationen. Paul hat die Glasmalereien zu Beginn seines Pontifikats eigens anbringen lassen. Die drei Männer beugen in Richtung auf das über dem Altar hängende Holzkreuz einmal leicht das Knie. Mit einiger Mühe – die Gicht hat auch das Hüftgelenk befallen – beugt Paul sich nieder, küßt den Altar und beginnt die Messe mit den altüberlieferten Worten: »Herr, erhöre mein Gebet...«

*

Wegen der am Vormittag stattfindenden öffentlichen Audienz des Papstes errichtet die Polizei auf dem Petersplatz Absperrungen, die ihr eine gewisse Kontrolle über die zu erwartenden Menschenmassen gestatten sollen. Sehr lange schon findet die Generalaudienz – der Papst empfängt bei dieser Gelegenheit ›Leute ohne Rang und Namen‹ aus allen Teilen der Erde – immer mittwochs statt. Seit 1971 empfängt er in dem von Pier Luigi Nervi eigens zu diesem Zweck errichteten Auditorium. Das Gebäude ragt zum Teil über die vatikanische Staatsgrenze hinaus. Die römische Polizei befürchtet, daß jemand – ein Terrorist, Fanatiker oder Geistesgestörter – in diese Empfangshalle eindringen und den Papst angreifen könnte. Man hat alle vernünftigen Maßnahmen zur Verringerung dieses Risikos getroffen. Die dem Zentralen Sicherheitsbüro des Vatikans unterstehenden Zivilgardisten in ihren erdfarbenen Uniformen sind mit Metalldetektoren ausgerüstet. Jedermann, der die Halle betritt, wird von ihnen sorgfältig überprüft. Um das Gebäude herum sind an allen strategisch wichtigen Punkten bewaffnete Polizisten postiert. Infolge einer Anweisung des Kardinals Villot tragen sie ihre Waffen verdeckt, jeder Zivilgardist indes hat auf dem Schießplatz der römischen Polizei jedes bewegliche Ziel auf dreißig Schritt Entfernung zu treffen gelernt. Obwohl der Petersplatz auch vatikanisches Staatsgebiet ist, geniert sich die dort eingesetzte Stadtpolizei nicht, ihre Waffen offen zu tragen. Die Verantwortlichen sind der Auffassung, auch durch bloßes Vorzeigen eines erhöhten Profils lasse sich das Risiko reduzieren.

✱

Paul hält sich wieder in seinem Schlafgemach auf. Die neunzig Minuten, die er seiner täglichen Obliegenheit entsprechend mit Messe, Lobpreisung und erstem Stundengebet in der Kapelle verbrachte, haben ihn gefestigt. Noch einmal kniet er sich in seinen Betstuhl und bespricht sich mit Gott. Das Summen aus dem ›tufo‹ ist lauter geworden, es wird verstärkt durch ein schwirrendes Lärmen, das von den unten auf dem Petersplatz immer zahlreicher eintreffenden Touristenbussen verursacht wird. Kurz vor neun erhebt sich Paul von den Knien, um seinen bescheidenen körperlichen Bedürfnissen nachzukommen. Er verläßt das Schlafgemach und begibt sich mit wenigen Schritten in das Speisezimmer. Ein geschnitzter Walnußholztisch, Sitzgelegenheiten für zehn Personen, zwei Sideboards und ein Serviertischchen bilden das Mobiliar. In dem einen Sideboard befinden sich Likörkaraffen; das andere trägt eine geschnitzte Jesusfigur. In einer Ecke steht ein Fernsehgerät mit 66-cm-Bildschirm, vor dessen Aufstellung der Hersteller versprechen mußte, niemandem zu verraten, daß sich der Papst für eines seiner Produkte entschied.

Die Tafel ist mit Obst, selbstgebackenem Brot, Käse und Butter – alles kommt täglich frisch auf den Tisch – gedeckt. An Pauls Platz, am Kopfende des Tisches, steht neben dem Gedeck noch ein Wasserglas aus geschliffenem Kristall; daneben hat Giacomina eine von Dr. Fontanas Kapseln gelegt.

Es ist für zwei weitere Personen gedeckt: Macchi und Magee. Außer sonntags, wenn auch Giacomina und einige Nonnen – die Einhaltung des Rotationsprinzips wird von Giacomina sorgfältig überwacht – an der Tafel sitzen, frühstückt der Papst fast ausnahmslos mit seinen beiden Sekretären allein.

Diese haben ihre Plätze bereits eingenommen, wenn Paul eintritt und sich setzt. Einen Augenblick beugt er den Kopf in stillem Gebet, richtet sich jedoch auf, sobald Giacomina eintritt und den Kaffee einschenkt. Sie bringt dem Papst eine Auswahl der lokalen und internationalen Morgenblätter, soweit sie in Rom erhältlich sind, darunter ›Le Monde‹, ›Le Figaro‹, ›The International Herald Tribune‹ und ›Rome Daily – American‹. Zu den italienischen Presseerzeugnissen gehören auch kommunistische.

Giacomina wartet, bis Paul seine Kapsel geschluckt hat, bevor sie sich befriedigt entfernt. Sie vergewissert sich grundsätzlich, daß der Papst seine tägliche Medizin nimmt.

Der Papst liest nun. Er beginnt jeweils mit dem Leitartikel und geht dann erst die übrigen Seiten des Blattes durch. Hat er eine Zeitung ausgelesen, reicht er sie Macchi, der sie nur kurz überfliegt und sofort an Magee weiterreicht. Gesprochen wird wenig. Jeder ist von den Nachrichten voll in Anspruch genommen. Auch dieses allmorgendliche systematische Durchgehen der Tagespresse gehört zu Pauls kleinen Ritualen. Obwohl er es sonst niemandem gegenüber eingestehen würde –: seinen beiden Tischgefährten hat er nicht verheimlicht, daß ihn die zunehmenden Angriffe auf das Pontifikat ebenso bekümmern wie verletzen. Er kann den Beginn dieser Attacken zeitlich genau festlegen: jener Sommertag 1968, als er seine langerwartete Enzyklika über die Geburtenkontrolle der Öffentlichkeit übergab. Diese Enzyklika wirkte katalysierend. Jedermann in der Kirche beurteilt ihn seither anhand dieser Verlautbarung. Alles, was er vorher oder seitdem gesagt hatte, wurde im Lichte der ›Humanae Vitae‹ gesehen. Die schrillsten Anwürfe kamen – wohl kaum verwunderlich – aus Amerika. Er liest derlei schon gar nicht mehr, obschon er sich im klaren darüber ist, daß die Artikel noch im Vatikan kursieren. Er kann und will solche Illoyalität nicht verstehen und nichts davon wissen. Ebensowenig kann er begreifen, woher sich die Medien die Freiheit nehmen, das Papsttum öffentlich zu kritisieren. Als Sohn eines Zeitungsmannes fragt sich Paul, wie weit es mit dem Journalismus wohl gekommen sei. Abschließende Beurteilungen, die immer häufiger erscheinen, findet er schwerlich annehmbar. Die Leute beginnen bereits zu schreiben und zu reden, als ob sein Pontifikat bereits zu Ende wäre. Es sei ein eigenartiges Gefühl, so hat er mehr als einmal Macchi und Magee gegenüber bekannt, etwas über sich selbst in der Vergangenheitsform zu lesen. Genau dies geschieht laufend, und die Journalisten durchforsten nun regelmäßig seinen langen Lebenslauf auf Hinweise, die seine Handlungen erklären könnten. Man ist bereits bis auf seine ersten Anfänge – das Dorf Concesio am Fuße der italienischen Alpen – zurückgegangen, um festzustellen, was sich womöglich zutage fördern ließe.

Falls es dort jedoch Spuren gegeben haben sollte, so sind sie längst verweht. Concesio ist nicht mehr das kleine Bauerndorf, es wurde zum Vorort der Industriestadt Brescia. Man erinnert sich dort der Gestalten der Familie Montini nur noch schattenhaft. Pauls Vater, Giorgio, war mittelständischer Grundeigentümer und Zeitungsverleger. Die Mutter, Giuditta, war eine zarte, zurückhaltende Frau und, dem Sohne ähnlich, von devoter Frömmigkeit. Beide Eltern erzogen ihn in streng katholischer Tradition. Schon sehr früh wandte er sich gedanklich dem Priestertum zu; aber Abwägbarkeiten, Behutsamkeit und Zweifel, die ihn später plagten, hatten bereits Wurzeln geschlagen. War er berufen? Besaß er die für den Priesterberuf erforderliche physische Kraft? Eine gute Konstitution war unerläßlich – er jedoch kränkelte. War er charakterlich geeignet? Nannte er genügend Ausdauer und Enthusiasmus sein eigen? Würde Gott ihm den rechten Weg weisen? Diese Zweifel hatten sich beseitigen lassen, andere aber traten an ihre Stelle – er blieb seines Selbst und seines Auftrags unsicher.

Noch kritischer als anderen stand er sich selbst gegenüber. Als Paul noch Erzbischof von Mailand war, hatte Johannes XXIII. ihn ›unseren Kardinal Hamlet‹ genannt. In gewisser Weise traf das zu; er glaubte, allein durch Duldung die Zweifel überwinden zu können und so mit Gottes Gnade zu höherer Einsicht und Verständigung mit jenen gelangen zu können, die das Gute bekämpfen; insbesondere Kommunisten und Terroristen. Dieses Anliegen wurde jedoch von seinen Kritikern kaum in Betracht gezogen; sie sahen in ihm nur den Papst, der spanischen Guerillerros und lateinamerikanischen Linksparteien moralische Unterstützung zukommen ließ. Für sie war er jener Papst, der sich und damit sein Amt vor den Karren der kommunistischen Regierung Nordvietnams spannen ließ, um dieser die Eröffnung der Tet-Offensive 1968 zu ermöglichen. Er galt als der Heilige Vater, dessen Auge wohlwollend auf Castros Kuba ruhte, und der es duldete, daß in den Kirchen Amerikas, Asiens und der Dritten Welt die Messe von marxistischen Bischöfen, Priestern und Nonnen gelesen wurde. Er war der Papst, welcher kein öffentliches Wort über die Unterdrückung der Kirche in Ungarn, Rumänien und der Tschechoslowakei verlauten ließ. Man verurteile ihn, sagt er des öfteren seufzend über den Tisch hinweg zu Macchi und Magee, ohne volle Kenntnis der Fakten.

Paul liest weiter, arbeitet sich stetig von Artikel zu Artikel vor. Auf dieselbe Weise verschlingt er auch offizielle Dokumente. Einen großen Teil der Zeitungsberichte findet er nichtssagend und oberflächlich; sie ähnelten nicht im geringsten den ernsthaften, ernüchternden Kolumnen, die sein Vater einst verfaßt hat. Im Innern eines italienischen Blattes findet er ein weiteres Resümee seines Pontifikats: ebenso banal und rachsüchtig wie alle übrigen. Er überfliegt den Artikel und reagiert wie so oft bei derartigen Attacken: er wirft das Blatt beiseite und zuckt die Schultern.

Macchi hat nur auf diesen Augenblick gewartet, um mit Paul den Terminkalender des Tages besprechen zu können.

✳

Auf dem Petersplatz herrscht die Atmosphäre eines römischen Karnevals: lange Besucherschlangen ziehen in Richtung Glockentor, einem der Zugänge zur Vatikanstadt. Jenseits des Tores liegt der Nervi-Audienzbau. Souvenirhändler sehen in den Menschenschlangen ein gefundenes Fressen, halten Schund und Tand vielfältigster Art feil: imitierte päpstliche Münzen, Blechmedaillons, Plastik-Kruzifixe, Rosenkränze, Abzeichen und Postkarten mit Darstellungen der Jungfrau,

Jesu, der Kreuzigung sowie des Paulschen Konterfeis. Letzteres wird nur von wenigen gekauft: es entstand nach einer vor etwa fünf Jahren aufgenommenen Fotografie und ist völlig unrealistisch koloriert: Paul scheint Make-up zu tragen oder Opfer eines Retuschierkünstlers geworden zu sein. Von Zeit zu Zeit rücken Polizisten vor und zerren den einen oder anderen aus der Schlange: Taschendiebe. An einem erfolgreichen Tag bringt man vielleicht ihrer zwei Dutzend hinter Gitter. Die Delinquenten folgen den Beamten schweigend in einen unter den Bernini-Kolonnaden abgestellten Mannschaftswagen. Probleme oder Schwierigkeiten anderer Art scheinen sich nicht anzubahnen; trotzdem eilt der für den Petersplatz verantwortliche Polizeigewaltige eifrig zwischen seinen Männern umher, die sich ohne erkennbares Schema in der Nähe der Touristen halten oder wieder abgezogen werden.

✳

Nachdem seine Termine durchgesprochen sind, wartet Paul in seinem Arbeitszimmer neben dem Schlafgemach. Sein offizielles Büro liegt zwei Stockwerke tiefer. Es ist ihm jedoch lieber, den ersten Abschnitt seines geschäftigen, exakt eingeteilten Tages in diesem quadratischen Raum zu verbringen, dessen vom Fußboden bis zur Decke reichende Regale mit Büchern vollgestopft sind, die Umfang und Interessengebiete des päpstlichen Lesehungers manifestieren. Wissenschaften und Klassiker sind gut vertreten: ein Regal ist den namhafteren Werken zeitgenössischer Romanliteratur gewidmet: Graham Greene und Saul Bellow haben ihren Platz, Norman Mailer ist mit ›Die Nackten und die Toten‹ vertreten. Der Papst hält dieses Buch für eine wichtige Ergänzung der Anti-Kriegsliteratur eines Bertrand Russell und anderer pazifistischer Autoren, deren Werke sich korrekt geordnet ebenfalls in den Regalen finden. Dazu kommen reihenweise Bände über Theologie oder religiöse Themen jeglicher Art. Die Schriften des französischen Philosophen Jacques Maritain stehen dabei im Vordergrund. Auf einem Beistelltisch liegt die italienische Ausgabe von Jacques Maritains ›Christlichem Humanismus‹. Als Paul noch Kardinal war, hat er es gern übernommen, zu dieser Übersetzung das Vorwort zu schreiben, in welchem in gewisser Weise seine Ansicht über Papsttum und Kirche in geraffter Form zum Ausdruck kommt. Er behauptet dort, daß es das beste sei, ›Zeuge zu sein durch Dienst (am Herrn) und nicht zu glauben, eine andere Handlungsweise sei möglich, durchführbar oder gar erwünscht‹. Es überrascht nicht, daß er dem Ansatzpunkt des christlichen Humanismus zugetan ist, nämlich daß alle Menschen von Hause aus gut seien, auf das Gute bereitwillig eingingen und das Böse verneinten, sobald ihnen der Unterschied verdeutlicht würde. Er hält es für die Aufgabe der Kirche, diesen Unterschied unter Aufbietung aller Kräfte herauszuarbeiten statt nur zu versuchen, Politik, Wissenschaft, Erziehung, Literatur oder jeden sonstigen Lebensbereich im katholischen Sinne zu beeinflussen. Dem Ruf, ›Zeuge durch Dienen‹ zu sein, habe die Kirche zuallererst zu folgen. Erst dann wird sie in einer Welt, die sich zunehmend jeder Form des Christentums verschließt, insbesondere aber der zentralen Autorität des Papstes als Stellvertreter Christi die Anerkennung verweigert, ihren Platz halten können. Nach Pauls Ansicht müssen Papsttum und Kirche nach neuen, zeitgemäßeren Wegen suchen, um die Gläubigen anzuziehen; besteht die Notwendigkeit, Papsttum und Kirche aus ihrer Isolation zu lösen, frühere Differenzen anzuerkennen und zu beheben als Teil eines neuen Impulses, diese Zwillingsinstitution der Welt schmackhafter zu machen.

Dies hat Paul geschrieben, bevor er nach neunjähriger Tätigkeit in Mailand nach Rom zurückkehrte. Er fuhr nach Süden mitsamt jener Anhängerschaft, die sich die meisten Kardinäle zulegen. Diese ›Mailänder Mafia‹ – Designer, Architekten, Finanziers, Kleriker jeglicher Art – hat seinem Pontifikat ihren Stempel aufgedrückt.

Zu dieser Gruppe gehörte auch der Mann, auf den Paul nun wartet: sein Arzt Mario Fontana. Der Papst hat sich mit dessen täglichen Besuchen abgefunden; er nimmt sie hin als einen weiteren nadelfeinen Stich jenes unsichtbaren Dornengeflechts, von dem er sich umwuchern ließ.

Fontana ist pünktlich wie immer. Beim ersten Schlag zehn Uhr betritt er das Arbeitszimmer in dunkelblauer Kleidung, die Weste ziert eine goldene Uhrkette. Auch ohne schwarze Tasche würde man in ihm jederzeit den Arzt ausmachen: er verströmt jenen typischen Bettkantengeruch, wie er nur äußerst erfolgreichen Medizinern eigen ist. Als päpstlicher Arzt trägt er den Titel ›archiatro‹, was mit Leibarzt zu übersetzen wäre.

Noch kein Papst hatte einen ergebeneren Arzt als Fontana. Auf der ganzen Welt hat er nach einem Präparat gesucht, das Pauls Arthritis lindern, wenn schon nicht heilen könnte. Er hat sich gar auf medizinisches Randgebiet gewagt – die Welt der homöopathischen Heilmittel, denen die Schulmedizin des öfteren die Anerkennung verweigert –, um ein geeignetes Medikament zu finden. Dabei folgte er bewährter Praxis: schon mehrere Päpste hatten mit Hilfe von Verjüngungskuren und -elixieren versucht, gegen die Verwüstungen des Alters anzukämpfen. Schließlich schaffte er die kleinen Kapseln herbei, die der Papst nun schon seit Monaten schluckt. Wenn sich auch keine nennenswerte Besserung konstatieren läßt, so hat sich sein Zustand auch nicht drastisch verschlechtert.

Fontana begrüßt Paul mit einem zutiefst verehrungsvollen »Guten Morgen, Heiligkeit« und stellt seine Tasche auf einen kleinen Schreibtisch in Zimmermitte. Er öffnet sie nicht gleich, sondern beginnt zunächst eine kleine harmlose Unterhaltung, mal über das Wetter, ein andermal über die Tourismussaison. Das Gespräch indes ist mehr als nur höflicher Zeitvertreib. Nein, auf diese Weise prüft Fontana die Reaktionen seines Patienten. Ist Paul schwungvoll und aufgekratzt?

Antwortet er lebhaft? Oder ist er teilnahmslos und hört gar nicht richtig zu? Anhand der Antworten kann sich der Arzt ein ungefähres Bild davon machen, wie Paul die Nacht verbracht hat. Paul läßt sich nicht gern direkt danach befragen. Die eigentliche Untersuchung geht dann schnell. Fontana zieht ein Stethoskop aus seiner Tasche, schiebt es unter die Soutane des Papstes und horcht dessen Brust ab. Die Untersuchung selbst dauert nur eine Minute. Fontana sagt nicht ein Wort. Später wird er Giacomina und Macchi erzählen, daß der Papst weiterhin sorgfältigster Beobachtung bedürfe. Der Doktor beabsichtigt nämlich, sich mit dem Papst nach Castel Gandolfo zu begeben.

Paul und Fontana verlassen das Arbeitszimmer und gehen zum Lift. Gemeinsam fahren sie in den zweiten Stock hinab. Der Fahrstuhl bewegt sich schnell und leise; anders als die mit Wasserballast betriebenen Elevatoren, die im Vatikan üblich waren, als Paul zum erstenmal hier eintraf. Die Gesamtatmosphäre indes ist nach wie vor unverändert: eine beinahe heitere Ruhe, eine Stimmung – so pflegt Paul gelegentlich einem zu Besuch weilenden Würdenträger zu sagen –, wie vom Heiligen Geist geschaffen.

Fontana geht auf den San-Damaso-Hof hinaus, über den alle Besucher der päpstlichen Gemächer oder Büroräume des Staatssekretariats kommen müssen.

Als Paul auf dem Weg in sein offizielles Büro, die sogenannte ›Privatbibliothek‹, an der Schweizergarde vorbeimuß, knien die Gardisten salutierend nieder. Zum Schutz des Heiligen Stuhls trägt die Garde keine anderen sichtbaren Waffen als Schwerter oder mittelalterliche Hellebarden. Jeder Soldat kommt aus einer gutkatholischen Schweizer Familie. Die ›Cohors Helvetica‹ ist die einzig verbliebene Einheit der päpstlichen Streitkräfte. Die Schweizergarde untersteht direkt dem Befehl des Pontifex. Nobel- und Palast-Ehrengarde löste Paul 1970 auf; nach jahrelangem loyalem Dienst sah er in ihrer Präsenz nichts Sinnvolles mehr. Dies war eine weitere Entscheidung, die ihm beißende Kritik eintrug. Somit steht nun die Schweizergarde – vier Offiziere, ein Feldkaplan, dreiundzwanzig Unteroffiziere, sechzig Hellebardiers und zwei Trommler in vielfach gebauschten Renaissancekostümen mit dunkelblauen, orangefarbenen und gelben Streifen – allein dem förmlichen Protokoll zur Verfügung.

Der eigentliche Schutz des Papstes obliegt Männern wie den beiden blau uniformierten Zivilgardisten neben der Tür des Arbeitszimmers. Beide tragen unter der Jacke verdeckt Revolver. Das schnelle Ziehen der Waffe wird regelmäßig geübt. Die Männer nehmen Haltung an und grüßen den Papst, verbeugen sich dabei jedoch nicht, denn in genau diesem Moment könnte ein Attentäter losschlagen. Vor einem Jahr noch hätte man solche Überlegungen als albern abgetan, heute jedoch ist sich niemand mehr sicher.

*

Über Pauls Büro, im dritten Stockwerk des Apostolischen Palastes, befinden sich die Räume des Staatssekretariats, wo Nachrichten über neue Gewaltandrohungen gegen den Papst aller Wahrscheinlichkeit nach zuerst landen und eiligst bearbeitet werden. Das Staatssekretariat hat etwa hundert Mitarbeiter, darunter ein Dutzend Diplomaten mit Pässen des Heiligen Stuhls sowie etwa zwanzig Angehörige verschiedener kirchlicher Orden. Diese oberste Dienststelle des päpstlichen Außenamtes arbeitet in überbesetzten, unzureichend belüfteten Büros und bei künstlichem Licht – der einzige auswärtige Dienst der Erde, der regelmäßig, sobald man vor einem schwierigen politischen Problem steht, den Heiligen Geist um Hilfe anruft. Und seit dem Attentatsversuch auf dem Flughafen von Manila hat sich das Sekretariat in aller Stille ein Nachrichtenübermittlungssystem geschaffen, mit dessen Hilfe weltliche Regierungen gewisse Schlüsselbeamte des Auswärtigen Dienstes zu jeder Tages- und Nachtzeit mit Informationen über neue drohende Gefahren erreichen können. Die Regierungen der Bundesrepublik Deutschland und Israels haben dieses System bereits in Anspruch genommen.

Bei enger Zusammenarbeit mit dem Papst zeichnet das Sekretariat hauptsächlich für die korrekte Verwaltung des Heiligen Stuhls und des Vatikanstaats verantwortlich. Obwohl beide dem Papst als höchster Autorität unterstehen, handelt es sich hier um getrennte und unterschiedliche Fachbereiche. Der Heilige Stuhl bildet das Zentrum des Römischen Katholizismus, regelt das Glaubensleben eines jeden Katholiken, trifft Entscheidungen, die jeden Gläubigen in welcher Ecke der Welt auch immer berühren. Die katholische Einstellung zur Geburtenkontrolle, die katholische Verhaltensweise gegenüber Protestantismus, Kommunismus, Judaismus und Islam rühren letztinstanzlich vom Heiligen Stuhl her. So werden hier auch Dogmenfragen jeder Art entschieden, angefangen bei der Wortwahl der Katechismusformulierung bis hin zur Bedeutung der Taufe. Im dritten Stockwerk des Apostolischen Palastes werden sämtliche Aspekte der Kirchenpolitik und -praxis formuliert. Für 740 Millionen getaufte Katholiken, darunter 421 839 Priester, 986 686 Nonnen, 3 700 Bischöfe und 130 Kardinäle – für eine Kirche also, die 18,1 Prozent der geschätzten Erdbevölkerung umfaßt –, sind die in diesen Büroräumen getroffenen Entscheidungen von Rechts wegen bindend. Der Heilige Stuhl, nicht der Vatikanstadtstaat, unterhält diplomatische Beziehungen zu über fünfzig Staaten. Er unterhält ein Diplomatisches Corps von mehr als vierzig Apostolischen Nuntii und Gesandten, die in zahlreichen Hauptstädten residieren (beziehungsweise dort, wo sie keinen festen Standort haben, wie in Afrika, ihren Dienst mobil versehen). Der Vatikan – bescheidene 47,5 Hektar Fläche bei einer Längenausdehnung von maximal 1 035 und größter Breite von 743 Metern – ist eine von Mauern umgebene Enklave inmitten Roms und Ausdruck einer weltlichen Souveränität, die es der Kirche ermöglicht, über den Heiligen Stuhl und das Staatssekretariat ihre Mission zu erfüllen.

Seit neun Jahren wird das Staatssekretariat von Villot geleitet, einem Kardinal, der von jedermann gern sogleich klassifiziert wird. Journalisten stellt er sich als xenophober Franzose dar – nur gallische Zeitungsleute schreiben voller Stolz, er sei der de Gaulle Gottes –: mit spitzer Nase und verkniffenem Mund, dessen Lächeln niemals die mit einer Stahlbrille bewehrten Augen erreicht. Seine Verleumder behaupten, er starre selbst im Schlaf noch unverwandten, wachsamen Auges zur Decke. Ernster zu nehmen ist indes die Feststellung, daß seine bürokratischen Fähigkeiten erst nach einem Leben voller kleinerer Erfolge so richtig zur Geltung kamen.

Sein Büro liegt neben einem kleinen, hübschen, von Raphael entworfenen und ausgemalten Bad, das bezaubernd und leicht obszön zugleich wirkt. Im Gegensatz dazu ist Villots Dienstzimmer elegant-funktional. Es gibt nur wenig Durcheinander, man bekommt jedoch sofort den Eindruck ständiger Geschäftigkeit: eine Vielzahl von Papieren jeglicher Art wird geholt, gebracht; das Ganze geschieht unter einem dichten Rauchschleier, den Villot während der Dienststunden um sich verbreitet. Vierzig Gauloises pafft er pro Tag. Seine Leute schütteln den Kopf und sagen, Eminenz werden noch an Lungenkrebs sterben. Villot zuckt nach Art der Franzosen die Schultern: er ist zweiundsiebzig und somit zu alt, um lebenslange Gewohnheiten noch zu ändern. In gesellschaftlicher Hinsicht gilt er als ›bon vivant‹; seinem Keller rühmt man nach, der feinste vom Feinen aller vatikanischen Weinkeller zu sein. Villot schätzt kleine Tischgesellschaften außerordentlich. Bei derlei Gelegenheiten pflegt er einigen der führenden Meinungsmacher der Welt größtenteils aufmerksam zuzuhören. Das Zuhören bildete bei seinem stetigen Aufstieg zur Macht seit jeher seine starke Seite. 1954 wurde er Weihbischof zu Paris. 1965 zum Erzbischof von Lyon ernannt, schaffte er nur wenige Jahre später plötzlich den Sprung ins dritte Stockwerk des Apostolischen Palasts. Hier werden die Weltprobleme – wie sie sich dem Vatikan darstellen – geprüft und analysiert; sodann wird dazu Stellung bezogen; diese Stellungnahmen sind jedoch keineswegs immer für den öffentlichen Gebrauch bestimmt. Villot ist leidenschaftlicher Verfechter der dem Heiligen Stuhl nachgerühmten Kunst einer behutsamen und geheimen Diplomatie. Nichts fürchtet er mehr, als daß bei heiklen Verhandlungen die Rolle des Staatssekretariats bereits vor dem erfolgreichen Abschluß bekannt wird. In einem solchen Falle steigt sein täglicher Zigarettenkonsum auf über fünfzig. Zur Zeit ist Villot mit dem Nahen Osten, mit Polen und Rhodesien befaßt. Bescheidene Erfolge auf diesen Gebieten sorgen dafür, daß er mit zwei Schachteln Zigaretten täglich auskommt.

Außerdem beschäftigt ihn eine Lage, die sich höchstwahrscheinlich in Kürze zuspitzen wird. Nach gründlicher Befragung Fontanas zweifelt Villot nicht, daß Paul bald sterben wird. Im Augenblick seines Todes wird Villot als Kardinalstaatssekretär Camerlengo, das heißt Kardinalskämmerer des Universalepiskopats, der bis zur Wahl eines neuen Papstes die volle Verantwortung trägt. Dazu ist er dann für die Organisierung des Konklave, das einen Kardinal zum Papst erheben wird, zuständig. Villot hat die umfängliche Akte über Johannes' XXIII. Beisetzung bereits studiert und sich die von Paul erlassenen apostolischen Richtlinien für die Wahl seines Nachfolgers vergegenwärtigt. Dieser Erlaß hat Verfassungsrang und stellt ein weiteres Dokument, an dem sich die Geister scheiden, dar. Paul hatte bestimmt, daß alle über achtzig Jahre alten Kardinäle vom nächsten Konklave ausgeschlossen sind. Und die strikte Verschwiegenheit des Konklave – diese Tradition wurde 1903 begründet, um den österreichischen Kaiser, Franz Joseph I., an der Einflußnahme auf das Wählerverhalten der Kardinäle zu hindern – wurde noch beträchtlich verschärft. Die Kardinäle müssen vor Gott den heiligen Eid leisten, ihren Mund zu halten. Die Tagungsräume des Konklave müssen mit elektronischem Gerät auf Wanzen untersucht werden. Villot bemerkte dazu säuerlich: Paul ist entschlossen, es zu einem ›Vatikangate‹ nicht kommen zu lassen; es sollen keinerlei Einzelheiten über das Kräftespiel hinter den Kulissen der nächsten Papstwahl durchsickern. Aber selbst Villot kann die Geheimhaltung nicht garantieren – jetzt nicht mehr, seit einige der ehrgeizigeren Kardinäle das Spiel eröffneten. Obwohl Paul noch lebt, sind sie bereits beim Kungeln und dabei, zu intrigieren und sich nach Unterstützung umzusehen. Dies ist zwar ungesetzlich und gegen den erklärten Willen des Heiligen Geistes; aber es geschieht weiter. Villot hat das Gefühl, daß der Augenblick naht, wo er neben anderen zu treffenden Maßnahmen auch seinen Zigarettenkonsum wird steigern müssen, um es mit manchen Schachzügen seiner Kardinalskollegen nervlich aufnehmen zu können.

In dem Büro, in welchem Paul jetzt sitzt, traf er zwei Jahre zuvor eine Entscheidung, die von vielen noch immer als Höhepunkt seines Pontifikats angesehen wird. Gegen die Empfehlung der römischen Kurie – einer höchst komplizierten hierarchischen Körperschaft, die die Administration des Heiligen Stuhls stellt – hatte sich Paul viele der 1976 von ihm ernannten zwanzig Kardinäle außerhalb Italiens gesucht. Einige von ihnen – Evaristo Arns und Aloisio Lorscheider aus Brasilien, Bernardin Gantin aus Benin (Dahomey), Hyacinthe Thiandoum aus Senegal, Jaime Sin von den Philippinen und Eduardo Pironio aus Argentinien – waren Männer, für die die Kurie nicht besonders viel übrighatte: Progressive, Reformfreudige, jeder von ihnen bereit, die Kurie herauszufordern. Durch die Beförderung dieser Männer hatte sich Paul in der Kurie Feinde geschaffen. Paul nimmt dieses Risiko jedoch in Kauf, weil er hofft, daß die Neuernannten, wenn es zur Wahl seines Nachfolgers kommt, nach einem Kandidaten Ausschau halten werden, dem die Fortsetzung der von ihm, Paul, eingeleiteten Reformen am Herzen liegt. Er unterschätzt jedoch nicht die Fähigkeiten jener, die als Mitglieder der Kurie die Lage zu ihren eigenen Gunsten zu manipulieren verstehen. Er hat dies schon am eigenen Leibe erfahren, er ist noch immer in ihren kunstvoll ausgelegten Schlingen gefangen; er, der Norditaliener, dem es jederzeit schwerfiel, sich die Römer gewogen zu machen. Selbst hier, in seinem Allerheiligsten, ist der Einfluß dieser Leute spürbar wie eh und je: viele jener Entscheidungen, die man ihn abends abzuzeichnen bittet, sind von der Kurie vorbereitet, geformt, gefeilt und geschliffen worden. Ebenso geht es mit den Denkschriften – argumentativ sorgfältig aufbereitet, geschrieben und immer wieder umgeschrieben, bis der Sinn bis in die letzte Nuance eindeutig getroffen war. Alle diese Dokumente sind von vielen klugen Köpfen immer wieder geduldig überarbeitet worden.

Paul sieht keine Möglichkeit, dies zu ändern. Er selbst gehörte dreißig Jahre der Kurie an und weiß nur zu gut, wie das System funktioniert. Obwohl die Ernennung der von ihm favorisierten Kardinäle ein großer persönlicher Erfolg war, erkennt Paul, daß er das System selbst nicht besiegen kann. Das gelang noch keinem Papst.

Solche Gedanken dürften dazu beigetragen haben, daß man inzwischen den deutlichen Eindruck bekommt, Paul gestehe sich seinen Mißerfolg selbst ein. Dieses Gefühl der Erfolglosigkeit hat er schon lange, vielleicht seit jenem Tage des Jahres 1966, als er drei Jahre nach seiner Ernennung zum Papst das Grab Coelestinus V. besuchte. Mit Coelestinus verbindet man heutzutage nur die Erinnerung, daß er 1294 vom Amt zurücktrat. Paul nahm den Besuch zum Anlaß, um über Rücktritt zu sprechen. Seine Worte waren interpretierbar wie immer. Es schien jedoch unstrittig, daß Paul unter gewissen Voraussetzungen abdanken würde. Zu jener Zeit war er bereits in den Streit mit den Jesuiten verwickelt; war ihm das erste Geflüster über Codys schockierendes Verhalten in Chikago zu Ohren gekommen; die Durchführung des II. Vaticanums war mit ernsthaften Schwierigkeiten verbunden; der Heilige Stuhl sah sich Vietnams wegen in die Enge getrieben. Über die Jahre hinweg hatten diese Krisen Paul doch tief berührt. Sein Gefühl, versagt zu haben, verstärkte sich. Selbst in den Augen seiner verschwiegenen und loyalen Sekretäre Macchi und Magee erscheint Paul nun als einsame, tragische Gestalt – Hamlets Kardinal sehr ähnlich –, wie er so dasitzt und auf den ersten offiziellen Besucher wartet.

In stärkerem Maße als in den anderen Räumen seiner Zimmerflucht, schmerzte Paul die Ausstattung dieses geräumigen Salons mit den drei auf den Petersplatz weisenden Fenstern. Das von Johannes XXIII. bevorzugte vergoldete Mobiliar hat er entfernen lassen. Verschwunden sind auch die Spuren der Vorliebe seines Amtsvorgängers für gemusterte Teppiche und die Büsten verblichener Päpste. Paul hat das

Ganze inventarisieren und in einen der Lagerräume im Keller des Apostolischen Palastes schaffen lassen, wo es, in Tücher gehüllt und somit vor dem Einstauben sicher, der Sympathie eines künftigen Papstes harrt. Aus denselben Gewölben hat Paul herrliche Renaissancegemälde, hölzerne Heiligenstatuen und cremefarbene Veloursteppiche hervorholen lassen, die ihm als Wandbehang und Fußbodenbelag lieber sind.

Sein Schreibtisch stammt aus dem sechzehnten Jahrhundert, der Zeit Pauls IV. Dazu gehören eine handgearbeitete lederne Schreibunterlage, eine kleine Uhr mit massiv-goldenem Gehäuse, ein vergoldeter Löschroller sowie eine Schere-und-Brieföffner-Kombination. Jedes Stück ist sorgfältig und adrett so arrangiert, daß der Besucher sofort bemerkt, dies könne nicht Pauls eigentlicher Schreibtisch sein. Paul sitzt gewissermaßen in einem Guckkasten, in dem er einen Strom von Menschen empfängt. Hinter Paul steht ein weißes Telefon auf einem Regal. Niemand kann sich daran erinnern, wann er es das letztemal benutzt hat. Hier herauf dringt kein Anruf – Macchis oder Magees Schreibtisch sind Endstation jedes hereinkommenden Gesprächs. Neben dem weißen Telefon stehen sorgfältig ausgewählte Nachschlagewerke: eine lateinische Bibel mit Stichwortregister, ein Lederband Dokumente des II. Vaticanums, Pauls allbekannte Enzyklika ›Ecclesiam Suam‹, ein Missionslexikon, die eigens für den Papst in weißes Leder gebundene letzte Ausgabe des Vatikanischen Jahrbuchs sowie der Kodex des kanonischen Rechts. Die Beleuchtung, die Blumenarrangements und die Plazierung der Möbel erwecken als Ganzes den Eindruck, als habe ein Innenarchitekt realisiert, wie seiner Meinung nach ein Papstbüro auszusehen habe. Alles wirkt überwältigend und abschwächend zugleich.

Wie von Macchi auf dem Terminkalender vermerkt, betritt Villot um kurz nach zehn den Raum. Villot pflegt in der Regel zweimal täglich vorzusprechen, jedoch dann öfter, wenn Paul auf Grund einer bestimmten Krisensituation besondere Unterrichtung verlangt. Er bleibt vor dem Schreibtisch stehen und begrüßt den Papst in tadellosem Italienisch ohne die Spur eines französischen Akzents. Villots Benehmen läßt nicht erkennen, daß an den Geschichten jener Journalisten, die ihn zunächst wegen seines Gesichtsausdrucks verspotten und im Anschluß daran wieder einmal berichten, der Kardinalstaatssekretär fühle sich im Vatikan als Außenseiter, er werde wohl gar seinen Rücktritt anbieten, etwas Wahres dran ist.

Glaubt man den Medien, sucht Villot schon seit Jahren um Entpflichtung nach. Angeblich soll er um Entlassung gebeten haben, nachdem er sich gegen das italienische Referendum zur Frage der Ehescheidung gewandt hatte und es ihm nicht gelungen war, die Vereinigten Staaten zu bewegen, dem Vatikan bei der Suche nach einer Friedenslösung für Vietnam mehr Spielraum zu gewähren, und da ist sein fortwährendes Gerangel mit den Jesuiten. Ebenso zahlreich wie seine Rücktrittsdrohungen sind die Krisen, die ihm diesen Schritt angeblich nahelegten. Ein Großteil dieser Geschichten entbehrt wahrscheinlich jeder Grundlage. Es kam jedoch vor – insbesondere, als es um Vietnam ging –, daß Villot plötzlich seine Bemühungen von Mitgliedern der Kurie unterlaufen sah: sie waren sich nicht zu schade gewesen, der Presse sensitives Material zuzuspielen. Mit ziemlicher Sicherheit dürfte Villot in diesen Fällen um seinen Abschied eingekommen, von Paul aber zu bleiben gebeten worden sein.

Paul ist keineswegs der geborene Bittsteller. So wenig, wie es ihm gefiel, sich im vergeblichen Versuch, das Leben seines Freundes Moro zu retten, den Roten Brigaden symbolisch zu Füßen zu werfen, sagt es ihm zu, bei jedem Villotschen Rücktrittswunsch die ganze Prozedur noch einmal zu wiederholen. Beide sind alt und erschöpft, und so hatten sie sich zum Schlusse hin kurz umarmt – und Villot machte weiter.

Zwischen beiden steht jedoch ein Problem, das zwar jeder von ihnen seinen Vertrauten – und vielleicht auch seinem Beichtiger – gegenüber zur Sprache gebracht hat, das sie untereinander aber noch niemals erschöpfend erörterten: es handelt sich um Aufstieg, Fall und erneuten Aufstieg Giovanni Benellis. Selbst jetzt, nur zwei Jahre später, liegen die Ursprünge der Geschichte bereits im dunkeln, und wer wirklich alle Fakten kennt, behält sie sorgsam für sich. Die Moral der Geschichte indes ist augenfällig. Höchstwahrscheinlich begann alles so, daß Paul ahnte, der seit langem leidende Villot würde eines Tages wirklich zurücktreten. Um für diesen Fall gerüstet zu sein, ernannte der Papst Benelli zum Unterstaatssekretär. Benelli hatte sich das diplomatische Handwerkszeug auf schwierigen Außenposten des Heiligen Stuhls wie Dublin, Paris, Rio de Janeiro und Madrid angeeignet. Benelli mit dem zu seinem scharfen Verstand passenden blitzenden Lächeln, dem man seine fünfundfünfzig Jahre bei weitem nicht ansah, hatte sehr bald Villots Zorn erregt. Die beiden paßten einfach nicht zusammen. Plötzlich, mit einer Geschwindigkeit, die selbst hartgesottenen Kurienmännern die Sprache verschlug, war Benelli verschwunden – zum Kardinal erhoben, fand er sich als Erzbischof von Florenz wieder; mithin nicht gerade in der Wüste, aber doch an einem für einen unruhigen, ehrgeizigen Kirchenfürsten nicht gerade geeigneten Platz. Hinter diesem Coup stand Villot. In Sebastiano Baggio, dem päpstlichen Sorgentöter, fand er einen bereitwilligen Verbündeten; überraschenderweise machte auch Macchi mit; letzterer war Benellis schroffe, toskanische Manieren und hochfahrendes Gehabe leid. Den Ausschlag gab, daß auch Frater Romeo Panciroli, der ein diskretes Vatikanisches Pressebüro leitet, und Bischof Paul Marcinkus, der Präsident der Vatikanbank, sich auf Villots Seite stellten. Paul blieb nichts anderes übrig –: Benelli mußte gehen.

Niemand jedoch glaubt, daß es durch die ›Verbannung‹ nach Florenz mit Benellis Ehrgeiz nun vorbei sei. Von der vatikanischen Gerüchteküche wird offen unterstellt, daß ein Kandidat für das nächste Konklave bereits feststehe: nämlich der Kardinal von Florenz. Und weitere Gerüchte besagen, daß der Erzbischof für den Fall, daß es ihm gelingen sollte, der zweihundertachtundsechzigste Nachfolger auf dem Stuhl des Apostels Petrus zu werden, als eine seiner ersten Amtshandlungen dafür Sorge tragen werde, daß Villot, Baggio, Macchi, Panciroli und Marcinkus den Rest ihrer Tage auf den ödesten Außenposten verbringen werden, die die Kirche zu vergeben hat; es sei denn, natürlich, sie nähmen ihren Abschied. Ein solches Szenario hätte Villot zum Kettenraucher werden lassen.

Heute morgen gibt es freilich in diesem Zusammenhang noch andere Probleme, die den Kardinalstaatssekretär Villot zu Gedanken um seine Zukunft inspirieren. Baggio, der einst mitgeholfen hatte, Benelli fortzuschicken, hat sich nun selbst ins Spiel um die Papstnachfolge eingekauft. Der Mann, den man in Anlehnung an seinen Namen im Vatikan spaßhaft ›Viaggio Baggio‹ (der reisende Baggio) nennt – gleichzeitig auch eine Anspielung auf die vielen Reisen, die er im Auftrag des Papstes unternimmt, um irgendwo eine lokale Kirchenkrise zu beheben –, versucht seit Mai, Hilfstruppen um sich zu sammeln. Und die kurze Allianz zwischen Trouble-shooter und Staatssekretär ist vorbei. Auch dafür gibt es wieder eine ganze Anzahl möglicher Gründe: Unverträglichkeit (darauf läßt sich im Vatikan als einem Tummelplatz heftigster Rivalitäten jederzeit gefahrlos wetten); Villots als Beleidigung aufgefaßte Mahnung, niemand solle einen Wahlfeldzug führen, als ob es sich beim Pontifikat um ein beliebiges Präsidentenamt handele; Baggios Ansicht, daß Villot bloß noch ein müder, alter Mann sei, der seit Jahren in den Ruhestand gehöre. Es gibt für alles ein Für und Wider. Fest steht jedenfalls, daß sich die beiden ganz offen aus dem Weg gehen. Und jedermann behauptet, der Abbruch ihrer Beziehungen sei ein weiteres Anzeichen für Pauls baldigen Tod.

Vor diesem Hintergrund beginnt Villot mit dem Papst Staatsgeschäfte zu erörtern. Der Staatssekretär weiß besser als jeder andere, daß der Vatikan im Augenblick auf der Stelle tritt[2]. Entscheidungen, die sich aufschieben lassen, werden nicht getroffen. Jedermann wartet auf seine Stunde und schafft sich eine Ausgangsposition für die Zeit, nachdem Paul zur letzten Ruhe gebettet wurde.

Villot gibt Paul eine umfängliche Darstellung der Sachlage; dazu gehören – wie gewöhnlich – auch Abrisse der jüngsten Entwicklungen an hartnäckig kritischen Punkten wie Beirut, Hanoi, Warschau und Salisbury/Rhodesien. Er war kaum zu Ende gekommen, als sich die Tür des Salons öffnet und ein Prälat eintritt.

Er hat weder geklopft, noch ist er bestellt. Auch um die Erlaubnis, unangemeldet eintreten zu dürfen, hat er nicht nachgesucht. Er hat es nicht nötig. Seine Stellung als Prälat des päpstlichen Haushalts, der Casa Pontificia, gibt Monsignore Jacques Martin das Recht, jederzeit und nach Belieben den Papst aufzusuchen. Er teilt sich dieses eifersüchtig bewachte Privileg mit Ghezzi, dem päpstlichen Kammerdiener. Auf Grund dieses Vorrechts achtet Martin auf gebührend hinreichende Distanz zu den übrigen Mitgliedern der päpstlichen Familie, als deren Oberhaupt Martin gegenwärtig eifriger denn je agiert. Nach jahrhundertelanger Eigenständigkeit wurden die Obliegenheiten der päpstlichen Zeremonienkongregation, die Ämter des Major domus und des Kämmerers sowie die Ordensbehörde der Casa Pontificia unterstellt. Davor war Martin bereits für die internen Angelegenheiten des päpstlichen Haushalts im Vatikan wie in Castel Gandolfo sowie für die Vorbereitung fast aller Treffen und Begegnungen des Papstes zuständig gewesen. Auf den obligatorischen Fotos aus Anlaß des Besuches wichtiger Persönlichkeiten sieht man stets einen ältlichen Priester in schlichter schwarzer Soutane mit einfachem Goldkreuz in nächster Nähe des Papstes stehen: das ist Martin. In seiner Suite neben dem Damasushof bewahrt Martin Hunderte solcher Erinnerungsfotos in ledergebundenen Alben auf. Martins Zimmerflucht zählt zu den am prächtigsten ausgestatteten Räumlichkeiten des päpstlichen Hofstaats. Für diesen Eindruck sorgen Fresken an Wänden und Decken – biblische Geschichten, verspielt wirkende Darstellungen von Putten und Satyrn – sowie ein Triptychon in Öl.

Martin bleibt an der Tür stehen. Seine Nase ist ungefähr so schnabelförmig, wie sie von Karikaturisten dargestellt wird. Martin entscheidet letztlich, wer Paul zu Gesicht bekommt: durchschnittlich gehen pro Woche rund 5000 Gesuche um eine private, halbprivate oder Gruppenaudienz ein. Es läßt sich nicht vermeiden, daß die meisten Antragsteller enttäuscht werden. Wem es jedoch bis zum Papst vorzudringen gelingt, der sieht in Martin gewöhnlich einen der faszinierendsten Männer des Vatikans. Mit einiger Berechtigung wird Pauls Administration ›horizontal‹ genannt; die einzelnen sind ungefähr gleich befähigt, Geistesgrößen indes sind rar. Martin ist eine dieser Ausnahmen und weiß das sehr wohl. Vielleicht ist das ein Grund dafür, daß hinter seinen höflichen Manieren ein funkelnden Auges sich äußernder sardonischer Witz erkennbar wird, sobald er eine lohnende Herausforderung seiner ungeheuren Kenntnisse der Funktionsweise des Vatikans ausmacht. Derlei geschieht nicht oft. Er genießt den Ruf, jeden an die Wand zu spielen, der die verblüffende Breite seines Faktenwissens anzweifelt.

Als Paul an der Prostata operiert werden mußte, war Martin es gewesen, der auf Grund genauer Kenntnis der Anlage des Apostolischen Palastes den zur Umwandlung in eine Krankenstation geeignetsten Raum fand. Er vermag alles über die heiligen Reliquien zu sagen, auf die sich der Glaube gründet: die Gebeine der Heiligen Drei Könige; den Schädel Johannes des Täufers; die Hand des heiligen Georg; das Gewand Christi; den Mantel der Heiligen Jungfrau; Maria Magdalenas Fuß; ja selbst ein Stück von Jesu Vorhaut, das angeblich einzige Überbleibsel des Herrn, das in einem von zwei massivsilbernen Engeln behüteten Schrein in Calcate nördlich Roms in einem rubin- und smaragdbesetzten Kästchen aufbewahrt wird. Und Martin ist es, der das beständige Anwachsen der Anzahl Kardinäle tabellarisch darstellen kann: die achtunddreißig Päpste zwischen 1198 und 1492 ernannten 540; im Laufe der nächsten dreihundert Jahre wurden von weiteren siebenunddreißig Päpsten 1275 Kardinäle berufen. Manche Päpste, zum Beispiel Coelestinus IV. und Leo XI., erhoben niemanden. Andere schufen sich ihre Kardinäle mit verblüffender Geschwindigkeit. Bis zum Februar 1965 jedoch blieb die Höchstanzahl aller lebenden Kardinäle auf siebzig beschränkt – zum Gedächtnis jener siebzig Wissenschaftler im antiken Alexandria, denen herkömmlicherweise die Übersetzung der hebräischen Bibel ins Griechische zugeschrieben wird.

Paul, den Martin zwischenzeitlich schätzenlernte, hat die Zahl der Kardinäle zunächst auf 101 erhöht und 1976 auf die bisherige Rekordanzahl von 136 aufgestockt.

Martin hat jederzeit eine neue Geschichte, Begebenheit oder Theorie zur Hand, um seine privaten Tischgesellschaften gerade bis zum Beginn der Geisterstunde hinzuziehen; um Mitternacht nämlich werden sämtliche Tore des Vatikans geschlossen; ohne Sondergenehmigung kommt niemand mehr herein oder heraus, eine Sondererlaubnis, die nur höchst selten erteilt wird. Der Vatikan ist somit der einzige Staat der freien Welt, der jede Nacht seine Grenzen schließt. Martin schätzt diesen Brauch; er hat somit Gelegenheit, zu einer vertretbaren Zeit schlafen zu gehen und vorher trotzdem noch etwa eine Stunde lang Pauls Termine für den nächsten Tag durchzugehen.

Dieser gewissenhafte, selbstlose Mann, dessen sehr hellblaue Augen eisig werden, sobald ihm etwas oder jemand nicht gefällt, bleibt also neben der Türe stehen. Es hat den Anschein, als ob ein merkwürdiger Zwang von diesen Augen ausgeht, der Paul sich erheben läßt.

Der Papst drückt sich auf den Schreibtisch gestützt mühsam in die Höhe, verspürt sofort wieder die Schmerzen im rechten Knie. Er tritt zu Martin; Villot schließt sich ihm an.

Die drei Männer unterhalten sich ein Weilchen auf französisch; mit der Mühelosigkeit des Gelehrten beherrscht Paul mehrere Fremdsprachen fließend. Er hat sogar erwogen, auch noch russisch zu lernen – während der letzten zehn Jahre war Außenminister Gromyko viermal zu längeren Gesprächen im Vatikan –, um sich mit den sowjetischen Spitzenfunktionären unmittelbar unterhalten zu können.

Villot verabschiedet sich. Das ist jedesmal eine sehr förmliche Angelegenheit; denn Papst und Staatssekretär sind beide protokollbewußt bis an die Grenze zur Pedanterie. Nachdem Villot sich entfernt hat, geleitet Martin den Papst langsam in das erste von acht Vorzimmern, wo die Vorgelassenen in kleinen Grüppchen bereits warten.

Dies sind die Auserwählten, die von Martin in eine der je nach Rang sorgfältig abgestuften Formen einer Audienz eingeplant werden konnten. So gibt es zunächst die Form der Generalaudienz mit ihren vielen Teilnehmern; sodann folgt die Gruppenaudienz, bei der nur wenige zugegen sind. Die nächsthöhere Form ist die halbprivate Audienz, ›baciamano‹ genannt, weil es hier gestattet ist, dem Papst die Hand zu küssen und mit ihm eine sorgfältig vorbereitete Unterhaltung zu führen. Bleiben noch die Privataudienzen, die gewöhnlich in dem kleinen Salon stattfinden, aus dem der Papst just getreten ist. Der hierfür in Betracht kommende Personenkreis beschränkt sich unabänderlich auf Staatsoberhäupter, Botschafter, Kardinäle oder Bischöfe in dringender Mission.

Den in diesem Vorzimmer Wartenden wurde ein ›baciamano‹ zugestanden. Die Herren sind im Gesellschaftsanzug, die Damen tragen lange, prüde Kleider. Jeder einzelne hatte es geschafft, Martin irgendwie zu beweisen, dieser Gunst würdig zu sein; bewiesen vielleicht durch Errichtung eines Fonds zugunsten ihrer heimischen Kirche, durch eine selbstlose Spende an ein katholisches Krankenhaus, an eine katholische Wohlfahrtseinrichtung oder Mission. Vielleicht pflegt der eine oder andere aber auch nur enge Beziehungen zu einem einflußreichen Bischof oder Kardinal. Ihrer aller Anwesenheit hier ist Ausdruck ihres besonderen Status.

Die Besucher haben bereits etwa eine Stunde lang geduldig gewartet. Sie werden von acht Priestern aus Martins Stab betreut, die sie hierhergeführt und nach Maßgabe einer maschinengeschriebenen Liste auf die einzelnen Räume verteilt haben. Die wichtigsten von ihnen befinden sich im ersten Vorzimmer, wo sich der Papst – theoretisch – mit ihnen etwas länger befassen wird. Hängt Paul ein wenig zu weit hinter seinem Zeitplan zurück, sorgt Martin dafür, daß die verlorene

Zeit in den letzten Salons wieder hereingeholt wird. Seine Assistenten umschwärmen ihre Gruppen und gemahnen sie erneut, daß das Ritual von ihnen peinlich genaueste Wahrung von Schicklichkeit und Protokoll verlangt. Niemand darf dem Papst eine persönliche Frage stellen oder von ihm die Segnung eines Gegenstandes, etwa einer Taschenbibel oder eines Rosenkranzes, erbitten. Alle haben sich auf die Knie niederzulassen, wenn der Papst zu ihnen tritt. Er ist grundsätzlich mit ›Heiligkeit‹ anzusprechen. Seine Rechte darf geküßt werden.

*

Als es auf elf Uhr zugeht, ist in der Nervi-Halle kaum noch Platz zu finden. Zwölftausend Menschen füllen den Saal, möchten Paul vor seinem Tode noch einmal sehen – obwohl niemand so weit gehen würde, dies als Grund seines Besuchsbegehrens anzugeben –, so daß es seit Monaten nur noch Stehplätze gibt. Die endlosen Menschenreihen wirken in der ungeheuer weitläufigen Räumlichkeit wie verloren. Spötter behaupten daher: Wenn diese Halle einer der Eingänge zum Himmelreich sein solle, bräuchte Gott dringend einen neuen Architekten. Andere meinen, es sei nicht zu erkennen, was Pier Nervi anders habe tun können, nachdem er von Paul beauftragt worden war, den größten Audienzsaal der westlichen Welt zu bauen. Nervi hatte sich schließlich auf vier Spannbetonwände, eine gewellte Decke und einen abfallenden Boden, der sich vom Portal bis zur Rampe an der Westwand über 840 Meter hinzieht, festgelegt. Es gibt keine Fresken; nicht ein Bild erinnert an Gott, den Himmel, Christus oder die Ewigkeit. Das Deckengewölbe ruht auf zweiundvierzig kahlen weißen Doppelbögen. In jede der beiden Längswände ist ein ovales farbiges Fenster eingelassen. Wie so manches andere an diesem Bau waren auch die Fenster Gegenstand heftiger Kontroversen. Zunächst bat man Marc Chagall um Entwürfe. Für eine Ausstattung, die den Himmlischen Frieden suggerieren sollte, wurden seine Pläne indes für zu konfus und weltlich befunden. So werden die Fensterhöhlen nunmehr von Giovanni Hajnals Impressionen über die Klarheit des Herrn gefüllt. Hoch oben in eine Wand eingelassen finden sich die Glaskästen für Fernseh-, Rundfunk- und Presseberichterstatter. Auch heute morgen sind die Journalisten wieder überaus zahlreich vertreten; es hält sich das Gerücht, Paul könnte sogar seinen Rücktritt verkünden.

Macchi und Magee haben bereits das Mikrophon vor dem Thronsessel des Papstes kontrolliert. Als ihr prüfendes Eins, zwei, drei, vier... über die Lautsprecher ging, kam leichter Beifall auf.

Die gewaltige Halle wird von der größten Bronzestatue der Erde, dem Auferstandenen Christus, in ihren Dimensionen scheinbar reduziert. Paul hat die Plastik 1965, ein Jahr bevor die Ausschachtungsarbeiten für das Fundament der Halle begannen, in Auftrag gegeben. Im Zuge dieser Erdarbeiten mußten zahlreiche Gebäude zwischen dem Heiligen Officium und der Mauer Leos IV. abgerissen werden. Die Bronze wurde von Pericle Fazzini geschaffen – einem der Lieblingsbildhauer Jacqueline Kennedys. Über die Wahl Fazzinis herrschte keineswegs Einvernehmen; manche Römer waren der Ansicht, Paul hätte sich für einen einheimischen Künstler entscheiden sollen.

Seit dem 30. Juni 1971 geht Paul jeden Mittwoch, den er sich in Rom aufhält, in dieses von kühnem Ingenieursgeist zeugende monumentale Bauwerk und spricht zu den Versammelten. An dieser Stelle gab er vielen Vorstellungen, die heute Gegenstand endloser Debatten sind, Form und Deutung. So hat er aus Anlaß dieser Audienzen zum Beispiel sowohl den Atomsperrvertrag begrüßt als auch auf die Notwendigkeit eines Ausgleichs mit dem Kommunismus hingewiesen. In dieser Halle hat er sich zu den Problemen der unterentwickelten Länder geäußert und dabei ein gutes Verständnis der gegenwärtig wirkenden entzweienden Kräfte erkennen lassen. Er hat über das neue Raumfahrtzeitalter referiert und seine Gedanken über die Bedeutung der Demokratie in einer Zeit wachsenden Totalitarismus ausgesprochen.

Im Laufe der Jahre hat sich seine Akzentuierung jedoch gewandelt: die feinfühligen, zurückhaltenden Erklärungen seiner ersten Reden wurden nach und nach massiver und verhärteten sich zur Schutzhaltung, wobei der Aspekt des Versöhnlichen zugunsten eines autoritäreren Standpunkts zurücktrat. Er war die höchste Instanz und machte seinen Führungsanspruch geltend. Obschon er weder ein charismatischer noch utopischer Führer wie sein Vorgänger Johannes XXIII. war, bekamen Pauls öffentliche Erklärungen einen konservativen Beigeschmack. In den Anfangstagen seines Pontifikats war er dem Kollegialprinzip gegenüber durchaus aufgeschlossen gewesen; jetzt aber erschien ihm die Gewaltenteilung zwischen Papst und Episkopat als gefährliche Neuerung, die traditionelle päpstliche Prärogativen vereinnahmen würde. Zwangsläufig schmiedete ihn dieser Gesinnungswandel mit den Konservativen der Kurie zu einer festen Allianz zusammen. Listig bestärkten ihn die Männer in seinem Glauben, daß er nichts sagen oder tun dürfe, was ihn als jenen Papst, der dem Niedergang seiner Kirche zugesehen habe, in die Geschichte eingehen ließe. Dies aber, so die Einflüsterungen der Konservativen, werde der Fall sein, sobald er den von Johannes begonnenen Initiativen folge und den von jenem geschaffenen Freiheiten weiter Vorschub leiste.

Paul wurde zu einer Zeit gewählt, als die Kirche sich bereits ernsthaft entzweit hatte, sich gegenseitig bekämpfende Richtungen einander diametral gegenüberstanden. Er konnte eine gewisse Geschlossenheit erreichen, indem er sich aus Angst, die Institution weiter zu schwächen, zunächst weigerte, eine der divergierenden Richtungen massiv zu unterstützen. So hielt er also einen Mittelkurs, was ihn in den Augen mancher aber als unentschlossen, pessimistisch oder gar hinterhältig erscheinen ließ. Nur wenige erkannten, daß es sich bei seinem Verhalten um eine geschickte Hinhaltetaktik handelte. Anfänglich hatte ihm diese Halle nur zur Bekräftigung und Erneuerung einiger alter Grundwahrheiten gedient; statt sich aber bei jedermann beliebt und nach allen Seiten Konzessionen zu machen, hatte er nach und nach immer weniger Skrupel, die Konservativen in religiöser wie politischer Hinsicht zu favorisieren. Sie begannen ihn für einen der ihrigen zu halten. Dies minderte sein hamlethaftes Zögern und half mit, den Entschluß zu Humanae Vitae reifen zu lassen. Der Gehalt dieser Enzyklika gehört zu den Botschaften, die er bei seinen allwöchentlichen Audienzen noch immer zu verbreiten pflegt.

Nachdem er sich aber gerade der Zustimmung der Rechten versichert hatte, nahm er einen erneuten Kurswechsel vor. Er begann zu behaupten, die Frage des katholisch-marxistischen Dialogs bedürfe einer erneuten Überprüfung im Lichte der spektakulären Erfolge der Linken in verschiedenen lateinamerikanischen Ländern. Sofort wurde ganz richtig erkannt, daß diese päpstliche Initiative der Furcht entsprungen war – der Furcht, daß die neue politische Situation die Kirche nachteilig berühren würde, solange sie sich damit nicht arrangierte. Das Resultat war ebenso einleuchtend: die Rechte zuckte indigniert zurück; es kam zur Bildung mächtiger Splittergruppen. Die meiste Publizität wurde der von dem reaktionär-traditionalistischen Erzbischof Marcel Lefèbvre geführten Bewegung zuteil. Die bloße Nennung seines Namens in Gegenwart des Papstes wird von Paul mit scharfer Zurechtweisung geahndet. Zum Teil sind die Reporter, die in ihrem Glaskasten darauf warten, daß Paul erscheint und die Rampe hinabschreitet, nur deswegen gekommen, um festzustellen, ob Lefèbvres Anhänger während der Audienz eine Demonstration veranstalten werden, in der sich die ganze Bitterkeit der Kontroverse wieder einmal manifestierte.

Die Aussicht auf Ärger und eine gute Geschichte reizt die Journalisten. Viele von ihnen haben über den Fall Lefèbvre von Anfang an berichtet, das heißt, seit jenem 8. Dezember 1965, mit dem das Zweite Vatikanische Konzil zu Ende ging. Die Journalisten vertreiben sich die Wartezeit, indem sie sich bestimmter Ereignisse erinnern, die, aus der Rückschau gesehen, gewissermaßen zwangsläufig eintraten.

*

Irgendwann im Verlaufe des vier Jahre währenden Konzils kam Lefèbvre, ein kaum bekannter Erzbischof französischer Abstammung, zu dem Eindruck, das Zweite Vaticanum dränge die Kirche in die gefährliche Nähe des ›Neo-Modernismus und Neo-Protestantismus‹. Am letzten Konzilstag ging er noch einen Schritt weiter. Flankiert von zwei Priestern, teilte der Erzbischof einer Gruppe Journalisten mit, daß er über die rechtliche Grundlage verfüge, sich den Beschlüssen des Konzils zu widersetzen; sie seien folglich ungültig und nicht bindend. Mit für einen Mann eigenartig heller Stimme – sie war bald darauf ebenso bekannt wie die des Papstes – fuhr er dann fort: kein kirchliches Dokument besage, daß Mißachtung der Entscheidungen des Zweiten Vatikanums zum Anathema führe – zu Bann und Exkommunikation als schärfster kirchlicher Strafe bei Verstößen gegen den wahren Glauben.

Die Reporter, die an jenem kalten Dezembernachmittag dabeigewesen waren, erinnern sich, wie alle nach ihren Bleistiften gegriffen und die Kassettenrecorder eingeschaltet hatten. Dies war nicht bloß eine Herausforderung, hier manifestierte sich ein ausgewachsener Glaubensstreit. Lefèbvre war vielleicht nicht gerade bekannt, aber schließlich war er Erzbischof, und für einen Kirchenmann seines Ranges war eine derart unverblümte Redeweise recht ungewöhnlich. Lefèbvres Sprache war kompromißlos. Dreh- und Angelpunkt dieser scharfen Attacke war Lefèbvres Vorstellung, daß der irrige Versuch, mit dem Wandel der Zeiten Schritt halten zu wollen, den traditionellen katholischen Glauben und das Dogma von Grund auf verändern würden. Was zur Zeit geschehe, so der Erzbischof, sei eine ›neue Art von Reformation‹. Aber anders als Luther im sechzehnten Jahrhundert, der nach seiner Revolte die Kirche verlassen hatte und Rom von außenher weiterbekämpfte, beabsichtigten diesmal die hinter der ›Neuen Reformation‹ Stehenden, in der Kirche zu verbleiben und aus gesicherter Position heraus wohlbegründete Strukturen und Inhalte zu zerstören.

Solche Äußerungen waren so richtig nach dem Herzen der Reporter; das Material, das die Kirche wieder in die Schlagzeilen der ersten Seite brachte.

So fing es an. Den Schlagzeilen folgten die Porträts: Lefèbvre, Sohn eines Textilfabrikanten aus Tourcoing, war ein gelehrter Priester geworden, geschätztes Mitglied des Missionsordens vom Heiligen Geist; er war Bischof in Senegal und wurde später Erzbischof von Dakar. Für einen talentierten Sechzigjährigen, der von Anfang an in der Kirche seinen Weg zu machen gedachte, war der Verlauf seiner Karriere bis zum Vatikanischen Konzil keineswegs außergewöhnlich. Dann aber verlor man ihn ebenso schnell wieder aus den Augen wie er seinerzeit aufgetaucht war. Wahrscheinlich wäre er in Vergessenheit geblieben, wenn Paul nicht 1969 einen neuen offiziellen Wortlaut des Meßopfers verkündet hätte, das ›Ordinarium Missae‹. Dieses umfaßt einen neuen ›Auftakt‹ und einen neuen Wortlaut sowohl der Messe selbst wie der Liturgieanweisungen. Damit war das von Pius IV. 1564 auf dem Konzil von Trient verkündete und seither praktizierte Tridentinische Glaubensbekenntnis abgeschafft.

Zwei italienische Priester, die Lefèbvres 1965 veröffentlichte Ansichten teilten, schrieben eine bissige Kritik über das neue ›Ordinarium‹ und den neuen ›Auftakt‹ und behaupteten, beide seien ein schwerer Schlag für den traditionellen katholischen Glauben. Die Priester folgten Lefèbvres Beispiel und stellten sich den Medien zur Verfügung. Die Boulevardpresse reduzierte das Problem auf: Paul oder Pius – suchen

Sie sich einen aus. Paul bat die Heilige Kongregation für das Glaubensdogma – das frühere Heilige Offizium, das ganz zu Anfang Kongregation für die Heilige Inquisition (Congregatio Romanae et Universalis Inquisitionis, 1542 von Paul III. gebildet) hieß – um Überprüfung seines ›Auftakts‹. Die Kongregation urteilte positiv. Und damit hätte die Sache ihr Bewenden haben können.

Lefèbvre aber erzählte einem Journalisten, daß er vom Vatikan die Erlaubnis bekommen habe, in Econe in der Schweiz ein eigenes Institut und Priesterseminar einzurichten. Damit bot sich eine weitere gute Story, und die Medien machten das Beste daraus. Dabei kam ihnen Lefèbvre zu Hilfe, indem er eine Reihe Angriffe gegen die etablierten Kirchen Europas und Amerikas startete. Am 21. November 1974 veröffentlichte er ein Manifest, in dem er das Vatikanische Konzil als ›Schwindel‹ geißelte, die Paulinische Messe ›illegal‹ nannte und die Lehrmeinungen der Bischöfe als ›irrig‹ abtat. Lefèbvre wurde inzwischen internationales Interesse zuteil. Geschwind eröffnete er weitere Seminare, produzierte ein polemisches Blättchen und schrieb ein Buch, ›J'accuse le Concile‹. Die Medien rissen sich um ihn. Von nun an ließ sich die Sache nicht mehr beilegen.

Paul – damals noch immer darauf bedacht, es mit keinem zu verderben – zögerte fatal lange und setzte sich über Villots Rat hinweg, unbarmherzig durchzugreifen, Lefèbvre fertigzumachen und seine Bewegung völlig zu zerschlagen. Paul versuchte mit einem Mann zu argumentieren, der jenseits jeder Einsicht war. Dann jedoch – nun allerdings zu spät – ließ Paul den geballten Zorn des Vatikans auf den Erzbischof niederkommen. Seinen Seminaren wurde die kanonische Zustimmung entzogen; das Vatikanische Appellationsgericht weigerte sich, diesen Beschluß zu revidieren. 1976 dann verging kaum eine Woche, ohne daß aus Rom Drohungen, Forderungen und Befehle in Lefèbvres Bergfestung eintrafen. Er aber ließ sich nicht beirren, ging statt dessen mit seiner Mission in die Vereinigten Staaten, zog durch die Lande, firmte Kinder und predigte gegen die Lehren des Zweiten Vaticanums. Im Juni 1976 kehrte er in die Schweiz zurück und verkündete, er werde innerhalb seines Seminars in Econe sechsundzwanzig junge Männer zu Priestern weihen. Rechtlich gesehen war er dazu nach wie vor imstande. Da tat Paul etwas, was seit 217 Jahren kein Papst mehr getan hatte: er griff einen Prälaten seiner Kirche öffentlich an. Der Papst glaubte, nicht mehr anders zu können. Die Gefahr war zu evident: Lefèbvre konnte nicht nur Priester ordinieren, sondern auch Bischöfe ernennen und sogar Diözesen gründen, die mit den etablierten konkurrieren würden. Er war in der Lage, seine eigene Kirche zu institutionalisieren. Es war ein Alptraum.

Am Tage vor der anberaumten Priesterordinierung erprobte Paul einen direkteren Weg, schickte Kardinal Thiandoum als Sonderemissär zu Lefèbvre und ließ ihn bitten, von der Weihe Abstand zu nehmen – ein ähnliches Verhalten legte Paul später an den Tag, als er die Roten

Brigaden um Moros Leben anflehte. Lefèbvre ging darauf seinerzeit ebensowenig ein wie später die Terroristen. Er weihte seine Priester und predigte über die ›Verräter an unserem Glauben‹, womit vermutlich Paul und der Vatikan gemeint waren.

Nun versuchte es Villot. Er übersandte Lefèbvre per Kurier einen Brief, in dem er die sofortige Einstellung seines Treibens verlangte. Lefèbvre reagierte eisig. Daraufhin suspendierte der Kardinalstaatssekretär den Erzbischof vom Dienst. Prompt predigte Lefèbvre, der Vatikan schaffe »Verwirrung durch Bastardierung«. Es gebe, donnerte er, »einen falschen Ritus (die Paulinische Messe), falsche Sakramente und falsche Priester«. Und zum Schluß trotzte er: »Wenn der Papst irrt, hört er auf, Papst zu sein.«

Die Kirche verschloß ihm die Tore. Lefèbvre reagierte sofort und zelebrierte in einer Boxarena eine Messe nach lateinischem Ritus. Sechstausend Leute kamen und gaben die von der Liturgie verlangten Antworten. Am selben Tage zog es siebentausend Gläubige nach Castel Gandolfo, in deren Gegenwart Paul betete: »Hilf uns, eine Spaltung der Kirche zu verhindern. Unser Bruder Prälat hat die Uns von Christus in Unsere Hände gelegten Schlüssel in Zweifel gezogen. Wir werden dem Erzbischof gegenüber aber nicht in dem Stil reagieren, wie er mit Uns verfährt.«

Der Kampf ging weiter; Paul versuchte es abwechselnd mit Vernunft und Drohungen, Lefèbvre blieb jederzeit stur und halsstarrig und schaffte es auf irritierende Weise immer wieder, sein Anliegen auf die Titelseiten zu bringen. Als Lefèbvre den Papst schließlich zu einem Treffen in Castel Gandolfo überredet hatte – »Ich möchte mit Eurer Billigung und Genehmigung arbeiten, muß aber mit Euch persönlich sprechen« –, waren die Medien zur Stelle und warteten auf den Ausgang dieser historischen Konfrontation.

Die seinerzeit beteiligten Reporter können sich noch an das Aussehen des Erzbischofs erinnern. An jenem Septembertage wirkte er wie ein Mann, der von dem allesverzehrenden Bewußtsein erfüllt ist, recht zu haben. Eine Stunde später tauchte er aus Pauls Sommerresidenz wieder auf und lieferte atemlos eine genaue Darstellung, wie Paul schweigend zugehört hatte, während er, Lefèbvre, auf seinen ›Rechten‹ bestand: dem Recht, das Tridentinische Glaubensbekenntnis zu lesen; dem Recht, weitere Priester zu ordinieren; dem Recht, seinen eigenen Weg zu gehen. Paul hatte gefragt, ob der Erzbischof beabsichtige, neue Bischöfe zu weihen. Die Antwort war unzweideutig: Lefèbvre würde es tun, wenn er es für nötig erachte. Er hatte den Papst abgekanzelt, und Paul war kurz in Wut geraten. Dann hatten sie gemeinsam gebetet; ein Vaterunser; Gegrüßet seiest Du, Maria; und Veni, Sancte Spiritus! Beide hatten sich beim Responsorium der lateinischen Sprache bedient. Lefèbvre sah darin ein Zeichen seines Sieges.

Aber Frieden war noch lange nicht in Sicht. Lefèbvre leugnet, gegenüber Vatikan oder Papst ›untreu‹ zu sein; er habe auch nicht die

Absicht, einen ›Tridentinischen Vatikan‹ zu installieren oder eine Basilika in Konkurrenz zum Petersdom zu bauen, noch wolle er der nächste Gegenpapst werden, ein Mann, der nach Ansicht der Kirche nicht rechtmäßig gewählt ist. Je mehr er solche Behauptungen in Abrede stellte, desto plausibler werden sie für viele jener Journalisten, die im Augenblick auf Pauls Erscheinen in der Audienzhalle warten.

*

Paul wartet geduldig, bis die ›sediari‹ – die Träger in vollem Ornat mit gestärkten Hemdbrüsten, die noch weißer als Pauls Meßgewand sind – mit der ›sedia gestatoria‹, dem prachtvoll geschnitzten Tragsessel, heran sind, in dem Paul in die Audienzhalle getragen wird.

Sicherheitsbeamte umschwärmen den Sessel und behalten die lärmende Menge im Auge, während sich die kleine Prozession den Gang hinabbegibt. Das fortwährende Singen, Jubeln, Händeklatschen und Rufen verursacht einen Heidenlärm. Diesen Augenblick fürchtet man in der Umgebung des Papstes am meisten: denn hoch oben auf seinem Sessel ist Paul gegen einen möglichen Angriff besonders ungeschützt. Irgendwo zwischen all den winkenden Händen könnte jemand eine Waffe halten. Camilio Ciban, der Chef der Sicherheitstruppe, hält sich neben dem schwankenden Sessel bereit, sich gegebenenfalls zwischen Papst und Angreifer zu werfen. Auf der anderen Seite der ›sedia gestatoria‹ ist Macchi zu einer entsprechenden Verhaltensweise bereit. Magee schreitet dem Tragsessel voran und sucht in dem Gewühl vor ihm nach Anzeichen einer unerlaubten Handlung. Cibans Männer halten sich ebenfalls zu beiden Seiten des Sessels: sie sind angewiesen, besonders auf die Augen der Anwesenden zu achten; Augen sind verräterisch – dies zu wissen, kann den entscheidenden Sekundenbruchteil Vorteil bringen.

Keiner der Sicherheitsbeamten kümmert sich um Paul, der matt nach beiden Seiten in die Menge lächelt und sich gelegentlich zu einer ausgestreckten Hand hinabbeugt. Er achtet sorgfältig darauf, mit niemand direkten Kontakt zu bekommen – aus Angst, vom Thron gerissen zu werden. In Indien wäre das einmal beinahe geschehen. Die Prozession bewegt sich nur langsam vorwärts; viel langsamer, als Ciban recht ist. Paul jedoch hat eigens befohlen, keine unziemliche Eile zu zeigen. Die Leute sind aus allen Teilen der Erde gekommen, um diesen Augenblick zu erleben; Paul möchte niemanden enttäuschen. Es dauert zwanzig Minuten, bis der Sessel die Erhöhung auf der Rampe erreicht hat. Dort helfen Macchi und Magee dem Papst auf den Thron. Der donnernde Applaus hält an. Vom Sockel des Thrones aus wirkt die Menschenansammlung in der Halle wie lauter explodierende Blitzlichter.

Die Sesselträger und die Sicherheitsabteilung verschwinden durch eine Tür neben der Fazzini-Plastik. Einzigen Schutz des Papstes bilden

nunmehr nur noch vier Schweizergardisten unter Helm und Federbusch, die Hellebarden entschlossen in Vorhalte. Zu Pauls Linken
sitzen zwei Reihen zu Besuch weilende Kardinäle und Bischöfe sowie
Macchi und Magee. Der Papst nickt und lächelt ihnen zu, der Beifall
hält an. Er wendet sein Gesicht nun der Menge zu und breitet langsam
die Arme aus, als wolle er jeden an die Brust ziehen. Wie auf ein
verabredetes Zeichen herrscht plötzlich Ruhe.

Der Papst bekreuzigt sich und beginnt seine wöchentliche Predigt
wie üblich mit »Liebe Söhne und Töchter . . .«

Er hält inne und schließt die Augen. Sein Gesicht ist eingefallen und
hager.

Einer der die Szene beobachtenden Journalisten fragt sich, ob Paul
gerade wieder einen seiner plötzlichen Schmerzanfälle habe. Jedermann weiß, daß der Papst an der Gicht leidet.

Einer der Kollegen schüttelt den Kopf. Der Papst, mutmaßt er, fragt
sich wahrscheinlich, was er wohl Neues sagen könnte. Es ist nämlich
schon alles gesagt worden; jedem, der es hören wollte.

Das stimmt. Kein anderer Papst ist so weit gereist, um zu so vielen zu
sprechen.

*

Tat er recht, in der Tradition nicht eine die Gegenwart belastende
schwere Hand der Vergangenheit zu sehen, sondern sie, positiv, als
lebendige Realität aufzufassen? Hat die Realisation vieler Lehren des
Zweiten Vatikanischen Konzils – großer persönlicher Triumph des
Papstes – nicht am Ende einer Gewaltenteilung Vorschub geleistet,
obwohl dem Papsttum eigentlich ein noch größerer Platz innerhalb der
Kirche zugedacht war? Waren die von Paul eingeführten liturgischen
Korrekturen im Grunde genommen mehr ästhetischer als geistlicher
Natur, wie manche seiner Kritiker behaupten? Hat Paul nicht zu oft
von seiner persönlichen Autorität Gebrauch gemacht, statt Zurückhaltung zu üben und seine Bischofskollegen vorpreschen zu lassen? War
er – im Falle der Enzyklika ›Humanae Vitae‹ – dazu berechtigt, den
Problemkomplex der persönlichen Freiheit anzusprechen, wo doch die
Welt in dieser Frage so empfindlich geworden ist? Hätte man seinen
vielpropagierten Ökumenismus vielleicht besser verstanden, wenn er
sich statt in Parabeln oder von ihm so genannten ›Gesten‹ in eindeutig
dogmatischer Form dazu geäußert hätte?

Wenn sein Beitrag zur Kirche gewichtet worden ist, und man wissen
wird, ob er von Hause aus scheu und ängstlich war und aus Recht-
schaffenheit den nötigen Mut aufbrachte; wenn man die Antworten
auf diese und andere Fragen einmal kennt und eine Gesamtbeurtei-
lung der Person des Papstes Paul und seiner Rolle vornimmt, dann nur
vor dem Hintergrunde der wichtigsten Leistung Pauls: daß er zum
ersten neuzeitlichen Pilgerpapst wurde; zu dem Mann, der seine Bot-

schaft aus Rom persönlich überbrachte, und dem es dabei erging wie so vielen anderen Boten auch: er mußte feststellen, daß er nicht überall willkommen war.

Sehr früh bereits hatte Paul sich selbst als Pilger bezeichnet und sein Pontifikat eine Wallfahrt genannt. Alle bitteren Lektionen, die er während seiner Zeit als vatikanischer Diplomat hatte lernen müssen, kamen ihm in seiner Rolle als Verkünder des Friedens und der Gerechtigkeit zugute; seine Reisen beflügelten die Phantasie. Er suchte im Heiligen Land die Quellen des christlichen Glaubens auf und umarmte den Patriarchen Athenagoras. Er begab sich nach Indien und betete mit dem Volk. Die Bevölkerung Bombays bedachte ihn mit dem stürmischsten Empfang, der einem ausländischen Würdenträger je von Indern bereitet worden war. Zur Bestätigung seiner Selbsteinschätzung als ›Reiseapostel‹ fuhr er nach Uganda; dort, in Kampala, kam er auf die Märtyrer der Anglikanischen Kirche zu sprechen – in der Tat etwas ganz Besonderes. Als er bei seiner Ankunft in Bogotá (Kolumbien) die Alitalia-Maschine verließ – als erster Papst benutzte er ein strahlengetriebenes Flugzeug als Beförderungsmittel – und die südamerikanische Erde küßte, war jedermann erstaunt. Diese Geste allein reichte aus, um seinen Besuch zu einem gewaltigen persönlichen Triumph werden zu lassen. In Manila wurde er von einem als Priester verkleideten wahnsinnigen Maler angegriffen. Das bedeutete jedoch keinen Unterschied: er brachte seine Botschaft einer geistlichen Brüderlichkeit überallhin mit. Für Paul war dies eine der Grundlagen seines Dialogs mit den anderen Religionen.

Es fiel den Gläubigen – in Fernost, Südamerika, Zentralafrika – jedoch nicht immer leicht, seine Einstellung zur Geburtenkontrolle, Ehescheidung sowie zu anderen unerschütterlichen Lehren seiner Kirche zu verstehen. So konnte auch niemand begreifen, warum riesige Geldmengen für hochragende Altäre unter freiem Himmel und für über Prunkstraßen geschlagene Triumphbögen ausgegeben wurden, während der größte Teil der Schaulustigen dem Verhungern nahe war.

Wohin Paul auch reiste: überall erweckte er den Eindruck, als trage er das Gewicht der ganzen Erde auf seinen schmalen Schultern, und seine zierliche, in Weiß gehüllte Gestalt drohe darunter erdrückt zu werden. Seinen Worten jedoch lauschte die ganze Welt. Erst später, wenn er wieder fort war, hielten manche inne, um sich das Gesagte einmal durch den Kopf gehen zu lassen. Dann ging ihnen auf, daß seine Worte nicht mehr bedeuteten als die freundliche Kenntnisnahme von ihrer Existenz; daß sie zwar eine wohltuende Anerkennung ihrer Schwierigkeiten waren – aber nur sehr wenige praktikable Lösungen beinhalteten.

Er sprach vor der Vollversammlung der Vereinten Nationen; er wußte, daß ihm respektvolle Aufmerksamkeit zuteil werden würde, als er mit den Worten begann: »Wir haben jedem von euch eine Botschaft zu überbringen.« Diese Worte wurden seinerzeit simultan in fünfunddreißig Sprachen übersetzt. Seine Zuhörer vertraten fast alle Staaten dieser Erde. Seine Hoffnungen wirkten überzeugend: die Beziehungen zwischen den Völkern müßten auf Vernunft, Recht und Verständigung basieren, nicht aber durch Furcht, Gewalt oder Arglist bestimmt werden.

Die sechzig Journalisten, die Paul auf dem Flug von Rom nach New York begleiteten, hatten dies alles schon einmal vernommen. Manche von ihnen hören es jetzt noch einmal, als Paul in der Nervi-Halle seine Predigt beendet und seinen Segen spendet.

*

Eskortiert von Macchi, Magee, Ciban und seinen Sicherheitsbeamten, die in aller Stille wieder eingetreten sind, verläßt Paul nun seinen Thron und schreitet langsam zu einer Gruppe Kranker hinüber, denen links neben der Rampe ein besonderer Platz zugewiesen wurde. Neben Männern und Frauen sind auch einige Kinder unter ihnen; Amputierte, an den Rollstuhl Gefesselte, viele bereits von tödlicher Krankheit gezeichnet.

Paul legt einem blinden Jungen die Hand auf den Kopf. Das Kind sieht mit blicklosen Augen zum Papst auf, der sich niederbeugt und ihm Worte zuflüstert, die er öfter gebraucht. »Nur Mut, sei tapfer.« Der Junge schüttelt den Kopf, als könne er nicht länger tapfer sein. Paul flüstert wieder. »Ich werde für dich beten. Willst du für mich beten?« Der Junge runzelt die Stirn, weiß keine rechte Antwort. Schließlich sagt er: »Wie kann ich für dich beten, Heiligkeit?« Der Papst antwortet mit sanfter Stimme und so leise, daß Macchi und Magee sich anstrengen müssen, um seine Worte zu verstehen: »Du bist mein Sohn; also kannst du für deinen Vater beten.« Der Junge lächelt, er versteht.

Der Papst tritt zu einer alten Frau. Sie hat keine Arme mehr; ein riesenhafter Kropf thront auf ihrem Halse. Strahlentherapie hat ihre Haut rötlich-schwarz verbrannt. Der Krebs, sagt sie, breite sich weiter aus; sie wisse, daß sie bald sterben müsse. Ob der Heilige Vater sie segnen wolle? Paul legt rasch seine Hand auf ihren Scheitel und tut es.

Knapp dreißig Minuten lang widmet sich Paul den Kranken, deren Leid ihm unverkennbar nahegeht. In seinen Augen steht tiefempfundenes Mitleid geschrieben. Für jeden findet er die richtigen Worte. Selbst die Sicherheitsbeamten in seiner Nähe sind bewegt.

Andere Sicherheitsbeamte sind dabei, die Versammlung mit sanfter Gewalt aus der Halle zu nötigen. Absperrgitter sorgen dafür, daß niemand dem Papst zu nahe kommt, während er sich den Mühseligen und Beladenen widmet. Langsam strömt die Menge auf den Petersplatz hinaus.

Schließlich wendet Paul sich ab, steigt unter Schmerzen die Stufen der Rampe hinauf, geht ohne sich auch nur einmal umzuwenden an seinem Thron vorbei und verschwindet hinter der Bronzeplastik.

Bevor er am kommenden Sonntag von einem bestimmten Fenster seiner Sommerresidenz aus wieder predigt, wird ihn die Öffentlichkeit nicht mehr zu Gesicht bekommen.

Am Hintereingang der Halle wartet Ghezzi mit dem Mercedes, um Paul und die beiden Sekretäre in den Apostolischen Palast zurückzubringen. Während der Audienz hat Ghezzi den Wagen poliert; er tut das mehrmals am Tage. Der Mercedes ist zweifellos das bestumsorgte Auto Roms. Die Rückfahrt dauert zwei Minuten; weitere dreißig Sekunden benötigt der Fahrstuhl, um Paul, Macchi und Magee in die päpstlichen Gemächer hinaufzubefördern.

Paul geht in sein Schlafzimmer, wäscht sich die Hände und betet. Wenn er anschließend ins Speisezimmer tritt, hält sich dort Ghezzi – er trägt jetzt eine weiße Jacke mit goldenen Knöpfen – schon bereit, um dem Papst und seinen Sekretären ein bescheidenes Mittagessen zu servieren.

Während des Essens lassen sie den Verlauf des Vormittags Revue passieren. Die Unterhaltung führt nach und nach weit über die vor kurzem beendete Audienz hinaus. Seit Paul zu hinfällig ist, um selbst in die Welt hinaustreten zu können, ist es ganz besonders Magee, der ihn über die Ereignisse in der Außenwelt auf dem laufenden hält.

Die Unterhaltung wird durch die Mittagsnachrichten im Fernsehen jäh unterbrochen. Paul schiebt seinen Teller beiseite – er pflegt jetzt nur noch sehr wenig zu essen – und versucht, sich auf die Schlagzeilen zu konzentrieren, um festzustellen, ob sie mit dem Lagebericht Villots in Zusammenhang stehen. Dies ist tatsächlich der Fall. Wie gewöhnlich sind die Angelegenheiten des Vatikans Gegenstand einer Reihe von Spekulationen. In einem Beitrag aus Hongkong ist die Rede davon, daß die heiklen Schachzüge zwischen dem kommunistischen China und dem Heiligen Stuhl weitergehen: der Vatikan dürfte binnen kurzem in China weitere von Regierungsseite ernannte katholische Priester hinzunehmen haben und werde innerhalb der neu gesteckten Grenzen seine Arbeit weiterführen müssen. Aus Wien wird berichtet, daß Osteuropa weiterhin Brennpunkt vatikanischer Politik sei. Der Reporter erinnert die Zuschauer daran, daß die jüngsten Vatikan-Besuche des ungarischen Parteichefs Janos Kadar und Edward Giereks aus Polen heftig kritisiert wurden. Widerstand gegen die päpstliche Globalstrategie komme nicht nur von Leuten, die der Rechten zuzuschreiben seien, sondern auch aus einer Ecke, die behaupte, Vereinbarungen in Osteuropa erinnerten stark an die vor dem Zweiten Weltkrieg mit den Faschisten geschlossenen Konkordate. Der Beitrag endet damit, daß einer ungenannten Quelle im Vatikan zufolge die vollbesetzten Kirchen Polens deutlicher Beweis für die Wirksamkeit der päpstlichen Strategie seien. Ein Kommentator greift das Thema auf und behauptet, die vom Papst betriebene Annäherung an die kommunistischen Regime Osteuropas sei bereits so weit fortgeschritten, daß keiner seiner Nachfolger sie mehr rückgängig machen könne. Hauptziel seiner aktivistischen

Außenpolitik sei es, so der Kommentator, die kritische Lage von fünfzig Millionen Katholiken jenseits des Eisernen Vorhangs zu verbessern.

Nach dem Ende der Nachrichten erhebt sich Paul und verläßt das Zimmer. Draußen wartet bereits Giacomina, um ihn bis zur Tür seines Schlafgemachs zu begleiten. Die beiden wechseln nur wenige Worte, aber die Gegenwart dieser fürsorglichen Frau tut Paul sichtlich gut. Sie öffnet die Tür und entfernt sich.

*

Um vier Uhr kommt Paul wieder zum Vorschein und begibt sich in die Kapelle, um Nonen und Vespern aus dem Brevier zu lesen. Danach begibt er sich in sein Arbeitszimmer, setzt sich an den Schreibtisch. Wie er es sich in letzter Zeit angewöhnt hat, beschäftigt er sich mit den Porträts seiner Eltern und den drei kleinen byzantinischen Bildern. Er stellt sie von einem Tag zum andern um, mal schiebt er sie ans Ende des Schreibtisches, ein andermal zieht er sie näher zu sich heran. Keiner weiß, warum. Niemand fragt. Und Paul gehört nicht zu denen, die von sich aus etwas erklären.

Giacomina erscheint mit einem Täßchen Espresso und einer weiteren Kapsel. Zu dieser Zeit plaudern Papst und Nonne dann ein wenig über häusliche Belange. Ob Seine Heiligkeit einen besonderen Essenswunsch haben? Ob Er zum Dinner Gäste geladen habe? Giacomina würde es sehr freuen, wenn er auf die letztere Frage einmal anders als nur mit knappem Kopfschütteln reagierte. Seit Moros Tod hat Paul kaum einen Außenstehenden zu seiner Tafel geladen – dies ein weiterer Beleg dafür, wie tief ihn das Verbrechen an seinem Freund betroffen gemacht hat. In seinen Augen ist es eine unauslöschliche, nicht wiedergutzumachende Schande. Sein Kummer bleibt für jedermann erkennbar, wodurch die Gefühle der Familie des Ermordeten indes keineswegs besänftigt werden; sie sehen im Tode Moros ein schreckliches Lehrstück für Paul und die von ihm verfolgte Politik des Ausgleichs mit Kommunisten. Nur wenige Angehörige Moros besuchten die mit Bedacht ausgestaltete Messe, in deren Verlauf Paul in aller Öffentlichkeit mit Gott rechtete, seinen »guten, klugen und unschuldigen Freund« nicht gerettet zu haben.

Anschließend hatte sich der Papst in den Vatikan zurückgezogen, um endlos lange über die tiefere Bedeutung dieses Verbrechens nachzusinnen. Es war mehr als nur ein weiterer Mord in einer langen Reihe aufsehenerregender, blutiger Gewalttaten; es war ein wohlberechneter Streich gegen den Staat und, mithin, gegen die Kirche. Fast alle an den Aktivitäten der Roten Brigaden Beteiligten waren in einer der beiden strengsten Weltanschauungen Italiens aufgewachsen: dem Kommunismus und Katholizismus; bei einer großen Anzahl Terroristen handelte es sich um im Grunde genommen fromme Menschen, die ihre eifernde Überzeugung zu Politik und Gewalt führte[1]. Für sie wurde Gewalt zur Lebensweise. Durch Übernahme dieses Credos machten sie Italien zum Haupttummelplatz des westeuropäischen Terrorismus. Paul sagte oft, daß die Ursachen leicht zu erkennen seien: durch sozialen Zerfall geschwächt, war Italien zum fruchtbaren Nährboden geworden, weil der wirtschaftliche Niedergang die Arbeiterschaft entfremdet hatte und Tausende von wohlausgebildeten jungen Leuten keinen Arbeitsplatz fänden. Eine Lösung war nicht zur Hand; Moros Ermordung bewies bloß, daß niemand vor dem auf den Straßen jeder größeren Stadt tobenden Guerillakrieg sicher war.

Und das Unheilvollste war, daß im Zuge dieser Mordtat der Name einer weiteren Persönlichkeit als Opfer eines möglichen Anschlags genannt wurde. Wiederholt begann man sich jetzt die Frage zu stellen: Wann wird jemand versuchen, den Papst zu entführen oder zu töten?

Paul hatte seinen Vertrauten des öfteren gesagt, daß es gefährlich sei, diese Möglichkeit zu ignorieren. Giacomina gegenüber formulierte er es so: »Wir sind nicht länger unversehrt.«

Nicht einmal der optimistischen Nonne Giacomina fielen tröstliche Worte dazu ein.

5

Es ist fünf Uhr, Zeit für Villots zweites offizielles Erscheinen. Ihm folgt ein Assistent, ein Priester in Soutane mit einem Aktenkorb voller Papiere. Der Priester stellt den Korb auf Pauls Schreibtisch und entfernt sich. Villot bleibt noch ein Weilchen, lenkt die Aufmerksamkeit des Papstes auf verschiedene Dokumente. Einige Papiere wird Paul nur paraphieren, andere mit vollem offiziellem Namen unterzeichnen – Paulus PP VI. Befriedigt, nichts übersehen zu haben, zelebriert Villot seinen zweiten förmlichen Abgang des Tages.

Paul kann jetzt das tun, worauf er sich am meisten freut: das sorgfältige Studium der Akten seiner Administration. Wahrscheinlich hat es in neuerer Zeit keinen Papst gegeben, der eine so ungeheure Menge an Informationen in so kurzer Zeit geistig verarbeiten konnte. Schon während seines Studiums an der Gregorianischen Universität zu Rom war dies eine seiner hervorstechendsten Fähigkeiten gewesen. Diese Fertigkeit bestimmte den weiteren Verlauf seines Schicksals ausschlaggebend mit. Nach der Graduierung und jenem kurzen Aufenthalt in Warschau, wo er sich den Wecker zugelegt und das Klima seiner Gesundheit abträglich gefunden hatte, kehrte er nach Rom zurück. Pius XI. hatte von diesem bleichen Priester, der endlose Stunden hindurch mit unglaublicher Geschwindigkeit lesen und aufnehmen konnte, vernommen. Paul bekam im Staatssekretariat einen winzigen Posten, kletterte die Erfolgsleiter geradenwegs und stetig hinauf, bis er schließlich einer der beiden wichtigsten Ratgeber Pius XII. wurde. Paul entwickelte dabei verblüffende Gedächtniskräfte; Dokumente, die ihm vor Jahren einmal unter die Augen gekommen waren, konnte er komplett memorieren. Diesen immensen Vorteil macht er sich auch jetzt noch, während er den Inhalt des Aktenkorbes studiert, zunutze.

Darin findet sich der jüngste Beweis dafür, wie richtig es doch war, daß sich der Heilige Stuhl vor sehr langer Zeit dazu entschlossen hatte, sich nebst den Glaubensfragen auch mit hoher Politik zu befassen. Häufig wurden Ziele und Vorteile nur erreicht, weil man es verstand, geistliche Prärogativen und politische Ambitionen kunstvoll miteinander zu verquicken. Die Päpste als höchste Exponenten dieser Politik haben Kaiser bekämpft, Königsthrone erschüttert, Heere in die Schlacht geführt und, in Pauls Fall, Urteile über Vietnam, Abrüstungs- und Dritte-Welt-Probleme gefällt.

Auf der sicheren Grundlage eines im Namen des Glaubens ausgeübten exorbitanten weltlichen Einflusses ruhend, steht Paul diese Macht zu. Wahrscheinlich ist im Laufe der jüngeren Geschichte niemals öfter als während seines Pontifikats von Rom aus zu internationalen Angelegenheiten offen Stellung bezogen worden. Paul hat nicht nur mit einer langen Tradition gebrochen, indem er auf seinen Reisen Italien weit hinter sich ließ, sich somit immer weiter von der Atmosphäre des Vatikans entfernte, von der er selbst geformt und geprägt worden war. Hierdurch sorgte er auch dafür, daß der in der Einschätzung des Tagesgeschehens sich äußernde narzißtische Provinzialismus ein Ende nahm und durch Wahrnehmung der ungeschminkten rauhen Realitäten ersetzt wurde. Obschon er vieles über gewisse Neuerungen bewirkte – während er gleichzeitig häufig auf die schwere und recht erschreckende Verantwortlichkeit seines Amtes anspielte, wodurch er öfters eher herzerfrischend menschlich als bloß heilig wirkte –, ist Paul dennoch kein Neuerer. Die langjährige Tätigkeit in der kirchlichen Bürokratie ging nicht spurlos an ihm vorüber.

Den wirklichen Paul kennt nur, wer ihm sehr nahesteht; allen übrigen ist er in höchstem Maße autokratisch, lebendiger Beweis dafür, daß ein Papst absolut und keinerlei Legislatur Rechenschaft schuldig ist –: bei allem, was er tut, wird er von seinem Gesetzgebungsorgan beraten, keineswegs jedoch kontrolliert. In seiner Welt gibt es keine Kollektivverantwortung; vielleicht ist dies ein Grund dafür, weswegen er sich so lange selbst mit relativ kleinen Problemen herumplagt: der Ernennung eines Bischofs zum Beispiel, dem Revirement eines Nuntius oder dem Wortlaut eines unbedeutenden Dokuments. In seiner Umgebung heißt es ohne jede Bosheit, daß er erst dann von der Korrektheit einer Entscheidung völlig überzeugt sei, wenn sie eine weitere Belastung seines ohnehin schon schwerbeladenen Gewissens stelle.

Im allgemeinen wird es etwa sieben Uhr abends, bis sich Paul mit den Akten seines Staatssekretariats vertraut gemacht hat. Wie gewöhnlich enthielten sie Vorlagen aller drei Abteilungen.

In die Zuständigkeit der ersten Abteilung fallen die Beziehungen zu weltlichen Mächten und hauptsächlich aus Konkordaten erwachsende Fragen. Die Funktion entspricht etwa der eines Außenministeriums. Die zweite Abteilung wertet die Korrespondenz mit Nuntien, Pro-Nuntien und Legaten; letztere werden eigens ernannt, um den Papst beispielsweise bei der Weihe einer neuen Kathedrale, der Teilnahme an einer Kirchenkonferenz oder an einem Staatsbegräbnis minderen Ranges zu vertreten. Bei dieser Abteilung gehen auch alle Diplomaten-Anfragen der beim Heiligen Stuhl akkreditierten einundfünfzig Nationen ein. Des weiteren werden von der dritten Abteilung dem Papst die Namen von gegebenenfalls zu Nuntien zu ernennenden Diplomaten vorgelegt. Jede Ernennung muß die Billigung des Papstes erfahren. Sodann ist die dritte Abteilung, über deren Schriftstücken Paul stets am längsten zögert, noch für Zusammenstellung und Übertragung der endgültigen päpstlichen Breven-Abfassung aus der Arbeitssprache Italienisch ins Englische, Französische, Deutsche, Portugiesische und Spanische zuständig. Paul beherrscht jede dieser Sprachen fließend und kümmert sich stets darum, wie sich ihm zur Gegenzeichnung vorgelegte Wortlaute in jene Sprachen übersetzen lassen. Bei Schreiben an Staatsoberhäupter ist das Problem schon geringer: dann nämlich schreibt Paul in lateinischer Sprache; der Text wird vom Breven-Sekretariat vorbereitet.

Der Papst hat sich noch kaum mit dem Inhalt des Aktenkorbes vertraut gemacht, als Macchi bereits mit einem neuen erscheint. Darin befindet sich die Tagesleistung anderer Gliederungen der Kurie, der Paul ebenfalls seine Aufmerksamkeit zuwenden muß.

Der jugoslawische Kardinal Franjo Seper steht an der Spitze der alten Heiligen Kongregation für die Inquisition, die von Paul III. im Jahre 1542 zur Bekämpfung des Protestantismus in Italien eingesetzt wurde. Die Kongregation ist nach wie vor unter der Bezeichnung Heiliges Offizium bekannt, obwohl sie 1965 durch päpstliches Dekret in Heilige Kongregation für das Glaubensdogma umbenannt wurde. Das Heilige Offizium stellt die autoritärste aller kirchlichen Institutionen: seine Korrespondenz über angebliches Fehlverhalten; seine Berichte über fragwürdige theologische Bücher und Lehren zeugen von gefühlloser Kälte. Liberale Katholiken behaupten, der zweiundsiebzigjährige Seper mit seinem streng legalistischen Blickwinkel sei die Idealbesetzung der längst abgeschafften Rolle des Inquisitors.

Fast täglich bittet er den Papst schriftlich um Billigung jener Sanktionen, die er gegen gewisse schwerer wiegende Abweichungen vom Dogma zu verhängen gedenkt.

Ähnlich regelmäßig ist die Korrespondenz von seiten der Heiligen Kongregation für die Disziplin der Sakramente. Ihre Arbeit gilt großenteils der Bewilligung oder Annullierung von Ehen und der Entbindung von Priestern, die ihre Orden verlassen möchten. Ferner gehen regelmäßig Schriftstücke der Heiligen Kongregation für die Ordensleute und Säkularbehörden über den Schreibtisch des Papstes. Neben der Behandlung von Fragen des Ordenslebens überprüft die Kongregation den Status von Neugründungen. Im Augenblick kümmert sie sich intensiv um Lefèbvres Aktivitäten.

Ein wenig Abwechslung bringen die relativ sporadischen Berichte der Heiligen Kongregation für die Kanonisationen. 1588 geschaffen, befaßt sie sich neben den für jeden Papst erfreulichen Heiligsprechungen noch mit der Erhaltung und Konservierung der Heiligen Reliquien. Paul arbeitet auch noch die Berichte der Heiligen Kongregation für die Prüfung der Bischöfe und der Heiligen Kongregation für den Klerus durch. Danach wendet er sich den erfrischend klaren Darlegungen des Kardinals Gabriel-Marie Garrone zu. Dieser präsidiert nicht nur der Heiligen Kongregation für das katholische Bildungswesen, sondern ist zugleich Kanzler der Gregorianischen Universität – Prüfstand aller, die für hohe Kirchenämter vorgesehen sind – und Kämmerer des Kardinalskollegiums. Neben dem eigentlichen Bericht des asketischen sechsundsiebzigjährigen Franzosen, hochdekorierten Teilnehmers am Zweiten Weltkrieg, findet sich wieder eine seiner berühmten theologischen Fragen, die Paul beurteilen und beantworten soll. Im Laufe der Jahre hat sich zwischen den beiden Männern eine fast permanente intellektuelle Auseinandersetzung entwickelt. Paul pflegt sich für die Formulierung seiner Antwort stets Zeit zu lassen. Diese endet, wie jeder seiner Briefe, mit den Worten:»In Christus, Euer...«

Der größte Teil der ganz unten im Korb liegenden Schriftstücke braucht nur sorgfältig gelesen und abgezeichnet zu werden. Die Apostolische Poenitentiarie befaßt sich mit schwierigen Gewissensfragen: Darf ein Priester zum Schutz des eigenen Lebens töten? Sollte er, wie es in Südamerika manche tun, eine Waffe tragen? Daneben schlägt die Poenitentiarie dem Papst das Strafmaß vor, wenn sich ein Priester zum Beispiel das abscheuliche Verbrechen zuschulden kommen läßt, eine Schwarze Messe zu lesen. Diese Fälle, von denen es Jahr für Jahr eine gewisse Anzahl gibt, fürchtet Paul mehr als alles andere. Er sieht darin den Beweis, daß der Teufel lebt und sich in der Kirche versteckt hält. Kardinal Giuseppe Papini, ein einundsiebzigjähriger Italiener, den Paul fünf Jahre zuvor an die Spitze der Apostolischen Poenitentiarie berufen hatte, ist des Vatikans Fachmann für Teufelsspuk jeder Art. Seiner Arbeit wird soviel Bedeutung und dringende Eile beigemessen, daß er als einziger Kardinal während des nächsten Konklave mit seiner Dienststelle in ständigem Kontakt bleiben darf.

Ferner wird Pauls Stellungnahme zu Berichten des Obersten Gerichtshofes der Apostolischen Signatur erbeten, der für die Vorbereitung von Bittschriften zuständigen Kammer. Im allgemeinen geht es um Begnadigungen. Zur Hauptaufgabe des Appellationsgerichts hat Paul aber die Beilegung von Streitigkeiten zwischen einzelnen Gliederungen der Kurie gemacht. Das ist nun für eine vatikanische Schiedsinstanz das wahrhaft Nächstliegende.

Zum Schluß finden sich im Aktenkorb noch Schriftstücke, die von drei besonderen Sekretariaten herrühren. Das Sekretariat für die Förderung der Einheit der Christen wurde von Johannes XXIII. gegründet, um gewisse Vorbereitungsarbeiten für das Zweite Vatikanische Konzil zu übernehmen. Seine Leitung obliegt dem achtundsechzigjährigen Kardinal Jan Willebrands, Erzbischof von Utrecht und unbestritten einer der westeuropäischen Kirchenführer. Das Sekretariat hat als kraftvolle, optimistische und liberalisierende Körperschaft Beachtung gefunden. Über manche seiner Empfehlungen ist Paul allerdings keineswegs glücklich.

Paul selbst schuf 1964 das Sekretariat für Nichtchristen. Seine Leitung ruht in den sicheren Händen des Kardinals Sergio Pignedoli, der mit achtundsechzig Jahren noch so energisch ist wie eh und je. Seit seiner Zeit als Truppenpfarrer der italienischen Kriegsmarine glaubt

Pignedoli noch immer einen gewissen Salzgeschmack auf der Zunge zu verspüren.

Das Sekretariat für Nichtgläubige wird von Franz König geleitet. Der Kardinal ist Wiener Erzbischof und einer der wenigen Kirchenexperten in Sachen ›Ostpolitik‹, also der Entspannungsbemühungen zwischen Kirche und Kommunismus. Im Gegensatz zu Willebrands hat König noch keine Empfehlung verfaßt, die dem Papst Anlaß zu Besorgnis gegeben hätte; denn König besitzt ein ziemlich untrügliches Gespür dafür, wie und wann eine bestimmte Anregung dem Papst zur Kenntnis gebracht werden sollte. Die Leitung des Sekretariats hat er erst übernommen, nachdem Paul ihm ausdrücklich versicherte, daß er deswegen nicht nach Rom zu ziehen bräuchte. Mit gewinnender Freimütigkeit hatte König dargetan, er verspüre »kein großes Verlangen danach, im Hauptbüro zu arbeiten«. Davon einmal abgesehen, könne er auf seinem strategisch wichtigen Posten in Wien durch Überwachung der Entwicklungen hinter dem Eisernen Vorhang den vatikanischen Interessen weiterhin viel besser dienen. Paul mag und achtet den umgänglichen Wiener mit der angenehmen Stimme und den unvergleichlichen Kenntnissen in Religionsgeschichte. Trotz seines Alters – er ist bereits dreiundsiebzig – bleibt König eine kraftvolle, überwältigende Gestalt. Viele in der Kurie können sich Schlimmeres vorstellen als ihn zum nächsten Papst zu wählen.

Auf dem Petersplatz haben sich die Touristen inzwischen verlaufen; die Souvenirhändler begeben sich in der Hoffnung auf weitere Opfer in die Stadt. Nur die Polizisten bleiben in voller Stärke vertreten. Einer von ihnen geht zu dem knapp vierundzwanzig Meter hohen Obelisk in der Mitte des meistbesuchten Platzes der Erde hinüber, an dessen Fuß bereits ein Kollege steht. Nachdem Kaiser Caligula den Stein nach Rom gebracht hatte, benötigte man neunzig Mann und vierhundert Pferde, um ihn aufzurichten. Der Legende nach soll an jener Stelle, wo die beiden Polizisten nun stehen, neunzehnhundertvierzehn Jahre zuvor, am 13. Oktober des Jahres 64, der heilige Petrus mit dem Kopf nach unten gekreuzigt worden sein. Die Variation dieses Gewaltakts vor neunzehn Jahrhunderten und seine thematische Fortsetzung liegt der jetzigen Anwesenheit der Polizei auf dem Petersplatz zugrunde. Die Beamten haben überhüftlange kugelsichere Westen angelegt und halten Maschinenpistolen in der Armbeuge. Nur wenige Touristen sehen den Widerspruch in der Anwesenheit beider schwerbewaffneter Männer im Schatten eines Obelisken, der von Michelangelos Kuppel der Peterskirche, Symbol des Friedens, überragt wird.

*

Um zwanzig Uhr dreißig – Magee kann sich keines anderen Zeitpunkts erinnern – setzt sich der Papst mit seinen beiden Sekretären zum Abendessen. Ghezzi steht neben einem der Sideboards und neigt wie die anderen den Kopf, während der Papst ein Dankgebet murmelt. Hernach trägt der Diener auf: ein dünne Suppe, wie Paul sie am liebsten hat, danach sein Lieblingsgericht: Kalbfleisch mit Gemüsebeilagen und Salat. Statt Kalbfleisch gibt es auch des öfteren Hühnchen sowie – ganz selten einmal – Steak. Magee, von seiner Missionarszeit her kräftigere Portionen gewöhnt, hat inzwischen gelernt, mit den an Pauls Tafel üblichen kleineren Schlägen zurechtzukommen. Der Wein indessen ist ausgezeichnet. Dazu gibt es reichlich Mineralwasser. Paul spült damit die Kapsel hinunter, die Giacomina wieder neben seinem Teller deponiert hat.

Das Tischgespräch dreht sich, wie in letzter Zeit häufiger, um die Probleme, denen sich die Kirche in der profanen Welt gegenübersieht. Paul hat einmal öffentlich erklärt, er selbst sei das Haupthindernis kirchlicher Einheit. Nunmehr, Jahre nach diesem beispielhaft schmerzlichen Eingeständnis, sind die Risse breiter als je zuvor. Das, was Paul ›die Kräfte der Finsternis‹ nennt – der Sammelbegriff für Kommunismus; Terrorismus; die Bewegung zur Legalisierung der Abtreibung auf Verlangen; Bestrebungen, das priesterliche Zölibat aufzuheben; ja selbst die Narreteien Lefèbvres –, treibt den Spalt immer weiter auf. Ethische und ideologische Schismen haben ein oft unüberbrückbar erscheinendes Ausmaß angenommen. Wohin Paul auch blickt, überall erkennt er zerstörte Kirchen, beschnittene Rechte der Religionsausübung; wird das Blut seiner Priester und Nonnen vergossen. In diesem Jahr feiert die Kirche den achtzehnten Jahrestag der Einberufung des Zweiten Vatikanischen Konzils und den zehnten Jahrestag der Enzyklika ›Humanae Vitae‹. Paul beabsichtigte, auf dem Wege über die Feierlichkeiten die Gläubigen fester aneinanderzubinden. Doch was geschieht? Ringsum nichts als Zwist und Streitigkeiten.

Macchi und Magee tun alles Erdenkliche, um Pauls Stimmung zu heben. Der heutige Abend ist jedoch keineswegs die Ausnahme von der Regel. Störrisch kommt der Papst auf die Ereignisse eines halben Jahrhunderts zu sprechen, an denen er entweder unmittelbar beteiligt war oder die er doch aus nächster Nähe beobachten konnte. Namen und Begebenheiten tauchen auf, treten im Laufe der Unterhaltung wieder in den Hintergrund. Pauls Erinnerungsvermögen ist beeindruckend, sein Tonfall aber bekümmert. Die beiden Zuhörer bemerken, daß Paul sich in seinem tiefsten Innern verraten fühlt. Aber hat er nicht selbst seine vielversprechende Herkunft verraten? –: in den zwanziger Jahren Angehöriger des norditalienischen ›Liberalen Flügels‹; ein Mann, dessen Karriere als Erzbischof seine Bereitschaft zu kühnen und beispielhaften Taten als führender Seelsorger erkennen ließ –, oder ist er von den gefährlicheren Elementen der in sich uneinigen Kurie getäuscht worden? Macchi und Magee haben sich untereinander darauf geeinigt, daß wohl das eine wie das andere von Paul seinen Tribut verlangt hat. Sie wagen beide aber schon längst nicht mehr, den Papst vor dem Abgrund zurückzureißen, dem er sich – bedingt durch den Gang der Unterhaltung – nähert. Sie können nicht mehr tun als still dazusitzen und seinen ausschweifenden Gedankengängen zu folgen. Beide empfinden tiefes Mitleid mit diesem Mann und lieben ihn dafür, daß er ihnen wie ein Vater war und weiterhin zu bleiben versucht. Die Sekretäre sehen in ihm keineswegs die kalte und unerbittliche Mediengestalt, sondern einen sehr alten und müden Mann, der sein Ende nahe weiß und sich innerlich sorgt, im Augenblick seines Todes noch so vieles unerledigt zurückzulassen.

Paul läßt das Sinnieren, als Macchi das Fernsehgerät zu den Abendnachrichten einschaltet. Ergriffen von den flimmernden Bildern von Streit und Hader in der Welt, sitzen die Männer still vor dem Gerät. Macchi ventiliert, wie er es schon öfter tat, die Idee, ein ausschließlich dem Evangelium gewidmetes Fernsehprogramm ins Leben zu rufen. Der ranghöhere Sekretär macht sich an sich nicht viel aus dem Fernsehen: er glaubt, es verzerre durch Überbetonung von Ereignissen, die nur zufällig auf den Film gebannt werden. Als Beispiele nennt er einen Hinterhalt in Vietnam oder irgendeine Straßenschießerei. Für Macchis Geschmack ist alles viel zu gewaltdurchdrungen. Er ist aber auch der Ansicht, daß der Tag kommen müsse, an dem der Vatikan mit Hilfe von Fernmeldesatelliten die Menschen jedes Erdenwinkels im Glauben bestärkt. Magee schließt sich seiner Ansicht an. Solche globalen Kommunikationssysteme begeistern ihn, sieht er darin doch die Möglichkeit, die Kirche zu einen, indem man zum Beispiel die Katholiken Südamerikas und Skandinaviens mit Hilfe eines einzigen Satelliten zueinander führt. Er erkennt Vorzüge jeglicher Art. Paul sitzt ruhig da, hört aufmerksam zu und lächelt manchmal nachsichtig über die Begeisterung der beiden Jüngeren. Die negativen Fernsehmeldungen sind vergessen; Anlaß genug für Ghezzi, das Gerät abzuschalten. Der Diener wundert sich inzwischen über die Geschicklichkeit, die die beiden Sekretäre jeden Abend aufbringen, um den Papst von den Realitäten dieser Welt abzulenken.

Wenn das Gespräch beendet ist – Macchi und Magee sind beide erfahrene Unterhalter und wissen, wie weit man gehen kann und was man sich besser für eine andere Gelegenheit aufspart –, erhebt sich Paul und geht in sein Arbeitszimmer zurück. Die nächste Stunde lang wird er Briefe an Verwandte und alte Freunde schreiben; Paul ist ein verläßlicher Briefpartner und korrespondiert mit manchen bereits seit mehr als vierzig Jahren.

Nachdem er seine persönliche Korrespondenz erledigt hat, erscheinen Giacomina und Macchi – Magee hat sich gewohnheitsbedingt bereits in seine Unterkunft zurückgezogen, um Papiere aufzuarbeiten – und setzen sich ein Stündchen zu Paul, um sich mit ihm Klassiker- und Opernplatten anzuhören. Wenn ihm danach ist, spielt er manchmal aus ›Jesus Christ, Superstar‹ vor. Daraus gefällt ihm ganz besonders Maria Magdalenas Song ›I Don't Know How to Love Him‹. Das Musical-Intermezzo ist zu Ende, der Sekretär und die Nonne gehen. Paul setzt sich noch einmal an den Schreibtisch.

Bis zum Zubettgehen bleibt er nun allein, doch hört die Spekulation deswegen noch nicht auf. Das Berichteverfassen über Pauls vermeintliche oder tatsächliche Gedanken hat sich zur Wachstumsindustrie entwickelt. Während der Vatikan seine Angelegenheiten offiziell strenger als sonst geheimhält – jederzeit ein verläßliches Anzeichen dafür, daß die Dinge nicht so liegen, wie sie eigentlich sollten –, ist Paul innerhalb und außerhalb des Apostolischen Palastes von Leuten umgeben, die das Mutmaßen geschäftsmäßig betreiben. Für eine Handvoll Lira, vielleicht muß es aber auch die Einladung zu einem guten Essen sein, beantworten sie alle Fragen. Denkt Paul jederzeit daran, denen zu vergeben, die ihm Unrecht getan haben? Bei jedem Zählen wird die Liste der Übeltäter länger. Bekümmert ihn die Mittellosigkeit des Vatikans? Die Frage ist keineswegs originell; es wird behauptet, Paul erinnere sich nur noch zu gut, wie entsetzt er war, als er feststellte, daß der Vatikan beim Tode Benedikts XV. im Jahre 1922 bei einer römischen Bank einen Hunderttausenddollarkredit aufnehmen mußte, um dessen Beisetzungsfeierlichkeiten finanzieren zu können. Glaubt Paul auf Grund dessen, was er selbst finanziell unterstützt und gefördert hat, daß die Geldnot des Vatikans zur Zeit größer als je zuvor sei? Die Auguren schütteln den Kopf. *Daran* werde er mit Sicherheit nicht denken, jedenfalls nicht vor dem Schlafengehen. Es wäre die sicherste Methode, sich selbst zu einem Alptraum zu verhelfen.

*

Die Polizisten auf dem Petersplatz spielen zum Zeitvertreib ihr allnächtliches Spielchen. Sie wissen, wer hinter welchem Fenster der päpstlichen Gemächer schläft und halten untereinander Wetten, wann genau das Licht hinter den einzelnen Fenstern erlöschen wird. Die Einsätze sind nicht hoch, denn ein richtiges Spiel ist es eigentlich nicht. Der päpstliche Haushalt hält sich an feste Zeiten. Giacominas Licht geht als erstes aus; danach verdunkelt sich Macchis Fenster. Als nächstes erlischt Magees Schlafraumbeleuchtung.

Inzwischen ist Mitternacht vorüber, die Pforten des Vatikans sind versperrt. Am St.-Annen-Tor, vor der Bronzepforte und dem Arco delle Campane patrouilliert gemessenen Schrittes die Schweizergarde; der kühlen Nachtluft wegen haben die Männer Capes umgelegt. Hinter ihnen sieht man zwischen den verschiedenen Gebäuden die schattenhaften Gestalten der Männer des Zentralen Sicherheitsbüros des Vatikans herumstapfen. Ein Gerücht behauptet, viele dieser Wachmänner seien bewaffnet und ausgebildet wie Angehörige jeder anderen Anti-Terror-Kampfgruppe. Im Februar 1971 gab Paul der Sicherheit eine weitaus nachdrücklichere und professionellere Grundlage, indem er per Dekret bestimmte, die Männer des Sicherheitsdienstes müßten »sich der Gültigkeit ihres Treuegelöbnisses gegenüber dem Pontifex Supremus jederzeit bewußt sein. Dazu gehört die strikte Befolgung der Befehle ihrer Vorgesetzten und die verantwortungsbewußte und peinlichst genaue Ausführung der ihnen übertragenen Aufgaben und Sonderpflichten. Die Aufgaben des einzelnen beschränken sich in der Sache nicht nur auf die Ausführung von Befehlen, sondern erstrecken sich ausdrücklich auch darauf, durch Wachsamkeit und unermüdlichen Einsatz jegliche Handlung zu entdecken, zu antizipieren und zu unterbinden, die im Widerspruch zu den gültigen Gesetzen und Richtlinien steht. Dieses erst ist volles charakterliches Kennzeichen jener, in deren Hände Schutz und Aufrechterhaltung der Ordnung, die Sicherheit von Personen sowie die Sicherung materieller Güter gelegt sind.« Die Männer der Vigilanztruppe beteiligen sich nicht an den Wetten, wann die Lichter ausgehen: sie sind ein ernster, wachsamer Haufe, sozusagen die von den hübsch kostümierten Schweizergardisten kaschierte harte Kerntruppe.

Die Fontänen auf dem Petersplatz sind abgestellt, der Straßenverkehr wurde inzwischen umgeleitet; aber noch brennt Licht in Pauls Arbeitszimmer. Dann erlischt es. Kurz darauf flammt es in seinem Schlafgemach auf, ein kleiner Lichtfleck vor dunklem Himmel. Dann plötzlich geht es endgültig aus.

Die Polizisten beginnen ein neues Spiel. Schläft der Papst? Liegt er wach und denkt nach? Worüber? Es wird zwar nicht mehr gewettet, aber Sieger ist, wem die unwahrscheinlichste Antwort einfällt. Die Polizisten haben eine lebhafte Phantasie; es kann gut angehen, daß das Spiel sie ihre ganze Schicht über beschäftigt. Morgen wird das anders sein; morgen kommt ein Hubschrauber und trägt Paul mit sich fort. Fontänen und Verkehr werden dann auch des Nachts nicht ruhen, und die Polizisten werden sich ein neues Spiel ausdenken müssen, um gegen ihre Langeweile anzukämpfen.

Aus der Kaserne gegenüber Santa Anna dei Palafrenieri, der Pfarrkirche des Papstes, marschiert eine Abteilung Schweizergarde unter dem charakteristischen Stahlhelm heraus. Die frische Morgenbrise läßt die Renaissancekostüme mit den gestärkten Halskrausen noch aufgeblähter als sonst erscheinen. Die ovale Kirche wurde 1573 für die päpstlichen Hofbeamten errichtet. Heute wird sie fast ausschließlich von den Wachen und den häuslichen Bediensteten des Papstes frequentiert. Kaum jemand kann sich erinnern, wann Paul hier zum letztenmal die Messe gelesen hat. Auf diesem Areal in der Nähe der Kirche befindet sich der Lieferantenzugang. Das St.-Annen-Tor inmitten einer engen Straße muß von allen Händlerfahrzeugen passiert werden. Das alles geht nicht ohne Lärm vonstatten, und weil hier auch noch rege Geschäftigkeit herrscht, werden die Touristen irgendwie magnetisch angezogen. Heute morgen stehen sie herum und gaffen, während die Schweizergarde wegtritt und in einem Bus verschwindet, der sie nach Castel Gandolfo bringen wird. Die Männer, die die Wache des Sommerpalastes verstärken sollen, sind Pauls Vorausabteilung. In dieser weitestgehend italienisch geprägten Umgebung wirken die Schweizergardisten fremd und deplaziert. Die Beziehungen zu den Männern des Zentralen Sicherheitsbüros sind dadurch nicht besser geworden; es gibt gewisse Spannungen. Die Angehörigen der Vigilanztruppe sehen auf die Gardisten hinab und halten sie für wenig mehr als bloße Zinnsoldaten. Die Gardisten ihrerseits meinen, es ginge auch ohne die hartmäuligen, grün-blau uniformierten Sicherheitsleute. Die Garde könne zum Schutz des Papstes auf vatikanischem Boden alle erforderlichen Maßnahmen treffen. Schließlich besteht sie aus gestählten jungen Männern, die ihren Schliff bekommen haben – offizielle Kommandosprache ist Deutsch. Jeder von ihnen hat sich für mindestens zwei Jahre verpflichtet und seine Loyalität gegenüber dem Papst geschworen: in der behandschuhten Linken die Fahne des Vatikans, die Schwurhand erhoben, Daumen und zwei Finger als Symbol der Dreifaltigkeit ausgestreckt. Die Schweizergarde ist eine sehr ungewöhnliche Truppe, die nur ihrem Oberst, dem Einheitsführer und dem -feldwebel – allesamt erkenntlich am einheitlich gefärbten Federbusch – Gehorsam schuldet. Die übrigen Offiziere sowie die der Vigilanztruppe brauchen nicht beachtet zu werden.

Der Bus fährt durchs Tor. Kurz darauf verläßt eine weitere kleinere Abteilung der Schweizergarde ihre Unterkunft und marschiert mit erhobenen Hellebarden auf ein paar wartende Jeeps zu. Die Fahrzeuge rollen langsam über die Via del Belvedere, vorbei am Druckhaus des Vatikans und der separaten Druckerei, in der ›L'Osservatore Romano‹, die halbamtliche Tageszeitung des Vatikans, und die angeschlossenen Blättchen und Publikationen hergestellt werden. Die kleine Fahrzeugkolonne passiert die vatikaneigene Kraftstation, die Apotheke, den Duty-free-Shop mit Selbstbedienung, das Klinikum, das Telegraphenamt und die öffentlichen Schalter der Vatikanbank. Minuten später befinden sich die Wagen in den Vatikanischen Gärten und rollen an den Resten eines Turmes vorbei, der zu einer – inzwischen verschwundenen – Mauer gehörte, die von Innozenz III. erbaut wurde. Zu welchem Zweck, weiß nur der Präfekt Martin.

Allen prachtvollen Statuen, Fontänen und Grotten zum Trotz sind die Gärten nichts Rechtes geworden: man versuchte einfach zu viele Effekte zu erzielen. Die Landschaftsgestaltung weist Einflüsse Englands, Frankreichs und tropischer Regionen auf, so daß das Ganze schließlich wie ein einziges Durcheinander wirkt. Palmen sind von Buchsbaumhecken eingefaßt; Weidenbäume wachsen neben Bananenstauden; Korallenfelsen und Immergrün stehen dicht nebeneinander.

Auf Schritt und Tritt stößt man auf die unterschiedlichsten religiösen Artefakte: eine Nachbildung der Grotte von Lourdes, wo die Heilige Jungfrau der heiligen Bernadette erschien; eine Gipsnachbildung der Heiligen Jungfrau von Guadeloupe, die in Mexiko einem indianischen Bauern erschienen war, und auf dessen Arbeitsschürze sie ihr Abbild hinterließ. Paul befahl, diese Statue noch sorgfältiger als alle anderen zu pflegen. Sie wird regelmäßig mit Seifenwasser gereinigt.

An einem Gebüsch und einem Beet vorbei, dessen Bepflanzung das päpstliche Wappen darstellen soll, passieren die Jeeps das Äthiopische Kollegium und das palastähnliche Gebäude, in dem der Generaldirektor des Vatikansenders wohnt. Beim Hubschrauberlandeplatz am äußersten westlichen Ende von Vatikanstadt kommt der Konvoi zum Stehen. Die Gardisten sitzen ab und gehen an den vier Ecken des Landeplatzes in Stellung. Der Platz wurde eigens angelegt, um jeden Entführungsversuch zu vereiteln. Ein Lastwagen erscheint und bringt eine Gruppe ›sampietrini‹, erfahrene Handwerker, die normalerweise für Pflege und Instandhaltung des Petersdoms zuständig sind. Seit jenem denkwürdigen Tag während des Pontifikats Pius' XII. als die ›sampietrini‹ unter der Peterskirche eine Krypta entdeckten, gehört ihnen die besondere Zuneigung des Vatikans, fanden sich doch in dem Gewölbe zwei Reihen Prunkgräber, ein Hochaltar und die Gebeine eines großen Mannes, die man für die sterblichen Überreste des Apostels Petrus, des ersten Papstes, hält. Heute haben die ›sampietrini‹ jedoch bloß den Wollteppich auszurollen, den sie aus einem Lagerraum des Apostolischen Palastes hervorgeholt und mitgebracht haben. Die Männer achten sorgfältig darauf, daß der Läufer exakt von der Stelle, wo Paul den Wagen verlassen wird, bis an den Hubschrauber reicht.

*

In den päpstlichen Gemächern überwachen Macchi und Magee inzwischen den Aufbruch nach Castel Gandolfo. Koffer und Kisten sind gepackt und per Aufzug auf den Damasushof – der im Mittelalter und noch während der Renaissancezeit als Privatgarten (›hortus secretus‹) der Päpste herhielt – gebracht worden. Der Hof ist von Lastwagen verstellt, auf die einige Männer nicht nur die persönlichen Effekten des Papstes und seines Stabes laden, sondern auch Kisten und Kasten aus dem Staatssekretariat und anderen Ressorts der Kurie. Wenn sich der Papst, obwohl moribund, in seine Sommerresidenz in den Albanerbergen südostwärts Roms begibt, so heißt das nicht, daß die Räder der Administration deswegen zum Stillstand kommen dürfen. Aus den Türen rings um den Hof eilen Beamte im Priesterrock und drängen, mit dem Beladen doch nun endlich fertig zu werden. Die verschiedensten Leute scheinen hier auf dem Hofe zu tun zu haben: der Almosenpfleger des Papstes ist da und plaudert mit ein paar Prälaten der Päpstlichen Kammer; Herren des päpstlichen Hofstaats sind zugegen sowie einige Attachés der Päpstlichen Kammer. Präfekt Martin – seine Nase wirkt schnabelähnlicher denn je – scheint überall zu sein und wacht darüber, daß Schachteln, Kisten, Kästen und Koffer nach vorab festgelegtem Plan verstaut werden, den außer ihm und seinem Stab aber niemand zu kennen scheint. Schließlich hat alles seinen Platz gefunden, ist alles verladen. Die Lastwagen rollen an. Ghezzi erscheint mit dem Mercedes und parkt ihn so nahe wie möglich neben dem Fahrstuhl; dann öffnet er den Wagenschlag und bleibt wartend daneben stehen. Martin fährt bereits in die päpstlichen Gemächer hinauf. Der Umzug eines Papstes ist immer eine schwierige Angelegenheit; der Transport des betagten und hinfälligen Paul jedoch erfordert allergrößte Umsicht. Im vierten Stock angekommen, tritt Martin zu den beiden Sekretären. Giacomina und ihre Nonnen sind bereits nach Castel Gandolfo vorausgereist. Der Sommerpalast hat zwar sein eigenes Hauspersonal, Giacomina jedoch gedenkt die Räumlichkeiten nach ihrem Dafürhalten herzurichten. Bevor sie fuhr, hatte sie sich erst vergewissert, daß der Papst seine allmorgendliche Kapsel auch schluckte, und sich von Fontana ausdrücklich bestätigen lassen, daß der Papst den Anstrengungen der Reise gewachsen sei. Während Macchi und Magee vor der Schlafraumtür auf Pauls Erscheinen warten, scheint ihnen der Hauch des Todes die päpstlichen Gemächer noch stärker als gewöhnlich zu durchwehen.

*

Als Paul, flankiert von Macchi und Magee, auf den Damasushof hinausgetreten ist, bleibt er stehen und spricht mit Martin und anderen seines Haushalts, die mit dem Wagen nach Castel Gandolfo fahren werden. Unter den Anwesenden befinden sich auch Villot und Erzbischof Giuseppe Caprio, ›sostituto‹, also Stellvertreter des Kardinalstaatssekretärs. Später wird sich jeder ganz genau an zweierlei erinnern können: das sichtliche Zögern Pauls, fortzugehen, sowie seine letzten Worte vor dem Einsteigen. Caprio beugt sich vor und wünscht Paul einen angenehmen Aufenthalt in Castel Gandolfo. Der Papst blickt den ›sostituto‹ ein Weilchen an. Beide sind alte Freunde und stehen sich noch immer sehr nahe. Dann sagt Paul, seine Stimme ist kaum mehr als ein Flüstern:»Wir werden gehen, aber Wir wissen nicht, ob Wir zurückkommen.« Er macht eine Pause und vollendet dann den Satz in seiner förmlich-gespreizten Redeweise, der er sich in der Öffentlichkeit immer bedient:»Oder wie Wir zurückkehren.«

Ghezzi fährt mit dem Papst und den beiden Sekretären davon und läßt einen benommenen Caprio zurück.

Villot ist sich nun sicherer als je zuvor. Mit gesenktem Kopf und auf der seidenen Soutane knapp unter dem massiven Goldkreuz verschränkten Händen – seine gewohnte Körperhaltung, sobald er in tiefes Nachdenken versunken ist – geht er über den Hof zum Eingang des Staatssekretariats hinüber. Für den Kardinalstaatssekretär gibt es nunmehr keinerlei Zweifel mehr: Paul hat soeben in aller Deutlichkeit zu erkennen gegeben, daß er mit seinem baldigen Tode rechnet.

Macchi und Magee entschließen sich instinktiv, auf die Bemerkung nicht einzugehen, obwohl sie sich auf ihren Klappsitzen gegenüber dem Papst untereinander darauf natürlich nicht verständigen können. Paul seinerseits scheint sich auf die Szenerie draußen zu konzentrieren. Der Wagen fährt an der rechten Seite der Peterskirche vorbei. Von dort führt eine kleine Tür zu den Gewölben hinab, wo die Grabstätten fast aller seiner Vorgänger ohne erkennbare Ordnung um das Standbild des Apostels Petrus gruppiert sind. Auch Paul wird hier zur letzten Ruhe gebettet werden. Zwischen der vatikanischen Mosaikfabrik und dem ›governatorato‹, dem ziemlich überwältigenden Gouverneurspalast, in dem die vatikanische Verwaltung untergebracht ist, setzt der Mercedes seine Fahrt fort. Im Keller des Gouverneurs ist das ›magazzino‹ untergebracht; wer eine Sondergenehmigung besitzt, kann in diesem Keller von Zigaretten bis hin zum neuesten Automodell alles mögliche zollfrei einkaufen. Über dieses Privileg wird sorgsam gewacht. Paul hat angeordnet, daß keiner der Eingeweihten darüber spricht. Er macht sich Sorgen, daß diese Konzession von der inflationsgeplagten Außenwelt mißverstanden wird. Ganz in der Nähe befindet sich der Bahnhof des Vatikans, der in den dreißiger Jahren gebaut wurde und über ein Anschlußgleis mit dem italienischen Eisenbahnnetz verbunden ist. Zum letztenmal wurde er von Johannes XXIII. aus Anlaß einer Pilgerfahrt benutzt, die ihn per Eisenbahn nach Loreto und Assisi führte. Als der Zug Vatikanstadt verließ, hatte der Chor der Sixtinischen Kapelle auf dem Bahnsteig gestanden und Psalmen gesungen. Seitdem gibt es auf dem Bahnhof nichts weiter zu sehen als einmal wöchentlich einen Zug, der die hier hergestellten Mosaike für irgendwelche Kirchen fortschafft beziehungsweise schwerere Wirtschaftsgüter wie zum Beispiel Marmor für Statuen oder neue Maschinen für die Druckerei heranbringt.

Nachdem der Mercedes den Hubschrauberlandeplatz erreicht hat, stellt Ghezzi ihn sorgfältig so ab, daß sich die eine Hintertür genau auf Höhe der Teppichkante befindet. Nachdem die Insassen ausgestiegen sind, macht sich Ghezzi mit dem Wagen nach Castel Gandolfo auf den Weg. Da das Fahrzeug ein Kennzeichen des Vatikans führt, macht sich Ghezzi wegen der römischen Verkehrspolizei keine Sorgen. Er kommt flott und zügig durch die Innenstadt und nimmt dann die ›Autostrada‹ in die Berge.

Ohne jedes Zeremoniell besteigen Paul, Macchi und Magee den Hubschrauber. Die Schweizergarde geht aufs Knie und verharrt so, bis der Hubschrauber abgehoben hat[1].

Siebzehn Minuten später hat der Helikopter in Castel Gandolfo wieder Bodenberührung. Jeder Augenblick des Fluges wurde von einer Radarstation der italienischen Luftwaffe neben dem Gelände des römischen Flughafens überwacht; auf dem Flugplatz selbst hielt sich eine Jagdstaffel bereit, sofort aufzusteigen, sobald es einen Hinweis darauf gebe, daß der Hubschrauber abgefangen werden solle. Seit dem siebzehnten Jahrhundert begeben sich Päpste nach Castel Gandolfo, um in der kühlen Frische der Albanerberge ein wenig auszuspannen. Im Schatten der vatikanischen Exklave leben etwa dreitausend Dorfbewohner, deren Haupteinnahmequelle der Tourismus ist. Auf dem 44 ha großen Areal gibt es vier Paläste; der des Papstes wirkt am häßlichsten und düstersten; er war ursprünglich eine befestigte Bastion, die sich Urban VIII. zu Beginn des siebzehnten Jahrhunderts bauen ließ und die später von Alexander VII. und Clemens VIII. erweitert wurde. Verglichen mit den Nachbargebäuden, dem Cybo-Palast und der Villa Barberini, fehlt Pauls Residenz jeder architektonische Reiz. Sie wirkt wie der rechte Ort für einen geplagten Mann. Pauls Gemächer jedoch haben einen unvergleichlichen Ausblick auf den See und die Hügel, wo Kaiser Diokletian, der Christenverfolger, ein Landhaus besaß.

Der Hubschrauber landete zwischen streng geometrisch angelegten französischen und italienischen Gärten in der Nähe eines prachtvollen freskenverzierten Kryptoportikus. Flankiert von Macchi und Magee, schlurft Paul den Gang entlang, ohne die herrliche Umgebung zu bemerken. Er hat keinen Blick für die reizvolle römische Landschaft oder die Zwillingskuppeln des Vatikanischen Observatoriums, die Pius XI. im Jahre 1935 nach Castel Gandolfo schaffen ließ – bemannt noch immer von ein paar Angehörigen des Jesuitenordens, mit dem Paul zu keiner Zeit leicht zurechtkam.

Es gab eine Zeit, da besuchte Paul das Observatorium regelmäßig und betrachtete durch das Fernrohr einige der tausend und mehr Lichtjahre entfernten Milliarden von Sternen. Er sah gern zum Gürtel des Orion, des großen Jägers, hinauf und zu Sirius, dem Hundsstern, dem leuchtendsten von allen, dessen strahlend weißes Licht etwa in gedachter Verlängerung der drei Gürtelsterne zu suchen ist. War die Nacht besonders klar und sein Auge nicht müde, so pflegte er Aldebaran und den kleinen Sternhaufen der Plejaden zu suchen. Schwenkte er das Teleskop weiter nach Westen, konnte er in der Tiefe des Alls Castor und Pollux, die Zwillinge, ausmachen – so ungeheuer weit entfernt, daß dort, wie seine Astronomen ihm gern erzählten, Materie im Umfang von einer Million mal eine Million mal eine Million mal eine Million Tonnen pro Sekunde gebildet wurde.

Dort draußen war auch der Andromeda-Nebel, eine Galaxie, der Milchstraße sehr ähnlich. Das gute Dutzend Jesuiten, die als Astronomen an diesem Observatorium arbeiteten, hatte ihn zunächst mit der Mitteilung neugierig gemacht, daß zum Andromeda-Nebel Milliarden von Sternen gehörten. Die Vorstellung aber, daß einer von ihnen –

wenn die Gesetze der Wahrscheinlichkeit ihre Richtigkeit hätten – dem Planeten Erde sehr ähnlich sein könne und vielleicht sogar von gar nicht so menschenunähnlichen Wesen bewohnt werde, hatte ihn zutiefst erregt. Er hatte überwältigt zugehört – er argwöhnte, daß seine Betroffenheit den Jesuiten nicht verborgen blieb –, als seine Astronomen die Geheimnisse der Galaxien vor ihm ausbreiteten: sie waren die Lehrer und wußten, wie seine Neugier zu wecken und wachzuhalten war. Diese Nächte mit seinen Astronomen gehörten zu seinen wenigen wirklichen Vergnügen. Seit ihn jedoch der Zorn über das allgemeine Verhalten der Societas Jesu, des Jesuitenordens, gepackt hatte, war er dem Observatorium bewußt ferngeblieben.

Mit den Astronomen selbst hatte Paul keinen Streit; aber in seinem Starrsinn beharrte er darauf, sie in sein Mißbehagen über ihren Orden miteinzubeziehen. Seit mehr als einem Jahr hatte in Pauls Gegenwart niemand mehr über die Ursachen des tiefen Zerwürfnisses zwischen ihm und den Jesuiten gesprochen. Auch dieses gehörte zu den Tabus. Jeder indes wußte, daß sich die Krise zuspitzte und daß sich eine Lösung, und sei sie auch noch so unbefriedigend, auf Dauer nicht hinausschieben ließ.

Wie Cody, die Amerikanische Kirche, die Finanzen des Vatikans, die radikalen südamerikanischen Priester, die Forderungen des katholischen Afrika und Asien – wie so viele andere Probleme, die der Lösung harrten, so harrte auch die Frage, was mit den Jesuiten geschehen sollte, einer Antwort.

Im Innern des Palastes fährt Paul mit dem Aufzug zu seinen Gemächern hinauf. Die Schweizergarde hat bereits ihre Stellungen bezogen. Eine ihrer Sonderaufgaben ist es, das Gebäude hermetisch abzuriegeln, sofern Paul hier sterben sollte.

6

Im Juli 1978 wurde Papst Paul VI. zunehmend schwächer. Die Besorgnis seiner treuen Helfer wuchs. Dr. Fontana kam zweimal täglich; Giacomina hielt sich praktisch jederzeit verfügbar. An guten Tagen ging der Papst im Garten spazieren; er tat dies entweder am frühen Morgen oder späten Abend. Gärtner hatten eine Reihe Sonnensegel gespannt, in deren Schutz Paul vor der heißen Sommersonne und den neugierigen Objektiven der Fotografen sicher war. Bei diesen Spaziergängen stützte Paul sich auf den Arm eines seiner Sekretäre. Einen großen Teil des Tages brachte er – im Schlafraum oder in seiner Kapelle – im Gebet zu. Er nahm nur sehr wenig zu sich; Fontana verabreichte ihm regelmäßig Vitamininjektionen. Nur die allerwichtigsten Papiere des Vatikans wurden Paul zur Unterschrift vorgelegt. Sonntags brachte er irgendwie die Kraft auf, sich mittags zum traditionellen Angelus an seinem Fenster zu zeigen und die Besucher zu begrüßen. Bei diesen Gelegenheiten attackierte er die Sowjets wegen ihres scharfen Vorgehens gegen Dissidenten. Er empfing eine ungewöhnliche Besucherin, Frau Lillian Carter, die Mutter des amerikanischen Präsidenten, und sprach mit ihr über die Verletzungen der Menschenrechte in der Sowjetunion.

Der Papst verfolgte interessiert das Tagesgeschehen; seine besondere Aufmerksamkeit galt Berichten über terroristische Gewalttaten. Auf den Ministerpräsidenten des Irak wurde in London ein Attentat verübt; in Rhodesien waren siebzehn Personen massakriert, in Madrid war ein spanischer General ermordet worden. Eine neue Welle von Bombenanschlägen erschütterte Italien. Alles in allem wurden im Juli weltweit mehr als fünfhundert Menschen bei Gewaltakten getötet oder verletzt.

Aber auch andere Nachrichten beunruhigten den Papst. Eine in den Vereinigten Staaten jüngst gebildete Gruppierung – sie nannte sich ›Committee for Responsible Election of the Pope‹, abgekürzt CREP* – drängte darauf, die Verschwiegenheitspflicht des nächsten Konklave zu lockern. CREP war größtenteils das Werk eines Priesters namens Andrew Greeley. Der Papst ließ wissen, daß er die Vorstellungen des Ausschusses inakzeptabel finde. Das hinderte Greeley jedoch keineswegs, sein Anliegen weiterhin energisch zu verfolgen.

Und im englischen Oldham wurde Louise Brown geboren, das erste extrauterin gezeugte Retortenbaby der Welt. Der Papst erklärte, daß die Römisch-

---

* Ausschuß für verantwortungsbewußte Papstwahl

Katholische Kirche ihre Einstellung gegen jede Form einer künstlichen Befruchtung nicht geändert habe. *Kurz darauf verlautbarte das Französische Staatsinstitut für Angewandte Wissenschaften, daß nach zehnjährigen Forschungsarbeiten die erste Retortenfliege geboren worden sei.* Der Vatikan enthielt sich einer Stellungnahme.

In der ersten Augustwoche änderte sich das Wetter; es wurde außergewöhnlich schwül. Die hohe Luftfeuchtigkeit verursachte einen heftigen Gichtanfall. Paul, der darunter ohnehin schon sehr litt, wurde von Fontana ins Bett geschickt. Am Samstag, dem 5. August 1978, verkündete der Vatikan, der Papst habe für Sonntag die Segensspendung abgesagt.

Die Gewißheit der Beobachter inner- und außerhalb des Vatikans wurde durch dieses knappe Statement nur größer.

7

Die vor Pauls Schlafgemach in Castel Gandolfo Wartenden hören am Morgen des 6. August, dem Tag der Verklärung Christi, um halb sieben ein vertrautes Geräusch: das blecherne Läuten seines Weckers, das einen Augenblick später verstummt. Hinter der Schlafraumtür ist kein Geräusch mehr zu vernehmen. Macchi murmelt vor sich hin: Der Papst ist noch am Leben.

Die kleine Gruppe, die hier auf dem engen Korridor vor Pauls Schlafzimmer wartet, hat eine unruhige Nacht hinter sich: Macchi, Magee, Fontana und ganz besonders Giacomina und ihre Nonnen, die sich abwechselnd in Türnähe bereithielten, falls Paul nach Hilfe rufen sollte. Die langen Nachtstunden verliefen jedoch ereignislos. Seit Paul acht Stunden zuvor Macchi wispernd eine gute Nacht gewünscht hatte, hat niemand mehr etwas von ihm gesehen oder gehört.

Die Gruppe findet es schwer begreiflich, wie schnell sich die Krise entwickelt hatte. Obwohl er damit einverstanden war, sein für den nächsten Tag vorgesehenes Erscheinen auf dem Balkon abzusagen, hatte Paul tags zuvor noch darauf bestanden, sich zum Abendessen zu erheben. Er hatte fünfundvierzig Minuten bei Tisch gesessen und Macchis Erläuterungen seiner Leidenschaft für moderne Kunst zugehört. Die Unterhaltung wurde durch die Fernsehnachrichten unterbrochen. Es hatte eine neue terroristische Gewalttat gegeben. Eine Bombe der PLO war auf einem Marktplatz in Tel Aviv explodiert. Nach den Nachrichten betete Paul mit seinen Sekretären den Rosenkranz, danach zogen sich die drei zum Completorium in Pauls Privatkapelle zurück. Bald darauf sagte der Papst, ihm sei heiß, und seine Gicht verursache ungewöhnlich heftigen Schmerz. Macchi begleitete Paul zum Schlafzimmer, während Magee nach Fontana rief. Der Arzt diagnostizierte, Pauls Fieber rühre von einer akuten Blasenentzündung her, die noch verschärfend auf die schwere Arthritis wirke. Fontana verordnete absolute Bettruhe und verabreichte Antibiotika. Nachdem der Arzt gegangen war, bat Paul Macchi, ihm etwas aus ›Mon petit catéchisme: dialogues avec un enfant‹, Jean Guittons neuestem Buch, vorzulesen. Macchi entschied sich für das Kapitel über Jesus[1]. Guitton war lange Zeit hindurch einer der französischen Lieblingstheologen des Papstes gewesen; seine geistigen Auffassungen waren vor allem von französischen Denkern geprägt worden: Pascal, Congar, Bernanos und Simone Weil. Paul hatte ›gute Nacht‹ gewünscht und war eingeschlafen. Daraufhin trafen sich die beiden Sekretäre mit dem Arzt in der Palastbibliothek, um die Lage zu erörtern. Fontana hatte ihnen über jeden Zweifel hinaus klargemacht, daß die Vorzeichen äußerst schlecht stünden. Bei einem Mann von Pauls Alter und geschwächtem Zustand sei unmöglich voraussehbar, ob die Medikamente anschlagen oder welche Nebenwirkungen sich einstellen würden. Er, Fontana, könne nichts weiter tun als den Patienten genauestens im Auge zu behalten und dafür zu sorgen, daß jederlei Störung von Paul ferngehalten werde. Letzteres gelte ausdrücklich für jeden und alles, mit Sicherheit auch für etwaige Kirchenkrisen. Bevor die drei Männer auseinandergegangen waren, hatten sie sich darauf verständigt, sich am Morgen auf dem Flur vor Pauls Schlafzimmer kurz vor dem Klingeln des Weckers zu treffen – sofern eine Notsituation sie nicht schon eher zusammenführte.

In der nach dem Läuten des Weckers wiedereingetretenen Stille wagt sich niemand zu bewegen. Paul ist noch immer der Papst; jedermann in der kleinen Gruppe erinnert sich seiner eindeutigen Anweisung, daß außer Ghezzi niemand ungerufen seinen Schlafraum betreten dürfe. Fontana entscheidet, daß hier eine Ausnahmesituation gegeben sei. Leise – sanfter geht es wirklich nicht mehr – klopft er an die Tür und tritt dann allein in Pauls Zimmer, in der Hand die schwere Arzttasche. Augenblicke später folgt ihm Macchi.

Paul liegt sehr ruhig in seinem Bett. Macchi erkennt mit einem Blick, daß sich der Zustand des Patienten über Nacht nicht gebessert hat. Das Gesicht des Papstes ist gerötet, die Augen sind rotgerändert und, sofern überhaupt möglich, noch tiefer eingesunken. Seine Haut wirkt feucht und wächsern. So sieht nur ein Schwerkranker aus. Fontana nimmt eine vollständige Untersuchung vor. Der Papst hat knapp 38 Grad Fieber, der Puls ist schwächer geworden, der Blutdruck leicht gestiegen. Paul klagt über heftige Schmerzen im rechten Knie, dessen Gelenkentzündung ihn weit vor der Zeit zum alten Mann werden ließ. Fontana beschließt, dem Papst ein herzstärkendes Mittel zu injizieren sowie auch die Antibiotika intravenös zu verabfolgen. Während er die Spritzen aufzieht, macht der Arzt muntere Konversation, um so vielleicht anhand von Pauls Antworten auf dessen Geistesverfassung schließen zu können. Fontana ist sich bewußt, daß es in den nächsten Tagen ganz entscheidend auf Pauls Willensstärke, auf seinen Lebenswillen ankommen wird. Der Arzt ist sich beinahe sicher, daß der Krankheitshöhepunkt noch nicht erreicht ist. Wenn Paul die bevorstehende Krise erfolgreich bewältigen will, dann ist eine positive, dem Leben zugewandte Grundstimmung unerläßlich.

Der Papst ist wirklich ganz munter. Als Macchi erwähnt, heute sei der dreiunddreißigste Jahrestag des Atombombenabwurfs über Hiroshima, in der ganzen Welt werde aus diesem Anlaß um Frieden gebetet, bekennt der Papst, daß er vorgehabt habe, mittags vom Balkon aus

90

das Thema Gefahren der atomaren Rüstung zur Sprache zu bringen. »Nächsten Sonntag, Santissimo Padre«, sagte Fontana, »nächsten Sonntag sind Seine Heiligkeit vielleicht soweit wiederhergestellt, daß an einen Auftritt auf dem Balkon gedacht werden kann.« Der Arzt gibt dem Papst die Spritzen und sagt, er werde in ein paar Stunden wiederkommen. Zwischenzeitlich sollten Seine Heiligkeit soviel wie nur möglich zu trinken versuchen. Fontana sorgt sich, daß durch die geringe Flüssigkeitsaufnahme des Papstes die inneren Organe angegriffen werden könnten.

Fontana geht fort und ruft in Rom einen Urologen der Gemelli-Polyklinik, eine der leistungsfähigsten Krankenanstalten Europas, an. Fontana versucht festzustellen, ob es wünschenswert sei, den Spezialisten ans Krankenbett zu holen. Nach Darstellung der Symptome ist der Urologe zu kommen bereit. Fontana ist sich der besonderen Probleme, die die Hinzuziehung eines auswärtigen Arztes mit sich bringt, bestens bewußt. Schon die Absage der Mittagsansprache alarmierte das römische Pressekorps. Man ist bereits dabei, um die päpstliche Enklave herum Aufstellung zu nehmen und mit auf die bewußten Fenster gerichteten Teleobjektiven alles zu fotografieren, was sich dahinter bewegt. Der Urologe oder ein anderer auswärtiger Spezialist kann nicht ans päpstliche Krankenlager gelangen, ohne zunächst durch die Reporterscharen Spießruten laufen zu müssen. Das Hinzuziehen eines fremden Arztes, insbesondere an einem Sonntag, würde jedermann sofort vermuten lassen, daß der Zustand des Papstes besorgniserregend sei. In der ganzen Welt würden sofort die Telefon- und Fernschreibleitungen der Presseagenturen heißlaufen und Unruhe und Besorgnis verbreiten. Trotzdem ist Fontana, ohne zu zögern, zu jeder Maßnahme bereit, die seinem Patienten hilft. In der engsten Umgebung Pauls wird behauptet, in diesen letzten Monaten habe die Ergebenheit und Hingabe des Arztes neue Höhepunkte erreicht. Er hat in der ganzen Welt herumtelefoniert und Hunderte von Gesprächen mit berühmten Kollegen geführt, dazu studierte er die jüngsten Veröffentlichungen über die Behandlung der Gicht. Er hat weit mehr getan als von einem Arzt vernünftigerweise verlangt werden kann. Magee behauptete, wenn Fontana nicht zufällig Italiener wäre, wäre er bestimmt irischer Landarzt geworden. Ein höheres Lob wüßte Magee nicht zu erteilen. Wie jeder andere des päpstlichen Haushalts ist auch der junge Ire jetzt verzweifelt besorgt. Er hat jedoch gelernt, seine Gefühle zu verbergen: es war das erste, was er Macchi abgeguckt hatte. Ein päpstlicher Sekretär, so hatte ihn der verbindliche Mailänder aufgeklärt, sei wie ein Barometer: nach seinem Verhalten setze man die Segel.

Macchi selbst ist völlig unverständlicherweise bei bester Laune, während er neben Paul steht, damit Giacomina und eine ihrer Nonnen die Laken wechseln können. Macchi hilft Paul dann wieder ins Bett und setzt sich neben ihn. Nach außen hin tut er so unbesorgt, wie es sein inneres Wesen gerade zuläßt. Der ranghöhere Sekretär ist nun-

mehr bereits seit Jahren das Opfer einer verleumderischen Pressekampagne. Die Skandalblätter stellen ihn so dar, als ob er mit dem
Papst schimpfe, wenn dieser kränkelt oder deprimiert ist; angeblich
schicke er Paul ins Bett, wenn er zu lange aufbleibe, und nötige ihn zu
Entscheidungen; zudem intrigiere er noch ständig mit Baggio; mit
Levi, dem Herausgeber des ›Osservatore Romano‹; mit Panciroli von
der Presseagentur des Vatikans oder ganz besonders mit Marcinkus
von der Vatikanbank.

In jüngster Zeit kommen diese Attacken noch von einer weiteren
Seite her. Greeley, der ehemalige Gemeindpfarrer aus Chikago und
die treibende Kraft hinter CREP, schreibt bereits seit längerer Zeit über
die Kirche und den Vatikan. Er soll Autor von achtzig Büchern sein;
ein Kunststück, das – wie ein Kritiker erklärend meinte – nur möglich
sei, weil der Verfasser zeit seines Lebens keinen einzigen Gedanken
unveröffentlicht gelassen habe. Als er dann auch noch sein Buch ›Se-
xual Intimacy‹ herausbrachte, fügte ein anderer Kritiker dem hinzu,
nun habe Greeley auch keine seiner Phantasien mehr unveröffentlicht
gelassen. Seit drei Jahren kommt Greeley nach Rom, um dort den
Boden für sein einundachtzigstes Opus vorzubereiten. Diesmal geht
es darum, wie man einen Papst macht. Als Richtschnur dienen ihm
die Bücher Theodore Whites, in denen dargetan wird, wie es zur Wahl
der letzten amerikanischen Präsidenten kam. Greeleys Rom-Reisen
haben ihm die Stadt nicht sympathischer gemacht; die dortigen sani-
tären Verhältnisse und Eßgewohnheiten verdrießen den verschrobenen Mann in zunehmendem Maße. Noch weniger jedoch schätzt er
es, wie sich der Vatikan gegenwärtig darstellt. Er ist zu der Erkenntnis
gelangt, daß der Vatikan zur Zeit mit allem auf dem Kriegsfuß stehe,
was er, Greeley, für gut und richtig hält; wobei es allerdings schwer-
fällt zu sagen, was dieser Katholik ›von Rang‹ wirklich meint oder mit
wem er im Vatikan eigentlich spricht. Er hat sich entschlossen, viele
seiner Informanten hinter Pseudonymen zu verstecken, gleichzeitig
jedoch lockert er diese Schutzmaßnahme wieder, indem er detaillierte
Beschreibungen von Körpermerkmalen einzelner gibt; etwa so: Priester mit feingemeißelten Gesichtszügen, schlanken Aristokratenhän-
den und im Vollgefühl ihrer Macht schnurrenden Stimmen. Greeleys
Angriffe auf Macchi sind jedoch berechnet: er macht ihn für so ziemlich alles verantwortlich, was mit Paul nicht stimmt – angefangen bei
dessen Art zu lächeln bis hin zu den erhabenen Zielen seines Pontifikats.

Greeleys Macchi scheint mit dem Mann, der im Augenblick neben
dem Bett des Papstes in dessen geräumigem Schlafraum sitzt, nicht
viel gemein zu haben. Das Zimmerdekor zeigt ein beinahe einheit-
liches Beige; Stühle, Vorhänge, Teppich und seidene Bettdecke sind
samt und sonders in dieser neutralen Farbe gehalten. Der Sekretär ist
ehrlich besorgt und geht auf Pauls leisesten Wunsch ein. Er redet dem
Papst gut zu, ein wenig von der Traubenzuckerlösung zu trinken, die

ihm Giacomina neben das Bett gestellt hat. Danach bietet er sich an, einen weiteren Auszug aus Jean Guittons Buch vorzulesen.

Der Papst möchte wissen, ob es eine Nachricht von Baggio gibt. Der Papst war endlich gegen Cody in Chikago vorgegangen, indem er insgeheim seinen Trouble-shooter mit der ›Bitte‹ auf die Reise schickte, der Kardinal möge – unter beliebigem Vorwand – zurücktreten. Zahlreiche Faktoren haben Paul zu diesem Entschluß gedrängt. Zum einen gab es da den vertraulichen Bericht, den seine Sekretäre für ihn angefertigt hatten, zum anderen einen weitaus verhängnisvolleren von Monsignore Agostino Casaroli, im Staatssekretariat der Sekretär des Rates für Öffentliche Angelegenheiten der Kirche. Den dreiundsechzigjährigen Casaroli nennt man im Vatikan ›unsern arischen Kissinger‹ – wegen seines rücksichtslosen Stils und seiner häufigen Reisen als Verantwortlicher für die delikateren Belange vatikanischer Außenpolitik.

Verläßliche Quellen in Warschau hatten Casaroli als erste auf Cody aufmerksam gemacht. Was er hörte, war so alarmierend, daß Casaroli sofort darauf drängte, daß Cody freiwillig oder unter Zwang aus dem Amt scheiden müsse. Dabei interessierte ihn nicht im geringsten die Höhe jener der Polnischen Kirche in der Vergangenheit von Cody geleisteten Zuschüsse – der verläßlichste Weg, sich die Unterstützung der großen polnischen Gemeinde Chikagos zu sichern –, es war ihm auch egal, welche machtvolle Position Cody in der Hierarchie der Amerikanischen Kirche einnahm. Casaroli hielt es lediglich für eine Frage der Zeit, wann die Feinde der Kirche aus Codys Verhalten Vorteile zu schlagen beginnen und der Kirche und der von Casaroli mitverantworteten Politik einen nicht wiedergutzumachenden Schaden zufügen würden.

Von Franz Kardinal König aus Wien ging ein Bericht ein, demzufolge in Osteuropa die schlechten Nachrichten aus Codys Diözese bereits dankbar aufgegriffen wurden. Für ein gerade erst in den Ständigen Rat der Bischofssynode gewähltes Mitglied zeigte der Kardinal Aloisio Lorscheider aus Südamerika beträchtlichen Mut, indem er in einer Note kurz und bündig erklärte, Codys Ruf als Rassist würde in Südamerika zutiefst negativ beurteilt. Und selbst einer von Codys nordamerikanischen Amtsbrüdern, der Erzbischof Joseph Bernardin von Cincinnati, ebenfalls Ständiges Mitglied der Synode, teilte Paul mit, welche Sorgen man sich in Chikago und Umgebung Codys wegen mache.

Paul entschied, daß der exakte Wortlaut dieser Alarmsignale für alle Zeiten geheimgehalten werden müsse. Macchi wurde angewiesen, die Berichte sorgsam zu bewachen und nach Pauls Tode gemeinsam mit dessen persönlichsten Papieren zu vernichten. Aller Gründlichkeit zum Trotz, dringen die Anwürfe gegen Cody nunmehr in die Öffentlichkeit, was zum Teil auf die Umtriebigkeit eines Andrew Greeley, Sprecher des CREP, zurückzuführen ist.

Dieselben so wundersam anonymen Quellen, die Greeley seine verführerischen Schriften über die Angelegenheiten des Vatikans gestatten, haben ihm aufzudecken geholfen, weswegen und mit welcher Absicht Paul sich entschlossen hatte, Baggio per Flugzeug nach Chikago zu schicken. Niemand im Vatikan – wo man ihm herzliche Abneigung entgegenbringt – kann ernsthaft bestreiten, daß Greeley es diesmal richtig erfaßt hat; selbst der letzte Vatikanschreiber weiß von den Kabinettstückchen Codys, des widersprüchlichsten Kardinals der Kirche[2].

Aus Casarolis Sicht liefert bereits der erste Anklagepunkt hinreichend Grund zum Handeln: Rassismus. Bei seinen Weltreisen hat dieser unsentimentale Monsignore feststellen müssen, daß der kirchlichen Einheit kaum etwas anderes so nachhaltig im Wege steht wie die Rassendiskriminierung. Johannes XXIII. hatte als erster erkannt, daß gegen den schädlichen Einfluß der Rassendiskriminierung etwas unternommen werden müsse; Paul jedoch war es, der sich durch seine Reisen nach Kräften mühte, in aller Welt Rassengleichheit herzustellen. Die dabei erzielte Wirkung zählt zu seinen größeren Erfolgen; dennoch: aus Casarolis Sicht ist es noch ein weiter Weg. In seinen Villot zugedachten regelmäßigen Reiseberichten aus der Dritten Welt hält Casaroli stets fest, daß der anhaltende Rassismus in Amerika, Australien, Südafrika und in gewissem Maße auch in England einen Graben aufgeworfen habe, so daß die Kirche »vor der Situation steht, auf einem von den Chinesen gelegten Minenfeld eine irische Gigue tanzen zu wollen«. Sooft ein Prälat nach Rom kommt, muß er sich unweigerlich Casarolis Vorhaltungen über Rassismus anhören. Jedes arrivierte Kirchenmitglied kennt den Standpunkt des Vatikans in dieser Sache. Trotzdem unterstützte Cody die Entscheidung der Chikagoer Stadtverwaltung, in den Ghettos der Innenstadt alle Schulen zu schließen, in denen schwarze Kinder unterrichtet wurden. Liberale schwarze Bürgervertreter bezeichneten Codys Einmischung als Rassismus schlimmster Art.

Casaroli hält Cody zwar nicht für einen Rassisten, ist aber der Ansicht, daß der Kardinal es auf gar keinen Fall hätte zulassen dürfen, die Kirche in Mißkredit geraten zu lassen. Casaroli hofft, Cody werde seinen Posten in aller Stille räumen; jede Art öffentlicher Zurschaustellung übertriebener Schuld- und Reuegefühle ist ihm verhaßt. Casaroli fürchtet allerdings, daß Cody genau dies tun wird; denn obwohl es gewisse Beweismittel gibt, sind sie nicht alle gleich schwerwiegend. Cody wird vorgeworfen, mit dem größten Teil seiner Priesterschaft in einem Dauerkonflikt zu stehen, worum sich der Vatikan für gewöhnlich gar nicht zu kümmern pflegt; man weiß dort, daß es zwischen einem gestrengen Bischof und seinen Priestern oftmals Meinungsverschiedenheiten gibt. Im Grunde genommen ist das nicht einmal schlecht: beide Seiten sehen sich vor und halten sich zurück. In Chikago jedoch ist die Lage inzwischen weit über dieses Stadium hinaus. Die

Vereinigung der in Chikago wirkenden Priester beschuldigt ihren Kardinal öffentlich der gewohnheitsmäßigen Lüge. Einige der angesehensten Prälaten der Diözese schickten Protestnoten an die Apostolische Gesandtschaft in Washington und sogar an den Vatikan selbst. Als Rom um Erklärung bat, verweigerte Cody die Antwort. Paul selbst sandte ihm ein Handschreiben und bat, Cody möge doch vernünftiger und entgegenkommender sein. Codys Erwiderung war typisch: es gebe nichts, wofür er sich verantworten müßte. Dennoch ist in Chikago außer den Priestern auch ein großer Teil Laien aufs äußerste empört. Hunderte bestürzender Briefe treffen regelmäßig in Rom ein und bezeugen Codys Intransigenz. In vielen Briefen finden sich Einzelheiten, die darauf hindeuten, daß Cody möglicherweise an Geistesschwäche leide. Die Briefschreiber belegen Codys Kontakte mit Organisationen der extremen Rechten wie der John-Birch-Gesellschaft, nennen Beweise für seinen offenbar pathologischen Hang zu Heimlichkeiten und Mysteriösem. Ferner ist die Rede von einen Spionagenetz, das Cody ausgelegt habe, um die Spur eines jeden Priesters, der zu Besuch nach Chikago kommt, zurückverfolgen zu können. In anderen Briefen wird von seinem persönlichen Haß und von unkontrollierten Anwandlungen von Bosheit gesprochen. Der Vatikan hält diese Anschuldigungen keineswegs allesamt für erwiesen; Briefe über Bischöfe und Diözesen, die in Rom eingehen, bewegen sich zumeist am Rande der Hirnrissigkeit; aber diese Schreiben aus Chikago stammen häufig von gewichtigen, einflußreichen Katholiken – sie lassen sich nicht länger mit einer höflichen Pro-forma-Antwort abtun.

In vielen Fällen gelten die Vorwürfe – sie werden insbesondere aus der katholischen Geschäftswelt erhoben – der schlechten Diözesanverwaltung. Kardinal Cody, so heißt es, konzentriere alle Macht in seiner Hand, weigere sich, zu delegieren, konsultiere niemanden außer einem kleinen Kreis von Busenfreunden. Wichtige Entscheidungen und Ernennungen würden auf die lange Bank geschoben. Der eigentliche Kernpunkt des Falles Cody aber betrifft angebliche finanzielle Fehlleistungen. Während seiner Zeit als Schatzmeister der amerikanischen Bischöfe investierte Cody mehrere Millionen Dollar aus Kirchengeldern in die Penn Central Railroad – nur wenige Tage bevor die Bahn Konkurs anmelden mußte. Dazu kommt noch der Vorwurf, daß Cody sich weigere, der Diözese oder dem Vatikan offenzulegen, was er mit den sechzig Millionen Dollar aus Gemeindefonds zu tun gedenke, die in Chikago gerichtlich verwahrt werden; ebensowenig wolle er sagen, wem die anfallenden Zinsen zugute kommen. Außerdem habe er wieder einmal Dollarmillionen in einen Fernsehsender gesteckt, der nur in Pfarrhäusern und Schulen seinen Zweck erfülle. Dies würde zwar die Finanzlage einer der wohlhabendsten Erzdiözesen der Erde nicht ernstlich erschüttern, aber in Verbindung mit Codys Lebensstil wird ihm noch vorgeworfen, daß er sich der Kirchenfonds bediene, um jenen wenigen Mitgliedern der Kurie, die über sein Verhalten hinwegzusehen bereit sind, teure Geschenke zu kaufen. Weitere Anschuldigungen lauten, Cody weigere sich, sich zu geistlichen Exerzitien zurückzuziehen; seine Grobheit, Launen und gelegentlich gar Wutanfälle seien dämonisch. All dieses sowie die Berichte, die Paul seit seiner Ankunft in Castel Gandolfo studiert hat, ließen ihm keine andere Wahl, als Baggio auf die Reise nach Chikago zu schicken. Er ist jetzt seit einer Woche unterwegs. Nur Macchi weiß, was passiert ist. Baggio kam in aller Heimlichkeit auf dem O'Hare-Flughafen an und wurde nach Mundelein zu Codys Villa auf dem Gelände des dortigen Priesterseminars hinausgefahren. Während des Dinners hatte er seine Beweise dargelegt und Pauls ›Bitte‹ vorgebracht. Danach hatte man sich bis in die frühen Morgenstunden gegenseitig um die Wette angebrüllt. Nach dem Frühstück war Baggio abgereist; seine Chikago-Mission war also ein totales Fiasko. Macchi wartet auf den rechten Augenblick, um Paul die entsprechende Mitteilung zu machen. Der richtige Zeitpunkt ist jedoch noch nicht gekommen; statt dessen lenkt er den Papst mit der Behauptung ab, keine Nachricht von Baggio sei am Ende doch eine gute Nachricht. Paul stellt diese Ausrede nicht in Frage, dazu ist er viel zu erschöpft.

Die Stimmung der Angehörigen des päpstlichen Haushalts wird zunehmend besorgter. Jeder weiß, daß sich der Zustand des Heiligen Vaters nicht gebessert hat: das Hauspersonal hat gesehen, wie sich ein niedergedrückter Fontana zunächst mit dem Präfekten Martin, anschließend heimlich mit Magee besprach; die Gärtner berichten, daß die Anzahl der Reporter, Rundfunk- und Fernsehtechniker fortwährend wächst. Auch Touristen kämen busladungsweise.

Während des Vormittags geht Fontana noch zweimal zu Paul. Das Befinden des Papstes hat sich nicht verändert. Fontana telefoniert nochmals mit seinem Kollegen vom Gemelli-Krankenhaus. Beide kommen zu der Ansicht, daß die Krise im Verlauf der nächsten zwölf Stunden eintreten wird; sollte Paul den Tag überleben, werde er sich vielleicht wieder erholen. Daß Fontana guter Hoffnung ist, der Papst werde es schaffen, macht im Haushalt schnell die Runde. Während das Mittagessen vorbereitet wird, sind die Angehörigen des Stabes fast schon wieder guter Dinge.

Paul bekommt eine Tasse Suppe und nippt an der Limonade, die von Giacomina soeben frisch zubereitet wurde. Während Paul trinkt, stehen Nonne und Arzt zu beiden Seiten seines Bettes. Der Papst ist gut aufgelegt und bei vollem Verstand; er dankt den beiden und bittet sie, sie möchten doch seinen Dank an alle weitergeben, die sich so besorgt um sein Wohlergehen kümmern.

Als Giacomina den Raum verläßt, ist sie den Tränen nahe. Macchi, der auf dem Flur wartet, um gegebenenfalls etwas Neues zu erfahren, erschrickt und fragt mit Nachdruck, ob sich das Befinden des ›santissimo padre‹ verschlechtert habe. Die Nonne schüttelt den Kopf: nein,

nein, der Heilige Vater sei so, wie ihn alle kennen – er denke stets nur an die anderen.

Erleichtert teilt der Sekretär dies Martin mit, der seinerseits sofort Villot im Vatikan anruft. Der Kardinalstaatssekretär hält sodann alle auf dem laufenden, die seiner Ansicht nach über die Ereignisse in Castel Gandolfo im Bilde sein müssen. Telefonisch unterrichtet er Caprio, seinen Stellvertreter; den Dekan des Kardinalskollegiums, Carlo Confalonieri; den Generalvikar Roms, Kardinal Ugo Poletti, der sich um die religiösen Belange der Stadt kümmert, deren Bischof Paul ja unter anderem ebenfalls ist. Senator Ludovico Montini, der Bruder des Papstes, sowie Marco Montini, der Lieblingsneffe, werden ebenfalls informiert. Villot hat so gut wie keine medizinischen Kenntnisse, weiß aber sehr gut, wie sich auch eine leichte Krankheit bei jemand, der so alt und hinfällig ist wie Paul, auswirken kann. Der Staatssekretär hat erlebt, daß zahlreiche seiner Freunde unter derlei Umständen starben. Allen seinen Gesprächspartnern sagt er daher, sie möchten in der Nähe des Telefons bleiben. Abschließend erledigt Villot noch einen weiteren Anruf, spricht mit Giulio Carlo Argan, dem Bürgermeister Roms, und bittet ihn, dafür Sorge zu tragen, daß Kradfahrer der Polizei auf Abruf bereitstehen, um die Wagen der soeben Angerufenen nach Castel Gandolfo zu eskortieren. Argan ist Kommunist, ein scharfsinniger, befähigter Mann, der dem Vatikan noch immer dessen Einmischung in den letzten Wahlkampf zuungunsten der Kommunisten verübelt. Argan hört höflich zu, stellt nur wenige Fragen und versteht genau, was passieren könnte. Der Chef der Stadtpolizei erhält seine Befehle; Kradfahrer werden losgeschickt, um neben dem Petersplatz und den Wohnungen von Pauls Angehörigen auf weitere Anweisungen zu warten.

*

Am Nachmittag erwacht Paul. Fontana, der seinen unruhigen Schlaf bewachte, legt ihm die Manschette des Blutdruckmessers um und achtet auf die Anzeige: der Blutdruck ist hoch, gefährlich hoch. Er kontrolliert Pauls Puls: unregelmäßig. Fontana verbirgt so gut er kann seine Besorgnis und hört das Herz des Papstes ab. Es schlägt nur schwach und ungleichmäßig. Sodann mißt Fontana Pauls Temperatur: das Quecksilber steigt auf über 38 Grad. Es könnte eher, als von Fontana erwartet, zur Krise kommen.

Er gibt Paul eine Injektion, um den Puls zu stabilisieren, und drückt auf einen neben dem Bett angebrachten Summer. Giacomina kommt herbeigeeilt. Fontana und Giacomina kühlen mit nassen Handtüchern Pauls Stirn und helfen ihm beim Trinken.

Mit Hilfe des Weckers, der neben der von Pauls Vater stammenden Bibel steht, zählt Fontana die Minuten, bis die Injektion zu wirken beginnt. Nach einer halben Stunde ist Pauls Blutdruck einigermaßen normal, der Puls zwar noch immer schwach, aber regelmäßig. Das Trinken und die immer wieder gewechselten nassen Handtücher haben auch das Fieber etwas gesenkt. Fontana ist sich zwar nicht sicher, hofft jedoch, daß dies die Krise war, die nun vorüber ist. Er wartet noch eine halbe Stunde, ehe er um fünf Uhr Giacomina neben dem Bett allein läßt und abermals seinen Kollegen in Rom anruft.

Später wird – neben vielen anderen – auch die Frage gestellt werden, warum Fontana Paul in diesem Stadium nicht per Rettungshubschrauber ins Gemelli-Krankenhaus habe schaffen oder die mobile Intensivstation der Klinik nach Castel Gandolfo beordern lassen. Fontana meint, nicht nur medizinisch der Situation mehr als gewachsen zu sein, er weiß auch, daß hier eine Protokollfrage berührt wird. Päpste begeben sich nicht ins Krankenhaus, so privat und leistungsfähig die Anstalt auch sein mag. Der Brauch rührt aus der Zeit her, da sich hochgestellte Persönlichkeiten zu Hause behandeln ließen, weil man sich ihrer dort intensiver annehmen konnte als in einem Hospital. Als Fontana Paul an der Prostata operierte, war in dem von Martin ausgesuchten Raum ein provisorischer Operationssaal eingerichtet worden. Die mobile Intensivstation herbeizurufen, war indessen eine andere Frage – nämlich eine des Dafürhaltens. Unter Berücksichtigung seiner beachtlichen Erfahrung und Abwägung aller medizinischen und soziologischen Implikationen – den unweigerlich folgenden Schlagzeilen und dem dadurch verursachten Wirbel – entscheidet Fontana, daß der Augenblick noch nicht gekommen sei, um so nachdrücklich von außen her Hilfe herbeizurufen.

Der Arzt erläutert Martin, Macchi und Magee seine Ansicht. Die drei sind mit ihm sofort einer Meinung. Während sie noch die Lage erörtern, ertönt der Summer und läßt sie sofort in Pauls Krankenzimmer eilen. Giacomina hat bemerkt, daß der Blutdruck des Papstes wieder gestiegen ist. Magee, der den Papst seit einigen Stunden nicht mehr gesehen hat, ist von dessen Anblick betroffen: verfilztes Haar, mit seiner sonstigen Blässe kontrastierende gerötete Wangen, zitternde Hände – alles deutet darauf hin, daß Paul eine erneute Krise durchmacht. Aber ebenso schnell wie sie eintrat, geht sie auch wieder vorüber. Paul liegt in seine Kissen gesunken da; eine seiner Hände hält Macchi, Fontana die andere; die übrigen Anwesenden umstehen sein Bett.

Paul bittet Macchi, um sechs Uhr für ihn eine Messe zu lesen, und möchte, daß nach seinem Bruder und Neffen geschickt wird. Martin eilt davon, er ist den Tränen nahe; Paul hatte des öfteren zu ihm gesagt, er werde merken, wenn sein Ende nahe sei, und wolle dann, sofern möglich, seine nächsten Verwandten um sich haben.

Der Telefonanruf des Präfekten läßt die von Villot für diesen Augenblick vorab getroffenen Maßnahmen anlaufen. Minuten später rasen vom Vatikan und den beiden Wohnsitzen der Familie Montini die Wagen los; jedem voran Motorradfahrer der Polizei, die dem Sonntagsnachmittagsverkehr die Dringlichkeit ihres Einsatzes klarzumachen verstehen. Das Geheul ihrer Sirenen öffnet den hinter ihnen die Autostrada in Richtung Castel Gandolfo entlangrasenden Wagen eine Gasse. Die Limousine des Kardinalstaatssekretärs führt die Kolonne an. Villot sitzt im Fond neben einem Koffer, den er bereits vor Monaten für diesen Anlaß gepackt hat. Darin befinden sich seine Gewänder, Salböl und ein kleiner, massiver Silberhammer.

Keine dreißig Minuten nach der Abfahrt aus Rom rollen die Fahrzeuge an dem versammelten Pressekorps vorbei zum päpstlichen Palast hinauf. Die Reporter notieren, wer gerade angekommen ist. Dem Vertreter von Associated Press gelingt es als erstem, eine Blitzmeldung abzusetzen: 17.55 Uhr FAMILIE DES PAPSTES VERSAMMELT SICH MIT HÖHEREN VATIKANISCHEN BEAMTEN AM KRANKENBETT.

*

Vor dem Krankenzimmer erläutert Macchi den Neuangekommenen kurz und knapp die Lage. Der Heilige Vater sei von den beiden Attacken beträchtlich geschwächt. Er sei jedoch bei Bewußtsein und verlange danach, die Messe zu hören und mit ihnen die Kommunion zu empfangen. Der Gottesdienst werde in der Kapelle stattfinden, die mit dem Krankenzimmer durch eine Tür verbunden sei; man solle kurz eintreten, den Heiligen Vater begrüßen und sich hernach in die Kapelle begeben.

Falls Villot sich über diese hochnäsige Behandlung ärgern sollte, so zeigt er es jedenfalls nicht. Macchi ist immer noch der engste Vertraute des Papstes und hat mehr effektive Macht als selbst der mächtigste Kardinal. Villot tritt ein und begrüßt den Papst so förmlich wie gewöhnlich.

Um sechs beginnt Macchi die Messe zu zelebrieren. Die Anwesenden geben die von der Liturgie vorgeschriebenen Antworten: in der ersten Stuhlreihe sitzen Confalonieri, Poletti, Caprio und Villot; dahinter die beiden Montinis. In einer anderen Reihe knien betend Giacomina und ihre Nonnen. Martin und Magee befinden sich in der Nähe der offenen Kapellentür. Ebenso wie Fontana, der sich zu ihnen gesellt hat, werfen die beiden Priester immer wieder einen Blick über die Schulter und behalten den aufgestützt im Bett liegenden Papst im Auge.

Paul folgt der Messe begierig; während das Credo gesprochen wird, hören ihn Martin und Magee ganz deutlich zweimal die Wörter »Apostolicam Ecclesiam« wiederholen.

Um 18.15 Uhr steht Fontana inmitten des Responsoriums plötzlich auf und tritt an Pauls Bett. Instinktiv drehen sich die Betenden um, manche erheben sich gar fast, um Fontana mit den Augen folgen zu können; aber Macchis Stimme hält alle an ihren Plätzen. Der Arzt fühlt Pauls Puls, der wie wild rast. Sodann setzt er dem Papst das Stethoskop auf die Brust. Das Herz schlägt unregelmäßig. Pauls Atmen jedoch beunruhigt den Arzt am allermeisten: die Atemzüge gehen rasch und mühsam. Der Papst hat einen Herzanfall erlitten, und dagegen kann sein Arzt nichts tun. Die Wirkung des Anfalls geht wieder vorüber, Paul liegt bewegungslos in seinen Kissen. Nach einiger Zeit nickt er in Richtung Kapelle und flüstert, er wolle schnellstmöglich die Kommunion empfangen. Fontana gibt die Bitte an Martin weiter. Macchi tritt neben das Bett und reicht ihm feierlich Hostie und Wein. Danach geht mit Paul eine deutlich erkennbare Veränderung vor. Er wirkt völlig ruhig und friedlich. Nur Fontana ist sich bewußt, was geschehen ist. Der Herzanfall war zwar nicht schwer, seiner Meinung nach jedoch ausschlaggebend. Er nimmt Macchi beiseite und sagt, dem Papst bleibe wohl nur noch wenig Zeit.

Unter Einhaltung des Protokolls geht der Sekretär daraufhin zu Villot, der jetzt unsicher neben der Kapellentür steht, und teilt ihm das Schlimmste mit. Sofort tritt der Staatssekretär an Pauls Bett und fragt, ob er gesalbt werden möchte.

»Subito, subito«, nickt der Papst.

Villot geht zu seiner Tasche und entnimmt ihr das Öl. Er gibt ein wenig davon in einen silbernen Kelch, kehrt ans Bett zurück und beginnt das Sterbesakrament zu spenden.

Beim Beten hält Paul Villots Hand umklammert. Alle haben sich inzwischen an seinem Bett eingefunden: an der einen Seite steht Giacomina mit ihren Nonnen; die beiden Montinis und die vatikanischen Prälaten stehen an der anderen Seite neben dem Bett. Vom Fußende her sehen Macchi und Magee zu, wie Villot seine feierliche Handlung beendet. Paul schließt die Augen, der Staatssekretär tritt vom Bett zurück. Fontana beugt sich über den Papst und hört sein Herz ab. Er richtet sich wieder auf und sagt, der Heilige Vater lebe noch. Der Arzt wirft einen Blick auf Pauls Weckuhr. Fontana wüßte nicht zu sagen, daß die Uhr in all den Jahren, seitdem er den Papst kennt, ein einziges Mal die falsche Zeit gezeigt hätte. Die Zeiger weisen auf 18.30 Uhr.

Außer dem Ticken der Uhr und dem ständigen leisen Klicken der Rosenkränze der Nonnen ist kein Geräusch zu vernehmen.

*

Kurz nach 19.30 Uhr öffnet der Papst die Augen. Magee ist sich zwar nicht sicher, glaubt aber, sie hätten ihren Glanz und die Fähigkeit verloren, tief in eines Menschen Seele einzudringen. Sie scheinen trüb in ihren Höhlen zu liegen.

Plötzlich steht Fontana neben dem Bett, bückt sich und lauscht im Stethoskop den Geräuschen des verlöschenden Lebens. Pauls Atem geht nun rauher und flacher. Manchmal jedoch gelingt es ihm, zwischen den mühsamen Atemzügen zu sprechen.

»Wir sind am Ende angekommen. Wir danken...«

Seine Augen schließen sich erneut, es gelingt ihm nicht, den Satz zu beenden.

Villot und die Montinis blicken zu Fontana hinüber. Der horcht erneut am Stethoskop. Paul lebt noch.

Arzt, Villot, Macchi, Magee und Martin ziehen sich etwas zur Seite zurück. Fontana teilt ihnen mit, nun sei er sicher. Es bestehe keine Hoffnung mehr. Wenn nicht ein Wunder geschehe, werde Pauls Pontifikat gegen Mitternacht zu Ende sein. Martin verläßt eilig das Zimmer.

*

Der Sekretär des Vatikanischen Pressebüros, Frater Romeo Panciroli, sitzt in seinem Dienstzimmer und freut sich über Martins Anruf. Der zurückgezogene und akkurate Presseverantwortliche ist bereits den ganzen Nachmittag über von den Medienvertretern der ganzen Welt hart bedrängt worden. Um mit einem solchen Ansturm fertig zu werden, ist er denkbar schlecht gerüstet. Er zieht es vor, seine Zusammenkünfte mit Medien – wenn sie schon sein müssen – auf die in Rom residierenden Korrespondenten zu beschränken; diese Journalisten kennt er, und sie ihrerseits wissen, wie ihm mit dem nötigen Respekt zu begegnen sei. Ganz anders aber die anmaßenden, aggressiven, rohen und fordernden Stimmen, die seit Stunden schon die Telefonzentrale des Vatikans fast vollständig blockieren. Martin und Panciroli stimmen gemeinsam den Wortlaut eines Kommuniqués ab. Beide sind der Meinung, es solle so knapp wie möglich gehalten sein. Nachdem das feststeht, muß sich Panciroli nur noch entscheiden, wer die Mitteilung als erster erhalten soll. Er konsultiert sein Korrespondentenverzeichnis. Associated Press ist zuoberst eingetragen. Augenblicke später geht über den Draht der AP: BLITZ UM 1815 UHR ERLITT PAPST PAUL VI EINEN HERZANFALL WIE VATIKAN-PRESSESPRECHER PANCIROLI BESTÄTIGTE IST ER NICHT MEHR BEI VOLLEM BEWUSSTSEIN.

Das war die zweite Exklusivmeldung dieses Tages aus dem römischen Büro der Associated Press.

*

Um neun Uhr abends schlägt der Papst wieder die Augen auf. Er blickt um sich. Niemand weiß zu sagen, ob er etwas wahrnimmt, oder ob es sich nur um einen Reflex handelt.

Villot bricht das Schweigen: »Santissimo Padre.«

Paul wendet sich ihm zu und nickt. Dann spricht er. »Bete für mich...« Er versinkt erneut in halber Bewußtlosigkeit.

Fontana hört erneut das Herz ab, entfernt danach die Manschette des Blutdruckmessers. Auf die genauen Werte kommt es jetzt nicht mehr an. Mit lauter Stimme sagt der Arzt, daß das Leben des Papstes nur noch an einem seidenen Faden hänge.

Um neun Uhr dreißig öffnet der Papst nochmals die Augen. Magee bildet sich ein, er könne die Lippen des Papstes sich bewegen sehen; reckt sich vor und versucht die Worte zu erfassen. Villot, der dem Munde des Papstes näher ist, kann sie ohne große Mühe hören. Paul spricht das Vaterunser. Nun vernehmen auch die übrigen die Worte des Gebets:»...der Du bist im Himmel, geheiliget werde Dein Name, Dein Reich komme, Dein Wille ge...«

Die Augen des Papstes fallen zu, seine Lippen bewegen sich nicht mehr. Die Anwesenden stammeln das Gebet zu Ende.

Fontana beugt sich über Paul und horcht ungewöhnlich lange an dessen Brust, fühlt den Puls des Papstes, wirft einen Blick auf Pauls Weckuhr, um die genaue Zeit festzuhalten. Es ist 21.40 Uhr. Mit deutlich zitternder Stimme verkündet Fontana:»Es ist vorbei.«

Just in diesem Augenblick beginnt die altertümliche Weckuhr, die am Morgen dieses Tages noch um sechs Uhr dreißig geklingelt hatte und weder aufgezogen noch neu gestellt worden war, laut und blechern zu schrillen.

∗

Martin verläßt als erster den Raum. Der Präfekt beabsichtigt, Panciroli anzurufen. Die Welt muß informiert werden.

Sein Fortgehen ist das Zeichen für Villot. Er ist jetzt nicht mehr allein Staatssekretär, sondern auch Camerlengo, der Kardinal, der unter Mithilfe des Kardinalskollegiums die Kirche führen wird, bis das bevorstehende Konklave seinen Beschluß gefaßt hat. Villot wird die Vorbereitung der Beisetzungsfeierlichkeiten überwachen, offizielle Einladungen versenden und tausend andere Angelegenheiten entscheiden müssen, bis ein neuer Papst gewählt ist. Zunächst jedoch muß er sich einem geheiligten Ritual unterziehen.

Villot ist sich bewußt, daß ihm, da er jetzt zu seinem Koffer hinübergeht, die Augen aller Anwesenden folgen. Er nimmt den kleinen Silberhammer heraus, schreitet zurück, beugt sich über den Leichnam. Er berührt mit dem Hammer leicht Pauls Stirn und stellt mit einer Stimme, wie sie noch keiner der Anwesenden je zuvor von ihm vernommen hat, jene Frage, die seit Jahrhunderten an die sterbliche Hülle der Päpste gerichtet wird:

»Giovanni Battista Enrico Antonio Marie, bist du tot?«

Er wartet eine volle Minute auf Antwort, dann wiederholt er Berührung und Frage. Nach einer weiteren Minute vollzieht er das Ritual ein drittes Mal. Danach dreht er sich um und sagt, ohne sich an jemanden direkt zu wenden:»Papst Paul ist wirklich tot.«

Villot hebt die Rechte des Papstes, starrt sie einen Augenblick ungläubig an, blickt zu Macchi hinüber und begehrt zu wissen, wo der Pontifikalring, der Ring des Fischers, sei. Villot muß diesen Ring übernehmen. Später, vor den versammelten Kardinälen, wird der Camer-

lengo mit Hilfe einer silbernen Schere den Ring durchtrennen und
Pauls Amtssiegel zerstören. Von Stund an kann niemand mehr mit
ihnen einem gefälschten Dokument zur Echtheit verhelfen.
Macchi weiß nicht, wo sich der Ring befindet.
Villot befiehlt in aller Deutlichkeit und Schärfe, daß der Ring gefunden werden müsse – und zwar schnell.
Diese Worte sind für Macchi und alle anderen, die in den fünfzehn
Jahren, einem Monat und fünfzehn Tagen, die Paul auf dem Stuhl Petri
saß, die Macht in Händen hielten, Symbol ihres Verlustes.

8

Während der nächsten Stunden ereignete sich vieles mehr oder weniger gleichzeitig. Hinter den Ereignissen stand kein besonderes System; dennoch traten einige von ihnen als Ergebnis einer bestimmten Planung zutage; bei anderen handelte es sich um spontane Reaktionen. Die Bedeutung der einzelnen Ereignisse war höchst unterschiedlich; sie alle aber standen in direktem Zusammenhang mit dem gerade Geschilderten und ließen jedes für sich erkennen, daß nichts auf der Welt solche Nachwehen erzeugt wie der Tod eines Papstes. Also, wie gesagt, das nun Folgende geschah etwa zeitengleich.

Als erste Agentur rief der Pressesekretär des Vatikans, Panciroli, wiederum Associated Press an und verhalf dem römischen Büro zum drittenmal zu einem deutlichen Informationsvorsprung. Um 21.44 Uhr italienischer Zeit schickt AP an alle Außenstellen die Blitzmeldung: PAPST TOT.

Gut sechseinhalbtausend Kilometer westlich, in Chikago, war es erst 14.45 Uhr Ortszeit, als der diensthabende Redakteur des CBS News Center ans Telefon eilte und Andrew Greeley zu Hause in Grand Beach anrief. Der Redakteur sagte, er werde ein Kamerateam per Flugzeug über den Michigansee schicken, um die Erklärungen der Stimme des CREP zu Pauls Pontifikat aufzuzeichnen. Als die Reporter eintrafen, las Greeley in seinem Garten gerade die Messe. Er unterbrach den Gottesdienst sofort und gab vor der Kamera eine Erklärung ab. Sie fiel so kritisch aus, wie CBS vielleicht gehofft hatte; dennoch wurden Greeleys Ansichten in den Abendnachrichten nicht verbreitet. Das Band war verlorengegangen. Pauls Tod hatte Greeley nicht übermäßig bewegt — ebensowenig die Aussicht, wieder einmal nach Rom fliegen zu müssen, diesmal allerdings, um als Kopf der ›Kampfgruppe‹ des Universal Press Syndicate über die Beisetzung und das Konklave zu berichten. Greeley wird einer der zweitausend Berichterstatter sein, die in den nächsten zweiundsiebzig Stunden in Rom eintreffen sollen.

Um 21.55 Uhr italienischer Zeit ist in der Telefonzentrale des Vatikans jeder Platz besetzt. Die Nonnen haben Kopfhörer über ihre Hauben gezogen. Gewöhnlich ist es sonntags während der Nachtschicht so ruhig wie auf den drei Friedhöfen des Vatikans. Seit der AP-Blitzmeldung freilich wählt die ganze Welt die Nummer des Heiligen Stuhls — Rom 6982 —, der sich stets gleichbleibend mit ›Vaticano‹ meldet. Im Verlauf der folgenden vierundzwanzig Stunden werden die Nonnen 27 800 Anrufe entgegennehmen müssen.

Macchi hatte Pauls Schlafgemach als zweiter verlassen. Der einst allmächtige Privatsekretär kümmerte sich um die erste Aufgabe, die ihm während des bis zur Wahl des nächsten Papstes dauernden Interregnums übertragen worden war: er suchte den Pontifikalring. Es dauerte ganze vier Tage, ehe der völlig aus der Fassung geratene Macchi den Ring ganz hinten in einer Schreibtischschublade in Pauls Arbeitszimmer ausfindig machte.

Nach dem Sekretär gingen auch die anderen; nur Giacomina und ihre Nonnen blieben zurück, um den Leichnam des Papstes zu waschen, ehe er den Einbalsamierern überlassen wurde.

Villot fuhr mit Confalonieri, Poletti und Caprio in den Vatikan zurück. Seit er mit Pauls Tode Camerlengo geworden war, hatte Villot schon einiges erledigt: er hatte Martin und Fontana nach Rom zurückgeschickt, um sich dort an die Vorbereitungsarbeiten für die Sterbeurkunde zu machen; Monsignore Virgilio Noé, den Päpstlichen Zeremonienmeister, sowie verschiedene Mitglieder der Apostolischen Kammer angerufen – das während der Sedisvakanz für das Eigentum des Heiligen Stuhls zuständige Verwaltungsorgan. Bevor er Castel Gandolfo verließ, hatte Villot, zunächst symbolisch, von dem Areal und den Pälasten Besitz ergriffen. Während der Fahrt in den Vatikan besprechen die vier Kardinäle ihre nächsten Schritte. Poletti werde über Funk und Fernsehen der Bevölkerung Roms mitteilen, daß ihr Bischof verstorben sei. Confalonieri wird die Kardinäle, das Diplomatische Korps und die weltlichen Regierungen aller einundfünfzig Staaten, mit denen der Vatikan Beziehungen unterhält, informieren. Villot wird die Privatgemächer des Papstes offiziell versiegeln; während des Interregnums darf niemand darin wohnen. Ferner wird er vom Apostolischen Palast und vom Lateran, der früheren offiziellen Residenz des Bischofs von Rom und dem heutigen Verwaltungssitz der Diözese, symbolisch Besitz ergreifen.

Magee blieb in Castel Gandolfo, um die Vorbereitungen für die Beisetzungsfeierlichkeiten zu überwachen.

RAI, das italienische Rundfunk- und Fernsehnetz, unterbrach sein Programm. Das gleiche taten die übrigen Sender der westlichen Welt. Radio Moskau und Peking Radio sowie die Sender so ziemlich aller kommunistischen Satellitenstaaten ließen sich noch zehn Stunden Zeit, ehe sie eine Kurzmeldung vom Ableben des Papstes brachten; der albanische Rundfunk drei Tage.

Der Vatikansender an der Via della Conciliazione hatte abends um acht bereits Büroschluß. Anwesend waren nur noch ein paar Techniker, die ein zuvor aufgezeichnetes Programm sendeten. Niemand von ihnen hatte die RAI-Meldung gehört. Nicht daß das einen Unterschied gemacht hätte: der Intendant des Senders, Jesuitenfrater Roberto Tucci, der nach dem Tode des Papstes als einziger zu einem Programmwechsel berechtigt gewesen wäre, befand sich nicht in Rom. Seine Untergebenen, Jesuiten und Angehörige anderer Missionsorden, saßen entweder beim Nachtessen oder hielten in ihren über die ganze Stadt verstreuten Ordenshäusern just Andacht. Sie alle gingen schlafen, ohne zu wissen, daß der Papst bereits tot war, oder daß ihr Sender, den man gelegentlich ›Gottes Stimme‹ nennt, vor seiner größten Herausforderung stand.

Der Schneider Anibale Gammarelli hörte die Nachricht im Radio. Er fuhr sofort zu seinem Geschäft in der Santa Chiara Nr. 34 und überprüfte noch einmal – was er ohnehin wußte –, daß die Firma Gammarelli, Sartoria Pontifica, über genügend Tuch für die bevorstehenden Aufgaben verfügte.

Touristen begannen den Petersplatz zu füllen. Sie warteten, sagten sie, auf irgendeine Erklärung; rechneten damit, daß ein Vatikan-Beamter auf dem Balkon der Basilika erscheine und irgend etwas sage. Als sich jedoch nichts tat, verloren sich die Touristen wieder.

Die ersten Stellungnahmen waren des Lobes voll. Weißes Haus, Downing Street, Elysee-Palast und Westdeutschlands Bundeskanzleramt meinten: der Beitrag des Papstes zur interkonfessionellen Harmonie sei bedeutend gewesen; er habe das Zweite Vatikanische Konzil zu Ende geführt; er habe die Gewaltenteilung der Kirche durch Gründung der Bischofssynode gefördert und bei seinen Reisen in alle fünf Kontinente so manches Hindernis weggeräumt. In Irland erinnerte man sich, daß Paul das Land zweimal besucht hatte – zwar nicht als Papst, wohl aber als hoher Beamter des Staatssekretariats. In Indien, wo die Todesnachricht mitten in der Nacht eintraf, gaben die Zeitungen ihre Stehsatz-Nachrufe in Druck: großartige Lobreden. Sein Pontifikat sei ein dramatischer Wendepunkt der Geschichte der Beziehungen zwischen der Römisch-Katholischen Kirche und den anderen Religionen gewesen. Diese Ansicht spiegelte sich in den folgenden Tagen in über tausend Leitartikeln. Sie alle werden später im Vatikan genauestens gesichtet und studiert, um mit ihrer Hilfe die weltweite Einstellung gegenüber der Kirche zu bewerten.

Überall in der Welt gingen Reporter der AP-Meldung nach. Man trat an den in Tübingen lehrenden Hans Küng heran und bat den katholischen Schweizer Theologen um seine Stellungnahme zu einem Papst, der nichts unternommen hatte, um das ihm, Küng, von seiten der Kirche fortwährend entgegenschlagende Störfeuer zu beenden – Küng hatte es gewagt, die Frage der päpstlichen Unfehlbarkeit offenzuhalten. Er bat um Bedenkzeit. Auch Lefèbvre vermied eine sofortige öffentliche Stellungnahme. Jedermann wußte jedoch, daß es nur eine Frage der Zeit sei, bis beide ihre Position deutlich machten.

Theologen mit divergierenden Grundüberzeugungen begannen an ihren Urteilen zu feilen. Wer kritikwillig war, fand Ansatzpunkte. Die Kurie war in sich zerstritten wie eh und je. Durch diese Richtungskämpfe innerhalb des Vatikans wurden die ökumenischen Gesten des Papstes verwässert. Die Bischofssynode hatte nicht gehalten, was man sich von ihr versprach. Hinter den Einschätzungen solcher Kritiker stand bestenfalls ein Fragezeichen. Paul war sicherlich nicht der schlechteste, aber doch weit davon entfernt, ein großer Papst genannt zu werden.

Manche beim Heiligen Stuhl akkreditierte Botschafter warteten nicht auf die offizielle Notifizierung des Ablebens. Der britische Gesandte rief das Außenministerium in London an und teilte dem Beamten vom Dienst die Todesnachricht mit. Dieser informierte den Staatssekretär, der seinerseits den Außenminister benachrichtigte. Letzterer rief den Premier an, der – da es sich um den Tod eines Staatsoberhauptes handelte – entschied, Buckingham-Palast zu informieren. Ein Kammerdiener überbrachte die Nachricht der Königin, die gerade das Abendessen beendet hatte. Sie bat sofort ihren Privatsekretär um Formulierung *eines angemessenen Beileidsschreibens. Seit dem Anruf des Diplomaten in Rom waren gerade fünfzehn Minuten vergangen, als bereits mit dem Entwurf des königlichen Kondolenzbriefes begonnen wurde.*

Die Mitarbeiter des Staatssekretariats telefonierten und telegrafierten nach einer alphabetischen Namensliste in die ganze Welt. Die Telegramme waren in italienischer oder französischer Sprache abgefaßt. Kein Kardinal konnte den Text der Mitteilung mißverstehen: PAPST TOT SOFORT KOMMEN VILLOT. Die telefonischen Benachrichtigungen waren ebenso kurz und bündig, nicht viel mehr, als wenn eine Stimme aus dem Vatikan den Telegrammtext verlesen hätte. Die schwerbedrängten Mitarbeiter des Staatssekretariats hatten keine Zeit, sich Beileidsbekundungen anzuhören oder sich in Unterhaltungen einzulassen.

Um 22.20 Uhr mitteleuropäischer Sommerzeit klingelte in der Wiener Wollzeile 2, dem Erzbischöflichen Palais des Kardinals Franz König, das Telefon. Der Priester im Staatssekretariat hatte die Nummer auf seiner Liste – 53 25 61 – noch einmal auf ihre Richtigkeit hin überprüft. Er war schon entschlossen, aufzulegen und ein Telegramm zu schicken, als in Wien der Hörer aufgenommen wurde.

Vor dem Lärm des Stoßverkehrs, der unter der Woche selbst die innersten Bereiche des dickwandigen Gebäudes erreicht, ist man im Erzbischöflichen Palais im Zweiten Wiener Stadtbezirk sonntags glücklicherweise sicher. In der relativen Ruhe des am Wochenende verlassenen Geschäftsviertels kommen manche Merkmale des Gebäudes gut zur Geltung: in architektonischer Hinsicht scheint es sich um eine verkleinerte Ausgabe des Apostolischen Palastes zu handeln. Zu diesem Eindruck trägt hauptsächlich der Innenhof bei, über den sich Stockwerk um Stockwerk erhebt, zum anderen aber auch die schwindende Eleganz des Äußeren bei unverminderter innerer Pracht. Im Gegensatz zum Apostolischen Palast, sind die Sicherheitsvorkehrungen um dieses Gebäude ohne weiteres erkennbar. Den Eingang versperrt ein schweres Walzstahltor. Von entsprechend postierten Fernsehkameras wird jeder erfaßt, der sich dem Palais zu nähern versucht. Das Torhäuschen ist ständig von einer Wache besetzt, und die Wiener Polizei hält sich sehr in der Nähe auf. In gewisser Weise äußert sich darin der Tribut, den man der Macht und Integrität des Mannes zollt, der von seinem Wohnsitz aus einige der stürmischsten Ereignisse der europäischen Nachkriegsgeschichte erlebte. Er sagte den Verlauf des Kalten Krieges voraus; sah den Berliner Mauerbau ebenso kommen wie vorher schon den Ungarn-Aufstand und später das Ende der Dubček-Ära in der Tschechoslowakei. Er bewerkstelligte die Befreiung des Kardinals Mindszenty aus seinem erzwungenen Asyl in der amerikanischen Botschaft von Budapest und hatte in hundert weniger spektakulären Fällen seine Hand im Spiel. Die Russen und ihre Satelliten achten und fürchten Franz König, den Kardinal-Erzbischof von Wien, gleichermaßen. Wie er vom amerikanischen Geheimdienst CIA erfuhr, gehört er zu den Männern, die die kommunistischen Führer bei heftigeren Zornesanwandlungen am liebsten umbringen würden. König ist ein verständiger, umsichtiger Mann; darum hat er Schutzmaßnahmen in Kauf genommen, die eher für den Hochsicherheitstrakt einer Haftanstalt als für die Residenz eines Kirchenfürsten charakteristisch sind.

Trotzdem hat König mehr als jeder andere – Agostino Casaroli einmal ausgenommen – zur Auflösung des ethischen und ideologischen Konflikts zwischen römischer Kirche und Kommunismus beigetragen. Er erkennt die Gefahren einer fortdauernden Feindschaft zwischen zwei fest auf ihren Fundamenten ruhenden monolithischen Institutionen. König ist der Ansicht, daß eine starr dogmatische Haltung des Vatikans nicht immer klug sei, obschon die Kirche zu keiner Zeit mit der kommunistischen Doktrin Nachsicht üben könne. Der Kardinal weiß noch sehr wohl, wie nutzlos die während der Zeit Pius' XII. praktizierte Unnachgiebigkeit und Inflexibilität der Kirche waren. Während dessen Pontifikats fielen fünfzehn Staaten unter kommunistische Herrschaft. Pius' Drohung, jeden Katholiken, der seine Mitgliedschaft in der Kommunistischen Partei nicht aufgab oder deren Politik weiterhin unterstützte, zu exkommunizieren, zeigte keinerlei Wirkung. König hatte schon vor langer Zeit die geistreiche Vorstellung fallenlassen, daß der Kommunismus in Kürze Opfer eines Umsturzes würde. Statt dessen behauptet er, es gehe darum, der Kirche unter dem Kommunismus eine bessere Position zu erkämpfen und zu sichern.

Diese Ansicht vertritt er bereits seit der 1963 von Johannes XXIII. veröffentlichten Enzyklika ›Pacem in Terris‹ (›Friede auf Erden‹), die einer Annäherung die intellektuelle Rechtfertigung gab. Für einen solchen Hochseilakt ist niemand geeigneter als König. Er kennt jede Feinheit der Enzyklika und weiß, wo und wie darin unterschieden wird zwischen falschen Gedanken und den darauf fußenden historischen Wahrheiten. Die Ermutigung der Bischofsdelegationen aus kommunistischen Ländern, am Zweiten Vatikanischen Konzil teilzunehmen, ist zum großen Teil auf König zurückzuführen. Später gab er Ratschläge, wie auf die an Johannes gerichteten, zuversichtlich stimmenden Botschaften Chruschtschows reagiert werden müsse. Während Pauls Pontifikat wurde König regelmäßig um Rat gebeten. Als Ergebnis seines Wirkens wurde Casaroli von Paul nach Moskau geschickt, um dort den Beitritt des Heiligen Stuhls zum Atomwaffensperrvertrag zu unterzeichnen. Als eine der am wenigsten erwarteten Auswirkungen dieser Vertragsunterzeichnung zeigte sich, daß seitdem die Schweizergarde in Übereinstimmung mit dem Vertragstext jährlich auf insgeheim verfügbare Atomsprengköpfe inspiziert wird.

Eine wichtige Rolle spielte König wiederum, als man die kommunistischen Satellitenstaaten zu einer Lockerung der geltenden Beschränkungen in der Glaubenserziehung bewegen konnte. Seine Billigung ermutigte den Vatikan, diplomatische Beziehungen mit Jugoslawien aufzunehmen. Zu vielen seiner Ansichten hat König nach einem Wochenende der Meditation gefunden.

Wenn er sich nicht seinen eigenen geistlichen Übungen hingibt oder bei den Sonntagsmetten – zwischen denen er sich auch in seinem dreiundsiebzigsten Jahr noch wie jeden anderen Tag drei ausgezeichnete Mahlzeiten munden läßt – die religiösen Zeremonien der Gemeinde gestaltet, beschäftigt sich König in seinem Arbeitszimmer. Er sieht nicht nur zehn Jahre jünger aus, sondern ist auch ohne Kardinalsrobe und Birett jederzeit als Kirchenfürst erkennbar. Ihn umgibt die nur sehr selten anzutreffende Aura einer Persönlichkeit, in der sich der zutiefst fromme Wissenschaftler mit dem unerhört gewieften Politiker verbindet. König ist geistreich und mitteilsam, andererseits jedoch ein verläßlicher Hüter dessen, was man im Vatikan ›die Geheimnisse‹ nennt – also all jene Vertraulichkeiten, die nur den herausragendsten Kardinälen zu Ohren kommen. Der Erzbischof spricht deutsch mit weichem Wiener Einschlag und vermag sich fließend und amüsant in etlichen anderen Sprachen zu unterhalten. Sein Gesicht wirkt wie gemeißelt. Sogar wenn er sitzt und schweigt, nachdenkt oder zuhört, hält er für gewöhnlich die kräftigen Hände gefaltet.

König hörte das Telefon zwar klingeln, machte jedoch keine Anstalten, abzuheben; ganz instinktiv weiß er, daß eine ebenso wichtige wie ernste Nachricht auf ihn zukommt, sonst würde niemand zu dieser späten Stunde noch anrufen. Sofort fallen ihm die Fernsehnachrichten des Abends wieder ein. Hinweise auf eine Krise waren ihnen nicht zu entnehmen gewesen, also muß irgend etwas ganz plötzlich geschehen sein. Als sein Privatsekretär eintritt, glaubt König die Antwort bereits zu wissen. Der Sekretär ist jung, dem Erzbischof aber kommt er gealtert vor. Mit kaum wiederzuerkennender Stimme sagt der Priester, daß vor einundvierzig Minuten der Papst gestorben sei.

Der Erzbischof nickt: er hatte sich des Anrufs wegen also nicht geirrt. Ihm fällt ein, daß er bereits seit Monaten damit rechnete. Als er Paul das letztemal gesehen hatte, erkannte König bereits in ihm den Todgeweihten. Der Erzbischof war in sein nahe der Donau gelegenes Palais zurückgekehrt und hatte etwas noch nie Dagewesenes getan: einen speziellen Koffer für das Konklave gepackt. Er hatte an alles gedacht, was man benötigt, um sich eine Woche lang bei beschränktem Komfort zu behelfen. Würde das Konklave länger dauern, müßte er sich neue Rasierklingen besorgen oder einen Bart stehenlassen.

König gibt seinem Sekretär die Anweisung, sofort einen Platz in der nächsten Linienmaschine nach Rom zu buchen.

König will so schnell wie nur möglich dort eintreffen, weil er intuitiv fühlt, daß das diesmalige Zusammentreten zum Konklave das entscheidendste der jüngsten Kirchengeschichte werden wird. Er will von Anfang an dabeisein, um seine besondere Rolle als einer der großen purpurtragenden Wahlmänner in vollem Umfange wahrnehmen zu können.

✳

Kurz nach 20.50 Uhr irischer Sommerzeit – sie hängt hinter der mitteleuropäischen eine Stunde zurück – klingelt in einem einsam am Stadtrand gelegenen Palais das Telefon. Es meldet sich ein Telefonist des Telegrammdienstes des nicht allzu leistungsfähigen irischen Fernmeldewesens. Niemand kann jedoch über die Laufzeit dieses Telegramms, das bereits nach flotten dreiundzwanzig Minuten Dublin erreichte, klagen. Der Telefonist spricht den Text zu: »TEILEN BEDAU-ERND MIT DASS HEILIGER VATER VERSCHIEDEN! INFORMIEREN SIE AL-LE IN BETRACHT KOMMENDEN! IN CHRISTUS IHR VILLOT-CAMERLEN-GO«. Der Telefonist äußert spontan sein Beileid und stellt dann jene Frage, die sich in Kürze die ganze Welt stellen wird: »Was bedeutet das für die Kirche?«

»Viel, si, sehr viel.«

Trotz dieser kurzen Antwort bleibt der sizilianische Akzent des Mannes, der in diesem Palais neun ereignisreiche Jahre verbracht hat, nicht verborgen.

Das Gebäude liegt im weitläufigen Phoenix-Park. In der Nachbarschaft wohnen unter anderem der amerikanische Botschafter und der Präsident der Republik Irland. Das aber, so sagen manche, sei nur ein Grund für die diskrete Überwachung der Umgebung. Es wird behauptet, die Polizei halte sich in der Nähe, um auch zur unmöglichsten Stunde noch ungewöhnliche Besucher zu registrieren und zu überwachen. Wie dem auch sei; der hier residierende Mann ist für sich allein schon wichtig genug, um Schutz- und Sicherheitsmaßnahmen zu rechtfertigen. Das Maß seiner Bedeutung wird schon allein dadurch deutlich, daß er als erster in ganz Irland vom Tode des Papstes benachrichtigt wurde.

In der britischen Botschaft, am anderen Ende der Stadt, in den protestantischen nördlichen Enklaven dieser terrorgeschüttelten Insel und sicherlich auch in der Geschäftigkeit Whitehalls jenseits der Irischen See, gibt es so manche, die sich nicht grämen würden, wenn dieser Mann sich nicht mehr in Irland aufhielte. Diese Leute verunglimpfen ihn gelegentlich als ›Grünen Sizilianer‹ oder ›Spion des Papstes‹. Sie würden es sich einiges kosten lassen, den Inhalt der Säcke, die er eigenhändig versiegelt und mit der Aer Lingus wöchentlich als Diplomatenpost nach Rom schickt, kennenzulernen. Neben Einzelheiten über die Arbeit der Irischen Kirche und deren zahlreiche karitativen und kulturellen Aktivitäten enthalten diese Postsäcke häufig scharfsinnige Beurteilungen der in die bewaffnete Auseinandersetzung zwischen Großbritannien und der IRA verwickelten Personen sowie Bewertungen der hinter ihnen stehenden Zwänge und Spannungen. Häufig erfährt der Palais-Bewohner als erster Einzelheiten einer neuen Initiative der IRA aus deren eigenen Reihen. Bei den diskreten, jedoch fortwährenden Anstrengungen des Vatikans, für die Provinz Ulster eine gerechte Lösung zu finden, spielt der Apostolische Nuntius in Irland, Doyen des Diplomatischen Korps, Eminenz Erzbischof Dr. Gaetano Alibrandi, eine Schlüsselrolle. Während seiner neun Jahre in der Nuntiatur hat er viele IRA-Führer heimlich getroffen. Er sieht in diesen Kontakten die Möglichkeit, nachrichtendienstliche Informationen zu sammeln und zwecks Vermittlung einzigartiger Einsichten und Erkenntnisse dem Vatikan und, zur abschließenden Bewertung, dem Papst zuzuleiten. Alibrandis Berichte über Nordirland gehen weit über das hinaus, was der Vatikan über seine ständigen Kontakte mit den Bischöfen in Irland und anderswo erfährt. Der Nuntius ist mit ziemlicher Sicherheit der einzige Diplomat in Dublin, der Zugang zu so erstklassigen Quellen hat – zu den politischen Führern jener Männer, die das Schießen besorgen. Deshalb möchte die Sondereinsatzgruppe so gern wissen, wer dieses abgelegene Palais besucht; deshalb poltern Mitglieder der irischen Regierungskoalition, der Vatikan solle seinen Nuntius in aller Stille abberufen[1].

Der winzige Diplomat – Alibrandi mißt samt altmodischen Schnürstiefeln um einsfünfzig – sieht in diesen Kontakten nichts anderes als eine weitere Möglichkeit, sich mit den tieferen Ursachen des Ulster-Konflikts vertraut zu machen. Die Männer, mit denen er Umgang pflegt, bezeichnet er übrigens hartnäckig als Guerillakämpfer; er weigert sich, von ›Schießern‹ oder ›Terroristen‹ zu sprechen. Mit einer Leidenschaft, die selbst Gegner als hypnotisierend anerkennen, behauptet Alibrandi, daß die Taten der meisten IRA-Angehörigen nur vor dem Hintergrund der real existierenden, von ihnen jedoch nicht geschaffenen Situation zu beurteilen sei: sie abzulehnen oder zu verurteilen, ohne jemals versucht zu haben, sie zu verstehen, sei schlichtweg nur eine andere Form von Gewalt. Zeigt sich jemand von dieser Behauptung bestürzt, so weist der Nuntius gelassen darauf hin, daß jegliches Töten eine abstumpfende Wirkung habe.

Alibrandis Verwicklung in diese Auseinandersetzungen kompensiert sein Bewußtsein durch die unbestrittene Tatsache, daß seit der Teilung Irlands viele protestantische Geistliche das politische Leben Nordirlands ganz offen und gefährlich zum Nachteil der Katholiken manipuliert haben. Er ist über gewisse Bräuche des Oranien-Ordens entsetzt, zu denen es zum Beispiel gehört, einen Fußball ›Papst‹ zu taufen und damit auf dem Platz herumzubolzen. Er kann auch nicht begreifen, daß selbst in den erzkatholischen Ghettos des Nordens ein ganz ähnliches Spiel gang und gäbe ist – nur daß der Fußball dort ›Königin‹ genannt wird. Alibrandi bleibt davon überzeugt, daß die extremistischsten Vertreter der protestantischen Geistlichkeit Ulsters durch ihre Weigerung, derartige Verhaltensweisen scharf zu verurteilen, nolens volens als Truppenführer in den wogenden Kampf geworfen werden; daß sie ganz bewußt zugelassen haben, daß Religion und Politik zu einer einzigen, mächtigen, alles durchdringenden Gewalt verschmolzen; daß hinter vielen anderen Gründen für die für Ulster so charakteristische Katholikendiskriminierung ein dominierender Faktor zu erkennen ist: nämlich die Haltung dieser Geistlichen und ihre Entschlossenheit, die Schauermärchen über den Katholizismus und die Furcht vor ihm wachzuhalten.

Der Nuntius besitzt eine eindrucksvolle und deprimierende Sammlung an Beispielen nordirisch-protestantischer Bigotterie – jedes für sich genommen ist abschreckend, schrill, unbarmherzig-lieblos, unnachsichtig und vorgeschützt. Damit läßt sich gut kontern, wenn der zufällig nicht katholische Gast sich nach angeblichen Exzessen erkundigt, die der von Alibrandi repräsentierten Kirche in einem Land zugeschrieben werden, das seit langem bereitwillig religiöse Beziehungen mit Rom pflegt.

Das ist es, was ihn so weitgehend gelassen auf die Anfeindungen von seiten der Dubliner Politiker und Angehörigen des Diplomatischen Korps, an dessen Spitze er nominell steht, reagieren läßt. Es gestattet ihm auch, die Rolle der vatikanischen Diplomatie in der modernen Welt aufs heftigste zu verteidigen. Er könnte jedermann daran erinnern, daß seine Funktionen von Paul in einem im Juni 1969 erlassenen Schreiben eindeutig definiert wurden: »Wichtigster und besonderer Zweck der Entsendung eines päpstlichen Repräsentanten ist es, die Verbindungen zwischen dem Heiligen Stuhl und der Kirche des Empfangslandes stets enger und wirksamer zu gestalten; Normalfunktion eines päpstlichen Repräsentanten ist es, den Heiligen Stuhl regelmäßig und objektiv über die Kirchengemeinde, der er zugewiesen wurde, zu informieren sowie geltend zu machen, was das Leben der Kirche betrifft und den Seelen zum besten gereicht.«

Das genügt Alibrandi. Er wird, wenn ihm dies zu einem klärenden Eindruck von den Ereignissen in Irland verhilft, weiterhin Angehörige der IRA treffen. In seinen Augen ist sein Verhalten durch die päpstliche Direktive gedeckt.

Der vierundsechzigjährige Diplomat Alibrandi ist Doktor des kanonischen Rechts und anerkannter Experte für Kirchengeschichte, Völkerrecht, Soziologie und Wirtschaftswissenschaften. Er spricht mehrere Sprachen und hatte zu Beginn seiner Karriere im Staatssekretariat die für Paul bestimmten, höchstprivaten Briefe zu öffnen. Manchmal hat er sie auch heimlich kopiert. Dieses Vergehen beschäftigt den Nuntius gedanklich, als er jetzt den Hörer beiseite legt.

Vor seinem geistigen Auge erscheint die Szene, die sich vor ein paar Monaten abspielte. Als der Nuntius zum Vortrag seines Jahresberichts erscheint, sitzt Paul auf einer Couch im Büro. Er bedeutet Alibrandi, sich neben ihn zu setzen. Sie kennen sich seit fast vierzig Jahren und standen stets miteinander in Verbindung. Als Alibrandi nun sagt, »Heiliger Vater, ich möchte Euch ein besonderes Geständnis machen«, glaubt er bei Paul Anzeichen einer gewissen Überraschung zu entdekken. Wie er sich jetzt erinnert, hatte Paul nichts gesagt, statt dessen seine Augen auf Alibrandi ruhen lassen, »wundervolle Augen, die einen zum Sprechen bringen können«. Alibrandi tat sich schwer, zuzugeben, was er vor so langer Zeit getan hatte, und begann daher mit kaum mehr als einem Wispern: »Heiliger Vater, erinnert Ihr Euch, daß Ihr mir manchmal gewisse private Briefe, sehr persönliche Briefe, gegeben habt?« Paul hatte geantwortet: »Ich weiß, ich erinnere mich.« Dadurch ermutigt, fuhr Alibrandi fort: »Und daß niemand, außer dem Empfänger, die Briefe lesen sollte?« Ein erneutes: »Ich weiß, ich erinnere mich.« Dann brach es aus Alibrandi hervor:»Heiliger Vater, bevor ich die Briefe versiegelte, habe ich sie gelesen.« Als der Nuntius gestanden hatte, saß Paul da – nicht ärgerlich, bloß interessiert und verständnisvoll. »Heiliger Vater, das waren die besten Briefe, die ich je gelesen habe; und die allerbesten habe ich kopiert, so daß ich die Gedanken später meinen eigenen Briefen zugrunde legen konnte.« Plötzlich hatte Paul sich nach vorn gebeugt und lächelnd gesagt:»Ich bin sehr froh, daß Ihnen meine Worte als so nützlich erschienen.«[2]

Der Nuntius ist froh, mit seinen Gedanken im Augenblick allein zu sein; denn als ihm die volle Tragweite der soeben vernommenen Nachricht bewußt wird, entbehrt seine zierliche Gestalt nicht gewisser tragischer Züge. Innerer Schmerz verzerrt sein nußbraunes Gesicht, läßt ihn nervös an seinem Brustkreuz herumnesteln. Bis jetzt hat er noch gar nicht voll erfaßt, wie sehr er Paul vermissen wird; nicht allein als Papst, sondern auch als Freund.

Besonders traurig macht es Alibrandi, daß Paul nun nicht mehr die prächtige neue Nuntiatur kennenlernen kann, die für den Apostolischen Gesandten gebaut wird. Jetzt, wo die Notwendigkeit anerkannt wurde, eine größere als die ursprünglich vorgesehene Kapelle zu errichten, erkennt Alibrandi im Zusammenhang mit dem neuen Gebäude draußen auf der geschäftigen Navan Road nur noch einen Nachteil, nämlich daß es für die IRA-Männer wesentlich schwieriger werden wird, unbehelligt hinein und heraus zu schlüpfen.

Die Umzugsprobleme und die Sorgen wegen des erschwerten Umgangs mit Angehörigen verbotener Organisationen wird der hart arbeitende Nuntius nun jedoch zurückstellen müssen: der Tod des Papstes macht administrative Erfordernisse geltend.

Pauls Tod bedeutet für Alibrandi, die nächsten Tage ›an die Schreibmaschine gefesselt‹ zu sein, um Villots telegrafische Anweisung auszuführen und ›alle in Betracht Kommenden zu informieren‹. Zu diesen gehören der Präsident der Republik Irland, der Außenminister, die Bischöfe und die in Irland akkreditierten Botschafterkollegen des Nuntius. Alle werden einen eigenhändig auf der Maschine geschriebenen Brief erhalten. Das Maschineschreiben lernte Alibrandi, als er 1938 als Pauls Sekretär fungierte. Er findet es besonders passend, daß die Kunstfertigkeit, die sich anzueignen Paul ihn seinerzeit ermuntert hatte, nun dazu dient, ›alle in Betracht Kommenden‹ von dessen Tode zu unterrichten.

❋

Als das Kabel aus dem Vatikan zur Teezeit in Buenos Aires eingeht, bestätigt es nur, was Juan Carlos Aramburu bereits seit Stunden weiß, denn im Gefolge der AP-Blitzmeldung ist er schon von allen Zeitungen und Fernsehstationen um Kommentierung gebeten worden. Der sechsundsechzigjährige Kardinal-Erzbischof der größten Diözese der

114

Erde – er ist für neun Millionen Seelen verantwortlich – verweigerte bewußt jede Stellungnahme, solange er nicht Villots Telegramm in Händen hält. Nicht etwa, daß er ein Entgegenkommen verweigerte; es ist einfach so, daß er bei der Herausarbeitung der tieferen Implikationen von Pauls Tod keine Minute entbehren kann. In seinem angenehmen, getragenen Spanisch wird Aramburu später zugeben, daß – je mehr er darüber nachgedacht habe – die Situation immer mehr die charakteristischen Merkmale jener plötzlich eintretenden explosiven Krise trage, zu der sich in Südamerika eine Lage so oft zuzuspitzen scheine.

Seit seiner Zeit als Professor pflegt Aramburu eine steife Zurückhaltung, hinter der sich eine große Gewißheit verbirgt: nämlich daß sich zur Jahrhundertwende die Machtbasis der Kirche zahlenmäßig von Europa nach Südamerika verlagert haben wird. In Südamerika gibt es zur Zeit etwa 204,1 Millionen getaufte Katholiken, dazu kommen die 79,114 Millionen Zentralamerikas sowie 17,529 Millionen auf den Karibischen Inseln. Aber auch diese Zahlen sind wahrscheinlich schon wieder überholt; denn die Geburtenrate liegt sehr hoch. Der lateinamerikanische Halbkontinent repräsentiert gegenwärtig etwa vierzig Prozent aller Katholiken. Wenn die augenblickliche Rate anhält – alle dreiundneunzig Sekunden wird dort ein neugeborener Katholik getauft –, wird Lateinamerika am Ende des Jahrhunderts über fünfzig Prozent aller katholischen Gläubigen stellen. Aramburu glaubt, daß er und seine achtzehn Kardinalskollegen dieser Region im Verein mit den spanischen – vielleicht auch den portugiesischen – Kardinälen beim nächsten Konklave einen kaum zu übergehenden Stimmenblock bilden könnten. Diesen Fall einmal gesetzt, könnten sie sich alle auf eine gemeinsame Strategie verständigen. Aramburu weiß jedoch besser als jeder andere, ein wie großer Vorbehalt hier gemacht werden muß. Dieses Problem aber wird sich erst in allernächster Zukunft stellen; im Augenblick macht es ihm zu schaffen, daß Pauls Tod in jeder Hinsicht zum ungünstigsten Zeitpunkt eintrat.

Pauls Tod erfolgte unmittelbar nach einer von seiten des sozialistischen italienischen Staatspräsidenten Sandro Pertini bewußten Brüskierung. Dieser hatte sich geweigert, Jorge Rafael Videla, dem ehemaligen Führer der bis dato letzten argentinischen Militärjunta und seit dem 1. August – seit fünf Tagen also – als Zivilist Staatschef des Landes, zur Übernahme seines neuen Amtes Glückwünsche zu übermitteln. Pertini meinte, einem Manne, der die Menschenrechte wohl noch mehr als fast jeder andere argentinische Diktator mißachtet hatte, nicht auch noch alles Gute wünschen zu dürfen.

Die leidenschaftlich nationalistischen Argentinier – vierzig Prozent sind italienischer Abkunft – hatten auf diesen Affront sehr heftig reagiert. Diese Italo-Argentinier, die ihr Mutterland seinerzeit verlassen hatten, um in Buenos Aires oder in den Pampas ein neues Leben zu beginnen, fühlen sich durch Pertinis Unterlassung persönlich beleidigt. Aramburu erkennt Anzeichen, daß die Südamerikanische Kirche in diese Kontroverse wahrscheinlich verwickelt werden wird: eine solche Situation führt regelmäßig zu Forderungen, daß von der Kanzel herab Mißbilligung geäußert werden müsse. In den Augen der Massen ist der Sachverhalt schlechterdings eindeutig: Pertini, ein sozialistischer Emporkömmling, hat ihren neuen Staatspräsidenten beleidigt. In glühender Liebe zur neuen Heimat rechnen manche Argentinier mit einer Entladung der Spannungen; den Büros der Alitalia sowie anderen italienischen Unternehmen im Lande wurden bereits Bombenanschläge angedroht.

Aramburu befürchtet, Pauls Tod könne zum zündenden Funken werden. Mit ziemlicher Sicherheit, überlegt der Kardinal, wird Videla der Beisetzung beiwohnen und bis zur Einsetzung des nächsten Papstes im Lande bleiben wollen. Aramburu erkennt ganz deutlich, daß die Feierlichkeiten dem General mit dem Clark-Gable-Bärtchen die dringend benötigte Chance zur Selbstdarstellung und zur Landung eines bedeutenden Publicity-Coups liefern würden. Dieser Mann, der letztlich für Folter und Tod von Tausenden verantwortlich ist, könnte den Rom-Besuch dazu benutzen, die Welt glauben zu machen, daß er im Grunde seines Herzens eigentlich auch nur ein zutiefst teilnahmsvoller Katholik sei.

Der Kardinal fühlt, daß die Reise Videlas in Rom zu Tumulten und Störungen der Trauerfeierlichkeiten führen könnte. Aramburu fällt jedoch nichts ein, was den Präsidenten stoppen könnte. In den drei Jahren seines Kardinalats stand der begabte Aramburu noch vor keinem schwierigeren Problem.

Seine Sorgen sind fast ebenso groß wie das allgemeine Unbehagen, das Argentinien landauf, landab gepackt hat. Eine galoppierende Inflation von 155 Prozent; seit Videlas Machtübernahme sind die Realeinkommen um vierzig bis sechzig Prozent gesunken; stieg die Zahl der Insolvenzen enorm an. Obwohl die Relikte des alten peronistischen Regimes vollkommen diskreditiert sind, gibt es keinerlei Hinweise darauf, daß es Videla gelingen wird, das Land nach Art eines modernen Industriestaats mit stabilen politischen Institutionen zu führen.

Videlas wahrscheinliche Rom-Reise beunruhigt Aramburu auch noch aus anderen Gründen. Während seiner Abwesenheit könnte der Präsident unter Umständen abgesetzt werden; denn seine Machtbasis ist alles andere als gefestigt. Die nach Videlas Ablösung trachtenden Kräfte könnten aber auch den Konflikt ausbrechen lassen, den Aramburu persönlich mehr als jeden anderen fürchtet. Ausgangspunkt könnte der Zank um die Malvinen werden, jene fast völlig öden Inseln fünfhundert Meilen vor der argentinischen Küste, die erstaunlicherweise einer der letzten Außenposten des ehemals so großen britischen Weltreichs geblieben sind. Aramburu selbst hat kaum Zweifel daran, daß die Inseln eines Tages schließlich in argentinisches Eigentum übergehen werden, wies jedoch stets mahnend darauf hin, daß sich dieses Ziel nur durch geduldige Verhandlungen erreichen lasse. Er weiß, daß jedesmal, wenn sich die Lage für eine Junta zuspitzt – also Proteste wegen Brutalitäten und Entführungen und anderem lauter als zugestanden artikuliert wurden und direkt in einen neuen Staatsstreich einzumünden drohten –, fast unvermeidlich die Frage der Malvinen von den jeweiligen militärischen Machthabern hochgespielt wird. Dies ist der sicherste Weg, die Opposition zu ersticken und die öffentliche Meinung zu einen.

Aramburu hat den Vatikan seit Jahren auf die wachsende Gefahr eines argentinischen militärischen Übergriffs auf die Inseln hingewiesen[3]. Die Aussicht auf eine bevorstehende militärische Offensive beunruhigt den Kardinal sehr; denn als Kirchenfürst muß er jegliche Gewaltanwendung verurteilen. Indessen argwöhnt er gleichermaßen, daß eine Verurteilung der Aggression im Falle der Malvinen den Wünschen seiner Schäfchen zuwiderliefe, vielleicht sogar im Gegensatz zu seinem eigenen Dafürhalten stünde. Ebenso schmerzlich ist sich Aramburu aber auch bewußt, daß der Diktator Videla wahrscheinlich am schlechtesten geeignet ist, um nach Rom zu fahren und dort auf moralische Rechte gegründete Ansprüche auf die Inseln geltend zu machen.

*

Pater Sean MacCarthy, Mitglied des Afrikanischen Missionsordens, ist in Rom gerade dabei, in seine liebste Arbeitskleidung zu schlüpfen – ein am Kragen offenes, weißes Hemd und ein paar blaue Hosen. MacCarthy ist Rundfunkmann – und einer der wenigen in ganz Rom, die noch nichts von der größten Story seit Aldo Moros Entführung vernommen haben.

In den letzten neun Jahren hat MacCarthy das nach Afrika ausgestrahlte englischsprachige Programm des Vatikansenders betreut, bisweilen jedoch auch das europäische Gebiet bedient. Er ist neunundfünfzig Jahre alt, gedrungen, hat dichtes Grauhaar und die typische Studioblässe. Wie sein Freund John Magee bewahrt sich auch MacCarthy einen weichen irischen Tonfall: Seine wohlklingende Stimme ist zur Verbreitung des Evangeliums auf dem 16/25-Meter-Kurzwellenband bestens geeignet.

Nach dem Frühstück war MacCarthy von seinem Ordenshaus in die vatikanische Sendezentrale gefahren. Dort angekommen, plagt ihn noch immer nicht die leiseste Ahnung des Vorgefallenen. Beiläufig-arglos begibt er sich in den dritten Stock des Gebäudes zu seinen Büroräumen und sieht sich plötzlich mit Verhaltensweisen der Kollegen konfrontiert, die wegen der gewöhnlich gelassenen Atmosphäre innerhalb der größten religiösen Sendestation der Erde schon panikartig genannt werden müssen: alles scheint zu rennen, manche sprechen schneller als gewöhnlich.

Leicht verwirrt tritt MacCarthy an seinen Schreibtisch in der englischsprachigen Abteilung, hört erstaunt sein Telefon klingeln. Der Anruf erfolgt aus einer Sendestation in Los Angeles – dort ist es noch mitten in der Nacht. Man bittet um eine Stellungnahme zum Tode des Papstes. In MacCarthy setzt sich ganz instinktiv der Journalist durch; er spricht aus dem Stegreif, formuliert kunstvoll ineinander verschachtelte Gedanken und gibt so behutsam-ausgewogene Beurteilungen zum besten, wie es nur ein alter Hase vermag. Er liefert ein meisterhaftes Beispiel der schwierigen Kunst, Fußangeln auszuweichen. Nach der Ankündigung »Die Stimme des Vatikans äußert ihre Bekümmerung«, wird der kalifornische Sender die ganze Nacht hindurch in regelmäßigen Abständen den Mitschnitt des Telefongesprächs ausstrahlen.

Solche Übertreibungen lassen MacCarthy stets zusammenzucken. Er wünscht sich nur, die weltweiten Medien möchten nicht so geschmacklos sein. In den nächsten Tagen aber wird er noch des öfteren wegen solcher Entgleisungen erschauern müssen. In diesen Augenblicken wird er dann heilfroh sein, nicht mit anderen um die Wette Erstmeldungen nachjagen und seinen Lebensunterhalt durchs Aufspüren von Sensationen bestreiten zu müssen. Als Ordensgeistlicher bezieht MacCarthy kein Einkommen, er bekommt seine Auslagen ersetzt und wird versorgt; so hat er's gern – täglich drei ordentliche Mahlzeiten, ein bequemes Bett und die gläubigsten Hörer, die sich ein Rundfunksprecher nur wünschen kann.

Dennoch ist er nicht aufgeblasen. Sein Berufsethos versteht er als die Notwendigkeit, seinem Publikum ohne Verzerrungen zu berichten. Er achtet sorgfältig darauf, was er sagt auch belegen zu können, und seine Beurteilungen und Ansichten gründen sich auf gewissenhafte Recherchen, die selbst der Präfekt Martin akzeptieren würde.

Nachdem er sich schnellstens mit den Elementartatsachen um Pauls Ableben vertraut gemacht hat, nimmt MacCarthy den ganzen Vormittag lang Anrufe englischsprachiger Sender aus aller Welt entgegen und arbeitet gleichzeitig sein eigenes Programm aus, das zu einer späteren Tageszeit von Studio Eins aus gesendet werden soll. Er beabsichtigt, sich auf bloße Wiedergabe der Fakten zu beschränken: wie und wann der Papst starb, wer dabei war, welch letzte Worte er sprach. In MacCarthys Nähe sind andere Kommentatoren dabei, ihre Programme in vierunddreißig Sprachen vorzubereiten: von Tamilisch bis Esperanto, von den Dialekten des chinesischen Berglandes bis hin zu den Eingeborenensprachen Neuguineas, von den im afrikanischen Busch zu hörenden dumpfen Kehllauten bis hin zu dem volltönenden Grollen polnischer Provinzler; fast überallhin, wo es Katholiken gibt, die Ohren und Gelegenheit haben zu hören, überträgt Radio Vatikan seine Version vom Tode des Papstes.

Als MacCarthy sein Manuskript fertig hat, muß er plötzlich grinsen; fiel ihm doch gerade ein, daß sich seine Verlautbarungen von weltlichen Bulletins nicht wesentlich unterscheiden werden. Trotzdem dürften seine Worte zweifellos glaubwürdiger wirken; denn schließlich werden sie über die Antennen der ›Stimme Gottes‹ ausgestrahlt werden.

∗

Pater Lambert Greenan, Herausgeber der englischsprachigen Ausgabe des ›Osservatore Romano‹, bewältigt wie gewöhnlich mehrerlei gleichzeitig. In der einen Hand hält er ein Glas Gin-Tonic, in der anderen befindet sich ein Zeitungsexemplar, das man ihm auf den Aer-Lingus-Flug nach Rom mitgegeben hat. Gleichzeitig wirft er ein wachsames Auge auf einen wie ein einfacher Landpfarrer gekleideten, besonders mächtigen Kardinal, der zwei Reihen hinter ihm sitzt, während das andere Auge sich einem Fotografen widmet, der nach Ansicht des Dominikaners Greenan mit einem kompletten Fotoladen behängt ist. Greenan fragt sich, wie sich die Situation wohl entwickeln wird. Nach den Ereignissen der letzten vierundzwanzig Stunden glaubt Greenan jedoch nicht, daß ihn noch irgend etwas überraschen könne.

Der hochgewachsene, onkelhafte Greenan – er ist gebürtiger Ire und entstammt demselben Sprengel in Newry wie Magee; die beiden sind übrigens enge Freunde, teils wegen ihres vollkommen unähnlichen Wesens, zum anderen, weil beide jener keltischen Bruderschaft angehören, die zu allen Zeiten im Vatikan Schlüsselpositionen innehatte und deswegen gelegentlich als ›Irische Mafia‹ bezeichnet wird – hatte Rom verlassen, um seinen Urlaub bei Verwandten in Irland zu verbringen. Beim Eindringen in den irischen Luftraum hatte Greenan sich plötzlich veranlaßt gefühlt, für den Papst einen Rosenkranz zu beten: »Ich habe gebetet, daß er nicht während meines Urlaubs sterben möge.« Am Sonntagabend – er hatte im Kreise seiner Familie zum Essen gerade eine vortreffliche Flasche Wein entkorkt – verspürte Greenan erneut einen inneren Zwang, nämlich sich die Einundzwanziguhrnachrichten der RTE im Fernsehen ansehen zu müssen. Er kam gerade zurecht, um den Sprecher Pauls Tod melden zu hören. Einen großen Teil der Nacht verbrachte Greenan mit den Vorbereitungen seiner Rückreise nach Rom. Als Herausgeber der ›fast offiziellen‹ vatikanischen Wochenzeitung war seine Anwesenheit unerläßlich, denn ihm oblag die Veröffentlichung der Dokumentation der Beisetzungsfeierlichkeiten und der sich daran anschließenden Ereignisse.

Greenan genießt die Erwartung des ihm bevorstehenden unablässigen Drucks; achtzehntausend ausgesuchte Leser in einundneunzig verschiedenen Ländern werden in sein Blatt schauen, um die nackte, ungeschminkte Wahrheit über das Geschehnis und die bevorstehenden Ereignisse zu erfahren. Und nicht eine einzige Zeile Spekulation – lediglich die Fakten, soweit vom Vatikan für druckreif erachtet; in perfektes Englisch übersetzt aus oftmals blumigem Italienisch oder trockenem Latein von einem der klügsten und brillantesten Köpfe im Dienste des Heiligen Stuhls, der jedoch durchaus zu Späßen aufgelegt ist. Bei einem der endlosen Essen, die irische Prälaten nicht ungern geben, saß Greenan zufällig neben Erzbischof Alibrandi. Greenan hatte den Sizilianer mit dem tiefbraunen Gesicht breit angelächelt und in gespielter Überraschung die Bemerkung fallenlassen: »Ich wußte ja gar nicht, daß im diplomatischen Dienst der Kirche auch Araber stehen.« Der leicht verwirrte Nuntius blickte unsicher drein und wartete auf Greenans weitere Auslassungen. Der Herausgeber fügte noch fröhlich hinzu: »Na ja, Ihr Name. Ali Brandi. Ist das kein Arabisch?« Die beiden wechselten während des Essens kein weiteres Wort mehr. Für Greenan war Alibrandi fortan »ein Kerl, der keinen Spaß verträgt«.

Hinter Greenans Albernheiten verbirgt sich ein bekannter Theologe und Philosoph von untadeligem Ruf. Er ist einundsechzig Jahre alt, findet Dummköpfe schwer erträglich, besitzt aber eine unerschütterliche Loyalität zu einem Freundeskreis, der sich über den gesamten Vatikan bis in die päpstlichen Gemächer erstreckt. Man sagt, er kenne fast ebenso viele Geheimnisse wie Macchi und Magee. Greenan bewahrt sie hinter einem ironischen Lächeln. Er ist ein jedem Wortsinne nach formidabler Mann; wer sein Vertrauen mißbraucht, handelt auf eigene Gefahr.

Während er an diesem Montagvormittag an seinem Gin-Tonic nippt – ein ziemliches Kunststück, denn die Maschine wird über Frankreich von einem heftigen Sommersturm gebeutelt –, fragt sich Greenan, warum Kardinal Paolo Bertoli wohl incognito reist. Greenan weiß, daß der Siebzigjährige seine kleinen Geheimnisse liebt. Bertoli ist schon so lange Purpurträger, daß Spötter in Rom behaupten, er müsse statt der Soutane eigentlich eine Albe tragen, das heißt Papst sein. Nach einer bemerkenswerten Karriere als Nuntius in der Türkei, in Kolumbien, im Libanon und in Frankreich ist Bertolis Stern in jüngster Zeit jedoch gesunken. Er hatte einen heftigen Streit mit Giovanni Benelli und fiel zur selben Zeit wie letzterer dem vatikaninternen Gerangel zum Opfer. Während Benelli als Erzbischof nach Florenz geschickt wurde, trieb man Bertoli so weit, daß er das Undenkbare tat – er trat als Präfekt der Heiligen Kongregation für die Heiligsprechungen zurück. Er war noch einmal ausgezogen, um als Pauls Legat im Libanon Frieden zwischen Christen und Muslimen stiften zu suchen. Niemand glaubte so recht, daß er mit dem Herzen bei der Sache war, jedenfalls scheiterte seine Mission. Greenan ist der Ansicht, daß diese Intervention angesichts der politisch völlig verfahrenen Lage im Nahen Osten von vornherein zu nichts führen konnte. Anschließend hatte monatelang kaum jemand Bertoli zu Gesicht bekommen. Und da saß er nun, noch hagerer als seit Jahren schon, mit glänzenden Augen. Er war in Lourdes an Bord gekommen. In dieser schmucklosen schwarzen Soutane und unansehnlich wie ein gewöhnlicher Hilfsgeistlicher hatte er die Grotte sicherlich nicht besucht. Der Fotograf indes hatte die Verkleidung bereits nach kurzer Zeit durchschaut. Als die Maschine langsam aus den Turbulenzen herausfindet, versucht der Fotograf in Schußposition zu kommen, tut dies jedoch nur zaghaft: selbst der fürwitzigste Fotograf weiß, wie wild Bertoli werden kann, wenn man ihn ohne vorherige Einwilligung fotografiert.

Während Greenan noch seinen Gedanken nachhängt, tippt ihn jemand auf die Schulter. Es ist Bertoli. In perfektem Englisch – Greenan hatte ihn seine Kenntnisse dieser Sprache noch nie unter Beweis stellen sehen – fragt er, ob er sich die Zeitung einmal ausleihen dürfe. Instinktiv erwidert Greenan: »Aber ja, Eminenz.« Es entwickelt sich sodann eine kurze Unterhaltung, die man als ›das übliche Spiel‹ rubrizieren müßte.

»Sie kennen mich?«

»Natürlich, Eminenz.«

»Wie ist das möglich?«

»Wir sehen uns sehr oft, Eminenz.«

»Wieso?«

»Ich bringe die englische Ausgabe des ›Osservatore Romano‹ heraus.«

»Ach ja, es gibt Ausgaben in mehreren Sprachen, nicht wahr?«

»Jawohl, Eminenz.«

»Furchtbare Nachricht, nicht wahr?«

»Jawohl, Eminenz.«

Die gewundene Unterhaltung ist beendet, Greenan reicht die Zeitung hinüber und grübelt weiter, wie er in seiner nächsten Ausgabe die bedeutsame Würdigung Pauls am besten präsentieren soll.

Seit 1890 bringt ›L'Osservatore Romano‹ – er erscheint täglich um drei Uhr nachmittags mit wöchentlichen Sonderausgaben in Englisch, Französisch, Spanisch, Portugiesisch, Deutsch, Italienisch und Polnisch – das, was ihn einem vatikanischen ›Amtsblatt‹ am ähnlichsten sehen läßt. Wie der Vatikansender und das Pressebüro gehört auch die Zeitungsgruppe zum Heiligen Stuhl; die Blätter sind in allen redaktionellen Angelegenheiten einer Abteilung des Staatssekretariats, dem sogenannten Informations- und Dokumentationsbüro, voll verantwortlich. Die Mittel der Blätter stammen von der Verwaltung des Patrimoniums des Heiligen Stuhls; sie liegt in den Händen eines Mönchsordens, nämlich der Salesianer Don Boscos.

Seit neun Jahren bringt Greenan die englischsprachige Wochenschrift praktisch ohne jeden finanziellen Rückhalt heraus; die gesamte Gruppe befindet sich in einem wirtschaftlichen Engpaß. Greenans Blatt hat nur ein geringes Anzeigenaufkommen, keine überseeischen Korrespondenten und lediglich einen einzigen Redaktionsassistenten. Die Redaktion unterhält ihr enges Büro in einem unansehnlichen Gebäude neben dem St.-Annen-Tor. Greenan hält sich strikt an die redaktionelle Linie des Mutterblattes und verteidigt loyal, notfalls auch kämpferisch, die Interessen des Papsttums. Er sorgt für eine geschätzte Wiedergabe so ziemlich aller Worte und Taten des Papstes, wozu auch der Abdruck des offiziellen Wortlauts päpstlicher Reden gehört. Des weiteren bringt er gelegentlich politisch wirklich bedeutsame oder historisch interessante Artikel. Von besonderer Bedeutung sind die Leitartikel, insonders die ungezeichneten. Letztere sind zumeist vom Papst ›inspiriert‹, manchmal ist gar Paul selbst der Autor.

Während die Maschine ihren Kurs auf Rom steuert, versucht Greenan, seinen sich um die Gestalt des inniggeliebten und geachteten Papstes rankenden Gedanken endgültige Form zu geben. Er hegt die Befürchtung, daß die weltlichen Medien wieder einmal die Enzyklika ›Humanae Vitae‹ in den Brennpunkt stellen und so vieles bei der Bewertung des Pontifikats außer acht lassen werden. So hat Paul zum Beispiel den Ritus der Konzelebration geändert; also die liturgische Gestaltung des Augenblicks, in dem die Priester der Diözese zur gemeinsamen Eucharistiefeier zu ihrem Bischof treten beziehungsweise in dem sich die Kardinäle um den Papst versammeln, um so auf schlichte, jedoch überzeugende Weise zu belegen, daß alle Priester und Bischöfe sich mit ihm die gemeinsame Verantwortung für die gesamte Kirche teilen. Während das fünfmalige Zusammentreten der Bischofssynode zu keinen uneingeschränkten Erfolgen führte – es konnte auch nicht anders sein, da Pauls Vorstellungen von einer ›offenen Führung‹ der Kirche schlechthin eine zu große Veränderung bedeuteten, als daß man sie in nur einem Jahrzehnt hätte verarbeiten können –, ist Greenan davon überzeugt, daß die Revision des kanonischen Rechts, der Dogmatik, der Liturgie und die geänderte Einstellung zur heiklen Frage der Mischehen als entscheidende Fortschritte zu werten seien. Dies alles schreibt Greenan Pauls Selbstverpflichtung zum Wandel zu. Und bis zum Schluß blieb Paul der Papst der Ökumene. Er pflegte diese Geisteshaltung bei jeder sich bietenden Gelegenheit zu beweisen. Wer könnte den Augenblick vergessen, als Paul bei einem historischen Ereignis in der Sixtinischen Kapelle wieder einmal ein öffentliches Beispiel seiner natürlichen Demut gab: vor Meliton, dem zu einem seltenen Besuch in Rom weilenden Metropoliten von Konstantinopel, war er auf die Knie gefallen und hatte dessen Füße geküßt. Als Dr. Michael Ramsey, der damalige Erzbischof von Canterbury, den Vatikan besuchte, hatte Paul ihn wie einen Bruder umarmt. Solche Gesten gründeten sich auf Pauls größten Triumph: den erfolgreichen Abschluß des Zweiten Vatikanums. In diesen Konturen möchte Greenan den Papst in den gedruckten Nachrufen dargestellt sehen. Während er dies alles noch überdenkt, nähert sich der Fotograf Bertoli.

Blitzschnell ist Greenan aus seinem Sitz heraus und entwindet dem verblüfften Bertoli mit einem gemurmelten »Verzeihung, Eminenz« die Zeitung. Greenan faltet das Blatt zusammen und verbirgt so das große Foto, das den Fotoreporter mutmaßlich elektrisierte und zur Tat schreiten ließ. Unter der Schlagzeile ›DER NÄCHSTE PAPST?‹ ist Benelli darauf abgebildet.

Bertoli lächelt gezwungen. Wohl zuallerletzt, vermutet Greenan, werde sich Bertoli bei der Betrachtung eines Fotos seines alten Feindes – und zweifellos Rivalen beim bevorstehenden Konklave – fotografieren lassen wollen. Nachdem er die nach Pfadfinderart für den Tag verlangte ›gute Tat‹ hinter sich gebracht hat, lehnt er sich wieder in seinen Sessel zurück und wendet sich erneut der Planung der zu Pauls Gedenken bestimmten nächsten Ausgabe zu.

*

An Bord der Rom anfliegenden Maschine der Austrian Airways befaßt sich König gedanklich ebenfalls mit den in Betracht kommenden Kandidaten des Konklave. Sich selbst sieht er gewissermaßen als Veteranen; er ist einer der elf noch lebenden Kardinäle, die 1963 an dem Konklave teilnahmen, das Paul gewählt hatte. Sein Urteil über den dritten Papst, dem er gedient hat, steht bereits fest. Er gedenkt Pauls als eines wahrhaft heiligen Mannes, dessen Pontifikat die Kirche auf einen festen, dem nächsten Jahrhundert zugewandten Kurs brachte: ohne Ansehen der Person des Nachfolgers, wird ein Großteil dessen, was Paul bewirkte, nicht mehr ohne weiteres rückgängig zu machen sein. Königs Urteil birgt keinerlei Überraschungen. Damit hätte auch niemand gerechnet. Trotzdem gibt es bereits einige, die aus Königs Bewertung Hinweise herauslesen, er werde sich ernsthaften Versuchen, ihm die Papstwürde anzutragen, nicht widersetzen.

Selbst als die Maschine aus Wien nach siebzigminütigem Flug über dem Zielhafen kurvt, versucht man noch, diese vermeintlichen Hinweise spekulativ zu untermauern. Man weist darauf hin, daß König in den letzten Jahren sehr viel gereist ist; vermutlich habe er diese Reisen unternommen, um anderen Kardinälen Gelegenheit zu geben, ihn besser kennenzulernen: beim Konklave ist ein bekanntes Gesicht sehr hilfreich. Aber viele andere Kardinäle waren in letzter Zeit ebenfalls viel unterwegs, weshalb sich die Spekulation weitere Anhaltspunkte sucht. Damals, 1975, hatten Sebastiano Baggio und König Artikel zur Unterstützung des Opus Dei verfaßt. Heute ist das von Interesse. Das Opus Dei ist eine in Spanien gegründete, halb geheime weltliche Gesellschaft, die der politischen Rechten zuzurechnen ist. Sie übt in der Kirche großen Hintergrundeinfluß aus. Opus Dei gehört nicht zu den Kreisen, in denen man den liberalen König normalerweise antreffen könnte – das gleiche gilt für Baggio –, es sei denn, natürlich, die beiden hätten drei Jahre zuvor den Boden für die nächste Papstwahl vorzubereiten versucht. Opus Dei favorisiert eindeutig den Kardinal Pericle Felici, den einflußreichen siebenundsechzigjährigen Präfekten des Obersten Gerichtshofes der Apostolischen Signatur. Paul hatte ihn seinerzeit mit der Verantwortung für die Beilegung von interkurialen

123

Streitfragen betraut; viele sehen in Felici indes den Kurienkardinal, der fest entschlossen viele der vom Zweiten Vaticanum eingeleiteten progressiven Initiativen zunichte zu machen versucht. Der stiernackige Felici mit dem Cäsarenkopf und der gewaltigen, anmaßenden Nase vermag bereits die leiseste Regung einer geringfügigen Liberalisierung im Keime zu ersticken.

Auf den ersten Blick erscheint es unwahrscheinlich, daß ausgerechnet er König unterstützen könnte. Aber, so sagen die Experten, das könnte sich ja ändern. Vielleicht sei es für Felici am vorteilhaftesten, wenn er König – oder Baggio, was jedoch weniger wahrscheinlich ist, da die beiden eine herzliche gegenseitige Abneigung verbindet – in der Hoffnung unterstützt, der werde sich, einmal zum Papst gewählt, erinnern, wer ihm auf den Stuhl verhalf. So jedenfalls lautet die Theorie. Diese Unterstellung läßt jedoch Königs große Charakterfestigkeit und dessen bestens bekannte Eigenwilligkeit außer acht: wahrscheinlicher ist, daß er sich, falls er Papst werden sollte, vor niemandes Karren spannen ließe. Das pflegt sich schließlich bei allen Päpsten herauszustellen; aber bei den Wetten, die inzwischen über den Ausgang des Konklave eröffnet wurden, ziehen nur wenige derlei Nebensächlichkeiten in Betracht. Es geht einzig und allein darum, Geschichten in die Welt zu setzen und abzuwarten, was daraus wird. Dies ist eine von der Zeit geheiligte Tradition, die der erfahrene König klaglos zur Kenntnis nimmt.

König trinkt schlückchenweise seinen Kaffee, nascht ein wenig von dem Wiener Feingebäck und ist sich völlig im klaren darüber, daß alle Passagiere den Zweck seiner Reise kennen. Daher läßt der Kardinal-Erzbischof niemandem gegenüber ein Wort verlauten, aus dem sich seine Vorstellungen von der Zukunft heraushören ließen.

*

Um elf Uhr dieses drückend heißen Montagvormittags versammeln sich in der Sala Bologna im dritten Stock des Apostolischen Palastes neunzehn Kardinäle; zur Mehrzahl residieren sie ständig in Rom. Mehrere von ihnen sind bereits über die Achtzig hinaus, so auch Carlo Confalonieri, dem die meisten seine fünfundachtzig Jahre nicht ansehen. Er hält es für Unsinn, daß Paul mit seinem Dekret ›Romano Pontifici Eligendo‹ – der Geschäftsordnung des nächsten Konklave – jeden über achtzig Jahre alten Kardinal von der Stimmabgabe ausgeschlossen hat.

Der Tradition entsprechend, übernimmt Confalonieri den Vorsitz dieser Generalkongregation. Bei diesen dem Konklave vorausgehenden Sitzungen beschließen die versammelten Kardinäle täglich die während des Interregnums erforderlichen Maßnahmen zur Leitung der Kirche. Bei dieser Gelegenheit muß auch über die Beisetzungsvorkehrungen entschieden werden.

Villot übernimmt sofort die Verantwortung. Er ist einer der wenigen noch im Amt befindlichen Kurienkardinäle. Seit Pauls ›Eligendo‹ müssen die meisten der den einzelnen Abteilungen vorstehenden Kardinäle beim Tode eines Papstes automatisch demissionieren, damit der Nachfolger freie Hand für Neuernennungen habe. Während des ›sede vacante‹, der ›papstlosen‹ Zeit, ist Villot offizieller Verwahrer der Schlüssel Petri. Er ist jetzt gleichzeitig Staatssekretär und Camerlengo und damit in diesem Jahrhundert der zweite, der beide Funktionen auf sich vereinigen konnte. Zum ersten Male gelang dies Eugenio Pacelli im Jahre 1939. Pacelli wurde Pius XII. Diese Koinzidenz genügt den Vatikanologen, um Villot als Kandidaten zu handeln. Sie alle wüßten liebend gern, was in diesem Salon mit den freskenverzierten Wänden und dem obligaten Kruzifix gerade vonstatten geht.

Es gibt nicht viel zu entscheiden. Das Requiem wird auf Samstag, den 12. August, festgesetzt; bis dahin sind es noch fünf Tage. Anschließend folgen die ›novem diales‹, die neun Trauertage. Das Konklave wird erst am Freitag, dem 25. August, beginnen; das ist in achtzehn Tagen und mithin der nach Pauls ›Eligendo‹ letztzulässige Termin. Villot berichtet, daß er alle Paläste versiegelt habe, die es zu versiegeln gebe. Dann erinnert er daran, daß man sich morgen zur selben Zeit wiedertreffe. Die soeben beendete Zusammenkunft hatte bloß zehn Minuten gedauert.

Der von diesen neunzehn Kardinälen festgesetzte Termin des Konklavebeginns ist für jeden anderen Kardinal als Wahlmann bindend. Die Wahl des Zeitpunkts wird zu einer Welle von Kritik und Vorhaltungen führen und die Spekulationen in fieberhafte Höhe treiben. Soweit jedoch ist es noch nicht.

Im Augenblick irritiert es die Außenwelt mehr, warum ganze sechs Tage zwischen Pauls Ableben und seiner Beisetzung verstreichen sollen. So viel Zeit brauchen die Kardinäle oder Staatsmänner aus aller Welt nicht, um sich nach Rom zu begeben. Wenn nötig, könnten sie alle innerhalb der nächsten achtundvierzig Stunden eintreffen. Ganz folgerichtig setzt jemand die Story in die Welt, die sich wie ein Buschfeuer ausbreitet, Villot habe als Camerlengo seinen ersten Fehler begangen; er wolle den Augenblick seines Glanzes und seiner Herrlichkeit in die Länge ziehen und der längsten päpstlichen Totenwache seit Menschengedenken vorstehen. Die zynischen Römer zucken die Schultern. Was anderes sei von einem Ausländer – und Franzosen zudem – schon zu erwarten?

Villots Stümperei ist so eklatant, daß jeder sich darüber das Maul zerreißen kann. Nur eines ist nämlich noch anregender als die Beisetzung eines Papstes: ein lebendiger Sündenbock, über den man herfallen kann. Der unglückliche Villot ist für diese Rolle bestens geeignet.

*

Kurz vor zwölf Uhr führt Giacomina in Castel Gandolfo ihre Nonnen in Pauls Schlafgemach. Während sie das Totenbett umstehen, vernimmt man nur ihre leisen Gebete und das Klicken der Rosenkränze. Pauls Leichnam ist mit einem Laken zugedeckt. Die Vorhänge sind heruntergelassen. Ein kräftiger Ventilator sorgt für Luftzirkulation. Nach einem letzten Blick auf den Toten verlassen die Nonnen das Zimmer. Giacomina geht als letzte. Trotzdem möchte sie rechtzeitig fort sein, ehe das eintritt, was nach italienischem Recht in diesem Raum nicht vor 21.40 Uhr vor sich gehen darf. Sie möchte Paul lieber so in Erinnerung behalten, wie sie ihn jetzt vor sich sieht – als einen Mann, der schließlich seinen Frieden gefunden hat. Daß ein Papst im Tode so auszusehen habe, hat man Giacomina glauben gelehrt.

Paul aber wird in Kürze ein Opfer jener typisch amerikanischen Wahnvorstellung werden: nämlich daß die Toten ziemlich lebendig wirken müssen.

Auf dem Flughafen Dublin betrachtet Erzbischof Alibrandi forschend das Gesicht eines Priesterkollegen, den er zum Flug nach Rom an die Maschine begleitet. Wegen eines Streiks der französischen Fluglotsen, der den europäischen Luftverkehr ins Chaos stürzte, ging bereits viel Zeit verloren. Kardinal Salvatore Pappalardo, während der letzten beiden Wochen Alibrandis Gast, bleibt jedoch entspannt und gelassen. Das ist, sinniert Alibrandi froh, mit Sicherheit ein weiteres gutes Zeichen. In seinem sizilianischen Landsmann, dem sechzigjährigen Erzbischof von Palermo, vereint sich genügend Positives, um das Szenarium zu rechtfertigen, das dem Nuntius als fest umrissene Möglichkeit vor Augen schwebt. Eigentlich rückt Pappalardos ganze Karriere Alibrandis Vorstellungen in den Bereich des Möglichen. Als angesehener päpstlicher Diplomat kennt Pappalardo so ziemlich alle im Staatssekretariat gängigen Listen und Kunstgriffe; als ehemaliger Präsident der Päpstlichen Ekklesiastischen Akademie zu Rom, in der die zukünftigen Diplomaten des Heiligen Stuhls ausgebildet werden, konnte er die raffinierten Vorgehensweisen der Kurie aus nächster Nähe verfolgen. Seiner seelsorgerischen Arbeit in Palermo entledigt er sich nach wie vor mit Bravour: er bekämpft die Korruption in der Verwaltung, hilft den Armen, trotzt der Mafia und kritisiert öffentlich alles, was irgendwie den Beigeschmack des Kleinkarierten und Schikanösen hat. Zudem ist Pappalardo körperlich fit, kultiviert, weltläufig und in Fragen der kirchlichen Dogmatik absolut linientreu. Hinter seinem jungenhaften Lachen verbirgt sich ein eiserner Wille. Alles zusammengenommen, glaubt Alibrandi davon ausgehen zu können, beim nächsten Wiedersehen mit seinem besten Freund vor ihm niederknien und den Pontifikalring an dessen Hand küssen zu dürfen.

Während der letzten sechzehn Stunden, unterbrochen nur von kurzem Schlaf und der Planung seiner Obliegenheiten, hat sich Alibrandi ausschließlich mit dieser erregenden Vorstellung beschäftigt. Als Pappalardos Flug nun aufgerufen wird, wirft ihm der Nuntius einen letzten bewundernden Blick zu. Es gibt überhaupt keinen Zweifel: Pappalardo würde sich in den päpstlichen Gewändern hervorragend machen; das entsprechende Gesicht und die besondere Aura von Autorität und Demut, die mit dem Amte einhergeht, besitzt er bereits.

Die Zeitungen an den Kiosken der Innenstadt, die Alibrandi auf der Rückfahrt vom Flughafen passiert, bringen seitenweise Nachrufe auf Paul. Der Nuntius fragt sich, wie lange es wohl dauern wird, bis dieselben Blätter die Wahl seines Freundes verkünden werden. Trotz seiner Euphorie unterschätzt Alibrandi jedoch keineswegs die Hindernisse, die Pappalardo erst noch überwinden muß. Seit über tausend Jahren hat es keinen sizilianischen Papst mehr gegeben. Und wie die meisten Italiener, so dürften auch die Mitglieder der Kurie eine Änderung dieses Sachverhalts nicht so ohne weiteres hinnehmen; das Denken und Trachten vieler Italiener kennzeichnet ein gewisser Rassismus. Alibrandi jedoch bleibt insgeheim davon überzeugt, daß Pappalardo als einziger diese Grundeinstellung ändern könnte.

Pappalardos Wahl könnte der Karriere des Nuntius nur förderlich sein. Alibrandi dürfte vernünftigerweise erwarten, zum Kardinal erhoben zu werden. Die Ernennung würde ihn aus den Wirren der irischen Politik herauslösen und nach Rom, ins innerste Zentrum aller Dinge, führen. Die Aussichten sind so berauschend, daß es sich der Nuntius nicht versagen kann, mit kräftigem Druck aufs Gaspedal sich voll dem Fahrvergnügen hinzugeben. Geschickt jede Lücke nutzend und voll prickelnder Neugierde auf die Versprechungen der Zukunft, stürzt er sich ins Verkehrsgetümmel.

*

Nachdem er sich flugs eingewöhnt und all die Geräusche und das ganze Drum und Dran, das Rom neben Wien zu einer der angenehmsten Städte macht, die König kennt, in sich aufgenommen hat, macht sich der Kardinal-Erzbischof an die Einschätzung der Lage. Es gibt einige wahrheitsgetreue Beurteilungen Pauls. Darin wird er nicht nur als der am weitesten gereiste Papst dargestellt – selbst König braucht ein Weilchen, um sich alle dreiundzwanzig Pilgerreisen zu vergegenwärtigen –, sondern auch als jener Pontifex, der seine Zeit um ein ›bemerkenswertes Gedankengebäude‹ bereicherte. Man beginnt zu begreifen, daß sein Pontifikat mehr und komplexer war als die bloße Verbindung von Sozialkritik und Philosophie: Paul dürfte sich indes als einer der in intellektueller Hinsicht vollendetsten Weltführer der letzten fünfundzwanzig Jahre erweisen. In Pauls Weltsicht führten alle

Wege nach Rom. Durch seine diplomatischen Verbindungen war er über die wichtigsten Trends besser im Bilde als die meisten anderen herausragenden Führer unserer Tage. In gewisser Weise wußte Paul eher zuviel als zuwenig. Seine Befürworter – und König ist erfreut, daß deren Stunde endlich gekommen ist – verstehen ihn als den Mann, der die Welt in ihren Hoffnungen bestärkte. Und diese Welt wird nun an die Vielzahl von Wegmarken erinnert, die Paul auf seiner langen Reise setzte. Er schaffte den traditionellen fleischlosen Freitag ab, hob den berüchtigten Index verbotener Bücher auf – auf dem auch die Werke Victor Hugos und Voltaires standen –, sorgte dafür, daß die Messe in sämtlichen lebenden Sprachen gelesen werden kann, mahnte die reichen Nationen, ihren Wohlstand mit den verarmten zu teilen oder andernfalls ›Gottes Gericht und den Zorn der Armen‹ zu riskieren. Im Tode nun sieht man Paul als einen aufgeschlossenen Konservativen und Führer einer radikalen Reformation; nicht viele Reformatoren waren solche Zauderer, nur wenige Konservative bewirkten so weitreichen Wandel.

An dieser Einschätzung hat König nichts auszusetzen. Er wünscht indes, mit den Gerüchten wäre es ebenso. Manche Leute – und darunter einige, die es nach Königs Ansicht besser wissen müßten – behaupten, es bildeten sich bereits Cliquen; diese versuchten den Heiligen Geist im Sinne eines ihnen genehmen Ergebnisses das Konklave zu beeinflussen. Das Taktieren, ein eigentlich wohl eher weltliches Verhalten, hat also begonnen – so heißt es jedenfalls.

König kann derlei Gerede nicht vertragen. Seiner Meinung nach ist es einerseits dem Andenken Pauls abträglich, zum andern rückt es die Nachfolgerwahl – immerhin eine sehr ernste Angelegenheit – in ein schiefes Licht. König ahnt, wie sich die Dinge entwickeln werden: sieht man zwei Kardinäle zusammenstehen, wird so getan, als schmiedeten die beiden bereits ein Komplott.

Allerdings muß König einräumen, daß so manche Kardinäle nichts tun, um den Spekulationen die Grundlage zu entziehen. In Florenz zum Beispiel behauptete Benelli im Rundfunk, »Villot pflegte mit dem Heiligen Vater lediglich rein formelle Beziehungen, während ich ihn jeden Tag traf«. Solche Worte sind natürlich Wasser auf die Mühlen der weltlichen Medien. Natürlich gibt es Spannungen und Differenzen: man kann doch wohl nicht erwarten, daß sich hundertzwanzig Kardinäle untereinander mögen. Natürlich gibt es Tischgesellschaften, sehr intime sogar, wo man sich die einzuladenden Geistlichen genauso sorgfältig aussucht, wie irgendeine Dame des Hauses in Paris oder Washington die Gästeliste ihrer Abendgesellschaft zusammenstellt. Natürlich gibt es gewisse Tischreservierungen im ›L'Eau Vive‹, einem angenehmen französischen Restaurant hinter dem Pantheon; wie es heißt, soll das Lokal eine jener Stätten bilden, in denen sich Kardinäle ›konsultieren‹ – andere Arten der Beeinflussung läßt Pauls ›Eligendo‹ offiziell nicht zu. Aber ist das, alles zusammengerechnet, schon eine konzertierte Aktion zur Erlangung der Papstwürde, wie beispielsweise der Wettlauf um die amerikanische Präsidentschaft? Natürlich nicht – jedenfalls nicht in Königs Augen. Und er möchte sich auch nicht auf die Erörterung der semantischen Frage einlassen, wo die Konsultationen aufhören und der politische Kuhhandel beginnt.

Falls es hierauf eine Antwort geben sollte, so findet sie Königs Interesse jedenfalls nicht. Er hat seine Eröffnungsstrategie bereits festgelegt, wird sich sehr sorgfältig überlegen, in wessen Gesellschaft er jeweils zu speisen gedenkt. Er wird seinen Rat für sich behalten, größtenteils zuhören und anschließend – in der Abgeschiedenheit seines Domizils in einem der vatikanischen Kollegien – die nächsten Schachzüge überdenken.

Dennoch gibt es eine Überlegung, die er bereitwillig jedem andern mitteilen wird. Nach Studium der Startliste, Prüfung der Form, Betrachtung der möglicherweise Startenden, nach Vergleich ihrer Streckenrekorde und Einschätzung der Quoten wird der Kardinal-Erzbischof, der sonst eigentlich nie wettet, seinen Tip abgeben: das Rennen ist völlig offen.

Bewußt oder unbewußt leistet er mit dieser Vorhersage der verhaßten Spekulation jedoch weiteren Vorschub[4].

∗

In der Hauptniederlassung der Firma Zega & Co., Roms größtem Bestattungsunternehmen, packt der vierundsiebzigjährige Renato Zottich am späten Nachmittag fünf Flaschen Einbalsamierungsflüssigkeit in einen Karton. Dies ist eigentlich nicht Aufgabe des geselligen Mechanik-Professors ägyptischer Abstammung; ihm untersteht bei Zega die Flotte der Leichen- und Bestattungswagen. Armando Zega jedoch entsprach den von Villot selbst erteilten Anweisungen und betraute Zottich höchstpersönlich mit dieser ›ganz besonderen Mission‹. In den Flaschen befinden sich rötliche Chemikalien, die von der Epic Corporation aus Amerika bezogen werden. Der Vatikan hat Zottich ermahnt, die Firma unter gar keinen Umständen darüber zu informieren, daß gerade ihre Chemikalien benutzt würden. Villot befürchtet Epics Reklamefeldzüge.

Zottich überliest noch einmal die Kärtchen. Mit Maschinenschrift hat er darauf die genauen Anwendungsvorschriften der Epic-Präparate festgehalten. Er versiegelt die Karten in einem Geschäftsumschlag mit dem charakteristischen Firmenzeichen – einem schwungvollen ›Z‹ auf rotem Untergrund –, legt den Umschlag auf die Flaschen und wickelt Klebeband um den Karton. Sodann prüft er den Inhalt eines zweiten Päckchens, worin sich eine riesige Injektionsspritze mit einem Fassungsvermögen von ca. 250 ccm befindet. Er verschließt auch diesen Karton wieder und reicht die beiden Päckchen einem Bediensteten. Unter Berücksichtigung der besonderen Geheimhaltung der ganzen

Angelegenheit darf dieser Mann auf Verlangen des Vatikans nur als ›der Techniker‹ bezeichnet werden.

Wie in fast ganz Italien, so ist man auch im Vatikan in Einbalsamierungsfragen geteilter Meinung. Diese besonderen Dienste der Firma Zega & Co. werden hauptsächlich in Anspruch genommen, wenn die Leichen in Italien gestorbener Amerikaner nach Hause übergeführt werden sollen. Nur wenige Italiener können sich mit dem Gedanken befreunden, ihre lieben Verstorbenen einer solchen Prozedur zu unterziehen.

Zottich war überrascht und erfreut, daß Zega von Villots Büro benachrichtigt wurde, Paul solle einbalsamiert werden – diese Entscheidung hatte man getroffen, um den Leichnam über längere Zeit öffentlich aufgebahrt zur Schau zu stellen. Die Firma solle ›alle technischen Voraussetzungen‹ schaffen. Zottich hat das Gefühl, daß im geschwätzigen Rom die Rolle der Firma Zega & Co. bald ein offenes Geheimnis sein wird; das wird andere vielleicht bewegen, für 500 000 Lira pro Leiche dieselben Dienste in Anspruch zu nehmen. Im Falle des Vatikans stellt sich die Frage des Entgelts natürlich nicht: Zottich hält ›Ehre und Gelegenheit‹ für ausreichende Kompensation.

Dem Techniker trägt er auf, die Instruktionskarten sorgfältigst zu beachten. Mit den Worten: »Machen Sie keine Fehler, Zega und Co. verlassen sich auf Sie«, wird der Mann nach Castel Gandolfo geschickt. Sein Kombi ist mit allerlei Gerätschaften vollgestopft; dazu gehört auch eine ganze Reihe von sinnvollen Hilfsmitteln, um eine Leiche auf einem Katafalk zu stützen und festzuhalten.

Der Techniker schleppt seine Ausrüstung durch eine Seitentür in den päpstlichen Palast. Fontana und Dr. Renato Buzzonetti, sein Assistent, begleiten ihn in den Schlafraum des Papstes. Die Ausrüstung wird ausgebreitet, die beiden Ärzte beginnen die Instruktionskarten zu lesen. Fontana und Buzzonetti haben nur geringe Erfahrung im Einbalsamieren, die Anweisungen scheinen jedoch ganz einleuchtend zu sein. Bis 21.40 Uhr läßt sich nichts mehr tun: das italienische Recht besteht darauf, daß auch bei einem Papst zwischen Ableben und Einbalsamierungsbeginn volle vierundzwanzig Stunden verstreichen müssen. Erst danach ist jemand ›medizinisch und gesetzlich‹ tot.

Erst nachdem dieser Formalität Genüge getan ist, machen sich die beiden Ärzte und der Techniker an die Arbeit. Sie entziehen Paul jegliche Körperflüssigkeit, injizieren der Leiche sukzessive flüssige Einbalsamierungspräparate. Die Chemikalien stabilisieren alle Organe und verleihen der Haut ein nachhaltiges rosa Aussehen. Die Prozedur dauert zwei Stunden.

Gegen Mitternacht betritt der Päpstliche Zeremonienmeister, Monsignore Virgilio Noé, das Zimmer. Er bringt eine silberne Urne mit, die er einem Schränkchen unter dem Glaubensaltar – er hat seinen Platz oberhalb des Grabs des heiligen Petrus in der Peterskirche – entnahm. Dort hatte Noé die Urne am 28. Juni, am Abend vor Peter und Paul, verwahrt. Die Segnung des in der Urne ruhenden Palliums bildete einen der festlichen Höhepunkte des Jahres. Das Pallium selbst fertigten die Benediktinernonnen von St. Cecilia – in ihrem Konvent im Stadtteil Trastevere just außerhalb der Vatikanmauern – aus der Wolle zweier Lämmer – sie symbolisieren Christus als Lamm Gottes und guten Hirten.

Noé stellt die Urne nun neben das Bett. Dann legt er Paul mit Hilfe der beiden Ärzte die päpstlichen Gewänder an. Noé geht zur Tür, ruft eine Abteilung Schweizergarde herbei. Die Männer tragen den Katafalk herein. Sodann wird Pauls Leichnam aufgebahrt. Anschließend bringt die schweigende Prozession den Katafalk ins Erdgeschoß in den Saal der Schweizergarde und stellt ihn in die Mitte des großen Raums. Der Techniker rückt noch einmal die Gumminackenstütze und die Schulterklötze zurecht, die den Leichnam in Stellung halten. Noé winkt alle anderen fort, richtet abschließend noch einmal die Gewänder. Mit unendlicher Behutsamkeit entnimmt er der Urne das Pallium, drapiert das endlose, zwei Zoll breite weiße Wollband über der Kasel so um Pauls Hals, daß die sechs schwarzen Kreuze des Palliums auf Pauls Brust, Schultern und Bauch ruhen. Noé kniet sich ein Weilchen betend neben die Bahre, verläßt danach gemessenen Schrittes den Saal. Gleichzeitig zieht die vier Mann starke Ehrenwache der Schweizergarde auf. Die Männer nehmen an jeder Ecke des Katafalks Aufstellung. Von nun an wird die Schweizergarde Paul ohne Unterlaß bewachen, bis er schließlich zur letzten Ruhe gebettet sein wird.

10

In den nächsten Tagen stand Rom im Brennpunkt des Weltinteresses. Am Mittwoch, dem 9. August, waren fast alle Kardinäle eingetroffen. Als Pauls Leichnam am Abend mit dem Wagen von Castel Gandolfo nach Rom übergeführt wurde, um in der Peterskirche zunächst feierlich aufgebahrt zu werden, verfolgten über hundert Millionen das Ereignis im Fernsehen. Zahllose ehrende Nachrufe mußten veröffentlicht werden; sie nahmen noch zu, als die Staatsmänner aus aller Welt erschienen, um Paul die letzte Ehre zu erweisen. Tausende von Journalisten belagerten das Pressebüro des Vatikans; viele von ihnen beschwerten sich über die dürftigen Telekommunikationsvorkehrungen. Zu den klagenden gehörten auch Andrew Greeley und seine CREP-Truppe. Die Organisation hatte ein Buch herausgebracht, ›The Inner Elite‹, das angeblich Hinweise auf den ›Geisteszustand‹ der Kardinäle brachte, die im bevorstehenden Konklave zu votieren hatten. Peter Hebblesmith, ein ungemein erfahrener Vatikan-Beobachter, bemerkte, das schmale Bändchen sei »eine einzige Ansammlung von Irrtümern, irreführenden Behauptungen und falschen Rückschlüssen«. Es war jedoch am Freitag bereits vergriffen, als Rosalynn Carter und Senator Edward Kennedy spät, aber noch rechtzeitig, erschienen. Sie bekamen fast ebensoviel Sendezeit wie die Verlesung von Pauls Testament, das zu den Abendnachrichten freigegeben wurde. Das dreizehnseitige Dokument bestätigte die unendliche Güte und Bescheidenheit des Menschen Paul und endete mit seiner Bitte um ein schlichtes Begräbnis und um Vergebung aller jener, denen er etwas zuleide getan habe.

11

Am Samstagmorgen in aller Frühe betritt Macchi durch das St.-Annen-Tor, den Lieferanteneingang, den Vatikan: das Morgenrot verheißt einen weiteren furchtbar schwülen Tag. Darin symbolisiert sich bereits sein neuer Status: der ehemalige Privatsekretär ist jetzt nur ein weiterer Priester, der die Macht verlor. Die Schweizergarde salutiert zwar noch vor ihm, muß aber nicht mehr befürchten, daß er an ihrem Aussehen etwas auszusetzen haben könnte, wie es früher schon einmal vorkam.

An diesem Morgen ist Macchi zu sehr in Gedanken versunken, als daß er sich um Stiefelputz oder saubere Hände bekümmern könnte. Seine Gedanken drehen sich um die Ereignisse der zurückliegenden Tage und um die vor ihm liegenden Aufgaben. Seit der letzten Woche haben tiefe Sorgenfalten sein herrisches Gesicht gefurcht. Er hat vor Kummer und Erschöpfung bereits tiefe Schatten unter den Augen. Seit Villot ihn den Pontifikalring suchen ließ, hat er kaum noch geschlafen. Als der Ring gefunden worden war, befahl Villot Macchi, ihn in die Sala Bologna zu bringen. Dort durchtrennte Villot vor den versammelten Kardinälen den Ring mit der silbernen Schere und zerstörte Pauls Amtssiegel mit demselben Silberhammer, mit dem er die Stirn des toten Papstes leicht beklopft hatte.

Das war am Mittwoch gewesen. Zu der Zeit hatte Macchi bereits eine provisorische Unterkunft angewiesen bekommen; einen jener dürftigen Räume, die der Vatikan in ganz Rom jederzeit verfügbar hält. Er hatte sich das Zimmer kaum angesehen, statt dessen mit Villots Sondererlaubnis und nach ausdrücklicher Bestimmung in Pauls Letztem Willen vom Morgengrauen bis gegen Mitternacht zu ganz allein in den päpstlichen Gemächern gearbeitet. Er kam gerade noch zeitig hinaus, ehe der Vatikan seine Tore schloß.

Paul hatte Macchi zu seinem Testamentsvollstrecker ernannt. Das handgeschriebene Dokument mit dem päpstlichen Wappen war am 30. Juli 1965 angefertigt worden. Macchi konnte sich noch deutlich an den Moment erinnern. Er hatte bei Paul gesessen, als dieser zu schreiben begann:»Einige Anmerkungen als meine letztwillentliche Verfügung. Im Namen des Vaters und des Sohnes und des Heiligen Geistes. Amen.« Die lange Aneinanderreihung von Klauseln las sich gar nicht wie ein Testament. Eher wie die Reflexionen eines Mannes, der sich in jenem dritten Jahr seines Pontifikats bereits mit dem eigenen Tode beschäftigte. Paul wollte als ›un Povero‹, als armer Mann, sterben. Er wünschte sich eine ›gottgefällige und schlichte‹ Beisetzung. Er erbat den Verzicht auf ein Grabmal. »Da nun der Tag sich neigt und alles sein Ende nimmt, und ich diese wundervolle und turbulente Erde verlassen muß, danke ich Dir, Herr.« Dieses Testament ist Ursache dafür, weswegen sich Macchi seit zwei Tagen in der gespenstischen Stille dieser ihm so vertrauten Zimmerflucht abplagt. In einem Kodizill hatte Paul ausdrücklich angeordnet, daß Macchi alle persönlichen Aufzeichnungen und Briefe vernichten solle. Macchi wunderte sich, was sich da alles angesammelt hatte. Die Papiere füllen einen ganzen Stapel Kartons. Im Gegensatz zu Pauls offiziellen Papieren, die ins Geheimarchiv wandern, darf der Inhalt privater Skizzen niemandem zur Kenntnis gelangen. Der Stoß vertraulicher Berichte über Cody findet sich allerdings nicht unter den Papieren. Villot beschlagnahmte sie und wies Macchi darauf hin, daß sie dem künftigen Papst übergeben werden müßten. Der Camerlengo hält die Berichte für eine Zeitbombe, die nicht nur Cody zerfetzen, sondern auch die Kirche auseinanderreißen könnte.[1]

Macchi betritt den Damasushof, wo zwei Männer der Sicherheitstruppe neben einem mit den Kartons beladenen Handwagen warten. Sie hatten über Nacht und unter Bewachung im alten Vatikangefängnis gelagert. Schweigend folgen die Männer Macchi, nehmen einen Lift ins dritte Stockwerk zu den Räumlichkeiten des Staatssekretariats hinauf, in denen um diese frühe Morgenstunde noch niemand anwesend ist – aus welchem Grunde sich Macchi schließlich für diese Tageszeit entschied. Die Männer der Vigilanztruppe rollen den Karren in einen schmalen Raum zu einem großen Reißwolf, in den Macchi nun Pauls privateste Gedanken stopft, die auf der anderen Seite als unentzifferbare Papierschnipsel wieder zum Vorschein kommen. Macchi gibt sich damit aber noch nicht zufrieden, weist die beiden Sicherheitsleute an, die Papierfetzen in Plastiksäcke zu füllen und anschließend zu verbrennen.

Daraufhin verläßt der Sekretär endgültig den Apostolischen Palast. Er hat nur noch eines zu tun. Er schlüpft durch eine Seitentür und betritt das gigantische Hauptschiff der Peterskirche. Auf dem Steinfußboden hallen seine Schritte wider. Zielbewußt passiert er einige Altäre, die Kolonnaden und das Standbild des heiligen Petrus, dessen rechten Fuß die vielen Gläubigen schon ganz blankgeküßt haben. Er geht an dem gewaltigen Bischofsthron, auf dessen uraltem Holzstuhl schon der Apostel Petrus gesessen haben soll, vorüber. Das von Barberinis Bienen wimmelnde schwarz-goldene Denkmal Urbans VIII. läßt er ebenso hinter sich wie die Pietà und weitere Zeugnisse mehr oder weniger großartiger Handwerkskunst vergangener Jahrhunderte. Vor der schlichten Bahre schließlich bleibt Macchi stehen. Sie wurde von den ›sampietrini‹ in deren Werkstatt gleich hinter dem Petersdom angefertigt; desgleichen der dreifache Sarg des Papstes – der innere Einsatz aus Bronze ruht in einem Sarg aus Zedern-, dieser wiederum in einem aus Zypressenholz: als Symbol der von Paul gewünschten Schlichtheit.

Über den weißen Gewändern trägt Paul eine rote Robe. Auf dieser ruht das von Noé so liebevoll arrangierte Pallium. Kein Luftzug läßt das ruhige Flämmchen einer einsamen Osterkerze zittern. Die vier Schweizergardisten verharren völlig reglos.

Nur sie sehen Macchi neben der Bahre niederknien und sich zum Abschied in ein stummes Gebet vertiefen. Als sich Macchi wieder erhebt und langsam die Basilika verläßt, ist er den Tränen nahe. Sein Entschluß steht fest: für den nächsten Papst wird er nicht arbeiten, selbst wenn man ihn darum bitten sollte. Statt dessen wird er sich wieder seelsorgerischen Pflichten widmen. Macchi glaubt, dem Andenken des Mannes, den er mehr als jeder andere liebte und verehrte, auf diese Weise am besten dienen zu können.

*

Greeley meint, Pauls Aufbahrung erinnere ihn an »die Tut-ench-Amun-Ausstellung in Chikago«. Als er am Donnerstag an den Katafalk getreten war, kam ihm Pauls Leichnam »sehr purpurn, breiig und zurechtgemacht vor«. Die vorbeiziehenden Menschenmassen, sinnierte Greeley, zeigten »jede Menge Neugier, jedoch keinerlei Anzeichen von Trauer oder Bekümmerung«. Seine letzten Beobachtungen sind Teil eines wilden Durcheinanders von Eindrücken, die Greeley seit seiner Ankunft in Rom gesammelt hat. Er war bereits recht geschäftig: ein paar ›Blitzinterviews‹ mit seinen so hartnäckig auf Anonymität bedachten Quellen, Sichtung der italienischen Presseerzeugnisse: die Nachrichtenmagazine beeilten sich sehr, wenngleich sie nach Greeleys Ansicht schlechten Geschmack bewiesen; denn ›Gente‹, ›Epoca‹, ›Oggi‹ und ›panorama‹ plazierten ihre Berichte vom Ableben des Papstes in unmittelbarer Nähe ihres üblichen Immergleichen: sexuelle Bekenntnisse, Aktfotos und Auto-Erotik. Er hat die Kardinäle beschnüffelt und festgestellt, daß die Geheimnistuerei, das Verbot offenen Wettbewerbs und ein Protokoll, das es ihnen nicht gestattet, ihre wirklichen Differenzen öffentlich auszutragen, dazu angetan sind, die Entscheidungsfindung zu behindern.

Greeleys mysteriöse Quellen hatten ihm gute Dienste geleistet. Trotzdem ist er unglücklich, gibt er doch zu: »Ich fürchte, daß es mit mir zu Ende geht. Ich habe meine Brille verloren, meine Brieftasche im Hotel liegenlassen, vergesse Telefonnummern und empfinde darüber Todesangst, ein paar Verabredungen zu versäumen.« Das sind natürlich nur die Nerven, und zwar deswegen, weil er ausschließlich daran denkt, am morgigen Sonntag den Schleier über seinen selbst entwickelten, sorgfältig gehegten und bis jetzt eifersüchtig behüteten Vorstellungen zu lüften: welche Statur jener Papst haben müßte, den die Kardinäle wählen sollen, wenn sie es sich nicht mit ihm, Greeley, verderben wollen.

✻

Einem der Kirchenfürsten sind Greeleys Intentionen bereits bekannt. Schon vor langer Zeit hielt es Kardinal John Cody für angebracht, auch den Namen dieses ehemaligen Priesters seiner Diözese auf die Liste derer zu setzen, die er im Auge behalten möchte. Cody sieht darin nichts Unstatthaftes. Greeley ist ein erklärter Widersacher, und nach Ansicht des Kardinals wäre es dumm, über die Gedanken eines Gegners nicht auf dem laufenden zu sein. So hat er es stets gehalten, und anders hätte er seine jetzige Stellung nicht erreicht: nämlich der mächtigste Kirchenführer zu sein, den Chikago je erlebte. Leute vom Schlage eines Greeley hat Cody schon kommen und gehen gesehen; dennoch bedeutet ihm der Priester einen weiteren Stich seiner Dornenkrone. Der Kardinal genießt bereits den Vorgeschmack des Augenblicks, in dem er um seine Beurteilung der CREP-Vorschläge gebeten wird; das dürfte Codys rechte Gelegenheit sein, eine sorgfältig inszenierte Gegenattacke auf all die heimtückischen Schmiererereien und Verleumdungen zu reiten, von denen er sich eingekreist sieht. Natürlich wird er sich nicht direkt auf diese Vorwürfe beziehen, nein, es reicht ein kurzes Statement, aus dem eindeutig hervorgeht, daß das CREP und seine Hilfstruppen die Kirche zu trivialisieren trachten. Das dürfte reichen. Die Leute verstanden zu allen Zeiten, zwischen den Zeilen zu lesen. Jedenfalls kennt niemand außer Cody den Wahrheitsgehalt der erhobenen Anschuldigungen, und er hat sich entschieden – nicht einmal seine engsten Freunde wissen, ob er damit einen Rat befolgt oder von sich aus darauf gekommen ist –: trotz des sich anbahnenden Ungewitters absolutes Schweigen zu bewahren. Ihm ist bekannt, daß Reporter behaupten, er versuche das Unwetter abzureiten; er benehme sich wie ein wildgewordener Bulle in einem der Schlachthöfe Chikagos und fordere förmlich dazu heraus, bei erstbester Gelegenheit abgeschlachtet zu werden. Seinetwegen kann man sich in Rom beliebig oft über ihn beschweren, kann der Vatikan Emissäre schicken, soviel er will – Cody weiß, daß am Ende kaum jemand etwas gegen ihn unternehmen kann. Ihn abzusetzen hieße einen Skandal heraufzubeschwören, der zu einem Riß quer durch die Amerikanische Kirche und im Vatikan vielleicht sogar zum Sturz einiger Gestalten führen würde. Auch das ist ihm nicht unbekannt. So läßt er sich also weiterhin von seiner Methode nicht abbringen. Cody ist überzeugt davon, daß Greeley und Konsorten einfach die Luft ausgeht. Derlei hat der Kardinal auch früher schon erlebt. Und darüber hinaus versteht er es meisterlich, abzuwarten.

Cody wohnt zur Zeit in der prächtigen Villa Stritch, vielleicht dem ansehnlichsten einer ganzen Reihe herrschaftlicher Häuser in der Via della Nocetta. An diesem Samstagmorgen erhob er sich bereits sehr früh. Er hat einen erholsamen Schlaf hinter sich, und nichts deutet darauf hin, daß ihm der Zeitunterschied zu schaffen macht. Nach dem Aufstehen hat er erst einmal seinen Freundeskreis im Vatikan angerufen. Seine Gewährsleute sitzen dort an den richtigen Stellen; mit allen tratscht er ein bißchen, lacht auch; hauptsächlich hört er jedoch zu. In verblüffend kurzer Zeit ist er über die Ereignisse im Bilde. Die Beisetzungsvorbereitungen kümmern ihn nicht; er geht davon aus, daß sie von Villot und seinen Helfern bereits bis zum letzten Amen durchgeplant sind.

Cody interessiert das Konklave. Einem Freund im Pontificio Collegio Irlandese – dem irischen Collegium in der Via Santa No. Quattro, der traditionellen Sammelstelle für Gerüchte und Latrinenparolen – versichert er, daß sich die Amerikaner einen Papst »nach dem Vorbilde Pauls« wünschten, jedoch vorzugsweise einen nicht-italienischen Europäer von »eindeutig nicht-kurialer Prägung«. Codys irischer Kontaktmann schlägt Hume von Westminster als Möglichkeit vor. Der Kardinal fragt, ob sein englischer Kollege denn auch Italienisch spräche? Kaum ein Wort; mit Sicherheit jedoch nicht fließend. Wenn das so ist, verkündet Cody, hat Hume keine Chance: die Italiener würden es nicht akzeptieren, daß der Bischof von Rom ihre Sprache nicht beherrscht. Ob denn die irische Quelle nicht einen Kardinal nennen könnte, der einen Blitzkurs in Italienisch absolviert habe? Nein, aber man werde sich umhören.

Nach weiteren Anrufen – seiner Meinung nach bewegen sich alle im Rahmen der von Paul zugestandenen ›Konsultationen‹ – erfährt Cody von der zunehmenden Besorgnis vieler nicht-italienischer Kardinäle wegen des weit hinausgeschobenen Konklave-Beginns. Die Italiener, so vernimmt Cody, versuchten wieder einmal ihren alten Trick; suchten zu bewerkstelligen, was ihnen am meisten liegt, nämlich in aller Bedächtigkeit schon vor Beginn des Konklave den Boden in ihrem Sinne zu bearbeiten. Cody sieht zweierlei Deutungsmöglichkeiten: Entweder ist der Grund darin zu sehen, daß die Italiener halt Italiener sind; oder daß die Kurie annimmt, der von ihr als Nachfolger Pauls Favorisierte befinde sich zur Zeit noch in einer völlig aussichtslosen Lage. Sollte letzteres zutreffen, benötigt die Kurie nun wirklich die gesamte zugestandene Zeit für einige äußerst schwierige ›Konsultationen‹, ehe die Kardinäle eingeschlossen werden.

Cody ruft den Präfekten an, mit dem er sich, wenn er sich einmal in Rom aufhält, gern über vatikanische Geschichte unterhält. Außerdem kann er sich bei der Gelegenheit immer ein paar verbindliche Eindrükke darüber verschaffen, wie die unmittelbare päpstliche Familie zurechtkommt. Er erzählt Martin, der Ansicht zuzuneigen, die Kurie sei besorgt. Dann reden die beiden über Kardinal Leo Suenens' jüngsten revolutionären Vorschlag, über den Radio Vatikan in Worten berichtete, denen der Schock des Heiligen Stuhls zu entnehmen war: der

Belgier hatte angeregt, dieses Mal nicht weniger als vier Päpste zu wählen, für jede Weltecke einen. Wäre der Vorschlag von jemand anderem gekommen, wäre die Reaktion wohl noch heftiger ausgefallen; an Suenens' radikale Vorstellungen hat man sich indes bereits gewöhnt. Außerdem hatte er noch vorgeschlagen, daß die Päpste nicht länger ausschließlich von Kardinälen, deren Berechtigung aus der Schrift jedenfalls nicht herzuleiten sei, gewählt werden sollten, sondern von einem repräsentativeren Gremium der ganzen Kirche. Cody hält Suenens' Ansichten für unerheblich, insbesondere deswegen, weil der Belgier nicht mehr zu den treibenden Kräften jener Gruppierung gehört, die von der Presse gewöhnlich als ›europäische Progressive‹ bezeichnet wird, zu deren Mitgliedern neben anderen König, Willebrands von Utrecht und Marty von Paris zählen. Suenens wird nachgesagt, er soll das Interesse an den Vorstellungen der Gruppe verloren haben, seit er sich zu einem einflußreichen Mitglied der Charismatischen Bewegung entwickelte. König selbst hat jüngst klargestellt, wenn auch nicht öffentlich, er halte sich für zu alt, um sich als potentieller Papst ins Gespräch bringen zu lassen.

Einige weitere Anrufe vermitteln ihm einen neuen Eindruck, wie sich die Zukunft darstellen könnte: während Cody im Flugzeug über dem Atlantik schwebte, fanden sich die Kardinäle Sin, Hume und Lorscheider zu einem ersten Treffen zusammen. Sie werden dies später regelmäßig tun, entweder in Lorscheiders Unterkunft im Lateinamerikanischen Kollegium oder an einem anderen diskreten Ort. Die drei beratschlagten, ob sich nicht eine lose Koalition, in der sich die Voten von Süd- und Mittelamerika, der Karibik, Asiens und Afrikas zu einem mächtigen Block vereinten, zusammenbringen ließe. Aber für wen sollte im entscheidenden ersten Wahlgang votiert werden? Nicht einmal Martin ist zu einer Mutmaßung bereit.

In den paar Stunden seit seiner Ankunft hat Cody über die wahre Sachlage weit mehr als die meisten Kurienkardinäle in Erfahrung gebracht. Ihm gefällt es. Anscheinend wird es in allernächster Zeit nach altem Brauch noch so manch munteren Kuhhandel geben – als ›Konsultation‹ getarnt, versteht sich.

∗

Am Mittag schließen sich die Portale der Peterskirche hinter dem letzten der schätzungsweise 250000 Menschen, die an Pauls Bahre vorüberzogen. Draußen auf dem Petersplatz hat das italienische Fernsehen seine Kameras auf der Balustrade der Bernini-Kolonnaden mitten zwischen barocken Heiligenfiguren aufgebaut. Die Kameraleute proben die Einstellungen. Einer macht einen Schwenk über den Fries unterhalb des Kuppelgewölbes der Basilika. Dort steht in einsachtzig großen Lettern und in lateinischer Sprache geschrieben: ›Du bist Petrus, und auf diesen Fels will ich bauen meine Gemeinde... Und will dir des Himmelreichs Schlüssel geben.‹ Eine andere Kamera ist auf die große Kuppel des Petersdoms gerichtet; ein weiteres Objektiv erfaßt den Petersplatz selbst, wo Gruppen von ›sampietrini‹ über neuntausend Stühle fürs erste Requiem unter freiem Himmel in der Geschichte des Papsttums aufstellen. Auf ein paar Stühlen hat sich eine Gruppe Amerikaner plus Kühltasche mit Erfrischungen breitgemacht. Auf den Marmorstufen der Peterskirche stehen samtbezogene Betstühle und Sitzgelegenheiten für die geistlichen und weltlichen Würdenträger bereit. Die ersten der annähernd zehntausend Stadtpolizisten, Carabinieri und Angehörigen der DIGOS – der Anti-Terror-Truppe – haben sich bereits aufgebaut. Man rechnet mit einem Polizisten auf zehn Trauergäste. Wenngleich die Straßenhändler am heutigen Tage den Petersplatz nicht betreten dürfen, sind die Souvenirläden entlang der Via della Conciliazione gerammelt voll; man reißt sich um jeden Kitsch, der irgendwie mit Paul in Zusammenhang gebracht werden kann. In den vergangenen fünf Tagen ist von diesem Tand wahrscheinlich mehr verkauft worden als in den letzten vier Jahren von Pauls Pontifikat.

An einer anderen Stelle der Stadt, an jenem Standort, von dem aus Aldo Moro entführt wurde, legt der Senator von Massachusetts, Edward Kennedy, einen Strauß nieder und verharrt anschließend zwei Minuten in tiefem Schweigen. Man hört nur das Klicken und Surren von Fotoapparaten und Filmkameras und das nervöse Füßescharren der zu seinem Schutz abgestellten Polizeitruppe. In der amerikanischen Botschaft schildert Frau Carter einem Korrespondenten des CBS ihre Eindrücke, erzählt, wie die Mutter des Präsidenten, als sie Paul in Castel Gandolfo besuchte, um Regen für das durstende Afrika gebetet, und wie der Papst von seinem nahe bevorstehenden Tode zu ihr gesprochen habe.

Dies alles erscheint jetzt so bedeutungslos.

✳

Mit forschem Schritt und rhythmisch mitschwingender Soutane betritt Magee durchs Glockentor den Vatikan und begibt sich durch eine Seitentür in die Peterskirche. Im Querschiff ist es angenehm kühl; die malzbonbonfarbenen, knapp dreißig Meter hohen Säulen von Berninis ›baldacchino‹ streben zu den sechzehn Kuppelfenstern empor, die das grelle Sonnenlicht dämpfen und die Szene, um deretwillen Magee gekommen ist, in ein weiches, beinahe metaphysisches Licht tauchen.

Offiziell wird Magees Anwesenheit nicht verlangt. Die Verantwortung für die Feierlichkeiten liegt in Villots und Noés Händen. Der Sekretär ist gekommen, weil er ebenso wie Macchi jenem Mann noch einmal Lebewohl sagen möchte, dem er zur Hauptsache die Gestaltung seines Lebens verdankt. Magee ist weder gefühlvoll noch sentimental; Pauls Tod jedoch, obschon nicht unerwartet, nimmt ihn schwer mit. Er verspürt einen tiefen Abschiedsschmerz; allein der Glaube vermochte ihn in seinem tiefen Kummer zu trösten. Anders als so viele, die Paul kaum kannten, behält Magee sein Urteil über den Papst für sich; er meint, daß seine Empfindung, die Welt habe einen leibhaftigen Heiligen verloren, niemand etwas angehe.

Als Villot nickt, heben die ›sediari‹, die Paul während seines Pontifikats auf dem Thronsessel getragen haben, den Leichnam nun von der Bahre und betten ihn in den Sarg. Einer von ihnen bedeckt ihn mit einer Hermelindecke und breitet einen purpurnen Schleier über das Gesicht des Papstes. Hernach wird der Deckel auf den Sarg gelegt und mit sechzehn massivgoldenen Schrauben – auch sie wurden in den vatikanischen Werkstätten eigens angefertigt – verschlossen.

Magee wendet sich ab, verläßt langsamen Schrittes die Basilika. Er weiß nicht, wie seine Zukunft aussehen wird; es kümmert ihn auch nicht sonderlich. Außerdem ist es noch viel zu früh, sich deswegen Gedanken zu machen.

＊

Jener Kardinal, der seinen Ruf dadurch begründete, daß er an alles zu denken versuchte – Baggio –, der von Paul ernannte ›Wogenglätter‹, trifft am frühen Nachmittag mit dem Wagen vor dem imposanten Portikus der Heiligen Bischofskongregation ein, deren Präfekt er die letzten fünf Jahre war. Er eilt in das Gebäude. Natürlich wurde er erkannt; im Augenblick gibt es kaum einen Kardinal, der sich in der Stadt frei bewegen kann, ohne von einem jener Tipgeber beobachtet zu werden, die das Heer der Reporter mit Aktualitäten versorgen. Das Interesse dieser Leute an dem untersetzten, muskulösen Mann mit den breiten Schultern und den kräftigen Händen des Ringers kommt nicht von ungefähr. Baggio ist fünfundsechzig und ›papabile‹, kommt also als Kandidat für die Papstwürde in Frage. Für die Rolle des Papstmachers aber ist er ebensogut geeignet: er kennt jeden, der zählt, die Mehrzahl seiner Kardinalskollegen und die herausragenden Bischöfe der Kirche; er weiß, was sie denken, was sie voneinander halten, was sie fürchten; ihre Ambitionen, Wünsche und oft sogar privaten Wunschvorstellungen sind ihm geläufig. Solchen Geheimnissen auf die Spur zu kommen, gehört mit zu seiner Tätigkeit als Präfekt. Niemand möchte Baggio zum Feind haben; deshalb wird er so respektiert und umschmeichelt.

Seit etwas über seinem Geheimbesuch bei Cody durchsickerte, hat ihn die Öffentlichkeit noch nicht wieder zu Gesicht bekommen. Aber der in einer Ecke des nach Pius XII. ›Retter der Stadt‹ benannten Platzes (seiner Intervention war es zu verdanken gewesen, daß Rom während des Zweiten Weltkrieges nicht ernstlich bombardiert worden war) lauernde Informant bemerkt, daß Baggio ein umfängliches Köfferchen bei sich trägt. Daran ist eigentlich gar nichts Ungewöhnliches; denn man weiß, daß Baggio die Geheimakten, die er gerade bearbeitet, auf Schritt und Tritt mit sich herumträgt. Als weitere Sicherheitsmaßnahme empfängt er in seinem Büro keine Besucher, denn er befürchtet, daß jemand einen Blick auf ein vertrauliches Dokument werfen könnte, das sich gerade nicht unter Verschluß befindet.

Dennoch und trotz dieser Sicherheitsmaßnahmen: in seinem Amt gibt es einen Maulwurf – wie in vielen anderen Kongregationen übrigens auch –, der gegen Kasse einige der Geheimnisse, die Baggio so sorgfältig hütet, regelmäßig verrät. Auf diese höchst unfeine Art dringt dann auch an die Öffentlichkeit, was Baggio im einzelnen gerade in seinem Aktenkoffer herumschleppt.

Im Augenblick ist es weiteres Material gegen Cody. Es gibt neue und möglicherweise höchst brisante Hinweise auf die langen Beziehungen zwischen dem Kardinal aus Chikago und einer achtundsechzigjährigen, geschiedenen Frau, die zumindest seit 1967 mit Cody in enger Verbindung steht. Er hatte sie gar nach Rom mitgebracht, als er zum Kardinal erhoben wurde. Welcher Art die Beziehungen nun wirklich sind, hat just zu den Spekulationen geführt, die Baggio am meisten fürchtet. Cody und seine Freundin behaupten hartnäckig, Cousin und Cousine zu sein. Nachdem er aber in Chikago – in Oak Park, ganz in der Nähe, wohnen ein paar Verwandte – diskret nachforschte, weiß Baggio, daß das Pärchen nur weitläufig verwandt ist, hat ihr Vater doch in zweiter Ehe Codys Tante geheiratet. Zu allem gab die Frau auch noch Codys Residenz als ihren Sommerwohnsitz an. Aber es kam noch schlimmer; als Cody in St. Louis war, sorgte er dafür, daß ihr jährlich 11 500 Dollar aus Diözesangeldern gutgebracht werden, und nichts weist darauf hin, daß sie Arbeitsleistung dafür erbringen muß. Des weiteren wird behauptet, daß Cody Kirchengelder auf ihr Privatkonto fließen lasse; Gerüchten zufolge hätte bereits eine volle Million Dollar diesen Weg genommen.

Niemand außerhalb des Vatikans weiß, ob Baggio bei seinem Chikago-Besuch diese Vorwürfe Cody gegenüber zur Sprache brachte. Wie auch immer, es gibt sie nun einmal. Im Augenblick jedoch muß Baggio damit in der Hinterhand bleiben. Baggio ist vieles zugleich: aggressiv, geistreich, nett, kompromißlos, gut aufgelegt, begeistert; natürlich weiß er auch alles über ›das nur Allzu-Menschliche‹. Trotzdem dürfte es sich bei dieser ›Chikago-Affäre‹ um etwas anderes handeln. Er ist sicher, daß hier ein Dauerproblem vorliegt, welches auch noch ins nächste Pontifikat hineinreichen wird.

Damit stellt sich die Frage, die selbst der vorausschauende Baggio nur vorbehaltlich beantworten kann: wie wird der nächste Papst reagieren? Wird er die Vorwürfe gegen die Weiterungen abwägen, die eine Amtsenthebung Codys in der Amerikanischen Kirche als geschlossenem Ganzen nach sich ziehen könnte? Ein solcher Skandal würde gewiß weltweites Aufsehen erregen; der Episkopalkirche könnte ein nicht abzuschätzender Schaden zugefügt werden. Wird möglicherweise entschieden werden, die Sache nicht weiter zu verfolgen? Der Heilige Stuhl hat schon so einige Skandale vertuscht. Ist hier die Ursache zu suchen, weswegen Baggio, als er nun heraustritt und sich mit dem Wagen fortbringen läßt, um sich für Pauls Beisetzung herzurichten, zutiefst besorgt aussieht?

Solche Fragen liefern den Gerüchten der nächsten Stunden neue Nahrung, ehe auch sie angesichts der eindrucksvollen Feierlichkeiten auf dem Petersplatz verstummen müssen.

*

Unter den Hunderten von Rundfunkjournalisten, die sich auf dem Petersplatz tummeln, befindet sich auch MacCarthy von Radio Vatikan. Er trägt einen schwarzen Anzug mit weißem Römerkragen, hat einen Kassettenrecorder bei sich. MacCarthy bewegt sich langsam durch die Menschenmassen und versucht, Eindrücke, Kommentare und Meinungen zu sammeln. Verständlicherweise ist er sehr müde; nur wenige Rundfunkjournalisten haben sich während der vergangenen Woche so sehr wie er in die Arbeit gestürzt. MacCarthy hat so gut wie alles Erreichbare über päpstliche Totenwachen und Requien gelesen; die Arbeit seines Freundes Lambert Greenan in der englischsprachigen Ausgabe des ›Osservatore Romano‹ war ihm am hilfreichsten beigesprungen. Greenan brachte nichts anderes als eine von Sympathie getragene, dennoch kompetente Darstellung von Pauls Leben und Werk. Aus dieser Würdigung pflegen die auf dem Petersplatz arbeitenden Kommentatoren gern zu zitieren.[2]

MacCarthy ist dabei, empfangene Eindrücke und eigene Kommentare bunt zu mischen, damit sich seine Hörer in Afrika bis hinunter zum Kap der Guten Hoffnung in die auf dem Petersplatz herrschende Stimmung einfühlen können. Er beschreibt ihnen die Szene:»Vielleicht sind es Hunderttausend; viele sind schwarzgekleidet. Es gilt jedoch nicht nur zu trauern. Es ist auch die Zeit, sich mit der Hoffnung auf ein ewiges Leben gedanklich einmal gründlich auseinanderzusetzen. Es herrscht eine stille, würdevolle Stimmung vor.«

MacCarthy schiebt sich durch die Menge auf die weißen Marmorstufen zu. Noch einmal spricht er ins Mikrofon:»Was sich hier tut, ist für uns alle etwas ganz Neues. Wahrscheinlich hat sich noch nie zuvor eine solche Menschenmenge zu einem christlichen Leichenbegängnis eingefunden. Dies ist ein weiterer Beweis für alles das, was Seine Heiligkeit repräsentierte. Er versuchte stets, bei allen großen Kirchenzeremonien des Jahres hier auf dem Platz und bei seinen Schafen zu sein. Einmal sagte er: ›Diesen Platz wollen wir zum Altar machen.‹ Und so geschah es.«

MacCarthy befindet sich nunmehr am Fuße einer der Freitreppen, die zum geöffneten Portal der Peterskirche hinaufführen. Zu seiner Rechten erblickt er in einiger Entfernung Rosalynn Carter und Imelda

Marcos, die Präsidentengattin der Philippinen. Edward Kennedy hält sich ganz in ihrer Nähe. Neben ihm stehen Dr. Michael Ramsey, ehemaliger Erzbischof von Canterbury, und der Patriarch von Moskau. Um sie herum die gekrönten Häupter Europas und Staatsmänner aus aller Welt. Trauerdelegationen aus über hundert Staaten haben sich eingefunden. Während andere Reporter den Aufzug der Gäste schildern und deren Geflüster und Lächeln zu deuten versuchen, richtet MacCarthy sein Augenmerk mehr auf das Bevorstehende: »Seine Heiligkeit hat um ein schlichtes und gottesfürchtiges Begräbnis gebeten. Diesem Wunsch wurde getreulich entsprochen. Es gibt keinen Katafalk, kein Podest, um ihn den Versammelten weithin sichtbar zu machen; statt dessen wird der Sarg auf dem Boden ruhen; nichts, außer einer aufgeschlagenen Bibel wird ihn schmücken. Auch dieses erinnert wieder an Seine Heiligkeit – an seinen aufrichtigen Wunsch, die Symbole von Pomp und Macht, für den päpstlichen Hof seit jeher charakteristisch, auf das unerläßliche Minimum zu reduzieren.«

*

Im Innern der Basilika formiert sich inzwischen die Prozession. Dem Dienstalter entsprechend, treten die Kardinäle paarweise hintereinander. Ziemlich an der Spitze stehen Stefan Kardinal Wyszynski, der Primas von Polen, und Giuseppe Siri. Beide tragen den Purpur bereits seit einem Vierteljahrhundert. Dicht hinter ihnen folgen der Erzbischof von Montreal und der Patriarch von Alexandria. König steht neben dem Erzbischof von Dar-es-Salaam. Etwas weiter zurück entfernt sieht man Kardinal John Carberry, den lebhaften vierundsiebzigjährigen Erzbischof von St. Louis, neben der erhabenen Gestalt des Kardinal-Erzbischofs von Philadelphia, John Krol. Der lange Krol und der winzige Carberry – eine körperliche Gegensätzlichkeit, die sich die Reporter nicht entgehen lassen werden. Ein weiterer Amerikaner, Kardinal Terence Cooke von New York, steht hinter dem verläßlich wirkenden Kardinal-Erzbischof von Krakau, Karol Wojtyla, dessen unsicherem Englisch Cooke nur mit Mühe zu folgen vermag. Timothy Manning, Kardinal-Erzbischof von Los Angeles und einziger Teilnehmer der Prozession, der des Gälischen mächtig ist – er wurde vor neunundsechzig Jahren in Ballingeary in der Grafschaft Cork geboren –, steht neben dem Patriarchen von Venedig, Kardinal Albino Luciani. Gesprächsstockungen überbrückt Luciani mit sanftem Lächeln. Manning mag diesen Italiener sofort – was er von etlichen anderen nicht sagen kann. Ein weiteres Paar bilden Cody und Felici. Es scheint, als hätten sich die beiden nichts zu sagen. Sollte Codys Fall je in das Stadium treten, von der Kirche offiziell untersucht werden zu müssen, wird Felici in seiner Eigenschaft als Präfekt der Apostolischen Signatur – des höchsten Appellationsgerichts der Kirche – dem Papst den Richterspruch zwecks definitiver Billigung empfehlen. Aramburu von Buenos

Aires steht vor Sin aus Manila. Die beiden haben sich im Laufe der Jahre kennen- und schätzengelernt. Aramburu kann seine Erleichterung darüber, daß der argentinische Juntachef Videla sich schließlich doch entschloß, den Beisetzungsfeierlichkeiten fernzubleiben, kaum verbergen. Er werde zur Inthronisation des neuen Papstes kommen, hatte jener verlauten lassen. Doch bis dahin werden noch mindestens drei Wochen vergehen. Und in der rauhen Luft südamerikanischer Politik kann während der Zeit schon so einiges geschehen. Baggio und Bertoli bilden ein weiteres Paar. Beide geben sich leutselig.

*

MacCarthy hält sich das Mikrofon an die Lippen, um sicher sein zu können, daß seine Worte in dem allgemeinen Gesang nicht untergehen: »Die Sänftenträger bringen Papst Pauls Sarg die Treppe hinunter, setzen ihn direkt vor dem Altar ab. Es ist eine der vielen neuen Merkmale dieser Messe, daß die Kardinäle um den Altar herum konzelebrieren werden. Jetzt kommen sie. Der letzte, ein hochgewachsener, gutaussehender Mann, ist Kardinal Confalonieri. Er wird Hauptzelebrant der heutigen Messe sein. Seine Robe hebt sich farblich von denen der übrigen leicht ab. Während alle anderen purpurne Gewänder tragen, ist Confalonieris Robe leuchtend scharlachrot. Diese Farbe kennzeichnet sein Amt als Dekan.«

MacCarthy hat gerade noch Zeit, dem Tonband anzuvertrauen, daß nun die eigentliche Messe beginne, da vernimmt man aus Confalonieris lautsprecherverstärktem Munde bereits die Worte des ›confiteor‹: man bittet Gott um Vergebung der Sünden.

Nach den Schriftverlesungen in vielerlei Sprachen entsteht eine kleine Pause. MacCarthy benutzt sie zum Hinweis, daß Confalonieri nun in lateinischer Sprache die Predigt halten werde. MacCarthy wartet, bis die ersten flüssigen Sätze gesprochen sind, und beginnt dann seine fehlerfreie Übersetzung. Er beschreibt, wie eine Prozession Brot und Wein zwecks Konsekration zum Altar trägt, während ein Chor das Offertorium, den siebzehnten Psalm, singt. MacCarthy schweigt und nimmt diesen feierlichen Augenblick der Messe original auf.

*

Seit fast zwei Stunden steht König in seinen schweren Gewändern nun schon in der Hitze von über 27 Grad Celsius. Er ist ein gesunder Mann, fragt sich aber, wieviel die Hitze wohl einigen der älteren Kardinäle zu schaffen mache. Sie dürften es nicht leicht haben. Plötzlich, als die Offertoriums-Prozession an den Altar zurückkehrt, gewahrt König etwas Unvergeßliches: eine sanfte Brise streicht über die auf Pauls Sarg liegende offene Bibel. Langsam schlagen die Blätter um. König sieht darin ein Symbol – etwas fast ebenso Unheimliches wie das mit Pauls Tode einsetzende Läuten des Weckers.

*

Während nun die Allerheiligen-Litanei gesungen wird, das Beten aufhört und die Kardinäle in langsamer Prozession zu beiden Seiten des Sarges vorüberziehen, spricht MacCarthy noch einmal ein paar verbindende Worte ins Mikrofon. Die letzte Phase des Requiems beschreibt danach Confalonieri selbst. In unbeholfenem Englisch erklärt er:»Der Papst gelangt nun zum letzten Male in die Petersbasilika, in der er so oft die Eucharistie feierte und das Wort an seine Kirche richtete. Die sterbliche Hülle Seiner Heiligkeit wird in der Krypta des Vatikans zur letzten Ruhe gebettet. Dort wird er in der sanften Obhut einer von Donatello geschaffenen, anmutigen Madonna in aller Herrlichkeit seiner Auferstehung harren.«

Hinter einer Reihe Zypressen geht der Mond über dem Janikulum auf. Der Chor singt das Magnificat, während Pauls Sarg – die Blätter der Bibel werden noch immer langsam vom Winde bewegt – unter dem Geläut der Glocken von St. Peter die Stufen wieder hinaufgetragen wird.

Wenige Augenblicke später werden die Portale der Basilika geschlossen.

MacCarthy fängt mit dem Mikrofon die Geräusche ein. Um ihn herum heben bereits wieder die Spekulationen an: Welcher unter den Kardinälen, die während der letzten hundertneunundfünfzig Minuten an Pauls Totenfeier teilnahmen, wird sich als nächster Papst auf dem Balkon über diesem Portal zeigen?

Zweiter Teil

GOTTES WILLE

Wie Gott es gefügt hat,
so soll es sein

Alte arabische Spruchweisheit

12

Es war, werden sie sagen, genauso, wie nachstehend geschildert.

Sechs Wochen lang führte Agca ein friedliches Leben. Die Tage verbrachte er größtenteils in Gesellschaft anderer Männer in der Teestube von Yesiltepe. Man sprach über die Anarchie, die amtlichen Hinrichtungen, die Repressalien. Niemand indes erinnert sich, daß sich Agca irgendwie drastisch über das Terroristenunwesen in der Türkei geäußert hätte. Er schien abseits zu stehen.

Zu Hause war er guter Dinge: er rang mit Adnan und spaßte mit Fatma. Wenn sie ihre Figur halten wolle, sagte er, dürfe sie nicht so viel essen. Er gab das Musterbeispiel eines älteren Bruders ab. Eines Tages erfreute er seine Mutter, Muzzeyene, mit zwei Kochtöpfen. Er hatte sie, als er nach Hause kam, stolz vor sie auf den Tisch gestellt, gegrinst, aber nicht verraten, wie er zu den Töpfen gekommen war. Seine Mutter fragte auch nicht danach. Sie trug kein Verlangen, die heitere häusliche Atmosphäre zu zerstören. Über der Provinz Malatya lag jetzt – es war Hochsommer – eine glühende Hitze; in ihrer Freude über den eingekehrten häuslichen Frieden fand Muzzeyene sie jedoch nur halb so schlimm. An jenem Abend, da Agca die Töpfe anbrachte, hatte die Mutter ihm Bohnen in Dickmilch darin gekocht. Daß der Junge kräftig zugriff, hob ihre Stimmung noch mehr. Fatma und Adnan nahmen ihren Bruder seines wiedergefundenen Appetits wegen ein bißchen auf den Arm. Muzzeyene wußte nicht zu sagen, wann sie je glücklicher gewesen wäre. Sie meinte, Allah habe schließlich doch noch ihre Gebete erhört.

Bis zu diesem Samstagabend blieb alles so friedlich.

Agca hält nicht viel vom Fernsehen; ein zu großer Teil des Programms ist aus dem verhaßten Amerika importiert. Da er aber weiß, welches Vergnügen die Mutter und Fatma an manchen Sendungen haben – leichte Rührstücke mögen die beiden ganz besonders –, duldet er den Apparat in einer Ecke des Wohnraums. Normalerweise fügen sich die Frauen Agcas Abneigung, schalten das Gerät immer erst ein, wenn er das Haus verlassen hat, um dann nach Herzenslust über ›Lucy's‹ und ›Sergeant Bilko's‹ Späße zu kichern.

Heute abend jedoch will Agca einmal zu Hause bleiben. Muzzeyene, die für so etwas ein sicheres Gespür hat, entdeckt an ihrem Sohn die bekannte Unrast; er beißt sich abwesend auf die Lippen, knetet mit den

Fingern die Handflächen. Sie hofft, daß sich seine Unruhe bald wieder legt und daß es nicht zum Ausbruch einer neuen depressiven Phase kommt.

Mit dem Vorsatz, ihn abzulenken, und weil sie sein Interesse am Weltgeschehen kennt – so ungefähr hat er sich jedenfalls ihr gegenüber ausgedrückt –, schaltet sie die späten Abendnachrichten ein. Über den Bildschirm flimmert ein kurzer Bericht aus Rom über Pauls Beisetzung.

Agcas Reaktion jagt der Mutter einen gewaltigen Schreck ein: er springt auf die Füße und schaltet den Apparat mit einer Heftigkeit ab, daß das Gerät fast vom Tisch stürzt, wendet sich seiner Familie zu und beginnt zu kreischen. Niemand begreift seine Raserei. Er wirkt und hört sich an wie ein Wahnsinniger. Plötzlich beginnt er wie ein Tier zu schreien. Es ist das Geheul der Grauen Wölfe. Immer noch schreiend, läuft er in sein Schlafzimmer.

Keiner seiner Familienangehörigen hat Agca jemals so gesehen. Fatma und Adnan macht das Verhalten des Bruders angst. Nach einiger Zeit kann Muzzeyene die beiden beruhigen. Das Heulen hat inzwischen aufgehört. Muzzeyene geht hinaus und horcht an Agcas Tür. Sie hört ihn etwas herunterbeten. Muzzeyene ist erleichtert. Agca geht seine Liste durch. Obwohl ihr der Begriff selbst nicht geläufig ist, glaubt Muzzeyene eine therapeutische Wirkung feststellen zu können.

Als sie am nächsten Morgen um halb fünf zur gewohnten Zeit erwacht, hofft sie, der Junge werde bereits die ›Surates‹, die vom Koran vorgeschriebene erste religiöse Übung des Tages, beten. Aus seinem Schlafzimmer dringt jedoch kein Laut.

Sie sieht nach. Agca hat sich in der Nacht heimlich davongemacht.

Muzzeyene ist eine praktisch veranlagte Frau. Daß er fort ist, beunruhigt sie nicht im geringsten, das hat es bereits öfter gegeben. In derlei Fällen tut Muzzeyene ganz mechanisch folgendes: sie geht in sein Zimmer und sieht nach, was Agca mitgenommen hat. Die Mauserpistole und die Patronen liegen nicht mehr in der Zigarrenkiste. Auch dies irritiert sie nicht über Gebühr. Wenn er das Haus verläßt, nimmt der Junge stets Waffe und Munition mit. Muzzeyene gefällt das zwar nicht, akzeptiert inzwischen jedoch sein Recht auf Selbstverteidigung. Er lebt in einer gewalttätigen Welt, sagt sie sich, und oft heißt es töten, um nicht getötet zu werden.

Sie stellt fest, ob noch etwas fehlt. Ansonsten scheint alles in Ordnung zu sein. Sie wirft noch einen Blick auf das Bücherregal. Muzzeyene kann kaum lesen und schreiben; es ist ihr ganzer Stolz, daß Agca auf seinem Regal mehr Bücher zu stehen hat, als sich in allen anderen Häusern Yesiltepes insgesamt finden lassen. Sie hütet sich, die Bücher zu berühren; sie weiß, daß jedes einzelne seinen festen Platz auf dem Bord hat. Warum, weiß nur Agca. Muzzeyene fürchtet, das enge Band zwischen ihr und ihrem Sohn könne reißen, falls er bemerken sollte, daß sie sich in seiner Abwesenheit in seinem Zimmer zu schaffen gemacht hat. Sie betrachtet die Buchrücken. Alle scheinen an ihrem angestammten Platz zu stehen. Trotzdem hat sie das Gefühl, etwas stimme hier nicht. Muzzeyene zählt die Bücher; wie ein Kind oder jemand, der es gerade erst lernt, spricht sie die einzelnen Zahlen laut mit.

Es fehlt keines.

Noch immer ruhen ihre Augen forschend auf dem Regal. Und dann, ganz zum Schluß, merkt sie es: das Übungsheft unter der Zigarrenkiste, das mit all den Fotos und Artikeln über den heiligen Mann der Ungläubigen, der jetzt gerade starb, ist fort.

Muzzeyene fragt sich, weswegen ihr Sohn es wohl mitgenommen hat.[1]

Sie kreischt: Greeley sei böse und habe sexuelle Schwierigkeiten. Dieser erwidert, daß die Einzelheiten über das Sexualverhalten, die er gerade erörtert habe, ›Fallstudien‹, keineswegs jedoch eigener Erfahrung entstammten. Innerlich sagt er sich, das Vorhandensein sexueller Probleme sei zwar Teil der menschlichen Natur, diese Frau hier jedoch werde ihm keineswegs zu solchen verhelfen. Sie hat einen ›wilden Blick‹, ist jung, Italienerin und ›durch und durch unverkennbar kämpferische Katholikin‹. Gleichzeitig gehört sie zu den etwa zweihundert Journalisten, die sich zu Greeleys Pressekonferenz eingefunden haben, auf der er sein ›Berufsbild‹ eines Papstes enthüllen will. Für Greeley und das CREP ein großer Augenblick; folglich versuchen sie, größten soziologischen Nutzen herauszuschinden, indem sie behaupten, das Berufsbild sei »ein Beitrag zur Bedeutung der Kirche selbst und der Kardinäle als Wahlmänner«.

Als Greeley jetzt zu bedenken gibt, daß es gar nicht darauf ankomme, ob der nächste Papst Kurienkardinal gewesen sei oder nicht; ob Italiener oder nicht; ob der Ersten, Zweiten oder Dritten Welt entstammend; ob er ein Intellektueller sei oder nicht, da schreiben die Reporter eifrig mit. Auch sei es völlig einerlei, hieß es weiter, ob er Diplomat oder Seelsorger, progressiv oder gemäßigt, erfahrener Verwaltungsfachmann oder in derlei Dingen ungeübt sei. Ebensogut könne er ›Befreiungs‹-Theologe oder Traditionalist sein, und wie er zu weltpolitischen Problemen stehe, sei gänzlich unerheblich.

Greeley nimmt sich kaum Zeit zum Luftholen. Im vollen Bewußtsein der Schlagzeilen, die er liefern wird, stolziert er wie in einer Talkshow auf und ab. Er fährt fort: »Selbstverständlich muß in der Umgebung des Papstes jemand ein leistungsfähiger Verwaltungsmann, ein anderer Theologe, Diplomat oder Seelsorger sein; einer muß das Italienische beherrschen, einer muß ein Ohr für die Probleme der Dritten Welt haben; ein anderer muß wissen, wie die Kurie funktioniert und wie man sie unter Kontrolle bringt.« Hier setzt Greeley eine wohlberechnete Pause ein, um sich von der Wirkung dieser kleinen Breitseite zu überzeugen, und kommt sodann auf den Kern der Dinge: es sei überhaupt nicht notwendig, daß ein Papst alle diese Fähigkeiten auf sich vereinige; Männer mit entsprechenden Talenten ließen sich mühelos zu seiner Unterstützung finden, infolgedessen bräuchte man sie gerade nicht für die »Spitzenposition der katholischen Kirche«.

Greeley beherrscht die Kunst, sich in der Sprache der Revolverblätter zu äußern; ihm ist es gegeben, einige der schwierigsten Probleme des religiösen Lebens auf ein paar markige Sätze zu reduzieren. Das hört sich so an: »In der gegenwärtigen kritischen Phase seiner Geschichte; im Angesicht der vielleicht seit der Reformation schärfsten Krise; verwoben in eine Welt, die sich verzweifelt nach Glauben und Gemeinsamkeit sehnt, setzt die Papstwürde einen heiligen Mann voraus, einen Mann der Hoffnung, einen Mann der Freude; mit anderen Worten, ein soziologisch fundiertes Berufsbild des Papstes verlangt an der Spitze der katholischen Kirche einen Heiligen, dem es gegeben ist zu lächeln.«
Nicht nur die italienische Reporterin fährt Greeley an die Kehle. Man beschuldigt ihn, den Papst zur Ware zu degradieren, die Kirche anzugreifen und die Massenmedien manipulieren zu wollen. Er schlägt zurück, diagnostiziert seine Angreifer insgeheim als ›Pietisten und Paranoiker‹. Beleidigungen gehen hin und her. Greeley läßt jede gebotene Vorsicht fallen und sagt, er habe nicht einmal etwas gegen einen weiblichen Papst. »Ein größeres Durcheinander, als wir Männer es während der letzten neunzehnhundert Jahre anrichteten, bringt auch ein ›papessa‹ nicht zustande.«
Es bleibt nicht aus, daß die Einstellung der amerikanischen Katholiken zu ›Humanae Vitae‹ zur Sprache kommt. Greeley schnappt, der Fehler liege bei der Kirche. »Wenn eine Organisation sich nicht mitteilen kann, muß sie davon ausgehen, *selbst* etwas falsch gemacht zu haben, nicht aber glauben, die *Leute* hätten unrecht.« Das ist eine gute Schlußbemerkung – und eine weitere Schlagzeile für morgen. Er verläßt die Pressekonferenz, im Ohr noch immer das Gekreisch der jungen Italienerin mit dem wilden Blick. Er ist davon überzeugt, daß sie und die übrigen italienischen Medien »uns morgen umbringen werden«.
Exakt so. Greeley und das CREP sind in aller Munde. Eine solche Regie nötigt selbst Cody, der in derlei Dingen nun wahrhaftig kein Anfänger ist, zögernde Bewunderung ab. Cody hält die Zeit für eine Gegenreaktion auf Greeleys Attacke jedoch noch nicht für gekommen, wird zunächst einmal darüber hinwegsehen.

✳

Radio Vatikan und ›L'Osservatore Romano‹ mißbilligen die Agenturmeldungen über Greeleys Pressekonferenz. Neben ihrer normalen Arbeit beschäftigen sich die beiden vatikanischen Organe im Augenblick mit der delikaten und keineswegs einfachen Frage, wessen Name sie als ›papabile‹ auf eine realistische Liste setzen sollen. An diesem 16. August, einem Mittwoch, kursieren bereits zahlreiche solcher Listen. Eine von ihnen präsentiert gar alle Mitglieder des Kardinalskollegiums als mögliche Kandidaten, einhundertdreißig an der Zahl, ohne zu berücksichtigen, daß fünfzehn von ihnen bereits achtzig und daher durch Pauls VI. ›Eligendo‹ von der Teilnahme am Konklave ausgeschlossen sind; ihrer drei sind aus Gesundheitsgründen gar nicht in Rom erschienen, und einer liegt in Rom ernstlich krank darnieder – er hatte bei den Begräbnisfeierlichkeiten einen Herzanfall erlitten. Höchst unwahrscheinlich, daß ausgerechnet einer dieser neunzehn, die dem Konklave fernbleiben, zum Papst gewählt wird. Die übrigen einhundertelf Kardinäle sind im Augenblick mit der Vorbereitung des Konklave befaßt.

Lambert Greenan versucht die Liste auf etwa ein Dutzend Namen einzuengen. Die Redakteure der anderen fremdsprachigen Ausgaben des ›Osservatore‹ tun dasselbe. Zum Schluß werden die Namen auf diesen vertraulichen Listen verglichen und zu einer einzigen zusammengefaßt, die die Namen der Meistfavorisierten enthält; sodann werden für jeden dieser Kardinäle spezielle ›Listen‹ vorbereitet und geeignete Fotos herausgesucht – entweder aus dem Archiv des Fotografen Luigi Felici oder aus dem umfangreichen Fotoarchiv des ›Osservatore‹. Danach wird eine ganze Reihe kompletter Ausgaben als ›Vorprodukte‹ gesetzt; jede porträtiert einen anderen Kandidaten. Wenn schließlich der Name des neuen Papstes dem ›Osservatore Romano‹ telefonisch durchgegeben wird, braucht man sich nur noch des Stehsatzes zu bedienen. Minuten später können bereits die ersten Exemplare einer Sonderausgabe auf dem Petersplatz verkauft werden – theoretisch jedenfalls. Der Erfolg der ganzen Operation hängt nämlich voll und ganz davon ab, ob man in diesem frühen Stadium bereits auf den Richtigen tippte.

Für derlei Prognosen eignet sich in der gesamten Redaktion kaum jemand besser als Pater Greenan. Vor langer Zeit schon, als er noch im Staatssekretariat tätig war, hatte er die Spielregeln der vatikanischen Geheimniskrämerei einzuhalten gelernt: folglich vertraut man ihm. Greenan erfährt Dinge, die niemandem sonst mitgeteilt werden. Bei ihm laufen alle Informationen über Stärken und Schwächen jener Männer zusammen, deren Aussichten er im Augenblick einzuschätzen versucht.

Zunächst betrachtet Greenan die Gruppe, aus deren Mitte der neue Papst am ehesten zu erwarten ist – die europäischen Kardinäle. Ihrer siebenundfünfzig sind wahlberechtigt und wählbar. Einige von ihnen läßt Greenan jedoch schon sehr bald fallen. Frantisek Tomasek aus der Tschechoslowakei ist mit seinen achtundsiebzig Jahren nicht allein zu alt, seine Wahl wäre auch viel zu riskant. Paul hatte ihn seinerzeit ›in pectore‹, also insgeheim, zum Kardinal erhoben. Seine Ernennung wurde ein ganzes Jahr hindurch öffentlich nicht bekanntgegeben, um Casarolis heikle ›Ostpolitik‹ nicht zu gefährden. Den tschechischen Machthabern behagte seine Ernennung überhaupt nicht; säße Tomasek auf dem Stuhle Petri, würde ihre Verstimmung noch größer. Und Antonio Ribeiro, der Patriarch von Lissabon, ist mit seinen fünfzig Jahren einfach noch zu jung; seine bisherige Laufbahn läßt indessen erwarten, daß er in den neunziger Jahren, sollte es dann wieder ein

Konklave geben, als Anwärter ernsthaft in Betracht kommt: er war 1977 Vizepräsident der Bischofssynode; die Grundzüge seiner Theologie sind untadelig. Aus denselben Gründen, die Tomasek den Weg verstellen, schließt Greenan auch Alfred Bengsch aus. Dieser ist seit siebzehn Jahren Bischof von Berlin und unversöhnlicher Gegner von Mauer und Kommunismus. Bengsch, sinniert Greenan, wird wahrscheinlich seine Tage in seiner Geburtsstadt beenden, in die er nach Verwundung und Gefangennahme durch die Amerikaner – 1944 in der Normandie – wieder zurückgekehrt war. Später war er Priester und, 1967, Kardinal geworden.

Es gibt noch vier weitere deutsche Kardinäle. Der zweifellos mächtigste von ihnen ist der unfreundliche Joseph Höffner, einundsiebzig Jahre alt und Erzbischof von Köln. Höffner ist ein zäher, strenger und konservativer Mann, dessen Theologie sich an Pius XII. ausrichtet – an sich nicht verkehrt; aber ist das im Augenblick für die Kirche das Richtige? Würden sich die Amerikaner mit seiner ausgeprägten traditionellen Denkweise abfinden? Höffner ist in den Streit um Hans Küng verwickelt, und derlei schätzte der Vatikan noch zu keiner Zeit. Natürlich ist Küng im Unrecht, denkt Greenan, er hat von Rom den Auftrag, zu lehren, was Rom billigt, und damit hat sich die Sache. Etwas anderes aber ist es, wenn Höffner sich in aller Öffentlichkeit in die Auseinandersetzung einmischt. Greenan hakt Höffner ab und wendet sich dem nächsten Deutschen zu.

Die Karriere des einundfünfzigjährigen Joseph Ratzinger, Erzbischof von München und Freising, trägt alle Kennzeichen des Erfolgsgewohnten. Fast mit einer Hand bewerkstelligte er in der Nachkriegszeit die Wiederbelebung der deutschen Kirche, trieb sich und andere mit atypischer bayrischer Energie voran. Er erkannte, daß die wahre Herausforderung bei der Jugend lag; lehrte dogmatische Theologie in Bonn, Münster, Tübingen und Regensburg. Seine Hörsäle und Seminare waren überfüllt. Es schien nur natürlich, daß Ratzinger als ›peritus‹, als kundiger Berater, zum Zweiten Vatikanischen Konzil berufen wurde. Sein Fall ist jedoch auch nicht unproblematisch. Ratzinger ist nicht nur jung, sondern spricht zudem Italienisch nur mit unüberhörbarem deutschem Akzent. Außerdem ist er Paul recht ähnlich – gelehrtenhaft, reserviert, ohne Charisma. Greenan setzt ein Fragezeichen hinter den Namen des Bayern; er wird nach weiteren Überlegungen noch einmal auf ihn zurückkommen.

Joseph Schroffer, der fünfundsiebzigjährige bundesdeutsche Kurienkardinal, kann nicht zum Zuge kommen – von seinem Alter ganz abgesehen. Schroffer brachte ein Großteil seines Lebens in der Kongregation für das katholische Bildungswesen zu; eine sicherlich bedeutende Tätigkeit, jedoch nicht geeignet, jene breite Erfahrung zu vermitteln, die ein Papst im Idealfall benötigt. Hermann Volk, der Erzbischof von Mainz, ist vierundsiebzig. Wenn Greenan sich nicht irrt, ist dem Konklave keineswegs nach einem Übergangspapst, der den Stuhl Petri vielleicht ein paar Jahre warmhält, bis einer der jüngeren Kardinäle seinen Wert unter Beweis gestellt hat.

Die Spanier sind mit vier Kardinälen vertreten. Eine ernst zu nehmende Möglichkeit stellt der kluge Erzbischof von Madrid, Vicente Enrique y Tarancon, dar; eine stattliche Erscheinung. Dieser ist nicht nur anerkannter Führer der spanischen Kirche, sondern hat auch mehr als jeder andere spanische Kardinal dazu beigetragen, die Fesseln der katholischen Kirche unter Franco leidlich zu lockern. Noch wichtiger jedoch ist sein gutes Verhältnis zur Kurie; zudem bewies er während des Zweiten Vaticanums in zahlreichen schwierigen Debatten eine ausgesprochen brillante Strategie. Enrique y Tarancon vermag Progressive und Konservative in gleichem Maße anzusprechen. Sein Alter – er ist einundsiebzig –, sein gewinnendes Wesen, seine perfekten italienischen Sprachkenntnisse, sein Verständnis für Lateinamerika und die Einsicht in die Notwendigkeit, daß die europäischen und amerikanischen Kirchen Brücken dorthin schlagen – dies alles liefert die Gewähr dafür, daß der Spanier ›papabile‹ ist.

Die nächsten beiden spanischen Kardinäle – Bueno y Monreal von Sevilla und Gonzales Martin von Toledo – kommen in Greenans Augen nicht in Betracht; außerhalb der Hierarchie ihrer heimischen Kirche sind beide eigentlich völlig unbekannt. Bei Jubany Arnau, dem Erzbischof von Barcelona, zögert Greenan jedoch. Der Kardinal ist Rechtslehrer an einem örtlichen Seminar und gehört mit fünfundsechzig Jahren gerade der richtigen Altersgruppe an. Er genießt bei seinen Priestern hohes Ansehen und ist ein hervorragender Kanzelredner. Am Ende muß Arnau jedoch auch gestrichen werden; es gibt so viel bessere Möglichkeiten.

Die Holländer haben in der Person Jan Willebrands' einen starken Mitbewerber, denkt Greenan; trotz allem, was in der weltlichen italienischen Presse in den letzten Monaten über ihn zu lesen stand. Nicht nur, daß Willebrands weithin bewundert und geachtet wird – der Mann hat Stil. Was Willebrands tut, wirkt auf natürliche Weise elegant. Seine Kenntnisse der Kuriensysteme vermittelte ihm der legendäre deutsche Kardinal Bea, ein hochgelehrter Jesuit und der Beichtvater Pius' XII. Wenn Bea noch lebte, hätte er vielleicht gute Aussichten, per Akklamation zum Papst gewählt zu werden; das wäre eines der seltenen Male, daß ein Kardinal dem Konklave einen Namen vorschlägt, den alle sofort gutheißen, so daß es zu einem Wahlgang im engeren Sinne nicht kommt. Willebrands wird das wahrscheinlich nicht widerfahren, aber trotzdem bleibt er auf Greenans Liste.

Zögernd streicht er sodann Bernard Alfrink, der drei Jahre zuvor aus Altersgründen den Utrechter Bischofsstuhl zu Willebrands Gunsten frei machte. Alfrink ist ein vorsichtiger Liberaler; er verstand es, Utrecht am kurzen Zügel zu halten und sich der Kontrolle seitens der Kurie zu entziehen. Inzwischen aber ist er zu alt – achtundsiebzig und hinfällig. Das gleiche gilt eigentlich auch für den letzten auf der Liste der Holländer; Kardinal Maximilian de Furstenberg. Den größten Teil seiner aktiven Zeit verbrachte er im diplomatischen Dienst der Kirche, ehe er die Präfektur der Heiligen Kongregation für die Ostkirchen übernahm. De Furstenberg verstand es, dieses empfindliche Gremium brillant zu führen, war jedoch in den Ruhestand getreten, weil ihm die Belastung zu groß geworden war. Ein guter und wertvoller Mann; die Zeit, da er sich für das hohe Amt eignete, scheint aber vorbei zu sein.

Greenan arbeitet sich stetig voran, sichtet, wichtet und bewertet. Es wird ihn noch längere Zeit in Anspruch nehmen, sich durch die Namen von über hundert weiteren Kardinälen durchzuarbeiten. Viele Stunden lang wird er vertrauliche Akten studieren müssen, sein Gedächtnis befragen, die richtigen Leute anrufen und etliche dieser vertraulichen Gespräche führen müssen, auf die sein Ruf sich gründet. Und danach wird er wieder grübeln müssen, um am Ende vielleicht ›die Gedankengänge des Heiligen Geistes‹ zu erraten.

Selbst für den enthusiastischen und zuversichtlichen Herausgeber keine leichte Aufgabe.

✳

Der in Venedig zugelassene Lancia 2000 erregt in Rom keinerlei Aufsehen; derlei Autos sieht man zu Tausenden auf den Straßen der Stadt, obwohl ›ferragosto‹ ist, die Zeit, da jeder nach Möglichkeit der nervtötenden Augusthitze zu entfliehen sucht. Der Lancia wird von keinem professionellen Fahrer gesteuert, sondern von Diego Lorenzi, einem veritablen Geheimsekretär. Lorenzi ist erst neununddreißig, wirkt im Augenblick aber älter; denn die letzten elf Tage haben ihm kräftig zugesetzt. So lange nämlich fährt er schon Kardinal Albino Luciani, Patriarch von Venedig, 65 Jahre alt, seinen Dienstherrn, der neben ihm auf dem anderen Vordersitz hockt und dadurch demonstriert, wie eng und informell die Beziehungen zwischen Fahrer und Fahrgast sind, durch die Gegend.

Zu den unmöglichsten Zeiten hat Lorenzi den Wagen täglich aus einer Garage geholt und zum Collegium Augustinianum in der Nähe des Vatikans gefahren, wo er und Luciani in bescheidenen Räumlichkeiten untergebracht sind. Er mußte den Patriarchen von einem Treffen zum nächsten fahren. Luciani möchte sich schon vor dem Konklave mit jedem nur möglichen Kardinal besprechen und in Erfahrung bringen, wie sich die Kirche nach Ansicht der einzelnen verhalten sollte. Dieses Verhalten ist für den Patriarchen typisch. Entsprechende Vorarbeiten, sagt er, erleichtern am Ende den richtigen Entschluß.

Manchmal dauern die Zusammenkünfte bis spät in die Nacht. Trotzdem gelingt es Luciani noch stets, sich mit einem Lächeln zu verabschieden; einem breiten, jungenhaften Grinsen, das sein Gesicht erhellt, sein Alter Lügen straft und ihn beinahe koboldhaft wirken läßt. Dieses Lächeln ist sein Charakteristikum, er ist daran ebenso leicht erkennbar wie Cody an seinem Rückenknuffen, Pericle Felici am unruhigen Hin-und-her-Huschen und Hume von Westminster an seinen uninteressiert-guten Manieren.

Erst später, wenn Lorenzi ihm ins Zimmer geholfen hat und weit und breit niemand zu sehen ist, läßt sich der Patriarch aufs Bett sinken und gibt zu, daß die Schmerzen in seinen Beinen zeitweilig unerträglich sind. Er leidet an Venenentzündung, einer äußerst schmerzhaften Durchblutungsstörung, die sich nach seinen vier leichteren Herzanfällen während der letzten fünfzehn Jahre eingestellt hat. Keiner der Anfälle war wirklich ernstlicher Natur, und Lucianis Arzt in Venedig versicherte ihm, daß er voll und ganz wiederhergestellt sei. Trotzdem haben Anfälle und Phlebitis natürlich ihren Tribut gefordert; Lucianis Gesamtverfassung ist nicht die allerbeste. Zudem neigt er zu ständiger Besorgnis; dies einer der Gründe dafür, weswegen er sich so intensiv um die Ansichten seiner Kardinalskollegen bemüht: er möchte wissen, wie der Heilige Geist – das Wort Gottes, welches angeblich den Geist eines jeden Kardinals leiten soll – die einzelnen zu führen gedenkt.

Luciani verheimlichte dem Vatikan seine Körperverfassung. Er hatte Angst, daß Paul ihm vielleicht nahegelegt hätte, sein Amt niederzulegen. Für einen Mann, der sein ganzes Leben dem Dienst widmet, gehören solche Aussichten zum Undenkbaren. Lucianis Geheimnis ist bei Lorenzi gut aufgehoben; beide stehen sich brüderlich nahe. Der Sekretär kümmert sich seinerseits nach Kräften um Lucianis leibliches Wohl. Er besteht darauf, daß der Patriarch sich an die ihm zugestandenen Nahrungsmengen – Teigwaren und Wein – hält und zweimal täglich seine Füße in einem Kräuterextrakt badet, den die Haushälterin, Schwester Vincenza, besorgt. Das Mittel stammt aus den Dolomiten, wo Luciani und Vincenza zu Hause sind. Sie jedenfalls schwört, daß das Elixier wirke. Der aufgeklärte Lorenzi indes ist da nicht so sicher; andererseits ist ihm alles recht, was möglicherweise zum Wohlbefinden seines Arbeitgebers beiträgt.

Der Lancia schiebt sich durch den Mittagsverkehr dieses Donnerstags, 17. August, und hält auf der Via Aurelia vor dem Collegio Pio Latino. Luciani gedenkt hier mit den lateinamerikanischen Kardinälen zu Mittag zu essen. Viele von ihnen kennt er gut: Venetianer wandern gewöhnlich nach Südamerika aus, und oft haben die Auswanderer Eingewöhnungsschwierigkeiten, die nach Lucianis Eingreifen verlangen. Luciani hat jedem Kardinal ein Geschenk mitgebracht – je ein handsigniertes Exemplar seines Buchs ›Illustrissimi'; es handelt sich dabei um eine Sammlung fingierter Luciani-Briefe an berühmte historische oder fiktive Autoren und Personen.

Lorenzi trägt die Bücher, dieweil Kardinal Aramburu von Buenos Aires, ein alter Freund, den Patriarchen ins Innere des Hauses geleitet. Im großen Empfangssaal des Kollegiums warten achtzehn Kardinäle – das Gesamtkontingent der Süd- und Zentralamerikanischen Kirche. Es beweist Lucianis Ansehen, daß sie in Gesamtstärke erschienen sind.

Die Anwesenden tragen, wie Luciani, schlichte schwarze Soutanen, lediglich die scharlachroten Pileoli weisen ihren Rang aus. Luciani scheint mit seinem Käppchen Schwierigkeiten zu haben; recht häufig sitzt es beinahe salopp-schief auf seinem Kopfe. Dies und sein ansteckendes Lachen lassen ihn mehr denn je wie einen frechen Schuljungen erscheinen.

Der Sekretär geleitet Luciani taktvoll zu dessen Stuhl. Von seinem Platz aus verteilt der Patriarch sodann die mitgebrachten Bücher und nickt vergnügt, weil die kleinen Geschenke offenbar Freude bereiten.

Aramburu, der die Geschichte längst kennt, fragt nun im Interesse seiner Kardinalskollegen, was Luciani denn dazu gebracht habe, die in ›Illustrissimi‹ zusammengefaßten Briefe zu schreiben? Und Luciani, der darauf auch schon oft genug geantwortet hat, tut nun seinerseits so, als beantworte er die Frage zum erstenmal. Dies Verhalten zeigt ihn wieder einmal von seiner gewinnenden, fast kindlich-naiven Seite. Die Gründe, die er nennt, sind erfrischend einfach, obschon die hier Versammelten ihnen eine tiefere Wahrheit entnehmen können: »Wenn ich in St. Markus predige, habe ich vielleicht ein paar hundert Zuhörer. Die Hälfte sind Touristen, die kein Italienisch verstehen, und die andere Hälfte sind wundervolle Leute, die aber – na ja, inzwischen etwas in die Jahre gekommen sind.« Er hält inne und lacht. »Und da hat mir der Herausgeber des ›Messagero di San Antonio‹ eines Tages erzählt, wenn ich für ihn schriebe, würde sich mein Publikum vertausendfachen. Das hat mich überzeugt.«

Beifälliges Gelächter. ›Illustrissimi‹, sagt Luciani, sei nur das Ergebnis seines Wunsches, ein breiteres Publikum zu erreichen, wobei er häufig einen berühmten Namen als Vorwand benutzt habe, um einen ethischen oder religiösen Standpunkt zu entwickeln. Luciani legt dar, daß ihm zum Beispiel sein fingierter Brief an den englischen Dramatiker Christopher Marlowe, Autor des ›Doctor Faustus‹, Gelegenheit bot, über den Teufel zu sprechen. Die Zuhörer nicken, sie finden die Methode faszinierend. In seinem Brief an Goethe untersuchte Luciani recht eigentlich, inwieweit der Frage des ›noblesse oblige‹ im zeitgenössischen Film Rechnung getragen wird. Sein Essay an Chesterton war Mahnung zugleich, daß der ausschließlich aufs Materielle beschränkte Fortschritt die Menschheit in eine Katastrophe führen könnte.

Luciani erläutert, er versuche die Massen im Glauben zu erhalten und ihnen die Theologie nahezubringen, indem er das Evangelium auf Leute und Ereignisse beziehe, die jedermann verfolgen könne.

Die Zuhörer verstehen. Aramburu bittet den Ehrengast zu Tisch. Während des Essens dreht sich das Gespräch hauptsächlich um die Möglichkeit, ›Illustrissimi‹ in andere Sprachen zu übersetzen.

Aramburu denkt aber auch, daß ›dieser fabelhafte, wunderbare Mann‹ ein guter Papst sein könnte. Solche Gedanken spricht er jetzt natürlich nicht aus; das hebt er sich für eine spätere Gelegenheit auf.

Der Argentinier bemerkt nicht, was Lorenzi aufgefallen ist. Luciani massiert sich unter dem Tisch die Waden am jeweils anderen Schienbein. Das ist ein schlimmes Zeichen; es deutet darauf hin, daß dem Patriarchen das Gehen wieder einmal Schwierigkeiten zu machen beginnt. Der Sekretär ist froh, daß hier in Rom bald alles vorüber sein wird und er seinen geliebten Kardinal wieder ins vergleichsweise ruhige Venedig zurückfahren kann[1].

*

MacCarthys Büro im Vatikansender befindet sich im dritten Stock des Gebäudes. Größe und Lage weisen darauf hin, welche Bedeutung der Sender MacCarthys Aufgabe beimißt. An einer Wand hängt eine große Afrika-Karte; die MacCarthy unnötigerweise an die Verschiedenartigkeit seiner potentiellen Hörer erinnert: Buren und Buschmänner, Urwald- und Wüstenbewohner, die sich oft gegenseitig beargwöhnen oder gar bekriegen; sie alle verlassen sich jedoch darauf, daß MacCarthy ihnen die Wahrheit sagt. Vielen seiner Hörer ist MacCarthy aber auch ihr einziger Zugang zur englischen Sprache. MacCarthy salbadert nicht, sondern versucht zu informieren. In den letzten zwölf Tagen hat er seine Zuhörerschaft auf das Konklave eingestimmt.

An diesem Freitagabend – es ist bereits der 18. August – benutzt MacCarthy einen Teil seiner Sendezeit, um seinen Hörern zu erläutern, was ein Kardinal eigentlich ist. Das Wort, sagt MacCarthy, werde vom lateinischen ›cardo‹ hergeleitet, was soviel wie Dreh-, Angel- oder Wendepunkt heiße; allein dadurch werde schon die entscheidende Bedeutung ersichtlich, die den Kardinälen in allen Kirchenangelegenheiten zufalle. Obwohl es den Titel ›Kardinal‹ bereits seit mehr als tausend Jahren gebe, kenne man das Heilige Kardinalskollegium – darin seien Bischöfe, Priester und Diakone im Kardinalsrang zusammengeschlossen – erst seit dem 12. Jahrhundert. Seit 1179 habe das Kardinalskollegium das alleinige Recht zur Papstwahl. Pius XII. habe 1945 die Praxis begründet, aus allen Teilen der Erde Kardinäle zu kreieren. Ziel der Kirche sei es dabei gewesen, daß jede christliche Nation durch ein Mitglied des Kardinalskollegiums vertreten werde. Diese Praxis haben Pius' Nachfolger beibehalten.

MacCarthy hält einen Augenblick inne, um sein unsichtbares Publikum diese Informationen erst einmal verdauen zu lassen. Als er dann fortfährt, erläutert er, wie ein Kardinal kreiert wird. Es beginnt damit, sagt MacCarthy, daß der Papst auf einer Geheimsitzung aller ständig in Rom residierenden Kardinäle die Kreierung bekanntgebe; sie wird anschließend vor einem öffentlichen Konsistorium wiederholt. Manchmal geschehe es aber auch, daß der Papst verkünde, er habe einen oder mehrere Kardinäle ›in pectore‹, was MacCarthy mit ›in seiner Brust‹ übersetzt. Das heiße, erklärt er, daß deren Namen nicht öffentlich bekanntgegeben würden. Das Dienstalter dieser Kardinäle beginne mit dem Augenblick ihrer ›in pectore‹-Kreierung; in den Genuß ihrer

Privilegien kämen sie jedoch erst mit Veröffentlichung ihres Namens. Sollte der Papst jedoch sterben, sei die Erhebung hinfällig.

MacCarthy legt wieder eine kleine Pause ein und fragt sich, wie viele Briefe er wohl mit der Anfrage erhalten werde, wer unter den augenblicklichen Kardinälen seine Laufbahn ›in pectore‹ begonnen hätte. MacCarthy hat die Antwort parat: soweit er wisse, seien lediglich der Tscheche Tomasek und der Vietnamese Trinh Van Can auf diese Weise kreiert worden.

MacCarthy fährt fort: Ein Kardinal habe zahlreiche rechtliche und sonstige Privilegien, wozu der Anspruch auf Mitra und Krummstab und das Recht gehöre, das Pontifikalamt zu zelebrieren. Zudem sei ein Kardinal lediglich der Jurisdiktion des Papstes unterworfen. Gegenwärtig habe ein Kardinal denselben protokollarischen Rang ›wie die Prinzen aus regierenden Häusern‹, besäßen dennoch unter der absoluten Herrschaft des Papstes keine konstitutionellen Rechte. Ohne Erlaubnis des Papstes dürften sie sich nicht einmal versammeln. Ein Kardinal könne zwar zurücktreten, eine Aberkennung seines Titels aber sei nur aus schwerstwiegenden Gründen möglich.

Und wenn, sagt MacCarthy weiter, der höchst unwahrscheinliche Fall eintreten sollte, daß irgendein Nomade Zentralafrikas unverhofft auf einen Kardinal treffen sollte, so laute die korrekte Anrede ›Eminenz‹. Die Anredeform ›Euer erzbischöfliche Gnaden‹ sei heutzutage ein bißchen antik, meint MacCarthy *sotto voce*. Kurz vor dem Ende seiner Sendung schlüpft er behende in seine Rolle als ›Werbefachmann Gottes‹ und gemahnt seine Hörer, auch eine ›Eminenz‹ könne demütig wie ein Gemeindepfarrer sein, »ich vermute allerdings, daß er ein schwereres Kreuz zu tragen hat«.

✳

Wie jeder Zugehörige zum päpstlichen Haushalt, verlor auch dessen Präfekt Martin, zumindest vorübergehend, seine Funktion, rechnet jedoch mit seiner Wiederbestellung durch den nächsten Papst. Sicher ist das freilich keineswegs. Inzwischen vertreibt er sich die Zeit mit Nachdenken und Zuhören.

Martin ist nicht der einzige, der gerne wüßte, woher der Wind weht. Er gibt gern zu, daß einige recht interessante Gerüchte im Umlauf sind, aber er gibt kaum etwas auf sie, wenngleich er die Behauptungen weltlicher Beobachter nicht völlig von der Hand weist: das Konklave werde durch die Anwesenheit vieler großer Wahlmänner gekennzeichnet sein. Dieser Euphemismus meint jene Kardinäle, die den größten Einfluß ausüben.

Als solcher gilt weithin König, Enrique y Tarancon ebenfalls. Baggio, Benelli, Bertoli – angenommen, sie rechnen nicht mit eigenen Chancen auf den Thron Petri – sind ebenfalls sehr einflußreich. Diese Namen sind für den alten Hasen Martin natürlich nichts Neues. Ein paar andere

Kardinäle als Meinungsmacher interessieren ihn dann noch wesentlich stärker.

Zum einen ist da Aloisio Lorscheider. Mit dreiundfünfzig Jahren ist er natürlich zu jung, um selber Papst zu werden, es sei denn, daß alle Erfahrungstatsachen wider Erwarten auf den Kopf gestellt würden. An sich überrascht es Martin nicht sonderlich, daß der Name des brasilianischen Erzbischofs von der Boulevardpresse als ›Papstmacher‹ gehandelt wird. Den Ausdruck mag Martin übrigens überhaupt nicht. Lorscheiders Ruf ist über den fernen Erdenwinkel, in dem seine Diözese liegt, weit hinausgedrungen. Er ist ein ganz hervorragender Theologe und war Hauptberichterstatter der Bischofssynode von 1977. Paul VI. war von ihm sehr beeindruckt, was indes im Augenblick, da man sich auf das Konklave einzustimmen beginnt, nicht unbedingt hilfreich sein muß. Lorscheider könnte aber hinter seinen lateinamerikanischen – und vielleicht sogar hinter den asiatischen – Kollegen als Spiritus rector in Erscheinung treten.

Martin ist ebensowenig überrascht darüber, daß Sins Name im Spiel ist. Niemand ist auch nur im entferntesten der Ansicht, daß der Erzbischof von Manila Papst werden könnte, aber sein Ruf als Menschenrechtsvorkämpfer, sein Verlangen, die Kirche in dieser Frage zu einem größeren Engagement zu bewegen, sein ausgeprägtes Gespür für politisches Timing und anderes machen ihn möglicherweise zu einem gewichtigen Wahlmann.

Und dann ist da noch Gantin, dessen Verhalten während der Totenmesse für Paul VI. Martin zutiefst beeindruckte. Es steht kaum zu bezweifeln, daß so ziemlich jeder afrikanische Kardinal Gantin weiterhin ›konsultieren‹ wird. Als Präsident der Kommission für Gerechtigkeit und Frieden ist Gantin Kurienkardinal und weiß, wer wo an welchen Fäden zieht – und ob diesem Zug widerstanden werden kann.

Martin hat natürlich seinen eigenen Favoriten, aber er allein weiß, wer das ist. Martin arbeitet seit fast vierzig Jahren hier im Stadtstaat, kennt dessen Geschichte und ist mit den meisten größeren Geheimnissen dieser Zeitspanne vertraut. Die wirklich gewichtigen Geheimnisse jedoch hat er alle für sich behalten. Nur so kann man im Vatikan überleben – man sammelt wertvolle Informationen, gibt sie jedoch nicht weiter. Diese Taktik nennt man in der Umgebung des Apostolischen Palastes ›himmlische Rückversicherung‹. Es geht die Rede, daß ein Mann, der zuviel weiß, nicht geschaßt werden kann; Päpste kommen und gehen, gerissene alte Gefolgsleute wie Martin finden aber jederzeit eine sichere Nische.

Am Samstag, dem 19. August, hat Martin Macchi zum Abendessen eingeladen; danach werden sie sich nicht mehr sehen; denn der Sekretär wird Rom verlassen.

Was sie beim Essen erörtern, bleibt ihr Geheimnis. Die bloße Tatsache aber, daß die beiden den Abend gemeinsam zu verbringen beschlossen, gibt den Spekulationen bereits weitere Nahrung. Zumindest Martin könnte schließlich mit zahllosen anderen Einladungen zum Essen rechnen; denn der Präfekt der Casa Pontificia ist ein hervorragender Resonanzkörper für die ohne Unterlaß durchgespielten Möglichkeiten. Könnten die beiden vorhaben, ihr in langen Dienstjahren unter Paul VI. erworbenes Ansehen bei der Wahl des Nachfolgers beeinflussend in die Waagschale zu werfen? Könnten sie in die Rolle geistiger Paten schlüpfen und in der Vergangenheit gewährte Vergünstigungen zurückzufordern trachten? Sollten die beiden vielleicht gar überlegen, welches neue Gerücht man lancieren könnte, um in aller Ruhe abzuwarten, was daraus wird, nachdem es erst einmal über die Mauern des Vatikans hinausgedrungen ist? All dieses ist natürlich Unsinn, zumindest gibt es keinerlei Anhaltspunkte. Aber die Fragen sind beinahe ebenso interessant wie der Umstand, daß sie nicht zu beantworten sind – ein Umstand übrigens, der die allgemeine Ungewißheit der ersten Interregnums-Woche kennzeichnete.

14

Während der nächsten vier Tage begann die öffentliche Erörterung der wichtigen Fragen, von welcher Statur der Papst sein müsse, den die Kirche benötige. Zehn katholische Theologen, unter ihnen Hans Küng, veröffentlichten eine gemeinsame Erklärung. Dieser ›Offene Brief an das Konklave‹ bildete den massivsten Versuch von Einflußnahme.

Der Brief begann mit der Behauptung, daß die Welt nicht nur in verfeindete Machtblöcke und politische Systeme gespalten sei und die Rassen und gesellschaftlichen Klassen sich einander entfremdet hätten, sondern daß auch die Christenheit selbst in etliche Ideologien zersplittert sei. Sodann stellte der ›Offene Brief‹ fest, daß die katholische Kirche im Falle einer ›wirklichen Einheit‹ einen wesentlichen Beitrag zur Minderung dieser Spannungen und Differenzen leisten könne. Dies sei aber nur möglich, wenn der richtige Papst gewählt würde: er solle weltoffen sein, ein geistlicher Führer, ein Seelsorger, ein kollegialer Mit-Bischof, ein ökumenischer Vermittler, ein wirklicher Christ und schließlich ein Papst, der imstande sei, alle Konflikte und Widersprüchlichkeiten aufzulösen, die die Universalkirche oftmals hoffnungslos spalteten. Kurzum, es solle ein Papst der Versöhnung sein, jemand, der sich ›den Zeichen der Zeit und den sich wandelnden Einstellungen der Menschen‹ öffne. Diesen Vorstellungen schloß sich abermals eine kleinliche Betrachtung der ›Humanae Vitae‹ an.

Der Papst solle, so schrieben die Theologen, ›andere ermutigen, statt nur zu schelten und zu mahnen. Er sollte nicht autoritär sein; seine Amtsführung muß vielmehr natürliche Autorität beweisen‹. Was der Papst brauche, sei nicht nur formelle, offizielle und institutionelle Autorität, sondern diese müsse auch einen persönlichen, objektiven und charismatischen Charakter haben. Dies wurde als Tanz auf Pauls VI. Grab gewertet.

Es folgte ein widerhallender Aufruf zur Beendigung des ›überholten kurialen Stils‹, zur positiven Führung, statt bloßer Verbote in allen entscheidenden Fragen von Leben und Tod, Gut und Böse, darin eingeschlossen auch ›jene die Sexualität des Menschen berührenden Bereiche‹. Letzteres interpretierte man als einen Aufruf zur Empfängnisverhütung und zur Aufhebung des Kirchenbanns über der Ehescheidung.

Ferner gab es die Forderung nach einer Gewaltenteilung zwischen Papsttum und Bischofssynode. Darin erkannte man eine zweite Spitze gegen Pauls Pontifikat.

Des weiteren wurde mit Nachdruck verlangt, daß der nächste Papst seine

moralische Autorität mit Objektivität ausüben solle, daß er die Glaubensver-
wandtschaft mit den Juden ernst nehme und das aktiviere, ›was wir mit dem
Islam gemein haben‹. In den Lehren der Kirche müsse Raum für mehr als nur
traditionalistische Theologie Platz geschaffen werden. Hieran war zu erkennen,
daß Küng immer noch Küng war.

Dieser Entwurf zog andere Streitfragen nach sich. Man appellierte an den
künftigen Papst, das Tun und Treiben der Kurie gründlich untersuchen zu
lassen und exakt zu analysieren, was in der Zentrale der Kirche vor sich gehe,
und zu klären, auf welchen Ebenen sich die größte Macht vereinigte. Über die
kirchlichen Würdenträger sollten Studien angefertigt werden; ›eine Analyse
des gesellschaftlichen Hintergrundes, der Ideologie, der finanziellen Investitio-
nen und der sozialen Interaktion der Träger kirchlicher Autorität‹! Dies die
Ansicht eines der vielen Soziologen, die nach Rom gekommen waren, um die
Vorbereitungen des Konklave zu beobachten. Sein Vorschlag wurde in dem
Sinne verstanden, daß eine Untersuchung dieser Art unter Umständen enthül-
len könnte, ob die mit der Kirchenleitung Betrauten mit ihren Mitgliedern noch
viel gemein haben.

Alles zusammengenommen ergab einen Ruf nach Wandel, nach radikaler
und dramatischer Richtungsänderung, in deren Verlauf das Papsttum eine
Bestandsaufnahme vornehmen und im Vertrauen auf sein einzigartiges Erbe
von seiner spirituellen Kraft vollen Gebrauch machen solle. Es müsse die
Notwendigkeit einer unveränderten kollegialen Partizipation anerkennen; we-
niger monarchisch, dafür aber mehr pastoral werden; den Deckmantel der
Tradition um der Tradition willen fallenlassen – und dürfe dabei nie das
Sprichwort vergessen, wonach der Mann, der den Zeitgeist geheiratet hatte,
sich schon sehr bald als Witwer sah.

Wen wundert es, daß niemand sofort einen Mann nennen konnte, der dieser
Rolle als religiöser Superstar hätte gerecht werden können?

Statt dessen kamen eine extremistische Gruppierung, zwei ›pressure groups‹
mit breitem Rückhalt und ein Londoner Buchmacher zum Vorschein und
reduzierten das, worin Küng ein Mittel zur Festigung der Zukunft der katholi-
schen Kirche sah, auf handlichere Proportionen. Die Reporter, denen langsam
der Stoff ausging, waren dankbar: es gab nicht viel her, immer nur zu wiederho-
len, daß sich die Kardinäle noch immer jeden Morgen hinter verschlossenen
Türen in der Sala Bologna trafen, um abzusegnen, was Villot in Wahrnehmung
der unaufschiebbaren Amtsgeschäfte der Kirche bereits beschlossen hatte; auch
hatte es wenig Sinn, immer wieder die vom vatikanischen Pressebüro herausge-
gebenen Kardinals-Viten – so ziemlich das einzige, was dort zu erhalten war –
durchzukauen. Bliebe ihnen höchstens noch die Möglichkeit, aus den eher
dümmlichen Artikeln des ›Osservatore Romano‹ – der Heilige Geist, und
niemand sonst, schwebe nämlich bereits über den zur Wahl versammelten
Kardinälen – etwas Gescheites herauszulesen zu suchen oder sich an die Inter-
pretation der von manchen Kardinälen in den Kirchen der Stadt gehaltenen
Predigten zu machen: sollte man deren oberflächliche Banalität wörtlich neh-
men, oder ließ sich den Texten eine tiefere Bedeutung entlocken?

Die Londoner Buchmacherfirma Ladbrokes versuchte die Ermittlung des

Wahlsiegers zu vereinfachen, indem sie Wetten auf die Person des nächsten Papstes anbot. Ein katholischer britischer Abgeordneter klagte, die Kirche »wählt einen Nachfolger Jesu Christi und nicht für Ladbrokes«. Im Gegenzug erklärten die Buchmacher, bei ihnen hätte bereits »eine Menge Priester gewettet«. Im Augenblick stünden die Quoten folgendermaßen: Pignedoli als Favorit mit 5:2; Baggio und Poletti mit 7:2; Benelli 4:1; Willebrands 8:1; Pironio 12:1; König 16:1; Hume 25:1; Cordeiro, Lorscheider und Suenens 33:1.

Eines war sicher: das radikale Element wurde überall in Rom sichtbar. Eine Organisation namens Civiltà Cristiana – so weit auf der äußersten Rechten angesiedelt, daß manche ihrer Mitglieder fragten, ob Lefèbvre nicht in Wirklichkeit ein Liberaler sei – klebte überall in Rom Plakate an: WÄHLT EINEN KATHOLISCHEN PAPST. Schließlich erklärte sich auch Lefèbvre. Er werde, sagte er, »einen Papst, der von einem Konklave unter Ausschluß der über Achtzigjährigen gewählt wurde, von vornherein ablehnen«. Eigentlich, donnerte der rechthaberische Erzbischof aus seinem Schweizer Felsenhorst, sei das Konklave sowieso ungültig, weil die älteren Kardinäle nicht votieren dürften. Lefèbvre sah in dieser Bestimmung ein Beispiel für Pauls VI. ›Abweichungen‹, die es marxistischen und freimaurerischen Elementen erlaubten, die Kirche zu unterwandern und zu beeinflussen. Die extreme Linke sah im Konklave kaum mehr als eine Farce. Ein ehemaliger Benediktiner sagte vor der für jede noch so kleine Sensation dankbaren Presse, das Konklave sei eigentlich die geheime Bühne, »auf der das Psychodrama der christlichen Entfremdung aufgeführt wird«. Niemand fragte, was damit gemeint sei.

Von solch frommen Clownerien begleitet, gaben die beiden wichtigsten Interessengruppen ihre Ansichten kund. Die Konservativen unter Führung Felicis sprachen dunkel von »Schnitzern der Vergangenheit« – es stellte sich heraus, daß damit die Unschlüssigkeit in Fragen der Geburtenkontrolle, der Verheiratetenweihe und, noch schlimmer, der Ordination von Frauen gemeint war, womit sich vor Pauls VI. Tode eine Sonderkommission befaßte. Felici behauptete, all dies habe dazu geführt, daß eine wachsende Zahl von Priestern ihr Amt niederlegten, Ordensleute sich wieder in den Laienstand versetzen ließen. Mit einer Stimme, die eine Horde Teufel hätte schrecken können, verkündete er, daß der Ökumenismus zu weit getrieben worden sei, dieweil die Verständigungsversuche mit dem Marxismus die Kirche zu einem scheinbaren Verbündeten der Weltrevolution gemacht hätten. Felici, der vielleicht merkte, daß er wegen seines Festhaltens an so intransigenten Ansichten im Grunde genommen unwählbar war, unterstützte zwei Kandidaten; das in diesem Zusammenhang benutzte Wort hieß natürlich ›konsultieren‹ im Sinne von ›in Betracht ziehen‹. Sein einer Kandidat war der Erzbischof von Genua, Giuseppe Siri. Das war keine große Überraschung; Siri spiegelte die Anschauungen seines Gönners getreulich wider: er sah in nicht nur einer Hinsicht rot. Felicis zweiter Favorit indes überraschte. Da König bereits aus dem Rennen war – er hatte das deutlich genug zu verstehen gegeben, obwohl sein Kurswert bei Ladbrokes dadurch keineswegs beeinträchtigt wurde –, hatte Felici Baggio auch für den Fall zu unterstützen begonnen, daß es Siri mißlingen sollte, das zur Wahl erforderliche Quorum von mindestens fünfundsiebzig Stimmen zusammenzubringen. Nie-

mand wußte so recht zu sagen, wo und wann Baggio und Felici ihre Differenzen beigelegt hätten, oder ob es sich in diesem Falle nur um eine pragmatische Ausnutzung des vom Heiligen Geist gestifteten Wohlwollens handelte. Fest stand jedoch, daß zwischen Felici und Pauls VI. ›Wogenglätter‹, sofern sie sich nicht gar völlig einig waren, bestenfalls noch eine einzige Soutane stand.

Benelli galt sowohl als Papstmacher wie als Kandidat der Progressiven. Zu seinen Förderern zählten Confalonieri, König und eine Reihe anderer europäischer Kardinäle – für den Fall, daß der nächste Papst Italiener sein mußte. Wenn man sich andererseits dieser Tradition aber nicht verpflichtet fühlte, eröffneten sich sämtliche Möglichkeiten. In diesem Falle läge Willebrands vorn. Weit abgeschlagen, weil ohne besondere Form, läge Léon Duval: der Erzbischof von Algier, den man wegen seiner Bemühungen, die Kluft zwischen Christen und Muslimen zu überbrücken, ›Erzbischof Mohammed‹ nannte, kam als Favorit der Dritten Welt nur entfernt in Betracht. Genauso waren die Chancen eines anderen Außenseiters zu bewerten: Maurice Roy, Erzbischof von Quebec/ Stadt und während des letzten Krieges der wohl berühmteste Feldgeistliche der kanadischen Wehrmacht. Es hielt sich die Vermutung, daß bei nicht hinreichender Unterstützung Humes von Westminster unter Umständen Roy vom sogenannten ›angelsächsischen Lager‹ – einem lockeren Zusammenschluß amerikanischer, kanadischer und französischer Kardinäle – nach vorn geschoben würde; insbesondere dann, wenn ihm die Unterstützung der Dritten Welt sichtbar zuteil würde. Mit Duval und Roy gleichauf rangierte ein weiterer: Stefan Wyszynski, seit 1948 in Personalunion Erzbischof von Gnesen und Warschau. Sein großer persönlicher Mut und seine Geschicklichkeit in der Wahrnehmung kirchlicher Interessen gegenüber der politischen Führung Polens, des katholischsten aller kommunistischen Länder, waren in aller Munde. Sollte lediglich ein Übergangspapst gewählt werden, dann könnte der siebenundsiebzigjährige Wyszynski in Betracht kommen. Ihm dicht auf den Fersen folgte Karol Wojtyla, Erzbischof von Krakau. Dieser nun war ein echter Außenseiter; aber König hatte Kardinalskollegen gegenüber bereits angedeutet, daß Wojtyla im Besitz einiger unerwarteter Fähigkeiten sei. Eigentlich hatte niemand König um nähere Ausführungen gebeten; da Wojtyla so weit zurücklag, sah keiner viel Sinn darin.

Am Donnerstag, dem 24. August, einen Tag vor dem Zusammentreten des Konklave, reagierte der Vatikan. Nachdem eine italienische Zeitung eine Computerprognose veröffentlichte, derzufolge Baggio das Rennen machen würde, meldete sich der Pressesprecher Panciroli. Mit gequälter Stimme wiederholte er die Worte des Kardinals Roncalli, der 1958 am Vorabend des Konklave – das ihn tags darauf als Johannes XXIII. zum Papst wählte – gesagt hatte, gemeinsames Beten biete die Gewähr dafür, daß der nächste Papst ein weiser, sanfter und heiliger Mann, der Heiligkeit verbreite, sein werde.

Johannes' Worte erweckten den Eindruck, daß der Heilige Geist noch einmal einen Mann seiner Statur ins Amt berufen würde.

15

In seiner Unterkunft im Vatikan erhebt sich Villot an diesem Donnerstag eine Stunde früher als gewöhnlich. Was er jetzt tut, liegt außerhalb der Routine, die er sich seit seiner Ernennung zum Staatssekretär angewöhnte. Voll angekleidet und rasiert, steht er, ein hochgewachsener, hagerer Mann, vor seinem Schlafzimmerfenster und starrt auf das noch schlafende Rom. Er wüßte nicht zu sagen, wann er zum letzten Mal einen Sonnenaufgang beobachtete, jenen Augenblick, in dem die rotgoldene Farbe des Himmels in dieses tiefe Blau überzugehen beginnt, das einen weiteren wolkenlosen Tag ankündigt. Zu dieser Stunde sind die Geräusche aus dem ›tufo‹ kaum wahrnehmbar; Villot konnte sich nicht vorstellen, was die gegenwärtige Stille zu stören vermöchte. Dennoch ist er von innerer Qual erfüllt. Selbst in seinen schlechtesten Tagen während Pauls VI. Pontifikat – wenn er so vieler Schwierigkeiten wegen zurückzutreten gedachte – fühlte er sich nicht so miserabel. Er raucht hemmungslos eine Zigarette nach der anderen. Vor der ersten Tasse Kaffee hat der Franzose sonst noch nie geraucht; wenn er sein Tempo beibehält, dürfte er seine Tagesnorm von zwei Schachteln mühelos übertreffen.

Sein Blick kehrt fortwährend zu dem Gebäude- und Höfegewirr zu seiner Rechten zurück. Er kann zwar nicht alle sehen, aber Villot kennt jeden Zollbreit dieses Geländes. Er hat es in der letzten Woche Dutzende von Malen durchwandert. Für einen Rundgang um das Konklave braucht er jeweils genau neun Minuten. Villot brachte viele Tage damit zu, die Örtlichkeiten zu überwachen und herzurichten; er tat alles nur Erdenkliche, um sie hermetisch von der Außenwelt abzuriegeln. Jetzt befürchtet er jedoch, daß alle seine Mühen vergeblich waren.

Der Staatssekretär macht sich seit jenem Anruf, der ihn spät in der letzten Nacht erreicht hatte, große Sorgen. Camillo Ciban, der Sicherheitschef des Vatikans, hatte zu dieser ungewöhnlich frühen Morgenstunde um eine Unterredung gebeten. Mehr hatte er nicht gesagt, brauchte er auch nicht. Zwischen beiden war vereinbart, daß Ciban nur anrufen würde, wenn er ganz sicher war.

Als Villots Diener um sechs Uhr morgens Ciban hereinbittet, stellt er bei der Gelegenheit fest, daß einer der vielen über die ganze Wohnung verstreuten Aschenbecher schon beinahe voll ist.

Ciban trägt einen seiner teuren, maßgeschneiderten Seidenanzüge, der ihm sehr gut steht. Ciban ist ein untersetzter Mann mit ergrauenden Schläfen und Sorgenfalten um Mund und Augen. Böse Zungen behaupten, die Sorgenfalten würden von all den vielen Geheimnissen verursacht, die er in seinem Gedächtnis speichert. Wenn die Furchen heute morgen noch tiefer als gewöhnlich wirken, so ist das durchaus verständlich. Ciban ist stark beunruhigt; sein Gesicht wirkt härter und ausgedörrter denn je. So sieht ein Mann aus, der seinen Glauben an die Schlechtigkeit der menschlichen Natur wieder einmal bestätigt fand. Ciban wartet, bis der Diener Kaffee eingegossen und die vollen Aschenbecher entfernt hat. Erst als die Tür hinter dem Hausgehilfen ins Schloß fällt, beginnt der Sicherheitschef die Ursachen seines frühen Besuchs darzulegen.

Obschon dieses Treffen geheim ist, garantieren die Gründe dieser Zusammenkunft dafür, daß beider Erörterungen zumindest in groben Zügen bekannt werden.

Ciban setzt Villot von dem Vorhaben eines Lauschangriffs auf das Konklave in Kenntnis[1].

Dies ist bereits das zweitemal innerhalb von Jahresfrist, daß sich der Staatssekretär mit einer drohenden illegalen elektronischen Überwachung des Vatikans von innen her abplagen muß.

Der erste Vorfall hatte ihn bereits zutiefst schockiert und entsetzt. Die Umstände dieser Episode fand Villot von Anfang an abstoßend. Während der letzten Monate von Pauls VI. Pontifikat hatten Hausangestellte des Apostolischen Palastes einen Teil der wertvollen antiken päpstlichen Münzsammlung gestohlen. Ciban war den Dieben auf die Spur gekommen, als sie die Münzen in Rom loszuschlagen versuchten. Er konnte fast alle Münzen sicherstellen. Das vatikanische ›governatorato‹ gedachte die Übeltäter den italienischen Behörden zu übergeben. Als die Diebe Paul VI. indes um Milde baten, hatte der Papst ihnen vergeben. Die unerquickliche Angelegenheit hätte damit ihr Bewenden haben können, hätte Casaroli nicht interveniert.

Während der Jahre, die er sich in diplomatischer Mission im Auftrage des Vatikans auf den Fluren des kommunistischen Machtgebäudes bewegte, hatte der scharfäugige Casaroli sich zu wundern gelernt, wieso seine Gastgeber hinter dem Eisernen Vorhang die feineren Nuancen der Strategie des Heiligen Stuhls so oft bereits im voraus kannten. Casaroli gelangte zu der Erkenntnis, daß dieses Vorwissen der Grund war, weshalb 1964 die Verhandlungen mit der ungarischen Regierung in Budapest zu einer für den Heiligen Stuhl nur höchst unbefriedigenden Übereinkunft geführt hatten. Zur selben Zeit hielt sich Casaroli häufiger in Prag auf, um dort über die Freilassung und Ausreisegenehmigung des Erzbischofs Beran zu verhandeln. Auch bei diesen Besuchen erfaßte ihn des öfteren großes Unbehagen bei der Feststellung, wie informiert die Tschechen über hochbrisante Fragen waren, die man eigentlich für bestens gehütete vatikanische Geheimnisse hätte halten müssen. Ebenso erging es ihm, als er Tito in Jugoslawien besuchte, als er in Moskau weilte, der Konferenz für Sicherheit und Zusammenarbeit in Helsinki beiwohnte oder nach Kuba, Ostdeutschland, Polen oder Rumänien fuhr. Wohin er innerhalb des Ostblocks auch kam, jedesmal beschlich ihn das unbehagliche Gefühl, daß seine Verhandlungspartner die geheimsten Gedanken des Heiligen Stuhls weitaus besser kannten als ihnen zukam.

Der Diebstahl der paulinischen Münzsammlung lieferte Casaroli die beste Gelegenheit, seinen Verdacht auf Stichhaltigkeit hin zu überprüfen. Er begab sich zu Villot und regte an, den italienischen Geheimdienst um die Entsendung von Fachleuten zu bitten, sie sollten im Vatikan nach installierten Abhörgeräten suchen. Villot war dagegen. Auf Grund seiner diplomatischen Ausbildung und altmodischen Denkweise sträubte er sich gegen die Vorstellung, der Vatikan könne das Opfer moderner Ausspähungsmethoden geworden sein. Casaroli setzte ihm geduldig seine Überzeugung auseinander, daß während seiner Reisen hinter den Eisernen Vorhang die jeweiligen Unterkünfte noch stets mit Abhörgeräten präpariert gewesen seien. Trotzdem zögerte Villot noch immer. Ein Absuchen des Vatikans könne den Zweck der Übung zunichte machen. So etwas würde zwangsläufig nach außen durchsickern; zumindest aber ergäben sich dadurch zahlreiche Beeinträchtigungen des Betriebsklimas. In den letzten Jahren waren die Laienbediensteten des Vatikans zunehmend militanter geworden, sprachen gar von Arbeitskampf, falls ihren Forderungen nach besseren Arbeitsbedingungen und Anhebung der Bezahlung nicht entsprochen würde. Wenn von der angeregten Maßnahme etwas durchsickere, könne sich die Situation durchaus zu einer Krise zuspitzen, den Vatikan in einen unseligen Streit mit seinen Bediensteten verwickeln. Schlimmer noch: der leiseste Hinweis auf einen Verdacht seitens des Heiligen Stuhls würde die Kommunisten fraglos schleunigst veranlassen, es mit anderen Methoden zu versuchen – sofern Casarolis Rückschlüsse nicht ungerechtfertigt seien. Villot fand es immer noch kaum glaublich, daß sein Staatssekretariat, das er zu den abgesichertsten Einrichtungen dieser Erde zählte, von außen her kontrolliert werden sollte. Casaroli war fest geblieben und hatte in Ciban bereitwillige Unterstützung gefunden. Der Sicherheitsbeamte schließlich überzeugte Villot. Ciban hatte ihm versichert, die italienischen Abwehrleute seien von der CIA ausgebildet – den wahrscheinlich weltbesten Fachleuten für die Aufspürung elektronischen Abhorchgeräts.

Nachdem Villot einmal überzeugt war, bereitete alles übrige keine Schwierigkeiten mehr. Zwei Männer erschienen und verbrachten eine Woche im Vatikan; angeblich, um einen Kostenvoranschlag für die dringend nötige Neuverkabelung des Apostolischen Palastes und anderer Gebäude zu erarbeiten. (Zwei höhere Bedienstete des vatikanischen Stabes erinnerten sich des Tages, an dem die vorgeblichen Kostenschätzer ihre Büros untersuchten. Beide beharrten darauf, argwöhnisch geworden zu sein, weil die Schätzer ›weitaus eifriger arbeiteten, als von einem Italiener normalerweise zu erwarten steht‹.) Am Ende ihres Aufenthaltes hatten sie im Staatssekretariat und im Gouverneurspalast elf voneinander unabhängige Wanzen sowjetischer und amerikanischer Herkunft entdeckt. Es war nicht feststellbar, seit wann oder von wem sie installiert worden waren. Manche Wanzen waren so raffiniert konstruiert, daß sie noch über größte Entfernungen auf Telefongespräche und Unterhaltungen im Vatikan ansprachen. Während Ciban das Funktionsprinzip der Apparate erklärte, hatte Villot mit aschfahlem Gesicht dagesessen.

Nunmehr, ein paar Monate später, kommt Ciban mit weiteren verheerenden Meldungen. Er weiß von zumindest einem Vorhaben, das Konklave zu belauschen. Es mag noch weitere geben. Obschon ihm die letzte Sicherheit fehlt, scheint das in Erfahrung gebrachte Vorhaben relativ harmlos zu sein. Einige Mitarbeiter von Radio Vatikan installierten vermutlich im Konklave ein relativ unschuldiges Gerät, um als erste Außenstehende zu erfahren, daß ein neuer Papst gewählt wurde. Ciban weiß nicht, wer in die Sache verwickelt ist, wie das Ganze ablaufen soll.

Villot ist entsetzt. Die Implikationen sind wahrhaft alarmierend. Wenn es schon so weit gekommen ist, daß sich Mitarbeiter von Radio Vatikan heimlich – denn Ciban geht davon aus, daß weder der Generaldirektor des Senders noch seine Programm-, technischen oder Nachrichtendirektoren etwas von der Sache wissen – über verbindliche Anweisungen von Pauls VI. ›Eligendo‹ hinwegsetzten, wer alles mag dann sonst noch zu ähnlichen Schandtaten bereit sein? Wenn wahr ist, was Casaroli erzählt hat, zweifelt Villot nicht im geringsten, daß die Beratungen des Konklave den Feinden des Heiligen Stuhles von größtem Interesse sind. Er findet es höchst beunruhigend, daß die Kardinäle, in ihrer Abgeschiedenheit davon überzeugt, frei und offen über alles sprechen zu können, was nicht in die Öffentlichkeit gehört, möglicherweise abgehört werden könnten.

Villot fragt, was zu tun sei. Ob man die Kardinäle von dem Risiko in Kenntnis setzen solle?

Ciban mit Nachdruck: *nein*. Wenn man das täte, ergäben sich neue Probleme; das Konklave könne möglicherweise abgebrochen werden. Mit Sicherheit jedoch würde sich die Mehrzahl der Kardinäle durch das Wissen, daß es eine Möglichkeit gab, ihre persönlichen Überlegungen zu belauschen, behindert fühlen. Manche von ihnen, und ganz besonders die Amerikaner, die noch immer unter dem Eindruck der Watergate-Affäre stünden, könnten die Installation elektronischer Störgeräte verlangen. Er, Ciban, sei auch nicht der Ansicht, daß Villot die Angelegenheit bei Tucci von Radio Vatikan zur Sprache bringen solle; der Generaldirektor könne nur wenig mehr tun als sein Personal noch einmal auf die schweren Strafmaßnahmen hinzuweisen, die jedem drohen, der sich in irgendeiner Weise an einem Lauschangriff auf das

Konklave beteilige (dazu gehören fristlose Entlassung, Exkommunikation oder Strafverfolgung durch den italienischen Staat). Ein schwacher Charakter mag sich dadurch vielleicht abschrecken lassen; Ciban indes befürchtet, daß die hinter diesen Kapriolen des Vatikansenders Stehenden aus härterem Holze geschnitzt sind. Da ihnen die Risiken mit Sicherheit bekannt sind, dürften sie aller Wahrscheinlichkeit nach einen Plan besitzen, der jede Gefahr, entdeckt zu werden, praktisch ausschließt.

Villots Verzweiflung ist so groß, daß er Ciban noch einmal fragt, was denn zu tun sei?

In dieser Frage hegt der Chef der Sicherheitsorganisation nicht den geringsten Zweifel. Es müßten Maßnahmen getroffen werden, die greifen, ohne den Ablauf der Prozedur zu stören. Er will das Innere des Konklave von zwei Sicherheitsexperten regelmäßig nach verborgenen Wanzen absuchen lassen. Selbst die Sixtinische Kapelle, in der die Kardinäle ihr geheimes Votum abgeben werden, soll von dieser Maßnahme nicht verschont werden: in den Tagungspausen der Wahlmänner werden Experten die Kapelle auf das gründlichste untersuchen.

Villot stellt eine naheliegende Frage: Angenommen, die Wanze sei so winzig, so ausgetüftelt, so unauffällig versteckt, daß sie selbst dann noch unentdeckt bliebe, wenn jede Person im Innern des Konklave zu jeder Zeit – also auch beim Essen, beim Aufsuchen ihrer Privaträume, ihrer Beichtväter, bei der Benutzung des Badezimmers oder bei der Entgegennahme ihrer Medikamente von zwei Johanniter-Pflegern – elektronisch überwacht werde; gesetzt den Fall, dies alles sei geschehen –; welche Aussichten gebe es dann noch, die Wanze jemals aufzuspüren?

*

Mit herausgeschobenem Stiernacken marschiert Kardinal Pericle Felici durch den spärlich möblierten Raum. Der Marmorfußboden hallt unter seinem Schritt. Felicis teure Soutane – bei Gammarelli kostet ein solches handgearbeitetes Tuch sechshundert Dollar – hebt sich von der bläßlichen Farbe der Holzwände besonders deutlich ab. Felici ignoriert den Küster hinter dem großen Tisch, auf dem nur ein Buch liegt, in das sich jeder Besucher eigentlich eintragen sollte. Seit Felici Kardinal ist – nunmehr seit elf Jahren –, hat er sich noch nicht ein einziges Mal hier eingetragen, und niemand hat es gewagt, ihm deswegen Vorhaltungen zu machen.

Felicis plötzliche, unverhoffte Besuche machen die in diesem Hause Beschäftigten nervös. Viele von ihnen sind noch sehr jung und tragen ganz zwanglose Kleidung. Sie haben einen Coca-Cola-Automaten und eine Kaffeemaschine, die den ganzen Tag lang nicht zur Ruhe kommt, aufgestellt. Die jungen Leute befürchten zu Recht, daß Felici diese Neuerungen nicht mag, ebensowenig wie die anderen Veränderungen, die hier stattgefunden haben, seit Felici in den vierziger Jahren zum ersten Male hierherkam. Damals war er Rektor des Päpstlichen Seminars für Gesetzesstudien. In dieser Eigenschaft mußte er des öfteren alte Prozeßunterlagen einsehen, die nirgendwo anders als in diesem Gebäude aufbewahrt werden. Seinerzeit waren Mobiliar und Einrichtung noch mittelalterlich, heute jedoch schmucklos und modern. Ein ganzes Stockwerk nehmen Fotokopiergeräte in Anspruch, auf denen die Dokumente aller Abteilungen des Vatikans vervielfältigt werden. Es gibt sogar einen Lift. Den meidet Felici jedoch; er pflegt in diesem Gebäude, dessen Eingang keine Namenstafel trägt, alles zu Fuß zu erledigen.

Felici behauptet, das L'Archivio Secreto Vaticano, das Geheimarchiv des Vatikans – dieses beherbergt das Gebäude nämlich –, sei das wichtigste Archiv der Welt. Das kann gut sein. Hier gibt es fast fünfzig Kilometer Regale voller Bücher, Pergamente und Handschriften von größter historischer Bedeutung; hier finden sich exakte Aufzeichnungen über längst vergessene Sünden, gebrochene Versprechungen, Dispense und Sonderbefreiungen vom jeweils geltenden Kirchenrecht. Ferner lagern hier die Akten des Konsistoriums – der Vollversammlung der Kardinäle, die in früherer Zeit den Papst in so wichtigen Fragen wie zum Beispiel der Widerlegung der Lutherschen Thesen beriet. Auch die Akten aller Konklaven seit dem fünfzehnten Jahrhundert werden hier aufbewahrt; festgehalten sind dabei nicht nur die offiziellen Stimmergebnisse, sondern es finden sich in ihnen auch wunderbar sorgfältig und detailliert ausgearbeitete Tagesberichte der jeweiligen Camerlengos. Und noch viel, viel mehr: Dokumente über die Inquisition; Berichte aus dem dreizehnten Jahrhundert über die Mongolen; Monographien über das Exil der Päpste in Avignon; Schriftstücke aus der Zeit Barbarossas über Luther und Calvin bis hin zu Napoleon I. In dieser riesigen Ablage gibt es aus der Zeit Innozenz' III. noch Register mit beklemmenden Zeichnungen von Vampiren und Frauen mit Nymphenleibern und Raubtierköpfen. Es gibt nicht weniger als 4 837 weitere Register mit Einzelheiten über längst vergessene Kriege, Aufstände und Unruhen.

Das Geheimarchiv ist noch mehr als nur das Lagerhaus einer toten Vergangenheit, hier finden sich auch höchstempfindliche Unterlagen über das zeitgenössische Engagement der Kirche. Es gibt detaillierte Akten über Richard Nixon, Leonid Breschnew, Harold Wilson, Valéry Giscard d'Estaing – über die Regierungschefs jeder Nation, mit der sich zu befassen der Vatikan für notwendig hält. Hitler und Stalin haben ebenso wie die Tyrannen geringeren Kalibers eigene Geheimfächer. Felici ist einer der wenigen, die dieses Material sichten dürfen.

Er betritt den Leseraum. Hier zumindest hat sich nichts verändert. Die großen schwarzen Tische und die Lesepulte für die ihres Gewichtes wegen zu unhandlichen Bände sind noch dieselben. Das gilt auch für die hochlehnigen Stühle, die noch genauso unbequem aussehen wie damals, als Felici zum erstenmal darauf saß. Neben einer Wanduhr fällt ein geschnitzter Thron ins Auge, auf dem gelegentlich der Archivkustos zu sitzen pflegt, dieweil er seinen Untergebenen zuschaut, die Bände und Akten herbeischleppen, wenn es wieder einmal jemand gelungen ist, sich die Sondererlaubnis zur Einsichtnahme im Lesesaal zu verschaffen. Tiefer ist Felici in seiner Anfangszeit auch nicht vorgedrungen; sein Rang war zu niedrig, um über den Lesesaal hinauszukommen. Der Zugang zu bestimmten Akten setzt das persönliche Einverständnis des Papstes voraus. Nur Wissenschaftler von höchster Reputation werden so weit vorgelassen, aber selbst sie haben nur begrenzten Zugang zu den Unterlagen. Grundsätzlich darf nur eingesehen werden, was älter als hundert Jahre ist; bestimmte päpstliche Akten müssen gar dreihundert Jahre unter Verschluß bleiben. Zu diesen gehören zum Beispiel die Unterlagen über die Verhandlungen, die Pius XII. mit den Nazis zur Rettung der Juden führte. Und auch nach Ablauf dieser Frist dürfen die Dokumente erst mit Einverständnis des jeweils regierenden Papstes eingesehen werden.

Felici indes hat weit jenseits dieses relativ öffentlichen Saals zu tun. Beim Durcheilen der Flure voller Regale passiert er auch die kleine Privatkapelle des lasterhaften Borgia-Papstes, in der in dessen uneheliche Tochter Lucrezia seinerzeit mit einigen Philosophen über den Sinn der Fleischeslust debattierte – so, jedenfalls, geht die Legende. Felici muß auch noch die sogenannte Halle der Pergamente durchqueren, wo Zehntausende von Dokumenten lagern, in denen auch nur andeutungsweise von den Rechten des Kirchenstaats die Rede ist. Viele Manuskripte sind purpurn verfärbt: schuld ist ein violetter Pilz, der auch den raffiniertesten Bekämpfungsmitteln und -methoden widersteht. Hinter diesem Saal liegt ein weiterer Raum, auf dessen Stahlregalen unzählige Petitionen archiviert sind: über siebentausend Bände mit Gesuchen jeder Art. Diese Gnadengesuche an die Kirche reichen über fünf Jahrhunderte zurück: die Bittschriften von Königen stehen direkt neben denen einfacher Gemeindepfarrer. Hier lagern auch die Bitten um Ehe-Annullierung; die Akten enthalten oft viel Persönlicheres und Intimeres als selbst die Krankenblätter eines Psychiaters. Zu diesen Unterlagen hat, Felici und Gleichgestellte ausgenommen, niemand Zugang. Felici aber interessieren Einzelheiten zumindest heute nicht.

Der nächste Raum beherbergt ›Miscellanea‹ – in fünfzehn gewaltigen Wandschränken lagern in diesem Archiv Materialien über frühe politische und kirchliche Ereignisse: Berichte von Nuntien aus einer Zeit, als es noch gar keine ständigen Nuntiaturen gab; die Darstellungen von Beobachtern der Schlacht von Waterloo und des Angriffs der Leichten Brigade. In einem der Spinde ruhen die Akten von Hexenprozessen; eine Sonderakte umfaßt jene Briefe, die die Jungfrau von Orléans an den Grafen von Armagnac schrieb – diese Korrespondenz trug mit dazu bei, daß sie als Hexe verbrannt wurde. In einem anderen

Schrank befinden sich einhundertfünfzig Bände ›avvisi‹, das sind Berichte, die von Nuntien und anderen päpstlichen Beamten der Kurie zugeleitet wurden. Sie reichen bis ins Mittelalter zurück. Darunter finden sich Schilderungen, die die an den großen europäischen Höfen zu Versailles, Wien, Venedig, Paris und London herrschende Stimmung hervorragend einfingen. Eine andere Akte enthält Details des skandalösen Lebenswandels der Nonnen zu Monza; eine weitere beherbergt die Korrespondenz Michelangelos mit den Päpsten; wieder eine andere enthält Petitionen von Kopernikus, Boccaccio und Rabelais. Die originalen, handgeschriebenen Prozeßakten des Falles Galileo ruhen in einem separaten Archiv – was darauf hinweist, welche Bedeutung den fest eingebundenen Verfahrensunterlagen in dieser Sammlung unvergleichlicher Dokumente beigemessen wird. Felici hatte diese Akten früher einmal tagelang studiert, um das Genie kennenzulernen, das seinerzeit die Kirche so gefordert hatte.

Felici wendet sich jedoch nicht den Akten zu, sondern geht zu einem gewaltigen Panzerschrank hinüber, neben dem der Kardinal Antonio Samore, Chef dieser ungemein weitläufigen Schatzkammer, bereits auf ihn wartet. Samore brachte sein Berufsleben fast ausschließlich im Dienst der Kurie zu; er ist ein geistreicher, umgänglicher Mann mit dem Hang zu noch mehr mittelalterlichen ›bon mots‹, als selbst dem Präfekten Martin recht ist. Samore hat das Archiv vier Jahre zuvor auf Pauls VI. ausdrückliche Bitte hin übernommen. Samore war es auch gewesen, der Paul VI. gegenüber jene Anspielungen auf den Tod gemacht hatte, die den Papst gedanklich so sehr beschäftigten.

Felici und Samore haben sich schon oft neben diesem Panzerschrank, in dem die kostbarsten Dokumente des Geheimarchivs lagern, getroffen. In einem Schubfach befindet sich ein brüchiges Pergament mit nicht weniger als 305 wappengeschmückten Wachssiegeln, die die Echtheit der Unterschriften des schwedischen Reichstages beurkunden. Das Dokument stellt die Ratifikationsurkunde des Thronverzichts der bisexuellen Königin Christina dar, die 1654 nach dem Übertritt zum Katholizismus abdankte. In einem separaten Fach liegt der letzte Brief, den die katholische Königin der Schotten, Maria, kurz vor ihrer von der protestantischen Königin Elisabeth von England angeordneten Hinrichtung an den Papst geschrieben hatte. In einem anderen Fach befindet sich ein Brief, den eine Ming-Kaiserin im Jahre 1655 geschrieben hat. Auf einem Stück bestickter Seide bat sie den Papst um Hilfe bei der Christianisierung Chinas. Dann gibt es da noch die vergebliche Bitte fünfundsiebzig englischer Lords um Annullierung der Ehe zwischen Heinrich VIII. und Katharina von Aragon; in derselben Schublade liegen auch Liebesbriefe, die der König an Anna Boleyn schrieb. In dem Panzerschrank werden die berühmten goldenen Siegel – je fast ein Kilogramm schwer – der Könige Philipp II. und Philipp III. von Spanien verwahrt. Weitere kostbare Dokumente bilden die Schriftrollen, die zwischen den Päpsten und den byzantinischen Kaisern ausgetauscht wurden. Sie reichen bis ins Jahr 1146 zurück. Mit goldenen Lettern auf purpurfarbenem Pergament hatten die Päpste Ostrom um den Schutz der Kreuzfahrer gebeten. Die Niederschrift des Dogmas von der Unbefleckten Empfängnis befindet sich ebenfalls in diesem Schrank; die mit zarten Farben illustrierte Schrift ist in blaßblauen Samt gebunden. In einem besonderen Stahlfach – nur ein Papst darf es öffnen – soll das letzte Geheimnis ›Unserer lieben Frau von Fatima‹ eingeschlossen liegen. In der portugiesischen Kleinstadt Fatima war bekanntlich die Heilige Jungfrau im Jahre 1916 drei kleinen Kindern erschienen. Zwei ihrer Prophezeiungen – die beiden Weltkriege – hätten sich bereits erfüllt, sagen die Gläubigen. Die dritte Prophezeiung Marias war dem Vatikan mit der Auflage anvertraut worden, daß erst der 1960 regierende Papst den Umschlag öffnen dürfe. Dies war Johannes XXIII. gewesen; was er las – heißt es –, habe ihn ›vor Furcht zittern und vor Schreck fast ohnmächtig werden lassen‹. Nachdem Paul VI. die Prophezeiung gelesen habe, so behaupten Mitglieder seines Stabes, hätten seine Depressionen zugenommen. Andere Gläubige behaupten, die Prophezeiung betreffe das Ausbruchsdatum des Dritten Weltkrieges und beschreibe den vollständigen Untergang mehrerer Nationen im Zuge der Kampfhandlungen; vor Kriegsausbruch werde der regierende Papst noch ermordet werden.

So scheußlich dies alles auch ist – diese Mutmaßungen sind nicht der Grund, weswegen Felici sich mit Samore trifft. Felici beunruhigt etwas, was sich möglicherweise hinter einer ständig verschlossenen, altersgeschwärzten, massiven Eichentür befinden könnte, deren Schlüssel der Archivkustos nicht aus der Hand gibt.

Samore schließt sie auf. Nach dem Eintreten verriegelt er die Tür sofort wieder. Die beiden Männer befinden sich auf einem weiteren Flur, von dem kleine, kellionartige Kammern abgehen, deren jede einige der sensitivsten zeitgenössischen Dokumente beherbergt, die der Vatikan besitzt: beständig Umfassendes über lebende Persönlichkeiten, bestehende politische Verhältnisse und laufende Skandale – letztere interessieren Felici. Er ist hergekommen, um eine außergewöhnliche Enthüllung auf ihren Wahrheitsgehalt zu überprüfen. In den letzten achtundvierzig Stunden wurde zahlreichen Kardinälen ein anonymes Statement zugespielt, das die Moral und Ehre eines ›papabile‹ anzweifelte. Alle Anzeichen deuten darauf hin, daß das Schriftstück von einem Insider stammt. Die dargestellten Einzelheiten sind beeindruckend, der Schluß drängt sich auf: wenn der und der Kardinal zum Papst gewählt würde, sähe sich die Kirche schließlich in einen ausgewachsenen Skandal verwickelt.

Wenn die Anschuldigungen auf Tatsachen beruhen, werden sich die Beweise in einer dieser Kammern hier finden; Felici weiß das. Er findet den Gedanken, daß sich ein Kardinalskollege ernstlicher Verfehlungen schuldig gemacht haben könnte, einfach entsetzlich; genauso abscheulich aber ist die Art und Weise, in der diese Anwürfe laut wurden.

176

Denn selbst wenn der fragliche Kardinal auch entlastet werden könnte – und Felici kann in den Unterlagen nichts finden, was die Vorwürfe erhärtet –, bleibt eines auf jeden Fall beunruhigend: jemand scheint fest entschlossen zu sein, das Konklave mit schmutzigen Tricks manipulieren zu wollen.

＊

Paul Marcinkus – seine Untergebenen nennen ihn, sobald er außer Hörweite ist, ›il gorilla‹ – strebt mit forschem Schritt einem Turmgebäude in der Nähe des St.-Annen-Tores zu. Eine kleine Tafel neben der Tür weist das aus dem siebzehnten Jahrhundert stammende Bauwerk als ›Istituto per le Opere Religiose‹ aus. ›Institut fromme Werke‹ ist nur ein Beispiel für eine der vielen irreführenden Namensgebungen, die im Vatikan anzutreffen sind; in diesem Falle dürfte es sich aber wohl um den weltbesten Tarnnamen handeln – denn das Institut befaßt sich weitaus intensiver mit Geld als mit dem Glauben. Es fungiert seit 1942 als Bank des Vatikans, wurde während des Krieges von Pius XII. gegründet, um aus dem faschistischen Italien Gelder an katholische kirchliche und karitative Organisationen in der ganzen Welt transferieren zu können. Jetzt, im Jahre 1978, investiert es fast überall, wo vertretbarer Gewinn winkt, kirchliche Mittel. Im übrigen hält die Bank auch für etwa 7000 Kunden Einlagen in Höhe von gut drei Milliarden US-Dollar. Zur Kundschaft gehören fast alle beim Heiligen Stuhl akkreditierten Diplomaten; die Privatkundschaft rekrutiert sich jedoch größtenteils aus sehr wohlhabenden Italienern, die Kommunismus, Terrorismus und den Wertverlust der Lira fürchten. Nach korrekter Einführung – in praxi heißt das: ausschließlich auf Empfehlung eines bereits akzeptierten Einlegers – kann ein neuer Kunde beim IOR ein Konto eröffnen und seine Gelder anschließend in den sicheren Hort eines Hartwährungslandes, wie der Schweiz etwa, transferieren. Die italienischen Behörden vermögen nichts dagegen zu unternehmen, denn das IOR ist in Geldangelegenheiten die Treuhänderin eines souveränen Staates und exportiert daher Kundengelder ungestraft. Zudem gehört das IOR zu den Beteiligten am diskreten Karibischen Eurowährungsmarkt und arbeitet darüber hinaus auf das engste mit den größten europäischen und nordamerikanischen Bankhäusern zusammen. Nur sehr wenige andere Institute können derlei ungewöhnliche Beziehungen und Privilegien für sich in Anspruch nehmen. Die Kunden des IOR zahlen die üblichen Bankspesen, jeder von ihnen muß freilich vor Aufnahme in den Kundenkreis zehn Prozent seiner Einlagen der Kirche vermachen – Fälligkeit entweder im Todesfall des Kontoinhabers oder bei Auflösung des Kontos. Dieses außergewöhnliche und geheimnisumwobene Finanzinstitut hält Marcinkus seit nunmehr neun Jahren eisern im Griff[2].

Während er die marmorn gefliste Schalterhalle durchquert, wandern seine Augen zwischen den mit geschmackvollen Stichen behängten Wänden und den auf Hochglanz polierten Holztheken, hinter denen blau uniformierte Portiers die privilegierten Geschäftsfreunde in Empfang nehmen und zu nüchtern wie Leichenbestatter gekleideten Schalterbeamten führen, hin und her. Marcinkus selbst nimmt die Existenz dieser Lakaien kaum je zur Kenntnis; der langaufgeschossene Bischof bedenkt zur Zeit nur die allerwenigsten mit mehr als einem frostigen Lächeln, ehe er seine Bürotür hinter sich zuzieht.

Soweit sich die älteren Bediensteten erinnern, verhielt er sich immer dann so, wenn Unheilvolles in der Luft lag. So war es nämlich auch gewesen, als bekannt wurde, daß sich das IOR am Casino von Monte Carlo beteiligte, Aktien der Waffenfabrik Beretta gekauft hatte und Anteile einer kanadischen Firma, die Anti-Baby-Pillen herstellt, besaß. Diese Erkenntnisse hatten jedesmal einen kräftigen Wirbel verursacht, boten Marcinkus aber auch stets Gelegenheit, sich von seiner selbstherrlichsten Seite zu zeigen. Er hatte sich jeder Situation gewachsen gezeigt und einen ungeheuren Kampfgeist an den Tag gelegt.

Diese Charaktereigenschaft zeichnete ihn bereits in seiner Anfangszeit beim IOR aus. Vielleicht wußte er nicht allzuviel von den Feinheiten der Hochfinanz, was er jedoch bestens beherrschte, war, wie man Geheimnisse geheimhält. So ist es auch heute noch. Die Speichellecker, die Marcinkus auf dem Weg in sein Büro links liegenläßt, behaupten inzwischen jedoch, er sorge sich zunehmend, daß der massive Wall der Geheimhaltung, mit dem er sein gesamtes Tun und Treiben seit jeher umgab und umgibt, zu zerbröckeln beginne. Manche äußern dies mit unverhohlener stiller Genugtuung. Diese Leute mögen weder Marcinkus noch seine Methoden. Sie behaupten, Marcinkus' Geschäftspolitik habe dazu geführt, daß das IOR breitgestreuter ›kommerzieller‹ Spekulation beschuldigt werde; sie reiche von Wechselkursen bis hin zu Börsengeschäften. Darüber hinaus sei das IOR reichen Italienern behilflich, die Steuer- und Währungsgesetzgebung zu umgehen; kurzum, es bediene sich auf skrupelloseste Weise aller Kanäle, die im kapitalistischen Wirtschaftssystem zu Gebote stehen. Infolgedessen steht Marcinkus seit Jahren im Vatikan dem meistgehaßten Macchi an Unbeliebtheit kaum nach.

Obwohl man ihm derlei äußerlich nicht anmerkt – der unbewegliche, schwerlidrige Blick und der beinahe ständig verkniffene Mund liefern dem Außenstehenden nicht den geringsten Hinweis –, sagen seine wohlsituierten Verbündeten im Vatikan (Tucci vom Vatikansender, Levi vom ›Osservatore Romano‹ und Panciroli von der Presseagentur zählen dazu), man müsse Marcinkus' Annahme nachsehen, daß er das Opfer einer wenn nicht gar ausgewachsenen verleumderischen Kampagne, so doch wenigstens ähnlich hinterhältiger Machenschaften sei. Manche versteigen sich gar zu der Behauptung, dieser amerikanische Priester und Bankier litauischer Abstammung und glühende Kommunistenhasser vom Schlage eines MacCarthy sei ein bevorzugtes

Ziel der Abteilung für Desinformation im KGB. Wie anders, fragen diese Freunde, sei es sonst zu erklären, daß die Weiterungen des Falles ›il crack Sindona‹ noch immer auf ihm lasten?

Und die ständig wachsende Zahl seiner Feinde innerhalb und außerhalb des Vatikans kontert sofort, was Marcinkus wohl nach allem, was er getan habe, anders erwarten könne?

Die Antwort auf diese Fragen macht dem sechsundfünfzigjährigen Bischof nach wie vor Kummer.

Geboren und aufgewachsen in Cicero – einer Vorstadt Chikagos, der übrigens auch Al Capone entstammt –, rühmt Marcinkus sich seiner mitteleuropäischen Abstammung noch immer ebensosehr wie seiner physischen Zähigkeit und gekonnten Golfschlägerführung. In Wall Street und anderen wichtigen Börsen ist er gleichermaßen zu Hause; inzwischen sind ihm Blue Chips* und erstklassige Anlagen ebenso geläufig wie das Credo. Keine Bank würde ihm eine Unterredung verweigern; kaum ein Kreditinstitut würde mit ihm keine Geschäftsbeziehungen pflegen wollen – und das sogar noch nach den stürmischen Nachwehen des Falles ›il crack Sindona‹, jenes lange nachhallenden Skandals, der ein erhellendes Licht auf die in Düsternis gehüllte vatikanische Hochfinanz warf.

Der Knoten platzte gegen Ende von Pauls VI. Pontifikat. Die Affäre führte zu den heftigsten Zweifeln an der Seriosität des vatikanischen Finanzgebarens; es würde – und wird vielleicht noch immer – unterstellt, der Vatikan habe mit den anvertrauten Geldern ein doppeltes Spiel getrieben. Die anklagendsten Finger wiesen auf Marcinkus.

Jetzt, am Vorabend des Konklave, darf Marcinkus annehmen, daß die Auswirkungen des Falles ›il crack Sindona‹ auch auf das nächste Pontifikat übergreifen werden. Was jedoch im einzelnen passiert, wird hauptsächlich von der Person des nächsten Papstes abhängen. Marcinkus' Freunde – zu denen übrigens auch Cody zählt –, haben ihn beruhigt: das Schlimmste sei ausgestanden. Sie behaupteten, es sei einerlei, wer als nächster Papst würde; niemand könne sich so ohne weiteres seines Bankiers entledigen. Wer dies täte, würde damit eingestehen, was der Vatikan so lange geleugnet habe: Unregelmäßigkeiten in der Geschäftsführung des IOR. Und da seien noch all die Geheimnisse, die Marcinkus in seiner Brust verwahre. Niemand, sagt Cody, könne es riskieren, daß sie ans Licht kämen. Der Kardinal ist überzeugt, daß Marcinkus sich in Sicherheit wiegen könne.

Aber nicht einmal Cody weiß, ob auch Marcinkus die Sache so sieht; auf Grund seines Wesens ist es ihm nicht gegeben, solche Zuversicht zu teilen. Eines indessen ist ganz eindeutig: im gesamten IOR weiß niemand so viel über die Transaktionen der Bank wie Marcinkus.

Der läßt es auch niemanden wissen, wen er am liebsten als Papst

---

* Hochriskante, aber gegebenenfalls auch höchst gewinnträchtige Spekulation

sehen würde; jedermann nimmt an, daß Marcinkus sich keine Favoritenliste angelegt hat. Wenn ihn die Umstände nicht gerade dazu zwingen, hält er nämlich grundsätzlich nichts schriftlich fest. Er verfügt über ein derart außerordentliches Gedächtnis, das mit einer ganzen Anzahl schwierigster Probleme ohne erkennbare Mühe fertig wird. Marcinkus ist es, der im Vatikan einem menschlichen Computer am meisten ähnelt. Nicht einmal seine Freunde behaupten, daß dies den Umgang mit ihm erleichtere.

Macchi gleich, kümmert auch Marcinkus die eigene Unbeliebtheit nicht; auf seiner Prioritätenliste rangieren Vertrauenswerbung und ähnliches nicht gerade zuoberst. Bei ihm geht der Geheimnisschutz allem anderen vor; bei der Verwaltung des unermeßlichen vatikanischen Portefeuilles hat er sich absolute Diskretion zum obersten Prinzip gemacht. Man spricht übrigens davon, daß dieses Portefeuille zur Zeit einen Gegenwert von insgesamt zehn Milliarden US-Dollar habe und daß jedes Jahr Gewinne in Höhe von ganzen zehn Millionen Dollar direkt auf das Konto des Papstes – es trägt die Nummer 16/16 – fließen, mit denen der Pontifex nach Belieben verfahren könne. Die Zahlen könnten auch noch höher sein. Jetzt, während des Interregnums, sind sie niemand außer Marcinkus bekannt.

Trotz des Vorgefallenen – die höchst verlegen machenden Schlagzeilen und Geschichten von finanziellen Betrügereien – ist Marcinkus noch immer von den Möglichkeiten begeistert, wie man Kapital arbeiten lassen kann. Über dieses Thema finden sich in seinem Drei-Zimmer-Appartement in der Villa Stritch zahllose Bücher. Ein ernsthaftes Gespräch über die Hochfinanz gehört zu den wenigen Dingen, die diesen hochgewachsenen, starkknochigen Mann mit dem sich lichtenden Grauhaar und der Reibeisenstimme erregen können – und zwar bereits seit Jahren.

Unmittelbar nach seiner Übernahme der IOR-Präsidentschaft im Jahre 1969 machte sich Marcinkus daran, über Investitionen und Beteiligungen des Vatikans alles nur Erdenkliche in Erfahrung zu bringen. Dabei stellte er fest, daß der Vatikan zwei Prozent aller an italienischen Börsen notierten Papiere besaß, an einem Dutzend italienischer Banken – darunter auch eine namens Heiligengeist-Bank – beteiligt war und Aktienpakete von Versicherungsgesellschaften, Stahl- und Bergwerken, Baukonzernen und Kraftfahrzeugherstellern besaß. Der Vatikan hatte sich an der Finanzierung des Hilton-Hotels in Rom und des Watergate-Komplexes in Washington beteiligt. Der Besitz des Vatikans geht weit über Kapitalbeteiligungen hinaus. Abgesehen von Kirchen und anderem Eigentum in allen Teilen der Erde – die jedoch den Diözesen gehören, mithin der direkten Kontrolle des Vatikans entzogen sind –, verfügt der Vatikan über Immobilienbesitz im Werte von etlichen Milliarden Dollar; er besitzt in Rom Dutzende von Appartementhäusern und einen Großteil Liegenschaften des Touristenanziehungspunkts Trastevere; dazu kommen Ländereien in den Bergen außerhalb Roms sowie über Europa, Südamerika und die Vereinigten Staaten verstreute weitere Besitzungen. Eine hübsche Vermehrung jener 83 Millionen US-Dollar, die Mussolini 1929 nach den Bestimmungen des Lateranvertrages als Kompensation für an Italien abgetretenes kircheneigenes Territorium gezahlt hatte. Unter dem Eindruck des Börsenkrachs im gleichen Jahr war das Geld in Wachstumsmärkte investiert worden, obwohl es erst des Zweiten Weltkrieges bedurfte, um die ersten fetten Gewinne in die Kassen des Vatikans fließen zu lassen: von 1940 an, so hat Marcinkus Cody erzählt – der nicht Cody hätte sein dürfen, um die frohe Botschaft anderen vorzuenthalten – »ein wahrhaft gefundenes Fressen«.

Diese glücklichen Umstände also fand Marcinkus vor, als Paul VI. ihn aus der Anonymität innerhalb der Kurie herausgriff und ihm die Kontrolle größerer Gelder anvertraute, als durch die Hände vieler Geschäftsbanken dieser Erde fließen.

Nachdem er die Finanzlage des Vatikans erfaßt hatte, kam Marcinkus zu der Ansicht, daß sie sich noch verbessern ließe. Zunächst einmal machte er sich unabhängig von der lästigen Oberaufsicht der Präfektur für wirtschaftliche Angelegenheiten des Heiligen Stuhls, um sodann zu einem atemberaubenden Expansionsprogramm überzugehen und sich im Zuge dieser Maßnahmen in finanziellen Belangen als die eigentliche ›graue Eminenz‹ des Vatikans zu erweisen. Ob er die Position zunächst einer Laune Pauls VI. verdankte, gewissermaßen als Belohnung für seine – zumindest in der Öffentlichkeit geäußerten – Schwärmereien für den Papst, mag dahingestellt bleiben; sobald er jedenfalls die Leitung des IOR übernommen hatte, war Marcinkus sehr schnell zu der in Bankkreisen bestbekannten Persönlichkeit des Vatikans geworden. Wahrhaftig, eine unvergleichliche Erfolgsstory, diese Geschichte eines unbekannten Priesters von rücksichtslos-streberhaftem Charakter, der den höchsten Gipfel finanziellen Einflusses erklommen hatte, ohne jemals eine Bilanz veröffentlichen oder dem Wagnis einer Aktionärsversammlung ins Auge sehen zu müssen. Marcinkus pflegte gern scherzhaft zu äußern, nur dem Papst – und Gott – verantwortlich zu sein.

Davon ist er jedoch abgekommen, seit Michele Sindona ihm das Leben sauer machte. Inzwischen fällt es Marcinkus sogar schwerer, an einer Runde auf dem Aquasanta – Roms exklusivstem Golfplatz – Spaß zu finden; denn dort, draußen auf den makellosen Grüns, begab es sich, daß Sindona und seine Helfershelfer ihn dermaßen zu umgarnen begannen, daß Marcinkus schließlich sich und sein IOR in deren Geschäfte verwickelt sah.

Marcinkus' Mitarbeiter glauben, daß ihm die Nachwirkungen dieser Geschäftsverbindung wieder einmal zu schaffen machen dürften. Auch ihnen ist bewußt geworden, daß an diesem Tage vor dem Beginn des Konklave die Gefahr für Marcinkus – und die anhaltende Empörung über das gesamte Bankpersonal – wahrscheinlich größer als je zuvor ist. Im Verlaufe der letzten zwei Wochen haben die meisten Kardinäle mit Behauptungen von vielleicht verheerender Tragweite nicht gegeizt; so hieß es etwa, das Geschäftsgebaren des IOR sei nach wie vor zu autonom und unbeschwert – was, in Verbindung mit mehr und mehr aufkommenden Gerüchten über einen unzulänglichen Cash-Flow* der Kirche, Marcinkus' Rolle weiterhin in Frage stelle. Marcinkus dürfte auch jetzt noch nur mit Mühe die Abfolge verworrener Ereignisse verstehen, die den Ruf nach seiner Ablösung aufkommen ließen, und zwar hauptsächlich deswegen, weil er angeblich Sindona – seinerzeit auf dem Höhepunkt einer betrügerischen Karriere – gefördert und unterstützt haben sollte. Seit Pauls VI. Tod finden sich jedoch auch Anhaltspunkte, die darauf hindeuten, daß sich die Beziehungen zwischen dem Vatikan und Sindona auf Paul VI. selbst zurückführen lassen: er und niemand sonst sei Sindona behilflich gewesen, Zugang zu der zuvor völlig in sich geschlossenen Finanzwelt des Vatikans zu finden. Marcinkus sei vor vollendete Tatsachen gestellt worden, da Sindona bereits Wohlwollen und Vertrauen des Papstes genoß; daraufhin habe Marcinkus als Bankier in seiner Wachsamkeit fatalerweise nachgelassen.

Dies ist eine höchst verblüffende Theorie, die von Marcinkus' Freunden natürlich energisch befürwortet wird. Hierbei unterstützt sie Malachi Martin, einer der vielen ›bêtes noires‹ (eigentlich ›Schwarzwild‹ wegen der Farbe der Kutten) im Vatikan. Der ehemalige Jesuit und Professor am Päpstlichen Bibelinstitut in Rom war ein enger Gefährte Johannes' XXIII. Seine ehemaligen Kollegen verbreiteten, daß Martin seinen Orden verlassen habe und nun, unter Ausnutzung seiner Erfahrungen aus erster Hand, endlose Kritiken über Kirche und Vatikan publiziere. Seine letzte Arbeit, ›The Final Conclave‹, erschien im wahrhaftig günstigsten Augenblick. Obschon die Schrift größtenteils fiktiv ist, findet sich darin eine prophetisch-vorsichtige Kritik an Pauls VI. Mission sowie eine Darstellung der Beziehungen zwischen Papst und Sindona. Martins Werk führte in Kardinalskreisen zu heißen Debatten. Die Amerikaner sind wütend darüber, daß Martin solche Behauptungen veröffentlichte. Einige europäische Kirchenfürsten, die den Fall Sindona sowieso aus größerer Nähe erlebten, weisen darauf hin, daß der Vatikan Martins Behauptungen nicht dementiert habe, obwohl er Gelegenheit und Möglichkeiten dazu gehabt hätte. Im Augenblick sind alle gescheiten Leute Roms durchaus bereit, Martins Behauptungen zumindest im Kern zu übernehmen: denn was nachprüfbar ist, wird akzeptiert. Aber selbst Martin kennt nicht den vollen Umfang der Beziehungen zwischen dem alten Papst und dem jungen Finanzmann. Noch stabiler jedoch sind die Bindungen zwischen Sindona und der Kirche.

---

* Betriebswirtschaftliche Kennziffer, die (grob gesagt) Ertrags- und Vermögenslage eines Unternehmens zu den langfristigen Verbindlichkeiten in Beziehung setzt.

*

Michele Sindona wurde 1920 in kleinen Verhältnissen auf Sizilien geboren. Das Dorf Patti, sein Geburtsort, liegt auf einem flachen Hügel über dem Mittelmeer hingebreitet, ist ungefähr achtzig Kilometer von Messina entfernt und, wie der Mafioso Lucky Luciano einmal sagte, der ideale Geburtsort.

Bereits in jungen Jahren war Sindona von dem Wunsch erfüllt, sich zu bewähren und seine Umstände zu verbessern. Da er kein Priester werden wollte, entschied er sich für den anderen auf Sizilien hochgeachteten Beruf: er begann an der Universität Messina ein Studium der Rechte. Um es finanzieren zu können, arbeitete er in den Semesterferien im dortigen Finanzamt und bewies eine natürliche Begabung für die Aufdeckung von Steuerhinterziehungen jeglicher Art. Dieser Fertigkeit wegen stach er dem Bischof von Messina ins Auge, auf dessen Rat er nach erfolgreichem Abschluß seiner Rechtsstudien am Platze eine Steuerberaterpraxis eröffnete und die Ortskirche in Investitionsfragen zu beraten begann.

Mit seiner Bekanntschaft zum Bischof äußerte sich eine weitere Fähigkeit Sindonas: er verstand es zeit seines Lebens, ihm nützliche Freunde zu gewinnen. Sindona seinerseits trug zur gedeihlichen Entwicklung der Bekanntschaft bei, indem er den Bischof in ›origami‹, der japanischen Kunst des Papierfaltens, unterwies. Beim Basteln von Papierschiffchen und -kronen verbrachten die beiden Männer vergnügliche Abende miteinander. Bei einem Gläschen Brandy – der Bischof bevorzugte ein feuriges heimisches Gewächs –, erzählte er Sindona von einem wahren italienischen Helden, einem Auswanderer namens Amadeo Giannini, der die Bank of America gegründet hatte. Als Sindona aufgeräumt zugab, er wäre ebenfalls gern ein Giannini, drängte der gütige Bischof, dann müsse er sich nach Mailand begeben. Er versah Sindona sogar mit einem eigenhändigen glänzenden Empfehlungsschreiben an die dortigen Kirchenoberen.

Im Jahre 1946 wies Mailand wie viele andere europäische Städte noch diverse Kriegszerstörungen auf. Mit sicherem Instinkt – dies eine weitere seiner herausragenden Eigenschaften – erkannte Sindona, daß Mailand im Zuge der sich anbahnenden wirtschaftlichen Gesundung (Italiens Wirtschaftswunder der fünfziger Jahre) wieder zum Finanzzentrum des Landes werden würde und sah völlig exakt voraus, daß der Wiederaufbau der zerbombten Gebäude zu einem Boom in der Bauindustrie führen würde. Sindona entwickelte sich sehr schnell zum führenden Vermögenssteuerexperten der Stadt; anscheinend kannte er hundert verschiedene Möglichkeiten, die Besteuerung von Spekulations- und Neubebauungsgeschäften zu umgehen. Viele seiner zufriedenen Kunden zahlten in Geschäftsanteilen. Im Jahre 1952 besaß Sindona eins der umfangreichsten privaten Portefeuilles Mailands. Von da bis zu seinem ersten Sitz im Aufsichtsrat einer Bank war es nicht mehr weit.

Innerhalb eines Jahres saß er im Aufsichtsrat etlicher Banken und Holdings. Als sein Name in den Finanzzentren Europas Bedeutung bekam, war er gerade erst zweiunddreißig Jahre alt.

Zu der Zeit kam Giovanni Battista Montini, der spätere Paul VI., als Erzbischof nach Mailand. Mit sich brachte er Qualen und Traumata, die ihm Rom erst in allerjüngster Zeit verursacht hatte. Im Vatikan war Giovanni Montini zu einem der engsten Berater Pius' XII. aufgestiegen. Seinem Mentor gegenüber hatte er es an Achtung und Dankbarkeit nicht fehlen lassen. Als Gegenleistung hatte Pius XII. ihn ermuntert, nach Belieben herumzuschnüffeln und mit Entdeckungen nicht hinter dem Berg zu halten. Hauptsächlich aus Neugier begann er sich um die Führung des vatikanischen Finanzimperiums zu kümmern, wobei er Entsetzliches entdeckte. Pius' XII. eigene Neffen waren in etliche höchst dubiose Transaktionen verwickelt. Montini lieferte Pius XII. einen detaillierten Bericht über diesen Übelstand. Der Papst belohnte Montinis Sorgfalt geschwind auf völlig unerwartete Weise: er verbannte ihn nach Mailand, schickte ihn ohne den roten Kardinalshut, der mit der Ernennung zum Erzbischof dieser norditalienischen Stadt traditionell verbunden war, ins Exil. Giovanni Montini war verletzt; nicht verärgert, aber zutiefst betroffen. Wie Pius XII. es nach seiner Ansicht verlangt hatte, war er seiner Aufgabe unparteiisch nachgegangen. Und nun dies – eine unverhoffte, barsche und herzlose Entfernung vom Sitz der päpstlichen Macht. Sei es denn: Montini nahm sein Schicksal mit Gelassenheit hin, beschloß aber auch, für den Fall, daß er jemals wieder in den Vatikan zurückkehrte, die dortigen Finanzinstitute kräftig zu beuteln: es würde ein Großreinemachen geben, so versprach er Macchi, das bis ins letzte so gründlich sein würde wie an jenem Tage, als Jesus die Wechsler aus dem Tempel geworfen hatte.

Montini lud Sindona zum Mittagessen ein; vielleicht, weil er darauf brannte zu erfahren, wie sich eine solche Säuberung am besten bewerkstelligen ließe. Eine solche Zusammenkunft konnte erstem Anschein nach höchstwahrscheinlich zu keinem Erfolg führen: der schüchterne, zaghafte, bescheidene Montini und der quecksilbrige Sizilianer mit den Händen des Märchenkönigs, dem alles zu Gold wurde.

Und dennoch: der Erzbischof entdeckte von Anfang an rare Gemeinsamkeiten mit seinem Gast. Es gefiel ihm, wie sehr Sindona sich anzupassen verstand; seinen südlichen Akzent, in der Mailänder Gesellschaft zu allen Zeiten hinderlich, wußte er sorgfältig zu verbergen. Sindona trug schlichte Kleidung, gab sich kühl und respektvoll. Und was für den Bischof vielleicht das Wichtigste war: Sindona konnte ihn von seiner Verschwiegenheit überzeugen. Für Sindona bedeutete ›omertà‹ mehr als nur das historische Schlüsselwort, hinter dem sich die geschlossene Gesellschaft Siziliens zu schützen verstand; für Sindona kam ›omertà‹ gegenüber Montini einem persönlichen Treueid gleich. Eine solche Beteuerung erleichterte es dem Erzbischof, an Sindonas vorgeblicher Liebe zur Kirche zu glauben und Ausdrucksweisen wie

»Gottes Geld für Gott arbeiten zu lassen« hinzunehmen. Die beiden Männer trafen sich fortan häufiger. Montini ließ sich von Sindona gar ein Weilchen für ›origami‹ interessieren. Was ihre Beziehung jedoch wirklich festigte, war die erstaunliche Mühelosigkeit, mit der Sindona des Bischofs Sorgen wegen der Finanzierung eines von der Diözese so dringend benötigten Altersheims auszuräumen verstand: innerhalb weniger Stunden trieb er bei Mailänder Geschäftsfreunden den Gegenwert von 2,4 Millionen Dollar auf.

Rückblickend betrachtet, erwarb sich Sindona auf diese Weise Pauls VI. Vertrauen. Später einmal wird ein Berufskollege Sindonas Vorgehen als »Arbeitsweise eines Schlangenbeschwörers« charakterisieren.

In dieser Zeit äußerte der arglose Montini seine Besorgnisse wegen des Umgangs mit den vatikanischen Finanzen. Sindona zeigte sich aufgeschlossen; fragte, wie er helfen könne. Wäre es nicht vielleicht das Nächstliegende, daß der Bischof ›dem Richtigen‹ zu einer Einführung beim Vatikan verhülfe?

Montini zeigte sich gefällig. Sindona fuhr gen Süden, um sich in Rom mit Prinz Massimo Spada, dem damaligen Chef des IOR, zu treffen. Es war ein Tastversuch, man sondierte das Gelände. Spada war ebenso wie Montini von Sindonas guten Manieren und ruhigem Stil eingenommen. Spada hielt es für die natürlichste Sache der Welt, Sindonas beiläufig geäußerter Bitte um Einführung bei der Banco di Roma per la Svizzera zu entsprechen. An diesem Schweizer Bankinstitut hält der Vatikan einundfünfzig Prozent. Als Gegenleistung bot Sindona dem Vatikan über Spada maßgeblichen Einfluß auf eine Mailänder Privatbank an, in deren Aufsichtsrat er, Sindona, saß. Es handelte sich um die Banca Privata Finanziaria (BPF). Spada akzeptierte.

Jetzt ging es mit Sindona allenthalben voran. Er verkaufte eine kleine Mailänder Stahlgießerei an die American Crucible Steel Company und strich dabei einen netten 2-Millionen-Dollar-Gewinn ein. Mit dem Geld gründete er in der Steueroase Liechtenstein eine Holding. Er brachte die Finabank in Genf unter seine Kontrolle und übernahm auf Sizilien die Banco di Sicilia. Damit hatte er sich die Grundvoraussetzungen für das geplante grandiose Gaunerstück geschaffen.

Die Operation begann unter äußerster Geheimhaltung und vor dem Hintergrund des bestens bekannten Blitzfeldzugs gegen so ziemlich jedes Finanzzentrum des Westens. Zunächst einmal brachte Sindona das Londoner Bankhaus Hambros Bros. – neben J. P. Morgan und Rothschild/Paris eins der fähigsten profanen Häuser, deren Rat der Vatikan gern in Anspruch nimmt – unter seinen Einfluß. Kurz darauf überredete er die Continental Bank of Illinois mit Sitz in Chikago zur Übernahme eines fünfzehnprozentigen Anteils an der BPF. David Kennedy, seinerzeit Präsident der Continental, gehörte auch zu denen, die Sindona sich als ›in Zukunft von größtem Nutzen‹ merkte: Kennedy wurde Nixons Finanzminister. Einer der beiden, die das Geschäft Continental – BPF deichselten, war Marcinkus.

Damit gab es im Vatikan ein neues Triumvirat. Paul VI. war Papst, Marcinkus der Verantwortliche für das IOR, und in Gesellschaft des dritten wichtigen Mitglieds – Macchi – sah man sehr häufig Sindona. In jenen Anfangstagen seines Pontifikats saßen der Papst, sein Privatsekretär und sein Bankier nach dem Abendessen um Pauls VI. Tafel und lauschten gebannt – »wie Kaninchen vor der Schlange«, meinte ein Beobachter – Sindonas Darstellungen der Ergebnisse seiner Raubzüge. Er hatte sich in die American Oxford Electric Company ebenso eingekauft wie in den Papierkonzern Brown und selbst bei dem Konservengiganten Libby's Fuß gefaßt. Zu jener Zeit war er an nicht weniger als zweiundzwanzig Firmen direkt beteiligt, während er gleichzeitig Dutzenden anderer Unternehmen als Berater diente. Das Magazin ›Time‹ nannte ihn den ›erfolgreichsten Italiener seit Mussolini‹.

Wer wäre in Pauls VI. Augen als Ratgeber bei der Durchführung der gelobten Reformen besser geeignet gewesen als Sindona? Pius' XII. Verwandte waren geschaßt worden; Sindona lieferte Paul VI. die Ideen zu dessen explosiver Enzyklika ›Populorum Progressio‹, mit der er das katholische Establishment durch die Geißelung »des internationalen Finanzimperialismus«, in dessen Gefolge »die Armen arm bleiben, während die Reichen immer reicher werden«, vor den Kopf gestoßen hatte.

Paul VI. und der loyale Marcinkus geboten nun über das größte heimliche Vermögen der christlichen Welt: allein die in Fort Knox lagernden Goldreserven des Vatikans sollen mehr als drei Milliarden Dollar wert sein. Nach und nach gingen Paul VI. und Marcinkus immer mehr auf Sindonas Vorschläge ein, wie man ein derartiges Vermögen arbeiten lassen könnte – und das zu einem Zeitpunkt, da Sindona sich Unternehmen jeder Art buchstäblich unter den Nagel riß.

Im Jahre 1968 verlor der Vatikan eine sechsjährige Auseinandersetzung mit den italienischen Steuerbehörden. Der Vatikan hatte für die 1962 aus seinen italienischen Unternehmen gezogenen Gewinne Steuerbefreiung beantragt. Sindona riet Paul VI., die lästigen Verflechtungen der Kirche mit dem italienischen Kapitalismus endlich zu lösen – es sei nunmehr an der Zeit.

Eines späten Frühlingsabends im Jahre 1969 empfing Paul VI. Sindona in seinem privaten Arbeitszimmer. Nicht einmal Macchi durfte dabei sein. Der Sekretär und Marcinkus saßen in Pauls VI. Speisezimmer bei Zigarren und Cognac. Der Papst und der große Wirtschaftsboß suchten neunzig Minuten lang nach der vernünftigsten Methode, die mehrheitliche Beteiligung des Vatikans an der Società Generale Immobiliare (SGI) loszuschlagen. Die SGI ist ein mit 350 Millionen Dollar bewerteter Mischkonzern und gleichzeitig Italiens größte Immobilien- und Bauunternehmung. Präsident dieses Unternehmens war ein ehemaliger Gouverneur der Vatikanstadt; vier Finanzberater des Vatikans gehörten dem erlauchten Aufsichtsrat der SGI an. Neben dem Besitz von italienischen Hotels, Bürohäusern und Bauunternehmen betätigte sich die SGI auch multinational; ihr gehört das PanAm-Gebäude auf den Champs-Élysées, das Börsengebäude in Montreal und der Watergate-Komplex in Washington.

Paul VI. wollte das SGI-Paket des Vatikans verkaufen. Zum einen fühlte er sich dadurch zu sehr an die schließlich von ihm gesteuerten irdischen Güter erinnert, andererseits wollte er nach dem langen Gerangel um die Steuerbefreiung den Vatikan von möglichst vielen seiner italienischen Interessen lösen.

Sindona riet davon ab, mit dem SGI-Paket an die ohnehin schon kränkelnde italienische Börse zu gehen, statt dessen sollte man sich um die phantastischen, konvertiblen Eurodollars bemühen.

Paul VI. war einverstanden. Sindona, hilfreich wie immer, entwarf eine Übereinkunft, derzufolge er für die Abstoßung der SGI-Beteiligung des Vatikans persönlich haften wolle. Paul VI. unterzeichnete das Dokument, eine Kopie behielt Sindona, die andere Ausfertigung wurde in jenem Winkel des Geheimarchivs abgelegt, in dem die Unterlagen der empfindlichsten päpstlichen Finanztransaktionen aufbewahrt werden.

Mit einem Federstrich hatte Paul VI. Sindonas jahrelangen sorgfältigen Planungen zum Erfolg verholfen. Der Sizilianer wurde der wichtigste Finanzberater des Vatikans. Damit war die Bahn für seine kriminellen Machenschaften frei, denn wer würde es wagen, die Integrität eines Finanzberaters, der des Papstes höchstes Vertrauen genoß, anzuzweifeln?

Drei Jahre lang nutzte Sindona das Imprimatur des Vatikans hemmungslos aus; er kaufte und verkaufte, manövrierte und manipulierte, trickste und schwindelte sich durch die Finanzzentren Europas. Den Verkauf des SGI-Pakets hatte er bereits nach kurzer Zeit zustande gebracht: der Vatikan bekam sein Geld und blieb mit nominal fünf Prozent am Unternehmen beteiligt. Marcinkus ließ zu, daß gewaltige Gelder in von Sindona gedeckte Risiko-Unternehmungen flossen. Einmal steckten gar ganze fünfhundert Millionen Dollar in diesen überaus vorteilhaft erscheinenden, jedoch recht gefährlichen Beteiligungen. 1972 bildete der Vatikan eine der größten, wenn nicht gar die größte Bargeldquelle, aus der Sindona schöpfte.

Und dann teilte er dem völlig perplexen Marcinkus mit, daß er in wenigen Stunden sein Hauptquartier nach New York verlegen werde. Das hätte Marcinkus stutzig machen sollen; statt dessen aber schien er sich mit Sindonas Behauptung, von New York aus könne er »Gottes Geld noch viel härter für Gott arbeiten lassen«, voll und ganz zufriedenzugeben.

Sindona bezog im Pierre-Hotel ein Appartement und eröffnete seine pompösen Geschäftsräume in der Park Avenue Nr. 450. Damit lagen die Büros bloß einen Häuserblock von jener Stelle entfernt, wo Jesse Livermore während des Börsenkrachs von 1929 seine Machenschaften abgewickelt hatte. Anfangs konnte Livermore triumphale Erfolge verzeichnen; zum Schluß aber war Amadeo Giannini, dem nachzueifern Sindona so sehr wünschte, einer derjenigen gewesen, die für Livermores totalen Ruin sorgten. Dieser schoß sich schließlich eine Kugel durch den Kopf. Sindonas Pech war es, daß er seine amerikanische Finanzgeschichte nicht gelernt hatte.

Bewußt war ihm, daß seine Zeit in Italien vorbei war. Zwanzig Jahre lang hatte er die unübersichtlichsten Geschäfte abgewickelt und das unüberschaubare italienische Gesellschaftsrecht in den Griff bekommen. Das alles bedeutete jedoch denen, auf die es ankam, kaum etwas: in den Augen des Mailänder Establishment blieb Sindona der kleine sizilianische Emporkömmling, dem niemand es je gestatten würde, den Einflußbereich der lombardischen Bankiers, der Bank von Italien sowie der Bastogis und Agnellis zu tangieren. Nach Ansicht des alten Geldadels blieb er halt ein neureicher Bauer, den man – trotz seiner von ihm so viel gerühmten Beziehungen zum Vatikan – nicht zum engsten elitären Zirkel zählte.

Da er nun außer Landes war, machten sich seine Gegner an seine Vernichtung. Die italienische Polizei begann sich für Sindonas Geschäfte zu interessieren, und Marcinkus, der in Sindona so großes Vertrauen gesetzt hatte, mußte nach und nach die schreckliche Wahrheit über sein Idol erfahren. Es dauerte so seine Weile, ehe Sindonas Gaunereien in vollem Umfang bekannt waren; zu ihnen gehörten betrügerischer Devisen- und Warenhandel, aktive Bestechung – angeblich gab Sindona jährlich eine Million Dollar an Schmiergeldern für Aldo Moros christlich-demokratische Parteigenossen aus – sowie illegaler Export Hunderter von Millionen italienischer Lire über seine eigenen Banken. Ferner hatte er viele der von ihm übernommenen Kapitalgesellschaften systematisch ausgeplündert und die Mitaktionäre ruiniert, dazu einen höchstvollendeten ›modus operandi‹ entwickelt, um auch Gesellschaften, an denen er nicht mehrheitlich beteiligt war, zur Zahlung gewaltig überhöhter Zinssätze, Kommissionen und Spesen an seine eigenen Banken zwingen zu können.

All dies war ihm größtenteils nur gelungen, weil er sich auf den Vatikan zu berufen pflegte. Noch schlimmer aber, daß den Vatikan die Verbindung zu Sindona anscheinend sage und schreibe sechzig Milliarden Lire gekostet hatte.

Noch ehe Marcinkus die volle Tragweite der vatikanischen Verluste so richtig erfaßt hatte, war Sindonas großes Amerika-Spiel bereits verlorengegangen. Sechsunddreißig Monate nach seiner Ankunft in New York hatten ihn Wall-Street-Spekulationen bereits restlos ruiniert. Die Franklin National Bank, die er sich seinerzeit als amerikanische Operationsbasis gekauft hatte, brach zusammen. Von da an ging es nur noch bergab. Die italienischen Behörden stellten einen Auslieferungsantrag, um ihn in Mailand wegen ungerechtfertigter Bereicherung um zweihundert Millionen Dollar aus Mitteln der von ihm beherrschten Banken zur Rechenschaft zu ziehen. Die amerikanische Staatskommission zur Überwachung des Wertpapier- und Wechselhandels griff ein und überprüfte Sindonas amerikanische Firmen – und untersagte einer von ihnen den Zugang zur amerikanischen Börse. Mit wachsendem Entsetzen stellte der Vatikan seine Mitbetroffenheit an diesem Verfahren fest; ihm wurde eine Geldbuße von dreihundertzwanzigtausend Dollar auferlegt. Das von Sindona unter nichtsahnender Mithilfe von Papst und dessen Chefbankier so kunstvoll errichtete Finanzimperium brach Stück um Stück in sich zusammen.

Soweit es den Vatikan betraf, war das eigentliche Drama inzwischen vorbei. Sindona konnte ihm keinerlei direkten finanziellen Schaden mehr zufügen. Es blieb jedoch die Frage: Warum brauchte Marcinkus so lange, um die wahre Natur eines Mannes zu erkennen, mit dem er so enge Beziehungen pflegte? Warum hatte er Sindona weiterhin blindlings vertraut und sogar bis zuletzt noch gewaltige Gelder bei dessen Banken deponiert?

Diese Fragen waren auch früher schon gestellt worden – und unbeantwortet geblieben. Aber jetzt wurden sie wieder laut. Macchi und Cody – einer der mit der Präfektur für Wirtschaftsangelegenheiten aufs engste verbundenen Kardinäle – waren in der Vergangenheit noch stets in der Lage gewesen, sich über Forderungen nach ordnungsmäßiger Untersuchung des Sachverhalts hinwegzusetzen, obwohl selbst gewichtige Stimmen wie Villot eine derartige Überprüfung längst für fällig erklärten. Sie konnten sich solchem Ansinnen bislang jederzeit erfolgreich mit dem Hinweis widersetzen, daß eine Enquête auch Paul VI. mit hineinziehen und bloßstellen würde.

Nun aber ist der Papst tot. Marcinkus ist sich bewußt, daß es keine Gewähr dafür gibt, eine vatikaninterne Untersuchung noch einmal abblocken zu können. Alle Anzeichen deuten aufs genaue Gegenteil.

Selbst Cody verbreitet die Parole: das Beste, was »allen Beteiligten« passieren könne, sei es, wenn das Konklave einen pastoralen Papst wähle, der die Vergangenheit ruhen lasse und das Aufschießen loser Enden finanzieller Verwicklungen des Vatikans jenen überlasse, »die am besten wüßten«, wie solche »Probleme« im Vatikan jederzeit vorzugsweise gehandhabt würden: in aller Stille und öffentlicher Einsichtnahme entzogen.

*

An diesem Donnerstagmittag wirken Greenan und sein Schreibtisch wie ein Ausschnitt aus ›The Front Page‹. Er hat den Römerkragen abgelegt, das Hemd aufgeknöpft und die Ärmel hochgeschlagen. Zu Hosenträgern und qualmender Zigarre fehlt nur noch der grüne Augenschirm, um das Bild eines in seine Arbeit vertieften Redakteurs vergangener Tage abzurunden. Sein Schreibtisch ist papierübersät: Ausschnitte aus italienischen Zeitungen, Notizen von Telefongesprächen, vom vatikanischen Pressebüro veröffentlichte Kardinalsbiographien und andere zwar weniger offizielle, dafür aber oft um so aufschlußreichere

Lebensbeschreibungen der Purpurträger. Alles liegt wild durcheinander. Greenan aber scheint in diesem Wirrwarr offenbar System zu sehen; denn mit unfehlbarem Griff zieht er aus dem Papierwust jederzeit das gewünschte Blatt hervor.

Er benötigte alle diese fliegenden Blätter für seine Liste der ›papabili‹. Ratzinger aus München, jener einzige deutsche Kardinal, dessen Name Greenan anfangs zögern ließ, kam letztlich doch nicht mehr in Betracht. Wie nicht anders zu erwarten, finden sich aber auf der Liste nach reiflichen Überlegungen so einige der insgesamt siebenundzwanzig italienischen Kardinäle.

Zu ihnen gehört Giuseppe Siri, seit 1946 Inhaber des genuesischen Erzbischofsstuhles. Greenan erwartet, daß der zweiundsiebzigjährige Siri im ersten Wahlgang ein Gutteil der konservativen Stimmen auf sich vereinigen kann. Anschließend aber ist alles nur noch eine Frage des Dafürhaltens: als Faustregel könnte man davon ausgehen, daß Siris Chancen mit zunehmender Dauer des Konklave steigen. Es könnte darauf hinauslaufen, daß er als Kompromißkandidat von allen Konservativen akzeptiert würde. Sollte dieser Fall eintreten, könnten andere Kardinäle sich dem Druck dieses Stimmenblocks beugen und ihrem Beispiel folgen.

Wie jeder andere Kardinal hat auch Siri steif und fest bestritten, im Rennen zu sein. Natürlich glaubt ihm niemand; dennoch fand sein Protest Aufnahme in die wortreichen italienischen Presseberichte über das heraufdämmernde Konklave. Zumindest hat sich Siri nicht zu der im Augenblick recht überstrapazierten Behauptung hinreißen lassen, daß es überhaupt nicht darauf ankomme, was der einzelne denke, denn der Papst werde schließlich und endlich vom Heiligen Geist ausgesucht. Solches Gerede halten die meisten Zyniker Roms für ein weiteres typisches Beispiel dafür, daß die Kardinäle so tun, als sei es völlig ausgeschlossen, irrtümlich den falschen Mann zum Papst zu wählen. Siri seinerseits hält solche Überlegungen für einen Mißbrauch des Heiligen Geistes. In einer der während der ›novemdiales‹ im Petersdom zelebrierten Messen hat er diesen Punkt sehr geschickt entwickelt. Als Lesung hatte sich Siri Matthäus 14, 22 – 33 ausgesucht, jene Geschichte also, in der erzählt wird, wie Petrus beim Wandeln über das Wasser zu sinken begann, weil er mehr an sich selbst dachte, als an Jesus glaubte. Siri hatte seine Kardinalskollegen gemahnt, sie könnten sich ihrer Pflicht nicht dadurch entziehen, daß sie alles dem Heiligen Geist überließen, noch »sollten sie ohne sich zu plagen und zu leiden sich selbst ihrem ersten Impuls oder unvernünftigen Überlegungen hingeben«. Gemessen an den gesammelten Sprüchen anderer Kardinäle war dies eine ausgesprochen direkte Rede. Darüber hinaus hatte er einer italienischen Zeitung ein Interview gewährt, das sich nur als zeitlich mit Bedacht gewählter Versuch interpretieren ließ, jene anderweitig noch nicht festgelegten Stimmen auf seine Seite zu ziehen. Siri hatte mild und einschmeichelnd von der Notwendigkeit gesprochen, Pauls VI. Werk fortzusetzen, um zu gewährleisten, daß »die positiven und großen Leistungen« seines Pontifikats »mutig vollendet würden«.

Benelli – auch sein Name findet sich auf Greenans Liste – hofierte ebenfalls die Presse. Bei seinem Interview geht es um die notwendige Kollegialität innerhalb der Kirche und um den Machtzuwachs der Bischofssynode. Die Schaffung dieser Synode sei eine noble Geste Pauls VI. gewesen; sein Nachfolger müsse aber noch kühner sein und garantieren, daß die Synode das Ungleichgewicht zwischen Papsttum und Kirche austariere. So etwas fasziniert Greenan, schließt er doch zu Recht daraus, daß Benelli in der letzten Woche seine Situation nicht folgenlos überdacht hat: er hält sich, natürlich nur insgeheim, nicht mehr für ›papabile‹, sondern versucht statt dessen mit Wort und Tat die Kandidatur eines Kardinalskollegen, Albino Luciani, zu begünstigen. Aus diesem Grunde sprach Benelli so vernehmlich von Kollegialität, worauf er früher zu keiner Zeit bestanden hatte. Kollegialität aber ist etwas, was dem Patriarchen von Venedig sehr am Herzen liegt, und zwar dermaßen, daß er sich selbst nicht ein einziges Mal über einen Beschluß seines Priesterrats hinwegsetzte. Benelli könnte vielleicht im ersten Wahlgang kurz in Erscheinung treten – Greenan tippt auf allerhöchstens zwei oder drei Stimmen zu seinen Gunsten –, aber seine wahre Stärke dürfte darin liegen, Unterstützung für Luciani zu mobilisieren. Benelli schafft sich aber auch gleichzeitig die Voraussetzungen für seine triumphale Rückkehr als Spiritus rector hinter dem päpstlichen Thron, auf dem seiner festen Überzeugung nach als nächster Luciani sitzen wird. Wenn der Patriarch seine seelsorgerischen Anliegen dann weiterverfolgt, kann Benelli, wenn alles so läuft, wie es seiner Meinung nach sollte, mit jenen abzurechnen beginnen, die ihn seinerzeit von Pauls VI. Seite vertrieben. Es könnte ein Blutbad daraus werden.

Sergio Pignedoli, nicht nur Spitzenkandidat der italienischen Nachrichtenmagazine, sondern auch bei Ladbrokes als Nummer Eins gesetzt, gelangte schließlich auch auf Greenans Liste. Der Herausgeber hatte nicht nur deswegen gezögert, weil ihm einfiel, welch schwerer Fehler dem Kardinal in Libyen unterlaufen war: als Teilnehmer eines christlich-moslemischen Seminars hatte Pignedoli eine Resolution unterzeichnet, die den ›Zionismus als Rassismus‹ verurteilte. Anschließend hatte er bitter geklagt, er könne kein Arabisch lesen, und der libysche Seminarleiter habe die Verurteilung erst im allerletzten Moment in den Text eingeschoben. Greenan ist mit vielen anderen der Ansicht, daß die ganze Episode übermäßig hochgespielt worden sei. Nein, ihretwegen hatte er nicht gezögert. Selbst wenn man unterstellt, daß Pignedoli im ersten Wahlgang gewisse Chancen hätte, so dürfte es ihm doch an der nötigen Unterstützung fehlen, um weiterzukommen. Wenn sein Name dennoch auf Greenans Liste auftaucht, so eigentlich nur als Beweis für die Breite des Spektrums möglicher Kandidaten.

Zu ihnen zählt auch Bertoli. Als Favorit vieler Kurienkardinäle hält er selbst es für ausgeschlossen, nicht in Betracht gezogen zu werden. Er hat sich in den letzten drei Wochen nicht den geringsten Fauxpas gestattet; zollte Paul stets beispielhafte Hochachtung. Seine Predigt während der ›novemdiales‹ hatte das Feld der kurialen Wunschvorstellungen voll abgedeckt: der Papst müsse wegen der besonderen Bedürfnisse der Diözese Rom und der politischen Landschaft Italiens ein Italiener sein; man brauche als Bischof nicht nur einen seelsorgerisch orientierten Kardinal, sondern dieser müsse auch bereits in Rom residiert haben. Bertoli hat das natürlich alles hübsch in gefällige Kardinalsworte verpackt, aber die Untertöne waren doch ganz eindeutig. Bertoli sprach nur von einem – nämlich von sich.

Ugo Poletti rangiert auf Greenans Liste als praktisch chancenlos. Der Generalvikar des Bistums Rom dürfte bereits im ersten Durchgang untergehen. Wie Benelli, wird ihm die Rolle des Papstmachers zugeschrieben, und zwar zugunsten Bertolis. Wenn seine Rechnung aufgeht, dürfte auch Poletti eine anständige Belohnung erwarten. Gerüchten zufolge übernähme er am liebsten Villots Posten als Staatssekretär. Andere meinen, er würde unter einem Papst Bertoli das Heilige Offizium überstellt bekommen. Poletti hatte die Akzente seiner Bestrebungen vor einer Woche, als er eine ganze Predigt Pauls VI. »eifersüchtiger Liebe« zu Rom widmete, erkennen lassen. Der lauschenden Gemeinde – darunter einer großen Zahl von Kardinälen – hatte er von der Kanzel herab gepredigt, Paul VI. habe während seines gesamten Pontifikats, und dies trotz der »täglichen Verdrießlichkeiten seines Amtes als Oberhirte«, seine »besondere Verantwortung für die Diözese Rom« zu keiner Zeit außer acht gelassen. Wegen der hiesigen Vorkommnisse von Gewalt, Entführung und politischem Mord sei Rom heute mehr als je seit Menschengedenken ein Mikrokosmos der unheilvollen Welt. Poletti hatte während seiner Predigt so gekeucht, daß es oft den Anschein hatte, er könne keinen Gedanken zu Ende bringen. Paul VI. habe oft durchblicken lassen, behauptete Poletti weiter, daß die ganze Welt Tritt fassen würde, wenn es gelänge, die Dinge Roms wieder ins Lot zu bringen, und dies könne man nur schaffen (Poletti konnte ein erneutes heftiges Keuchen nicht unterdrücken), wenn Rom bekomme, was es benötige. Die Gemeinde hielt die Predigt damit für beendet. Poletti atmete pfeifend. Dann aber ließ er die Katze aus dem Sack: Rom sei eines römischen Papstes, der Sprache der Römer mächtig, bedürftig. Und wenn schon keinen Römer, dann wenigstens einen Italiener. Bertoli hatte dagesessen und genickt, als ob ihm selbst der Gedanke noch nie gekommen wäre.

Bleibt auf Greenans Liste nur noch ein Name, der ihm in vielerlei Hinsicht am interessantesten erscheint: Luciani. Dieser steht nicht nur auf der Liste, weil ihm Benellis Unterstützung sicher ist; nein, Greenan hat seinen Namen aufgeschrieben, weil er den Patriarchen von allen zur Wahl versammelten Kardinälen für den auf eine herzerfrischende Weise Ungewöhnlichsten hält. In Fragen des Dogmas ist er traditionell konservativ. Greenan aber weiß, daß Luciani Hans Küng zu dessen Buch

›Christ sein‹ brieflich gratulierte und ihm ein Exemplar der ›Illustrissimi‹ zuschickte. Beides dürfte, wenn es ruchbar wird – und davon darf man ausgehen –, einige deutsche Kardinäle gewiß nicht erfreuen; denn daß Luciani ihr Mann ist, geben sie in Rom mehr oder weniger deutlich zu erkennen. In Fragen kirchlicher Disziplin ist Luciani freilich konservativ; er erwartet von seinen Leuten die Hinnahme seiner Entscheidungen. Bei der Entscheidungsfindung selbst aber ist er bemerkenswert flexibel und beweist liberalen Geist, desgleichen in seiner Einstellung zur sogenannten theologischen Revolution. Greenan mag solche Etikettierungen normalerweise nicht, diese indes hält er für ziemlich passend. Seit Johannes XXIII. *gab* es sehr viel Umdenken; auch Paul VI. konnte dies während seiner letzten Jahre nicht gänzlich unterdrücken – und Luciani ließ sich an eigenen Gedanken schon gleich gar nicht hindern. Der Patriarch findet, daß es für die Kirche nur von Vorteil sein kann, wenn sie zum Beispiel die Schriften Antonio Rosminis, des liberalen Theologen des neunzehnten Jahrhunderts, noch einmal überprüft. Greenan ist von Lucianis Einstellung angenehm überrascht.

Was Greenan aber wirklich beeindruckt – und nicht nur ihn –, ist Lucianis Reaktion auf ein Ereignis, zu dem jeder Kardinal unverzüglich Stellung beziehen mußte: die Geburt des englischen Retortenbabys Louise Brown. Man ist nach wie vor geteilter Meinung. Jeder Kirchenmann in Rom wird von lästigen Reportern um seine Ansicht gebeten. Die meisten verweigern eine Stellungnahme oder halten sich an die von Paul VI. vorgezeichnete Verurteilung der künstlichen Befruchtung. Ganz anders Luciani; er ging seinen eigenen Weg. Einer römischen Zeitung gegenüber erklärte er: »Ich sende dem kleinen englischen Mädchen, das nach künstlicher Empfängnis geboren wurde, meine herzlichsten Wünsche. Was die Eltern betrifft, so habe ich kein Recht, sie zu verurteilen. Wenn sie in ehrlicher Absicht und gutem Glauben handelten, könnte das, was sie wünschten und die Ärzte vorzunehmen baten, vor Gott sogar verdienstvoll sein.«

Das nun, denkt Greenan, ist ebenso bewegend wie geschickt, um so mehr, weil Luciani zunächst einmal seine guten Wünsche aussprach, anschließend aber vorsichtig Vorbehalte anzumelden wußte. Er bemerkte, der Fortschritt sei zwar oft, aber nicht notwendig etwas Gutes: schließlich habe der Fortschritt zu Atomwaffen geführt. Unter dem Strich, meinte er, habe er dennoch Gründe, die auch nicht verheimlicht werden sollten, die in der Frage der künstlichen Befruchtung innerhalb der Kirche gültige Anschauung zu modifizieren. Wer seine Worte aufmerksam verfolgte, bemerkte, daß Luciani nicht sagte, daß es *keine* Gründe für eine Änderung der Einstellung gebe, und auch nicht auf die Behauptung bestimmter Moraltheologen einging, daß selbst unter den Restriktionen Pius' XII. etwas wie Fortpflanzung im Reagenzglas zulässig sei. Luciani machte deutlich, daß er lediglich seine höchstpersönliche Meinung äußere und hoffe, damit eine vernünftige und ruhige Diskussion anzuregen.

Solche Feinheiten entgehen Greenan nicht. Dieser stark engagierte Kardinal scheut sich nicht, zu einer äußerst schwierigen Frage öffentlich von hoher geistiger Warte aus Stellung zu beziehen. Dies gelang ihm, ohne Anstoß zu erregen. Niemandem dürfte seine Sorge um die Lehren der Kirche und sein fester Glaube entgehen, daß diese sich noch ändern lassen. Seine Worte zeugten vom Urteil eines Mannes, der sich im gegebenen Rahmen des katholischen Dogmas einen offenen Verstand und seelsorgerische Empfindsamkeit bewahrte. Lucianis Äußerung ist gleichzeitig einer der wenigen Akte religiöser Staatskunst, die während des gesamten Interregnums zu verzeichnen waren.

Greenan kann nur mutmaßen, meint aber, durch diese Erklärung seien Lucianis Chancen, Papst zu werden, spürbar besser geworden als seine, Greenans, Aussichten, je in der irischen Lotterie zu gewinnen.

*

MacCarthy kann die aufkommende Erregung förmlich spüren. An diesem Donnerstagabend bewegen sich viele seiner 329 Kollegen vom Vatikansender viel eiliger, sprechen viel schneller als sonst. Tucci hat sein Generaldirektorenbüro verlassen, streicht durch die vier Stockwerke des Senders und schaut auf einen Sprung bei seinen Sprechern und dem technischen Personal vorbei.

Tucci ist stolz, wie seine Leute die letzten drei Wochen bewältigt haben. In dieser Zeit gingen 700 Sendungen nach Osteuropa, 300 nach Westeuropa, 200 nach Afrika über den Draht – unter diesen Sendungen ist MacCarthys eine der beliebtesten. 130 Sendungen wurden nach Nahost, Asien und dem pazifischen Raum ausgestrahlt; fast 100 Sendungen konnten in Amerika empfangen werden. Die wöchentliche Sendezeit belief sich auf 240 Stunden, 175 davon im Rahmen des fremdsprachlichen Programms. Auch an diesem Donnerstagabend gelten die Schwerpunkte der Sendungen wieder dem Konklave.

MacCarthy hat sich für eine Darstellung der Geschichte des Konklave entschieden, sitzt bereits in der Beengtheit des Studios Eins und wartet auf das Rotlicht, das Sendebereitschaft anzeigt. Es ist soweit.

»Konklave leitet sich aus dem Lateinischen für Schlüssel (clavis) her und bezeichnet soviel wie einen besonders reservierten, daher mit einem Schlüssel – ›cum clave‹ – versperrten Raum eines Hauses, in dem die Papstwahl durchgeführt wird.«

Weiterhin erläutert MacCarthy, daß ein förmliches Konklave Honorius III. im Jahre 1216 zum Papst wählte und daß Alexander II. bereits 1179 ausschließlich von Kardinälen gewählt wurde.

»Zu jener Zeit war alles viel einfacher. Bis zum Ende des dreizehnten Jahrhunderts ging die Zahl der Kardinäle nie über dreißig hinaus. Und sie schienen es auch nicht besonders eilig gehabt zu haben...«

MacCarthy erläutert dann, wie man die Kardinäle davon abbrachte, die Sache so langsam angehen zu lassen: »1216 wurden sie, ohne daß sie etwas Vernünftiges zu essen mitbekamen, in einem Palast eingeschlossen. Dasselbe geschah 1241 und 1243. Schließlich wurden sie 1268 nicht nur eingesperrt, sondern auch noch eingemauert. Als auch das noch nicht zu einem zügigen Ergebnis führte, wurde das Dach des Palastes abgerissen und die Wahlmänner zeitweilig den Unbilden der Witterung ausgesetzt. Trotzdem dauerte es noch zwei Jahre, neun Monate und drei Tage, bis ein neuer Papst gewählt worden war.«

MacCarthy legt eine kleine Pause ein. Es hatte viele Stunden geduldiger Nachforschungen bedurft, um eine jahrhundertelange Geschichte auf wenige Sendeminuten zu reduzieren. Während er jetzt sein Manuskript überfliegt, ist er sich nicht einmal sicher, ob er hinreichend kürzte. Problematisch sind die vielen Fremdwörter.

»Um eine Wiederholung eines so langen und nachteiligen ›sede vacante‹ – so wird die Zeit zwischen zwei Päpsten genannt – zu verhindern, verkündete Gregor X. auf dem Zweiten Konzil zu Lyon im Jahre 1274 den Verfassungszusatz ›ubi periculum‹; dies war die offizielle Institutionalisierung des Konklave. Die Regeln waren streng. Am zehnten Tage nach dem Tode eines Papstes hatten sich die Kardinäle am Ort seines Todes zu versammeln, mußten, ich zitiere: zu dritt oder viert in durch hölzerne Scheidewände voneinander getrennten Zellen zusammenleben, ohne Kontakt mit der Außenwelt, ohne sich heimlich besprechen zu dürfen. Die Schlüssel des Konklave wurden bewacht. Selbst zu jener Zeit war schon ein Kardinal Camerlengo, und ein Zeremonienmeister hinderte jeden am Betreten oder Verlassen des Gebäudes. Die Nahrungsmittel gelangten über Drehscheiben ins Innere, und man achtete sorgfältig darauf, daß auf diesem Wege keine Mitteilungen hinein- beziehungsweise hinausgeschmuggelt wurden.«

MacCarthy gönnt sich eine Atempause und wirft einen Blick auf die Studio-Uhr. Ihm bleiben noch zwei Minuten – also noch gerade genug.

»Wenn das Konklave nach drei Tagen noch keinen Papst gewählt hatte, dann gab es die nächsten fünf Tage mittags und abends nur einen Gang; war auch diese Frist erfolglos verstrichen, stand den Kardinälen nur noch Brot, Wein und Wasser zu.«

An dieser Stelle hatte MacCarthy gezögert: solche Einschränkungen dürften einem im letzten Winkel Afrikas halbverhungerten Hörer nicht allzu gravierend erscheinen. Ebensogut könnten dadurch aber auch einige begüterte Hörer Südafrikas zum Einhalten und Nachdenken veranlaßt werden. Bei so vielen verschiedenen Welten war es nie leicht, allen gerecht zu werden.

MacCarthy fährt fort. Mit gemessener Stimme stellt er die Reformen der späteren Jahrhunderte dar. Kurz vor Ablauf seiner Sendezeit kommt er mit dem Hinweis zum Schluß, morgen werde er über den Beginn des Konklave berichten, welches das bedeutsamste aller Zeiten werden könnte. Natürlich weiß er nicht, daß es belauscht werden soll.

Durchaus möglich, daß Jaime Sin von Manila an diesem Freitagmorgen, 25. August, vor allen anderen Kardinälen erwachte. Lange vor Morgengrauen hat er sich bereits rasiert und eine Soutane angelegt. Wie Kardinal Manning von Los Angeles, gibt auch Sin zu, sich wie »ein neuer Schüler auf dem Weg zur neuen Schule, bloß sehr aufgeregt« zu fühlen. Im Koffer hat er Kleidung »für wenige Tage« mitgebracht; nach allem, was er zwischenzeitlich erfuhr, nimmt er nun jedoch an, daß sich das Konklave doch in die Länge ziehen wird.

Dies ist Sins erstes Konklave, weshalb er seine Vorstellungen und Erwartungen an einem unlängst erschienenen Bericht über das letzte, das Pauls VI. Pontifikat vorausging, orientiert. Die darin nachzulesende Rekonstruktion der Ereignisse geht dermaßen ins Detail, daß verständlich wird, warum Paul VI. für künftige Konklaven so strenge Geheimhaltung vorschrieb und vor Paktiererei und Kuhhändeln warnte. Anscheinend gab es auf dem Konklave von 1963 eine Reihe solcher Vorfälle; doch dieses Mal wird es auch nicht anders sein.

Sin hat inzwischen festgestellt, daß es davon abhängt, wie weit beziehungsweise wie eng man ›Paktiererei und Kuhhandel‹ fassen will; während der letzten drei Wochen war die Kungelei oft so subtil wie ein chinesisches Paradigma.

In den Anfangstagen seines Rom-Aufenthalts hatte Sin sich über die unverkennbaren nationalen Eifersüchteleien gewundert. Er zweifelt natürlich nicht im geringsten daran, daß die italienischen Kardinäle jene seit 455 Jahren ungebrochene Tradition beibehalten und einen Italiener zum Papst gewählt sehen wollen. Diese festverwurzelte Erwartungshaltung ist dem Anliegen dieser Kardinäle zwangsläufig hinderlich; denn bestimmte Nicht-Italiener, denen man die Unterstützung einer italienischen Kandidatur zutraute, haben sich die Sache schon zu überlegen begonnen. Nun, das überrascht Sin nicht, wirklich erstaunt ihn dagegen, was er am Abend zuvor bei einem Essen mit ein paar südamerikanischen Kardinälen erfuhr. Aramburu von Buenos Aires hatte die Anwesenden mit der Bemerkung verblüfft, daß er doch nicht für Luciani stimmen werde. Störrisch weigert sich der Argentinier, auch nur ein einziges Wort der Begründung zu geben. Gerüchteweise heißt es jedoch, Aramburu halte Luciani den Anforderungen des Amtes körperlich für nicht gewachsen. Andere Gerüchte besagen, daß Aramburu in Venedig heimlich nachgefaßt habe und daher wisse, daß der Patriarch körperlich nicht auf der Höhe sei. Könnte dies der einzige Grund für Aramburus Sinneswandel sein? Ist es heutzutage so, daß ein potentieller Papst erst ein einwandfreies Gesundheitszeugnis vorlegen muß, ehe er in Betracht gezogen werden kann?

Sin weiß es nicht zu sagen. Ihm ist aber klar, daß König in vorderster Front einer Bewegung steht, die die Wahl eines Nicht-Italieners durchzusetzen sucht. Der Wiener Erzbischof – Sin sieht in ihm einen der wenigen Kardinäle von staatsmännischem Zuschnitt – spricht davon, daß es ein Italiener nicht leicht haben wird, die notwendige Stimmenmehrheit von zwei Dritteln plus eine weitere Stimme zu erreichen; es sind so viele Italiener im Rennen, daß das Konklave sich in einer Sackgasse befände, bis sich einer von ihnen durchgesetzt hätte. Warum also sollte man sich nicht auf einen anderen Europäer einigen, auf Willebrands, zum Beispiel? Oder, wenn man wirklich etwas wagen wolle, auf Wojtyla, den Kardinal aus Krakau? So jedenfalls spricht König.

Der Filipino weiß, daß die Probleme über den bloßen Nationalismus hinaus doch tiefer gründen und mit Sicherheit nichts damit zu tun haben, ob die Presse den einzelnen Kardinal nun als konservativ oder gemäßigt charakterisiert. Das hält Sin denn doch für zu vereinfachend. Soweit er an ›Konsultationen‹ beteiligt war, hatte er mit Vergnügen ein weitaus feiner abgestuftes und breiteres Meinungsspektrum erkannt, als daß man es auf eingängige Schlagwörter wie ›Freiheit versus Autorität‹ reduzieren könnte. Liberale Kardinäle können ebenso autoritär wie jeder Konservative sein; und selbst der reaktionärste noch läßt das Lippenbekenntnis hören, ein neuer Papst müsse sich um die Probleme der unterentwickelten Länder nachdrücklicher kümmern.

Hier scheint nach Sins Ansicht das wahre Problem zu liegen. Egal, welcher Nationalität der nächste Papst auch sei, von welcher Gruppierung er ins Amt gehebelt würde – zwei wichtige, ineinander greifende Fragen wird er jedenfalls beantworten müssen. Bis zu welchem Punkt soll die Kirche freundschaftliche Beziehungen mit marxistischen Regierungen pflegen? In welchem Maße sollte sie gesellschaftlichen Wandel und politischen Einfluß auf dem Wege über die wachsenden Mitgliederzahlen in der Dritten Welt anstreben? Asien, Afrika und Lateinamerika stellen den Löwenanteil des Mitgliederzuwachses der Kirche. In diesen Regionen sind die Kirchenführer aber oft Druck und Gegendruck tyrannischer Regimes und Revolutionsbewegungen ausgesetzt. Sin weiß das. Zu Hause in Manila sind Priester in regierungsfeindliche Aktivitäten verwickelt. Der nächste Papst muß eindeutig festlegen, welche Beteiligung an offenen und oft gewalttätigen Konflikten die Kirche ihrer Geistlichkeit gestattet. Sin ist sich zudem schmerzlich bewußt, daß das Papsttum seine Rolle als Dienerin der Unterprivilegierten in den Augen vieler seiner Schäfchen nicht ausfüllt. Insofern trägt es Mitschuld am Entstehen weltlicher und politischer Hindernisse, die der Verbreitung des Glaubens im Wege stehen. Während seines Rom-Aufenthaltes hat Sin einiges über die übrigen Probleme der Kirche erfahren. Eine zunehmende Anzahl junger Priester tritt in den Laienstand zurück – das gilt ganz besonders für Europa. Viele begründen ihr Verhalten mit der Enttäuschung darüber, daß die Kirche ihrer Verpflichtung gegen die Armen, die ihr doch schließlich besonders am Herzen liegen sollte, nicht in höchstmöglichem Maße nachkomme. Von amerikanischen Kardinälen weiß Sin, daß sich Millionen Katholiken der Vereinigten Staaten über das traditionelle Verbot von Empfängnisverhütung, Abtreibung und Ehescheidung hinwegsetzten, und ein paar europäische Kollegen erzählten ihm, daß gewisse einflußreiche Theologen das päpstliche Unfehlbarkeitsdogma erneut anzuzweifeln begännen, worin möglicherweise ein Aufweichen kirchlicher Autorität über Geistlichkeit und Laienschaft zum Ausdruck komme.

Auch mit diesen Fragen wird sich der neue Papst nach Sins Überzeugung auseinandersetzen müssen. Das gilt auch für die Frage, wie es um die nachlassende Initiative der Kirche steht, engere Verbindungen zu den sonstigen christlichen Religionen zu knüpfen? Der ökumenische Gedanke mußte nämlich in den letzten Jahren zugunsten ungelöster dogmatischer Fragen zurücktreten.

Und noch etwas ist Sin ganz klar: der künftige Papst müsse die wichtigste der von Paul VI. eingeführten Neuerungen – das Ausbrechen aus der relativen Isolierung, das Paul VI. zum bisher weitestgereisten Papst machte – beibehalten. Und doch ist sich der jüngste der in Rom versammelten Kardinäle nicht sicher, ob es dem nächsten Papst – selbst wenn er sich all diesen Überlegungen gegenüber aufgeschlossen zeigen sollte – gelingen wird, die konservativen wie liberalen Elemente innerhalb der Kirche gleichermaßen zufriedenzustellen.

Die Liberalen geben vor, sich nur besänftigen zu lassen – und anders ließe sich der ständige Rückgang der Kirchgängerzahlen insbesondere in Westeuropa, dem traditionellen Kerngebiet des Katholizismus, nicht aufhalten –, wenn der neue Papst auf die Bedürfnisse der modernen Zeit mehr eingehe, die gegenwärtige Dogmatik überprüfe und möglicherweise gar die Enzyklika ›Humanae Vitae‹ durch einen ›Anhang‹ relativiere. Die Konservativen widersetzen sich allem, was einer so radikalen Reform auch nur ähnlich sieht. Sin wird immer wieder aufs neue Pauls VI. Botschaft von 1974 vorgehalten, in der der verstorbene Papst die Kirche davor warnte, »eine einfachere, experimentelle, rationale und wissenschaftliche Weltanschauung ohne Dogmen, Hierarchien und unbegrenzt möglichen Lebensgenusses« zu lehren.

Während die hügelige Silhouette Roms vor dem sich erhellenden Himmel erkennbar wird, sinniert Sin, daß der künftige Papst wohl größerem Druck ausgesetzt sein dürfte als jeder seiner Vorgänger. Zum einen sind da diejenigen, die sich dem leisesten Wandel widersetzen; andere Gruppen werden gravierende, tiefgreifende Veränderungen fordern. Der nächste Papst wird spirituell und physisch sehr stark sein müssen, um in einer sich sehr schnell wandelnden Welt die Kirche den Erfordernissen der Zeit anpassen zu können, ohne indes bei jenen Grundsätzen Zugeständnisse zu machen, die ihr seit nunmehr fast zweitausend Jahren als Grundlage dienen.

Vielleicht, überlegt Sin, hat Aramburu recht. Nur ein Mann im Vollbesitz seiner Kräfte kann es wagen, die Herausforderung anzunehmen. Am Morgen dieses entscheidenden Tages wird dem Kardinal aus Manila klar, daß er für Luciani nicht votieren kann. Andererseits weiß er aber nicht, wen er sonst unterstützen sollte. Dennoch sorgt er sich nicht. Der innig fromme Sin ist sich sicher, daß ihm der Heilige Geist zu gegebener Zeit schon das Rechte eingeben wird.

*

Cody ist ebenfalls schon sehr früh auf den Beinen; seine füllige Gestalt dominiert den Frühstücksraum der Villa Stritch. Das Küchenpersonal fragt sich, woher er seine Energie nimmt, vielleicht von dem Viertelliter frischen Orangensaft, den er jeden Morgen trinkt – oder von dem Berg Schinkeneier mit Toast und Kaffee, womit er seinen Tag beginnt. Wie dem auch sei – die hektischen privaten Mittagessen, Dinners oder Empfänge der letzten Zeit, an denen er entweder nur teilnahm oder sogar selbst Gastgeber seiner Kardinalskollegen war, haben ihn anscheinend nicht strapaziert. Er war auch bei allen neun ›novemdiales‹ dabeigewesen und hatte Siri, Felici, Confalonieri und andere predigen gehört. Jede dieser Predigten war ein Loblied auf Paul VI. und seine Ziele gewesen, wobei es der jeweilige Kanzelredner stets geschickt verstanden hatte, ein Stück von Pauls Mantel zu erhaschen, um es den Widersachern zu erschweren, den verstorbenen Papst für sich allein zu reklamieren.

Cody ist diese Masche nicht fremd. Er ist Freund und Sachverständiger von Papstwahltaktiken und weiß daher, wie zweischneidig solche besonderen Tricks sein können. 1958 und 1963 führte die konservative Gruppierung der Kurie ihre eigenen ›papabili‹ als einzig wahre Erben des letzten Papstes ins Feld – sie zogen in den Wahlgängen gegen die jeweiligen Kompromißkandidaten den kürzeren. Cody ist nicht entgangen, daß sich die Traditionalisten – im Gegensatz zu Sin sind ihm solche Etikettierungen durchaus geheuer – dieses Mal raffinierter verhalten. Sie zeigen nach außen hin niedriges Profil und heben sich die eigentliche Propagandakampagne auf, bis in der entspannten Atmosphäre nach einem genüßlichen Abendessen die rechte Zeit gekommen zu sein scheint. Cody kann sich nicht erinnern, in Rom jemals so gut diniert zu haben wie in letzter Zeit; er hatte nicht nur Gelegenheit, alle möglichen Ansichten auszukosten, sondern aß und trank auch noch vom Besten, was die Stadt zu bieten hat. Nach und nach war ihm bei einer Reihe von ›digestivi‹ klargeworden, daß selbst so unnachgiebige Konservative wie Felici nicht an der Erkenntnis vorbeikamen, Kompromisse schließen zu müssen.

Während des gestrigen Abendessens hatte Felici tatsächlich so etwas anklingen lassen. Wegen eines schönen moussierenden Geschenks der traditionalistischen Vierundvierzigergruppe – ebenso exakt weiß Cody die Gruppe der Progressiven einzuschätzen, sie stellt seiner Meinung nach fünfundzwanzig – hatte man sich erst spät zum Essen begeben.

Bei Kaffee und Cognac hatte Felici dann dargetan, daß seine Suche im Geheimarchiv zu nichts geführt habe, wobei er grimmig hinzugefügt hatte, daß die Lage dadurch noch ernster werde. Felici hatte sich sicher gegeben, daß man sich gewisser ›schmutziger Tricks‹ bediene, um die Überlegungen des Konklave zu beeinflussen. Cody war keineswegs überrascht gewesen; er sieht sich bereits seit Jahren als das Opfer derselben Dunkelmänner aus der Chikagoer Zweigstelle.

Gegen Ende des Abends hatte Felici seine gewohnte Methode – zielbewußtes Vorgehen durch höfliche Umständlichkeiten getarnt – fallenlassen und gesagt, er habe sich für den ersten Wahlgang auf Luciani als Strohmann festgelegt. Das war für Felici nun wahrhaftig ein Kompromiß.

Cody hatte unverbindlich genickt, wollte sich jedoch nicht zu etwas drängen zu lassen.

So sieht er die Dinge auch an diesem Morgen noch. Er meint, es sei noch Zeit für weitere ›Konsultationen‹. Er beabsichtigt, sich so lange umzuhören, bis das Gerede schließlich aufhört und die Stimmabgabe beginnt.

✻

Während er im Deutsch-Ungarischen Kollegium auf seinen Frühstücksgast wartet – König hat sich für diesen Treffpunkt entschieden, weil er die beste Wurst der ganzen Stadt verheißt –, ist der Wiener Erzbischof verschiedener Dinge wegen von ruhiger Gewißheit erfüllt. Er hat sich auf das Konklave bereits geistig vorbereitet: während seines Rom-Aufenthalts pflegt er sich jeden Abend und Morgen Zeit für Gebet und Meditation zu nehmen; das erfrischt ihn an Leib und Seele. Es half ihm auch, die Ereignisse der letzten Wochen ihrer Bedeutung nach zu ordnen.

Es hat ein paar schwierige Augenblicke gegeben. Wiewohl es absolut zutrifft, daß er einem nicht-italienischen Papst den Vorzug gibt, sucht König nicht – wie von manchen Medien behauptet – nach festen Zusagen seitens seiner Kardinalskollegen. Er ist sich völlig im klaren darüber, daß jede noch so freiwillig eingegangene Vorabfestlegung beim Konklave unverbindlich ist. Jeder Kardinal muß vor der Stimmabgabe einen heiligen Eid schwören, nur für jenen Kandidaten zu votieren, den er für das Amt des Pontifex Supremus am geeignetsten hält.

König ist der festen Überzeugung, daß kein Prälat diesen Eid auf die leichte Schulter nehmen wird; ebenso sicher ist er, daß von der weltlichen Presse völlig mißverstanden wird, was man gemeinhin ›Wahlmanöver‹ nennt. König zweifelt nicht im geringsten, daß letztlich alle Kardinäle jede Versuchung nach Kräften verdrängen und sich nur daran orientieren werden, was der Kirche nützt; sie alle werden darum beten, daß ihr Urteil aufrichtig sein möge. König hat sich für sein Teil den endlosen Erörterungen, die vielen anderen Kardinälen so sehr liegen, zu entziehen versucht; er tat dies nicht, weil er darin wenig Sinnvolles sah, sondern weil er sich gern Zeit läßt und seine Gedanken erst einmal sammelt, ehe er sie mit anderen durchspricht.

Solches Vorgehen versetzt ihn in die Lage zu bewerten, welche wahrscheinlichen Auswirkungen peripherer Druck zugunsten dieses oder jenes Kandidaten haben dürfte. König hat sich überlegt, daß das CREP über auffällige Schlagzeilen hinaus keinen wirklichen Einfluß habe: amerikanisches Geschwätz, worauf der Erzeuropäer König nicht viel gibt. Er zählt das CREP zur selben Kategorie wie jene hundert Nonnen, die in Pittsburgh nach einer Zusammenkunft der Nationalen Vereinigung Weiblicher Ordensmitglieder einen Offenen Brief verfaßten und das Kardinalskollegium baten, »bei der Wahl auch jene abstimmen zu lassen, die die gegenwärtige Kirche von der Teilnahme ausschließt«. König hält dafür, daß wichtigere Fragen zu lösen sind, ehe man das Konklave mit langweiligen Problemen des Women's Lib behelligt.

König fallen zahlreiche ›papabili‹ ein, von denen manche noch vergleichsweise jung sind. Pappalardo aus Sizilien zum Beispiel gehört zu ihnen, ein guter Kandidat, der kurz die Führung übernahm und dann aus der Spitzengruppe wieder ins Mittelfeld zurückfiel. Dies die Darstellungsweise der Zeitungen – sie tun so, als handele es sich um ein Rennen. Dieses Gerede von Favoriten und Platzchancen macht König stöhnen. Er kann überhaupt nicht verstehen, wieso die Medien einen so unangemessenen Ton anschlagen.[1]

König ist sich sicher, daß sein Frühstücksgast auf keiner Liste gehandelt wird. Und doch: als er Karol Wojtyla an den Tisch bittet, mit erfreutem Lächeln des Polen Entzücken über die Auswahl von Wurst und Joghurt und warmen, knusprigen Brötchen quittiert, fragt sich König erneut, wie lange es noch dauern wird, bis die anderen Kardinäle bemerken, daß hier jener Mann sitzt, der fast alle vom künftigen Papst verlangten Eigenschaften besitzt.

König kennt Wojtyla seit fünfzehn Jahren und erinnert sich noch sehr gut, wie sie sich 1963 an der polnischen Grenze kennenlernten. Wojtyla war in abgetragener Soutane und zerdrücktem Hut zum Treffpunkt gekommen. An seiner Erscheinung hat sich nicht viel geändert; er wirkt immer noch wie eine Figur aus ›Pater Brown‹: entweder hat Wojtyla noch nichts von Gammarelli gehört, oder – viel wahrscheinlicher – er ist einfach nicht bereit, einen beträchtlichen Teil seiner Bezüge für maßgearbeitete Kleider auszugeben. Darauf würde König jede Wette halten. Wojtylas Freundlichkeit und große Belesenheit fielen König bereits beim ersten Kennenlernen angenehm auf. So ist es auch jetzt wieder: Königs Gast kommt mit breitem Lächeln auf die Bücher zu sprechen, die er hier während seines Rom-Aufenthalts bereits gelesen hat.

Je näher er Wojtyla kennengelernt hat – bei seinen Rom-Reisen pflegt dieser in Wien gern Station zu machen –, desto mehr hat König dessen klaren Verstand und Eigenheit bewundern gelernt, vor Abgabe eines Urteils das Problem zunächst einmal gedanklich voll zu durchdringen. Er erweckt den Eindruck, als wolle er gern zuhören und jeden einzelnen Punkt gewichten, kommt dann aber schließlich zu einem Entschluß. Und ist der einmal gefaßt, steht er unverrückbar fest. Zu Wojtylas enormem Intellekt gesellt sich ein unerschütterlicher Glaube. König weiß, wie schwer ein Mann zu finden ist, dessen physische Kräfte seiner geistigen Potenz standhalten. Wojtyla ist ein kraftstrotzender Endfünfziger; beim Skilauf ist ihm keine Abfahrt zu steil, und jeden auch nur halb so alten Mann könnte er in Grund und Boden marschieren.

Obwohl Wojtyla nur ungern über sich selbst spricht, hat König durch gezieltes Fragen herausgefunden, daß Wojtylas Charaktereigenschaften in ganz besonderem Maße durch seinen Erlebnishintergrund geprägt sind. Der Gast hatte polnische Sprache und Literatur an der Universität Krakau – die Kopernikus und Lenin zu den berühmtesten ihrer Studenten zählt – gelesen. Dort in Krakau hatten sich Wojtylas ohnehin schon ausgeprägte nationalistische Empfindungen noch verstärkt. Krakau ist eine alte polnische Provinzhauptstadt, der die bittere und oft blutige Geschichte Polens nicht erspart blieb. 1939 – Wojtyla studierte seit einem Jahr – erlebte er ein weiteres unerfreuliches Kapitel dieser Geschichte am eigenen Leibe: Krakau, und kurz darauf Polen, fiel den Nazis in die Hände. Sein eigentliches Vorhaben, Schauspieler zu werden, gab Wojtyla zugunsten des Priesteramts auf. Während er tagsüber Zwangsarbeit leisten mußte, studierte er des Nachts heimlich Theologie. Ende 1944 wurde er Seminarist; bis zum Kriegsende blieb er im Erzbischöflichen Palais zu Krakau versteckt und entging so auch den mit dem Rückzug der Deutschen einhergehenden Exzessen. Nachdem er 1946 zum Priester geweiht worden war, mußte er feststellen, daß er sein Amt in Polen unter einem in gewisser Hinsicht noch grausameren Regime auszuüben hatte. Die Russen sahen in der Kirche nicht zu Unrecht das größte Hindernis zur Schaffung eines orthodoxkommunistischen Staates; die polnische Geistlichkeit wurde folglich wieder einmal verfolgt. Der Bischof schickte Wojtyla nach Rom, wo er zwei Jahre verbrachte. Danach kehrte er wieder nach Polen zurück und stieg dreißig Jahre hindurch die Erfolgsleiter der Polnischen Kirche stetig hinauf. Mit achtunddreißig Jahren war er der jüngste aller achtzig polnischen Bischöfe; sechs Jahre später bereits Erzbischof von Krakau. Zu dieser Zeit hatte er schon seine besondere Haltung gegenüber dem kommunistischen Regime entwickelt: er ließ es nur zu ganz wenigen Kraftproben kommen, arbeitete statt dessen im Innern des Systems, wobei er sich der besonderen Rolle, die die Kirche im Leben der polnischen Bevölkerung spielt, jederzeit sicher sein konnte. Außerhalb Polens begründete er seinen Ruf durch intellektuell anspruchsvolle Reden. Beim Zweiten Vatikanischen Konzil erhielt er breite Unterstützung seines Aufrufs zu Religionsfreiheit und seines Plädoyers für einen Dialog mit dem Atheismus anstelle einer bloßen, unreflektierten Zurückweisung. Wojtyla begründete auf nun folgenden häufigen Rom-Reisen eine enge Beziehung zu Paul VI., der ihn 1967 zum Kardinal ernannte: Wojtyla war gerade siebenundvierzig Jahre alt. Vier Jahre später wurde er in den Ständigen Rat der Bischofssynode berufen; dadurch bot sich ihm eine hervorragende Gelegenheit, aus einer gewissen Entfernung die Arbeitsweise der Kurie zu verfolgen. Er reiste viel und weit, unter anderem auch in die USA, wo er seinen polnischen Landsmann, Kardinal Krol, in Philadelphia besuchte. Wojtyla spricht mehrere Sprachen fließend: mit dem Englischen hapert es noch immer etwas.

An diesem Morgen unterhält er sich mit König wie üblich auf italienisch und deutsch. Sie behandeln Fragen, die ihnen beiden am Herzen liegen. Welchen Weg sollte die Ostpolitik nunmehr einschlagen? Wie wird das polnische Regime, eigentlich der gesamte Ostblock, auf die der Kirche unmittelbar bevorstehende Richtungsänderung reagieren? Keiner von beiden glaubt, daß es beim Status quo ante bleiben könne oder solle. Während beide der Ansicht sind, daß es im Augenblick keinen ganz eindeutig herausragenden Kandidaten für die Papstwürde gibt – obschon beide überzeugt sind, daß dieser wahrscheinlich im Kreise der italienischen Kardinäle sichtbar werden wird –, stimmen sie auch darin überein, daß der nächste Papst, auch bei pastoraler Prägung, sich wieder dem Gesamtproblem Marxismus stellen müsse.

Sie erörtern noch immer die Zukunftsaussichten, als es Zeit wird, sich vor der Papstwahl anzukleiden. Bei der Trennung weiß König eines ganz gewiß: Wojtyla ist nicht der Mann bequemlicher Anpassung. Dies macht ihn so charismatisch. Seine fest umrissenen Vorstellungen sind die bestmögliche Antwort auf jene inzwischen abgedroschene Frage (die Stalin zugeschrieben wird), wie viele Divisionen der Papst denn habe? König hält Wojtyla für den rechten Mann, um ohne Mühe zu beweisen, daß der Glaube jeder Gewalt überlegen sein kann.

✳

Gleich hinter dem Pantheon, vor dem Hause Santa Chiara Nr. 34, werden an diesem Freitagmorgen vier Kartons vorsichtig auf einen Lieferwagen geladen. In jedem Karton befindet sich ein kompletter Satz päpstlicher Gewänder in einer der vier Standardgrößen XL, L, M und S: eine weißseidene Soutane, rote Stretchsamtslipper mit aufge- nähtem Goldkreuz, eine weißseidene Schärpe, Rochett, eine Mozzetta, eine goldbestickte rote Stola, ein weißes Käppchen sowie weiße Baum- wollstrümpfe. Die Kleider waren unter der persönlichen Aufsicht Ani- bale Gammarellis angefertigt worden. Gammarelli besitzt eine eigene, höchst geheime Liste, die anscheinend auf Informationen beruht, die er aus ähnlich mysteriösen Quellen bezieht, wie Greeley sie anzuzap- fen versteht. Rückenteile, Säume und Ärmel der Soutanen sind nur mit groben Stichen geheftet. Die endgültige Naht legt Gammarelli, kurz bevor der neue Papst zum erstenmal auf den Balkon der Peterskirche hinaustritt. Gammarelli liefert die Kartons im Vatikan ab. Sobald das Konklave begonnen hat, hält sich der pflichtbewußte Schneider in der Nähe seines Telefons jederzeit abrufbereit, um sich erneut in den Vatikan zu begeben und letzte Hand anzulegen. Auf der Rückfahrt zu seiner Werkstatt sieht der Schneider bereits die Kardinäle zur dem Konklave vorausgehenden Messe in den Vatikan fahren: Gammarelli ist insgeheim überzeugt, daß einer von ihnen – ein mittelgroßer Italie- ner – sehr schnell zum nächsten Papst gewählt werden wird. Dieses Wissen stammt aus seinen anonymen Quellen.

＊

MacCarthy gehört zu einer Gruppe von Rundfunksprechern, die die Szenerie der in Kürze beginnenden Messe schildern, wobei er sich geflissentlich selbst der leisesten Spekulation enthält. Gelassen be- schreibt er die Prozession der in die Peterskirche einziehenden Kardi- näle. Einige Gesichter fehlen. Dazu gehört jener chinesische Kardinal, der während Pauls VI. Totenfeier einen Herzanfall erlitt, dem er vor wenigen Tagen erlag. Der Amerikaner John Wright, ein indischer und ein polnischer Kardinal sind ebenfalls noch zu krank, um der Messe beiwohnen zu können. Als der Chor der Sixtinischen Kapelle eine Hymne anstimmt, sagt MacCarthy, daß sich nunmehr eine Atmosphä- re des Gebets manifestiere. Er weist seine Hörer darauf hin, daß die Messe einzig dem Zweck diene, die Kardinäle an das Wort aus dem Evangelium zu gemahnen, welches heißt, daß der Heilige Geist, den der Vater in meinem Namen senden wird, euch alles lehrt und euch an alles erinnert, was ich euch je gesagt habe.

Nachdem der Gottesdienst nun begonnen hat, kommt es – während des Wechselgesangs – in der Pressekabine zu einer kurzen Aufregung; ein französischer Fotograf will es nicht dulden, daß der Engländer Peter Hebblethwaite mitsingt: der frühere Jesuit ist seiner höchst indi- vidualistischen Berichterstattung wegen bekannt. Schließlich aber ge- ben sich die beiden, wie Hebblethwaite es formuliert, ›den Friedens- kuß‹. Anstand und Schicklichkeit kehren wieder ein.

Nach dem Ende der Messe hören die Kardinäle eine Zehnminuten- predigt Villots. Als Text legt er Johannes 15,9 zugrunde: »Gleich wie mich mein Vater liebte, also liebe ich euch auch. Bleibet in meiner Liebe!« Mit Nachdruck weist er seine Kollegen darauf hin, diese Worte der Schrift seien Beweis dafür, daß sie bei den ihnen bevorstehenden Erwägungen nicht alleingelassen würden.

Den Auszug der Kardinäle führt Noé an. Sein großer Augenblick steht noch bevor.

In fünf Stunden werden die Kardinäle zum Konklave zusammentreten.

*

Nachstehendes dürfte wohl das in jeder Hinsicht Bemerkenswerteste sein, was es an diesem Freitagnachmittag in Rom zu sehen gab. Die klobigen Hände unter dem Doppelkinn verschränkt, hockt Pericle Felici rittlings auf einem unbequemen Holzstuhl. Ihm gegenüber, auf einem gleichen Stuhl, sitzt Albino Luciani, der die Soutane hochgeschlagen und die nackten Füße in eine Plastikschüssel gestellt hat, in der eine bernsteingelbe Flüssigkeit – nach felsenfester Überzeugung des Patriarchen und seiner Haushälterin gut gegen Phlebitis – schwappt.

Die beiden erörtern in Lucianis Schlafzimmer allen Ernstes die schwierige Frage, wie man die Stimmzettel am zweckmäßigsten falten sollte. Dieses Thema war morgens bereits in der Sala Bologna von den dort routinemäßig versammelten Kardinälen volle zwanzig Minuten hindurch debattiert worden. Felici und Luciani lassen noch einmal in aller Ruhe jene Argumente Revue passieren, die die Kardinäle schließlich bewogen hatten, es mit einmaligem Falzen sein Bewenden haben zu lassen. Die beiden wissen ebensogut wie der dritte Anwesende, Diego Lorenzi, daß Felici eigentlich nur gekommen ist, um herauszufinden, ob Luciani weiterhin zur Kandidatur bereit sei. Die Nachricht, daß Aramburu das Lager gewechselt habe, hatte den Befürwortern des Patriarchen einen Schlag versetzt: so wurde Felici vorgeschickt, um festzustellen, ob des Argentiniers Verhalten den venezianischen Kardinal irgendwie berührt habe.

Diese ›Konsultation‹ sollte eigentlich geheim bleiben; aber in der hektischen Atmosphäre Roms – wo, wie König richtig voraussah, nichts lange vertraulich bleibt – sickerte schließlich doch durch, daß Felici höchst gereizt war, dieweil Luciani wie gewöhnlich strahlte und Lorenzi – weniger als Schiedsrichter denn als Zeitnehmer – dazwischenstand und sich fragte, wie lange die beiden Kardinäle dieses stumpfsinnige Manöver noch weiterführen wollten, ehe es Zeit würde, sich ins Konklave zu begeben?

Felici – und in diesem Punkt werden sich die Auguren später völlig einig werden – warf beiläufig die Frage nach Benellis Telefonrechnung auf. Neun Tage zuvor hatte sich der Kardinal-Erzbischof von Florenz plötzlich nach Hause begeben und dort eine Predigt gehalten, in der er anklingen ließ, wie sehr es ihn freue, seinen seelsorgerischen Pflichten wieder nachkommen zu können. Jeder Eingeweihte glaubte sofort zu wissen, was das zu bedeuten hatte: Benelli meinte, es bliebe den anderen überlassen, in der heißen Mittagsglut ihre Fäden zu spinnen. Darüber ließe sich eigentlich nur lächeln: aber über irgendeine undichte Stelle hat Felici in Erfahrung bringen können, daß sich Benelli von Florenz aus telefonisch bei den konservativen Kardinälen zu Lucianis Gunsten stark gemacht hatte. Benelli befindet sich inzwischen wieder in Rom und bearbeitet weiterhin kräftig das Telefon; die ablehnende Haltung des Patriarchen gegenüber Kommunismus, Ehescheidung und Abtreibung streicht er dabei besonders heraus; so wie er ihn schildert, könnte Luciani gut und gern ein Schüler Lefèbvres sein. Wer wird alle diese Telefongespräche bezahlen? Felici scherzt natürlich nur ein wenig. Niemand beabsichtigt, Benelli um Kostenübernahme zu bitten. Felici will einfach nur andeuten, daß ihm Benellis Rolle bekannt ist. Was er aber eigentlich wissen möchte, ist, ob – was Gott verhüten möge – Benelli für seinen rastlosen Einsatz etwas versprochen worden ist. Natürlich formuliert er seine Frage nicht so – Gott bewahre!

Luciani läßt offen, ob ihm Benellis Unterstützung beziehungsweise Felicis so besorgt angediente Hilfe recht ist; in diesem Stadium können weder der Kardinalskollege noch der Privatsekretär Lucianis Gedanken erraten. Der Patriarch scheint sich in ein spirituelles Refugium zurückgezogen zu haben.

Felici ist jedoch nicht der Mann, der bei seinen Sondierungen so schnell locker läßt; da direktes Fragen und Antworten den Rahmen einer ›Konsultation‹ ohnehin sprengen würde, versucht er es weiterhin mittelbar. Dabei geht er mit einer Umsicht zu Werke, daß selbst Lorenzi manche Feinheiten entgehen. Er läßt es übrigens trotz des informellen Anlasses an Förmlichkeiten nicht fehlen. Felici leitet selbst seine Fragen grundsätzlich mit der Anrede »Eminenz« beziehungsweise »Herr Kardinal und Patriarch« ein.

Luciani sagt bloß, er habe mit vielen Wahlmännern gesprochen, und es gebe so viele würdige ›papabili‹, auf denen der Heilige Geist sein wohlwollendes Auge ruhen lassen könne. Die Kolportage dieses Satzes ist wahrscheinlich ebenfalls bloß eine vereinfachte Übersetzung der ungewöhnlich umwundenen Ausdrucksweise des Patriarchen.

Als ob er nicht zugehört hätte, fährt Felici daraufhin fort, Benelli habe mit einigen Kardinälen aus der Dritten Welt gesprochen. Diese hätten angeregt, der nächste Papst sollte der Arbeiterklasse entstammen, und zwar deshalb, damit sich die Massen eher mit der Kirche identifizieren könnten.

Beide wissen, daß Luciani aus kleinen Verhältnissen kommt.

Der nächste Papst, gibt Felici zu bedenken, sollte sich aufrichtig um die Armen dieser Erde kümmern; das solle natürlich nicht heißen, fügt er geschwind hinzu, daß Paul VI. dies nicht getan habe; aber es sei einfach nötig, sich dieses Problems erkennbarer anzunehmen.

Auch Luciani liegt dies sehr am Herzen, antwortet aber schlicht, die erforderlichen Qualitäten besäßen so viele Kardinalskollegen. Sein Lächeln ist ohne Arg; er glaubt offenbar wirklich daran. Luciani nimmt die Füße aus der Schüssel, trocknet sie sorgfältig ab. Dann zieht er sich Strümpfe und – alte, aber gut gepflegte – Schuhe an. Erst jetzt, so wird später berichtet, fragt Felici – wohl nicht ohne Hintergedanken –, warum Luciani seine Füße gebadet habe. Um die Geschichte abzurunden, muß der Patriarch natürlich eine hinreichend einleuchtende Antwort geben. Aus der Gerüchteküche vernimmt man, der Patriarch habe den Besucher zunächst einmal eingehend gemustert und dann geantwortet, daß der Heilige Geist die Gründe kenne, und es sei daher wohl falsch, Felici mit einem weiteren Problem zu belasten. Soweit die Geschichte. Wenn sie einmal außerhalb dieses Schlafzimmers zirkulieren wird, kommt ihr keinerlei Bedeutung mehr zu.

*

MacCarthy sitzt im Studio Eins des Vatikansenders vor einem Monitor und hält die Szenen auf einem Notizblock stichwortartig fest. Das Fernsehbild liefern mehrere Kameras, die an strategisch günstigen Punkten des Konklave postiert sind. Ständiger Szenenwechsel zwischen den verschiedenen Kameras vermittelt einen wesentlich umfassenderen Eindruck des Geschehens, als die in der provisorischen Pressekabine in der Sixtinischen Kapelle untergebrachten Reporter mit eigenen Augen erleben. Bis sich die Kardinäle zur geschlossenen Sitzung zurückziehen, wird sich MacCarthy daher ausschließlich auf seinen Monitor verlassen. Trotzdem arbeitet er unter beträchtlichem Druck; denn in Kürze wird seine abendliche Sendung nach Afrika ausgestrahlt. MacCarthy möchte seinen Hörern über den Beginn des Konklave berichten.

Auf dem Schirm sieht MacCarthy nun die Kardinäle aus dem Herzogssaal heraustreten und sich in die Paulinische Kapelle begeben: Noé führt den Zug an. Hinter ihm, den Zeremonienmeister um einiges überragend, schreitet Villot. Der Mann mit dem grüblerischen, bekümmerten Gesicht und dem selbst unter den weiten Kardinalsgewändern noch eckig wirkenden Körperbau geht allein. MacCarthy tut der betagte Camerlengo leid: ihm fällt wieder ein, daß Villot im Mittelpunkt einiger äußerst gehässiger Gerüchte stand. Ihm kommt es so vor, als wäre Villot erleichtert, wenn das Ganze schon hinter ihm läge. Villot folgen paarweise einhundertzehn Kardinäle. Sie alle tragen scharlachrote Soutanen, Cappa und Birett. Die einzelnen Paare kommen in größerem Abstand nacheinander aus dem Saal hervor.

Pericle Felici erscheint als einer der ersten. Seine Robe läßt ihn mehr denn je wie einen römischen Imperator erscheinen; er wirkt eher majestätisch als heilig.

Während die Kardinäle nach und nach zum Vorschein kommen, notiert MacCarthy:»Die Gesichter sind ernst; zweifellos ist allen der heute morgen während der Messe erteilte Auftrag gegenwärtig. Sie sollen einen ebenso befähigten wie würdigen Papst wählen, und zwar unter Hintansetzung aller weltlichen Überlegungen. Sie sollen Gott allein vor Augen haben.«

Auf dem Bildschirm erscheint nun humpelnd die von allen vielleicht eindrucksvollste Gestalt – Pio Taofinu'u, der Kardinal mit dem weitesten Anreiseweg. Er kümmert sich um die geistlichen Bedürfnisse der Samoaner im südlichen Pazifik. An Pauls VI. Todestag war Taofinu'u mit dem Kanu zu einer abgelegenen Insel unterwegs; in der Brandung kenterte seine Nußschale jedoch. Der Kardinal wurde auf eine Korallenbank geschleudert und zog sich eine ernste Fußverletzung zu. Bei der Ankunft am Zielort erfuhr er von Pauls VI. Tod. Mit bandagiertem Fuß ließ sich Taofinu'u sofort nach Samoa zurückpaddeln. Von dort nahm er eine Maschine nach Neuseeland und flog direkt nach Rom weiter – eine dreißigstündige Reise mit schmerzhaft entzündetem Fuß. In Rom wurde der Fuß operiert. Taofinu'u ist seit fünf Jahren Kardinal und trägt seine Robe, so notiert sich MacCarthy, »mit der Würde eines Stammeskönigs«. Und noch etwas anderes fällt ihm über den Insulaner ein. Taofinu'u stimmt mit seiner Gemeinde gern Hymnen an – zur Begleitung von Buschtrommeln und Knochenklappern.

Das nächste Bild strahlt den Kardinal von Guatemala aus, der in seiner unruhigen Diözese nur in Begleitung einer bewaffneten Leibwache herumreist – anders weiß die Regierung des von Unruhen und Kämpfen heimgesuchten Landes seine Sicherheit nicht zu garantieren. Als nächster kommt Humberto Medeiros, der Kardinal von Boston, ins Bild. MacCarthy fällt ein, daß er bei weiten Reisen am liebsten Greyhound-Überlandbusse benutzt. Ihm folgt John Dearden aus Detroit, der am liebsten alles zu Fuß erledigt.

MacCarthy hält einen Gedanken fest.»Sie alle sind Kirchenfürsten; aber manche von ihnen führen das Leben der Armen. Es gibt unter ihnen Philosophen, Verwaltungsfachleute, Diplomaten, Bürokraten, Wissenschaftler, Lehrer und Seelsorger. Alle nur erdenklichen Lebensläufe sind vertreten. Ihre Geschmäcker reichen von Anspruchslosigkeit bis Genußsucht; sie vertreten sämtliche gesellschaftlichen und theologischen Richtungen zwischen extremem Konservatismus und äußerstem Liberalismus. Manche wohnen in Palästen, andere in bescheidenen Mietwohnungen. Die einen haben ihre mittelalterlichen Kathedralen, die anderen begnügen sich mit schlichten Missionskirchen. Das Kardinalskollegium ist heutzutage heterogener als je zuvor – schon aus diesem Grunde kann niemand ein verläßliches Ergebnis des Konklave voraussagen.«

Die Szene wechselt. Das neue Bild zeigt eine Gruppe langsam einherschreitender Kardinäle, manche von ihnen bereits vom Alter gebeugt. Ihr Anblick erinnert MacCarthy an Paul VI. Er fragt sich kurz, ob man einen Greis wählen wird. Der Gedanke verblaßt jedoch schnell; denn hinter der Kardinalsprozession werden die Randfiguren des Konklave erkennbar: Beichtväter, ein Arzt, zwei Johanniterinnen und eine Gruppe anderer Nonnen, die für Essen und Sauberkeit verantwortlich sind. Es gibt auch einen Friseur, der so viele Rasierklingen bei sich hat, daß sich König seines Bartwuchses wegen keine Sorgen zu machen braucht. Neben dem Friseur schreitet ein Elektriker, dergestalt mit Adaptern ausgerüstet, daß sich die vom Kardinal Carberry aus St. Louis öffentlich geäußerten Befürchtungen (»Paßt denn ein amerikanischer Trockenrasierer überhaupt in eine italienische Steckdose?«) als unbegründet erweisen dürften. Dem Elektriker folgt der Klempner, der dafür sorgen wird, daß die Beratungen nicht durch gurgelnde Wasserleitungen oder verstopfte Toiletten gestört werden. Dem Klempner auf dem Fuße folgend: zwei Männer in Blau. MacCarthy ist sich nicht sicher, aber er hält sie für Elektronikfachleute, die das Konklave-Areal auf Geheiß Cibans nach Aufzeichnungs- oder Sendeeinrichtungen absuchen sollen. Obschon MacCarthy Einzelheiten nicht bekannt sind, hat auch er von der wilden Story, daß einige seiner Kollegen das Konklave anzuzapfen beabsichtigen, vernommen. Er will dem Gerücht jedoch keinen Glauben schenken.

Die Einstellung wechselt erneut, das Bild zeigt Königs Entschlossenheit ausdrückende Gestalt. Der Kardinal weiß nicht, daß er von Greeley bereits erkoren wurde. Dieser hat NBC nämlich verraten, *heute* sei er der Ansicht, daß König der nächste ›ältliche Übergangspapst‹ sein werde. Selbst wenn ihm Greeleys Prophezeiung bekannt gewesen wäre, hätte König eine solche Spekulation nicht irritiert. Davon ganz abgesehen, sorgt er sich wesentlich mehr wegen jener Drohung, die MacCarthy nicht wahrhaben will: König befürchtet, daß die Sowjetunion oder einer ihrer Satellitenstaaten versuchen könnten, auf elektronischem Wege hinter die Geheimnisse des Konklave zu kommen; räumt indes ein, daß er außer seiner Gewißheit, daß die Russen zu allem fähig seien, keinen konkreten Beweis seiner Befürchtungen habe. Er hält es auch nicht für nötig, daß die Russen im Konklave eine Wanze plazierten – König weiß von Kontaktpersonen aus der Welt der Geheimdienste, daß es inzwischen hochentwickeltes Gerät gibt, welches ein Abhören aus der Ferne ermöglicht.

Auf dem Monitor im Studio Eins erscheinen nunmehr die lachenden Gesichter von Gorden Gray, Kardinal von Edinburgh, und dem in Wellington/Neuseeland residierenden Reginald Delargey. Beide erwidern die Grüße aus der Menge hinter den Absperrgittern, und Delargey reagiert auf Zurufe aus den Reihen der Presse – »Wie lange wird's denn dauern, Reggie?« – in ebenso forschem Ton mit der Mutmaßung: »Montag sehen wir uns alle wieder.«

MacCarthy kritzelt als Gedächtnisstütze: »Kurzes Konklave? Wenn Wahl über Montag hinaus, dann zwölf ergebnislose Wahlgänge. Sackgasse. Wohl unwahrscheinlich.«

Wojtyla marschiert unerschütterlich über den Bildschirm. Er strahlt Kraft aus. Die Kamera fängt sein markantes, eckiges Kinn ein, zeigt seine gelassen dreinblickenden Augen. MacCarthy notiert:»Charismatischer Pole. Hat einige hinter sich.« Hume kommt ins Bild. Der Engländer wirkt versunken und abwesend, MacCarthy aber hält fest:»Paradebeispiel dafür, wie ein Kardinal auf dem Weg ins Konklave aussehen sollte. Feierlich, Hände gefaltet, Kopf wie zu stillem Gebet gesenkt.« Ein Zuversicht ausstrahlender Benelli huscht über den Bildschirm. Dann taucht Luciani auf; seine gesamte Erscheinung zeugt von Ungewißheit: sein Lächeln, das Zurechtrücken des Biretts. MacCarthy fragt sich: Wenn dieser Mann nach Ansicht eines Teils der weltlichen Presse ›papabile‹ ist – wie können die nur so sicher sein? MacCarthy kommt es fast so vor, als verberge sich dahinter auch nur eine jener Kampagnen, die in den letzten Tagen gewisse Kreise zogen, ehe sie wieder einschliefen.

Dann schreibt er:»Konklave kann jeden beliebigen männlichen getauften Katholiken wählen, wird aber wohl kaum passieren. Bisher größtes Konklave; hundertelf Stimmberechtigte. Amerikaner stellen mit acht zweitgrößte nationale Gruppierung. Aber allesamt ohne kuriale Erfahrung.«

Geduldig wartend steht Kardinal Krol von Philadelphia in der Paulinischen Kapelle. Krol ist ein auffallend gutaussehender Mann mit robustem slawischem Gesicht und glatt zurückgekämmtem Silberhaar. Er kommt nicht oft nach Rom, und das ist ihm nur recht; aber des Italienischen ist er noch ebenso mächtig wie Kardinal Terence Cooke aus New York. Und wenn es schon zu nichts anderem gut war, so hat es ihm doch die zwei Wochen seines Rom-Aufenthalts beträchtlich erleichtert. Als ranghöchster US-amerikanischer Kardinal hat Krol den regelmäßigen Sitzungen, auf denen er und seine amerikanischen Kollegen ihre Notizen und Anmerkungen verglichen hatten, präsidiert. Er ist absolut sicher, daß sich keiner von ihnen irgendwelcher unzulässigen Beeinflussung schuldig gemacht hat, und ärgert sich daher über Greeleys Zweifel, daß die Kardinäle nur deswegen zusammengetreten seien,»um uns über mögliche ›papabili‹ zu informieren – als Wähler müssen wir auf dem laufenden sein«. Hinter der Art, wie Greeley an der Kirche und ihren Fürsten herumnörgelt, glaubt Krol ein ›Persönlichkeitsproblem‹ zu erkennen.

Hauptziel für Greeleys Giftspritze aber bleibt Cody, der, vom Marsch aus dem Herzogssaal anscheinend noch ein wenig außer Atem, neben Krol steht. Er starrt gebannt mal auf ›Die Wandlung des Saulus‹, mal auf ›Das Martyrium des heiligen Petrus‹ – imposante Malereien Michelangelos, die zwei Wände der Paulinischen Kapelle zieren. Ebenso wie Marcinkus ist auch Cody überzeugt, daß die unaufhörlichen Angriffe gegen seine Person auch während des nächsten Pontifikats weitergehen werden. Zum einen wird Baggio, zum anderen die ›Sun-Times‹ aus Chikago nicht nachlassen. Gott sei Dank aber, ließ Cody wissen, hat wenigstens die ›Chicago Tribune‹ ihre Attacken eingestellt. Cody aber muß sich nicht nur seiner guten oder schlechten Presse wegen sorgen: es geht das Gerücht – und dies war zumindest für einen Zeitungsschreiber Anlaß genug, ihn darauf anzusprechen –, daß die amerikanischen Steuerbehörden vorhätten, sich mit den Finanzen der Diözese Chikago einmal etwas genauer zu befassen. Das ist nun gewiß nicht der angenehmste Gedanke, mit dem Cody ins Konklave ziehen könnte.

Auf MacCarthys Monitor rücken gegenwärtig die italienischen Kardinäle ins rechte Licht. Das Auge der Kamera ruht auf Poletti, so daß MacCarthy genügend Zeit hat, festzuhalten, daß sich der Generalvikar Roms seelsorgerischer Arbeit verschrieben hat; solche Fakten kann MacCarthy jederzeit einfließen lassen, wenn er aus dem einen oder anderen Grunde seinen Kommentar in die Länge ziehen muß. In einer längeren Einstellung erscheint sodann Paolo Bertolis intelligentes Gesicht auf dem Monitor. Der Siebzigjährige macht in seiner Robe einen einschüchternden Eindruck. Siri kommt ins Bild. Sein leidenschaftsloses Gesicht läßt nicht erkennen, ob ihm bewußt ist, daß das Objektiv ihn einfängt. Die Kamera schwenkt zu Villot, der die Kardinäle zu einem kurzen Gebet versammelt.

Jetzt endlich ist es an Virgilio Noé. Das goldene päpstliche Kreuz in festen Händen vor sich hertragend, führt er die Kardinäle in feierlicher Prozession in die Sixtinische Kapelle hinüber. Während er den Zug auf seinem Bildschirm beobachtet, schreibt MacCarthy auf seinen Notizblock: »Es sind nur wenige Schritte. Am Ende dieses Weges aber liegt der Anfang der wichtigsten Entscheidung, die diese Männer nun treffen müssen.«

Eine neue Kameraeinstellung – diesmal aus dem Innern der Sixtinischen Kapelle. Gesang wird hörbar. Der Chor der Sixtinischen Kapelle singt die Hymne ›Veni, Creator Spiritus!‹; MacCarthys Recorder steht auf Aufnahme. Ein Teil des Mitschnitts soll später in die Sendung eingeblendet werden. MacCarthy schreibt, die Kapelle sei voller Licht und Leben; die in der ganzen westlichen Welt einmaligen Kunstschätze ließen die Szene noch erhabener wirken. MacCarthy erinnert sich daran, daß die Sixtinische Kapelle jahrhundertelang die Privatkapelle der Päpste war und daß sie erst seit hundert Jahren als Ort der Papstwahl dient. Zum Schutz gegen Beschädigungen wurde der Boden der Kapelle mit Holzplanken belegt, über die ein billiger rehbrauner Filz gespannt wurde. Vor dem Altar steht ein purpurbehängter Tisch. Die Tische und Stühle der Wahlprüfer stehen ganz in der Nähe. Hinter dem Altar mit den Silberleuchtern hängt ein Wandteppich, die Ausgießung des Heiligen Geistes darstellend. Und dahinter dann lastet Michelangelos prachtvolles, bis zur Decke ragendes ›Jüngstes Gericht‹ über der Versammlung.

Die Kardinäle beginnen sich an zwei Reihen langer, schmaler Tische niederzulassen – Namenskärtchen weisen jedem seinen Platz zu –, so daß sie in Längsrichtung der Kapelle einander gegenübersitzen. Die mit rotem Samt bezogenen, hochlehnigen Stühle wirken sehr unbequem.

Und dort in einer Ecke der Kapelle steht jener berühmte Kamin, in dem die Ergebnisse der Wahlgänge verbrannt werden. Zum Schutz der Wände und Fresken ist der Kamin von einem Rohrgerüst umgeben. MacCarthy will auf gar keinen Fall vergessen, diesem Kamin und seiner Geschichte in einer seiner nächsten Sendungen einen besonderen Beitrag zu widmen.

Plötzlich erscheint Noés schnabelnasiges Gesicht auf dem Bildschirm. Im vollen Bewußtsein, im Mittelpunkt des Interesses zu stehen, blickt er ein Weilchen in die Runde, befeuchtet seine Lippen. Mit klarer Stimme spricht er sodann die einzigen Worte, die ihm als Hinweis auf das Eintreten dieses denkwürdigen Augenblicks gestattet sind.

»Extra omnes!«

Begebt Euch hinaus! Damit ist sein Auftritt zunächst einmal beendet. Chor, Konklavisten, geladene Gäste, Journalisten und Fernsehteams ziehen sich auf diese Anweisung hin aus der Kapelle zurück.

Wenige Augenblicke später ist der Monitor im Studio Eins erloschen. MacCarthy kritzelt noch schnell die Schlußnotiz: »16.59 Uhr – Kapelle geräumt. Konklave hat begonnen.«

Es müssen jedoch noch weitere Formalitäten erledigt werden. In Begleitung Noés begibt sich Sin, der von seinen Kardinalskollegen eigens für diese Rolle ausgewählt wurde, zum mit Holzschnitzereien verzierten Hauptportal der Sixtinischen Kapelle. Im Bewußtsein seiner Verantwortung hat der Filipino alles nur Erreichbare über das Konklave gelesen. Er kennt inzwischen so viele Fakten, daß ihm selbst Martin ein beifälliges Nicken nicht hätte versagen können. Mit gewohnt ergründlicher Miene steht dieser nämlich neben dem offenen Portal und blickt zu den beiden näherkommenden Kardinälen hinüber. Sin hat sich schon oft gefragt, wie es Martin neben seinen vielen Pflichten noch schafft, sich so viele Informationen einzuprägen; andererseits kann er nun sehr wohl verstehen, wie faszinierend der Präfekt es findet, sich in die prozeduralen Einzelheiten einer Papstwahl zu vertiefen.

Sins eigene Nachforschungen erwiesen sich ebenfalls als lohnende Reise in die Vergangenheit. Anfänglich wurden die Priester unter lautem Protestgeschrei buchstäblich ins Konklave geworfen, um einen neuen Papst hervorzubringen. Es war eigentlich nicht einmal Absicht der Geistlichkeit; das Konklave verdankt seine ursprüngliche Entstehung den pragmatischen Überlegungen starrsinniger europäischer Herrscher des dreizehnten Jahrhunderts; jener Zeit also, da sich das Papsttum der Krone gegenüber durchgesetzt hatte. Damals war auf dem Kontinent nur jener Thron gefestigt und sicher, dessen Verhältnis zum Papst in Rom stimmte. Seine Strategien, Wünsche, Präferenzen, Sympathien und Mißgunst, Rache und Gezänk, ja selbst die Interessen seiner Familie und der von ihr begünstigten Dynastien konnten Könige, Kaiser und regierende Fürsten stürzen. Infolgedessen wurde durch eine Sedisvakanz – manche zogen sich gar über Jahre hin – die Stabilität Europas, seiner politischen Institutionen, sein zwischenstaatlicher Handel sowie der Friede der ganzen Region gefährdet. Für das mittelalterliche Europa bildete das Papsttum eine lebenswichtige Institution. In Rom selbst aber waren die Kardinäle nach dem Tode Innozenz' III. im Jahre 1216 derart miteinander zerstritten, daß sie sich einzig darauf einigen konnten, das Recht, den nächsten Papst zu ernennen, für sich zu reklamieren. In dieser aufgeregten Stimmung traf man sich zur Wahl des Nachfolgers. Die Kardinäle befehdeten sich noch immer heftig, als sie sich plötzlich von den Stadtgewaltigen Perugias an ihrem

Versammlungsort eingesperrt sahen. Die Maßnahme zeitigte eine erfreuliche Wirkung: unter dem Eindruck ihrer unverhofften Gefangenschaft wählten die Kardinäle geschwind Honorius III. zum Papst. War dies im eigentlichen Sinne noch kein richtiges Konklave, so doch ein Weg dorthin.

Auf Honorius folgte, im Jahre 1227, Gregor IX. Dieser nun war es, der seiner untauglichen Methoden, seiner unvernünftigen Bündnispolitik und seines militärischen und politischen Taktierens wegen die Kirche und Krone auf Kollisionskurs führte, der schließlich nur durch ein formelles Konklave korrigiert werden konnte. Nachdem er sich bereits mit England, Spanien und Frankreich entzweit hatte, legte sich Gregor auch noch mit Friedrich II., dem Kaiser des Römischen Reiches, an. Das war ein fataler Fehler. Friedrichs Heere überrollten Italien und kamen erst vor den Toren Roms zum Stehen. Der Anblick seines gewaltigen Heerlagers in den Hügeln um Rom trug zweifellos zu Gregors Ableben bei. Mit unterdrücktem Stöhnen – vielleicht wollte er Gott noch um Vergebung bitten? – fiel Gregor zu Boden und starb nach schwerem Herzanfall am 21. August 1241.

Nach Gregors Tode entbrannten im Kardinalskollegium immer neue und erbärmlichere Zwistigkeiten. Man konnte sich nicht darauf verständigen, wer von ihnen die größten Aussichten hatte, Friedrichs Zorn zu besänftigen. Zu jener Zeit herrschte in Rom ein Orsini; seine Familie bildete innerhalb der Laienschaft die mächtigste Stütze des päpstlichen Throns. Orsini entging nicht, daß seine eigene Zukunft auf dem Spiel stand: Wenn nicht eiligst ein neuer Papst gewählt werden würde, um mit Friedrich ins Gespräch kommen zu können, dann würde Rom ebenso wie das übrige Italien unter die verhaßte Fremdherrschaft fallen. Orsini also machte sich daran, den Reibungen unter den Kardinälen auf seine ureigenste Art ein Ende zu bereiten. Er ließ alle an Händen und Füßen binden und öffentlich auspeitschen. Anschließend wurden die mißhandelten Kardinäle in das Septizodium geworfen, ein massiges dreistöckiges Bauwerk, das damals bereits seit knapp tausend Jahren an der Via Appia stand. Orsini ließ die Türen versperren und die Fenster vernageln. Auf dem Dach und um das Gebäude postierte Wachen wurden angewiesen, jeden zu töten, der das Septizodium zu betreten oder zu verlassen suchte. Die zehn Kardinäle fanden sich unter entsetzlichen Haftbedingungen wieder: verdrecktes Bettzeug, kaum genießbare Kost und Fäkalieneimer, die erst geleert werden durften, wenn der neue Pontifex feststand. Als einer der Kardinäle anscheinend im Sterben lag, packten ihn die anderen flugs in einen roh zusammengezimmerten Sarg und schlossen den Deckel. In seiner Kiste konnte der erstickende Kardinal das Absingen der Messe für die bereits *Toten* hören. Die Wachen auf dem Dach, die ihre Stellung nicht verlassen durften, benutzten die Dachtraufen als Latrinen. Sobald eins der heftigen Sommergewitter über Rom niederging, liefen die mit den Exkrementen der Wachen angefüllten Dachrinnen über. Trotzdem brauchten die Kardinäle länger als zwei Monate, bis sie sich geeinigt hatten, daß ein Bischof von Sabina – Paul VI. sah ihm nicht unähnlich – ihr nächster Papst sein sollte. Dieser entschied sich für den Namen Cölestinus IV., starb jedoch bereits zwei Wochen später, ohne indes als Papst inthronisiert worden zu sein. Schließlich griff Friedrich ein, er verlangte schnell einen Ersatzpapst. Die Kardinäle zögerten, so daß Friedrich einen zweiten Überzeugungsversuch unternahm. Er zerstörte systematisch den Immobilienbesitz der Kardinäle; ein militärisches Rollkommando zog von einem Grundbesitz zum nächsten. Die Kardinäle faßten schließlich den weisen Entschluß, erneut zusammenzutreten und einen Papst zu wählen. Friedrichs Schwert mußte also als Schlüssel des Konklave herhalten, um Innozenz IV. hervorzubringen.

So also sahen die Wurzeln dieser Wahlprozedur hinter verschlossenen Türen und verbarrikadierten Fenstern aus: es würden zwar noch Probleme bleiben, aber der Rahmen war gesteckt, um das mithin ins Leben gerufene Konklave zu vertretbar schnellen Entscheidungen zu veranlassen. Seit 1271 standen unmittelbar vor Beginn der Beratungen stets drei Männer vorm Eingang des Konklave – genauso wie jetzt der Präfekt Martin, der Gouverneur von Vatikanstadt und der Kommandeur der Schweizergarde vor dem Hauptportal der Sixtinischen Kapelle auf das Hinzutreten Noés und Sins warten.

Martin und seine beiden Gefährten sind für die Versperrung des Zugangs von außen her verantwortlich. Noé und Sin für die Sicherung von innen. Sie haben sich gemeinsam zu vergewissern, daß den Klausurvorschriften Genüge getan wurde. In diesem Sinne ist das nun folgende Zeremoniell zu verstehen. Auf ein Nicken Noés schließt Martin das Portal der Kapelle; der Gardekommandeur dreht den Schlüssel, bis die Sperrhaken einrasten. Sodann drückt der Gouverneur auf die Klinke und versucht die Tür von außen zu öffnen. Nachdem ihm dies nicht gelang, versucht Noé dasselbe noch einmal von innen. Befriedigt sieht er sich sicher verwahrt und wiederholt daraufhin seinen weihevollen Spruch: »Extra omnes!«

Noé und Sin treten dann auf den Papageienhof hinaus, der durch eine provisorische stabile Holzwand von der Außenwelt abgeschnitten ist. In diese Holzwand sind zwei Drehtrommeln eingelassen. Durch die größere von beiden werden bei Bedarf zusätzliche Nahrungsmittel und so weiter hereingereicht. Die kleinere Trommel ist ausschließlich Kardinal Paupini vorbehalten. Dieser betagte Italiener ist als Präfekt der Apostolischen Poenitentiarie für Gewissensfragen zuständig; sein Tribunal entscheidet über so wichtige Fälle wie Anleitung in Gewissensproblemen, Bitten um Dispens vom kanonischen Recht oder Gnadengesuche nach Übertretung desselben. Das Vorhandensein dieser kleinen Trommel soll Symbol sein dafür, daß Gottes Gnade vor allen Obliegenheiten der Kirche, die Wahl des Papstes eingeschlossen, Vorrang hat. Auf diesem Wege werden lediglich versiegelte Mitteilungen hereingereicht, die wegen besonderer Dringlichkeit Paupini sofort zur Kenntnis gelangen müssen.

Neben der Trommel steht der Zeremonienmeister und verkündet mit feierlicher Stimme: »Extra omnes!« Jenseits der Trennwand rührt sich nichts. Dann dreht er beide Trommeln einmal um ihre Achse. Befriedigt, daß beide einwandfrei funktionieren, setzen Noé und Sin ihren Inspektionsgang fort; sie überzeugen sich davon, daß ein jedes Fenster, durch das man sich Zugang zum Areal des Konklave verschaffen könnte, mit den seit Jahrhunderten allein diesem Zweck dienenden Bleistreifen versiegelt ist.

Danach gehen beide wieder in die Sixtinische Kapelle zurück. Sin nimmt seinen Platz am Ende einer der Sitzreihen ein, während Noé Villot meldet, daß alle Sicherheitsmaßnahmen getroffen seien.

Es müssen jedoch noch weitere Formalitäten erledigt werden.

✳

Draußen auf den an das Konklave-Areal anstoßenden Höfen sind Schweizergardisten postiert. Wenn Martin und seine beiden Gefährten auf ihrer Inspektionsrunde an ihnen vorbeigehen, nehmen die Männer Haltung an. Draußen in aller Welt teilen inzwischen die Päpstlichen Nuntien und Legaten den Regierungen ihrer Empfangsländer den Konklave-Beginn mit. Dieselbe Nachricht wird von Rundfunk, Fernsehen und Presse verbreitet. Im großen Sendesaal von Radio Vatikan, im Innern des von Leo XIII. erbauten Pseudopalasts auf der Kuppe des Vatikanhügels, richtet sich das Team des angesehenen ›Vier-Stimmen‹-Programms darauf ein, die Welt über die Entwicklung der Lage auf dem laufenden zu halten. Das Studio unterscheidet sich von keinem anderen – abgesehen lediglich von dem winzigen Summer, der heimlich in das Steuerpult eingebaut wurde. Das Gerät ist Empfangsteil mindestens einer ins Konklave geschmuggelten Wanze.

✳

Der Mann mit dem Sender gehört zum Hilfspersonal der Sixtinischen Kapelle. Das Gerät hat die Form eines Hemdenknopfs. Um es in Gang zu setzen, braucht der Mann nur auf den Knopf zu drücken. Im selben Augenblick beginnt es im Schaltpult des Sendestudios dumpf zu summen. Sobald ein Papst gewählt ist, wird der Mann absprachegemäß ein paarmal auf seinen Knopf drücken. Man hat ihm versichert, das Ganze sei für ihn ohne jedes Risiko. Während er jetzt aber Villot zuhört, erfährt er, was ihm im Falle seiner Entdeckung bevorsteht.[1]

Villot verliest mit lauter Stimme aus Pauls VI. ›Eligendo‹ das Procedere der Wahl des Nachfolgers. Fünftausendsechshundert lateinische Wörter auf zweiundsechzig Seiten. Mit Nachdruck verweist der Camerlengo seine Zuhörerschaft darauf, daß jeder, bei dem eine »Sende-

oder Empfangsvorrichtung welcher Art auch immer« entdeckt werde, »sofort vom Konklave ausgeschlossen und schwerster Bestrafung zugeführt« werde. Villot braucht für die Verlesung der von Paul VI. stipulierten sechzig Klauseln dreißig Minuten.

Und auch danach ist der Camerlengo noch nicht fertig. Villot verliest noch einmal feierlich die Eidesformel, die jeden Teilnehmer des Konklave an die Einhaltung aller von Paul VI. erlassenen Vorschriften bindet: Zurückweisung jeder äußeren Einflußnahme und, vor allem, Geheimhaltung der Beratungen.

Der Camerlengo zieht eine maschinengeschriebene Namensliste hervor und ruft den ersten auf. Der ägyptische Patriarch von Alexandria erhebt sich und tritt an den purpurbehängten Tisch vor dem Altar, neben dem Villot steht. Der Patriarch legt die Rechte auf ein bereitgehaltenes Neues Testament, schwört Einhaltung des Konklave-Eides und setzt »so wahr mir Gott und dieses Heilige Evangelium unter meiner Hand helfen« hinzu.

Der Patriarch kehrt an seinen Platz zurück, während Villot den nächsten Kardinal nach vorn ruft.

✳

Beim ›Osservatore‹ kontrolliert die Redaktion noch einmal die zwölf verschiedenen Fassungen der Titelseite. Zu jeder gehören ein Foto und eine vorbereitete Vita eines der Kardinäle, die nach Ansicht der Redakteure als künftiger Papst in Betracht kommen. Elf dieser Entwürfe können gern im Papierkorb landen; aber wenn sich alle zwölf als Fehleinschätzung erweisen, steht am Ende ihrer so sorgfältigen Planungen das blanke Nichts. Und was dann folgt, dürfte jener guten, alten Panik sehr ähnlich sehen, von der jede Zeitung erfaßt wird, die noch kurz vor Redaktionsschluß mit leeren Händen dasteht.

✳

Es dauert eine Stunde, bis die Kardinäle und die Hilfspersonen des Konklave einzeln ihren Eid abgelegt haben.

Aber Villot ist immer noch nicht fertig; einige der italienischen Kardinäle werden später – in flagranter Verletzung des soeben geleisteten Schwurs – berichten, daß sich der Franzose von nun an wie von Theaterbegeisterung gepackt benommen habe. Pauls VI. ›Eligendo‹ aber verlangt vom Camerlengo auch noch das Verweisen der Kardinäle auf die Wichtigkeit ihrer Erwägungen und die Notwendigkeit, vor allem anderen »das Wohl der Kirche« zu bedenken. Diesem Verlangen kommt er jetzt nach; er braucht zehn Minuten dafür. Danach erst findet Villot zum Schluß.

»Gott segne Euch alle. Amen.«

König hat bei der Zimmerverlosung vor dem Konklave Zelle Elf gezogen, einen kleinen, separaten Raum. Hinter der Sperrholztrennwand vernimmt er auf dem Parkettfußboden Kardinal Humes Schritte; jenseits des Ganges hört er eine amerikanische Stimme zu jemand sagen, es sei gerade so wie zur Schulzeit. Die Stimme klingt nach Manning oder Krol; König kann sich nicht festlegen, weil die Stimmen durch die Trennwände verfremdet werden.

Während er von der Sixtinischen Kapelle zu seiner Unterkunft hinüberging, konnte König einen Blick in einige der anderen Zellen werfen; er hatte noch einmal Glück gehabt; manche von ihnen sind wirklich eng; Ergebnis dessen, wenn man einen kleinen Salon oder ein Büro in drei oder gar vier Kammern unterteilt. Jede Zelle – das Wort geht auf Leo XIII. zurück, der als erster Papst bestimmte, daß jeder Kardinal im Konklave einen eigenen Raum haben müsse, um ungestört und in Frieden meditieren zu können – ist so eingerichtet, als ob das Mobiliar einem Supermarkt entstammte: Nachttischlampe, Waschschüssel, Wasserkrug, ein Plastikeimer, ein unbequemer Stuhl, ein kahler, hölzerner Betschemel, über dem ein einsames Holzkruzifix an der Wand hängt. Neben dem Wasserkrug liegen ein Stück Seife und zwei kleine Handtücher. Auf dem Nachttisch finden sich eine einzige Rolle Toilettenpapier, etwa ein Dutzend Bogen Schreibpapier sowie ein paar Kugelschreiber. Neben jedem Bett liegt ein kleiner, geblümter Läufer. Unter fast jedem Bett findet sich das Teilergebnis einer intensiven Suche von Villots Mitarbeitern, die in Rom alle Mönchs- und Nonnenklöster durchkämmt haben, um das aufzutreiben und auszuleihen, was die Amerikaner ›Uncle Joe‹, die Deutschen ›Mitternachtsvase‹ nennen. König ist der englische Ausdruck ›chamber pot‹ am liebsten. Seiner ist schmucklos glatt und hat einen stabilen Henkel. Villot war zu der Ansicht gelangt, daß einigen der älteren Kardinäle ein Gang zur Toilette während der Nacht nicht zuzumuten sei.

Auch Königs Bett wurde von einem römischen Priesterseminar entliehen. Es ist sehr schmal und hat als Auflage nur eine dünne Matratze über dem Maschendrahtgeflecht. Bekümmert muß König an die fabelhaften Sprungfedermatratzen seines Wiener Betts denken; aber eigentlich macht ihm das alles hier nichts aus: in den spartanischen Lebensumständen sieht König die besondere Eigenart und schlichte Redlichkeit des Konklave symbolisiert. Er packt schnell seine Sachen aus und kniet sich auf den Betschemel. Ringsum tun die übrigen Kardinäle ein Gleiches.

Neugierig verfolgt Noé das Treiben der beiden Spürtrupp-Männer. Die kleinen, schwarzen Meßgeräte, die die Männer in der Hand halten und ständig hin und her bewegen, sehen fast wie Belichtungsmesser aus. Die Reichweite der Spürgeräte ist auf sechs Meter beschränkt, wobei ihre Empfindlichkeit durch Mauern und Zwischenwände aber nicht beeinträchtigt wird. Die beiden Männer wandern zwanglos auf dem Gelände des Konklave herum, richten sich dabei aber nach der Beschilderung, die den Weg zum Speisesaal, zu den Toiletten, zur Sixtinischen Kapelle und zu den zahlreichen Zellen weist. Plötzlich schlagen die Zeiger der Spürgeräte aus. Die beiden Männer gehen auseinander, um eine Kreuzpeilung vorzunehmen; durch das Zusammenwirken beider Spürgeräte läßt sich ein Ziel präziser lokalisieren. Die Männer lassen die Zeiger ihrer Geräte nicht aus den Augen und bewegen sich langsam auf den Korridor zu; das Zucken der Zeiger hört auf, sie haben sich nun eingependelt. Aus einer der Schlafkabinen hört man ein leises Summen. Plötzlich entspannen sich die Techniker, Noé ist ebenfalls erleichtert: jemand benutzt gerade einen batteriegetriebenen Trockenrasierer. Die Suche geht weiter.

*

Das Essen ist ebenso schlicht wie die Zellen sind. Die Zubereitung haben Nonnen übernommen, die normalerweise in Rom ein paar Garküchen zur Beköstigung der Armen betreiben. Die Klosterfrauen sind ihrer Sanftmut wegen ebenso berühmt wie für ihre Fähigkeit, Pasta in den Augen vieler nicht-italienischer Kardinäle noch ungenießbarer aussehen zu lassen. Die Schwestern haben in einem Gewölbesaal der Borgia-Gemächer eine richtige Feldküche aufgestellt. Dort geben sie am Abend auch die erste Mahlzeit des Konklave aus: Brot, Spaghetti mit Fleischsoße, Obst sowie eine Kanne Rot- oder Weißwein. Natürlich sind auch Bier und Mineralwasser vorrätig. Der Saal der Päpste, früher einmal Rüstkammer der Familie Borgia, dient als Speisesaal. Die über zehn Meter hohe Decke ziert ein Fresko von Pinturichio aus dem fünfzehnten Jahrhundert.

König und Wojtyla sitzen sich gegenüber. Der Pole ist ebenso wie der kanadische Kardinal Léger ein Freund schlichter Kost. Sie erinnere ihn, erzählt er seinen Tischnachbarn, an seine regelmäßig unternommenen Ausflüge in die Einöde: unter diesen Umständen sind eine Flasche Wein und ein Kanten Brot für einen Mann voll und ganz genug, sagt Wojtyla mit breitem Grinsen.

Der Pole bewohnt eine der kleinsten Zellen; sie ist nicht viel größer als ein Besenschrank. Trotzdem sah König den polnischen Kardinal noch nie vergnügter; er lacht, scherzt und lauscht, und das gleichzeitig. Lachte er eben noch schrill und markerschütternd, spricht er im nächsten Augenblick schon wieder mit sanftester Stimme. Eine echte schauspielerische Darbietung; seine Aufrichtigkeit aber ist nicht gespielt: Wojtyla strahlt Redlichkeit aus. König muß wieder einmal an die außergewöhnlichen Eigenschaften dieses Mannes denken, der hohe

Intelligenz und ein großes Herz miteinander in Einklang zu bringen versteht.

Die Unterhaltung ist entspannt und allgemein gehalten. Die Lateinamerikaner und die Spanier sitzen an einem Tisch. Aramburu sitzt aufrecht da, Hände auf dem Tisch, hört gern zu und nickt zu den Pointen seiner Kollegen. Hinter seiner Gelassenheit verbirgt sich große Verzweiflung. Kurz vor dem Zusammentreten des Konklave hat der aristokratische Argentinier mit Buenos Aires telefoniert und erfahren, daß Präsident Videla zur Inthronisation des nächsten Papstes in Rom sein will. Der Besuch fällt in eine Zeit, da, weil der italienische Staatspräsident Videla offen brüskierte, die anti-italienischen Gefühle in Buenos Aires hohe Wellen schlagen. Zwangsläufig erzeugte die Reaktion der Argentinier in bestimmten Teilen der italienischen Öffentlichkeit eine Vergeltung heischende Stimmung: die römischen Zeitungen brachten einige höchst unschmeichelhafte Geschichten über Videlas blutige Vergangenheit. Es könnte sehr unangenehm werden, wenn Videla im Gefolge des nächsten Papstes herumstolzierte.

Da ihn solche Sorgen plagen, kann man vielleicht verstehen, daß Aramburu seinen Gefährten verschweigt, warum er Lucianis Kandidatur nicht mehr unterstützt. Es kann aber auch sein, daß Aramburu sich an die strengen Auflagen von Paul VI. ›Eligendo‹ hält und die Entscheidungsfindung seiner Kollegen nicht beeinflussen möchte.

Luciani sitzt zwischen Felici und Benelli, der auffälligen Gestalt Bernardin Gantis, auf dessen rabenschwarzem Gesicht, der stickigen Atmosphäre wegen, der Schweiß nur so glänzt, gegenüber. In diesem Saal, in dem es im August ohnehin immer heiß und stickig ist, sitzen jetzt über hundert Kardinäle. Da er keine Klimaanlage hat, wird die Luft langsam beklemmend.

Ratzinger aus München sitzt an einem der später so genannten ›europäischen Tische‹. Auch er befindet sich in einer alles anderen als idealen Gemütsverfassung. Die Ursachen sind nicht schwer zu erraten: in Rom wimmelt es von Plakaten und Anschlägen, die auf Küngs Vorstellungen vom nächsten Papst verweisen. Ratzinger hält fast alles, was Küng vertritt, für völlig inakzeptabel. Aber bei bestimmten Kardinälen hat Ratzinger ein gewisses Maß vorsichtiger Unterstützung so mancher Ideen des Theologieprofessors entdeckt. Natürlich verschweigt Ratzinger die Namen jener Kardinäle, die Küngs Glaubenssätze nicht vollständig ablehnen; in den Reihen der dienstbaren Geister des Konklave flüstert man jedoch, das Verhältnis zwischen dem Bayern Ratzinger und dem Holländer Willebrands von Utrecht habe sich anscheinend abgekühlt.

Vicente Enrique y Tarancon, der Kardinal aus Madrid, verläßt als einer der ersten den Speisesaal. Er hält seine Augen vor dem hellen Licht der von der Decke baumelnden Zusatzbeleuchtung mit dunklen Gläsern geschützt. Kurze Zeit später sieht man den einflußreichen

Spanier über den Damasushof spazieren – vertieft in eine Unterhaltung mit Suenens, dem charismatischen Belgier.

Einzelheiten der genannten Art werden eine Person im Innern des Konklave in die Lage versetzen, ein höchst geheimes und absolut illegales Tagebuch anzulegen, das nach eigenem Bekunden tatsächlich während des Aufenthalts in dem verbotenen Bereich geschrieben wurde. Es wird hauptsächlich Eindrücke, belauschte Unterhaltungen und Belanglosigkeiten über die persönlichen Eigenheiten der Kardinäle umfassen. Wichtiger jedoch wird sein, daß in diesem Tagebuch auch die Ergebnisse der einzelnen Abstimmungen der geheimnisumwobenen Papstwahl festgehalten sein werden. Der Tagebuchschreiber ist ein schlichter Helfer. Er wird darauf bestehen, seine Aufzeichnungen nur angefertigt zu haben, weil er die Vorgänge als »die Entscheidung von größter historischer Tragweite, seit Pilatus seine Hände wusch«, betrachte. Von dieser Übertreibung einmal abgesehen, hält er desgleichen die Geheimniskrämerei für witzlos; ihr komme bei der Wahl eines modernen Mannes zum Stellvertreter Christi keine eigentliche Rolle zu; man solle im Konklave das sehen, was es im Grunde genommen nur ist – nämlich ein simpler Wahlakt. So lobenswert solche Gedanken außerhalb des Konklave auch erscheinen mögen, beabsichtigt bewußter Helfer dennoch, sein Tagebuch sicher in einem römischen Banktresor und mit der Auflage zu deponieren, daß es erst nach seinem Tode veröffentlicht werden dürfe. Da der Mann erst Anfang Vierzig ist, könnte bereits das nächste Jahrhundert angebrochen sein, bevor das volle Ausmaß seiner Aufzeichnungen ans Tageslicht kommt. Um seine Behauptung zu belegen, das Tagebuch wirklich im Konklave geschrieben zu haben, wird er gewisse Einzelheiten enthüllen, die man nach mehrfacher Prüfung als zutreffend ansehen wird. Diese Auszüge bieten erstaunliche Erkenntnisse darüber, wer beim Ablauf der Ereignisse was tat und was sagte.

*

Als die Kardinäle nach dem Essen ihre Zigaretten, Zigarren und Pfeifen in Brand setzen, wird die Luft noch dicker. In der Sixtinischen Kapelle darf nicht geraucht werden – Krol wurde die ihm liebgewordene Angewohnheit, an einer kalten Zigarre zu kauen, nicht ausdrücklich untersagt –, auf den Fluren und in ihren Zellen ist den Kardinälen das Rauchen gestattet. Dieses Zugeständnis macht die beiden Feuerwehrleute unter dem Hilfspersonal nervös; zu den Pflichten der beiden gehört nicht nur die Betreuung des Kamins, in dem die Stimmzettel verbrannt werden; sie müssen auch ein wachsames Auge darauf haben, ob nicht jemand beiläufig einen noch qualmenden Stummel fallen läßt.

Felici und einige andere Italiener haben ein paar Flaschen ›digestivo‹ mitgebracht; der Schnaps ist bei den in den Zellen beginnenden ›Konsultationen‹ ein willkommenes Schmiermittel.

Gantin unterhält sich am liebsten beim Gehen. Er schreitet mal neben diesem, mal neben jenem Kardinal einher, und ein jeglicher, der diesem hochgewachsenen, gutaussehenden Mann zuhört, ist von dessen Intelligenz und Sanftmut tief beeindruckt; andererseits aber ist er auch so couragiert, daß die marxistische Regierung von Benin/Dahomey in ihm eine echte Bedrohung sah und ihn außer Landes wies. Gantin ist wie die anderen schwarzafrikanischen Kardinäle erst in vierter Generation Christ; aber nicht nur Villot hält dafür, daß die Stimmen dieser Männer im Konklave ein bedeutendes Gegengewicht zu all dem Theoretisieren der letzten Wochen darstellen werden.

Noé und Sin machen ihre zweite Runde; bis zum Ende des Konklave stehen ihnen täglich vier solcher Kontrollgänge bevor. Die beiden Männer kommen zur Sixtinischen Kapelle, ihrem letzten Anlaufpunkt. Erstaunt halten sie inne: Eine einsame Gestalt kniet auf dem Fußboden und starrt zu Michelangelos grandiosen Kunstwerken empor, gebannt offenbar von Gottes ausgestrecktem Finger, der Adam Leben eingibt. Michelangelos Adam ist zwar unbeschnitten – und das ist auch richtig so, denkt Sin; denn Adam war vor Abraham –, aber er hat einen Nabel, und dies nun hält Sin mehr für eine Demonstration der Anatomiekenntnisse des Künstlers als für den Ausdruck möglicher Zweifel an der Wahrhaftigkeit der Schöpfungsgeschichte. Und Gott – kraftvollmännlich, weißbärtig und alt, aber doch alterslos, in dünnem rosa Nachthemd – eine satirische Darstellung auf die Religion? Solcher Art sind die Fragen, die Sin angesichts des ›Jüngsten Gerichts‹ und der Deckengemälde in letzter Zeit beschäftigen. Im Augenblick spielen sie aber keine Rolle mehr, vor dieser knieenden Gestalt scheinen sie völlig unerheblich geworden zu sein. Im schwachen Licht der flackernden roten Lampe vor dem Tabernakel erkennen Noé und Sin, daß der Mann eigentlich gar nicht das Gemälde anstarrt, sondern betet. Er kniet völlig reglos mit hocherhobenem Gesicht; die Hände halten einen Rosenkranz, dessen Perlen nacheinander durch seine Finger gleiten: Es ist Albino Luciani.

*

Ein ungewohntes Geräusch läßt König erwachen –: Männer waschen sich mit leisem Plätschern. König fühlt sich an einen Krankenhausaufenthalt erinnert. Er hört Hume Wasser in die Schüssel gießen. Von jenseits des Ganges dringt das Summen eines elektrischen Rasierapparats. Es ist Samstag, der 26. August, kurz nach sechs Uhr morgens. In Königs Zelle ist es heiß; etwas Frischluft täte gut. Siri hatte gestern abend ganz recht mit seiner Bemerkung, es sei, als lebte man in einer Gruft. Demgegenüber ließ der asketische Hume vernehmen, die primitiven Umstände sorgten dafür, daß nichts zwischen Gott und die Kardinäle trete. Manning von Los Angeles hat die Umstände seiner Unterbringung anscheinend gar nicht zur Kenntnis genommen – er sieht im Konklave ein einzigartiges, aufregendes Erlebnis. König kann das gut verstehen; er weiß noch, welche Ehrfurcht er vor fünfzehn Jahren bei seiner erstmaligen Teilnahme an einem Konklave empfand.

Beim Waschen und Ankleiden wandern seine Gedanken zum Jahr 1963 zurück, als er selbst einen entscheidenden Anteil trug, daß sich Paul zur Übernahme des Amtes überreden ließ. König und neunundsiebzig weitere Kardinäle waren am 19. Juni ins Konklave gezogen. Paul – damals noch Kardinal Montini – war der Favorit einer Gruppierung, die Johannes' XXIII. Politik der Öffnung fortgesetzt sehen wollte. Nach dem ersten Wahlgang lag Montini mit ungefähr dreißig Stimmen vorn, dicht gefolgt von zwei anderen Kardinälen, die es jeder auf etliche zwanzig Stimmen brachten. Der erste der beiden, Lercaro von Bologna, war der Mann einer anderen Gruppe, die meinte, in seiner Schlichtheit, noch augenfälligeren Heiligkeit und franziskanerhaften Armut spiegele sich Johannes deutlicher wider als in dem kühlen, zurückhaltenden Gehabe Montinis. Der dritte Hauptbewerber war Kardinal Antoniutti, der von Siri unterstützt wurde. Der zweite und dritte Wahlgang endeten in einer Sackgasse. König und der Belgier Suenens hatten eingegriffen. Sie gaben zu bedenken, daß Montini mit seinem diplomatischen und bürokratischen Geschick und seiner eindeutigen Förderung der Johannesschen Politik für beide Seiten der ideale Mann sei. Im vierten und letzten Wahlgang des Tages ging Lercaros Stimmenanteil auf Montini über. Damit lag er zwar weit vor Siris Kandidaten, aber noch immer knapp unter der verlangten Mehrheit von sechsundsechzig Prozent plus eine weitere Stimme.

Da brach ein gewisser Kardinal Gustavo Testa plötzlich den Frieden des Konklave. Er erhob sich von seinem Platz in der Sixtinischen Kapelle und verkündete lautstark, er verdanke es allein Johannes, daß er Kardinal geworden sei. Dann wandte er sich seinem unmittelbaren Nachbarn, Confalonieri, zu und bat ihn, endlich damit aufzuhören, Montinis Vorwärtskommen zu verhindern. Ehe der überraschte Confalonieri etwas erwidern konnte, hatte Testa bereits mit Leidenschaft an die Konservativen zu appellieren begonnen, »das Wohl der Kirche« – dieselbe Floskel hatte Villot bei der Eröffnung des gegenwärtigen Konklave benutzt – zu berücksichtigen und nicht alles von Johannes Bewirkte zu ruinieren. Nach diesen Worten war er aus der Sixtinischen Kapelle hinausmarschiert; seine Kollegen blieben mit offenen Mündern zurück.

An jenem Abend war König in der Galleria del Lapidario auf den gequält dreinblickenden Montini gestoßen. König hatte sich zu ihm gesetzt und ihn ein wenig aufzuheitern versucht. Montini ließ sich nicht trösten, sträubte sich aber hartnäckig, Papst werden zu wollen. König gab sich noch einmal alle Mühe: »Jetzt ist es dunkel, und Sie können nicht klar sehen. Aber das Licht kommt wieder, und dann werden Sie sehen, was Sie tun müssen.« Am nächsten Tag wurde Montini Papst Paul VI. Wenn König und Suenens nicht eingegriffen hätten, wäre die Kirche möglicherweise von Lercaro regiert worden, der unter Umständen sogar aus dem Vatikan ausgezogen wäre, um in einem Elendsviertel Roms zu leben. Sein Palais hatte er bereits in eine Heimstatt für obdachlose Jungen verwandelt. Nicht auszudenken, was er als Papst alles angestellt hätte.

Beim gegenwärtigen Konklave gibt es auch einen Kardinal, der dem heiligenähnlichen Lercaro sehr nahekommt: Léger aus Montreal. König kannte den Frankokanadier kaum; aber was er von ihm wußte, nötigte ihm Bewunderung ab. Nicht jedem war es gegeben, Rang, Macht und Annehmlichkeiten des Diözesanlebens aufzugeben, um sich im tiefsten tropischen Afrika den Sterbenden zu widmen. Die Kirche braucht selbstverständlich Männer wie Léger; wer den wahren Sinn des Dienens suchte, sah in ihm sein Vorbild. Aber ein Papst, und das gilt ganz besonders in problematischen Zeiten, kann die Kirche nicht vor der Außenwelt verschließen, so gern er dies auch tun möchte. Der nächste Papst braucht hohe Ideale und unerschütterliche Überzeugungen. Deshalb nimmt König an, daß es vielleicht eine Woche dauern könnte, bevor einer gewählt ist. Er zweifelt an einer Wiederholung des eintägigen Konklave von 1939, das Pius XII. ins Amt brachte; hofft aber, daß nicht wieder eine so lange anhaltende ausweglose Lage eintritt wie 1923, als man zur Wahl Pius XI. ganze vierzehn Durchgänge benötigte. Im Gegensatz zu 1958, als Johannes bereits vor dem Konklave als Favorit feststand – oder anders als 1963, als Paul von Anfang an massiv unterstützt wurde –, sieht König dieses Mal niemanden eindeutig vorn. In mancherlei Hinsicht wünscht er noch immer, daß seine Mitwähler Wojtyla ernsthaft ins Auge fassen möchten.

*

Kurz nach acht versammeln sich die Kardinäle in der Sixtinischen Kapelle. Vor dem Hochaltar beugt jeder das Knie, ehe er sich an seinen Platz begibt. Nach der Konzelebration der Messe haben alle ein kleines Frühstück – Kaffee und Brötchen – zu sich genommen.

Die entsprechend geneigten Helfer hatten allerhand zu tun, um sich über die Bedeutung der letzten Kontakte klarzuwerden. Tief ins Gespräch versunken sah man den ›Brieffreund‹ und den ›Reisenden‹ nebeneinander auf und ab schreiten; ein erregender Anblick. Könnte dies bedeuten, daß Sergio Pignedoli, vor dem Konklave noch einer der Favoriten, an Boden verliert? Versucht dieser Kardinal, der regelmäßig mit Hunderten von Leuten korrespondiert, die er irgendwann im Ausland kennenlernte, den weitgereisten Sorgentöter Baggio zur Förderung seiner Interessen zu überreden? Die beiden sind ein höchst ungleiches Paar: der nüchterne Baggio hat ein Doppelkinn und eine

Denkweise, die bisweilen ebenso unelastisch ist wie sein steifbeiniger Gang; Pignedoli ist gleichgültig und bequem, seine Stimme ist sanft und fast unheimlich-düster. Beide haben jedoch genügend Gemeinsamkeiten entdeckt, um bis zum Betreten der Kapelle beieinander zu bleiben.

Felici tritt allein ein; aber die aufmerksamen dienstbaren Geister, die schon in aller Eile Betten gemacht und Flure gescheuert haben, erspähten ihn schon früher. Felici wurde ertappt, als er seine fürsprecherischen Qualitäten zu Lucianis Gunsten an den Mann zu bringen versuchte. Man sah ihn in die Zelle schlüpfen, die Michele Pellegrino, Erzbischof von Turin im Ruhestand, zugewiesen wurde. Stellt sich eigentlich nur die Frage, warum Felici sich überhaupt die Mühe machte? Mit ziemlicher Sicherheit gehört Pellegrino nämlich bereits zu den entschiedenen Förderern des Patriarchen von Venedig. Obschon er sich mit fünfundsiebzig gerade ins Privatleben zurückgezogen hat, kommt Pellegrino – vielleicht nach Léger – von der Persönlichkeitsstruktur her Johannes XXIII. am nächsten. Er besitzt den gleichen Mut und ebensolche Beharrlichkeit, die gleiche Schlichtheit: er läßt sich lieber mit ›Padre‹ als mit ›Eminenz‹ anreden, trägt einfache Soutanen statt prunkvoller Gewänder; sein Brustkreuz ist nicht mit Juwelen besetzt, sondern aus Holz; er lehnt ein großes Auto ab und fährt einen noch bescheideneren Wagen als Luciani – einen Simca 1000. Pellegrino hat mit Felici nicht viel gemeinsam; daher wertet man Felicis Besuch bei ihm als Beweis dafür, daß dieser nichts dem Zufall überläßt. Er rührt kräftig die Werbetrommel. Aus diesem Grunde hat er sicherlich auch Antonio Poma und Corrado Ursi nur besucht. Die beiden Italiener unterscheiden sich von Charakter und Aussehen sehr. Poma ist zurückhaltend, zuweilen fast verschlossen; Ursi ist mitteilsam und einer der wahren Drahtzieher im Konklave. Wenn Felici die beiden auf seine Linie und zugunsten Lucianis einschwören kann – so geht die Flüsterparole –, dann dürften die Hoffnungen der anderen ›papabili‹ ernstlich gedämpft werden.

Drei dieser Herren sitzen gerade dicht beieinander. Willebrands wirkt auch im vollen Ornat noch so, als juckten ihm wieder die Füße. Das Verhalten des Holländers läßt erkennen, daß er die ganze Angelegenheit nur als Unterbrechung dessen betrachtet, was er am liebsten tut: reisen. Kurz vor dem Konklave hatte es geheißen, der Primas der Niederlande könnte mühelos Papst werden, wenn er nur bereit wäre, sich einer kurialen Grundregel unterzuordnen: niemals freimütig, leidenschaftlich und schon gar nicht öffentlich über empfindliche Kirchenangelegenheiten zu reden. Inzwischen kann man jedoch wetten, daß eine Änderung seines freimütigen und offenen Verhaltens für Willebrands zu spät käme.

Anscheinend weiß niemand wieso, aber James Knox, der ehemalige Erzbischof von Melbourne und ranghöchste australische Kardinal, wird gegenwärtig von manchen ebenfalls als ›papabile‹ gehandelt.

Trotzdem sollte man sich darüber nicht wundern. Knox ist zur Zeit Präfekt der Kongregation für die Disziplin der Ordensleute. Er hat als erster Australier ein so hohes vatikanisches Amt inne, ist vierundsechzig, körperlich in bester Verfassung – in der Sprache des Sports zu reden, könnte man Knox durchaus auf Sieg setzen.

Léon Duval, der algerische Kardinal, dem der Spitzname ›Erzbischof Mohammed‹ gar nicht unrecht ist, da ihm die Festigung der Bande zwischen Katholizismus und Islam am Herzen liegt, hat es geschafft, sich wenigstens eine Außenseiterchance zu sichern. Zum Teil ist dies seinem starr orthodoxen Standpunkt in allen dogmatischen Fragen zuzuschreiben. Sollte es einen Papst aus dem afrikanischen Raum geben, könnte Duval nach Gantin der Richtige sein.

Die acht amerikanischen Kardinäle sitzen an den beiden Tischreihen vereinzelt zwischen ihren Kollegen. Obzwar einige amerikanische Kommentatoren – insbesondere Greeley und ein paar CBS-Leute – ihren Einfluß herunterspielen, teilt man diese Ansicht im Konklave höchstens bedingt. Man glaubt hier nämlich, daß die Amerikaner schon auf Grund ihrer zahlenmäßigen Stärke und wegen des Faktums, nun einmal die fortschrittlichsten Katholiken der Erde zu repräsentieren, einen beträchtlichen Einfluß geltend machen könnten – und vielleicht sogar schon gemacht haben. Krol zum Beispiel hat sich zwanglos mit König verbündet; zum Teil, weil beide eine so hohe Meinung von Wojtyla haben; zum anderen, weil beide die Entwicklungsrichtung der Kirche teilen. Auch Cody hat seine Kontakte mit den polnischen Kardinälen erneuert. Carberry von St. Louis und Cooke von New York haben sich als ideale Horchposten herausgestellt. Sie haben das übliche Geschwafel vor dem Konklave auf seinen realistischen Kern reduziert und ihren Kollegen bei den regelmäßigen Zusammenkünften in der Villa Stritch einen ausgesprochen treffenden Abriß der Gedankengänge anderer Kardinäle geliefert. Darin Krols Beispiel folgend, halten sich die Amerikaner zurück, aber gut informiert. Alle sind entschlossen, nur nach eigenem Gewissen abzustimmen; niemand hat ihnen etwas gesagt, was als Anweisung zu einem bestimmten Wahlverhalten ausgelegt werden könnte.

Maurice Roy von Quebec und Léger von Montreal wurden bei den Erörterungen ihrer Kollegen Gott sei Dank nicht in Betracht gezogen; denn zur Zeit wird Roy von niemandem ernsthaft als Kandidat angesehen. Trotz seiner nachweislich hinreichend liberalen Einstellung geriet Roy mit ein paar südamerikanischen Kardinälen aneinander; sie glauben, er gehöre zu denen, die sich nach wie vor zu einer Verurteilung der in Südamerika üblichen Folter nicht durchringen könnten. Der Vorwurf ist fragwürdig und kaum neu; aber in der aufgeheizten politisch-religiösen Atmosphäre jener Region gilt Roys Position zu dieser Frage bestenfalls als abwartend-neutral. Andere Kardinäle erinnern sich schmerzlich, daß Roy 1967 auf dem Kongreß über das Laienapostolat – er zählte zu den entscheidenden frühen Meilensteinen des Paulinischen Pontifikats – versucht hatte, die Beschlußfassung in seinem Sinne zu beeinflussen. Daß ihm dies nicht gelang, kreidet man ihm nun fast ebensosehr an wie den Manipulationsversuch an sich. Sollte er je gehofft haben, einmal Papst zu werden, so dürfte er nunmehr das Eitle dieser Hoffnung erkannt haben.

*

Um acht Uhr dreißig sitzen alle einhundertelf Wahlmänner an ihren Tischen. Villot, der das Einnehmen der Plätze überwachte, weiß nun, daß wieder einmal aller Augen auf ihn gerichtet sind.

Dies ist in fast jeder Hinsicht *sein* Konklave. Villot hat alle Vorbereitungen überwacht, alles selbst entschieden – manchmal nach sorgfältigen Erwägungen, ein andermal willkürlich – und von den Kosten des Fußbodenbelags bis hin zum Preis des letzten Sacks Pasta alles persönlich gutgeheißen. Er war mit Eifer und Begeisterung bei der Sache und entschied die anstehenden wichtigen Fragen. In seinen Händen konzentrierte sich eine ungeheure Verantwortung. Und jetzt, während sich Schweigen auf die Versammlung senkt, kann er schon eher verstehen, weshalb der gelassenste aller Kardinäle, Pacelli – Camerlengo während des 1939er Konklave und berühmt wegen seiner durch nichts zu erschütternden eiskalten Übersicht –, in diesem Augenblick der Prozedur einen Schweißausbruch bekam. Und gleichzeitig fällt es Villot jetzt leichter, die Worte des Kardinals Antonelli richtig zu erfassen, der hundert Jahre zuvor geschrieben hatte:»Nichts steht mehr zwischen uns und unserm Herrn Jesus, zwischen dem Menschlichen und dem Göttlichen.«

Villot wartet und behält die Kardinäle im Auge. Er weiß, daß es drei Möglichkeiten gibt, einen Papst zu wählen: erstens ›per Akklamation‹, das heißt wenn ein von Gott inspirierter Kardinal aufsteht und laut den Namen desjenigen nennt, den er zum Papst bestellt. Für diesen spannenden Augenblick ist gar ein exakter Wortlaut vorgeschrieben: »Höchst erhabene Patres, angesichts der einzigartigen Tugend und Redlichkeit des Höchst Ehrwürdigen... halte ich ihn für wert, Bischof von Rom zu werden, und wähle ihn hiermit zum Pontifex Maximus.« Wenn sich die anderen Kardinäle ähnlich inspiriert fühlen, rufen sie gleichzeitig laut ›Eligo‹ und bekunden so ihr Einverständnis. Tritt dieser Fall ein, ist das Konklave beendet. Als zweite Möglichkeit gibt es die Wahl ›per Delegation‹. Darunter versteht man, daß einvernehmlich ein bis zu fünfzehn Kardinäle starkes Gremium gebildet wird, das den neuen Papst aussucht. Das Komitee erhält für seine Entscheidung eine exakte Zeitvorgabe. Niemand glaubt, daß man heute von dieser Möglichkeit Gebrauch machen wird; höchstwahrscheinlich wird man sich der dritten Methode, der geheimen Wahl, bedienen. Aber auch dies ist nicht gewiß; deshalb wartet Villot zunächst einmal ab.

*

Als MacCarthy auf dem Weg zum Dienst um den Petersplatz herumgeht, warten dort bereits etwa fünfzehntausend Menschen. Sie blicken immer wieder zur Sixtinischen Kapelle hinüber, aus deren Dach bis auf weiteres der bewußte Schornstein ragt.

Nach gründlichem Nachforschen weiß MacCarthy inzwischen wahrscheinlich mehr als jeder andere über diesen Kamin zu sagen. Er hat die Fakten gedanklich bereits so geordnet, daß sich daraus die Grundlage eines flüssigen Rundfunkkommentars machen läßt. Bis 1550 – das Konklave wählte Julius III. – wurden die Stimmzettel im Innern der Sixtinischen Kapelle in eine Kanone gestopft und durch die ›focune‹, das Zündloch, in Brand gesetzt. Julius selbst aber war ein kunstliebender Papst und befürchtete, der Rauch könne den Fresken schaden. Er verfügte daher für alle Zukunft, daß im Konklave ein Ofen installiert werden müsse, dessen Schornstein weit über das Dach des Gebäudes hinausragen solle. Seit jener Zeit versammeln sich die Menschenmassen auf dem Petersplatz, um festzustellen, ob schwarzblauer Qualm (›sfumata‹, erzeugt dadurch, daß man den Stimmzetteln feuchtes Heu beimischte) einen ergebnislosen Wahlgang anzeigt, oder ob weißer Rauch die erfolgreiche Wahl verkündet. Beim Konklave von 1963 nun trat ein bis dahin unbekanntes Problem in Erscheinung: der Schornstein wurde von starken Scheinwerfern angestrahlt, um dem Fernsehen die Arbeit zu ermöglichen. Als der Rauch hervorquoll, vermochten nur wenige sofort dessen wahre Farbe zu erkennen. Ein italienischer Brennmaterialhersteller erbot sich daraufhin, ein narrensicheres System zu installieren, das bei späteren Konklaven jeden Irrtum ausschließen sollte. Villot lehnte ab. Er zieht es weiterhin vor, zur Kräftigung der Rauchfarbe mit den Stimmzetteln Kerzen der unterschiedlichsten Färbung zu verbrennen. MacCarthy hält den Camerlengo in mancherlei Hinsicht für herrlich altmodisch.

*

Zu allem ist Villot auch noch geduldig. Er sitzt völlig ruhig da, verrät keinerlei Regung und wartet, ob einer der Kardinäle vielleicht vorschlägt, per Akklamation wählen zu lassen. Zehn schweigsame Minuten verstreichen; dann richtet der Camerlengo das Wort an die Versammlung. Ein Eingreifen des Heiligen Geistes war nicht zu verzeichnen; niemand regte Delegation-Wahl an. Es ist an der Zeit, zur geheimen Wahl zu schreiten.

Zeremonienmeister Noé, der eigens zu diesem Zweck bei den Kardinälen in der Kapelle verblieben war, teilt an jeden einen kleinen Stapel gleichartiger, quadratischer Stimmzettel aus. 5×5-Format und Aufdruck – ›Eligo in Summum Pontificem‹, zum Papst wähle ich – bestimmte Paul VI., vielleicht in einer seiner schlaflosen Nächte. Unter der Aufschrift ist Platz für einen Namen gelassen. Nachdem Noé alle Zettel verteilt hat, verläßt er die Sixtinische Kapelle und läßt die Kardinäle hinter verschlossenen Türen zurück.

*

Was sich demnächst unter den Schrecknissen der Apokalypse Michelangelos – Jesus als Richter und König, allem Rätselhaften, Mehrdeutigen und jeglichem Mysterium entkleidet – tun wird, sollte eigentlich eines der bestgehüteten Geheimnisse dieser Erde bleiben. Aber man schreibt das Jahr 1978, und das soll heißen, daß sich nicht einmal die Kardinäle den Einflüssen und Zwängen des Kommunikationszeitalters entziehen können. Ein paar von ihnen geben vorsichtig zu, daß das Ritual, dem sie sich gegenwärtig unterziehen, der eigentlichen Rolle des Papsttums auf der komplizierten internationalen Bühne ebensowenig gerecht wird wie Michelangelos Jesus über ihren Köpfen etwas mit der Komplexität und Leidensfähigkeit des Heilands gemein hat. Die Akteure auf der politischen Weltbühne sind von dem Verfahren, an dessen Ende der neue Papst steht, heute wohl mehr als je zuvor fasziniert. Diese Kardinäle werden in denkbar bester Absicht ihren vertrauten Sekretären etwas über die Vorkommnisse berichten. Die Sekretäre werden ihre Notizen vergleichen und ihrerseits ihren engsten Freunden die soeben erfahrenen Neuigkeiten mitteilen. In Windeseile werden die Fakten den bewußten Helfer beim Konklave erreichen und sich in seinem Tagebuch niederschlagen. So, wie zwei und zwei bisweilen immer noch fünf ergeben, werden, ganz allgemein gesagt, die bislang ungebrochenen Geheimnisse des Konklave schließlich nach außen dringen. Das ist gar nicht einmal schlecht. Wenn die Tür schon nicht sperrangelweit offen steht, so ist sie aber auch nicht mehr fest verschlossen.

*

Villot bittet Sin, sich zu überzeugen, daß die Tür ordnungsgemäß geschlossen ist. Der Camerlengo tritt an einen Tisch unter dem Altar, auf den Noé zuvor einen Silberkelch gestellt hatte, in dem sich die Namenszettel aller anwesenden Kardinäle befinden. Zu ihm gesellt sich Sin, dem als einem der rangniederen Kardinäle eine weitere Aufgabe zugedacht ist.

Villot verkündet, nunmehr müßten drei Kardinäle als Wahlprüfer und Stimmzähler ausgelost, zusätzlich noch drei ›Infirmarii‹ ermittelt werden. Diesen kommt es zu, gegebenenfalls die Stimmzettel jener Kardinäle einzusammeln, die unverhofft bettlägerig werden und sich daher nicht aus ihren Zellen in die Sixtinische Kapelle begeben können. Damit ist sichergestellt, daß keine Stimme verlorengeht.

Sin nimmt den Kelch und schüttelt die gefalteten Papierstreifen durch. Er zieht den ersten heraus, entfaltet ihn und verliest den Namen: Wojtyla. Die beiden anderen Stimmzähler sind Lorscheider aus Brasilien und Gantin. Danach werden die ›Infirmarii‹ gewählt. Auf gleiche Weise wird die nächste Dreiergruppe bestellt: die Revisoren, die die Stimmzähler kontrollieren müssen. Sobald ihre Namen feststehen, schüttet Sin die restlichen Namensstreifen aus dem Kelch in ein anderes Gefäß.

Villot ruft die Stimmzähler vor den Altar. Sin stellt den nunmehr leeren Kelch auf den Altar neben einen Silberteller und kehrt an seinen Platz zurück. Villot nimmt den Teller, deckt damit den Kelch ab. Dann liest er den versammelten Kardinälen noch einmal langsam auf lateinisch die von Paul VI. präzise formulierten Verfahrensregeln der Stimmabgabe vor.

»Die Stimmkarten müssen geheim ausgefüllt werden. Jeder Kardinal hat in verstellter Schrift, die eine Ermittlung des Urhebers möglichst nicht zuläßt, den Namen der Person seiner Wahl aufzuschreiben. Es ist sorgfältig darauf zu achten, daß nur ein Name auf der Karte steht; jeder weitere würde die Stimme ungültig machen. Die Karte ist so in der Mitte zu falten, daß sie anschließend nicht breiter als etwa ein Zoll ist.«

Danach begibt sich Villot langsam an seinen Platz.

Die Konzentration ist so groß, daß ein plötzliches Summen die Kardinäle nervös in die Runde blicken läßt. Ein Insekt zieht in der Kapelle seine Kreise.

König bemerkt, daß einer oder zwei der eingeengt Ellbogen an Ellbogen sitzenden Männer in seiner Nähe auf ›Das Jüngste Gericht‹ starren. Er zweifelt, daß sie von dorther zu ihrer Wahlentscheidung groß inspiriert werden; König hält das Fresko seit jeher für lastend und erdrückend; es flößt eher Furcht ein, als daß es Zuversicht verheißt. Er fragt sich – und sofort wundert ihn die Unerheblichkeit des Gedankens –, ob der Islam nicht recht tut, Bilder und sonstige Darstellungen der Gottheit zu verbieten.

Zu dem Summen der Fliege kommt ein zweites, an diesem Ort ungewöhnliches Geräusch: Federn kratzen über Papier.

Vor dem Altar schreibt Wojtyla als erster den Namen seines Kandidaten auf. Danach faltet er den Zettel wie vorgeschrieben und kniet zum Gebet nieder, wobei der Wahlschein zwischen seinen fest gefalteten Händen ruht. Nachdem er sich wieder erhoben hat, spricht er mit Blick zum Altar die von Paul VI. eigens vorgeschriebene Eidesformel.

»Gott, der Herr und Richter, sei mein Zeuge, daß ich meine Stimme jenem gegeben habe, den ich vor Gott für würdig erachte.«

Wojtyla legt seine Stimmkarte auf den Silberteller, wartet einen

Augenblick, verbeugt sich vor dem Altar und läßt mit einem Kippen des Tellers die Karte in den Kelch rutschen.

Der gesamte Vorgang wird von Lorscheider und Gantin wiederholt.

Die anderen Kardinäle füllen ihre Stimmkarten mit verstellter Handschrift aus und blicken starr nach vorn, um gar nicht erst in Versuchung zu geraten, ein Auge auf die Stimmzettel der Nachbarn zu werfen. Dann gehen sie nacheinander zum Altar und werfen die Zettel ein. Die Reihenfolge der Stimmabgabe ist beinahe militärisch streng: zuerst die Rangältesten, wobei die Kardinal-Bischöfe vor den Kardinal-Priestern kommen, denen dann die Kardinal-Diakone folgen.

König geht als einer der ersten den Gang zwischen den Tischen hinunter. Seine Schuhe hallen auf dem erhöhten Fußboden, dessen Filzbelag bereits leicht abgenutzt wirkt. Vor dem Altar verhält König, kniet nieder, betet kurz und erhebt sich, um den Eid zu sprechen. Nachdem er seine gefaltete Karte in die Urne geworfen hat, geht er geschwind an seinen Platz zurück.

Sechsundzwanzig Minuten später – Felici hält den gesamten zeitlichen Ablauf fest – fällt die letzte Stimmkarte in den Kelch.

König kann keine atmosphärischen Veränderungen feststellen. Das Wahlergebnis interessiert sicherlich sehr, aber von ›besonderer Spannung‹ oder einem ›sich anbahnenden Drama‹ ist nichts zu bemerken. Alle scheinen ganz ruhig und gelassen zu sein. Aramburu hat vielleicht recht: »Das Walten des Heiligen Geistes ist spürbar.«

Wojtyla nimmt die Urne und trägt sie zum Tisch der Stimmzähler unter dem Altar. Bevor er sich zwischen Gantin und Lorscheider dort niederläßt, schüttelt er das Gefäß mit fester Hand gründlich durch. Das Rascheln der hundertelf Papierstreifen ist noch im letzten Winkel der Kapelle zu hören.

Gantin sitzt hinter einem zweiten, im Augenblick noch leeren Gefäß; Lorscheider hockt mit verschränkten Armen da und läßt seinen Blick zwischen den beiden Kelchen hin und her wandern, dieweil Gantin mit seiner schwarzen Hand in die volle Urne greift und die Zettel einzeln hervorholt, um sie in das zweite Gefäß zu befördern. Lorscheider zählt laut mit. Wenn die Gesamtzahl der Stimmkarten nicht der Anzahl der Wahlmänner entspricht, werden die Zettelchen verbrannt. Danach wird sofort neu gewählt. Da die Anzahl jedoch stimmt, können sich die Stimmzähler der zweiten Phase des Wahlvorgangs zuwenden.

Wojtyla vertauscht die beiden Gefäße, so daß jetzt das volle vor ihm steht, greift hinein und zieht eine Stimmkarte hervor. Nachdem er sie entfaltete, schreibt er den Namen auf ein Blatt Papier und reicht die Karte an Lorscheider weiter, der sich den Namen ebenfalls aufschreibt, bevor er sie Gantin übergibt. Der wirft erst einen kurzen Blick darauf, ehe er mit seiner angenehmen Stimme den Namen verliest; ›laut und vernehmlich‹, wie von Paul VI. befohlen.

Die erste Stimme geht an Pignedoli.

Gantin schreibt sich den soeben verlesenen Namen auf. Die anderen Kardinäle tun ein übriges.

Und wieder greift Wojtyla in die Urne.[2]

*

MacCarthy gönnt sich genau drei Minuten und fünfzehn Sekunden – entsprechend zweiunddreißig Manuskriptzeilen –, um zu erklären, warum ein Papst nach erfolgter Wahl einen neuen Namen annimmt. Diese Erläuterungen sind als Abschluß der Sendung gedacht, die heute abend nach Afrika über den Äther gehen soll. Seine Überlegungen tippt er direkt in seine alte mechanische Maschine.

»Diese Tradition reicht bis ins elfte Jahrhundert zurück. Davor behielten die Päpste einfach ihren Taufnamen bei – wenn er nicht gerade heidnischen oder barbarischen Ursprungs war. Johann II., er stand von 532 bis 535 an der Spitze der Kirche, änderte als erster seinen Namen. Vorher war er nach einem heidnischen Gott ›Mercurius‹ gerufen worden. Im Jahre 955 wurde Johann XII. Papst und gab damit seinen Namen Octavianus auf – er war ursprünglich nach einem heidnischen Kaiser benannt worden.«

MacCarthy kontrolliert mit der Stoppuhr, wie lange er für das Verlesen des Textes braucht. Mit der Zeit zufrieden, fährt er dann fort.

»Gregor V., er regierte von 996 bis 999 – was sich leicht merken läßt –, war der erste deutsche Papst; sein Taufname war ›Bruno‹, als Papstname mithin viel zu ›barbarisch‹. Silvester II., der Gregor 999 folgte, hieß von Hause aus Gerbert und änderte daher aus dem gleichen Grunde seinen Namen.«

Erneute Kontrolle mit der Stoppuhr. MacCarthy liegt noch gut in der vorgegebenen Zeit, zieht seine Notizen zu Rate, hakt die bereits dargestellten Fakten ab und spinnt seinen Faden weiter aus.

»Papst Johann XIV., der 984 acht Monate nur regierte, und Sergius IV., der 1009 gewählt wurde, gaben ihre Namen auf, weil sie den *ersten* aller Päpste besonders achteten und verehrten; beide hießen Peter mit Taufnamen. Auch heute noch geht in der Kirche die Legende, daß sich nur der letzte Papst Peter nennen wird; nach ihm wird – der Weltuntergang kommen.«

MacCarthy hält ein. Sollte er dies wirklich bringen? Die ganze Legende ist widersprüchlich. Selbst die einfachsten Details über ihren Urheber sind Gegenstand einer hitzigen Debatte. Wurde Malachy O'Morgain wirklich 1094 geboren? Niemand weiß es. Könnte es wirklich stimmen, daß er die Identitäten von einhundertundelf Päpsten – von Cölestinus II. im Jahre 1143 bis hin zu Paul VI. – richtig vorausgesagt hat? Und waren seine Prophezeiungen wirklich ein Blick in die Zukunft über das jetzige Konklave hinaus?

Selbst wenn man dem heiligen Malachias Glauben schenken kann, dann gehen seine Weissagungen jedoch nicht *sehr weit* über das Konklave hinaus. MacCarthy weiß sehr wohl, daß viele an die Legende dieses ersten, 1190 heiliggesprochenen Iren glauben. Diese Menschen sind überzeugt, daß Malachias, von 1134 bis zu seinem Tode 1148 Erzbischof von Armagh* ein so begnadeter Seher war, daß er bereits vor Jahrhunderten voraussagen konnte, daß der am Ende dieses Konklaves gewählte Papst nur noch drei Nachfolger haben werde.

Malachias machte seine Prophezeiungen vermutlich 1139 während einer Rom-Reise, als er eine Reihe von lateinischen Sätzen ›sah‹ – und schriftlich festhielt –, in denen die Päpste der folgenden Jahrhunderte charakterisiert wurden. Außer der abschließenden apokalyptischen Anmerkung über Petrus Romanus sind die Prognosen allesamt äußerst knapp und beschränken sich lediglich auf Familiennamen, Geburtsort, Wappen und das vor der Wahl zum jeweiligen Papst bekleidete Amt. In manchen dieser Sätze finden sich gewisse geistreiche Wortspielereien oder sind ganz und gar nichts anderes; andere Prophezeiungen sind mehrfach deutbar, wieder andere wirken erstaunlich präzise. Der englische Papst Hadrian IV. wurde von Malachias als ›de rure albo‹ umrissen, was man nun entweder mit ›aus dem Lande Albion‹ übersetzen kann, wenn man an die mittelalterliche Bezeichnung Englands denkt; es kann aber auch ›aus einem weißen Lande‹ heißen.

Viele katholische Wissenschaftler sind überzeugt davon, daß Malachias mit diesen Weissagungen nicht das geringste zu tun hatte; daß es sich um Fälschungen handelt, die in der Zeit des Konklave von 1590 entstanden. MacCarthy indes meint, man könne die Prophezeiungen unmöglich mit solcher Sicherheit abtun. Wenn es sich wirklich um Fälschungen handelte, müßte die Exaktheit der Weissagungen nach dem sechzehnten Jahrhundert entschieden zu wünschen übriglassen. Das aber ist nicht der Fall. Benedikt XV. wurde mit der frösteln machenden Kennzeichnung ›religio depopulata‹ bedacht: verheerter Glaube. Er regierte während des Ersten Weltkriegs, der für die gläubige Bevölkerung zahlreicher europäischer Länder verheerende Folgen hatte. Johannes XXIII. wurde als ›pastor et nauta‹ bezeichnet, Hirte und Seemann. Er war gewiß ein großer Seelsorger und vor seiner Wahl zum Papst Patriarch der Seefahrerstadt Venedig. Und er hatte das Symbol des Zweiten Vatikanischen Konzils ausgesucht: ein Kreuz und ein Schiff. Die Weissagung für Johannes' Nachfolger lautete ›flos florum‹, Blume der Blumen. Pauls VI. Wappenschild trug drei Lilien.

Wenn man Malachias glauben will, dann wird Pauls VI. Nachfolger ›de medietate lunae‹ sein. MacCarthy, der fließend lateinisch spricht, fragt sich, auf welchen der Kardinäle die Kennzeichnung ›vom halben Mond‹ am besten paßt. Mit Malachias ist das ein bißchen problema-

---

* Ehemalige Grafschaft im heutigen Nordirland, 1973 in mehrere Kreise aufgelöst; A.d.Ü.

tisch, denkt der Radiomann; seine Weissagungen sind bisweilen zu dunkel, als daß man ihnen vollen Glauben schenken könnte.

MacCarthy sieht noch einmal durch, was Malachias über den letzten Papst namens Peter geschrieben hat. Nach Malachias wird »während seiner Regierung die siebenhügelige Stadt Rom zerstört werden«. Mac-Carthy versteht nur zu gut, warum die Kirche diese Prophezeiung nicht gelten lassen will. Dennoch bleibt die unbehagliche Tatsache, daß während dieses Jahrhunderts zumindest ein Papst eine mystische Vision hatte, die den Weissagungen des Malachias sehr ähnelte. 1909 rief Pius X., er habe eine furchterregende Erscheinung: »Sicher ist, daß der Papst Rom verlassen wird, und wenn er den Vatikan verläßt, muß er über die Leichen seiner Priester hinwegschreiten.« MacCarthy ist vollkommen klar, daß so etwas nie über den Vatikansender gehen wird. Er schiebt seine Notizen über Malachias beiseite.

Letzte Kontrolle der Stoppuhr: genau drei Minuten, fünfzehn Sekunden.

＊

Wojtyla nimmt die letzte Stimmkarte aus dem Kelch, entfaltet sie, schreibt den Namen auf und reicht den Zettel Lorscheider, der den Namen ebenfalls festhält, bevor das Papier zu Gantin wandert. »Siri«, ruft Gantin mit tragender Simme.

Dann schreibt er den Namen auf, bohrt eine Nadel durch das Papier und zieht den letzten Stimmzettel zu den anderen auf einen Faden. Er achtet sorgfältig darauf, daß die Nadel durch das Wort ›Eligo‹ sticht. Paul VI. hat das so festgelegt, wenngleich niemand weiß, warum. Als die für Siri abgegebene Stimme neben den übrigen hundertzehn Zetteln baumelt, zieht Gantin den Faden aus der Nadel und verknotet die beiden Enden. Das aufgefädelte Kartenbündel legt er danach wieder in den Kelch zurück.

Die Stimmzähler addieren sodann für sich die abgegebenen Stimmen. Andere Kardinäle schließen sich ihnen an. Felici ist als erster fertig: er benutzte einen Taschenrechner.

Dann schickt Villot die Revisoren an den Tisch der Stimmzähler. Während einer sorgfältig die aufgezogenen Stimmzettel zählt, kontrollieren die anderen beiden die Aufzeichnungen der Stimmzähler. Das Ganze wiederholt sich reihum. Paul VI. hielt diese Prozedur für unerläßlich, um gewährleisten zu können, daß die Stimmzähler ›exakt und zuverlässig ihre Arbeit tun‹.

Die Revisoren gehen an ihre Plätze zurück.

Aller Augen ruhen auf Wojtyla. Der beginnt im kraftvollen Bariton das Ergebnis des ersten Wahlgangs zu verlesen. Auf Grund seiner schauspielerischen Vorbildung hat Wojtyla das rechte Gefühl für wirkungsvolle Pausen zwischen den Einzelergebnissen.

Siri führt, auf ihn entfallen insgesamt fünfundzwanzig Stimmen.

Sein Stimmenergebnis ruft keinerlei hörbare Reaktion hervor. Luciani bekam dreiundzwanzig Stimmen. Einige Kardinäle bemerken, daß Felici und Benelli – sie sitzen sich durch den Gang getrennt gegenüber – einen schnellen Blick wechseln. Auf Pignedoli entfielen achtzehn Stimmen. Wojtyla legt eine kleine Pause ein. Vielleicht wartet er auf Einspruch. Nach den mehrfachen Kontrollen ist damit jedoch ernsthaft nicht zu rechnen; trotzdem wartet er. Dann liest er das weitere Ergebnis der Auszählung vor, das die meisten Kardinäle, da sie ja mitgeschrieben haben, schon längst kennen.

Baggio hat neun Stimmen, König eine weniger. Bertoli konnte fünf zusammenklauben, Pironio ebenfalls. Felici und Lorscheider hinken mit je zwei Stimmen hinterher. Vierzehn weitere Kardinäle, darunter Hume und Pappalardo – auf den Alibrandi, der Dubliner Nuntius, seine Hoffnungen setzte – erhielten je eine Stimme. Niemand votierte für einen amerikanischen Kardinal.

Bei mehreren Kardinälen entlädt sich die Spannung mit tiefen Seufzern. Andere blicken neugierig auf Siri und Luciani.

Villot erhebt sich und verkündet offiziell den ergebnislosen Ausgang der Abstimmung. Ehe es zu einer Diskussion kommen kann, beauftragt er Sin, Noé herbeizuholen. Danach begibt sich Villot zu den sitzenden Kardinälen und läßt sich von ihnen alle etwaigen Aufzeichnungen aushändigen. Hinter ihm marschiert Sin mit einem Papierkorb, in dem sich bereits die Zettel mit den Namen der eingangs ausgelosten Stimmzähler, ›Infirmarii‹ und Revisoren, befinden. Unter Villots wachsamen Augen stopft Sin die Notizen in den Korb. Die beiden Männer gehen zum Tisch der Stimmzähler hinüber. Villot nimmt die aufgefädelten Stimmkarten aus dem Kelch und wirft sie ebenfalls in den Papierkorb. Hernach warten er und Sin schweigend auf das Erscheinen Noés. Als der die Kapelle betritt, gehen Sin und der Camerlengo zu dem noch kalten Kamin hinüber. Villot öffnet die Klappe, Sin stopft Papier hinein, Noé schließt die Ofentür. Daraufhin ersucht Villot den Zeremonienmeister, die Kapelle wieder zu verlassen. Sin überzeugt sich, daß die Tür hinter ihm versperrt ist.

Irgendwo im Bereich des Konklave drückt der Mann mit der Wanze zweimal schnell hintereinander seinen Hemdenknopf. Es ist das vereinbarte Signal, daß ein zweiter Wahlgang bevorsteht.

18

Gegen elf Uhr befinden sich schätzungsweise fünfzigtausend Menschen auf dem Petersplatz. Manche von ihnen versuchen den Rat eines irischen Mönchs zu befolgen, der an diesem Samstag die Schlagzeilen der römischen Presse beherrscht, weil er sich seit der Wahl Pius' XI. im Jahre 1922 kein Konklave hat entgehen lassen. Dieser erfahrene Mann empfahl als »besten Standort zur Entzifferung der von päpstlicher Hand an den Himmel geschriebenen Zeichen« einen Platz »genau vor der kaputten Uhr in der Fassade der Basilika, etwa dort, von wo aus man über die linke Schulter von Taldonis gewaltiger Paulus-Statue gucken kann – aber vergeßt auf keinen Fall die Taschendiebe: die klauen einem sogar die Sommersprossen vom Arm runter!«

Die Scharen von Fernseh-, Rundfunk- und Zeitungsjournalisten finden das Warten ebenso ermüdend wie die sich langweilende Menge. Die Stimmung der Medienvertreter wird durch laufende Auseinandersetzungen mit dem seiner Aufgabe anscheinend immer weniger gewachsenen vatikanischen Pressebüro auch nicht besser. Keiner der Journalisten kann sich erinnern, vom Vatikan je zuvor so frustriert worden zu sein. Über ›dolore et stupore‹ der Medienvertreter mußte das vatikanische Pressebüro sogar einen lateinisch gefaßten, nachdrücklichen Protest entgegennehmen. ›Schmerz und Verwunderung‹ der Journalisten wurden aber noch größer, seit sie in der Gluthitze ihre schweren Aufnahmegeräte herumschleppen.

Die Reporter arbeiten älteres Material auf: nur sechsundvierzig Päpste waren keine Italiener; deren letzter war der Flame Hadrian VI., welcher noch am Tage seiner Wahl ausgebuht wurde. Der letzte Papst, der nicht zuvor Kardinal gewesen war, wurde vor sechshundert Jahren gewählt. Und sollte dieses Mal zwischen dem Aufsteigen des weißen Rauches und dem ersten Erscheinen des neuen Papstes auf dem Balkon der Petersbasilika längere Zeit – etwa mehrere Stunden – verstreichen, so würde das mit ziemlicher Sicherheit bedeuten, daß ein Außenseiter gewählt wurde, so daß die Kardinäle noch darauf warten müssen, bis er sich einen Namen ausgesucht und von Gammarelli letzte Hand an eins der vorbereiteten Gewänder hat legen lassen.

Mit solchem Gerede vertreiben sich die Reporter die Zeit. Dazwischen flechten sie bisweilen Mitteilungen, die den Eindruck erwecken, als wüßten sie genau, was sich gerade in der Sixtinischen Kapelle tut.

Aber nicht einmal die frivolste Spekulation könnte der Wirklichkeit jenes großen Dramas gerecht werden, das sich gerade unter dem schrägen Dach mit seinem behelfsmäßigen Schornstein abspielt, auf den sich mit der nahenden Mittagsstunde das gesamte Interesse konzentriert.

*

Wojtyla verkündet mit hallender Stimme das Ergebnis des zweiten Durchgangs.

Luciani bekam sechsundvierzig Stimmen.

Allgemeines Gemurmel unter den Kardinälen. Siris ursprüngliche Befürworter müssen größtenteils zu Luciani übergewechselt sein. Wojtyla macht eine Kunstpause und lächelt.

König glaubt, irgendwo jemand schwer atmen zu hören, kann sich jedoch nicht vergewissern, da er sich wie jeder andere völlig auf Luciani konzentriert.

Der Patriarch wirkt wie jemand, der ringsum Gefahr wittert, jedoch keinen Ausweg sieht. Tiefe innere Bewegung läßt ihn erblassen. Beinahe flehend schaut er auf Wojtyla.

Sin fragt sich unwillkürlich, ob Luciani vielleicht auf einen Irrtum hofft. Benellis und Felicis Gesichtsausdruck läßt eine solche Annahme jedoch nicht zu. Insbesondere Benelli hat Tage und Monate hart auf dieses Ergebnis hingearbeitet; er reiste, diskutierte und stritt dafür. Jetzt kann er seine Befriedigung nicht verhehlen. Sein wissendes, lebhaftes Gesicht wirkt zutiefst zufrieden. Und über Felicis schwere Züge huscht ein breites, zufriedenes Lächeln.

Villot faßt Wojtyla scharf ins Auge, ohne indes seine Gefühle zu verraten.

Wojtyla liest sodann die übrigen Ergebnisse vor. Pignedoli erreichte jetzt neunzehn Stimmen; Lorscheider gewann zwölf dazu und kommt somit auf vierzehn, womit jene Experten widerlegt sind, die glaubten, ein relativ junger Kandidat könne nur geringe Unterstützung finden. Baggio hat elf Stimmen, also zwei mehr als im ersten Durchgang. Felici – ebenfalls eine kleine Überraschung – gewann sieben dazu und hat jetzt mithin neun Stimmen hinter sich. Bertoli bekam vier, und Hume hat immer noch eine einsame Stimme zu seinen Gunsten.

Willebrands, der nach Ansicht vieler im zweiten Wahlgang eine Chance hätte haben sollen, bekam nicht eine einzige Stimme,

Sobald Wojtyla geendet hat, erhebt sich überall eine rege Unterhaltung.

Felici und Benelli gehen zu Luciani hinüber und drängen ihn, dem ins Auge zu sehen, was Felici dem Vernehmen nach als »Realität und Wunsch des Heiligen Geistes« bezeichnet.

Villot bittet die beiden energisch, sich wieder an ihre Plätze zu begeben, läßt aber angesichts der allgemeinen Stimmung die Diskussion weiterlaufen. Die Ruhigsten und nach außen hin am unbeteiligtsten Wirkenden sind die Amerikaner; sie sitzen gelassen da und verfolgen lediglich den Lauf der Dinge.

Ribeiro, der Patriarch von Lissabon, wendet sich an Luciani und sagt mit das allgemeine Gerede übertönender Stimme:»Nur Mut. Der Herr gab die Last; er wird auch die Kraft geben, sie zu tragen.«

Luciani nickt; niemand wußte jedoch zu sagen, ob er Ribeiros Worte verstanden hat oder einfach nur einem Reflex nachgab.

Willebrands neben ihm zeigt sich ebenfalls hilfreich.»Grämen Sie sich nicht«, sagt er zu Luciani,»in der ganzen Welt wird jetzt für den neuen Papst gebetet.«

Dazu nickt Luciani nicht einmal, er scheint seiner Umgebung völlig entrückt zu sein.

Aramburu sitzt unbeteiligt da. Obwohl er für Lorscheider stimmte – und annimmt, daß einige seiner lateinamerikanischen Kollegen dasselbe taten, was den Stimmengewinn des Brasilianers erklären würde –, scheint alles zu nichts geführt zu haben.

Pignedoli lächelt – vor Erleichterung, werden später einige Kardinäle sagen; andere werden behaupten, dieses Lächeln sei die enttäuschte Reaktion dessen gewesen, den man glauben gemacht hatte, er würde der beste Papst sein, den die Kirche bekommen könnte.

Trotzdem, überlegt König, noch ist nicht aller Tage Abend. Es wird einen dritten Wahlgang geben, der ebenfalls noch für ein paar Überraschungen gut ist.

Villot steht plötzlich auf und läßt Sin Noé hereinholen. Mit dessen Eintreten hört die Unterhaltung sofort auf. Als er mit Villot und Sin zum zweitenmal mit dem Papierkorb zum Kamin schreitet, lächelt Noé Luciani ermutigend zu. Auch darauf reagiert der Patriarch nur mit einem angedeuteten Nicken.

Ein gewaltiger Aufschrei brandet über den Petersplatz.»Fumo! Fumo!« Aus dem Kaminschlot kräuselt grauer Rauch. Jeder hält den Atem an; dann ein gemeinsamer enttäuschter Aufschrei, als eine dicke, schwarze Rauchsäule aus dem Schornstein steigt und sich in Minutenschnelle verflüchtigt.

In der Küche des Konklave haben die Nonnen sich selbst übertroffen: zu Mittag gibt es ein Ragout von Huhn und Schwein im Reisrand.

Nur wenige Kardinäle essen ihre Teller leer. Den Speisesaal erfüllt andauerndes erregtes Stimmengewirr. Viele glaubten, sich gar nicht zeigen zu müssen; sie hocken entweder allein in ihren Zellen – König sah Hume mit gesenktem Haupt auf seinem Betschemel knien – oder wandern lebhaft diskutierend die Gänge auf und ab.

Felici, Benelli und ein Dutzend anderer Kardinäle – darunter Willebrands, Gantin und Sin – haben sich irgendwie in Lucianis Zelle gequetscht. Der Patriarch sitzt auf dem Bett, die anderen stehen oder hocken um ihn herum. In vielerlei Worten sagen alle dasselbe: was Luciani widerfahre, sei – Gottes Wille.

Luciani ringt unbewußt die Hände; ebenso selbstvergessen entgeht ihm auch das in Wort und Gestik geäußerte Mitgefühl. Völlig benommen hängt er seinen Gedanken nach. Da er auf nichts reagiert, erfaßt den winzigen Raum nach und nach eine unnatürliche Stille, die jedoch wieder gebrochen wird, als Benelli mit leichtem Anflug von Verärgerung brummelt:»Sie *müssen* annehmen – es ist Gottes Wille.«Ermunterndes Gemurmel. Doch Luciani sitzt nur da, abgekapselt, reagiert nicht – ergriffen von Gefühlsaufwallungen, die er auch später nicht erschöpfend wird erklären können.

Baggio kommt und nimmt Felici mit auf den Papageienhof hinaus, wo sie sich eine Weile ergehen. Selbst die scharfäugigen Helfer des Konklave können den Gang der Unterhaltung nicht erfassen. Das Ergebnis indes ist eindeutig: als sie sich trennen, klopft Felici Baggio freundschaftlich auf die Schulter und kehrt daraufhin zu Luciani zurück.

Pignedoli und Lorscheider treffen sich kurz auf einem der Flure. Sie wechseln ein paar Worte und gehen wieder auseinander. Lorscheider eilt zu Aramburu in dessen Zelle und bespricht sich dort mit ihm unter vier Augen. Pignedoli sucht Bertoli auf. Auch die beiden haben eine ganz private Unterredung: sie beschließen, gemeinsam Benelli in seiner Zelle zu besuchen.

Benelli in ein kurzes Gespräch zu ziehen, ist nicht unbedenklich; denn allein auf Grund der in der Vergangenheit zutage getretenen Reibungen zwischen den drei Männern könnten die eigenen Parteigänger bei Bekanntwerden der Einzelheiten einen schiefen Eindruck bekommen. Jeder Konklave-Teilnehmer ist beträchtlichem Druck und Spannungen ausgesetzt; jedem steht das eigene Ich im Wege, jene kleinen Eigenheiten also, die es jedem so sehr erschweren, einen entgegengesetzten Standpunkt zu akzeptieren.

Seiner Art entsprechend, versucht Benelli sofort auf den Punkt zu kommen. Obwohl normalerweise ein gestandener und eloquenter Redner, gibt er sich überraschend schwerfällig, wodurch seine Worte einen kleinlichen Unterton bekommen. Säuerlich läßt er Pignedoli wissen, daß dieser mit weiteren Avancen beim nächsten Durchgang besser nicht rechne.

Jeder kennt Pignedoli als eingefleischten Fahrenden; er ist nach Baggio wohl der mobilste Kardinal. Seit Monaten hält sich das Gerücht, er habe seine vielen Reisen benutzt, um Unterstützung für die eigene Kandidatur zu mobilisieren. Pignedoli hat das – wiederholt – bestritten. Das Gerücht hält sich trotzdem weiterhin. Nun scheinen seine neunzehn Stimmen darauf hinzudeuten, daß er in den verschiedensten Ecken der katholischen Welt tatsächlich Unterstützung *fand*. Und dann sagt Benelli mit ein paar dürren Worten, der Zug sei abgefahren. Pignedoli kann seine Enttäuschung nicht verbergen; seine weiteren Bemerkungen lassen eindeutig erkennen, daß er mehr erhoffte. Mit Benelli nicht nachstehender Säuerlichkeit behauptet er, seine Hilfstruppen seien loyal, man solle die Sache ruhig ihren Lauf nehmen lassen. Zu aller Erstaunen ist an Pignedolis Redeweise keine Spur jener schwankenden Unschlüssigkeit zu erkennen, die zuletzt noch als für ihn charakteristisch galt. Statt dessen haben seine Worte wieder jenen unverkennbaren Salzgeruch, der an seine Zeit als Marinepfarrer erinnert.

Schließlich versteigt er sich zu der Behauptung, Luciani sei in manchen Dingen eine Spur zu liberal: einerseits progressiv, zum anderen den Radikalen zugeneigt. Er geht nicht in Einzelheiten, sondern weist geschwind darauf hin, daß nicht nur Aramburu etwas gegen den Patriarchen habe; zahlreiche andere Kardinäle schätzten Lucianis selbstherrliche Methoden ebensowenig. Dafür bringt er jetzt sogar ein Beispiel: es sei ja wohl bestens bekannt, an welch langem Zügel der Patriarch seine Pfarrer halte. Und zuletzt der Schuß aus dem Hinterhalt: Wie steht es denn eigentlich um Lucianis Gesundheit?

Die Frage bleibt unbeantwortet. Versucht Benelli, über deren Tragweite hinwegzugehen, oder möchte er sich in diesem späten Stadium auf die Erörterung einfach nicht mehr einlassen? Hierüber wird noch endlos gestritten werden, aber erst später. Im Augenblick warten die beiden auf Bertolis Ansicht.

Der schweigt sich zunächst einmal aus. Vielleicht glaubt er aber auch, daß Pignedoli seine Sache langsam verlorengeben sollte. Pignedoli indes wirkt nicht im geringsten hoffnungslos; anscheinend versteht er längst bekannten Argumenten immer neue Wendungen zu geben. Nun braucht man über manche seiner Behauptungen wirklich nicht zu reden. Es gibt zweifellos gewisse Kardinäle – einer von ihnen ist Höffner aus Köln –, die Lucianis Wahl nie und nimmer gutheißen würden. Sie würden ihre Stimmzettel entweder unausgefüllt abgeben oder aus Protest für Pignedoli votieren.

Dann aber ist es doch Bertoli, der alle Komplexitäten auf einen Satz reduziert, dessen schlichte Wahrheit nicht wirkungslos bleibt:

»Wir alle müssen uns zum Wohl der Kirche weiterhin vom Heiligen Geist führen lassen.«

Zumindest im Umfeld des Konklave hält man es für bedeutsam, daß Bertoli und Benelli nach dem Ende der Unterredung gemeinsam Lucianis Zelle aufsuchen. Man nimmt dies als Zeichen, daß die beiden Kardinäle, die sich so lange gegenseitig bekriegten, gewissermaßen Frieden geschlossen haben.

Pignedoli zieht sich zum Gebet in seine Zelle zurück.

König, Suenens aus Brüssel und Wojtyla üben sich in elementarer Arithmetik. Luciani hat die nötigen fünfundsiebzig Stimmen um neunundzwanzig verfehlt. Alle drei werden weiterhin für Luciani stimmen – verlautet jedenfalls aus einer Suenens nahestehenden Quelle. König aber bleibt vorsichtig: obwohl das Konklave wohl nicht, wie er anfangs vermutete, eine ganze Woche dauern wird, dürfte es durchaus mehr als nur drei Wahlgänge geben. Alles ist offen; er schätzt bei so ernsten Angelegenheiten die Rennbahnterminologie zwar keineswegs, aber man sei doch noch ein ganzes Stück von der Ziellinie entfernt.

Inmitten dieser hektischen Aktivitäten – die beim besten Willen niemand mehr als ›Konsultationen‹ bezeichnen könnte, sind es doch handfeste Wahlmanöver – schafft es Krol tatsächlich, ein Schläfchen einzulegen, während Cody mit Cooke eine längere Unterredung hat, die den späteren Worten des New Yorker Kardinals zufolge »mit dem eigentlich anstehenden Geschäft überhaupt nichts zu tun« hatte.

Nachmittags um vier kehren die Kardinäle wieder in die Sixtinische Kapelle zurück. Fünfundvierzig Minuten später verkündet Wojtyla das Ergebnis des dritten Durchgangs; Felicis Tabelle ermöglicht die genaue zeitliche Zuordnung des Ereignisablaufs.

Luciani hat sechsundsechzig Stimmen. Pignedoli hat es geschafft, zwei weitere Stimmen zu ergattern – dem Vernehmen nach von Duval aus Algerien und von Gabriel Garrone, einem französischen Kardinal. Damit weiß Pignedoli einundzwanzig der Anwesenden hinter sich. Lorscheider ist noch im Rennen, aber weit abgeschlagen. Dreizehn Stimmen wurden ihm entzogen und fielen mit ziemlicher Sicherheit Luciani zu. Bleibt dem Brasilianer nur noch eine einzige; es ist im Konklave inzwischen ein offenes Geheimnis, daß Aramburu bis zuletzt zu Lorscheider halten wird.

Villot ruft zur sofortigen vierten Stimmabgabe auf.

Felicis Armbanduhr zeigt genau 17.25 Uhr, als der erste Stimmzettel auf die silberne Patene gelegt und in den Kelch gekippt wird. Um 18.20 Uhr fädelt Gantin die letzte Karte auf. Ein gewaltig strahlender Wojtyla verkündet kurz darauf, daß Luciani sechsundneunzig Stimmen auf sich vereinige. Im tosenden Beifall geht beinahe unter, daß Pignedoli zehn Stimmen bekommen hat – eine von ihnen wahrscheinlich von Luciani; denn niemand darf sich selbst wählen. Lorscheider hat auch nach diesem Durchgang wieder nur den verläßlichen Aramburu hinter sich.

Luciani sitzt mit geschlossenen Augen da und betet, fast ohne die Lippen zu bewegen.

Villot weist Sin an, Noé zum letzten Male hereinzuholen; er muß seine Stimme kräftig erheben, um sich gegen das praktisch ununterbrochene Händeklatschen durchzusetzen. In Begleitung des Zeremonienmeisters und der drei Stimmzähler schreitet der Camerlengo sodann mit feierlich gesenktem Haupte zu Lucianis Platz.

Erwartungsvolle Stille.

In sorgfältig betontem Latein stellt Villot seine erste Frage.

»Höchst Ehrwürdiger Herr Kardinal, nehmen Eure Gnaden die soeben nach kanonischem Rechte vollzogene Wahl zum Pontifex Maximus an?«

Lucianis Augen bleiben geschlossen. Seine Lippen bewegen sich in stummem Gebet. Er ringt die Hände; war dies in seiner Zelle noch eine unbewußte Geste, so wird jetzt jedoch Bedacht deutlich. Es ist, als warte er auf den rechten Augenblick und gewichte noch dessen volle Tragweite. Seine Hände kommen zur Ruhe. Alle um ihn herum recken sich, um seine Reaktion mitzuerleben. Schließlich öffnet Luciani die Augen.

Noé wird noch lange an den ›strahlenden Ausdruck‹ denken, den Lucianis Augen nun bekommen. König sieht in ihnen ›eine Gewißheit‹, die vorher nicht erkennbar war; Gantin spürt ›Kraft und Entschlossenheit‹; Sin ist überzeugt, ›Gott hat es so gefügt‹.

Um so betäubender sind Lucianis Worte.

»Gott möge Euch vergeben, was Ihr aus Achtung vor mir getan habt.«

Villot ist völlig durcheinander. Er fummelt an seinem Brustkreuz herum und blickt derart hilflos in die Runde, daß Felici ihn der Verzweiflung nahe glaubt. Felici ist der Ansicht, nirgendwo im Geheimarchiv finde sich die Niederschrift einer Antwort, die der soeben gehörten auch nur nahekomme.

Plötzlich verzieht sich Lucianis Gesicht zu einem gewaltigen, gewinnenden Lächeln, das sein von einem venezianischen Zahntechniker so sorgfältig und unnatürlich weiß gestaltetes Gebiß entblößt.

»Accepto . . .«

Villot reißt vor Erleichterung den Mund auf. Er steht noch immer mit herabgefallener Kinnlade da, als Luciani den Satz beendet.

». . . im Namen des Herrn.«

Der Camerlengo macht den Mund zu und leckt sich die Lippen.

Dann stellt er seine zweite und letzte Frage: »Unter welchem Namen wird man Euch kennen?«

Luciani läßt sich mit der Antwort Zeit. Zunächst einmal blickt er Benelli und Felici an. In der Pause zwischen dem dritten und vierten Wahlgang hatten ihm beide zu verstehen gegeben, wenn dieser Augenblick komme – wobei es, wie Felici sagte, hinsichtlich des Wahlausgangs überhaupt kein Wenn und Aber gebe –, dann möge Luciani nicht unberücksichtigt lassen, welchen großen Einfluß Johannes XXIII., der ihn seinerzeit zum Priester weihte, auf ihn gehabt habe, aber auch Paul VI., der ihn zum Bischof ernannte, sollte vielleicht als Namenspatron in Erwägung gezogen werden.

Mit fester und sicherer Stimme verkündet Albino Luciani, wie er fortan heißen möchte.

»Ich will Johannes Paul der Erste genannt werden.«

242

*

Der Monitor zeigt den Schornstein in Großaufnahme. MacCarthy wirft einen Blick auf die Studio-Uhr und nimmt den Faden wieder auf. Sollte der Schornstein plötzlich Rauch ausstoßen, wird MacCarthy seine Erläuterungen, weshalb ein Papst nach erfolgter Wahl seinen Namen wechselt, sofort unterbrechen. Es tut sich jedoch nichts. MacCarthy weicht vom Manuskript ab und vertröstet sein unsichtbares Publikum zwischen der libyschen Wüste und dem üppig grünen Natal. Es ist 18.30 Uhr. Für Hörer und Schaulustige – schätzungsweise hunderttausend warten inzwischen auf dem Petersplatz – heißt es, sich weiterhin in Geduld zu üben.

*

Just in diesem Augenblick wird der Mann mit der Wanze aktiv. Zunächst einmal vergewissert er sich, wo sich der Spürtrupp, der den Bereich des Konklave wiederholt inspiziert hat, im Augenblick gerade befindet. Die beiden Männer stehen in der Sixtinischen Kapelle und lassen kein Auge von den Zeigern ihrer Geräte. Der Mann mit der Wanze eilt in die Rüstkammer der Borgia-Gemächer. Ein Teil der Nonnen hat die Feldküche nebenan verlassen und schaut in der Kapelle dem freudigen Treiben der Kardinäle zu; wer zurückbleibt, kümmert sich um die Herrichtung des Abendessens. Niemand beachtet den Mann.

Bevor er ins Konklave ging, hat er sich einen einfachen, aber wirksamen Code eingeprägt, der sich nicht nennenswert davon unterscheidet, wie er anfänglich den Beginn jedes neuen Wahlgangs signalisierte. Dieses Mal dauern die einzelnen Summtöne nur etwas länger. Jeder Kandidat bekam eine Nummer, und entsprechend oft ist im Fall des Falles auf den Knopf zu drücken. Das tut der Mann jetzt, und zwar elfmal.

Genausooft piept es im Studio des Vatikansenders.

Als der im Mischpult verborgene Empfänger schweigt, notiert der diensthabende Tontechniker: Luciani. Er hält den Zettel an die schalldichte Scheibe zwischen Regieraum und Studio. Die vor ihren Tischmikrofonen sitzenden Sprecher werfen sich einen Blick zu. Einer von ihnen beginnt zu sprechen.

Der Vatikansender hat seine Erstmeldung.

Der bewußte Mann im Konklave geht wie geheißen zur Toilette und spült die Wanze hinunter.

Kurz darauf bekommt Noé vom Spürtrupp die Meldung, daß der Konklave-Bereich noch immer sauber sei.

Noé gibt die Meldung an Villot weiter.

*

Um 18.33 Uhr ruft einer von Villots Assistenten Anibale Gammarelli an, der sich die Uhrzeit notiert. Warum, weiß er auch nicht. Der Schneider springt ins Auto und rast los. In sechs Minuten ist er am Ziel.

＊

Aus MacCarthys Monitor dröhnt, schreit und hupt es. MacCarthy lächelt bekümmert: kaum ist er vom Sender, da steigen vier Rauchbälle aus dem Schornstein. Je mehr Qualm aus dem Kamin dringt, desto lauter brüllt die Menge. Aber obwohl die Kamera die Esse in Großaufnahme zeigt, kann MacCarthy vor dem perlweißen Himmel die Farbe des Rauches nicht genau ausmachen. Die Menge jedoch hat keinen Zweifel. »E bianco, è bianco«, brüllen die Leute entzückt – »Er ist weiß, weiß!« Die Szene wechselt. Nach der Menge auf dem Petersplatz ist nun der Schornstein wieder im Bild. Plötzlich quillt dunkler Rauch hervor. Die Rauchfarbe bleibt unzuverlässig und wechselt mehrfach ohne erkennbare Ursache. So kommen unnötige Zweifel auf. Kritiker geben Villot die Schuld – wem wohl sonst? –, daß kein verläßlicheres System installiert wurde.

＊

Drei Minuten nach der telefonischen Benachrichtigung Gammarellis – es ist jetzt 18.37 Uhr – ruft derselbe Assistent Villots Levi vom ›Osservatore Romano‹ an. Der Herausgeber lauscht und fühlt sich sofort besser. Dann bestimmt er, daß für die Titelseite die Platte mit Lucianis Foto und Biographie auf den Zylinder gespannt wird.

＊

Martin wartet ungeduldig am offenen Portal der Sixtinischen Kapelle. Er hat ein paar Schweizergardisten zum Glockentor geschickt, um Gammarelli dort in Empfang zu nehmen und hierher zu eskortieren. Jetzt wünscht er, doch besser Ciban gebeten zu haben, bei der römischen Stadtpolizei für den Schneider eine Motorradeskorte zu besorgen. Dazu aber war gar keine Zeit mehr. Alles ging so schnell, daß selbst der erfahrene Präfekt überrascht wurde: er denkt, mit vier Wahlgängen dürfte dieses Konklave eins der kürzesten der jüngsten Geschichte gewesen sein, besonders deswegen, weil die letzte Abstimmung offenbar nur eine reine Formalität gewesen sei.

Dem Präfekten ist eine interessante Geschichte zu Ohren gekommen: Wenn man davon absieht, daß natürlich auch der Form Genüge getan werden mußte, so diente der letzte Durchgang hauptsächlich ›zur Bekräftigung‹. Damit sollte gezeigt werden, wie überwältigend groß die Unterstützung des Patriarchen war; so groß nämlich, daß der abtrünnige Lefèbvre zum Schweigen gebracht werde. Dieser hatte anfangs verkündet, er werde die Entscheidung des Konklave nicht akzeptieren, da nach Pauls Verordnung die sechzehn über achtzig Jahre alten Kardinäle von Teilnahme und Stimmabgabe ausgeschlossen waren.

Egal, ob die Geschichte wahr ist; Martin jedenfalls ist klar, daß der religiöse Faschismus Lefèbvrescher Prägung nur eins der vielen Probleme ist, mit denen sich der neue Papst wird herumschlagen müssen; allerdings kein allzu großes, denn Lefèbvres reaktionäre Bewegung ist im wesentlichen ein letzter, verzweifelter Versuch einiger vergangenheitsorientierter Unentwegter, die durch das Zweite Vatikanum geschaffenen Fakten zu ignorieren. Er und seine Anhänger unterscheiden sich nur wenig von jenen Verbohrten, die die sozio-ökonomischen, politischen und theologischen Veränderungen, die den großen Umwälzungen des vergangenen Jahrhunderts auf dem Fuße folgten, nicht wahrhaben wollten. Martin ist durchaus für Bewahrung der tradierten katholischen Lehrsätze und wird über bestimmte vorgezeichnete Linien gewiß nicht hinausgehen. Trotzdem hat er kein Verständnis für Extremisten und Selbstdarsteller wie Lefèbvre, die sich durch Anfechtung der päpstlichen Autorität zu profilieren suchen. Nach Ansicht des Präfekten werden Standfestigkeit und Entschlossenheit Lefébvre schließlich scheitern lassen.

So einfach dürften es die übrigen Widersacher dem Papst jedoch nicht machen. Viele von ihnen haben es sich zum erklärten Ziel gesetzt, durch zunehmende Dezentralisierung der Kirche die Autorität der Kurie und des Heiligen Kardinalskollegiums zu reduzieren, so daß vatikanferne Laien, Priester und Bischöfe größeren Einfluß auf die Entscheidungsprozesse bekämen; diese Revolutionäre haben die Behauptung auf ihre Fahnen geschrieben, Kirche und Papst seien Gefangene eines erstarrten autoritären Systems, das dringend der Liberalisierung bedürfe.

Das Wort allein ist in den Ohren des verdrießlichen, alten Präfekten bereits eine Lästerung. Er weiß, daß der neue Papst einem uneinigen, anscheinend unüberbrückbar polarisierten Hause wird vorstehen müssen. Paul hatte eigentlich nicht beabsichtigt, als Papst in die Geschichte einzugehen, unter dessen Oberaufsicht der Zerfall der Kirche stattfand; er hatte sie jedoch in einem derartigen Schwächezustand, in einer so ausweglosen Lage zurückgelassen, daß sie nur eine äußerst feste Hand wieder auf Kurs bringen könnte. War Pauls Nachfolger hierfür der richtige Mann? Hatte er genügend Talent, Geschicklichkeit, Einsicht, Weisheit und, wie Martin einräumen mußte, die entscheidende Raffinesse, um es mit den ernstlichen Herausforderungen all der autonomen, lose organisierten Priester- und Laiengruppierungen verschiedenster religiöser und politischer Grundtendenz aufnehmen zu können?

Der Präfekt gibt neuen Gedankengängen Raum. Luciani ist ein weiteres Nordlicht; in Rom wird man ihn kaum kennen, und er seinerseits wird nur wenig vom kurialen Innenbetrieb wissen. Wird er sich etwas sagen lassen? Wird er, wie seinerzeit Paul, mit eigenem Gefolge nach Süden gehen, um dem Vatikan eine unverkennbar venetianische Prägung zu geben? Zweifellos wird er ein paar verläßliche Helfer mitbringen. Aber wird er auch gelten lassen, daß den besten Interessen des Papsttums – nach Martins Ansicht – nur dann gedient ist, wenn er die von Paul ernannten Funktionsträger – zu denen auch Martin gehört – erneut in Amt und Würden einsetzt?

Martin gräbt in seinem Gedächtnis nach Fakten über den Patriarchen. Er sah ihn gelegentlich, wenn er im Vatikan weilte, um Paul zu besuchen. Luciani machte dabei jedoch stets den Eindruck, als könnte er es eigentlich gar nicht abwarten, wieder in seinem Palais an der Wasserkante zu sein. Luciani hatte für die Presse gearbeitet und ein Buch geschrieben. Der Name der Zeitung und der Buchtitel sind Martin indes im Augenblick nicht gegenwärtig; doch dann fällt ihm ein: Ein Exemplar der ›Illustrissimi‹ war ja im Staatssekretariat herumgereicht worden und hatte einiges Kopfschütteln verursacht. Es war nicht nach jedermanns Geschmack, daß ein Kirchenfürst Briefe an eine Marionette namens Pinocchio schrieb. Martin will sich schnellstmöglich ein Exemplar besorgen. Aber der Name, den sich der neue Papst ausgesucht hat, Johannes Paul der Erste, der klingt doch wohl ein bißchen schwerfällig, oder? Vielleicht werden die Römer, wenn sie den neuen Papst mögen, den Namen ein wenig verballhornen. Gianpaolo, denkt Martin, macht sich vielleicht gar nicht schlecht, klingt darin doch ein gewisser liebevoller Unterton an.

Während Martin das Namensproblem noch hin und her bedenkt, trifft Gammarelli mit seiner Schweizereskorte ein. Die kleine Tasche und der schwarze Anzug lassen den Schneider wie einen Arzt aussehen.

»Um wen geht's?« fragt Gammarelli.

»Papa Gianpaolo.« Martin wollte es einmal probieren.

»Gianpaolo?«

»Si.«

Martin wendet sich zum Gehen und deutet so das Ende der Unterhaltung an.

Gammarelli folgt ihm auf dem Fuße. »Gianpaolo? Ist das ein Kardinal?«

»Si. Was denn sonst?«

»Selbstverständlich. Aber woher?«

»Venedig.«

»Ach so, Luciani.«

Während Martin ihn in die Sakristei führt, überlegt Gammarelli, wann er von Luciani zum letztenmal Maß genommen hat.

Überall wimmelt es von Kardinälen. Die Szene gleicht einem jener Empfänge, die das Heilige Kollegium zu Ehren eines neuen Mitglieds gibt.

Mit Gammarelli im Schlepp, zwängt sich Martin durch die Menge, nickt hier, lächelt da, ohne jedoch seinen Schritt zu verlangsamen. Schließlich stoßen sie zu einer Menschentraube, die sich um den Papst drängt. Ja, das ist wirklich ein Gianpaolo, denkt Martin. Bis auf einen breitschultrigen Slawen mit durchdringendem Blick kennt Gammarelli alle. Später wird der Schneider an Wojtylas abgetragene Robe und Schuhe denken und sich fragen, wo er wohl arbeiten lasse. Im Augenblick aber kümmert er sich nur um Gianpaolo. Der Gegensatz zum letztenmal vor fünfzehn Jahren, als er hier an derselben Stelle Paul VI. einzukleiden hatte, macht ihn stark betroffen. Auch in den späteren Jahren hatte Paul die Prozedur des Maßnehmens nur zunehmend widerwilliger über sich ergehen lassen. Wie so vieles andere, schien auch Kleidung jeden Reiz für ihn verloren zu haben. Gianpaolo anderseits wußte zu jeder Zeit des Schneiders handwerkliches Geschick zu würdigen. Er gehörte zu denen, die es sich nicht nehmen ließen, sich für ein neues Gewand mit ein paar netten Zeilen von eigener Hand zu bedanken. Auch jetzt hat er bereits mehrfach einen interessierten Blick auf den Kleiderständer geworfen, auf dem die von Gammarelli vorgefertigten Gewänder hängen.

Der Schneider geht zum Garderobenständer. Von nun an hat er das Sagen. Er sucht die kleinste der Soutanen heraus und wendet sich an Gianpaolo.

»Gefällt sie, Eminenz?« Schnell korrigiert er seinen Fehler: »Pardon, Santissimo Padre.«

Gianpaolo lächelt. »Ich werde mich auch erst daran gewöhnen müssen.«

Gammarelli hilft Gianpaolo aus seiner Kardinalsrobe und reicht sie Noé, der sie fortbringt.

Die Robe wird trockengereinigt, danach in einen mit Seidenpapier ausgeschlagenen Karton verpackt und in die päpstlichen Gemächer gebracht. Dort wird sie sorgsam bis zu Gianpaolos Tode aufbewahrt, um danach dem ältesten dann noch lebenden Familienangehörigen übergeben zu werden – sofern der Papst nicht anderes anordnete.

Gianpaolo steht nun in langzipfeligem Hemd und verbeulten Unterhosen da und lächelt noch immer.

Dabei sieht der Schneider, daß die Beine des Papstes um die Knöchel herum angeschwollen sind; auch die Waden sind krankhaft verdickt. Gammarelli glaubt, dies bei Lucianis letzter Anprobe noch nicht bemerkt zu haben. Aber er hat zu viele andere Dinge im Kopf, um Lucianis Beinen mehr als nur einen flüchtigen Gedanken zu widmen. Der Schneider hilft Gianpaolo in die Soutane und tritt danach prüfend ein paar Schritte zurück. Sie paßt überhaupt nicht. Der Saum schleift auf der Erde; die Ärmel fallen Gianpaolo über die Fingerspitzen; das Gewand schlottert um seine zerbrechliche Gestalt.

Der Papst schenkt Gammarelli ein mitfühlendes Lächeln. »Das konnten Sie nun ja auch nicht wissen.«

»Grazie, Santissimo Padre.«

In diesem Augenblick weiß der Schneider, daß er es mit ›einem wirklich wunderbaren Mann‹ zu tun hat. Gammarelli geht auf die Knie, öffnet seine Tasche und sucht eine Nadel mit bereits durchgezogenem Faden heraus. Mit flinken Stichen legt er zunächst einmal den Saum höher. Nachdem er auch die Ärmel verkürzt und besäumt hat, näht er den Rücken der Soutane ab. Dann tritt er wieder ein Stückchen zurück und betrachtet kritisch das Ergebnis seiner geschäftigen Hände.

»Paßt ganz prima«, sagt Gianpaolo.

Gammarelli nickt froh. Gianpaolo ist nicht nur der wunderbarste, sondern auch der bescheidenste Mann, mit dem er es je zu tun hatte.

Er bittet Gianpaolo, sich einmal hinzusetzen. Der Schneider kniet wieder nieder und zieht dem Papst die schweren braunen Schuhe und die Wollsocken aus. An ihre Stelle treten die weißen Strümpfe und die roten Samtslipper mit den goldenen Kreuzen. Schuhe und Strümpfe passen ausgezeichnet. Dann reicht Gammarelli dem Papst den weißen Pileolus. Gianpaolo setzt das Käppchen auf und lächelt breit.[1]

* * *

Greeley befindet sich auf dem Petersplatz. Seit fünfundvierzig Minuten schon stößt der Schornstein diese irritierenden Rauchwolken aus. Greely aber meint, ›die Show‹ sei bereits vorüber. Er will sich gerade zum Gehen wenden, als über die auf dem Platz installierte mächtige Lautsprecheranlage eine Kommandostimme erschallt.

»Attenzione!«

Noé sprach dieses erste für die Öffentlichkeit bestimmte Wort des neuen Pontifikats.

Auf dem Balkon der Basilika öffnet sich eine Tür.

Heraus tritt ein lächelnder Pericle Felici; ihm folgen Martin und Noé. Immer mehr Kardinäle treten auf den Balkon hinaus, während Felici die traditionelle lateinische Litanei hersagt.

»Annuntio vobis gaudium magnum!«

Lautes Gebrüll begrüßt seine Worte: »Wir haben einen Papst!«

»Eminentissimum ac Reverendissimum Dominum Cardinalem Albinum...«

Die Menge schweigt. Greeley fragt sich: »Albinum? Wer zum Teufel ist Albinum?«

Mit dröhnender Stimme fährt Felici fort: »Cardinalem Sanctae Romanae Ecclesiae...«

Pause. Und dann: »Luciani!«

Die Menge tobt.

Felici brüllt weiter. »Qui sibi imposuit nomen Joannem...«

»Also Johannes XXIV.«, denkt Greeley, »das ist ja ein gutes Zeichen.«

»...Paulum!«
Weiteres großes Hurrageschrei.
»Primum!«
Der Petersplatz gleicht einem Tollhaus.

✱

Greenan will gerade sein Büro verlassen, als das Telefon klingelt. Er
zögert; es war ein langer Tag gewesen. Trotzdem nimmt er den Anruf
entgegen.
»Lambert Greenan?«
Eine fremde Stimme mit amerikanischem Akzent.
»Wer spricht da?« fragt Greenan mit dem reservierten Tonfall, den er
gewöhnlich an den Tag legt, wenn ein Priester ein Exemplar seiner
Zeitung umsonst haben will.
»Hier Cody, Kardinal Cody aus Chikago. Sind Sie's, Lambert?«
»Jawohl, Eminenz.«
»Fein, fein, okay. Ich hab' Ihren Brief gekriegt. Ich würd' jetzt gern
zu Abend essen. Aber Sie wissen ja, wir haben 'nen neuen Papst. 'n
netten kleinen Italiener namens Luciani. Keine schlechte Wahl...«
»Von wo sprechen Sie, Eminenz?«
»Aus dem Konklave.«
»Von wo aus?« Greenan kann seinen Unglauben nicht verbergen.
»Ist doch alles vorbei, Lambert, alles zu Ende. Wir haben 'nen neuen
Papst, deswegen haben sie uns die Telefone inzwischen wieder reinge-
bracht.«
»Jawohl, Eminenz.«
»Okay, also gut, hören Sie zu. Nun zu Ihrem Brief. Ich würd' liebend
gern mit Ihnen zu Abend essen, aber diesmal nicht. Ich muß nach
Chikago zurück, und zwar schnell, Sie wissen ja, wie das ist...«
»Jawohl, Eminenz.«
»Prima, prima. Aber lassen Sie uns in Verbindung bleiben, Lambert.
Hören Sie mich noch? Lassen Sie uns Verbindung halten. Warten Sie's
ab, ich komm drauf zurück.«
Vollkommen verwirrt, läßt sich Greenan das Telefongespräch noch
einmal durch den Kopf gehen. Er meint, noch nie zuvor einen überra-
schenderen Anruf bekommen zu haben. Vor langen Monaten hatte er
Cody einmal in einer Ordensangelegenheit geschrieben und den Kardinal anläßlich seines nächsten Rom-Besuchs zum Essen in die Priorei
eingeladen. Cody hatte jedoch nicht geantwortet. Daß er vom Konklave aus angerufen haben sollte, ist nach Greenans Ansicht ›höchst
bemerkenswert‹, noch erstaunlicher aber war die Ungezwungenheit
des Kardinals. Obwohl Greenan den Kardinal noch nie getroffen hatte,
tat Cody so, als wären beide alte Busenfreunde. Greenan schüttelte
den Kopf. An das Verhalten von Amerikanern wird er sich wohl nie
gewöhnen.

*

Magee sieht Villot auf den Balkon hinaustreten. Der Sekretär verfolgt die Vorgänge von einem Fenster aus, das einen Blick auf den gesamten Petersplatz gestattet. Zum erstenmal seit drei Wochen befindet sich Magee wieder im Vatikan. Nach Pauls Beisetzung hatte er sich in den römischen Sitz seines Ordens zurückgezogen und die Tage dort in stiller Kontemplation verbracht.

Manchmal meint er, vor einer Wegscheide zu stehen. In einem Monat wird er zweiundvierzig. Er weiß, daß er bereits mehr erlebt hat, als die meisten Menschen erhoffen können. Er war einem mächtigen Papst zur Hand gegangen und an einigen der wichtigsten Entscheidungen der Gegenwart beteiligt: der Vietnamkrieg, die endlosen Schrecken des Nahen Ostens, die fortwährenden Auseinandersetzungen in seinem geliebten Irland – diese und viele andere Konflikte konnte er von einem einzigartigen Standort aus beobachten. Er hatte mit höchsten Staatsmännern ebenso zu tun wie mit schlichten Berühmtheiten. Manche von ihnen haben ihn zutiefst beeindruckt, ein paar aber stießen ihn ihrer Käuflichkeit wegen entsetzlich ab. Trotzdem hat er sich nach außen hin nicht die leiseste Gefühlsregung gestattet. Die Christlichen Brüder hatten Magee, neuntes Kind einer höchst bedrängten nordirisch-republikanischen Familie, bereits vor langer Zeit Gefühlsäußerungen zu unterdrücken gelehrt.

Magee fürchtet, deswegen für einen Einzelgänger gehalten zu werden, der selbst den Kontakt mit alten Freunden wie Greenan und MacCarthy verloren habe. Die letzten drei Jahre als einer von Pauls engsten Vertrauten sind nicht spurlos an ihm vorübergegangen. Magee ist sich bewußt, daß er seither reservierter, verschwiegener und anspruchsvoller geworden *ist*. Dafür wurde er jedoch reich entschädigt. Seine Zeit im Vatikan verhalf ihm zu der unbezahlbaren Erkenntnis, wie die Kirche wirklich geführt wird. Er kennt die meisten maßgeblichen Kurienmitglieder. Für Magee ist die Kurie keine Gruppe aus gesichtslosen Männern, die, den Sorgen und Nöten des Alltags entzogen, in Büros mit Marmorfußboden und Stuckdecke ihres Amtes walten, sondern eine Schar öffentlich Bediensteter, die unverdrossen hochrangige Kirchenentscheidungen den örtlichen Gegebenheiten anzupassen versuchen. Und Magee sind die Handlungsprinzipien des vatikanischen diplomatischen Dienstes natürlich auch größtenteils bekannt. Obwohl es ihm oft schwerfiel, hat er inzwischen gelten lassen müssen, daß Unterstützung eines bewaffneten Regimes – gemeinhin einer rechten Militärdiktatur – oft sinnvoller ist als auf das verständliche Verlangen des örtlichen Bischofs einzugehen und die Gewaltherrschaft öffentlich zu kritisieren. Im Falle Nicaraguas, Chiles und Argentiniens hat Magee den Vatikan nach genau diesem Muster vorgehen sehen. Er kennt aber auch das ungeschriebene Gesetz der päpstlichen Diplomatie: die Nuntien sind Bindeglied zwischen Klerus und Diktator. Wird die Diktatur überwunden, kann der Nuntius anderweitig eingesetzt werden, während es dem betreffenden Klerus überlassen bleibt, Beziehungen zu dem neuen System zu entwickeln.

Dies alles lehrte Magee, Realität und Paradoxon der ›geistlichen Macht‹ zu erkennen. Er weiß, daß diese Macht letztlich mit weltlicher Macht im herkömmlichen Sinne nichts zu tun hat; die Macht der Kirche gründet sich letzten Endes nur auf das Erfahren des Kreuzes. Wie sagte der Evangelist Lukas? »Die weltlichen Könige herrschen, und die Gewaltigen heißt man gnädige Herrn. Ihr aber nicht also; sondern der Größte unter euch soll sein wie der Jüngste, und der Vornehmste wie der Diener« (22,25.26). Hierauf gründet sich das spirituelle Selbstverständnis des Vatikans. Dem Petrus erteilten Auftrag, »die Brüder im Glauben zu bestärken«, vermag der Vatikan auf Grund dieser Maxime nachzukommen. Von wenigen Ausnahmen abgesehen, versuchten Petri Nachfolger – die Päpste –, den Auftrag durch Dienen zu erfüllen, nicht durch Herrschen. Hierin äußern sich die starken Bande zwischen Kirche und Neuem Testament.

Solche Gedankengänge bringen Magee nun auf die Frage, ob er in Rom bleiben solle, oder ob er der Kirche besser dienen könne, wenn er sich wieder der Missionsarbeit in Nigeria widme. Sollte er in diesen Teil Afrikas zurückkehren? Er fühlt sich noch immer magnetisch dort hingezogen. Er könnte wieder an einer Schule im Busch unterrichten, Lehrer und Schüler im Beten anleiten und neu lernen, wie man mit kritischen Situationen fertig wird, die sich nur mit Klugheit und Einfallsreichtum klären lassen; vor allem aber brauchte er den Beweggründen nicht untreu zu werden, die ihn in erster Linie nach Nigeria geführt hatten. Die Versuchung, zurückzukehren, ist sicherlich groß.

Magee befaßt sich in Gedanken genau wie Martin auch ernsthaft mit den Problemen, die auf Gianpaolo zukommen und bewältigt werden müssen. Der Mitte der fünfziger Jahre begonnene Autoritätsverfall lastet noch immer schwer auf der Kirche; vielleicht haben noch nie zuvor so starke divergierende Kräfte auf eine Kirche eingewirkt, die jahrhundertelang als Symbol einer festverwurzelten, einheitlichen und konservativen religiösen Vereinigung galt. Mit Pauls VI. Dahinscheiden wurde das Verlangen nach Wandel wieder einmal laut. Insbesondere aus den USA war während der Sedisvakanz in Rom zu hören, daß viele katholische Laien dort den gegenwärtigen Stand der Dinge einfach nicht hinzunehmen gedächten.

Diese Protestbewegungen mit ihrem Verlangen nach tiefgreifenden, drastischen Veränderungen unterscheiden sich deutlich von ähnlichen Strömungen vergangener Zeiten. Mit denen wurde die Kirche durch autoritäre Maßnahmen im allgemeinen gut fertig. Im Gefolge des kurzen und revolutionären Pontifikats Johannes' XXIII. mußte Paul indes als erster erfahren, daß solche Methoden nicht länger greifen. Widerstrebend mußte er die Zügel päpstlicher Macht ein wenig lockern; doch hörten die antiautoritären Tendenzen in weitesten Teilen der katholischen Welt nicht auf. Forderungen der Laienschaft nach mehr Autonomie, Freiheit und eigenen Kompetenzen in Glaubensangelegenheiten wurden sogar von Teilen des Klerus unterstützt. Diese Kreise meinten, die Kirche übe nicht durch Dienen gerechtfertigte Autorität aus, sondern versuche eher Herrschaft zu praktizieren. Dagegen widersetzte man sich. Da Pauls Autorität bestritten wurde, sah sich die Kirche folglich schwer in Mitleidenschaft gezogen.

Lefèbvre und Küng waren nicht die einzigen Quertreiber; ein ganzes Heer von Theologen und Lehrern rief in der katholischen öffentlichen Meinung mit voller Absicht einen solchen Wellenschlag hervor, daß hinweggeschwemmt zu werden drohte, was Magee jedenfalls für sakrosankt hält: Ehelosigkeit der Priester, Widerstand gegen Geburtenkontrolle, Abtreibung und Scheidung, Beharren auf Fernhaltung der Frauen vom Priesteramt aus biblischen und theologischen Gründen. Ebensogut weiß Magee aber, daß die Prägung des Katholizismus durch das Zweite Vatikanische Konzil nicht mehr rückgängig gemacht werden kann, wie es von Reaktionären wie Lefèbvre verlangt wird. Statt dessen bedarf es in Fragen der Ethik, Kirche und Theologie einer behutsamen Vorwärtsentwicklung; zwischen den Interessen der Basis und dem Anliegen des hierarchischen Überbaus muß ein gewisses Gleichgewicht geschaffen werden; von rechts von der Mitte – wo das Papsttum in Pauls letzten Jahren verharrte – muß vorsichtig ein neuer Standort bezogen werden, der aber noch immer genügend Anlaß bietet, dem neuen Papst religiösen Radikalismus vorzuwerfen. Magee fragt sich wie Martin, ob Gianpaolo für diese Herausforderung das nötige intellektuelle Rüstzeug mitbringt.

Während er die Szene auf dem Balkon der Basilika beobachtet, kann sich Magee recht gut vorstellen, welche Fragen einen Teil der den neuen Papst umringenden Männer beschäftigen. Insbesondere diese: Wer wird wiederernannt? Mit Sicherheit wird Gianpaolo sein eigenes ›Rumpfkabinett‹ mitbringen, das sich von Pauls Kerntruppe beträchtlich unterscheiden dürfte. Jedenfalls ist damit zu rechnen. Und selbst wenn Magee in diesen Kreis gebeten werden sollte – wie würde er sich in das neue Regime einfügen?

Während er dies noch überdenkt, tritt Villot beiseite, um Gianpaolo das Mikrofon zu überlassen.

Magee ist von Gianpaolos Lächeln sofort angetan – es ist wahrhaftig prachtvoll.

Aber ist es mit dem Lächeln allein getan?

Während ein Aufschrei durch die Menge geht, fällt Magee ein, daß Gianpaolo seit jeher beliebt war. In Venedig genießt er einen ausgezeichneten Ruf als Seelsorger; seine Priester schätzen und mögen ihn, und anscheinend hat er mit der Kurie keine ernstlichen Probleme.

Er befindet sich jetzt jedoch in einer gänzlich anderen Situation. Selbst der mit kurialer Erfahrung und diplomatischem Geschick reich gesegnete Paul VI. kam nicht ohne weiteres mit der vatikanischen

Bürokratie zurecht, deren Exponenten Pius XII. einmal mit den Bourbonen verglichen hatte: »Sie haben wenig dazugelernt, aber nichts vergessen.« Magee findet dieses Urteil unbillig, vielleicht sogar kraß ungerecht. Dennoch, im Umgang mit der Verwaltung ist Vorsicht geboten.

Mühsam erworbene Erfahrung hat Magee gelehrt, daß das Geheimnis erfolgreicher Machtausübung innerhalb der Kirche darauf beruht, ob es gelingt, sich die Kurie nutzbar zu machen. Jeder, und sei es selbst ein Papst, der den formellen und informellen Parametern dieser Bürokratie keine Rechnung trägt, wird es schwer, oft gar unmöglich finden, in den oberen hierarchischen Gliederungen der Kirche effizient zu arbeiten. Paul blieb nicht verborgen, daß die Zusammenarbeit mit der Kurie viel einfacher war als der Versuch, ihrer durch Umgestaltung Herr zu werden – und sollte es nur an der Erkenntnis gelegen haben, daß nur ein mit seiner Verwaltung harmonisch kooperierender Papst Aussichten auf Erfolg habe. Trotz seiner Angst vor Villot war Paul VI. dem Staatssekretariat als einem Regierungsinstrument stets eng verbunden geblieben.

Würde Gianpaolo die Dinge auch so sehen? Würde er erkennen, daß er nach und nach zu einer bloßen Galionsfigur würde, wenn er die Kurie sich seiner Kontrolle völlig entziehen ließe oder sich – wie manche Reformer bereits drängten – mit der Bischofssynode in stärkerem Maße kollegial in die Kompetenzen teilte? Seine Beliebtheit würde dadurch nicht gemindert, mit seiner Macht aber wäre es in jeder Hinsicht vorbei. Macht und Einfluß des Papsttums lassen sich nur durch Entwicklung einer vernünftigen Zusammenarbeit mit der Kurie sichern. Dieses Zusammenarbeiten würde aber erschwert, wenn Gianpaolo zum Beispiel seine Abkehr von der traditionalistischen Lehre weiterhin so deutlich demonstrierte, wie es anscheinend aus seiner Verlautbarung anläßlich der Geburt des Retortenbabys Louise Brown herauszulesen war. Magee selbst konnte an Lucianis behutsamer und feinfühliger Stellungnahme nichts Falsches finden; denn die Frage eines möglichen Mißbrauchs und der Hinweis auf die drohende Gefahr und seine Befürchtung, die Wissenschaft könnte vielleicht wie Goethes Zauberlehrling vom Kontrollierten zum nicht hinreichend befähigten Kontrolleur werden, klangen darin deutlich an. Und damit war seine Stellungnahme eigentlich ja eine von der Vernunft gebotene Rechtfertigung und Verteidigung der Enzyklika ›Humanae Vitae‹. Trotzdem ließen Lucianis geflissentlich kolportierte Ansichten manchen Kurienkardinal die Stirn runzeln. Diese einflußreichen Herren würden ihm aus nächster Nähe auf die Finger sehen und, wenn nötig, nach bewährter Methode gegen den neuen Papst das Richtige zu unternehmen wissen. Die Aussichten sind zum Verzagen.

Während Gianpaolo zum erstenmal der Menge seinen päpstlichen Segen spendet, fragt sich Magee weiterhin, wie der Papst in der Frage der Demokratisierung eines großen Teils der kirchlichen Strukturen dem auf ihn einwirkenden Druck standhalten wolle. Das gegenwärtige

System der Berufung in maßgebliche Ämter – ausgenommen nur die Wahl des Papstes selbst – funktionierte ausschließlich nach dem Prinzip der Ko-Optation von oben her. Die niedere Geistlichkeit kritisiert das Prinzip energisch und hat mancherlei dagegen vorzubringen.

Dieses Problem hat Paul, wie so viele andere auch, einfach auf ein totes Gleis geschoben, um zum Schluß zu behaupten, es existiere gar nicht. Gelöst wurde es dadurch aber nicht. Es schreit nach wie vor nach Beachtung und harrt seiner Lösung.

Da ist zum Beispiel das weite Feld des christlich-marxistischen Dialogs. In welche Richtung sollte er sich entwickeln? Weit entfernt von der unnachsichtigen Verurteilung des Kommunismus wie zu Zeiten des Pontifikats Pius' XII., hat Paul oft genug einer gemäßigten Haltung das Wort geredet. Aber gerade diese moderate Einstellung verführte radikale Kräfte innerhalb der Kirche dazu, auf Reformen zu drängen, die über die mit dem Zweiten Vatikanischen Konzil sich abzeichnenden Veränderungen ein gutes Stück hinausgingen; diese Zugeständnisse reichten andererseits aber schon aus, um Lefèbvres reaktionäre Bewegung ins Leben zu rufen. Ein ebenso explosives Problem stellt die anhaltende Verwicklung der Kirche in die italienische Politik dar. Paul war, wie die Pius-Päpste auch, ein kluger und scharfsinniger Politiker gewesen, der sich der Christlich-Demokratischen Partei von Kind auf verbunden fühlte; er hatte eigentlich schon früh zu den begeistertsten Förderern des rechten Flügels gehört. Paul sah in den Christdemokraten die einzige Chance, marodierende Kommunistenhorden an der Auslöschung der italienischen Demokratie zu hindern: diese Möglichkeit war abends bei Tisch immer wiederkehrendes Thema seiner Monologe. Während des erbitterten Mai/Juni-Wahlkampfes 1976 hatten die Christdemokraten Pauls vollste Unterstützung, da sie auf ihren Wahlversammlungen das Schreckgespenst des Kommunismus an die Wand malten. Paul war sogar so weit gegangen, jedem Katholiken, der die Kommunisten wählte, mit Exkommunizierung zu drohen. Der bittere Nachgeschmack dieser Drohung ist in ganz Italien noch spürbar. Gianpaolo muß eine Möglichkeit finden, die festen Bindungen der Kirche an die Christdemokraten etwas zu lockern; vielleicht sollte er in Rom anfangen und dem kommunistischen Bürgermeister der Stadt Gesprächsbereitschaft signalisieren.

Nach sorgfältiger Überprüfung der Tagespolitik seines Finanzimperiums wird Gianpaolo gleich zu Anfang entscheiden müssen, ob die Mittel statt kapitalistischen nicht besser humanitären Zwecken dienen sollten, und ob es nicht etwa trotzdem nötig sei, die wirtschaftliche Macht des Vatikans noch nachdrücklicher zur Ausmerzung von Ausbeutung, Diskriminierung und Unterdrückung einzusetzen. Diese Überprüfung hat mit den ›örtlichen‹ Problemen eines Marcinkus und Cody und ihren verworrenen finanziellen Machenschaften überhaupt nichts zu tun – obwohl auch diese von Beginn des neuen Pontifikats an höchste Aufmerksamkeit verlangen werden.

Das gleiche gilt für eine ganze Reihe politischer Probleme. Da sind die Beziehungen des Heiligen Stuhls mit China. Sollten sie verbessert oder auf dem gegenwärtigen ambivalenten Stand gehalten werden? Und dann der Nahe Osten. Wird Gianpaolo tun, was Paul zu keiner Zeit in Betracht zog, nämlich Israel de facto anerkennen? Der Gedanke allein kommt der sorgfältig getarnten Arabien-Fraktion im Vatikan schon wie Ketzerei vor, und in manchen Köpfen im Staatssekretariat hält sich noch immer die bewußte ›Die Juden haben Christus umgebracht‹-Mentalität. Und da ist auch noch das heikle Jesuitenproblem. Zu seiner Lösung bedarf es mehr als nur der von Paul anfänglich so vollmundig ausgestoßenen Drohungen, die in den letzten Jahren seines Pontifikats einem gequälten Schweigen wichen; die Unzufriedenheit des Ordens mit der vatikanischen Denkweise ist ein wahres theologisches Minenfeld. Ebenso umstritten ist die starken Zulauf findende Bewegung ›Christen für den Sozialismus‹ beziehungsweise ›Kritische Christen‹, wie sie sich selbst nennen; dieser Zusammenschluß reformistischer Priester und Laien konstituierte sich jüngst in Chile und hat auch bereits in Europa Fuß gefaßt. Seine Mitglieder haben sich vorgenommen, die vermeintlichen Verflechtungen zwischen Papsttum einerseits, politischen Parteien und Kapitalismus andererseits aufzulösen. Paul tat so, als gebe es diese Vereinigung gar nicht. Gianpaolo wird vielleicht keine direkte Konfrontation suchen, aber es führt auch kein Weg an dieser Gruppierung vorbei. Mit den ›Kritischen Christen‹ eng verkoppelt ist die befreiungstheologische Bewegung, die in offener Anlehnung an den Marxismus gewillt ist, für die Armen Lateinamerikas ein von Grund auf neues katholisches Dogma zu entwickeln. Die der Bewegung angehörenden Priester tragen Schußwaffen, kämpfen Seite an Seite mit Guerrilleros, töten im Namen Gottes – und ersuchen die Apostolische Poenitentiarie um Lösung der daraus resultierenden Gewissensprobleme. Paul hatte sich zum Schluß hin geweigert, die nervtötenden Berichte der Poenitentiarie über derart abscheuliches Verhalten auch nur zu lesen.

Es gibt so viele – so furchtbar viele – Probleme, mit denen die zierliche weiße Gestalt auf dem Balkon der Peterskirche in Kürze wird ringen müssen.

Während Gianpaolo der Menge immer wieder zuwinkt, stellt der treu ergebene Magee für sich fest, daß er Rom nicht verlassen könne; daß er, sollte er die Chance bekommen, bleiben und unter vollem Einsatz seiner beträchtlichen Erfahrung versuchen müsse, Gianpaolo bei der Bewältigung der vielen anstehenden Probleme zu helfen.

*

Alibrandi hält seine unmittelbare Zukunft für gesichert. Er wird in Irland bleiben; der Nuntius ist sicher, daß Gianpaolo mindestens ein Jahr lang weder Gelegenheit noch Neigung haben dürfte, an ein Revirement seiner Botschafter zu denken. Bevor neue Päpste ihre Diplomaten versetzen, pflegen sie sich gewöhnlich gern Zeit zu lassen. Alibrandis anfängliche Enttäuschung darüber, daß sein Freund Pappalardo nicht gewählt wurde, wird durch sein Gefühl gemindert, daß Gianpaolo ›ein großer Papst‹ sein werde. Der Nuntius hat den neuen Papst nur kurz auf dem Bildschirm gesehen und kennt ihn persönlich kaum, trotzdem vermochte er auf der Stelle eine jener Festlegungen zu treffen, über die andere Dubliner Diplomaten gelegentlich nur erbittert den Kopf schütteln können.

Viele von ihnen werden in Kürze vom Nuntius in die Maschine gehackte, identische Briefe erhalten. Alles in allem wird er etwa hundert Noten schreiben, um die Mitglieder der irischen Regierung, seine Diplomatenkollegen und die Bischöfe des Landes von der Wahl Gianpaolos in Kenntnis zu setzen. In regelmäßigen Abständen hört er zu tippen auf, um den jeweiligen Adressaten zusätzlich telefonisch auf die jetzt nach der Wahl anstehende offizielle Feier hinzuweisen.

Je mehr der Abend fortschreitet, desto deutlicher werden die Konturen eines Gedankens, der im fruchtbaren Hirn des Nuntius Gestalt anzunehmen beginnt. Stärkende Schlückchen Kaffee lassen aus einer vagen Möglichkeit überzeugte Gewißheit werden.

In Kürze wird seine neue Nuntiatur fertig sein. Für IRA-Führer, die Alibrandi über ihre jüngsten Vorschläge zur Vertreibung der Engländer aus Ulster unterrichten möchten, ist deren Lage an einer geschäftigen Hauptstraße zwar zu exponiert, um ungesehen hineinschlüpfen zu können, aber in jeder anderen Hinsicht hat sich mit der neuen Gesandtschaft für den besitzerstolzen Nuntius ein langgehegter Traum erfüllt.

Die feinsten irischen Hölzer und Stoffe wurden von ihm eigenhändig ausgewählt, um seine Residenz künftig zu einer der nobelsten Außenstellen akkreditierter Diplomatie des Heiligen Stuhls zu machen – einem sicherlich weitaus prächtiger ausgestatteten Bau als das rote Ziegelgebäude der britischen Botschaft, wo manche Insassen wohl den Plan, den Alibrandi jetzt entwickelt, vermutlich sehr beargwöhnen werden.

Der Nuntius hofft, im Zuge einer triumphalen päpstlichen Visite in Irland – nicht nur im katholischen Süden, sondern auch im protestantischen Norden – Gianpaolo als ersten offiziellen Hausgast in der neuen Nuntiatur begrüßen zu können.

Je mehr er diese Vorstellung überdenkt, desto aufgeregter wird er. Er springt auf, marschiert in seinem gemütlichen Arbeitszimmer umher, geht an die Schreibmaschine zurück und rattert einen weiteren Brief herunter, springt wieder auf und grübelt ohne Unterlaß. Die Idee ist durchführbar: in der optimistischen Welt des Nuntius ist alles machbar; beim lebenslangen, erfolgreichen Versuch, auf diplomatischem Wege ans Ziel seiner Wünsche zu gelangen, hat er sich Tricks angeeignet, die zahlenmäßig die Falten seines nußbraunen Gesichts weit übertreffen. Er weiß, daß es mit einer per Diplomatenpost versandten handschriftlichen Einladung des Papstes nicht getan ist; so etwas könnte mühelos vertrödelt werden oder in der Ablage des Staatssekretariats landen. Nach Alibrandis Kenntnis neigten die Kurialbeamten immer dann dazu, wenn sie vermuten, ein Nuntius wolle ausgetretene Pfade verlassen.

Der Nuntius erkennt, daß er nach Rom fahren muß, um sein Anliegen dem Papst persönlich vorzutragen. Das ist leichter gesagt als getan. Er weiß sehr wohl, daß im Ausland akkreditierte Diplomaten des Heiligen Stuhls nicht nach Lust und Laune in den Vatikan geschneit kommen können; einen triftigen Grund muß es schon geben. Und zumindest in diesem Punkt ist der Nuntius manchen seiner Kollegen gegenüber im Vorteil.

Seit seiner staatlichen Unabhängigkeit wird Irland ›eine besondere‹ Beziehung zum Vatikan unterstellt. Bis 1972 stand in der irischen Verfassung der Satz:»Der Staat anerkennt die besondere Stellung der Heiligen Katholischen Apostolischen und Römischen Kirche als Hüterin des von der großen Mehrheit seiner Bürger bekannten Glaubens«; im Zuge einer Verfassungsänderung wurde dieser Artikel als ein dem protestantischen Norden der Insel entgegengestreckter Ölzweig gestrichen. Die Verfassung enthält aber zur Bekräftigung der katholischen Auffassung noch immer einen anderen Artikel:»Es soll kein Gesetz erlassen werden, das die Auflösbarkeit der Ehe bewirkt.«

Trotz dieser engen Bindungen an die Kirche steht im Süden nicht alles zum besten. Die alten ethischen Grundüberzeugungen wurden ausgehöhlt. Da fast die Hälfte der gut drei Millionen zählenden Bevölkerung noch unter fünfundzwanzig Jahren ist, wich der schlichte, eifrige Glaube früherer Zeiten einer ausgeprägten Entfremdung von der Kirche. Im Süden beträgt der Anteil junger Erwachsener, die sich als nicht-praktizierende Katholiken einschätzen, bereits alarmierende zwanzig Prozent der Gesamtpopulation. Und wer noch zur Messe geht, leistet mit»Gegrüßet seiest du, Maria« zwar Lippendienste, kümmert sich ansonsten aber kaum noch um die Lehren der Kirche. Mehr irische Mädchen als je zuvor benutzen Verhütungsmittel der einen oder anderen Art – die ihnen von katholischen Ärzten unter dem Vorwand von ›Regelstörungen‹ bereitwilligst verschrieben werden; zunehmend mehr Frauen fahren nach England, um abtreiben zu lassen; immer mehr junge Paare verlangen gesetzliche Trennung. Gleichzeitig geht die Zahl junger Leute zurück, die als Nonnen, Priester oder Mönche in den Dienst der Kirche treten möchten. Alibrandi glaubt die Ursachen dieser deprimierenden Entwicklung zu kennen. Er schreibt sie dem durch Beitritt zur Europäischen Gemeinschaft frisch erworbenen Wohlstand Irlands zu. EG-Zuschüsse ermöglichten die Modernisierung der Landwirtschaft und machten sie so weniger arbeitsintensiv; ausländische Investoren lockten die junge Landbevölkerung zur Arbeit in die Städte. Annähernd zweihundert Jahre nach der industriellen Revolution in England macht Irland nun einen vergleichbaren Prozeß durch, mit dem Ergebnis, daß – nach Alibrandis Ansicht – junge, unerfahrene Erwachsene den Gefahren des Stadtlebens hilflos ausgesetzt sind: Vereinsamung, unkontrolliertes Trinken, Drogen, Lockerung der sexualethischen Normen.

Genau diese Diagnose beabsichtigt er Gianpaolo zu unterbreiten. Bei entsprechend stichhaltiger Argumentation und unter Beifügung von Berichten irischer Bischöfe läßt sich daraus ein überzeugender Grund für einen Papstbesuch in Irland machen.

Bleibt die entscheidende Frage, wann er diese Präsentation vornehmen soll. Alibrandi ist im unklaren darüber, wie Gianpaolo an die Dinge heranzugehen pflegt; aber er ist sich sicher, daß der Papst mindestens einen Monat braucht, um sich im Vatikan einzurichten und zurechtzufinden.

Sein Entschluß steht fest: Anfang Oktober wird er nach Rom fahren. Damit bleibt ihm auch genügend Zeit, die beiden Männer zu kontaktieren, ohne deren Mithilfe ein Erfolg seiner Mission undenkbar ist. Pappalardo muß ihn über Gianpaolo informieren, und Magee kann seinen Weg ins Arbeitszimmer des Papstes ebnen.

Der Nuntius bedenkt die ihm bevorstehenden Annehmlichkeiten. Anfang Oktober ist es mild in Rom; eine willkommene klimatische Abwechslung vor dem Beginn eines weiteren trüb-nassen irischen Winters. Im Vatikan wird man eine Reihe alter Freunde treffen, genüßlich speisen und vor dem Hintergrund aktueller Informationen über dieses und jenes klatschen und schließlich, und als Krönung des Ganzen mit der Nachricht nach Irland zurückkehren, daß der Papst kommen werde, und damit landauf, landab eitel Entzücken und Sonnenschein verbreiten.

Die päpstliche Visite wird vorab mit aller Sorgfalt als lediglich aus pastoralen Gründen hingestellt werden müssen; sie solle sich auf die ethischen, nicht aber politischen Probleme aller zweiundzwanzig Regierungsbezirke der geteilten Insel konzentrieren. Trotzdem könnte Gianpaolos Besuch auch zu einer entscheidenden Eindämmung der in den sechs nördlichen Bezirken alltäglichen Gewalttätigkeit führen. Alibrandi hält Süden und Norden der Insel zu Recht für eine Einheit in kirchenrechtlichem Sinne – seine eigenen Befugnisse gelten für Irland als Ganzes –, so daß ein auch Ulster berührender Besuch des Papstes von seiten der Kirche problemlos wäre. Dem Nuntius ist aber schmerzlich bewußt, daß die fanatischeren protestantischen Kräfte in einem Auftritt des Papstes den Versuch sehen würden, katholische Ansprüche auf ihren Einflußbereich geltend zu machen. Der Nuntius hält diese Betrachtungsweise für unsinnig, aber wie soll man Extremisten überzeugen? Am Ende wird man an die britische Regierung herantreten müssen, um sie auf ›Verständnis‹ zumindest bei den Gemäßigten der protestantischen Mehrheit hinarbeiten zu lassen.

Alibrandi befürchtet, daß ein solcher Besuch zu Pauls Zeiten undenkbar gewesen wäre: ihn hätte der Gedanke, zwischen den heftig verfeindeten Bevölkerungsteilen Nordirlands das Evangelium des Friedens zu verbreiten, zurückschrecken lassen. Paul jedoch war alt und ausgebrannt gewesen. Gianpaolo aber war dem Nuntius – zumindest im Fernsehen – vorgekommen wie ›ein abenteuerlustiger Schuljunge, ein Papst, der alles versuchen wird‹.

Ein Besuch in Ulster würde für sein Pontifikat richtungweisend sein. Darin würde zum Ausdruck kommen, daß er nicht nur Pauls Pilgerfahrten fortsetzen wolle, sondern ein Stück weiterzugehen bereit sei. Eine Reise von Rom nach Belfast ist, verglichen mit den interkontinentalen Wallfahrten des Vorgängers, ein Katzensprung. Trotzdem könnte daraus die größte ökumenische Geste des Jahrzehnts, wenn nicht gar des Jahrhunderts, werden. Solcher Art sind die Argumente, die Alibrandi nach gründlichem Schleifen und Polieren Gianpaolo zu unterbreiten gedenkt.

Dann aber überfällt den Nuntius plötzlich ein schmerzhaft-betrüblicher Gedanke. Trotz sorgfältigster Planung; trotz gründlichst bedachter Ausgewogenheit; trotz aller zuvor getroffenen Vereinbarungen, den nachhaltigsten Sicherheitsvorkehrungen und der ausdrücklichen Betonung des rein pastoralen Charakters der Visite: was wäre, wenn ein einziger protestantischer Extremist – angenommen, wirklich nur ein einziger – zu der Ansicht gelangt, der Papst in Nordirland wäre ein zu verlockendes Ziel für einen Mordanschlag, als daß man es sich entgehen lassen könnte?

19

Im übervölkerten Ankara fühlt sich Agca wohl. Er teilt sich einen von Fliegen wimmelnden, stinkenden Raum im Stadtteil Yenisheria mit noch vier anderen Männern, die auf dem Fußboden schlafen, während Agca ein schmales Klappbett hat. Das Zimmer befindet sich in einem der sicheren Häuser der Grauen Wölfe. Oberst Turkes, Führer der paramilitärischen Extremisten, ordnete an, Agca bevorzugt zu behandeln. Man brachte ihm zu essen, schickte ihm einmal ein Mädchen, das wieder ging, nachdem er es beschlafen hatte. Die übrige Zeit lag er auf dem Bett herum und las in seinem Notizheft: Einzelheiten über Pauls Leben und Reisen. Unter den letzten Eintrag hat er einen Dolch im Kreis gemalt; das Symbol der Grauen Wölfe. Wenn Agca gerade nicht liest, vollführt er stundenlang geduldig Zielübungen mit seiner Pistole. Hundertfach hat er den Abzug betätigt, den Hahn auf die leere Kammer fallen lassen. Bei jedem Klicken murmelt er einen der Namen aus seiner Haßliste. Er sieht darin aber schon nichts Lohnendes mehr, ist verwundert und bestürzt, daß er nichts mehr empfindet, weiß aber auch nicht, wie er zu seinen Haßgefühlen zurückfinden soll. Ohne daß Agca sich darüber im klaren ist, hat sich seine Gemütsverfassung wieder deutlich verschlechtert.

Agca war angewiesen worden, hier zu warten, bis es soweit sei, jemanden umzubringen. Er weiß genug über Turkes und dessen Organisation, um sich darüber im klaren zu sein: siebentägiges Warten kann nur bedeuten, daß das ins Auge gefaßte Opfer eine außergewöhnlich wichtige Persönlichkeit sein müsse. Vor unverhofften Kontrollen ist Agca in seinem Zimmer sicher – die Polizei wurde bestochen. Der Mordgedanke regt Agca weder auf, noch fühlt er sich irgendwie beunruhigt. Die Aussicht, jemandem das Leben zu nehmen oder das eigene aufs Spiel zu setzen, ist ihm völlig gleichgültig.

Für die Fahrt von Yesiltepe nach Ankara brauchte er per Anhalter vier Tage. Als er zu Hause in den Nachrichten erfuhr, daß er nunmehr keine Chance mehr hätte, Paul VI. umzubringen, hatte er zornentbrannt beinahe das Fernsehgerät zertrümmert. Diese unkontrollierte Wut hat sich bei seiner Ankunft in der Hauptstadt aber bereits gelegt. Inzwischen erkennt er den Willen Gottes. Allah, dessen ist er ganz sicher, wird ihm schon eine neue Gelegenheit verschaffen. Aber auch dieser Gedanke erregt ihn nicht lange. Das einzige, was ihn augenblicklich längere Zeit beschäftigen kann, ist Erotik in ihrer widerlichsten Form; unaufgefordert teilt er den anderen Männern in seinem Zimmer seine Phantasien mit und redet im Brustton der Überzeugung von schier übermenschlichen sexuellen Heldentaten. Dieses anomale Verhalten ist auf seinen sich immer schneller verschlechternden Geisteszustand zurückzuführen.

Am Nachmittag des 27. August, es ist ein Sonntag, läßt Turkes durch einen Boten kurz und knapp mitteilen, Agca brauche, da das vorgesehene Opfer inzwischen außer Landes geflüchtet sei, seinen Auftrag nicht auszuführen.

Als Agca begriff, daß ihm wieder einmal ein Strich durch die Rechnung gemacht wurde, wiederholt Turkes' Adlatus bereits die Aufforderung, das sichere Haus zu verlassen und sich anderweitig selbst um Unterkunft zu bemühen. Bevor Turkes' Mann geht, gibt er Agca noch zu verstehen, daß er auf dem ›Kara Borsa‹, dem florierenden türkischen schwarzen Markt, wahrscheinlich Arbeit finden würde. Er nennt Agca einen Namen und die dazugehörige Adresse.

Daß Agca nicht erkennbar reagiert – er äußert weder Wut, Verstimmung noch Enttäuschung –, ist ein weiteres Indiz dafür, welche Gefühlsabstumpfung seine manifeste Depressivität bereits bewirkte; es ist eine Depersonalisation beziehungsweise Derealisation eingetreten, das heißt, Agca ist nicht mehr er selbst, keine intakte Persönlichkeit mehr, sondern jemand, der glaubt, nicht er, sondern die Außenwelt habe sich verändert, sei fremd und unwirklich geworden. Er hat nicht nur die Fähigkeit zu sozialen Empfindungen weitestgehend verloren; sondern auch Emotionen wie Haß, Furcht und Zorn sind dahin. Es ist, als ob seine Empfindungen jeden Bezug zur Umgebung verloren hätten; unter medizinische Kontrolle gestellt, wird Agca dies später einmal zugeben. Als er das sichere Haus verläßt, fühlt sogar er, daß sich im Grunde genommen sein Leben der eigenen Kontrolle entzogen habe. Er fragt sich wieder, ohne indes lange bei dem Gedanken zu bleiben, ob dies irgend etwas mit dem ungewöhnlichen Geheimnis zu tun habe, das er Oberst Turkes, den Grauen Wölfen und selbst seiner Mutter gegenüber zu wahren wußte. Es ist erstaunlich, daß dieses Geheimnis selbst in seinem augenblicklichen Zustand noch so tief in seinem Unterbewußtsein begraben bleibt, als hätte man ihn angewiesen, es um jeden Preis zu hüten. Und wenn es gelegentlich doch in höhere Bewußtseinsschichten dringt, ohne indes die Beschränkungen der Wahrnehmungsfähigkeit seines gequälten Hirns zu durchstoßen, dann glaubt er, es sei das Geheimnis eines anderen. Er sagt sich, anscheinend lebten in seinem schwachen Körper zwei verschiedene Personen, die durch ein gemeinsames Band der Gewalt zusammengehalten würden.

Während er zu Fuß Ankaras Straßen durcheilt, kommt Agca an einem Zeitungsstand vorüber. In mehreren Blättern wird über Gianpaolos Wahl berichtet. Gierig studiert er die Artikel. Es gibt in Rom einen neuen Kalifen, hinter dessen Lächeln sich eine üble Gesinnung verbirgt, die einzig und allein auf Auslöschung des Islam gerichtet ist. Agca muß ihn umbringen.[1]

Jeden Gedanken an Arbeit auf dem schwarzen Markt hat er aufgegeben; statt dessen geht Agca in die nächste Kneipe, bestellt ein Bier und verlangt nach einem Telefonbuch. Monatelang hat er überlegt, wie er sein Vorhaben am besten anpackt. Er hätte von Yesiltepe aus schreiben können, aber dem Vernehmen nach fängt die Geheimpolizei häufig die für gewisse Adressaten bestimmte Post ab. Und per Ferngespräch um einen Termin zu bitten, war viel zu gefährlich; das Personal der Fernmeldeämter ist von Informanten, die sich in die Gespräche einschalten, durchsetzt. Hier in der Stadt ist das anders. Ein schnelles Ortsgespräch, die Bitte um eine Unterredung, würde nur einen kleinen Augenblick dauern. Agca glaubt daher, daß man ihm deswegen auch mit modernsten technischen Möglichkeiten nicht auf die Spur käme.

Agca sucht nach der Nummer der libyschen Botschaft.

Der Mann, der Agca zur Verschwiegenheit verpflichtete, hatte bei ihrer letzten Zusammenkunft gesagt: Wenn es je notwendig werden sollte, so wäre er telefonisch am schnellsten zu erreichen.

Gianpaolo weiß genau, was ihm bevorsteht. Die Einzelheiten stehen auf einem Zettel, den Lorenzi mit der Maschine geschrieben und auf Gianpaolos Schreibtisch gelegt hatte. Jeder Minute seines offiziellen Arbeitstages wurde Rechnung getragen. Von nun an wird sein Leben von längeren oder knapperen Zeitblöcken bestimmt. Hier ist alles ganz anders als zu Hause im beschaulichen Venedig. Gianpaolo schiebt seinen Zeitplan beiseite und tritt zu seinem Sekretär ans Fenster.

Beide genießen diese seltenen privaten Augenblicke; werden beide doch auf diese Weise daran erinnert, daß ›das System‹ – wie Lorenzi sich bekümmert ausdrückte – sie nicht völlig mit Beschlag belegen konnte.

Für beide Männer bedeutete die letzte Woche einen einzigen Lernprozeß. Zum Beispiel mußten sie lernen, sich in den päpstlichen Gemächern zurechtzufinden. Vor ihrem Einzug hatte Martin Großreinemachen angeordnet und wollte wissen, ob Gianpaolo die Räumlichkeiten neu tapeziert wünsche; er mußte sich lächelnd bescheiden lassen, daß derlei nicht not täte – materielle Überlegungen kommen beim Papst erst zuallerletzt, so schläft er zum Beispiel auch in Pauls altem Bett und benutzt Pauls Bettwäsche. Weiterhin hieß es, die endlose, niederdrükkende Tagesarbeit kennenzulernen: nach Lorenzis Beobachtung muß der Papst täglich bis zu zweihundert verschiedene Dokumente studieren – so viele bekam er in Venedig im Laufe eines ganzen Monats nicht zu sehen. Zudem mußte der Papst mit der eigenen Isolation fertig zu werden lernen: ein ganzes System von Kontrollen, die schon an den Bronzetüren beginnen, sorgt zuverlässig dafür, daß niemand zu ihm vordringt. Wie anders war es doch in Venedig, wo Luciani ein offenes Haus führte. Und schließlich mußte man sich an Steifheit und Förmlichkeit gewöhnen. Lorenzi wundert sich noch immer, wie stocksteif fast jeder im Vatikan ist; er vermutet in dieser Haltung ein weiteres Überbleibsel des Paulinischen Pontifikats. Gianpaolo versucht, daran etwas zu ändern, aber es wird seine Zeit brauchen. Manche der älteren Kurialen sind so steif, daß sie beim Sprechen beinahe knarren und quietschen.

Normalerweise ist der Petersplatz an einem Sonntag und zu dieser Stunde – es ist noch nicht sieben Uhr – leer und verlassen. Nicht so an diesem 3. September. Scharen von ›sampietrini‹ tummeln sich auf dem

Platz und treffen die letzten Vorbereitungen für Gianpaolos Inthronisation, die dort im Laufe des Tages stattfinden wird. Der Petersplatz ist von Gruppen bewaffneter Polizisten, von denen manche zur Aufspürung von Sprengstoffen dressierte Hunde führen, bevölkert. Die Anwesenheit der Sicherheitskräfte erinnert daran, daß sich in dieser Hinsicht seit Pauls Zeiten nichts geändert hat. Gianpaolo war überwältigt, als er erfuhr, wie viele Drohungen gegen sein Leben schon ausgestoßen wurden, seit er vor acht Tagen die Amtsgeschäfte übernahm. Mit ziemlicher Sicherheit sind Telefonanrufe und anonyme Briefe das Werk irgendwelcher Witzbolde oder Querulanten. Man kann jedoch nie wissen. Folglich hat Ciban eine weitere Verschärfung der Sicherheitsmaßnahmen angeordnet. Als Gianpaolo deren Notwendigkeit bestritt, schickte Villot ihm eine Akte, in der die Darstellung terroristischer Gewalttaten gegen die Kirche zusammengefaßt war; die Akte bewies, daß Gewalttätigkeit kein vorübergehendes Phänomen ist, sondern fast täglich sogar zunimmt, da Bischöfe und Priester die berechtigten Ansprüche der Unterprivilegierten, Verarmten und Leidenden vertreten. Gianpaolo heftete an die Akte eine handschriftliche Notiz, worin er das Staatssekretariat um Untersuchung einer der am Anfang seines Pontifikats wichtigsten Fragen bat: Ist die Kirche an den Absichten der Terroristen in irgendeiner Weise selbst schuld? Antwort möchte er rechtzeitig vor Antritt seines ersten Überseebesuchs haben – im Oktober will er nach Mexiko zur Konferenz der südamerikanischen Bischöfe.

Lorenzi gemahnt Gianpaolo höflich, auch er müsse sich noch um seine letzten Vorbereitungen zur Krönungsfeier bekümmern: dem Sekretär ist es gelungen, den Tagesplan so einzurichten, daß dem Papst hierfür eine volle Stunde zur Verfügung steht. Lorenzi führt den Papst an den Schreibtisch zurück. Zufrieden stellt Lorenzi fest, daß es im Augenblick nichts mehr für ihn zu tun gibt.

Anders als Paul, der fast nichts zu Papier brachte, ohne seine Gedanken vorher so klar ausformuliert zu haben, daß er sie nur noch niederzuschreiben brauchte, schreibt Gianpaolo zunächst einmal einen Gedanken auf, überliest das Geschriebene, ergänzt oder ändert es und liest das Ganze noch einmal durch. Dieses Verfahren ist zeitraubend und mühselig und wird wohl nicht dadurch vereinfacht, daß Gianpaolo immer wieder Papiere, die in Unmengen auf seinem Schreibtisch herumliegen, zu Rate zieht. Papst sein, hat er einmal zu Lorenzi gesagt, hat auch etwas für sich: man hat unvergleichliche Informationsmöglichkeiten zur Hand. In der vergangenen Woche wurde Gianpaolo von der Kurie mit unzähligen Zahlen und Fakten eingedeckt. Aus dem Geheimarchiv gelangten ihm Niederschriften der Krönungsreden seiner Vorgänger, die bis zu Gregor VII. zurückreichen, auf den Schreibtisch. Gregor, 1073 gekrönt, verfügte das päpstliche Recht, Kaiser und Könige abzusetzen; und da er keinem weltlichen Richter unterworfen sei, könne er mit Fug und Recht erwarten, daß ihm die »Fürsten die Füße küssen«. Dieser Gregor hatte die Simonie, also den entgeltlichen Erwerb der kirchlichen Ämter und Privilegien, abgeschafft und die Priesterehe verboten.

Jetzt, mehr als neunhundert Jahre später, kommt die Frage des Zölibats in einem der Schriftstücke auf Gianpaolos Schreibtisch erneut zur Sprache und will entschieden werden. Die Kongregation für die Disziplin der Ordensleute hatte ihm eine scharf formulierte Empfehlung zugestellt, in der angeregt wurde, die hundertfachen Anträge auf Rückversetzung in den Laienstand – sie stammen durchweg von Priestern, die zu heiraten gedachten – unerledigt ruhen zu lassen, bis Gianpaolo sich mit der Gesamtproblematik definitiv befaßt habe. Um Gianpaolo die Entscheidung, was zu tun sei, zu erleichtern, unterbreitete die Kongregation ganz bestimmte Vorschläge, die an Rigorosität Pauls Vorstellungen noch weit übertreffen. Anträge auf Rückversetzung in den Laienstand sollten nicht mehr wie bisher an den zuständigen Diözesanbischof gerichtet, sondern direkt bei der Kongregation in Rom gestellt werden; stattgegeben solle ihnen nur werden, wenn der Antragsteller ›bereits längere Zeit im Priesteramt sei‹, oder wenn dessen Obere die Kongregation davon überzeugen könnten, daß ihnen der Fehler, nicht ›von Anfang an‹ erkannt zu haben, daß der Betreffende für ein zölibatäres Leben ungeeignet sei, anzulasten sei. Aber auch dieses würde nichts an der Ausnahmesituation auf den Philippinen, wo Hunderte von Priestern ›eine eheähnliche Beziehung zu einer Frau‹ unterhalten, ohne indes anscheinend ihre seelsorgerischen Pflichten deswegen zu vernachlässigen, ändern.

Sollte Gianpaolo in seiner Krönungsrede, wenn auch nur indirekt, darauf anspielen, daß im gesamten Geltungsbereich der Kirchenlehre das Zölibat lebenslang gültig bleibe? Das zu tun, hieße auch zu verwandten Problemen – Priester und Nonnen, die kein Ordenskleid mehr tragen; Frauen, insbesondere in den Vereinigten Staaten, die das Recht auf Ordination fordern, und deren Parolen in dem Dokument der Kongregation mißbilligend dargetan werden (›Gott als Arbeitgeber ist für Chancengleichheit‹, ›Die Frau gehört vor den Altar‹, ›Gleichberechtigung der Frau – auch in der Kirche‹) – Stellung beziehen zu müssen.

Gianpaolo befindet schließlich, daß eine Krönung nicht der rechte Anlaß ist, solche verzwickten Fragen abschließend zu behandeln. Er wird sich ihnen jedoch zuwenden, und zwar bald.

Andererseits muß seine Ansprache bei jedem einzelnen der achtzehn Prozent der Weltbevölkerung – insgesamt mehr als 740 Millionen Seelen –, für den er in allen Glaubensdingen letztinstanzlich verantwortlich ist, Widerhall finden.

Unter den vielen Papieren, die nicht nur seinen Schreibtisch überschwemmen, sondern auch noch auf dem Fußboden seines Arbeitszimmers herumflattern, befindet sich ein Memorandum, das Gianpaolo immer wieder liest. Er hatte es in dem Aktenkorb gefunden, der am

Abend zuvor von der Kurie hereingereicht worden war. Es besteht aus lediglich zwei maschinengeschriebenen Sätzen. Der erste besagt, daß die Weltbevölkerung am 9. Juli 1978, 15.42 Uhr, 4,4 Milliarden zählte. Der zweite Satz enthält die Prognose, daß es in diesem Jahr einen Geburtenüberschuß von 73 Millionen geben wird, größtenteils in der Dritten Welt.

Gianpaolo findet Statistiken faszinierend. Zu Lorenzi hat er gesagt, sie erinnerten ihn mehr als alles andere an seine furchtbare Verantwortung und die Größe des Reiches, über das er nunmehr die geistliche Herrschaft ausübe.

Neben einen der Lautsprecher, aus denen zu Pauls Zeiten so oft ›Jesus Christ, Superstar‹ erklang, hat Gianpaolo eine Weltkarte an die Wand des Arbeitszimmers gehängt.

Er braucht kaum einen Blick darauf zu werfen, um zu wissen, daß es nur wenige Weltgegenden gibt, in denen es unter den Einheimischen keine Katholiken gibt: zum Beispiel in Afghanistan, in Bahrain, auf den Färöern, auf Grönland, in Oman, auf den Malediven, in den beiden Jemen. Aber dafür war die Kirche andernorts zahlenmäßig zu keiner andern Zeit stärker als heute. Im volkreichen Lateinamerika zwischen Mexiko und Chile bekennen sich dreiundsechzig Prozent der Bevölkerung zum rechten Glauben. Vierzig Prozent der Westeuropäer sind katholisch. Auf den Philippinen sind es sechsunddreißig Millionen Seelen. Im übrigen Asien und in Afrika nehmen die Zahlen so stark zu, daß im Jahre 2000 – Gianpaolo könnte dann theoretisch immer noch regieren – fast siebzig Prozent aller getauften Katholiken auf die Dritte Welt entfallen werden.

Er weiß, daß man dort eine besonders kraftvolle Führung von ihm erwartet. In den letzten Minuten, die ihm noch zur Fertigstellung seiner Krönungsrede bleiben, trifft Gianpaolo eine weitere wichtige Entscheidung. In der letzten Woche wurde er zu Besuchen der alten Kernländer des europäischen Katholizismus eingeladen – nach Spanien, Frankreich, Portugal und in die Bundesrepublik Deutschland. Ferner gab es die Einladung zum Besuch der Vereinigten Staaten; sie wurde von Cody ausgesprochen. Allen diesen Einladungen könnte er natürlich nachkommen; aber zuvor muß er erst einmal ausgiebig die Dritte Welt bereisen. Nach allem, was er gelesen hat, ist Gianpaolo darüber informiert, daß es nicht ausreicht, aus Anlaß seiner Krönung zu versprechen, daß die Kirche sich der Probleme dieser ungeheuer weiten Landstriche mehr als bisher annehmen werde. Schätzungsweise vierhundert Millionen Bewohner der Dritten Welt finden keine Arbeit, noch mehr leben unterhalb des Existenzminimums in einer Armut, die man sich in der Ersten Welt nicht vorzustellen vermag.

Er muß dorthin fahren, sich unter den Menschen bewegen, mit ihnen beten und ihnen das Gefühl geben, daß er zu ihnen gehöre und einer der Ihren sei.

Als Lorenzi zurückkehrt, beunruhigt ihn Gianpaolo mit der Bitte, ihm Informationsmaterial über jedes Land der Dritten Welt zu beschaffen, in dem es Katholiken gibt.

»Das könnte Monate dauern«, sagt der Sekretär zögernd.

Gianpaolo nickt. »Könnte, darf es aber nicht.« Er lächelt. »Allerhöchstens ein paar Wochen!«

Lorenzi grient. Auf diese Weise würde es im Staatssekretariat in nächster Zeit abends oft sehr spät werden. Schadet nichts: es wird Zeit, daß die Beamten den frischen Wind aus dem Apostolischen Palast bemerken.

*

MacCarthy ist überzeugt davon, daß ihm bei dem bevorstehenden geschichtlichen Ereignis eine privilegierte Rolle zugefallen ist. Ihm sind sämtliche Details der Inthronisationsmesse geläufig: zeitlicher Ablauf, Festordnung, Ausmaß der Prachtentfaltung. Er kennt die Gründe jedes einzelnen Rituals und versteht den Symbolismus hinter jeder Handlung, die an diesem späten Sonntagnachmittag auf dem Petersplatz in Kürze vor sich gehen wird.

Er hat sich in den Ablauf der bevorstehenden Zeremonie vertieft und ist sich über die Bedeutung des Ereignisses für Kirche, Vatikansender und eigene Person völlig im klaren. So weiß er auch, daß seine Sendung nur dann ein voller Erfolg sein wird, wenn seine Hörer das Gefühl bekommen, beim Festgottesdienst mit seiner großen religiösen Bedeutung persönlich anwesend zu sein. Er ist sich der auf seinen Schultern ruhenden Verantwortung voll bewußt: in den nächsten gut zwei Stunden wird er als einer der vielen Kommentatoren dazu beitragen, daß die Ereignisse auf dem Petersplatz weltweit schätzungsweise sechshundert Millionen Menschen über Funk zu Gehör gebracht werden. MacCarthy befindet sich oben auf Berninis Kolonnaden; gleich zu seiner Rechten befindet sich die Petersbasilika. Er kann auf den Altar hinabsehen, der an den Rand der Stufen gerückt wurde, über denen vor dem Hauptportal der Peterskirche der päpstliche Thron aufgestellt wurde. Einige weltliche Rundfunkleute betonen, daß die Inthronisation eines Papstes eine Ungereimtheit und ein Anachronismus sei; beides sei des 268. Nachfolgers des Fischers Petrus und Statthalters Christi unwürdig. MacCarthy ist enttäuscht, daß diese Leute weder die spirituelle noch die historische Bedeutung dieser Ereignisse zu würdigen wissen. Wie so viele andere Zeremonien des päpstlichen Hofes wurde auch diese in Nachahmung der ersten christlich-römischen Kaiser erdacht und entwickelt; die Krönung stellt die Überhöhung des Papsttums, den sichtbaren Beweis der Überlegenheit des Geistlichen über das Weltliche, wobei die Stufen zur Basilika als Sanktuarium dienen, während der riesige gerundete Platz die Weite des Kirchenschiffs symbolisiert. Klugerweise hat man den Beginn der Zeremonie auf sechs Uhr nachmittags angesetzt, wenn die gleißende Hitze eines römischen Septembertages schon ein wenig nachgelassen hat.

MacCarthy hält die Menge für noch zahlreicher als am letzten Sonntag, als Gianpaolo zum ersten Male zum Angelus an jenes Fenster im dritten Stock des Apostolischen Palastes trat, das Paul so lange zum gleichen Zweck diente. Im Bewußtsein des Publikums ist die Erinnerung an Pauls ernstes, schmerzgeplagtes Gesicht bereits gewichen, um der Vorstellung von Gianpaolos ansteckendem Lächeln Platz zu machen. MacCarthy wüßte von keiner erfolgverheißenderen Angelus-Ansprache eines neuen Papstes zu reden. Fast jeder Satz Gianpaolos wurde mit donnerndem Applaus und beifälligem Gelächter quittiert. Selbst seinem ersten, zeitlich wunderbar angepaßten Wort »Gestern...« wurde bereits eine Ovation zuteil. Gianpaolo mußte ganze zehn Sekunden warten, ehe er sich wieder verständlich machen konnte.

Am Tage darauf erfolgte als erster Verwaltungsakt die Ernennung der Kurialbeamten. Martin wurde wieder Präfekt der Casa Pontificia, und Magee wurde neben Lorenzi zum Privatsekretär des Papstes berufen.

Vor den versammelten Kurialbeamten und Kardinälen machte Gianpaolo deutlich, daß er von der Leitung der Kirche nicht viel wisse und daher auf ihre Unterstützung zähle. Auf den Fluren der vatikanischen Macht wurden seine Worte immer wieder aufs neue zitiert: »Der Weg der Päpste ist der Weg des Kreuzes. Ich hoffe, daß meine Kardinalsbrüder mir armem Stellvertreter Christi behilflich sein werden, dieses Kreuz zu tragen.«

Nicht nur MacCarthy entging nicht, daß der Papst die förmliche und distanzschaffende Redeweise des vorigen Amtsinhabers aufgegeben hatte und sich statt des Plural majestatis des schlichten ›Ich‹ bediente. Es war ein kleiner, aber unüberhörbarer Hinweis darauf, welcher Art sein Pontifikat sein würde.

Es gab noch andere Anzeichen. Als ihm Journalisten bei einer Audienz die Gefahren einer Trivialisierung des Papsttums vor Augen hielten, hatte er sie leise gescholten und lächelnd hinzugefügt: »Das Publikum will gar nicht wissen, was Napoleon III. zu Wilhelm von Preußen gesagt hat; wissen möchte man bloß, ob er beige oder rote Hosen anhatte und ob er vielleicht rauchte.« Die Botschaft an die Presse war unmißverständlich: es bedarf der Ausgewogenheit. Als nächstes hatte Gianpaolo vor den akkreditierten Diplomaten des Heiligen Stuhls die Funktion des Vatikans erläutert. In fließendem Französisch sagte er: »Ganz offensichtlich gibt es für uns keinen weltlichen Gütertausch, wir haben keine wirtschaftlichen Interessen, über die man diskutieren könnte. Unsere Möglichkeiten zu diplomatischer Intervention sind beschränkt und von ganz besonderem Charakter. Unsere diplomatischen Vertretungen sind kein Überbleibsel der Vergangenheit, sondern beweisen unsere tiefverwurzelte Achtung vor legitimer weltlicher Macht und unser lebhaftes Interesse an humanitären Fragen, deren Beförderung Absicht der weltlichen Macht ist.« Hierin sah man zu Recht eine Bekräftigung der klaren Trennung zwischen Kirche und Staat.

MacCarthy glaubt, daß Gianpaolo nach nur acht Tagen das Selbstverständnis seiner Rolle erkennen lasse: oberster Lehrer der katholischen Welt, Deuter der kirchlichen und gesellschaftlichen Lehren und Grundsätze, entschlossener Verteidiger einer bedrohten Christenheit. Gianpaolo bekundet seinen Willen, sein Pontifikat in die konstantinische Tradition zu stellen, also mehr zu beten als zu politisieren. Auf mancherlei Weise, denkt MacCarthy, hat Gianpaolo sehr schnell sein klares Verständnis der Realitäten einer Welt deutlich zu machen verstanden, in der er fortan Mittler sein muß; einer Welt, in der der Durchschnittsmensch mit einer Vielfalt von Rassen, Religionen, staatlichen und kulturellen Hintergründen lebt, in der jeder Dritte sein Dasein unter dem Kommunismus fristet und jeder zweite Christ kein Katholik ist. MacCarthy weiß, daß es für eine verbindliche Interpretation aller jetzt aufkommenden Vorstellungen und Wünsche zu früh ist. Man sollte aber Gianpaolos seltene Gabe einer heiligen Einfalt nicht lediglich für die Emangelung jeglicher Komplexität halten; viel wahrscheinlicher stellt seine lächelnde Spiritualität in Wirklichkeit den Katalysator zur Verschmelzung vieler bedeutender Gedanken. Dies steht am Ende der ersten Woche seines Pontifikats bereits fest; denn all sein Lächeln und Spaßen, alles, was er sagt und tut, kommt erkennbar nicht von ungefähr; es dient der Konsolidierung der besten Wünsche und Absichten seiner beiden Vorgänger, deren Namen er trägt. Allerdings gibt es bereits Hinweise darauf, daß er trotz Anerkenntnis der Notwendigkeit, in dieser Orientierungsphase Kontinuität zu wahren – wobei er sich natürlich im klaren ist, daß hierfür ein kampferprobtes und bewährtes Team an seiner Seite unerläßlich ist –, eigene Wege zu gehen gedenkt – lächelnd, warmherzig, freundlich. Gleichwohl ist Gianpaolos eiserne Härte unverkennbar. MacCarthy ist sicher, daß Gianpaolo bereits in Bälde mit Überraschungen aufwarten wird.

Im Augenblick jedoch treten Papst und Kirche auf der Stelle, denn zur Stunde wird Gianpaolo mit jahrhundertealtem Symbolismus und Gepränge öffentlich inthronisiert.

Annähernd dreihunderttausend Menschen sitzen oder stehen auf dem Petersplatz; MacCarthy flicht deren hochgestimmte Erwartungen in seinen sorgfältig vorbereiteten Kommentar ein. Er spricht davon, wie sich die Piazza seit dem frühen Morgen mit Menschen füllte, die in der Hitze geduldig ausharrten, um vielleicht einmal einen kurzen Blick auf den neuen Papst werfen zu können. MacCarthy erwähnt auch die Anwesenheit von zwölftausend Polizisten und Carabinieri zum Schutz der vielen Ehrengäste aus aller Welt. MacCarthy spinnt dieses Thema nicht weiter aus: er hofft, daß es unnötig sein wird; daß alles, was ihm über möglicherweise bevorstehenden Verdruß bisher zu Ohren kam, in Wirklichkeit lediglich der Gerüchteküche entsprang. MacCarthy beschreibt sodann die auf den Platz ziehende Prozession.

»Der Heilige Vater geht in der Prozession, wie jeder andere auch, zu Fuß. Auch das gehört zu den vielen von ihm bereits bewirkten Neuerungen. Er weigerte sich, auf den berühmten Thron zu klettern und sich unter Trompetengeschmetter durch die versammelte Festgemeinde tragen zu lassen, wie es seine Vorgänger bei diesem Anlaß seit Jahrhunderten zu tun pflegten. Bei seiner Krönung wird es keine Trompeten, keine Eskorte der römischen Nobilität geben. Glitzernde Uniformen tragen größtenteils nur die vornehmen Gäste. Papa Gianpaolo – jedermann in Rom nennt ihn inzwischen so – zieht es vor, zu Fuß unter seiner Herde zu wandeln.«

MacCarthys Worte entsprechen in Stil und Tonfall der sich unter ihm entfaltenden Szene.

»Die paarweise einziehenden Kardinäle ehren den im Freien errichteten Altar. Auch diese Antrittsmesse gehört zu den von Gianpaolo veranlaßten Änderungen. Die Liturgie ist neu. Sie wurde von Monsignore Noé, der wieder zum Zeremonienmeister ernannt wurde, und einer Expertenkommission, die sich die ganze zurückliegende Woche ausschließlich damit befaßt haben, erarbeitet. Der Heilige Vater hat ganz deutlich gemacht, daß er keinerlei Wert auf eine ostentative Zeremonie lege. Er hat sich sogar geweigert, die Papstkrone zu tragen, die seinen Vorgängern seit Jahrhunderten bei dieser Gelegenheit übergeben wurde; statt dessen entschied er sich für die geistlichen Insignien seines Amtes, um auf diese Weise seine pastorale Autorität zum Ausdruck zu bringen. Aus diesem Grunde trägt er also statt der weltlichen Krone die Mitra, jene hohe Kopfbedeckung, die als Symbol seelsorgerischer Autorität gilt.«

MacCarthy versucht gar nicht erst, kalt und objektiv und an dem Ereignis, das er schildert, gefühlsmäßig unbeteiligt zu bleiben. Für ihn handelt es sich nicht um eine Prozession sonderbar gekleideter Gestalten, sondern um die leibhaftige Heraufbeschwörung wahrer kirchlicher Macht.

»Die ganze Welt ist vertreten: der belgische König, die Präsidenten Frankreichs, Österreichs und Irlands, der italienische und der kanadische Ministerpräsident, Prinzen und Prinzessinnen, Herzöge und Herzoginnen; der Vizepräsident der Vereinigten Staaten ist unter den Gästen. Anwesend sind auch hochrangige Repräsentanten aus kommunistischen Ländern, dazu die Vertreter aller größeren nicht-katholischen Konfessionen. Sie alle sind hier, sie kamen aus allen Ecken und Enden des Globus. Wahrhaftig, Vereinte Nationen, gebildet aus Männern, Frauen und Kindern.«

MacCarthy beschreibt die Schweizergardisten, die ›bussolanti‹ in violetten Soutanen und Capes, die Poenitentiare in feierlichem

Schwarz, die Kapläne in Rot, und die vielen, vielen Reihen von Patriarchen, Bischöfen und Kardinälen unter weißen Mitren und Capes.

»In Kürze werden wir uns der Messe, der Musik, dem Gesang des Sixtinischen Chors und einem Glanz hingeben, den manche von uns nie wieder erleben werden. Bedenken Sie, die letzten vier Päpste wurden alle achtzig und älter; demmach können wir davon ausgehen, daß dieses Pontifikat mindestens fünfzehn Jahre währt.«

MacCarthy hält inne, denn plötzlich aufbrandender Applaus bedeutet, daß Felici vor Gianpaolo getreten ist.

»Der Kardinal nimmt die Mitra vom Haupt des Papstes. Was jetzt passiert, ist der absolute Höhepunkt der Zeremonie: die sogenannte Imposition des Palliums, höchstes Symbol des seelsorgerischen Amtes eines Papstes und sichtbarer Ausdruck der ganzen Fülle seiner pastoralen Qualifikation.«

Während Felici dem Papst das Pallium um den Hals legt, erläutert MacCarthy die Symbolik des ringförmigen weißen Wollbandes mit den beiden Brust- und Rückenschleifen. »Es ist das Zeichen der über den heiligen Apostel Petrus von Christus hergeleiteten Autorität, gleichzeitig aber auch Symbol des Dienstes an den Dienern Gottes und allen unseren Nächsten. Weiterhin drückt das Pallium des Papstes besondere Verpflichtung aus, nach Kräften die Einheit der Kirche zu fördern, und dient als Sinnbild für die gewissenhafte Befolgung der apostolischen Lehre.«

Gesang und Orgelmusik schallen vom Platz herauf. Mit dröhnender Stimme spricht Felici den Segen in lateinischer Sprache, womit die Rolle des Kardinals beendet ist. Der sprachkundige MacCarthy übersetzt: »Gepriesen sei Gott, der dich zum Pastor der Universalkirche erwählt hat und dich in die leuchtende Stola deines Apostolats kleidete. Mögest du im Lichte des Diesseits viele ruhmreiche Jahre regieren, bis dich der Herr abberuft, um dich im Himmelreich in die Stola der Unsterblichkeit zu hüllen. Amen.«

MacCarthy bereitet seine Hörer auf den nächsten Akt der Zeremonie vor. Die Kardinäle sind nun aufgefordert, der Reihe nach vor Gianpaolo zu treten und den Pontifikalring zu küssen; anschließend umarmt Gianpaolo einen jeden von ihnen. Manche muß er stützen, da ihnen der Hitze wegen anscheinend die Knie weich geworden sind. Noé verfolgt mit Besorgnis, daß einige wenige ein Wort an den Papst richten.

Dann beginnt das lange, feierliche Pontifikalamt; Epistel und Evangelium werden auf Lateinisch und Griechisch gesungen. Zum Beweis der Universalität der Kirche werden weitere Bibelstellen in neun verschiedenen Sprachen zitiert. Als Gianpaolo seine Grußbotschaft verliest, fallen bereits die ersten längeren Schatten auf den Petersplatz. Gianpaolo beginnt in lateinischer Sprache, wechselt in gefälliges Französisch über und endet in wohlklingendem venetianischem Dialekt. Zu seiner Grußadresse gehört die gewinnende Entschuldigung, weiterhin die Hilfe jener annehmen zu wollen, denen er zu dienen gelobte:

»Umgeben von eurer Liebe, beginnen Wir Unseren apostolischen Dienst durch Anrufung eines leuchtenden Sterns über Unserem Weg; Mariä, der Mutter Gottes...«

Plötzlich wird die Menge unruhig, erhebt sich ärgerliches Geschrei. Zettel flattern durch die Luft. Die Polizei drängt in die Menge. An verschiedenen Stellen des Platzes steigen Luftballons auf. Alle tragen dieselbe Aufschrift: VIDELA-ASSASSINO!

Der argentinische Präsident Jorge Videla, der sich über Aramburus Appell, den Feierlichkeiten fernzubleiben, hinwegsetzte, wird noch weißer als seine ordensbehängte Admiralsuniform. Aramburu, ganz in seiner Nähe, macht ein beschämtes Gesicht. Videlas Anwesenheit überschattet die Feierlichkeiten.

Vom Platzrand her schieben sich langsam gepanzerte Fahrzeuge in die Menge und versuchen die Demonstranten einzuschüchtern. Die Polizei greift ein, es kommt zu wilden Raufereien.

Gianpaolos lautsprecherverstärkte Stimme mahnt, »dies ist ein Tag brüderlicher Einheit und Freude, und lassen wir uns von IHM leiten«.

Als er seine Grußadresse beendet, hat die Polizei bereits die ersten von insgesamt 282 Personen festgenommen. Während der Chor das Credo intoniert, werden Demonstranten zu den wartenden Mannschaftswagen der Polizei getrieben.

Als die Offertoriumsprozession – die der Kommunion unmittelbar vorausgeht – beginnt, schwärmt die Polizei aus und versucht inmitten der Gläubigen jene Leute dingfest zu machen, die die Luftballons losließen.

MacCarthy geht auf die Störung der Feierlichkeiten mit keinem Wort ein; von ihm werden seine Hörer nicht erfahren, daß etwas passiert ist. Er beschreibt die zeitlose Feier der Eucharistie, die Liturgie der Danksagung.

»Die Priester, die der Menge die Kommunion spenden werden, halten die Ziborien, kleine Goldkelche, in denen sich das Brot befindet, das in den Leib Christi verwandelt wird.«

Die Polizei stürzt sich auf weitere Demonstranten; es kommt zum Handgemenge. Während die Protestler fortgezerrt werden, singt der Sixtinische Chor das Vaterunser.

»Die Kommunion wird von zweihundert Priestern gespendet. Die Gemeinde singt ›Lamm Gottes, du nimmst hinweg die Sünden der Welt, erbarme dich unser‹.«

Unterhalb der Bernini-Kolonnaden kommt es erneut zu schweren Handgreiflichkeiten zwischen Polizei und Unruhestiftern.

Während der Chor den Lobgesang anstimmt, rennen scharenweise Leute vom Platz, dicht verfolgt von der Polizei. Mit dem ›Te Deum‹ endet die Messe. Videla wird von einem Polizeikordon abgeschirmt. Das letzte, was seine Staatsoberhäupterkollegen von dem Argentinier zu sehen bekommen, ist der Eindruck eines erschrockenen Mannes, der zu seiner eigenen Sicherheit fortgeschafft wird.

Gianpaolo, der die Geschehnisse anscheinend gar nicht zur Kenntnis nahm, erhebt sich und tritt in die Peterskirche ein. Auch das ist etwas Neues, dieser beiläufige, ungekünstelte Abgang von der eigenen Krönungsfeier. Ein weiteres Anzeichen dafür, daß er mit der Vergangenheit zu brechen gedenkt. Die historisch Bewanderten unter der Menschenmenge auf dem Petersplatz haben nun die Gewißheit, daß eine neue Ära heraufzieht.

＊

In der Küche der päpstlichen Gemächer öffnet an diesem Sonntag kurz vor acht Uhr abends eine robuste Frau mit gesundem Gesicht ein Bonbonglas. Sie sucht einige Stücke heraus und arrangiert sie in einer Glasschale. Es ist Schwester Vincenza, Gianpaolos Haushälterin und Vertraute, die nach lebenslanger Keuschheit in ihrer gelobten Jungfräulichkeit voller Stolz noch immer eine besondere Gnade Gottes sieht.[1] Vincenza verkörpert in allem, was sie sagt und tut, die offizielle Haltung der Kirche, wie sie in Pius' XII. Enzyklika über die Heilige Jungfräulichkeit zum Ausdruck kommt. In dem Dokument wird nachdrücklich dargetan, daß Jungfräulichkeit vollkommener als der Ehestand sei; denn sie überwinde den Zustand, in dem ›unsere physischen Triebkräfte und Leidenschaften den Geist umnebeln und den Willen schwächen‹.

Vincenza kann nicht verstehen, daß unter den Nonnen in vielen Teilen der Erde der Ruf nach Veränderung laut wird. Sie selbst war es stets zufrieden, den Leib der Befreiung des Geistes unterzuordnen; Kern und Geheimnis ihrer tiefen Zufriedenheit ist die Gewißheit kommenden Glücks. Sie hat ihr Leben und ihre Liebe der Ehre Gottes gewidmet; denn in ihm ist das ewige Leben. In Venedig war ihr gar nicht richtig bewußt geworden, daß nicht alle Nonnen dieselbe Erfüllung finden; aber diese erste Woche im Vatikan hat ihr die Augen geöffnet, denn hier erfuhr sie mit Entsetzen, daß von allen Seiten zu ändern verlangt wird, was fünfzehn Jahrhunderte lang unangefochten galt. Nonnen fordern Urlaub; verlangen das Recht, sich nach Belieben zu kleiden; wollen Männerbekanntschaften haben dürfen. Vincenza vernahm Ungeheuerliches; etwa daß in gewissen amerikanischen Ghettos die Nonnen Pillen schlucken, um nach etwaiger Vergewaltigung nicht schwanger zu werden; daß manche im Bikini in öffentlichen Schwimmbädern anzutreffen sind oder zum Teil sogar Motorrad fahren. Jahrhundertealte Traditionen werden im Namen der ›Modernität‹ leichtsinnig aufgegeben. Vincenza erkennt nun, daß der Glaube, von dem sie sich seit Beginn ihres Klosterlebens tragen ließ – die selbstgewählte Lebensform als Vorbereitung und Warten auf den Tod, dem trotz des Fegefeuers die Erlösung in Freuden folgen werde –, ihren Mitschwestern nicht mehr ausreicht. Bekümmert hat ihr der Papst anvertraut, daß sich in jedem Aktenkorb, der allabendlich von der

Kurie hereinkommt, eine gewisse Anzahl Gesuche von Nonnen befindet, ihre Orden verlassen zu dürfen. Ironischerweise sind die Mitgliederverluste ausgerechnet bei den liberalsten Orden am größten; besonders in denen der Vereinigten Staaten. Für Vincenza liegt die Moral der Geschichte auf der Hand. Als Gianpaolo sie nach ihrer Meinung gefragt hatte, bat sie ihn eindringlich zu bedenken: zu viele unverhoffte Freiheiten könnten die Grundfesten einer Institution erschüttern, die der Kirche und den Bedürfnissen des Menschen fünfzehnhundert Jahre lang gedient habe. Gianpaolo versprach, ihre Mahnung zu beherzigen.

Vincenza verschließt das Bonbonglas wieder und stellt es auf das Regal zurück. Sie hat verfügt, daß sich niemand an die Süßigkeiten machen darf. Sie sind allein dem Papst vorbehalten, der daneben aber noch ein paar andere kleine Köstlichkeiten schätzt: verschiedene Nüsse, Kaffee seiner Lieblingsmarke, raffinierten braunen Zucker.

In ihrer langen schwarzen Tracht – Vincenza ist ihrem Orden Maria Bambini dankbar, daß dort nicht der modische wadenlange Rock eingeführt wurde, den andere Orden heutzutage bevorzugen – und der Haube wirkt sie zeitlos wie eine Gestalt aus einer mittelalterlichen Handschrift. Vincenza ist zwischen fünfzig und sechzig, hält ihr genaues Alter aber wie so viele andere Einzelheiten über ihre Person geheim. Im Apostolischen Palast ist bekannt, daß sie sich über Gianpaolo, den sie nach den vielen gemeinsamen Jahren in Venedig nur mit größter Mühe »Heiliger Vater« nennen kann, ebensowenig ausholen läßt. Ihr unterläuft noch immer das altvertraute »Padre Albino«; daß der Präfekt Martin solche Vertraulichkeit nicht schätzt, ist ihr nicht entgangen. Der junge Padre Magee aber, der manchmal so leise spricht, daß er kaum zu verstehen ist, hat gesagt, es sei schon in Ordnung, daß jeder ihre Liebe und Ergebenheit dem Papst gegenüber erkennen könne. Obwohl der Name Gianpaolo recht nett klingt, kann sich Vincenza nur sehr schwer daran gewöhnen; der Name erinnert sie in gewisser Weise an jene weit zurückliegende Zeit, als sie mit der Ablegung ihrer feierlichen, bindenden Gelübde eine neue Identität annahm und von Stund an sich damit begnügen mußte, größtenteils lediglich mit »Schwester« angeredet zu werden. Gianpaolo aber hatte sie seit ihrem Dienstantritt in seinem Hause vom ersten Tage an nur »meine kleine Vincenza« genannt.

Damals hatte sie nicht einmal im Traum daran gedacht, einmal tatsächlich den wichtigsten Haushalt der ganzen Kirche zu führen. Als Gianpaolo sie in Venedig angerufen und gefragt hatte, ob sie in den Vatikan übersiedeln möchte, hatte sie vor Überwältigung außer einem geflüsterten »Si« kein Wort hervorgebracht. Das ist jetzt eine Woche her.

Inzwischen hat sie den päpstlichen Haushalt voll im Griff. Wunderbarerweise kommt ihr die Führung ganz einfach vor. Ihr gehen nicht nur drei Nonnen zur Hand, sondern es gibt auch etliche arbeitssparende Geräte und Einrichtungen, die im Patriarchenpalais nicht anzutreffen waren: Müllschlucker, vollautomatisierte Waschküche, allerneueste elektrische Backöfen und Warmhaltegeräte und andere schöne Sachen, die das Brotbacken und die Essenzubereitung beträchtlich erleichtern. Es gibt sogar einen Staubsauger, der kaum vernehmbar läuft. Auf jemanden, der in strenger klösterlicher Einfachheit groß geworden ist – sie hat nicht vergessen, wie lange sie in ihrer Novizinnenzeit beim Bohnern der Fußböden auf den Knien herumrutschte, weil ihre Mutter Oberin felsenfest davon überzeugt war, daß eine Nonne nur auf Knien in den Himmel kommen könne, sei es nun betend oder schrubbend –, wirkt die moderne Ausstattung der Gemächer fast überwältigend.

Dennoch hat sie vielen der achtzehn Räume bereits den Stempel ihrer Persönlichkeit und Autorität aufgedrückt. Auch wenn der Papst die Gemächer nicht renoviert haben wollte – um das zu wissen, hätte Martin ihr gegenüber gar nicht anzudeuten brauchen, daß Gianpaolo an derlei wohl nicht interessiert sei –, hat Vincenza bereits angefangen, die von Paul so geschätzten einförmig-neutralen Beige- und Grautöne etwas aufzuhellen.

Als sie mit der Bonbonschale auf einem silbernen Tablett aus der Küche geht, kann sie überall die von ihr veranlaßten Veränderungen erkennen. Während sie den Mittelgang zwischen den einzelnen Räumlichkeiten – Gianpaolos Schlafzimmer liegt ganz am Ende – hinabschreitet, sieht sie hinter den offenen Türen (der Papst möchte, daß sie offen bleiben, um etwas häuslichere Atmosphäre zu erzeugen) allenthalben das Werk ihrer geschickten Hände: farbenfrohe Kissen auf Stühlen und Sofas, vertraute Dekorationsstücke und Ölgemälde aus Venedig, überall Fotografien der päpstlichen Verwandtschaft. Familienfotos stehen auf den beiden Sideboards im Eßzimmer; die Wohnzimmerwände sind damit behängt, und auf dem Schreibtisch im Arbeitszimmer des Papstes steht ein auffälliges Porträt seiner Lieblingsnichte.

Als Vincenza am Arbeitszimmer vorbeigeht, sieht sie darin bereits Magee und Lorenzi sitzen. Die beiden haben sich so in ihre Papiere vertieft, daß sie nicht einmal aufmerken. Vincenza findet es bewundernswert, wie die beiden Männer alles um sich herum vergessen und sich nur auf die unmittelbar vor ihnen liegende Arbeit konzentrieren können. Sie freut sich auch über das enge Einvernehmen zwischen den beiden Sekretären. Was Lorenzi betrifft, so hatte sie anfänglich mit Schwierigkeiten gerechnet. In Venedig war er für alles zuständig gewesen – außer den Haushaltsrechnungen, um die sich Vincenza selbst bekümmerte. Hier macht das der Präfekt Martin, der jeden einzelnen Posten sorgfältig kontrolliert. Vincenza ist damit zwar nicht einverstanden, aber Magee konnte sie besänftigen. Magee ist der geborene Diplomat, er weiß mit jedem umzugehen. Das hatte er auch heute abend wieder einmal bewiesen, nachdem es in der Endphase der Krönungsfeierlichkeiten zu den bewußten gewaltsamen Störungen gekommen war. Vincenza hatte von ihrem Schlafzimmerfenster aus beobachtet, wie die Demonstranten zusammengetrieben wurden. Ihrer Meinung nach war die Polizei im Recht – bei einer Papstkrönung ist jeglicher Protest unangebracht. Kurz nachdem Gianpaolo in seine Gemächer zurückgekehrt war, hatten sich Villot und Aramburu eingefunden, um ihrer Fassungslosigkeit Ausdruck zu geben. Doch Magee hatte ganz schnell eingegriffen. Nachdem er den beiden kurz etwas ins Ohr geflüstert hatte, zogen sich der Staatssekretär und der argentinische Kardinal, anscheinend befriedigt, wieder zurück. Obwohl er erst seit ein paar Tagen wieder Zugang zu den päpstlichen Gemächern hat, erkennt Vincenza, daß sich Magee bereits hervorragend auf Gianpaolos Art eingestellt hat. Was der Papst zum Beispiel überhaupt nicht mag, sind witzlose nachträgliche Verurteilungen irgendwelcher Dinge – und die Erörterung der Vorfälle auf dem Petersplatz fällt in ebendiese Kategorie.

Vincenza erreicht nun Gianpaolos Schlafzimmertür, die als einzige von allen geschlossen ist. Der Papst befindet sich aber noch unten im zweiten Stockwerk und empfängt dort in seinem Pseudoarbeitszimmer weitere Würdenträger. Deshalb tritt die Nonne ohne weitere Umstände ein.

Auch hier ist ihre ordnende Hand erkennbar. Teppichläufer und Schirm der Nachttischlampe passen farblich zusammen; beide stammen noch aus Venedig. Das Sofa hat sie im Lagerkeller des Vatikans aufgetrieben, wo sich seit Jahrhunderten abgelegte päpstliche Gebrauchsgegenstände häufen. Vincenza glaubt, daß sich mit dem dort angesammelten Mobiliar sämtliche Kardinalspaläste ausstatten ließen. Ihr gutentwickeltes soziales Gewissen erkundigt sich bei ihr, ob sich von den Möbeln kein besserer Gebrauch machen ließe, als sie bloß immer wieder von einem Pontifikat zum andern aufzuheben.

Sie stellt die Bonbonschale neben den kleinen Bücherstapel auf den Nachttisch. Solange sie sich erinnern kann, pflegt der Mann, den sie jetzt – zumindest in Gegenwart Dritter – »Santissimo Padre« nennen muß, beim Lesen vor dem Einschlafen liebend gern Bonbons zu lutschen. Daher stellt sie ihm jeden Abend zur gleichen Zeit eine neue Schale ans Bett.

Vincenza schlägt die Decken zurück und legt einen Schlafanzug heraus. Nachdem sie damit alles für die Nacht vorbereitete, tritt sie ans Fenster und blickt durch die geteilten Vorhänge nach draußen. Fast wunderbarerweise hat der Petersplatz zu seiner üblichen unbevölkerten Großartigkeit zurückgefunden: die Teppiche sind aufgerollt, der Altar wurde in die Basilika zurückgebracht, die Tausende von Stühlen wurden wieder verstaut und die Absperrgitter entfernt. Nur die patrouillierenden Polizisten sind geblieben. Vincenza kann nicht glauben, was ihr zu Ohren gekommen ist: irgendwo dort draußen soll es Leute geben, die Gianpaolo umbringen möchten; nicht etwa, weil er jemandem persönlich etwas getan hätte, sondern weil er Papst ist. Sie kann nicht verstehen, wie jemand so sehr hassen kann.

Die Nonne beginnt sich zu fragen – nicht dieser Möglichkeiten wegen; denn Morbides liegt ihr nicht –, wieviel Zeit Gianpaolo wohl bleiben möge.

In der letzten Woche hat er sie zweimal in sein Schlafzimmer gebeten, um ihm eine Schüssel heißes Wasser und die Flasche Kräuterelixier zu bringen, welches beide als so wohltuend für seine von Venenentzündung geplagten Beine halten. In Venedig saß sie, wenn er seine Füße und Knöchel badete, regelmäßig daneben, manchmal hatte sie sich hingekniet, nachdem er die Soutane hochgeschlagen hatte, und ihm mit einem Lappen die Waden gewaschen. Auch hier hat sie das schon getan. Aber während in Venedig die Schwellungen zumindest vorübergehend zurückgingen, ist das zur Zeit nicht der Fall. Knöchel und Waden bleiben geschwollen.

Vincenza bat Gianpaolo, Dr. Buzzonetti zu konsultieren. Der Papst hatte einfach nur den Kopf geschüttelt und gemeint, es gebe keinen Grund zu Besorgnis; das Ganze sei wahrscheinlich bloß auf die Ortsveränderung zurückzuführen, und wenn sich sein Organismus erst einmal an das römische Klima gewöhnt habe, käme alles wieder in die Reihe. Da er so überzeugt sprach, gab sie sich zufrieden. Erst später, als sie ein medizinisches Buch zu Rate zog, erfuhr sie, daß Phlebitis durch klimatische Gegebenheiten nicht beeinflußt wird.

*

Als Vincenza auf ihrem Weg zurück in die Küche wieder am Arbeitszimmer vorbeikommt, blicken Magee und Lorenzi diesmal doch auf. Sie sagt, es werde pünktlich etwas zu essen geben, und die beiden Männer lächeln. In dieser Eingewöhnungsphase haben Gianpaolo und seine beiden Sekretäre ihre Mahlzeiten zu jeder Stunde angeboten bekommen. Um mehr Zeit zum Durcharbeiten der Unmengen an Papieren zu haben, hat sich der Papst häufig nur ein Tablett auf den Schreibtisch stellen lassen. Das Essen ist einfach: Suppen und Puddinge mit Nußgeschmack. Gianpaolo ist nur ein bescheidener Esser; Magee bezeichnet ihn als ›Mümmelmann‹. Trotzdem ißt der Papst, wie der Ire auch, grundsätzlich seinen Teller leer. Beide sind es von Kindesbeinen auf nicht anders gewöhnt; sie wurden angehalten, nichts umkommen zu lassen. Vincenza eilt mit forschem Schritt und entsprechend raschelnder Gewandung in die Küche.

Die beiden Sekretäre befragen ihren Zeitplan, ob Gianpaolo für heute abend noch weitere Termine bevorstehen. Ja; er widmet sich im Augenblick aber noch einer Gruppe amerikanischer Bischöfe – für die Audienz sind zehn Minuten vorgesehen – und müßte in Kürze mit dem Lift zu seinen Gemächern hinaufgefahren kommen. Die Amerikaner haben übrigens Glück gehabt, daß ihnen überhaupt soviel Zeit zugestanden wurde. Gianpaolos Termine sind derart zahlreich, daß manchen Besuchern buchstäblich nur ein winziger Augenblick gegönnt wird, um den Papst zu begrüßen, mit ihm ein paar Worte zu wechseln, gemeinsam für ein offizielles Foto zu posieren und seinen Segen zu empfangen, ehe Martin sie wieder zur Tür begleitet und die nächsten hereinruft. Wenn es diese Fotos nicht gäbe, denkt Magee ironisch, würde es manch einem hinterher schwerfallen, sich selbst davon zu überzeugen, den Papst tatsächlich persönlich kennengelernt zu haben. Man sollte jedoch niemandem etwas vorwerfen: es sind einfach zu viele, die Gianpaolo sehen wollen. Die Bitten um Privataudienz fielen in dieser ersten Woche doppelt so zahlreich aus wie jene fünftausend, die bei Paul auf der Höhe seiner Popularität wöchentlich eingingen. Es grenzt an ein Wunder, wie Martin es gelang, all die vielen Gesuche zu sieben und zwischen wichtigere Termine des Papstes immer wieder noch die eine oder andere Privataudienz einzuschieben. Trotzdem ist nicht zu verhindern, daß sich die Wahrnehmung von Gianpaolos Terminen wesentlich länger hinzieht als zu Pauls Zeiten.

Am Ende eines bereits vierzehn voll ausgefüllte Stunden währenden Arbeitstages stehen heute abend noch zwei weitere Verabredungen an.

Benelli, der jetzt gleich mit dem Papst heraufkommen wird, sind auf dem Terminkalender dreißig Minuten zugestanden worden. Aber auf Grund seiner Eigenschaft als enger Berater Gianpaolos sieht der Kardinal aus Florenz oft nicht auf die Uhr und überzieht seine Zeit. Da hilft dann auch kein noch so kalter Blick Martins; Benelli geht erst, wenn er es für an der Zeit hält. Nach Benellis Besuch und nach dem Essen, wofür fünfundvierzig Minuten vorgesehen sind, wird Gianpaolo sich noch einmal in sein Arbeitszimmer zurückziehen, um mit dem Kardinal Felici zu konferieren, der sich zwischenzeitlich als höchstgeschätzter päpstlicher Ratgeber noch unentbehrlicher als selbst Benelli zu machen wußte. Das Ende dieser Unterredung ist offen. Zum Glück sind heute abend von der Kurie keine Akten zu erwarten; die Krönung brachte den Papierfluß vorübergehend zum Stillstand. Aber morgen schon geht alles wieder seinen normalen Gang.

Lorenzi verläßt das Zimmer, um Gianpaolo und Benelli am Fahrstuhl in Empfang zu nehmen. Die Gepflogenheit, daß einer der Sekretäre den Papst dort erwartet, sooft er in seine Räumlichkeiten zurückkehrt, gehört ebenfalls zu jenen Veränderungen, die von der häuslichen Seite her Gianpaolos Pontifikat von der Amtsführung des Vorgängers abheben. Selbst wenn man Vincenzas kleine Änderungen außer acht läßt, hat sich der Lebensstil in den päpstlichen Gemächern dramatisch verändert. Pauls Mogadonflaschen und Fontanas geheimnisvolle Kapseln sind ebenso verschwunden wie die unnatürliche Stille, die während der langen Monate vor Pauls Sterben auf der Umgebung lastete. Der alte Fontana hat sich in den Ruhestand zurückgezogen und die medizinische Betreuung des neuen Papstes in Buzzonettis

Hände gelegt. Seit Gianpaolo hier wohnt, hört man fast ständig die munteren Stimmen der Nonnen, die nur gedämpft werden, wenn es die Achtung vor Besuchern gebietet. Und selbst dann hört man sie gelegentlich noch in der Küche kichern; Magee, der sich all diese Gedanken macht, findet solche Munterkeit anheimelnd. Am allerwichtigsten ist es ihm jedoch, daß er von Vincenza und Lorenzi auf unproblematischste Weise in diese neue Ordnung der Dinge miteinbezogen wurde. Beide greifen regelmäßig auf seine während des letzten Pontifikats gesammelten Erfahrungen zurück und instruieren ihn ihrerseits über Gianpaolo.

Magee findet es erfreulich, daß sich der Papst in seinen Gemächern so informell gibt. Er redet seine Umgebung mit Vornamen an – was Paul zum Beispiel immer sehr schwerfiel – und fragt oft, wie es denn mit der Eingewöhnung vorangehe. Abends, wenn der offizielle Arbeitstag hinter ihm liegt, sitzt er am liebsten mit Magee im Arbeitszimmer und läßt sich die Denk- und Handlungsweisen des letzten Amtsinhabers beschreiben.

Magee war zunächst ein wenig überrascht, daß Gianpaolo nicht nur wissen wollte, was Paul getan hatte, sondern sich auch für das Wie sehr interessierte; natürlich hätte er auch gern gewußt, was Paul an der Tagesroutine am meisten gefiel beziehungsweise mißfiel. Magee entschuldigte sich bedauernd, keine so große Hilfe sein zu können, wie er gern gemocht hätte, denn er sei erst in päpstliche Dienste getreten, als Paul bereits ein alter Mann war, der für die Welt oft nur noch einen bittenden oder gar hilflosen Blick übrig hatte. Gianpaolo hatte gefragt, was Paul dazu gebracht habe. Liebe- und teilnahmsvoll sprach Magee von der inneren Qual des alten Papstes, die schließlich ein Ausmaß angenommen habe, daß Paul sich fast gänzlich auf sich selbst zurückgezogen habe. Mit einer Stimme, als sei er von der Welt verwirrt und verängstigt zugleich, habe er zwischendurch immer wieder geflüstert: »Ich bin zuviel allein.« Irgendwelchem Wandel Verständnis entgegenzubringen, sei ihm in dieser Zeit von allem oft am schwersten gefallen.

Gianpaolo hatte mitfühlend genickt und weiter forschende Fragen gestellt; er hatte erläutert, wie wichtig ihm solche Einsichten seien, um besser erkennen zu können, wo er etwas ändern, welche Verfahrensweisen er revidieren müsse, und welche Entscheidungen er zu treffen habe, die Paul aus den von Magee erwähnten Gründen versäumt habe.

Nach allem, was Magee von Gianpaolo vernommen hat, geht er davon aus, daß der Papst einen dramatischen Richtungswechsel vorzunehmen gedenkt.

Kleinere Hinweise darauf gibt es genug. Gianpaolo redet sein Publikum öffentlich mit »Brüder und Schwestern« an, während Paul noch von »Söhnen und Töchtern« sprach. Gianpaolo versucht in fast jeder Frage die mögliche Breite des Meinungsspektrums zu erfahren: niedere Kurialbeamte, mit denen Paul nie gesprochen hatte, werden von ihm auf seinen Streifzügen durch den Apostolischen Palast plötzlich angehalten und ernsthaft um ihre Ansichten zu einem bestimmten Problem gebeten. Der Vorbereitung seiner öffentlichen Ansprachen widmet er eine ungeheure Aufmerksamkeit; manchmal braucht er ein Dutzend Entwürfe, um den richtigen Ton zu treffen, so daß alles ganz spontan wirkt, was in Wirklichkeit – ›von und mit‹ Gianpaolo – sorgfältig geprobt wurde.

Und es gibt auch gewichtigere Hinweise. Obwohl das Hauptanliegen seiner Amtsführung eindeutig pastoraler Natur ist, begreift Gianpaolo sehr schnell die politisch-geistige Kraft des Papsttums. Es gibt Anzeichen dafür, daß er diese Kraft nutzen wird, um die Kirche von der autoritären Einstellung in Richtung eines stärkeren Eingehens auf progressives Gedankengut wegzuführen.

Aber nicht weiter. Das beweist der Zweck seines heutigen Zusammentreffens mit Benelli.

In dieser Zusammenkunft kommt außerdem zum Ausdruck, was als bedeutsamster Hinweis auf den beabsichtigten Richtungswechsel zu werten ist: wie er mit der Kurie umzugehen gedenkt. Gianpaolo hat seiner Verwaltung höflich klargemacht, daß er sich ihrer Macht voll bewußt sei, daß er ihr Recht auf Ausübung dieser Macht respektiere und nicht vorhabe, jene Neuerungen Johannes' XXIII., die zu einer ideologischen und organisatorischen Krise geführt haben, deren Beilegung Paul trotz der kurialen Reform von 1967 nicht gelungen sei, wieder auszugraben. Nachdem er solchermaßen abgewiegelt hatte, brachte er den Nachsatz: aber die Gewichte müßten verlagert; die Diözesanbischöfe in stärkerem Maße konsultiert werden; es müsse zu einem fruchtbareren Dialog zwischen der Kurie und denen kommen, für die sie da sei. Es war ein einziges Pianissimo, unterbrochen nur von seinem inzwischen vertrauten Lächeln. Trotzdem war sich kein Kurialer mehr im unklaren darüber, was von diesem Papst zu erwarten stand.

Was daraus wird, ist jetzt noch nicht absehbar; die ersten Anzeichen aber stehen gut.

Während Magee noch solchen Gedanken nachhängt, geleitet Lorenzi den Papst und Benelli ins Arbeitszimmer. Da er die Tür hinter sich schließt, ist mit der Erörterung eines brisanten Themas zu rechnen.

Benelli möchte das Problem Küng vom Tisch haben. Er meint, die Angelegenheit ziehe sich schon viel zulange hin. Acht lange Jahre geht es bereits erbittert hin und her, seit der Schweizer Theologe Pauls Beschlüsse zur Frage der Geburtenkontrolle, des Zölibats und der Mischehen als »Bemühungen um Restauration einer präkonziliären Theologie« bezeichnete. Deutlichsten Warnungen zum Trotz, hat Küng seither seine Attacken in Artikelserien und Büchern nicht eingestellt. Nicht einmal das gewichtige ›Mysterium Ecclesiae‹ – verfaßt von der Kongregation für die Glaubenslehre, der Rechtsnachfolgerin der Heiligen Inquisition – konnte Küng Einhalt gebieten. Das Dokument war als direkte Gegenreaktion auf Küngs Vorbehalte gegenüber der päpstlichen Unfehlbarkeit verfaßt worden. Da man niemand mehr auf dem Scheiterhaufen verbrennen darf, läßt sich derartige Ketzerei in keiner schärferen Form mehr maßregeln. Wenn man manchen Darstellungen dieses Gesprächs zwischen Gianpaolo und Benelli glauben will – was sich auch unter dem neuen Pontifikat nicht änderte, ist die Zahl jener ›Maulwürfe‹, die gegen Entgelt, vorzugsweise in amerikanischen Dollar, ein paar Geheimnisse auszuplaudern bereit sind –, dann bedauert es Benelli aufrichtig, daß man Leute wie Küng nicht mehr ins Feuer werfen darf.

Der Kardinal erläutert, daß der Vatikan auf Pauls Geheiß versucht habe, Küng von Ebenbürtigen widerlegen zu lassen – woraus aber nichts geworden sei. Als nächstes habe man Küng nach Rom ›gebeten‹, um seine Anschauungen vor der Kongregation für die Glaubenslehre darzutun. Das indes wußte Küng zu vermeiden. Und da der Theologieprofessor als Diözesanpriester gleichzeitig Lehrstuhlinhaber an einer weltlichen Universität war*, konnte er über Drohungen des Vatikans, seine Bezüge zu streichen, gelassen die Achseln zucken. Paul – Benelli bringt diese Fakten mehr besorgt als verärgert vor – fühlte, daß Küngs Popularität in Verbindung mit seiner wissenschaftlichen Reputation und der ökumenischen Bedeutung seiner ausführlich dargelegten Ansichten (Paul war stets bemüht, alles zu vermeiden, was man der Kirche als Mißachtung ökumenischer Bestrebungen hätte anrechnen können) es dem Papst sehr erschwerte, gegen ihn in schärferer Form vorzugehen. Pauls Tod bedeutete aber nicht, daß Küng von seiner Anfechtung des Dogmas abließ. Weit gefehlt: Benelli erfuhr von Gewährsleuten, daß der Professor bereits zum nächsten Angriff auf das Papsttum Anlauf nehme. Besonders geschmacklos findet Benelli, daß Küng seine Scharmützel mit der Kirche ganz offenbar zu genießen scheint. Nach Ansicht des Kardinals gibt es darauf nur eine Antwort: Gianpaolo muß Küng über die Kongregation für die Glaubenslehre öffentlich und nachdrücklich maßregeln.

Gianpaolo sagt, er werde die ganze Angelegenheit überdenken. Er räumt ein, daß Küng in seinen Anschauungen offenbar unbeirrbar sei, und verspricht, Benelli in Monatsfrist zu antworten. Mehr gedenke er im Augenblick dazu nicht zu sagen.

Nach dem Nachtessen wird Felici ins Arbeitszimmer gebeten. Nachdem Lorenzi wiederum die Tür geschlossen hat, behauptet der Kardinal, es sei nunmehr an der Zeit, daß Gianpaolo Lefèbvres Widerstand breche; die beiden Sekretäre halten die Unterredung stichwortartig fest. Felici hat sich gut vorbereitet, seine rückblickende Darstellung des Problems ist ebenso meisterhaft wie korrekt. Er endet mit der Aufforderung, Gianpaolo solle Lefèbvre entweder offiziell exkommunizieren

---

* Wurde ihm nach Entzug der kirchlichen Venia legendi in Tübingen außerhalb der Theologischen Fakultät eigens eingerichtet (Anm. d. Ü.)

oder aber den Fall der Kongregation für die Glaubenslehre zur Aburteilung nach kanonischem Recht übergeben.

Der Papst hört Felici bis zum Schluß aufmerksam zu. Dann stellt er seine Fragen; behutsam, aber bohrend. Hat nicht der Vatikan zwischenzeitlich Lefèbvres Seminar in Econe die kanonische Billigung entzogen? Ist nicht der Erzbischof bereits ›a divinis‹ suspendiert worden, darf also seine priesterlichen und bischöflichen Funktionen nicht mehr wahrnehmen? Hat ihn Paul nicht schon auf eine Weise gerügt, wie es in diesem Jahrhundert noch keinem Bischof von päpstlicher Seite widerfahren war? Und wozu hat das alles trotzdem nur geführt? Besteht nicht die Gefahr, daß weitere Strafmaßnahmen Lefèbvre nur zu einer Bedeutung verhülfen, die ihm gar nicht zukomme? Sollte man ihn nicht in Vergessenheit geraten lassen und sich seiner bestenfalls als ›L'Incident Lefèbvre‹ erinnern, einer Fußnote gewissermaßen, der bei der Ermittlung des Gesamtgewichts des Paulinischen Pontifikats keinerlei Bedeutung zufalle?

Die vier Männer im Arbeitszimmer wissen, daß diese Fragen nicht gleich beantwortet werden müssen, und dies nicht nur der vorgerückten Stunde wegen. Die Fragen wurden gestellt, damit Felici sich entfernen und sie in Ruhe bedenken kann. Wenn er die Antworten zu kennen glaubt, sollte er wiederkommen.

Auch dies gehört zum Stil des neuen Pontifikats.

*

Als Noé am Montagmorgen, man schreibt den 4. September, in aller Frühe, es dämmert kaum, in seiner Unterkunft den Hörer aufnimmt, kommt ihm eine weitere neue, freilich unwillkommene Erkenntnis. Daß Ciban ihn zu dieser ungewöhnlich frühen Stunde bereits anruft, stört ihn nicht; er kommt mit dem Sicherheitschef gut zurecht. Zu den Eigenheiten, die der Zeremonienmeister an Ciban besonders schätzt, gehört dessen Gelassenheit: der oberste Sicherheitsverantwortliche sprach und agierte in der Vergangenheit, als ob ihn nichts erschüttern könnte; nicht einmal der vergebliche Versuch, den Übeltätern, die die Wanze im Konklave plaziert hatten, auf die Spur zu kommen, hatte ihn aus der Fassung zu bringen vermocht. Was er jetzt jedoch zu berichten hat, läßt seine Stimme beben.

Der Zeremonienmeister ist einverstanden, sich mit Ciban und Martin – letzterer ist bereits informiert – sofort hinter dem päpstlichen Kunstmuseum zu treffen.

Während er zum Treffpunkt eilt, überdenkt Noé Cibans Worte. Alles paßt zu einem bestimmten Muster; vielleicht wäre Symptomatik das bessere Wort, um gewisse Verhaltensweisen Gianpaolos zu charakterisieren. Während der letzten Woche hat sich der Papst in den Augen des protokollbewußten und standfest traditionalistischen Noé fast zum Exzentriker entwickelt.

Bestand er doch darauf, die Liturgie der Krönungsmesse neu zu gestalten. Seit dem Westfälischen Frieden von 1648, der den Völkern Europas in Glaubensfragen eigene Vorstellungen zugestand, hatte sich jeder Papst nach demselben Ritual in die Pflicht der Kirche nehmen lassen; die gleiche Messe war für Clemens V. gelesen worden, der als einziger Papst 1305 im französischen Lyon geweiht worden war; während des langen Exils in Avignon wurden alle Päpste nach ebendiesem Ritus gekrönt, der mehr oder weniger unverändert blieb. Leo X. (Inthronisation 1513) wurde die Krone mit den Worten aufs Haupt gesetzt:»Empfange die mit drei Kronen geschmückte Tiara und wisse, daß du Vater aller Fürsten und Könige, Bezwinger der Erde und Stellvertreter unseres in alle Ewigkeit gerühmten Herrn und Heilands Jesus Christus bist.«

Gianpaolo verzichtete auf diesen Spruch, weil er auf die Krone selbst verzichtete, die die Päpste schon vor der Zeit Karls des Großen getragen hatten.

In Noés Augen stellt die Krone ein kraftvolles Symbol dar, das es der Kirche nach den Raubzügen des Westgoten Alarich, des Vandalen Geiserich, Barbarossas und Napoleons ermöglichte, sich immer wieder neu und triumphal zu erheben. Leo I. trug sie bei Annahme des altrömischen Herrschertitels ›Pontifex Maximus‹, Oberster Priester. Bonifaz VIII. trug diese Krone auf dem Haupte, als er die unsterblichen Worte sprach:»Die Kirche hat einen Leib und einen Kopf, Christus und seinen Statthalter Petrus, und dessen Nachfolger: in seiner Hand liegen zwei Schwerter, ein geistliches und ein weltliches; beide stehen dem Römischen Papst zu Gebote.«

Des weiteren hatte Gianpaolo offensichtlich den Plural majestatis fallenlassen; seit Silvester I. bis hin zu Paul VI. hatten alle Päpste von sich in der ersten Person Mehrzahl gesprochen: ›Wir‹. Auch damit demonstrierten sie, daß sie sich für Könige hielten, deren Reich die Kirche war. Selbst Johannes XXIII., der so viele neue Ideen hatte, die Noé kaum akzeptabel fand, hatte sich nicht zu einem ›Ich‹ verstehen wollen.

Aber schließlich, denkt der dahineilende Noé, waren die meisten früheren Päpste ja unter dem fast ausschließlichen Einfluß der römischen Kurie herangezogen und geprägt worden; dieses Reich im Reiche wußte schon, wie man sich potentielle Päpste aufbaut.

Gianpaolo ist kein ›Insider‹, er hat sein Berufsleben nicht im Vatikan oder dessen nächster Umgebung verbracht; deshalb, meint Noé, stehe er auch nicht auf dem festen Boden des Zulässigen. Denn völlig außer Frage sei: päpstliche Unfehlbarkeit bedeute noch lange nicht, daß ein Papst tun und lassen könne, was er wolle. Gianpaolo sei denselben Gesetzen und Vorschriften unterworfen wie alle unter ihm. Wenn er das nur zur Kenntnis nehmen wollte, hätte Noé es jetzt nicht nötig, sich hinter dem Museum mit Ciban und Martin zu treffen.

Der Präfekt wirkt ratlos. So etwas hat er noch nicht erlebt. Er macht ein ganz bekümmertes Gesicht, während Ciban sich daranmacht, Noé den Vorfall zu schildern.

Einer der Vigilanten hatte den Chef der Sicherheitstruppe angerufen und ihn mit der Mitteilung überrascht, der Papst sei kurz nach Tagesanbruch an dem vollkommen sprachlosen wachhabenden Schweizergardisten vorbei durch das St.-Annen-Tor auf italienischen Boden getreten und habe etliche Minuten lang die gottlob menschenleere Straße hinauf und hinab geblickt. Genauso beiläufig wäre er dann wieder durch das Tor zurückspaziert, hätte der Wache ganz herzlich »Guten Morgen« gewünscht und seinen Weg fortgesetzt. Der Mann war wegen des Vorfalls so vom Donner gerührt, daß er Ciban bei der anschließenden Befragung kaum zusammenhängend Rede und Antwort stehen konnte.

Ciban ist für die Sicherheit des Papstes unmittelbar verantwortlich. Wenn ein Angehöriger der Roten Brigaden rein zufällig vorbeigekommen wäre... Er wagt gar nicht, weiter darüber nachzudenken.

Neben dieser beklemmenden Möglichkeit sind Noé und Martin noch eines weiteren Aspekts wegen besorgt – die diplomatischen Verwicklungen, die der Papst mit einem Ausflug auf italienisches Staatsgebiet verursacht. Als Staatsoberhaupt, sagt Noé gereizt, sollte Gianpaolo eigentlich wissen, daß er sich nicht unangemeldet – und schon gar nicht ohne Eskorte – auf fremdes Hoheitsgebiet begeben darf. Damit muß Schluß sein; wie weit der Papst in Fragen der Dogmatik, Theologie und Lehre gehen darf, sollen andere entscheiden. Wenn es aber so weit kommt, daß er sich über das Protokoll hinwegsetzt, ist es an Noé, dagegen einzuschreiten. Er fragt, wo Gianpaolo sich im Augenblick aufhalte.

Ciban sagt, der Papst ergehe sich in den vatikanischen Gärten, einer der Wachleute sei in seiner Nähe. Ciban spricht etwas in sein Funkgerät, hält es dann ans Ohr und versucht, aus dem Knacken eine Antwort herauszuhören. Gianpaolo gehe auf einer der oberen Terrassen spazieren.

Martin und Noé straffen sich und nehmen gemeinsam mit Ciban die Verfolgung auf.

Sie finden Gianpaolo und einen der Gärtner in ein lebhaftes Gespräch vertieft. Der Papst winkt dem sich nähernden Trio vergnügt zu.

Der Gärtner entfernt sich, bleibt aber in Hörweite. In all seinen Dienstjahren im Vatikan ist ihm so vornehmer Besuch zu so früher Stunde noch nicht untergekommen. Der Mann wird später erzählen, daß Noé den Papst beim Ellbogen gepackt und ihm einen Vortrag gehalten habe, in welche persönliche Gefahr er sich begeben habe und welch diplomatischer Wirbel dadurch hätte entstehen können, ja immer noch verursacht werden könnte, wenn die Sache ruchbar würde.

In solchen Sachen seien die Italiener sehr empfindlich, meint Martin griesgrämig und wippt dabei auf den Absätzen, was bei ihm ein zuverlässiges Anzeichen von Erregung ist. Ciban schaut gekränkt drein, gerade so, als dächte er, daß der Papst ihm das Leben absichtlich schwermache.

Gianpaolo nickt nachdenklich. Mit sanftester Stimme sagt er dann, er hätte nicht angenommen, Probleme zu verursachen. Dann schenkt er den dreien ein gewinnendes Lächeln: es sei ja nichts passiert; und man möge doch bedenken, was er damit erreicht habe.

»Erreicht?« Noé wiederholt das Wort, als hätte er nicht recht gehört.

Gianpaolo lächelt bejahend. »Ja, erreicht.« Er zweifle doch sehr, daß einer von ihnen sonst so früh aus dem Bett gekommen wäre. Man solle die Sache von der positiven Seite her sehen: sein Ausflug habe ihnen zum rechten Tagesbeginn verholfen.

Damit winkt er ihnen noch einmal fröhlich zu und spaziert langsam in den Apostolischen Palast zurück.[2]

*

»Er ist verschwunden!«

Ciban kann Martin keinen Glauben schenken. Kaum hat er Gianpaolos Morgenstreich verwunden, und dann dies!

»Was meinen Sie mit ›verschwunden‹?« Der Sicherheitschef kann sich nur mühsam artikulieren.

»Erst war er hier; nun ist er weg.« Martin ist ungeduldig. »Finden Sie ihn!«

»Wo sind Sie?«

»In seinen Gemächern.«

»Und der Heilige Vater war da?« Cibans Frage klingt beinahe vorwurfsvoll. Das darf doch nicht wahr sein. Ciban bittet Martin um ausführliche Darstellung des Sachverhalts.

Dazu ist nur wenig zu sagen. Der Papst sei nach dem Frühstück in sein Arbeitszimmer gegangen und habe sich dort im Radio die Frühnachrichten angehört. Magee habe ihn dort noch gesehen. Als Martin etwas später erschienen sei, um den Papst zu seiner ersten Verabredung in den zweiten Stock hinabzugeleiten, sei kein Gianpaolo mehr zu sehen gewesen. Lorenzi habe die Besucher, ein paar afrikanische Bischöfe, zunächst einmal vertröstet, während er, Martin, den Papst in seinen Gemächern gesucht habe, wenn auch vergeblich.

Ciban reißt sich zusammen. Er sagt, zunächst einmal werde er mit den um den Apostolischen Palast postierten Wachen telefonieren. Minuten später hat er die beruhigende Gewißheit, daß der Papst den Palast nicht verlassen hat.

Martin hat zwischenzeitlich in den päpstlichen Gemächern einen kleinen Suchtrupp zusammengestellt. Düster meint der Präfekt, es könne Tage dauern, das weitläufige Gebäude Raum für Raum zu durchkämmen. In Venedig habe sich Gianpaolo des öfteren aus seinem Palais davongemacht, ohne jemand auch nur ein Wort zu sagen, sagt Vincenza vergnügt. Zumeist habe er sich eine alte Soutane und Sandalen angezogen, um dergestalt verkleidet den Abend inkognito in seinem Lieblingsrestaurant bei einer Meeresfrüchte-Pizza zu verbringen. Nach dieser Enthüllung bleibt Martin der Mund offen stehen.

Der Suchtrupp fährt mit dem Lift in den dritten Stock hinunter, wo das Staatssekretariat langsam zu neuer Geschäftigkeit erwacht. Die Beamten wundern sich, wieso die persönlichen Gehilfen des Papstes hinter jede Tür spähen.

Vincenza schließlich findet den Papst dort, wo Macchi seinerzeit Pauls persönliche Papiere in den Reißwolf steckte.

Inzwischen wurde Villot benachrichtigt. Er eilt aus seinem Büro und findet den Papst und dessen Stab vor dem Reißwolf.

Gianpaolo schenkt dem Staatssekretär ein Lächeln und sagt mit leisem Bedauern, daß niemand von ihnen die Maschinen in Gang setzen könnte. Ob Villot wohl helfen könne?

Vollkommen durcheinander beginnt der ranghöchste vatikanische Diplomat Papiere in den Reißwolf zu stopfen.

Ihm ergeht es wie Ciban; auch er glaubt, Augen und Ohren nicht mehr trauen zu dürfen.[3]

✳

Am Dienstagmorgen um acht Uhr betritt Gianpaolo den geräumigen Salon im zweiten Stock des Apostolischen Palastes. Während Paul so sorgfältig darauf geachtet hatte, daß das Interieur seinen Autoritätsanspruch unterstrich, gelang es Gianpaolo fast beiläufig, dem Raum seine persönliche Note zu geben. Auf dem Schreibtisch aus dem sechzehnten Jahrhundert stehen die Fotos seiner Verwandten; lächelnde Gesichter in schlichten Holzrahmen zwischen goldglänzendem Löschroller und einer Brieföffner-Schere-Kombination. Soweit man weiß, hat Paul die Schere nie in die Hand genommen, Gianpaolo aber schneidet sich damit Papierstreifen zurecht, die er zur Kennzeichnung wichtiger Stellen zwischen die Aktenseiten legt.[4]

Vor Gianpaolo liegt ein schmaler, sandfarbener Aktendeckel, in dem alle seine handschriftlichen Notizen über das Finanzgebaren des Vatikans abgeheftet sind. Gianpaolo hat sich von Benelli und Felici darüber bereits in allen Einzelheiten unterrichten lassen. Der Papst hat seine beiden Sekretäre während des Frühstücks angewiesen, jegliche Störung von ihm fernzuhalten, da er in den nächsten neunzig Minuten diese Notizen noch einmal sichten wolle. Er hat um Punkt halb zehn einen Termin, auf den er sich durch Aktenstudium vorbereiten muß.

Gianpaolo hat eigentlich kein Gefühl für Zahlen, noch schwerer verständlich sind ihm die Komplexitäten der internationalen Finanzwelt. Ganz instinktiv jedoch wittert er einen Skandal. Bei der anrüchigen Geschichte, die ihm Benelli und Felici vorgetragen hatten, war ihm das Lächeln vergangen, statt dessen rümpfte er vor Abscheu die Nase und schlug bei besonders schockierenden Enthüllungen ein- oder zweimal mit der Faust auf den Schreibtisch, um gleich darauf zu fragen: »Warum?« Obwohl er sich von den beiden Kardinälen in mehreren Sitzungen über den Stand der Finanzen hatte unterrichten lassen, war dies die einzige hörbare Reaktion des Papstes gewesen.

Zunächst einmal hatten die beiden in allen Einzelheiten dargelegt, mit welch vertrackten Transaktionen sich das IOR – die Vatikanbank – noch an Sindona gebunden hatte, nachdem das Finanzimperium des Sizilianers bereits 1974 in New York zusammengebrochen war. Die letzten Neuigkeiten aus Amerika sind für den Vatikan noch immer alarmierend. Es heißt, daß Sindona vor amerikanischen Gerichten alle nur erdenklichen Rechtsmittel ausschöpft, um seine Auslieferung an Italien zu verhindern; gleichzeitig geize er nicht mit dunklen Andeutungen, daß er im Falle seiner Abschiebung in allen Einzelheiten darlegen werde, in welchem Ausmaß seine krummen Geschäfte gewissen Leuten im Vatikan bekannt gewesen seien.

Felici und Benelli befürchten, daß Marcinkus weit mehr gewußt haben müsse, als er je zugab. Ebenso froh sind sie andererseits aber auch, daß sich Marcinkus persönlich nicht in irgenwelche raffinierten finanziellen Schachzüge hat hineinziehen lassen, sich keine persönlichen Vorteile verschaffte und nirgendwo ein privates Geheimkonto unterhält. Felici kommt zu dem abschließenden Urteil, Marcinkus sei ›übermäßig ehrgeizig‹; Benelli hält ihn für ›inkompetent und unerfahren‹.

Im Gefolge des ›crack Sindona‹ braut sich nun ein neuer Skandal zusammen. Was diesen für den Vatikan im Hinblick auf Glaubwürdigkeit und moralische Autorität in Geldangelegenheiten möglicherweise noch gefährlicher als die Sindona-Affäre macht, ist die Unbedenklichkeit, mit der Marcinkus die Vatikanbank in Geschäfte mit Roberto Calvi verstrickte.

Ironischerweise wurde Marcinkus über Sindona mit Calvi bekannt gemacht. Die beiden fühlten sich sofort einander zugetan; denn dem einen lagen Heimlichkeiten und Geschäftemachereien nicht weniger als dem anderen. Kurz nachdem Calvi 1971 Marcinkus kennengelernt hatte, machte er mit Sindona in Nassau die Banco Ambrosiano (Overseas) auf. Drei Jahre später, Sindonas Imperium brach bereits zusammen, blühte Calvis Weizen: er wurde Präsident der Banco Ambrosiano, deren Holding in Luxemburg beheimatet war und Niederlassungen in ganz Italien und im Ausland unterhielt. Die Nassauer Bank bildete nur einen Ast dieses weitverzweigten Kreditinstituts, das sich in fünfzehn Ländern bereits breitgemacht hatte; in zumindest einer Hinsicht jedoch hob sie sich von den übrigen Niederlassungen ab: dem Vorstand gehörte ein gewisser ›Mr. Paul Marcinkus‹ an.

Die Vatikanbank übernahm vier Prozent der Ambrosiano Luxemburg und acht Prozent des Nassauer Stammkapitals – und begann eine enge Zusammenarbeit mit Calvis italienischen Bankniederlassungen. Auf Grund ihrer dem italienischen Recht nicht unterworfenen Lage konnte die Vatikanbank die entsprechende restriktive Gesetzgebung umgehen und viele Millionen Lira ins Ausland transferieren. Inzwischen gedenkt die Bank von Italien jedoch, bei Calvi eine umfangreiche Buchprüfung vorzunehmen. Benelli und Felici befürchten nicht nur, daß dabei zahlreiche gravierende Brüche italienischen Rechts ans Licht kommen, sondern daß auch die komplizierten Verflechtungen zwischen der Vatikanbank und dem zunehmend dubioser erscheinenden Calvi-Imperium in vollem Umfange erkennbar würden. Selbst wenn dabei herauskäme, daß Marcinkus bestenfalls arg- und ahnungslos, schlimmstenfalls aber unbesonnen und inkompetent gehandelt habe, würde der Skandal die Kirche schwer in Mitleidenschaft ziehen.[5]

Von Sindona einmal ganz abgesehen, ticken in den USA noch zwei weitere Zeitbomben, die jeden Augenblick hochgehen und dem Vatikan ebenfalls verheerende Folgen bescheren können.

Zum einen besteht die Möglichkeit, daß das Justizministerium der Vereinigten Staaten das bislang streng geheimgehaltene Ergebnis einer 1973 durchgeführten Untersuchung über das organisierte Verbrechen veröffentlicht. Fahnder des Justizministeriums sind einem Vorhaben der Mafia auf die Spur gekommen, über europäische Geschäftsleute ungeheure Kredite gegen gefälschte Aktien und Schuldverschreibungen amerikanischer Gesellschaften aufzunehmen. Die Fahnder haben Marcinkus in seinem vatikanischen Büro bereits persönlich einvernommen; der Besuch wurde so geheimgehalten, daß nicht einmal Ciban davon erfuhr. Die Herren wollten wissen, ob Marcinkus die Absicht der Mafia bekannt sei, den größten Teil des Geldes aus dem 900-Millionen-Dollar-Gewinn dieses Schwindelgeschäfts über die Vatikanbank waschen zu lassen. Über Marcinkus' Erwiderungen hat das Justizministerium bislang strengstes Stillschweigen bewahrt. Manche vermuten, daß Präsident Nixon selbst die Veröffentlichung des Untersuchungsergebnisses verboten habe. Da Nixon zwischenzeitlich jedoch in Ungnade gefallen ist, gibt es keine Gewähr, daß die Ergebnisse weiterhin unveröffentlicht bleiben.

Die zweite Zeitbombe stellt Cody dar; dabei geht es gar nicht einmal so sehr um die in Rede stehenden Beträge: verglichen mit dem geschätzten Verlust, der dem Vatikan durch die Geschäftsverbindung mit Sindona entstand, handelt es sich bestenfalls um Kleingeld. Die Kapriolen des Kardinals aus Chikago lassen sich schlimmstenfalls mit ein paar Millionen Dollar quantifizieren. Die schlüpfrigen Hintergründe der Angelegenheit beunruhigen Benelli und Felici weitaus mehr: die Dunstwolke moralischer Verfehlungen; ein Hauch von ›dolce vita‹, der die unselige Erinnerung an pflichtvergessene und skandelumwitterte Kirchenfürsten früherer Zeiten wachwerden läßt. Hinzu kommt, daß der amerikanische Fiskus dem Finanzgebaren der Diözese Chikago auf den Grund zu gehen versucht. Ganz zu schweigen von den Journalistenscharen, die um Cody herumschnüffeln. All das läßt Böses ahnen.

Gianpaolo grübelt über seinen Aufzeichnungen. Benelli und Felici hatten ihm erläutert, daß sich der Vatikan zu einer Zeit in derart unglückliche finanzielle Affären verwickeln ließ, als er sich ohnehin von einer Reihe anderer wirtschaftlicher Rückschläge erholen mußte – woran sich übrigens bis heute nichts geändert habe. Zahlreiche Einnahmen der Kirche hätten sich verringert, die Beträge seien in den letzten fünf Jahren um dreißig Prozent zurückgegangen. Die jährlichen Einkünfte aus dem sogenannten Peterspfennig* seien seit den Tagen Johannes' XXIII. ständig gesunken; inflationsbereinigt erbrächten die Sammlungen nur noch sechzig Prozent dessen, womit noch vor zehn Jahren zu rechnen gewesen sei. Auf der Gegenseite hätten den Kurialbeamten, deren Zahl sich in den vergangenen fünfzehn Jahren verdreifachte, auf dem Höhepunkt der italienischen Inflation Gehaltsaufbesserungen zugestanden werden müssen.

Und jetzt erst, drei Jahre später, sei das volle Ausmaß der finanziellen Katastrophe des Heiligen Jahres 1975 zu ermessen. Die Kirche habe gewaltige Gelder in den Versuch investiert, Pilger nach Rom zu locken; diese seien jedoch ausgeblieben. Um Verluste in Höhe von umgerechnet mehr als sechs Millionen Dollar abzudecken, habe der Vatikan kräftig auf seine Notgroschen zurückgreifen müssen. Trotz einschneidender Kürzungen habe sich die Lage des Vatikans seither noch verschlechtert. Das für 1978 erwartete Defizit – ungeachtet der Kosten für Pauls Beisetzung, des folgenden Konklave und der Inthronisationsfeierlichkeiten – werde sich auf etwa elf Millionen Dollar belaufen.

Acht Jahre nachdem Paul sich gegen bissige Anspielungen auf den ›sagenhaften Reichtum‹ des Vatikans verärgert zur Wehr gesetzt hatte, bedrückt Gianpaolo nichts mehr als die sich verschlechternde Finanzlage der Kirche. Grundbesitz, Kunstwerke, seltene Bücher, Autographen sowie andere Schätze machen den Vatikan noch immer zu einem der reichsten Verwaltungsapparate der Erde. Aber auf Grund mangelhafter Geldpolitik wird das investitionsfähige Kapital immer weniger. Diese Mißwirtschaft begann mit Pauls Unterzeichnung des mit Sindona getroffenen Geheimabkommens, wodurch die Kirche mit ihrem Portefeuille sich nicht mehr auf die traditionellen italienischen Märkte beschränkte, die dem Vatikan die strenge Kontrolle seiner Investitionen gestatteten, sondern sich auf den Wertpapiermärkten ganz Europas und der Vereinigten Staaten engagierte.

Gianpaolo begriff, daß die forcierte Beteiligung an multinationalen Gesellschaften, oft sogar als einer der größeren Aktionäre, dazu geführt hatte, die Einflußmöglichkeiten des Vatikans auf die Unternehmenspolitik zu verringern. Die Kirche hatte nicht mehr dieselbe Macht wie früher, als sie auf Grund ihrer Majorisierung bestimmter Firmen dafür sorgen konnte, daß diese nicht zu dubiosen Praktiken griffen;

---

* Freiwillige Spende der Katholiken in aller Welt zugunsten des Heiligen Stuhls (Anm. d. Ü.)

natürlich waren auch in der Vergangenheit Fehler gemacht worden, aber nicht in dem Ausmaß, wie in den letzten fünf Jahren.

Kurz vor halb zehn hört Gianpaolo zu lesen auf. Gedanken und Einsichten, die ihm während des Aktenstudiums gekommen waren, behält er diesmal für sich.

Mehrere Leute aber erfuhren bereits von Felici und Benelli, daß der Papst bei früherer Erörterung dieses Themas mit bis dahin noch nie vernommener Schärfe gesagt habe, derlei müsse aufhören; eine Finanzpolitik, die den Vatikan auf Gedeih oder Verderb der Gnade von Profitjägern, Spekulanten und Abenteurern vom Schlage eines Sindona oder Calvi ausliefere, müsse ein Ende haben.

Gianpaolo beabsichtigt, Marcinkus bis auf weiteres am Ruder zu lassen, aber über seine Zukunft ist ebensowenig entschieden wie in den Fällen Küng und Lefèbvre. Einstweilen hat die Kirche nichts Dringenderes zu tun, als sich bessere Verwendungsmöglichkeiten ihrer Gelder zu erschließen.

Punkt halb zehn führt Martin den Kardinal Bernardin Gantin herein. Der Papst geleitet den hochgewachsenen Schwarzen zu einem Sofa und setzt sich neben ihn. Daraufhin kommt Gianpaolo ohne Umschweife zur Sache. Er skizziert, was er erfahren hat und daraufhin zu tun gedenkt.

Gantin ist freimütig und offen – und wird später nichts verheimlichen. Paul hätte in den letzten Jahren seines Pontifikats, vielleicht aus eigener finanzieller Erfahrung, vor der italienischen Linken eine tiefverwurzelte Furcht entwickelt. Diese und sein zunehmender Konservatismus hätten ihn bewogen, die Gelder des Vatikans der Reichweite jener zu entziehen, die in Italien vielleicht einmal danach zu greifen versuchten. Paul hätte aus reinsten Motiven gehandelt; und niemand – am allerwenigsten Gantin – wollte Kirchengelder durch Agieren am unsicheren italienischen Aktienmarkt aufs Spiel gesetzt sehen. Wenn die Kirche gleichzeitig, insbesondere in der Dritten Welt, weiterhin als die Kirche der Armen gelten wollte, so müßte sie sicherstellen, daß sie nicht als kraß materialistisch orientiert angesehen würde, indem sie einen Teil ihrer immer noch beträchtlichen finanziellen Ressourcen zu nützlicheren Zwecken abzweigte. Gantin drängt darauf, daß der Vatikan über seine Investitionspolitik versuchen sollte, sozio-ökonomische Ungerechtigkeit und Ausbeutung wo immer möglich beseitigen zu helfen. Die Gelder des Vatikans sollten in Afrika, Asien und Südamerika in förderungswürdige Entwicklungsprogramme gesteckt werden, wodurch annehmbare Gewinne keineswegs ausgeschlossen seien – und vielleicht würde eine solche Finanzpolitik am Ende dazu beitragen, die zunehmende Kritik von Katholiken und Nicht-Katholiken an der Handlungsweise des päpstlichen Finanzimperiums nach und nach verstummen zu machen.

Gianpaolo lächelt zum ersten Mal. Es werde sich etwas ändern. Um einen Anfang zu machen, möchte er, daß Gantin die Verantwortung für ›Cor Unum‹, die leistungsfähige internationale Hilfsorganisation der Kirche, übernehme. Diese wichtige und heikle Aufgabe habe Villot bisher wahrgenommen.

Gantin erklärt sich dazu bereit.

✻

Als Gantin den Salon des Papstes verläßt, seufzt der in seinem brechend vollen Vorzimmer wartende Martin vernehmlich. Seine sorgfältige Zeitplanung ist bereits völlig durcheinandergeraten. Es sei wirklich ärgerlich, hat sich der Präfekt bei Magee und Lorenzi beschwert, daß sich der Papst einfach nicht an festgelegte Zeitvorgaben halten wolle. Martin hat bereits alles mögliche versucht, ist eingetreten und hat sich ostentativ neben die Tür gestellt; aber Gianpaolo nimmt ihn dann entweder gar nicht zur Kenntnis oder winkt ihn vergnügt wieder hinaus. Er hat es mit ›Fünfzig-Minuten-Stunden‹ versucht, um zwischen zwei Terminen noch zehn Minuten Luft zu schaffen, aber das funktioniere auch nicht: der Papst mache einfach weiter.

Martin hält das alles für recht bestürzend. Noch ärgerlicher aber findet er es, daß der Papst seine wertvolle Zeit oft ohne jeden vernünftigen Grund im Gespräch mit relativ unwichtigen Leuten vertut. Zum Beispiel hatte Gianpaolo ein paar Priester seiner ehemaligen Erzdiözese hereingebeten, um mit ihnen weit über die zugestandene Zeit hinaus zu plauschen. Und manchmal läuft Gianpaolo zwischen zwei wichtigen Terminen einfach davon und unterhält sich mit jedem, der ihm auf den Fluren des Apostolischen Palastes oder auf dem Damasushof gerade in die Quere kommt.

Der Präfekt mußte beträchtlichen Takt und seine gesamte Erfahrung einsetzen, um ein paar aufgebrachte Kardinäle zu besänftigen, die vor ihrer Abreise aus Rom noch einen Abschiedsbesuch zu machen gedachten und weit über die vereinbarte Zeit hinaus im Vorzimmer warten mußten. Cody zum Beispiel gefiel das Warten gar nicht, Aramburu auch nicht. Andere, etwa König und Sin, nahmen es mehr von der philosophischen Seite: sie meinten, Zeitverzögerungen gehörten in die Eingewöhnungsphase eines Papstes.

Martin ist erleichtert, daß die imponierende Gestalt, die er in eine höfliche Unterhaltung verwickelte, dieweil er darauf wartet, daß Gantin einen Schluß findet, offenbar keine Eile hat.

Der Metropolit Nikodim, Erzbischof von Leningrad und Nowgorod, erinnert Martin an einen Bären. Der Mann hat einen gewaltigen Kopf, dazu die Nacken- und Schulterpartie eines Bären und einen mächtigen Bauch; Arme und Hände gleichen Bärenpranken, mit denen er sich Luft zufächelt, als versuchte ein Bär Fliegen zu fangen. Und selbst in der voluminösen Amtstracht der Russisch-Orthodoxen Kirche wirkt der Metropolit noch sehr behaart. Er hat einen langen, wallenden Bart, der knapp unter den Augen beginnt und bis an den Bauchansatz reicht;

in seinen Ohren wachsen ebenso Haarbüschel wie auf Handrücken und Fingern. Wenn sich Nikodim in seinem römischen Hotel am Schwimmbeckenrande entkleidet, um seine gewohnten paar Bahnen zu schwimmen, lenkt er wegen seiner dichten Körperbehaarung sofort alle Blicke auf sich. Der Mann ist knapp einsachtzig groß und wiegt etwa drei Zentner.

Nikodim wurde in einer gut hundertfünfzig Kilometer von Moskau entfernten Kleinstadt geboren und hat seine ursprüngliche bäuerliche Redeweise beibehalten, wodurch sich aber niemand wirklich täuschen läßt. Nikodim besitzt einen derart scharfen Verstand, daß sich so manches sowjetische Politbüromitglied besorgt Gedanken über die Widerstandsfähigkeit des Christentums gegenüber dem Kommunismus macht. So jedenfalls äußerte sich Casaroli gegenüber Gianpaolo. Im Vatikan sieht man in Nikodim auch einen einflußreichen Mittler zwischen dem Katholizismus und den übrigen christlichen Kirchen. Dem Metropoliten wurden volle fünfzehn Minuten zugedacht, um sich mit Gianpaolo privat über die Schwierigkeiten der Religionsausübung in der Sowjetunion zu unterhalten.

Martin führt ihn schließlich in den Salon. Während man sich noch miteinander bekannt macht, bringt Vincenza ein Tablett mit Kaffeegedecken herein. Von Martin gefolgt, entfernt sie sich dann wieder.

Deshalb kann allein Gianpaolo bezeugen, was geschah. Er wird sich die Abfolge der einzelnen Ereignisse genau vergegenwärtigen und sie als geborener Berichterstatter auf das Wesentliche reduzieren, um Magee, Lorenzi und andere später daran teilhaben zu lassen. Ändern aber wird er nichts mehr.

Der Papst sagt etwas zu seinem Besucher und gießt dabei zwei Tassen Kaffee ein. Dann bietet er dem Metropoliten Milch und Zucker an: Nikodim nimmt von beidem etwas. Die beiden Männer stehen neben dem Schreibtisch des Papstes. Nikodim trinkt ein Schlückchen. Gianpaolo will ebenfalls gerade die Tasse an den Mund setzen, als er plötzlich stutzig wird und innehält.

Nikodim macht ein betroffenes Gesicht. Tasse und Untertasse entfallen seiner Hand. Die Untertasse platzt auf der Schreibtischplatte entzwei; Kaffee läuft auf den Teppich, wird aber von dem dicken Flor sofort aufgesogen. Nikodim greift sich an die Brust, würgt, taumelt rückwärts und schlägt zu Boden. Mund und Augen bleiben offenstehen. Gianpaolo spürt instinktiv, daß sein Besucher tot ist.

Der Papst geht ans weiße Telefon, wählt Lorenzis Nummer und läßt ihn einen Arzt herbeirufen. Fast im selben Augenblick eilen Martin und Magee ins Zimmer. Kurz nach ihnen trifft Buzzonetti ein.

Der Arzt kniet nieder, horcht über dem Herzen, versucht den Puls zu fühlen. Er steht wieder auf und schüttelt den Kopf.

Martin rät Gianpaolo, die restlichen Vormittagstermine abzusagen. »Nein!«

Die scharfe Antwort des Papstes beunruhigt Magee.

»Nein, die Leute sind gekommen, um mich zu sprechen, und das werden sie auch.« Gianpaolo blickt auf den Leichnam. »Und genau das würde dieser gute Mann gewollt haben.«

Nikodim ist noch gar nicht kalt, da kommen schon Gerüchte auf, der Metropolit sei Opfer einer Verwechslung geworden; er habe den mit einer tödlichen Dosis Gift versetzten Kaffee getrunken, der eigentlich dem Papst zugedacht war.

Diese Gerüchte sind ebenso bösartig wie falsch. Der Metropolit starb an einem schweren Herzinfarkt. Die Gerüchte halten sich trotzdem.

*

Die hochragende, zerklüftete Bronzeplastik des auferstandenen Christus, das dominierende Charakteristikum der Nervi-Audienzhalle, im Rücken, sieht sich Gianpaolo mehr als zwölftausend Männern, Frauen und Kindern gegenüber. Zwischen dem Papst und der ergriffenen Menschenmenge sind wieder Absperrgitter aufgestellt, vor denen besorgte Sicherheitsbeamte patrouillieren. Kurz bevor die Tore geschlossen wurden, waren noch so viele Menschen in die Halle geströmt, daß trotz der ungeheuren Weitläufigkeit des Baus den Gesetzen über die öffentliche Sicherheit keinerlei Rechnung mehr getragen werden konnte; das scheint jedoch niemand zu kümmern. Um die fünfzig Kameramänner und Fotografen umschwärmen den auf der riesigen Bühne thronenden Gianpaolo, obwohl sie dort eigentlich gar nichts zu suchen haben. Zweihundert Reporter füllen die in die Wand eingelassene Pressetribüne. Die unmittelbar daneben befindlichen Sprechzellen für die Runkfunkreporter sind ebenfalls besetzt. Vierzig Kardinäle und fast hundert Bischöfe sitzen auf der Bühne, vor der sich die Zuschauerreihen so weit in die Tiefe ziehen, daß die Gesichter der Hintenstehenden von Gianpaolos Thron aus verschwimmen und ineinanderfließen. An diesem 6. September – es ist beim Mittwoch geblieben – gibt Gianpaolo in der Nervi-Halle seine erste Generalaudienz. Das Publikum ist von Gianpaolos Auftreten völlig hingerissen.

Leute, die seit fünfzehn Jahren hierherkommen, können sich nicht erinnern, Paul jemals so gelöst gesehen zu haben. In der gesamten Geschichte des Papsttums wird sich eigentlich wohl niemand finden, dessen Verhalten und Auftreten mit Gianpaolos Art vergleichbar wäre. Zwei Monate zuvor hatte Paul hier noch in Begriffen gesprochen, deren Sinn oft dunkel blieb; trug er seine an sich unangreifbaren Lehren vor, die er aber oft mit so vielen Einschränkungen und Vorbehalten umgab, daß viele Zuhörer den Aussagewert nicht mehr verstanden.

Zu seiner Zeit kamen die Journalisten, weil sie mit Schwierigkeiten rechneten, sie vielleicht sogar halb erhofften: daß Lefèbvres Befürworter Paul ins Wort fallen würden oder sich irgendwo in der Menge Anhänger Küngs artikulierten. Diesmal sind fast alle Journalisten aus einem ganz anderen Grunde hier. Nachdem der Papst ihnen vor ein paar Tagen eine Sonderaudienz gewährt hatte, wollen sie einfach wissen, wie er sich gibt, was er zu sagen hat. Während dieser Audienz hatte er die Kirche mit einer Uhr verglichen, »deren Zeiger der Welt gewisse Maßstäbe geben«, und weiter: »Die Kirche selbst muß aufgezogen werden, und das ist Aufgabe der Kurie.« Er hatte die Frage gestellt und selbst beantwortet, was ihn seit dem Jahre 914 von jedem anderen Papst unterscheide: daß er als erster seit mehr als tausend Jahren befugt sei, eine Eins hinter seinen Namen zu setzen. Die Journalisten kamen zu der Ansicht, daß sie es mit einem sehr zitierbaren Papst zu tun haben würden. Aus diesem Grunde sind sie jetzt in der Halle: um die faszinierende Vorstellung bis zum Ende mitzuerleben, die begann, als Gianpaolo mit schiefsitzendem Pileolus und vor unbändig guter Laune strahlendem Gesicht durch die Tür kam.

Für den Weg vom Hintereingang der Halle bis zum Thron unter dem auferstandenen Christus an der Stirnseite brauchte der Papst eine halbe Stunde. Unterwegs schüttelte er Hunderte von Händen, wechselte mit noch mehr Leuten ein paar begrüßende Worte und gab sich, wie sich ein Reporter notierte, »wie ein bescheidener, frommer Mann, dessen windschiefes Käppchen einen Grad liebenswerter Unzulänglichkeit erkennen läßt, der keinesfalls bedrohlich wirkt«.

Sobald Gianpaolo zu sprechen begann, hatte er die komplette Versammlung in der Hand. An den Anfang stellte er die Absicht, »Paul in der Hoffnung nachzueifern, daß auch ich irgendwie zur Besserung der Menschen beitragen kann«. Damit kam er sofort zur Sache; statt langweiliger theologischer Darlegungen so etwas wie in klare Worte gekleideter Journalismus.

»Wir müssen uns klein vor Gott fühlen. Wenn ich sage, ›Herr, ich glaube‹, dann schäme ich mich nicht, mich wie ein Kind vor seiner Mutter zu fühlen. Man glaubt an seine Mutter. Ich glaube an Gott, daran, was Er mir offenbarte. Die Gebote sind ein bißchen schwerer zu halten, aber Gott hat sie uns nicht aus einer Laune heraus, nicht in Seinem Interesse auferlegt, sondern einzig und allein in unserem.«

Gianpaolo hält inne und blickt alle der Reihe nach an: seine Kardinäle und Bischöfe, von denen manche unsicher lächeln, weil auch sie bisher noch nichts dergleichen erlebt haben; die Filmteams und die Reporter hoch oben auf ihrer Tribüne, die im Gegenzug sein Lächeln registrieren und schildern, wie er seinem Käppchen einen noch übermütigeren Sitz gibt. Dann läßt er den Blick über die große Menschenmenge gleiten und sagt mit einer Selbstsicherheit, um die ihn ein professioneller Komiker beneiden würde, er werde ihnen jetzt einmal eine Geschichte erzählen.

»Ein Mann ging zu einem Händler und wollte ein Auto kaufen. Sagt der Händler unumwunden: ›Sehen Sie, dies ist ein gutes Auto. Sie brauchen es bloß gut zu behandeln. Tun Sie ordentliches Benzin in den Tank, und schmieren Sie die Lager mit Öl, das auch was taugt.‹ Der

Käufer erwiderte: ›Also, damit Sie's wissen, ich kann Benzin- oder Ölgestank nicht vertragen. Ich mag aber Champagner; den werde ich in den Tank füllen, und die Lager schmiere ich mit Marmelade.‹«
Beifälliges Gelächter kommt auf. Gianpaolo wedelt einmal schnell mit der Hand, und schon herrscht wieder Ruhe, so daß jeder die Pointe vernehmen kann. »Der Händler sagte: ›Machen Sie doch, was Sie wollen, aber kommen Sie nicht und beklagen sich bei mir, daß Ihr Wagen Sie im Stich gelassen hat!‹«
Neues Lachen brandet auf. Als sich das Publikum wieder beruhigt hat, kommt Gianpaolo bewegt auf den Kernpunkt.
»Der Herr machte es bei uns ganz ähnlich. Er gab uns diesen mit einer lebendigen Seele und einem guten Willen ausgestatteten Körper und sagte: ›Die Maschine ist gut, aber geh ordentlich damit um.‹«
Donnernder Applaus. Gianpaolo winkt sich einen Chorknaben auf die Bühne; sofort tritt Ruhe ein. Der Junge heißt James, ist gerade zehn Jahre alt und hat ein engelhaftes Gesicht. Jetzt zeigt sich eine weitere Begabung Gianpaolos: seine sichere Hand im Umgang mit Kindern.
»James, bist du mal krank gewesen?«
»Nein.«
»So, nie?«
»Nein.«
»Du bist nie krank gewesen?«
Die Leute in der Halle lachen schon leise vor sich hin.
»Nicht mal erhöhte Temperatur?«
»Nein!«
»Hast du ein Glück!«
Erneutes begeistertes Gelächter. Gianpaolo tätschelt dem Kind den Kopf. Die Antworten des Jungen gehörten zur Vorbereitung der sich nun anschließenden Moral und Nutzanwendung.
»Wenn ein Kind krank ist, wer bringt ihm ein bißchen Kraftbrühe, seine Medizin? Die Mutter, nicht wahr? Du wächst heran, und deine Mutter wird alt. Du wirst ein feiner Herr, und deine Mutter, das arme Ding, liegt krank zu Bette. Genauso ist es. Nun, wer bringt denn der Mutter ein wenig Milch und ihre Medizin? Wer wohl?« Gianpaolo wartet, daß James die Situation erfaßt.
»Meine Brüder und ich.«
Gianpaolo strahlt. »Gut gesagt.« Dann wendet er sich an das Publikum. »Seine Brüder und er, hat er gesagt. Das gefällt mir. Haben Sie's gehört?«
Lärmende Zustimmung.
»Aber immer ist das nicht so. Als Bischof von Venedig bin ich in so manches Haus gekommen. Einmal besuchte ich eine ältere kranke Frau.«
Gianpaolo macht eine Pause, blickt James an, lächelt und konzentriert sich darauf, die Rollen des besuchenden Priesters und der leidenden Frau zu spielen.

»Wie geht's?‹«

Der Papst verändert seine Stimme, so daß sie wie die einer hinfälligen alten Frau klingt.

»›Na ja, das Essen ist in Ordnung.‹«

»›Haben Sie's warm? Läuft die Heizung?‹« Das war wieder der besorgte Priester.

»›Doch, doch; zufriedenstellend.‹«

»›So, Sie sind also zufrieden?‹«

»›Nein.‹« Mit der Stimme des neutralen Beobachters fügt Gianpaolo hinzu: »Sie begann fast zu weinen.«

Er nimmt wieder die Stimme des besorgten Geistlichen an. »›Aber warum weinen Sie denn?‹«

»›Meine Schwiegertochter und mein Sohn besuchen mich nie. Ich würde so gern meine Enkelkinder sehen.‹«

Einige Zuhörer in der Halle beginnen wirklich zu weinen.

Gianpaolo erhebt die Stimme. »Wärme und Nahrung allein tun es nicht. Es gibt auch noch das Herz. Wir müssen an die Herzen unserer Eltern denken. Gott sagt, man muß seine Eltern achten und lieben, auch wenn sie alt sind. Und neben den Eltern gibt es noch den Staat, die Vorgesetzten. Darf der Papst Gehorsam empfehlen? Bossuet, ein großer Bischof, schrieb einmal: ›Wo niemand befiehlt, befiehlt jeder; wo jeder befiehlt, herrscht nur noch das Chaos.‹ In der Welt läßt sich manchmal Ähnliches beobachten. So lasset uns also unsere Oberen achten.«

Der Papst schenkt James ein Lächeln, klopft dem Jungen abschließend noch einmal auf den Scheitel und schickt ihn an seinen Platz zurück.

Der Papst ist noch nicht fertig. Gianpaolo sagt, Barmherzigkeit sei die Seele der Gerechtigkeit; er seinerseits empfehle jedoch stets nicht nur große Akte der Barmherzigkeit, kleine gehörten auch dazu.

Der Papst sagt, er möchte einmal eine Geschichte wiedergeben, die er in Dale Carnegies ›How to Win Friends and Influence People‹ gelesen habe.

»Eine Frau führte vier Männern den Haushalt: ihrem Mann, ihrem Bruder und zwei erwachsenen Söhnen. Sie allein besorgte das Einkaufen, Waschen, Bügeln und Kochen. Sie machte alles, und zwar ganz allein. Als sich die Herren eines schönen Sonntags zum Essen an den Tisch setzen wollen, war zwar aufgedeckt, aber auf jedem Teller lag nur eine Handvoll Heu.«

Gianpaolo macht eine weitere wohlberechnete Pause. Als Gelächter aufkommt, wehrt er ab.

Bedeutungsvoll spreizt er die Hände. »›Oh‹, protestieren die Männer. ›Was ist das denn? Heu?‹ Und die Frau sagt: ›Nein, es ist alles vorbereitet. Ich werde es euch erklären. Ich koche euch das Essen, ich wasche für euch. Ich mache alles für euch. Aber ihr habt nicht ein einziges Mal gesagt: ›Da hast du uns aber ein schönes Essen gekocht.‹ Sagt was! Ich bin doch nicht aus Stein!‹«

Diesmal läßt er den Beifall gewähren. Er wartet, bis sich die Menge wieder beruhigt hat, und kommt dann schnell zu seiner eigentlichen Aussage. »Die Menschen arbeiten williger, wenn ihre Leistung anerkannt wird. Auch diese Anerkennung ist ein kleiner Akt der Barmherzigkeit. Bei uns allen wartet zu Hause jemand auf ein kleines Kompliment.«

Als sich der tosende Beifall endlich legt, sagt sich Magee, daß Gianpaolo in nur zehn Minuten mehr erreichte als so manche Kirchenführer in ihrem ganzen Leben nicht. Er hat sich ein Vehikel zur Beförderung seiner Lehren geschaffen, wohl wissend, daß sie auf diese Weise wärmstens angenommen werden. Es war eine grandiose Vorstellung – vielleicht großartig genug, um seinen Widersachern Einhalt zu gebieten.

Der Widerstand wuchs.

In seinem Stadtstaat – mit seinen dreißig Straßen und Plätzen, der Pfarrkirche, dem Kolonialwarengeschäft, dem Postamt, dem Fuhrpark, der Kfz-Werkstatt und der Buchhandlung – artikulierte sich der Widerstand gegen Wort und Tat des Papstes immer lauter, boshafter und dreister.

Wenn Gianpaolo lächelte oder lachte, wurde hämisch gegrinst. Wenn er neben Dale Carnegie noch Jules Verne, Mark Twain, Napoleon und St. Bernhard zitierte, hieß es, seine Philosophie stamme aus ›Reader's Digest‹. Je mehr sich sein Publikum von seiner direkten, an den gesunden Menschenverstand appellierenden Art angezogen fühlte, desto wildere Gegnerschaft erwuchs ihm; je mehr ihn die Massen feierten, desto heftiger grollte die Kurie. Sie fielen über seine Worte her; weniger, um nach verborgenen Bedeutungen zu suchen – die gab es nämlich kaum –, sondern vielmehr um herauszufinden, worüber man sich möglicherweise lustig machen könnte oder was sich in Abrede stellen ließe. Sie legten dabei jene besonders subtile Niedertracht an den Tag, zu der ein Kurialer im Falle höchster Bedrohung fähig ist. Ehrenwerte Männer, deren Ansichten teilweise bei der Befassung mit Problemen wie Geburtenkontrolle, vorehelicher Geschlechtsverkehr und Ordination von Frauen geprägt worden waren, gingen plötzlich auf Kollisionskurs.

Diese Männer hatten gegen Ende des Paulinischen Pontifikats den Eindruck gewonnen, daß, wenn man dem Niedergang nicht Einhalt gebiete, es zur Jahrhundertwende keine religiöse Institution mehr geben würde, die noch in irgendeiner Hinsicht als Römisch-Katholische Kirche anzusehen sei. Sie sahen sich von allen Seiten von Opponenten umgeben, die an allen geheiligten Grundsätzen heftig genug rüttelten, um diesen Umsturz weitaus eher zu bewerkstelligen. Priester befanden sich in offener Rebellion gegen ihre Bischöfe, Bischöfe revoltierten gegen die Autorität des Vatikans; es gab Schwarze, Gelbe und alle möglichen Braunen, Katholiken allzumal, die ihren Willen im Namen der eigenen Spielart des Rassismus und unter der Drohung, sich gegebenenfalls von der Mutterkirche zu lösen, durchzusetzen suchten; Nonnen weigerten sich, ihr Ordenskleid zu tragen oder gar an der Seite von Priestern zu arbeiten, weil sie sich dadurch im Sinne der neuentdeckten religiösen Frauenbefreiung beleidigt fühlten. Ferner gab es Katholische Pentecostalisten*, Katholische Homo-

---

* Heiligsprechungen, Erwachsenentaufe und Wunderheilungen nehmen im Glaubensleben dieser ›Sekten‹ einen besonderen Platz ein.

sexuelle, Katholische Yogis und Katholische Prozessualisten*, die den strengen Männern der Kurie vorkamen wie die Tanzenden Derwische einem orthodoxen Mohammedaner.

Seit Jahren schon – sagt man in Kreisen der Kurie – haben die Abweichler in den oberen Rängen der Hierarchie ihre Sympathisanten; es handelt sich um zahlreiche Kardinäle, die eigentlich wissen müßten, daß sie denen, die zu rigorosen Veränderungen entschlossen sind und die Verhältnisse auf den Kopf zu stellen gedenken, nach wie vor zumindest Lippendienste leisten.

Diese kurialen Kreise hatten Pauls Ableben beinahe begrüßt. In ihren Augen war er einfach zu kraftlos geworden, um es mit den drängenden Problemen des Kommunismus, der Empfängnisverhütung und der theologischen Revolte aufnehmen zu können. Nicht nur, daß er sich zu einsamen Entscheidungen nicht durchringen konnte, er hatte sich sogar dazu hinreißen lassen, zu betteln und zu schelten und es allen Seiten rechtmachen zu wollen. Unter ihm hatte die päpstliche Autorität einen neuen Tiefpunkt erreicht. Seine Schwäche, seine Entschlußlosigkeit, sein Mangel an wirklicher Autorität und der notwendigen Größe hatten die Kirche ausgelaugt. In den Augen dieser Leute war Paul zu einer Belanglosigkeit geworden, die ebenso unbedeutende Massen in den Abgrund führte.

Sie sagten, von seinem Nachfolger hätten sie mehr erwartet: daß er den Terroristen in Lateinamerika und andernorts die moralische Unterstützung versagen, seine Sympathie für Fragen der Dritten Welt mäßigen würde; daß er sich dem Marxismus jeglicher Erscheinungsform entgegenstellen, die Konzeption einer ›Volks‹-Kirche, in der jedermann seine eigenen Wege gehen könnte, kraftvoll bekämpfen würde; daß er katholischen Homosexuellen und Geschiedenen deutlich machen würde, daß sie nie in den Genuß sämtlicher kirchlicher Rechte kommen könnten; daß er alle Priester und Nonnen, die auf Zerstörung einer Gesellschaftsordnung erpicht seien, ohne die die Kirche selbst nicht überleben könne, verurteilen würde. Dies sei das allermindeste, womit sie gerechnet hätten.

Statt dessen kam ihnen Gianpaolo mit Pinocchio-Parabeln und, was für diese Erzkonservativen vielleicht noch schwerer zu ertragen war, Fotos, auf denen er dem kommunistischen Bürgermeister Roms die Hand schüttelte.

In der starren Weltsicht dieser Unentwegten kam dies einer Kriegserklärung seitens des Papstes gleich. Sie machten untereinander erschauernd kein Hehl daraus, daß dieser Mann mit ziemlicher Sicherheit ihre schlimmsten Befürchtungen Wirklichkeit werden ließe: zunehmende Heiraten zwischen Homo-

---

* ›Prozeßtheologie‹ ist die Sammelbezeichnung für Positionen der jüngeren nordamerikanischen Theologie, die, im Anschluß an die Philosophie A. N. Whiteheads (›Process and Reality‹, 1929), eine kohärente Lehre von Gott und Gottes Handeln in Raum und Zeit, in Natur und Geschichte zu entwickeln versucht. Dabei sind die universale Prozeß-Kategorie (Geschehens-K.) und die Kategorie der Zukunft von großer Bedeutung. Gewinnt seit Ende der 1960er Jahre auch in Deutschland Beachtung.

sexuellen; weiteres Leugnen der Unbefleckten Empfängnis und der Auferstehung; Zunahme der ›Tastgebete‹, der Satan-Jesus-Kulte, der in Wohnzimmern von Frauen zelebrierten Messen; nackte Meßdiener, Rock-Messen, schwarze revolutionäre Jesusse, weibliche Heilige Geister – all das stände bevor. Klerikalem Posieren und theologischen Absurditäten würden Tür und Tor geöffnet werden.

Sie hatten einen Nachfolger von der Statur Pius' XII. erhofft, einen wirklich mächtigen Kirchenfürsten, der Sinn für die traditionellen Werte hatte. Alle Päpste sollten sich bemühen, in dieser Hinsicht Vorbild zu sein, fügte man hinzu, statt dessen hatten sie einen Papst bekommen, der noch beharrlicher als selbst Johannes darauf hinwies, bloß Mensch zu sein. Kaum ein paar Tage im Amt, schon deutete er an, daß die von seinen Vorgängern eingeleiteten Veränderungen unwiderruflich seien; die Rückkehr zu Verhältnissen wie vor dem Zweiten Vatikanischen Konzil sei der Kirche unter keinen Umständen mehr möglich. In allem, was Gianpaolo sagte und tat, äußerte sich nach Ansicht seiner Widersacher anscheinend dessen Auffassung, daß die Kirche nicht auf der Höhe der Zeit sei und zu den ungeheuren Problemen und Möglichkeiten, vor denen sie stehe, ihren Beitrag nur durch ›Anpassung‹ leisten könne. Das Wort allein war schon fluchwürdig.

Als Gianpaolo in der ersten Woche seines Pontifikats vor dem Kardinalskollegium erklärt hatte, er habe keine rechte Vorstellung davon, wie das korporative Gefüge der Kirche funktioniere, hatte niemand protestiert oder etwas dagegen gehabt. Es hatte in der Vergangenheit schon Päpste gegeben, die froh waren, wenn sie alles der Kurie überlassen konnten und deren Entscheidungen und Beschlüsse praktisch nur noch gegenzuzeichnen brauchten. Das war sehr gut gegangen.

Gianpaolo aber war anders. Er schnüffelte überall herum, so daß zum Beispiel der auf seine französische Art so aufreizend-höfliche und für menschliche Schwächen stets so verständnisvolle Villot sich das volle Haar raufte. So hieß es jedenfalls. Und der stämmige, langsam kahl werdende Benelli – altgediente Kurialbeamte nennen ihn grundsätzlich ›Gauleiter‹ – durfte seine Muskeln bewegen, was letztlich aber kaum etwas zu bedeuten haben dürfte: man erinnert sich schließlich, daß Benelli schon einmal aus dem Zentrum der Macht entfernt worden war. Was die hartnäckigen Erzkonservativen aber nun wirklich vollends zur Verzweiflung bringt, ist der Umstand, daß Gianpaolo trotz seines munteren Herumschnüffelns die Prioritäten anscheinend noch immer nicht kennt.

Viele Stunden lang bereitet er seine so spontan wirkenden Predigten und sonntäglichen Angelus-Ansprachen vor. Dadurch wurde ihm zwar große Publizität zuteil, die Kurialbeamten aber stört es, daß er in der dritten Woche als Pontifex anscheinend noch immer nicht so recht weiß, wie viele Heilige Kongregationen es gibt, und daß er offenbar die komplizierten Wechselbeziehungen zwischen den Kongregationen, die er kennt, nicht richtig erfaßt. Obzwar das Labyrinth an Kongregationen, Tribunalen, Sekretariaten, Kommissionen und Ämtern der Kurie in den Augen eines Neulings in der Tat verworren und straffungsbedürftig erscheinen mag, beharren Gianpaolos Widersacher darauf, daß dieses Wirrwarr vernünftig gegliedert ist und reibungslos funktioniert, weil ein jeder die einzelnen Kompetenzgrenzen kennt und akzeptiert. Kein Papst, so sagen die Betroffenen, der sich über die Empfehlungen seiner Verwaltung hinwegsetze, könne darauf hoffen, die Kirche effizient zu leiten, aber genau das tat Gianpaolo – und geriet darüber mit seiner Schreibarbeit in Rückstand.

Seine Widersacher sagten, er habe nur eine vage Vorstellung von den vielen Rissen innerhalb der Kirche: da sind die unterschiedlichen Auffassungen der lateinamerikanischen und nordamerikanischen Bischöfe in der Frage, ob Koexistenz mit dem Kommunismus geboten sei, oder ob er nach wie vor strikt abgelehnt werden müsse; der Streit unter den Intellektuellen des Klerus darüber, was akzeptabel sei und was nicht; die unterschiedlichen Ansichten zu der Frage, was getan werden müsse, um das fortwährende Aussteigen aus dem Priesterberuf zu unterbinden. In vielerlei Hinsicht hat Gianpaolo ein uneiniges Haus übernommen.

Selbst seine unversöhnlichsten Feinde räumen allerdings ein, daß er sich nicht einfach zurücklehnen kann, um gar nichts zu tun; solches würde nur dazu führen, daß der Damm, der durch Pauls Politik bereits Risse bekommen hatte, nun endgültig brechen würde. Also: irgend etwas mußte geschehen.

Aber was Gianpaolo tat – behauptete man mit Nachdruck –, war schlimmer noch als den Dingen ihren Lauf zu lassen. Immer deutlicher war zu erkennen, daß er für die Tagesroutine, die täglich neuen Entscheidungen und deren politische Vorbereitung, nur wenig Geduld aufbrachte; andererseits aber wollte er an allem gleichzeitig beteiligt sein. Er sei ein ›Pfuscher‹, meinte ein irischer Kurialbeamter.

Aber solche Kritik war ebenso unfair wie unberechtigt.

Bereits vor dem 6. September – unter diesem Datum brachte ›Il Mondo‹, Italiens führendes Finanzjournal, einen detaillierten Bericht über die finanziellen Probleme des Vatikans, in dem in etwa all das nachzulesen war, was Gianpaolo von Benelli und Felici erfahren hatte – hatte sich der Papst darangemacht, Marcinkus' Machenschaften zu klären; er hatte von seinem Bankier mit Nachdruck Rechenschaft verlangt und Baggio erneut auf Cody angesetzt.

Casaroli zum Beispiel war beeindruckt, wie schnell Gianpaolo die Beziehungen der Kirche zu den osteuropäischen Regimen erfaßte. Casaroli legte dem Papst sieben vertrackte Fragen vor; fünf davon beantwortete der Papst auf der Stelle, bei zweien bat er sich Bedenkzeit aus. So entscheidungsfreudig war Paul zu keiner Zeit gewesen.

Unumgängliche Tatsache blieb, daß Gianpaolo ganz bewußt beschlossen hatte, sich langsam und gründlich einzuarbeiten. Er hielt es nicht für entscheidend zu wissen, wer was so und warum tat; ihn besorgte eher, daß er unter Umständen jener Papst war, dem es oblag, die Kirche in ihr drittes Jahrtausend zu führen. Im Jahre 2000 würde er siebenundachtzig sein, für einen Papst kein ungewöhnliches Alter. Um die Kirche erfolgreich ins nächste Jahrhundert führen zu können, müßte er weniger wie ein Monarch wirken, sondern eher wie ein Kollege und Seelsorger. Er müßte die Versprechungen des Zweiten Vatikanums in vollem Umfange realisieren und das Konzil als Instrument zur Durchsetzung gründlicher Reformen und zur Wiederherstellung der kirchli-

chen Einheit benutzen. Dies aber verlangte nach einem neuen päpstlichen Führungsstil: weniger starr und unelastisch, dafür aber um so aufgeschlossener und durchschaubarer. Aus diesem Grunde hatte er vor einer Gruppe amerikanischer Bischöfe nicht nur vor den Gefahren der Scheidung gewarnt, sondern gleichzeitig eingeräumt, daß mit diesem Problem noch viele Fragen verbunden seien, die erst noch der Klärung bedürften. Andersherum gesagt: noch war das letzte Wort nicht gesprochen. Seine sonntäglichen Angelus-Ansprachen und die mittwöchlichen Audienzen mit ihren häufigen Bezugnahmen auf Pinocchio waren als aufrichtiger Versuch einer Neubelebung des Glaubens gemeint. Er trachtete danach, ungeniert an die Massen zu appellieren: dies die Grundlage seines erstaunlich erfolgreichen katechetischen Stils, seines gekonnten Auftretens am Mikrofon und seiner gewaltigen Anziehungskraft auf die einfachen Leute in aller Welt. Er verstand es großartig, anzusprechen, und erhielt mit der Papstwürde eine zuvor nicht gekannte Tribüne.

Er wußte sie von Anfang an klug zu nutzen, erkannte die entscheidende Bedeutung der Kollegialität. Es kam darauf an, daß Macht und Entscheidungskompetenzen breiter gestreut würden; es war unerläßlich, daß zwischen ihm und seinen Bischöfen die Verantwortung redlicher geteilt würde. Er sagte – und meinte es auch so –, daß er die kollektive Weisheit des Episkopats benötige, um die anstehenden drängenden Probleme der Kirche lösen zu können. Er war nicht nur gern zu einer Dezentralisierung der Autorität bereit, sondern wollte gleichzeitig den Bischofskonferenzen und Diözesanräten größere Autonomie zugestehen. Ihn verlangte danach, daß es auf allen kirchlichen Ebenen ein entsprechend kooperatives Verhalten gebe. Mit seinem üblichen gewinnenden Lächeln beteuerte er, keineswegs aufhören zu wollen, das Oberhaupt der Kirche und höchste Instanz zu sein. Weit entfernt davon, seine Verantwortung in Abrede zu stellen, zeigte er indes ein neues Rollenverständnis, indem er sich als Souverän innerhalb der Kirche sah und nicht über ihr zu stehen meinte. Für Gehorsam erzwingende Autokratie war in seinem Pontifikat kein Platz.

Er bewies auch sehr schnell – und vielleicht rührt daher ein großer Teil des ihm entgegengebrachten Widerstands –, daß ihm vor der Kurie nicht bangte. Er würde dort weitermachen, wo Paul aufgehört hatte, und die Kurie noch mehr internationalisieren. Er beabsichtigte, Positionen des mittleren Managements verstärkt mit Ausländern zu besetzen. Warum sollte es am Ende nicht auch nicht-italienische Nuntien geben? Und er wollte die Kurie verjüngen – gegenwärtig lag das Durchschnittsalter der Verwaltungsbeamten bei 60,2 Jahren. Er hielt es auch für notwendig, die Anzahl der Ordens- und Laienfrauen in der Kurie, die zur Zeit überhaupt nicht ins Gewicht fielen, beträchtlich anzuheben. Obwohl sehr viel ›Verständnis‹ – auch eins dieser Wörter, nach denen seine Widersacher erst einmal ins Spind fassen und sich einen Beruhigungsschluck genehmigen mußten – erforderlich sei, könnte der Tag rasch kommen, an dem wichtige Führungspositionen in der Kurie von Frauen eingenommen werden. Das alles würde bestens zu seinem Gesamtkonzept passen, der Kurie einen mehr pastoralen, am Dienen orientierten Charakter zu geben, damit sie den Bedürfnissen der Kirche, die Gianpaolo führen wollte, besser gerecht werde.

Gianpaolo kam seiner Hauptverantwortung, Bewahrung der Glaubenseinheit und der Glaubensgemeinschaft, mit unverkennbarer Zwanglosigkeit nach. Er war stets darum bemüht, hierbei volkstümlichen Vorstellungen Rechnung zu tragen. So bemerkte er einmal mit vollem Bedacht, Gott sei »in noch stärkerem Maße unsere Mutter als unser Vater«. Als dagegen Einwände laut wurden – ihm war natürlich völlig klar, was passieren würde –, erwiderte er absolut wahrheitsgemäß, er habe sich das nicht ausgedacht; der Gedanke stamme von Jesaia. Und was ihm daran eigentlich noch wichtiger war – auch auf diese Weise konnte man Debatten über Fragen der Christologie, Mariologie, der Sakramente und der Absolution anregen. Es wurde sehr schnell deutlich, daß er den Antworten auf derlei schwerwiegende theologische Fragen die aufmerksamste Beachtung schenkte. Er war sehr von der Vorstellung angetan, ›ohne Furcht‹ in allen entscheidenden Fragen hinsichtlich Leben und Tod, Gut und Böse – unter Einschluß aller Aspekte der menschlichen Sexualität – konstruktive Hilfen und Anleitungen anzubieten. Er wollte keineswegs ein doktrinärer Verteidiger überholter Positionen sein, lieber gleich – wobei er jederzeit sorgfältig auf Übereinstimmung mit den Lehren der Kirche achten würde – seelsorgerische Pionierarbeit leisten, zu verantwortungsbewußtem religiösem Streitgespräch ermuntern und, wenn nötig, gerne richtungsweisend oder korrigierend eingreifen.

In seiner Antrittsrede wurde ein weiterer Maßstab seines Pontifikats erkennbar: »Der moderne Mensch ist in der Gefahr, die Erde in eine Wüste, den Menschen in einen Automaten, brüderliche Liebe in geplanten Kollektivismus zu verwandeln und oftmals dort den Tod zu bringen, wo Gott Leben sehen möchte.« Er ließ nicht im unklaren, daß er seine höchste Trumpfkarte – die moralisch-ethische und begeisternde Autorität des Papsttums – spielen werde, um diese Situation zu ändern. Er werde alles in seinen Kräften Stehende tun, um durch Mahnung und Beispiel an Herz und Verstand des Menschen zu appellieren. Die Wunden, die der Mensch seinesgleichen zufüge – in diesen ersten Wochen seines Pontifikats galten Gianpaolos Gedanken dem Nahen Osten und Iran –, ließen sich durch Liebe, Hoffnung und Wahrheit heilen: diese drei Pfeiler böten die einzige Möglichkeit, ein neues Gefühl geistiger Brüderschaft zu entwickeln und zu stützen. Dieses Gefühl wolle er durch seine Reisen fördern; er hoffe, daß diese Reisen auch sichtbarer Ausdruck seiner Verbundenheit mit anderen Religionen und Bekenntnissen würden.

Gianpaolo ließ in seinen ersten Reden keinen Zweifel darüber aufkommen, wie bewußt es ihm sei, daß sechzig Prozent der mehr als vier Milliarden Bewohner dieser Erde unterhalb des Existenzminimums vegetierten. Er wolle, bei aller Bescheidenheit, gern ihr Sprecher sein, er wolle, als Papst, Fürsprecher dieser schweigenden Mehrheit sein; wolle sagen und zeigen, wo immer möglich, daß die Enteigneten, Erniedrigten, Beleidigten und Armen in ihm ihren Anwalt sehen sollten. Er sei entschlossen, das Gewissen der Wohlhabenden und Mächtigen wachzurütteln und sie zur Entwicklung eines weltweiten ökonomischen und politischen Systems zu ermutigen, das statt auf Ausbeutung auf Gerechtigkeit gegründet sei. Diese Rede ließ erkennen, daß er Bernardin Gantins Worte nicht vergessen hatte.

Er hatte auch nicht übersehen, daß er als Oberster Hirte der größten Religionsgemeinschaft der Erde seinen einzigartigen Einfluß zugunsten weiterer Ökumene ausüben konnte. *Annähernd eine Viertelmillion Menschen auf dem Petersplatz und weitere etwa hundert Millionen in der ganzen Welt vernahmen sein eindeutiges Credo:* »Wir beabsichtigen, Unsere andächtige Aufmerksamkeit allem zu schenken, was die Einheit fördert. Wir werden dies tun, ohne die Lehre zu verwässern, gleichzeitig aber auch ohne zu zögern.« *Dies war ein deutlicher Hinweis darauf, daß Gianpaolo den Protestantismus ermutigen, den Autoritarismus ablehnen und die vorhandenen Bindungen zwischen Juden, Muslimen und den Angehörigen anderer Religionen festigen wollte.*

Mit allem, was er sagte und tat, rührte er Allgemeinverständliches an. Ihm wurde größere Aufmerksamkeit und Berichterstattung zuteil, als selbst Johannes XXIII. in den Anfangstagen seines Pontifikats auf sich ziehen konnte. So war es auch in diesen sonnigen Septemberwochen. Langsam schien es, als wenn Gianpaolos Widersacher wie so manches andere auch hinweggeschwemmt worden seien: ihre ärgerlichen Stimmen gingen im Jubel der Menge unter.

Es hieß bereits, man stehe am Anfang des wohl triumphalsten Pontifikats dieses Jahrhunderts.

Am 27. September zwängten sich zur Mittwochsaudienz sechzehntausend Menschen in die Nervi-Halle. Er verblüfft alle, indem er in ausgezeichnetem Englisch auf ein Thema zu sprechen kommt, von dem er eine ganze Menge versteht: Liebe.

Selbst seine Widersacher geben zu, daß er das Thema fachmännisch zu behandeln weiß.

Ebenso wie zu Pauls Zeiten sind es die kleinen Dinge, an denen sich die Römer bei der Bewertung des neuen Pontifikats orientieren. Die Fontänen auf dem Petersplatz sprudeln wieder die ganze Nacht. Im Lärm des unter Gianpaolos Schlafzimmerfenster unaufhörlich vorbeifließenden Kraftverkehrs geht das Geplätscher jedoch unter. Der Papst schläft bei offenen Jalousien, wie er es von Venedig her gewöhnt ist, wo er, im Bett liegend, den Rufen der Gondolieri zu lauschen pflegte. Langsam gewöhnt er sich an die deutlichen Geräusche aus dem ›tufo‹ ebenso wie an den römischen Akzent. Schwer zu ergründen sind die Gedanken einiger Kurialbeamter: sie sind nicht nur so umständlich und umwunden, wie man Gianpaolo erzählt hatte, sondern dazu oft noch trivial und vielfach völlig unvorhersehbar. Ranghohe Beamte lassen Einzelheiten ihrer Rangeleien untereinander oder mit dem Papst nach draußen durchsickern. In der italienischen Presse erscheinen bereits die merkwürdigsten Geschichten. In den meisten Fällen handelt es sich zwar nur um bedeutungsloses Geschwätz, aber Gianpaolo mag so etwas nicht und hatte auch nicht damit gerechnet. Zumindest aber ist in der Presse nicht vermerkt worden, welches entscheidend wichtige Treffen Gianpaolo im Laufe dieses Vormittags noch bevorsteht. Es ist Donnerstag, der 28. September.[1]

Gianpaolo versucht den Kreis der Eingeweihten auf sechs zu beschränken: Villot, Felici, Benelli, Baggio, Magee und Lorenzi. Jeder einzelne von ihnen wurde erst nach sorgfältigsten Überlegungen in Betracht gezogen: Kardinal-Staatssekretär Villot, dessen Anwesenheit der zu behandelnden Thematik wegen obligatorisch ist; Felici und Benelli als die beiden zuverlässigsten Ratgeber des Papstes; Baggio, weil er vor allem für die Beschaffung des letzten Beweises zuständig ist. Magee und Lorenzi wurden hinzugezogen, weil die beiden schließlich das wichtige Schlußdokument in einer Angelegenheit verfassen müssen, in der Gianpaolo die bis jetzt kritischste Prüfung seiner Autorität sieht.

In den letzten zehn Tagen haben die vier Kardinäle eigenhändig eine Reihe von Positionspapieren angefertigt. Gianpaolo hatte die Thematik für so heikel und ernst erklärt, daß nicht einmal die Privatsekretäre der Kardinäle informiert werden durften. Jeder Kardinal steckte seine Papiere in einen Umschlag, der danach mit dem persönlichen Siegel verschlossen wurde. Die Umschläge wurden entweder von Lorenzi oder Magee eingesammelt und Gianpaolo überbracht, der jeden Umschlag eigenhändig öffnete und die einzelnen Schriftstücke jeweils mehrere Male las. Was Gianpaolo erfahren hatte, irritiert und ängstigt ihn zutiefst. Die Angelegenheit ist weitaus ernster als Marcinkus' finanzielle Stümpereien, die er gegenwärtig zu entwirren versucht. Die Sache ist für die Kirche unvorstellbar wichtiger als alle weltlichen Krisen, mit denen der Heilige Stuhl seit Gianpaolos Amtsübernahme befaßt ist: Libanon, Rhodesien, Polen.

Bei all den ›Konsultationen‹ vor und während des Konklave hatte niemand Gianpaolo gegenüber ein einziges Wort über die anstehende Problematik verloren.

Während Gianpaolo die Unterlagen – die von den Kardinälen gewissenhaft vorbereiteten Schriftstücke – studiert, wird ihm jedoch klar, daß Paul sich schon mit der Angelegenheit befaßt haben mußte. Vielleicht aus Furcht, Erschöpfung oder weil er einer solchen Konfrontation nicht trotzen konnte, hatte er die Sache dann wohl doch nicht weiter verfolgt.

Gianpaolo weiß, daß er es ebenso nicht halten kann. Paul sieht durch diese Krise – welches Wort er wiederholt gebrauchte, nachdem er die Positionspapiere gelesen hatte – den Bestand der Kirche selbst bedroht. Wenn er ihr nicht auf angemessene Weise und schnellstens begegnet, wird seinem Pontifikat die Glaubwürdigkeit, um die er sich in den vergangenen zweiunddreißig Tagen so redlich bemüht hatte, verlorengehen, deshalb hat er diese höchst geheime Konferenz in der Abgeschiedenheit und sicheren Umgebung seines Arbeitszimmers angesetzt.

Bis dahin sind es jedoch noch mehr als fünf Stunden, als der Papst um Viertel vor sechs in der Frühe erst an dem einen, dann an dem anderen Fenster seines Schlafzimmers erscheint. Anders als Paul, der befürchtete, jemand könne ihn bei der Betrachtung des terrorgeschüttelten Rom beobachten, späht Gianpaolo nicht bloß durch die Gardinen, sondern steht kühn vor dem offenen Fenster, so daß er von jedem Punkt des Petersplatzes – und durch ein Zielfernrohr gar noch von weiter her – deutlich auszumachen ist. Villot hat ihn gebeten, sich nicht so offen zu zeigen, und darauf hingewiesen, welch deutliches und müheloses Ziel er für eine schnelle Terroristenkugel abgebe. Gianpaolo hatte Entschlossenheit geäußert, eine lebenslange Gewohnheit beizubehalten: seit seiner Jugend habe er jeden Morgen vom Schlafzimmerfenster aus den neuen Tag begrüßt, und das werde er auch weiterhin tun, mit welcher Gefahr dies auch immer verbunden sei. Während er mit einem Lächeln die anfängliche Schärfe seiner Worte zu mildern suchte, hatte er hinzugefügt, daß ja seine Freunde von der Polizei drunten auf ihn aufpaßten.

Sie winken zu ihm hinauf – zu Pauls Zeiten hätte das niemand gewagt –, und Gianpaolo winkt zurück. Kaum zu merken, sagen die

Polizisten untereinander, daß Gianpaolo wirklich Staatsoberhaupt und mächtigster Kirchenführer der Erde sei. Er gibt sich wie ein Landpfarrer. Außerdem glauben die Polizisten, daß das ›System‹ – denselben Begriff benutzt Lorenzi, um anzudeuten, daß sich viele im Vatikan dem Althergebrachten unlösbar verbunden fühlen – mit der Unterwerfung des Papstes bereits begonnen habe.

Eine Woche ist es jetzt her, seit man Gianpaolo zum letzten Mal in den vatikanischen Gärten spazierengehen sah; Ciban hatte zahlreiche Sicherheitsbeamte aufgeboten, um die Leute in Schach zu halten. Gianpaolo wirkte eher wie ein amerikanischer Präsident beim sorgfältig inszenierten Bummel, als daß man ihn für den sich in seinem eigenen Garten ergehenden Obersten Hirten hätte halten mögen.

Bei seinen Mittwochsaudienzen wird Gianpaolo mittlerweile von so vielen kurialen Monsignori und Sicherheitsbeamten umringt, die ihn derart geschwind den Mittelgang der Nervi-Halle hinunterdrängen, daß ihn die Leute auf dem Weg zu seinem Thron kaum zu Gesicht bekommen. Und seine Reden werden redigiert: im ›Osservatore Romano‹ wird aus jedem bezaubernden »Ich« ein abstumpfendes »Wir«. Die Redakteure lassen auch viele päpstliche Späße und so einiges an Apartem unter den Tisch fallen – Gianpaolos sorgfältig geprobte Abweichungen vom Manuskript oft völlig außer acht lassend.

Außerdem wurde gewissermaßen eine Kurie in der Kurie erkennbar. Deren Existenz selbst war niemandem neu; diese Gruppierung hatte bereits in der Schlußphase des letzten Pontifikats ihren Einfluß geltend zu machen versucht. Aber damals traten Papst und Kirche auf der Stelle, und an den paar Entscheidungen, die noch getroffen wurden, gab es nicht viel auszusetzen. Jetzt aber ist diese innere Elite fest dazu entschlossen, Gianpaolo an die Kette zu legen. Männer, die sich dem Vatikan seit ihrer Zeit als Seminaristen unlösbar verbunden fühlen, gehärtet durch untereinander ausgetragene hitzige politische Gefechte, gewöhnt an als Frömmigkeit und Protokoll getarnte Geheimbündelei und Heimlichtuerei, versuchen den neuen Papst ihrem Einfluß zu unterwerfen. Dieser Machtkampf war für die gelangweilten Polizisten auf dem Petersplatz wieder einmal Anlaß zu einem neuen Spiel: man wettet, wer sich durchsetzen wird.

Als Gianpaolo sich vom Fenster abwendet, hat er bereits die erste seiner täglichen neunzehn Arbeitsstunden hinter sich. Es setzt eine ungeheure Vitalität und geistige Disziplin voraus, um eine so kraftraubende Routine durchzustehen, die jeden Morgen um halb fünf beginnt, nachdem ihm Vincenza eine Thermosflasche Kaffee vor die Schlafzimmertür gestellt hat, den er nach Beendigung seiner Morgengebete trinkt.

Gianpaolo leidet nicht, wie Paul, unter Schlaflosigkeit; er ähnelt mehr einem alten, kampferprobten Soldaten, der sich nach einem Minimum an Schlaf sofort wieder erfrischt erhebt. Deswegen kann er das tun, was er so erfüllend findet (und mit Paul gemein hat), nämlich zu früher Morgenstunde in Ruhe zu lesen und nachzudenken, ehe Martins Terminkalender so ziemlich jede weitere wache Minute beherrrscht.

Wie Paul bestand auch Gianpaolo darauf, während dieser Zeit durch nichts und niemanden gestört werden zu dürfen – Katastrophenfälle ausgenommen. Es ist exakt festgelegt, wer Gianpaolos Privaträume betreten darf; nur wenige sind auserwählt: Zunächst einmal Vincenza, sodann Magee. Daß dieser noch vor Lorenzi kommt, wird im geschwätzigen Apostolischen Palast für bedeutsam gehalten und dahingehend interpretiert, daß der Papst Magee zum ›Ersten‹ Sekretär befördert habe. Das trifft jedoch nicht zu: Magee und Lorenzi sind Gleichgestellte. Aber der Teile-und-herrsche-Mentalität gewisser kurialer Kreise entsprechen solche Gedankenspielereien durchaus.

Das alles aber ist längst nicht so interessant wie die Tatsache, daß Vincenza die Liste der Befugten anführt. Ihr Verhältnis zu Gianpaolo ist Gegenstand lebhaftester Mutmaßungen. Niemand denkt dabei an Ungehöriges – Gott bewahre. Es ist halt nur so, daß sich die Kurialbeamten über diese Frau nicht im klaren sind, und diese Ungewißheit erscheint den betreffenden Herren wesentlich schlimmer als jede Ungehörigkeit.

Wenn schon nicht gemocht, so hatten sie doch die erste Frau, die einen deutlichen Einfluß auf die Beziehungen zwischen Papst und Kurie ausübte, noch verstanden, das war die arrogante Pasqualina, die Haushälterin Pius' XII. gewesen. Das kräftige bayerische Bauerndirndl hatte Pius versorgt, seit er in Nazi-Deutschland päpstlicher Nuntius wurde. Sie war damals kaum zwanzig gewesen und ein hübsches, rotbackiges Ding. Obwohl nach den Gesetzen der Kirche keine junge Frau im Hause eines Priesters wohnen darf, blieb Pasqualina bis zu Pius' Tod bei ihm. Während dieser langen Zeit wußte sie ihre Stellung geschickt zu nutzen. Das gleiche galt für Giacomina, die Paul und die Kurie mit einer Kunstfertigkeit zu manipulieren verstand, die selbst Casaroli widerwillig bewunderte. Während er einmal dem Papst Bericht erstattete, hatte Giacomina seinen Vortrag mit der Behauptung abgebrochen, der Papst sei nun müde. Ob er, Casaroli, vielleicht morgen früh wiederkommen wolle, um sich über die Möglichkeit eines Atomkrieges auszulassen?

Niemand in der Kurie weiß mit Vincenza so recht umzugehen – oder auf welche Weise sie Gianpaolo beeinflußt. Sie ist, ihrer Vorgängerin gleich, mit Sicherheit mehr als bloß Haushälterin. Besucher der päpstlichen Gemächer stellen überrascht fest, wie viele Vorkommnisse ihr bekannt und geläufig sind. Ganz eindeutig ist sie des Papstes Ohr. Bei den Mahlzeiten zieht der Papst sie oft in die Erörterung gerade anstehender Angelegenheiten hinein, ihre Äußerungen dazu sind knapp und vernünftig. Gelegentlich läßt sie im Einvernehmen mit Gianpaolo – wobei es Martin jedoch stets mit der Angst zu tun bekommt – einen oder zwei Besucher, gewöhnlich außerhalb der Terminplanung, vor.

Dies alles hat die etwas scharfsichtigeren Kurialbeamten veranlaßt, ihr mit neidischem Respekt zu begegnen. Bleibt jedoch die Frage: Wie weit reicht ihre Macht? Hat sie, zum Beispiel, irgendeinen Einfluß auf die Ausformulierung von Gianpaolos Reden? Er liest sie ihr gern vor, und sie ist mit Sicherheit eine begeisterte Zuhörerin, die an den richtigen Stellen lacht und oft vor Entzücken in die Hände klatscht. Hat sie ihn dazu ermuntert, bei seinen Mittwochsaudienzen sich der Kinder zu bedienen, um zu den Themen überzuleiten, die er zu behandeln gedenkt? Vincenza selbst entstammt einer großen Familie. Es heißt, daß sie mit den Kindern, die zu Gianpaolos Zeit als Patriarch von Venedig regelmäßig zu Besuch in sein Palais kamen, gut umzugehen verstand. Und hat Vincenza dafür gesorgt, daß Gianpaolo weiterhin an den unmöglichsten Stellen herumschnüffelt? Vielleicht. Schließlich tut sie das ja selbst; einmal ist sie sogar versehentlich in Villots Büro geraten, der vor Schreck kein Wort herausbrachte, bis sie sich mit einem munteren »scusi« wieder trollte.

Welcher Art ihr Status auch sein mag – heute morgen hat Vincenza keinen Anlaß, um den Papst zu stören. Gianpaolo befaßt sich gedanklich weiterhin mit der vereinbarten Zusammenkunft.

Sie gilt einem gebrechlichen alten Mann, der an der Spitze einer außerordentlich mächtigen Organisation steht, die in einem nur wenige hundert Meter vom Apostolischen Palast entfernten unübersichtlichen Gebäudekomplex auf dem Borgo Santo Spirito in Nähe des Tibers untergebracht ist. Auch jetzt kann Gianpaolo noch nicht begreifen, warum dieser leidende Mann, der im Augenblick wohl noch schlafen dürfte, eine entschlossene, sorgfältig vorbereitete und völlig unannehmbare Kampagne wenn schon nicht aktiv gefördert, so doch zumindest habe gewähren lassen, die dem besonderen Treueid, den dieser Mann und einige seiner Priester feierlich dem Papst geschworen haben, geradezu Hohn spricht.

Dennoch lassen sich die Beweise gegen diesen größten, angesehensten und oftmals umstrittensten Mönchsorden der römisch-katholischen Kirche nicht widerlegen. Die schwarzberockten Bataillone werden zur Erinnerung daran, daß die Societas Jesu – 1534 von Ignatius von Loyola begründet – im Jahre 1543 durch Papst Paul III. bestätigt wurde, um im Zuge der Gegenreformation der Ausbreitung des Protestantismus Einhalt zu gebieten, in Illustriertenüberschriften als ›Leichte Kavallerie des Papstes‹ oder als seine ›Geistliche Marine-Infanterie‹ bezeichnet. Seit der Gründung ihres Ordens dienten die Jesuiten als Erzieher und Missionare an vorderster Front. In ihrer Loyalität zum Papst und ihrer hingebungsvollen Verbreitung der offiziellen Kirchenlehre waren die Jesuiten jahrhundertelang beispielgebend für alle kirchlichen Institutionen. Plötzlich aber – den exakten Zeitpunkt könnte Gianpaolo nicht nennen – nahm der Orden einen radikalen Richtungswechsel vor und brachte seine siebenundzwanzigtausend Mitglieder auf unmittelbaren Kollisionskurs mit der orthodoxen Dogmatik.

Nach einer vierhundertfünfzigjährigen Geschichte – während derer der Orden stets zahlreiche Feinde hatte, die der heilige Ignatius von Loyola, ein baskischer Edelmann, für unerläßlich hielt – hat die Gesellschaft Jesu im Vatikan im Augenblick mehr Widersacher als alle anderen katholischen Organisationen zusammengenommen. Der Orden, zu dessen Schülern Molière, Voltaire, Descartes und James Joyce gehört hatten, der seine Missionare unter Einsatz ihres Lebens auf allen fünf Kontinenten das Evangelium in Hütten und Paläste bringen ließ, gestattete seinen Mitgliedern nun, einen großen Teil dessen zu bekämpfen, was der Vatikan für unantastbar hielt. Jesuitentheologen bestritten die Gültigkeit der Enzyklika ›Humanae Vitae‹; die Notwendigkeit des priesterlichen Zölibats; sahen nicht ein, warum das Priesteramt nicht auch Frauen übertragen werden sollte. Jesuiten unterstützten linke und selbst offenkundig kommunistische Guerillabewegungen. In Nicaragua verhalfen sie sozialistischen Revolutionären zur Macht und sehen sich in Guatemala und El Salvador ähnlichen Bewegungen verpflichtet. Sie organisierten Widerstand gegen den Vietnamkrieg und drängten nach der Watergate-Affäre auf Präsident Nixons Sturz. Wo es um Liberalisierung geht, sind Jesuiten zu finden. Manche haben sich offen an Aktionen zivilen Ungehorsams beteiligt und traten bei den Auseinandersetzungen zwischen Liberalen und Konservativen als stürmische Akteure in Erscheinung.

In den Positionspapieren, die Gianpaolo von seinem aus vier Kardinälen bestehenden Sondereinsatzkommando erhalten hat, finden sich Hunderte von Pflichtverletzungen aufgezählt; ein erschreckender Katalog, der beweist, wie vorsätzlich sich die Gesellschaft von der Kirche bereits entfernte. Die Kardinäle haben einen Großteil der Schuld dem kränklichen, nichtsdestoweniger aber noch immer von eisernem Willen beseelten Generaloberen der Jesuiten, Pedro Arrupe, zugeschoben, der, wie der Ordensgründer selbst, auch Baske ist. Die Unterkunft des hohlwangigen Arrupe kann Gianpaolo von seinem Schlafzimmerfenster aus deutlich erkennen.

Der Papst hat seinen Sekretären erzählt, er sehe jeden Morgen, nachdem er den Polizisten zugewinkt habe, über den Petersplatz hinweg zur Wohnung des Generaloberen hinüber und versuche zu verstehen, was Arrupe zu seiner Verhaltensweise bewogen haben mochte.

Gianpaolo hat sich mit dem, was die Kardinäle über Arrupe zusammengetragen haben, in allen Einzelheiten vertraut gemacht. Er weiß, daß Arrupe siebenundzwanzig Jahre in Japan lebte, wo man ihn den ›Shinto-Jesuiten‹ nannte. Ihm ist bekannt, daß Arrupe 1945 beim Abwurf der ersten Atombombe in Hiroshima war und mithalf, zahlreiche Menschenleben zu retten. Gianpaolo weiß auch, daß Arrupe sofort nach seiner Wahl zum Generaloberen, 1965, daranging, liberale Politik durchzusetzen. Er schickte seine Priester zu noch aktiverem Einsatz unter die Armen und Unterprivilegierten, setzte Jesuiten in asiatischen und afrikanischen Ghettos ein. In Indien gab der Orden seine Einrichtungen im kühleren Hochland auf und zog in die feuchtheißen Straßen von Neu-Delhi und Madras.

Wenn dies schon alles gewesen wäre, sagte Gianpaolo beim letzten Geheimtreffen zu seiner Einsatzgruppe, dann hätte er sicherlich keinen Grund zur Klage gehabt. Sie alle aber haben inzwischen erkannt, daß es Arrupe nicht dabei beließ. Die Männer glauben, daß Arrupe nichts gegen die Anlehnung seiner Gesellschaft an kommunistische Kräfte unternimmt; anscheinend befürwortet er so etwas wie geistige Aufhetzung, indem er von der Kirche heiliggehaltene Lehrmeinungen in Abrede stellt.

Beim letzten Treffen kam man überein, die Angelegenheit baldigst zu bereinigen. Heute morgen wird man wieder zusammentreten, um sich zu überlegen, was sich dazu empfiehlt.

Die Entscheidung schließlich muß Gianpaolo allein treffen. Es gibt keine Möglichkeit, sich davor zu drücken; wozu Gianpaolo übrigens auch nicht gewillt ist. Deswegen wird ihm die Entscheidung jedoch keineswegs leichter. Gianpaolo verläßt sein Schlafzimmer, um einen Arbeitstag zu beginnen, der nach seinem Dafürhalten der bislang schwerste seines Pontifikats werden könnte.

✻

Nach gemeinsamem Gebet treffen sich Gianpaolo, Magee und Lorenzi um sieben Uhr zum Frühstück. Vincenza hat frisches Brot, Obst, Joghurt, Marmelade und Käse herausgestellt. In Reichweite des Papstes steht außerdem noch ein Teller mit Nüssen. Zum erstenmal findet sich an seinem Platz ein kleines Pillengefäß. Gianpaolo erklärt, die Tabletten»helfen gegen Altersbeschwerden«, als ob es sich dabei nur um eins jener mehr oder weniger nutzlosen Präparate handelte, die angeblich den unvermeidlichen Folgen des Älterwerdens entgegenwirken sollen.

Die Sekretäre aber wissen Bescheid. Vor vier Tagen hat Gianpaolos venetianischer Hausarzt Buzzonetti im Vatikan aufgesucht. Nach einem Weilchen ließen sich die beiden beim Papst melden und untersuchten ihn, obwohl dieser mit der Behauptung, er habe sich zu keiner Zeit wohler gefühlt, dagegen zu protestieren versuchte. Die Ärzte verschrieben Gianpaolo Tabletten, da sein Herz ein wenig schwächer geworden war. Zu direkter Besorgnis sei kein Anlaß gegeben, sagten die Ärzte: die Tabletten dienten lediglich der Prophylaxe, da Gianpaolo sein Arbeitstempo nicht verringern wolle.

Heute wird es wieder ein zermürbender Tag werden. Neben der Geheimkonferenz über die Jesuiten sind dreizehn offizielle Audienzen angesetzt. Dazu wird sich Villot wie jeden Tag zweimal zur Berichterstattung melden, und schließlich muß sich Gianpaolo, der Tagesroutine entsprechend, vor dem Abendessen noch drei Stunden dem kurialen Schriftverkehr widmen.

Gianpaolo spült die Tablette mit Kaffee hinunter, knabbert ein paar Nüsse und kommentiert lebhaft die Meldungen der Morgenzeitung. Gianpaolo hält es wie Paul. Er liest schnell und huscht über persönliche Angriffe oder Kritik an seinem Pontifikat hinweg. Von beidem ist eigentlich nur wenig zu finden, und was wirklich geschrieben steht, macht ihm nichts aus: er sieht in allem gutgemeinte Mahnungen und den Hinweis, daß es noch stets etwas zu verbessern gibt. Ein paar Artikel kreist Gianpaolo ein, damit seine Sekretäre sie später ausschneiden können; in den Berichten werden ein paar Punkte berührt, die sich möglicherweise gut in seine nächste öffentliche Ansprache einbauen lassen. Gianpaolo kommt gerne auf Aktuelles zu sprechen: auf diese Weise läßt sich ein engerer Kontakt zu seinem Publikum herstellen.

Einer der eingekreisten Artikel befaßt sich mit einem kontrovers diskutierten Problem, dem die Kirche zur Zeit gegenübersteht: er handelt von der Befreiungstheologie, das heißt von Bestrebungen, die Armen durch kirchlich getragene soziale Aktionen zu befreien. Wenn Gianpaolo im Oktober nach Mexiko reist, um vor der südamerikanischen Bischofskonferenz zu sprechen, wird man erwarten, daß er sich zu diesem Thema erklärt; denn Paul mied sorgfältig eine Stellungnahme zu diesem Problem.

Als die Problematik im Jahre 1968 zum ersten Male sichtbar wurde, machte sich Paul mit forscher Unvoreingenommenheit darüber her, tat bisweilen so, als sei es nur eine interessante akademische Frage, ob die verarmten Zigmillionen südamerikanischer Katholiken der Kirchenlehre nicht vielleicht eine neue Bedeutung und Absicht unterstellten, indem sie ihr Heil in der Selbstbefreiung von Unterdrückung und Ungerechtigkeit sähen. Katholische Befreiungstheologen gehen von diesem Ansatzpunkt aus und interpretieren die Bibel entsprechend: Moses wurde zum politischen Führer; das Magnificat wurde ein Manifest; Gott steht auf der Seite der Armen und ist nicht länger Protektor einer ungerechten Gesellschaftsordnung, die es zu zerstören gilt – unter Mitwirkung der Kirche natürlich.

Die neunzehn lateinamerikanischen Kardinäle, die sich zu den Inthronisationsfeierlichkeiten in Rom eingefunden hatten, wurden von Gianpaolo zu diesem Thema befragt. Die neunzehn repräsentieren fast die Hälfte aller Katholiken der Welt, von denen der weitaus größere Teil in unvorstellbarem Elend lebt. Gianpaolo erfuhr, daß Befreiungstheologie alles andere als ein akademisches Problem ist.

Während der letzten fünf Jahre entstanden in ganz Lateinamerika mehr als hunderttausend ›comunidades ecclesiales de base‹, sogenannte kirchliche Basisgemeinden. Der brasilianische Kardinal Paul Evaristo Arns aus São Paulo erzählte dem Papst, daß diese Gruppen zwar »im Geiste des Evangeliums arbeiten«, viele ihrer Vorstellungen aber »unmittelbar vom Marxismus« herleiten. In der Tat erkennen viele Befreiungstheologen in den Verarmten der Bibel das Marxsche Proletariat: ihre Predigten sind voller Anspielungen aufs letzte Gefecht; sie billigen die klassische marxistische Rechtfertigung von Gewalt, wonach es als legitim gilt, die system-immanente Gewalttätigkeit tyrannischer Regime gewaltsam zu brechen; sie machen sich die marxistische Kritik am Kapitalismus zu eigen und glauben, sich nur über die Revolution von einer ungerechten Gesellschaftsordnung befreien zu können. Danach wird es zur Versöhnung kommen – nach ihren Wertvorstellungen natürlich. Der einzig erkennbare Unterschied zwischen dieser Denkschule und den Lehrsätzen des Kommunismus ist die Tatsache, daß die Befreiungstheologen den Atheismus ablehnen. Zwangsläufig werden diese Gemeinden von rechtsstehenden Regimen angegriffen. Gianpaolo hörte entsetzt zu, als die Kardinäle darauf zu sprechen kamen, daß zahllose Gemeindevorsitzende gefoltert, ermordet, entführt, eingesperrt, eingeschüchtert und abgeurteilt wurden; siebenhundert Priester, Nonnen und Laienmitglieder seien in den letzten fünf Jahren ermordet worden. Diese Gewaltakte hätten zu weiterem Extremismus geführt: in Argentinien und Kolumbien kämpften Priester offen Seite an Seite mit Guerrilleros. Die wohlbegründete kirchliche Tradition eines politischen Quietismus* wurde von der Befreiungstheologie fallengelassen. Je tyrannischer die Juntas, desto radikaler die Priester.

Gianpaolo suchte Baggios Rat, der als Präsident der Päpstlichen Kommission für Lateinamerika ohne Umschweife erklärte, daß der Papst die Gemeinden und ihre marxistischen Vorstellungen verurteilen müsse; nur so könne die Geschlossenheit der Kirche erhalten, ihre allgemeine Verfolgung in ganz Südamerika vermieden werden.

Der Papst ist sich bewußt, daß er auf keinen Fall neutral bleiben darf, daß er sich auf die eine oder andere Seite schlagen und zu einem Urteil kommen muß, welches die Beziehungen zwischen Kirche und Staat in Südamerika buchstäblich entscheiden wird. In anderen Ländern, in denen sich Regierung und Priesterschaft ebenfalls in steigendem Maße aneinander reiben, wird die Stellung der Kirche durch eine solche Festlegung zwangsläufig mitbetroffen.

Aber noch, gesteht Gianpaolo an diesem Donnerstagmorgen Magee und Lorenzi, habe er sich nicht endgültig festgelegt, was er auf der anstehenden Konferenz in Mexiko sagen werde; zum Teil mache er seinen Entschluß auch davon abhängig, was bei der heutigen Geheimkonferenz zur Beilegung der Jesuitenkrise herauskomme.

*

---

* Eine philosophisch und/oder religiös begründete Haltung totaler, tatenloser Passivität, die Wollen und eigeninitiatives Handelns negiert. Im engeren Sinne Bezeichnung einer mystischen Strömung des Katholizismus vor allem des 17. Jahrhunderts, die eine verinnerlichte, stark individuell geprägte Frömmigkeit mit passiver Grundhaltung anstrebt. (Anm. d. Ü.)

Um halb neun erscheint Martin mit einem Durchschlag von Gianpaolos Terminplan im Frühstückszimmer. Nachdem er am Tisch Platz genommen hat, geht er mit dem von Zeit zu Zeit zustimmend nickenden Gianpaolo eine Viertelstunde lang die Liste durch.

Um 8.55 Uhr fahren die beiden Männer in den zweiten Stock hinunter. Gianpaolo setzt sich im Empfangssalon hinter seinen Schreibtisch, dessen Platte noch die Kratzer von Metropolit Nikodims zerplatzter Untertasse trägt, und wartet, daß Martin den ersten Besucher hereinführt.

Punkt neun Uhr erscheint Martin mit dem Patriarchen Hakim, dessen Melchiten-Gemeinden über ganz Libanon und Syrien verstreut sind. Der Adlatus des Patriarchen hat einen Armvoll Geschenke mitgebracht. Nachdem Papst und Patriarch sich umarmt haben, überreicht Hakim Gianpaolo die mitgebrachten Gaben. Beide kümmern sich nicht im geringsten um den herumhuschenden päpstlichen Hoffotografen Luigi Felici.

Gianpaolo ist über die Christus- und Marien-Ikonen sowie das Damasttischtuch aufrichtig entzückt. Er erzählt dem darüber erfreuten Patriarchen, die Marien-Ikone sei ein treffliches Gegenstück zu einer anderen, die er aus Venedig mitgebracht habe. Lächelnd befingert er das Tischtuch. »Viel zu schade für mich.«

»Aber nein, nicht doch«, beharrte Hakim, »Ihr müßt es auch benutzen.«

»Dann werde ich es tun, ja«, sagt Gianpaolo, »es wird mich immer an Euch erinnern.«

Martin nimmt die Worte zum Anlaß, dem Fotografen und dem Adlatus einen Wink zu geben, und verläßt mit ihnen den Salon. Während der nächsten zehn Minuten erörtern Hakim und Gianpaolo ungestört die sich verschlechternde Lage im Nahen Osten.

Um Viertel vor zehn kommt Martin zurück und stellt sich bedeutungsvoll neben die Tür.

Sofort erhebt sich Hakim. Mit Befriedigung stellt der Präfekt fest, daß Gianpaolo das gleiche tut. Der Papst lernt langsam, Papst zu sein, denkt Martin: er hält sich an die Zeitvorgaben; reagiert, wenn er, Martin, mit dem Zaunpfahl winkt. So geht es wirklich schon viel besser. Der Präfekt meint, Gianpaolos Amtsführung könnte ihm vielleicht doch noch mehr zusagen, als er je zu hoffen wagte.

*

In der nächsten Stunde empfängt Gianpaolo drei weitere Besucher, bei keinem wird Martins Zeitplan auch nur um eine Minute überzogen. Aber nicht einmal Martin weiß, was sich hinter dem mit ›Diskussion‹ betitelten Zeitblock zwischen halb elf und Mittag wirklich verbirgt.

*

Um Punkt halb elf betritt Villot als letzter den Salon. Felici, Benelli und Baggio sitzen Gianpaolo gegenüber auf dem Sofa, Magee und Lorenzi nehmen hinter dem Papst Platz. Nachdem Villot eingetreten ist, erklärt der Papst die Sitzung für eröffnet.

In den nächsten neunzig Minuten wird debattiert. Im Gegensatz zum Konklave, wird über dieses Geheimgespräch nichts durchsickern, kein Außenstehender wird je erfahren, wer was in welcher Reihenfolge äußerte. Darin liegt ein hervorragendes Beispiel dafür, wie das Papsttum seit Jahrhunderten hochsensitive Angelegenheiten zu behandeln vermag.

Am späten Vormittag ist eine Entscheidung *gefallen*. Soviel wird später klarwerden: Arrupe, und mithin die Jesuiten, werden mit Nachdruck aufgefordert, ihre Haltung zu revidieren. Es sei ihnen nicht länger gestattet, sich so offen und dreist in weltliche Politik einzumischen, vielmehr müßten sie zu ihrer traditionellen Rolle als Lehrer und Berater in allen Fragen kirchlicher Dogmatik zurückkehren. Gianpaolo hat ebenfalls beschlossen, was er nächsten Monat in Mexiko tun werde: er wolle die Befreiungstheologie in aller Schärfe verurteilen.

Magee und Lorenzi werden das gewichtige Dokument, das Gianpaolo morgen vormittag in ebendiesem Salon Arrupe vorzulesen gedenkt, ausarbeiten und auf der Maschine schreiben. Der Generalobere wird herzitiert werden, um sich feierlich an seinen persönlichen Treueid erinnern zu lassen. Danach wird man ihn unnachsichtig fortschikken, um seinen Männern die ehrliche Entrüstung des Papstes kundzutun.

*

Als Villot um fünf Uhr nachmittags zum zweitenmal bei Gianpaolo zum Rapport erscheint, wird ein weiteres anstehendes Problem deutlich. Nachdem Magee den Staatssekretär in den Salon geführt hatte, bleibt er in der Nähe; denn an dem Ausgang dieser Angelegenheit ist er persönlich sehr interessiert.

Villot fragt Gianpaolo – in jenem steifen Ton, der den Staatssekretär immer so frostig wirken läßt –, ob er sich über zwei wichtige Ernennungen schon klargeworden sei. Zum einen sei da die Frage, wer den verwaisten Stuhl des Patriarchen von Venedig besetzen solle; zweitens sei noch immer ungeklärt, ob der gegenwärtige Primas von Groß-Irland zum Kardinal erhoben werden solle.

Gianpaolo bedenkt die Angelegenheit bereits seit ein paar Wochen. Villot verhehlt nicht, daß er genügend Zeit verstrichen glaubt, Stolperstein ist indessen nicht Venedig; nach einigem Hin und Her hat sich Villot damit abgefunden, daß Gianpaolo wahrscheinlich Marco Cé zu seinem Nachfolger ernennen wird.

Das Problem heißt Irland. Gianpaolo zögert, den Erzbischof Tomás O'Fiaich zum Mitglied des Heiligen Kardinalskollegiums zu befördern.

Obwohl O'Fiaich unter den Ulster-Protestanten als IRA-Sympathisant gilt, wird er von vielen – Villot und Magee gehören auch dazu – für beförderungswürdig gehalten. Gianpaolos Legat in London, der wachsame Erzbischof Bruno Heim, hat aber zu erkennen gegeben, daß die britische Regierung über O'Fiaichs Erhebung nicht gerade erfreut sein würde.

Heim hat angedeutet, O'Fiaich sei ein irischer Nationalist, der, wie Magee auch, in der gespannten Atmosphäre des englisch besetzten nördlichen Landesteiles großgeworden sei. Selbst wenn man seine angeblichen Sympathien für die IRA außer acht lasse, werde O'Fiaich noch immer für anti-britischer gehalten als die katholische Bevölkerungsmehrheit der Republik Irland. Wenn er zum Kardinal ernannt werde, würden nicht nur die Ulster-Protestanten aufgebracht, sondern auch ein großer Teil jener republikanisch-irischen Politiker, denen die engen Verbindungen des Dubliner Nuntius Alibrandi zur IRA ein Dorn im Auge seien – obwohl natürlich Alibrandi selbst darin nach wie vor nichts anderes als zulässige diplomatische Kontakte sehe.

Magee läßt anklingen, daß es vielleicht ganz hilfreich wäre, wenn man sich anläßlich des für Anfang Oktober vorgesehenen Rom-Besuchs des Nuntius Alibrandi über den letzten Stand der Dinge in Irland Klarheit verschaffte. Gianpaolo ist gern dazu bereit. Magee verschweigt dem Papst jedoch, daß Alibrandi mit der Neuigkeit eines bevorstehenden Papstbesuchs nach Dublin zurückkehren möchte. Ob daraus nun etwas wird oder auch nicht: Magee hofft, daß es nach Alibrandis Unterredung mit Gianpaolo – der Nuntius ist für seine Überredungskünste berühmt – in Irland trotzdem Grund zum Feiern gibt: O'Fiaichs Beförderung.

Trotzdem ist die Situation nach Gianpaolos Erkenntnissen nicht einfach. Basil Hume, dem der Papst instinktiv vertraut, wies unaufdringlich darauf hin, daß die Engländer sich des ständigen Unruheherds Ulster schmerzlich bewußt sind. Anläßlich einer kurzen Privataudienz hat Hume gegenüber dem Papst die Parameter des Problems geschickt umrissen und taktvoll angedeutet, daß die Ernennung eines gesamtirischen Kardinals eine heikle Angelegenheit sei.

Um so erstaunlicher ist es insofern, daß Villot Gianpaolos Zögern nicht verstehen will. Der Staatssekretär hat sich für O'Fiaichs Beförderung nachdrücklich starkgemacht. Das anhaltende Zögern des Papstes kommt ihm daher fast wie eine Schwächung seiner eigenen Position vor.

Aber Gianpaolo will nichts überstürzen. Er sagt, es sei ihm noch viel zu früh, um sich festzulegen, wer Kardinal werden solle, und das gelte ganz besonders im Falle des umstrittenen O'Fiaich.

Villot stolzierte aus dem Salon; seine Verärgerung ist unverkennbar.

*

Später werden die Fragen aufkommen. Waren die Aktenkörbe aus der Kurie an diesem Donnerstagabend ungewöhnlich voll? Wie bewältigt der Papst die Papierflut aus dem Staatssekretariat, den neun Heiligen Kongregationen, den drei Tribunalen, den Sekretariaten für die Einheit der Christen, der Nicht-Christen und Ungläubigen: von den Päpstlichen Kommissionen, Räten und Ausschüssen: von der Apostolischen Kammer, der Präfektur für die wirtschaftlichen Angelegenheiten des Heiligen Stuhls, von der Abwicklungsstelle für private Mildtätigkeiten des Heiligen Vaters: von dem für die Peterskirche zuständigen Ausschuß, von der Apostolischen Vatikanbibliothek, aus dem Geheimarchiv und dem Druckhaus des Vatikans? Wurden von den genannten Stellen und weiteren Gliederungen der Kurie mehr Papiere als gewöhnlich hereingereicht, um die er sich bekümmern und sorgen mußte?

Wirkte er nach dem Aktenstudium erschöpft? Seine Sekretäre behaupten mit Nachdruck das Gegenteil; ihnen fällt ein, daß er guter Dinge war und scherzte, er hätte gern eine Maschine, die den Papierkram für ihn erledigte, bevor er sich zurückzog, um sich zum Abendessen umzukleiden.

Als er wieder auftaucht – so wird sich Vincenza erinnern –, bleibt er wie früher in Venedig vor der Küche stehen und verzieht angetan die Nase; denn die Haushälterin ist gerade beim Servieren. Felici, Baggio und Casaroli wurden neben den beiden Sekretären zu Tisch gebeten, und Vincenza gab sich besondere Mühe, deren Vorliebe für gutes Essen gerecht zu werden.

Die Tischgäste werden sich erinnern, daß Gianpaolo sie zunächst herzlich empfangen hatte und beim ›aperitivo‹ Casaroli, der ihm die amerikanische Innenpolitik und die gewandelte Einstellung der Amerikaner gegenüber Westeuropa darlegte, aufmerksam lauschte. Casaroli glaubt, die Amerikaner zögen sich nach ihren schmerzlichen Erfahrungen in Vietnam und Kambodscha zunehmend in die Isolation zurück; er und Baggio bezweifeln, daß Präsident Carter die nächste Wahl gewinnen wird. Selbst wenn es zu einem Regierungswechsel kommen sollte, meint Felici, würden sich die Vereinigten Staaten nicht zu vollen diplomatischen Beziehungen auf Botschafterebene mit dem Heiligen Stuhl verstehen.

Seiner Ansicht nach liegt ein Teil des Problems darin, daß die Kirche in Amerika der Enzyklika ›Humanae Vitae‹ wegen nur eine dürftige Presse ohne wirklichen Informationswert habe. Der wahre Sinn und Zweck der Enzyklika, behauptet er, sei mißverstanden und unterbewertet worden; dies habe in den Köpfen mancher Amerikaner die Achtung vor dem Papsttum untergraben und in den Augen anderer zu einer Bedeutungsverlagerung geführt.

Felici äußert mit Bestimmtheit, nur eines könne angesichts der Sachlage noch helfen. Die anderen Tischgäste werden sich erinnern, daß der Kardinal Gianpaolo ansah, mit seinem gewaltigen Cäsarenhaupt nickte und mit Stentorstimme verkündete: »Ihr solltet nach Amerika fahren – bald!«

Beim Kaffee kommt Felici auf den Gedanken zurück. Amerikas fünfzig Millionen getaufte Katholiken, erklärt er emphatisch – selbst bei normaler Unterhaltung kann Felici nicht von seiner irritierenden Angewohnheit lassen, sich lautstark und aggressiv zu äußern –, müßten dringend einmal auf den wahren Glaubensinhalt hingewiesen werden; sie seien in die Irre geführt worden. Obwohl er das Kind nicht direkt beim Namen nennt, ist klar, daß Felici auf die Tätigkeit der Jesuiten anspielt.

Casaroli wirft ein, er habe sich mehrfach mit Henry Kissinger unterhalten, der einen Papstbesuch in den Vereinigten Staaten für durchaus zweckmäßig halte. Baggio fügt hinzu, er habe bei seinen letzten Besuchen in Chikago und New York den Eindruck bekommen, daß ein solcher Besuch eine immens positive seelsorgerische Wirkung ausüben würde. Gianpaolo hört aufmerksam zu. Ganz offensichtlich ist er von dem Gedanken angetan.

Um 21.30 Uhr verabschieden sich die Gäste, und Gianpaolo begibt sich in sein Arbeitszimmer.

Lorenzi hat die Papiergebirge auf dem Schreibtisch ein wenig beiseite geräumt und einen auffälligen roten Schnellhefter dazugelegt. Darin befindet sich stets eine maschinengeschriebene Aktennotiz, die den Papst auf die Verpflichtungen des kommenden Tages verweist, zum Beispiel: morgen sei der Eingang der ersten kurialen Berichte über die Dritte Welt fällig; bis kommenden Montag müsse der Papst sich über Küng klarwerden: denn an bewußtem Vormittag werde Benelli seine Gedanken über den Theologieprofessor vernehmen lassen; vor Montagnachmittag müßte der Papst sich noch über den letzten Stand der Angelegenheit Cody einlesen, da eine entsprechende Erörterung stattfinden werde.

Der Papst greift nach dem Schnellhefter. Er enthält den Entwurf jenes Dokuments, das er am nächsten Morgen Arrupe zu verlesen gedenkt.

Er nimmt den Entwurf mit in sein Schlafzimmer, nicht ohne Vincenza auf dem Weg dorthin für das Essen zu danken. Danach unterhalten sich die beiden noch ein paar Minuten.

Kurz nach 22.15 Uhr sieht Vincenza den Papst die Tür seines Schlafzimmers zuziehen. Sie wüßte nicht, anzugeben, wann je zuvor er sich so früh zurückgezogen hätte.

*

Um 23.30 Uhr sehen die Polizisten vom Petersplatz aus nur noch hinter den Fenstern des Papstes Licht. Das ist nichts Ungewöhnliches. Man wettet, daß das Schlafzimmerlicht innerhalb der nächsten Stunde erlöschen wird. Aber um eins sind die Fenster noch immer erleuchtet.

Die Polizisten fragen sich, was den Papst wohl so lange wachhält? Auch eine Stunde später brennt das Licht noch. Die Polizisten sprechen untereinander darüber. Selbst der von Schlaflosigkeit geplagte Paul arbeitete niemals bis so spät in die Nacht hinein. Um drei leuchten die Fenster noch immer durch die Dunkelheit. Die Polizisten haben ihre Wetten eingestellt, Gianpaolo wird bei Licht eingeschlafen sein. Solche kleinen Nachlässigkeiten machen Gianpaolo in den Augen seiner Bewacher um so liebenswerter. Um vier Uhr morgens geht in Vincenzas Schlafzimmer das Licht an. Sie steht immer um diese Stunde auf.

*

Kurz vor halb fünf Uhr bringt die bereits fertig angekleidete Haushälterin ein Tablett mit dem Frühstücksgeschirr, Kaffee, Milch und Zucker zum Schlafzimmer des Papstes und stellt es vor der Tür auf ein kleines Tischchen.[2] Danach geht sie in die Küche zurück, wo andere Nonnen bereits mit der Zubereitung des Frühstücks beschäftigt sind.

Kurz vor fünf geht Vincenza erneut zum Schlafzimmer, um das leere Tablett zurückzuholen. Verblüfft stellt sie fest, daß der Papst das Geschirr noch gar nicht angerührt hat.

Vincenza zögert. Soll sie das Tablett fortnehmen oder stehenlassen? In all den Jahren, seit sie Luciani den ersten Morgenkaffee bringt, ist so etwas noch nicht vorgekommen.

Vincenza lehnt ein Ohr gegen die Tür und lauscht. Sie glaubt, der Papst habe womöglich die Zeit verschlafen und sei deswegen jetzt zu beschäftigt, um sich um seinen Kaffee zu kümmern. Andererseits kann sie sich nicht erinnern, daß das je vorkam.

Aus Gianpaolos Schlafzimmer ist kein Geräusch zu vernehmen.

Die Nonne blickt sich um. Es ist niemand zu sehen, der ihr sagen könnte, was jetzt zu tun sei. Vincenza lauscht noch einmal, drückt schließlich das Ohr fest gegen die Tür. Nichts zu hören.

Auch auf ihr leises Klopfen hin rührt sich nichts.

Vincenza klopft noch einmal an, diesmal fester. Sie ist ganz sicher, daß jemand sie *irgendwo* gehört haben muß und in Kürze erscheinen wird. Sie hofft auf Magee oder Lorenzi; beide würden wissen, was zu tun sei.

Doch niemand kommt.

Ein neuer Gedanke geht ihr durch den Kopf. Wenn der Papst nicht öffnen will, könnte er sich zumindest melden. Vielleicht hat er nur nicht gehört. Vincenza klopft noch einmal und mit Nachdruck.

Keine Reaktion.

Zunehmend verwirrt, zögert Vincenza dann.

Sie wirft einen Blick auf Türklinke und Schlüsselloch. In plötzlichem Entschluß kniet sie nieder und hält ihr Auge dicht vor das Schlüsselloch, um besser ins Zimmer spähen zu können. Das Licht brennt.

Vincenza ist erleichtert. Er muß wach sein. Vincenza bewegt den Kopf vor dem Schlüsselloch. Trotzdem kann sie nur das Fußende des Bettes und ein Stück Teppich erkennen. Ihr kommt ein neuer Gedanke. Sofort erhebt sie sich. Was wäre, wenn jemand sie durch das Schlüsselloch spähen sähe? Wie wollte sie ihre Unruhe und Besorgnis erklären? Und was würde man davon halten, was sie jetzt vorhat?

Ehe sie es sich anders überlegt, greift sie schnell nach der Klinke, drückt sie langsam herunter und schiebt die Tür ein paar Zollbreit auf, so daß sie ins Zimmer blicken kann.

Die Nonne fährt erschrocken zusammen.

Gianpaolo sitzt aufgerichtet im Bett und scheint sie eigenartig anzustarren. Vincenza sieht, daß er gelesen hat; die Brille ist ihm tief auf die Nase gerutscht. Gianpaolo hat die Knie angezogen und hält einen Aktenhefter.

Vincenza will vorsichtig die Tür schließen, aber irgend etwas stimmt da nicht. Der rechte Arm des Papstes baumelt eigenartig schlaff herunter, die rechte Hand ist halb zur Faust geballt; der Aktenordner ist leer, sein Inhalt liegt verstreut auf Bettlaken und Fußboden herum. Am meisten aber ist Vincenza von Gianpaolos Gesichtsausdruck entsetzt. Die verzerrten Lippen und das bloßliegende Zahnfleisch lassen seinen Mund beängstigend grausam erscheinen. Die Augen sind aus den Höhlen gequollen, dick treten die Halsschlagadern hervor.

»Santissimo Padre?« ruft Vincenza furchtsam.

»Albino?« So nennt sie ihn gelegentlich, wenn sie mit ihm allein ist.

Der Blick bleibt starr und unbeweglich.

Vincenza reißt die Tür weit auf.

Das Gesicht bleibt verzerrt.

Durch den Neigungswinkel der herabgerutschten Brille wirkt ein Auge unnatürlich vergrößert.

Vincenza schreit gellend auf.

Die blicklosen Augen des Papstes starren sie weiterhin an.

Vincenza dreht sich um und rennt schreiend den Flur entlang.

＊

Magee fährt im Bett in die Höhe und blinzelt wütend.

Vincenza tritt zurück. Sie war ins Schlafzimmer des Sekretärs gerannt, hatte Licht gemacht und Magee wachgeschüttelt.

»Was wollen Sie denn?« Die Verwunderung gibt seiner weichen Stimme einen scharfen Unterton. »Was ist denn los?«

»Santissimo Padre... da ist was passiert...«

Magee springt aus dem Bett. »Was ist passiert?«

Vincenza zittert. Magee glaubt die Nonne am Rande der Hysterie. Mit etwas mehr Nachdruck fragt er noch einmal: »Was ist passiert?«

»Padre Albino... Er sieht so komisch aus.«

Magee knöpft die Soutane über dem Schlafanzug zu und rennt aus dem Zimmer.

Die Schlafzimmertür des Papstes steht sperrangelweit offen. Magee sieht Vincenza an. »Haben Sie die Tür nicht zugemacht?«

»Ich bin sofort zu Ihnen gelaufen, Padre.«

»Bitte, warten Sie hier. Niemand darf hinein, ehe ich es sage. Verstanden?«

»Ja, Padre.«

Magee geht ins Schlafzimmer des Papstes und schließt die Tür hinter sich. Dann bleibt er stehen und verschafft sich einen Überblick.

Es gibt keinen Zweifel; dennoch muß Magee sich zunächst vergewissern.

Magee tritt ans Bett. Auf dem Nachtschränkchen liegt ein Bücherstapel, zuoberst Thomas von Kempens ›Über die Nachfolge Christi‹. Magee betrachtet die verstreut herumliegenden Papiere: deren Inhalt wollte Gianpaolo heute vormittag Arrupe vorlesen. Anscheinend unberührt steht die Konfektschale neben dem Telefon.

Magee befühlt die rechte Gesichtshälfte des Papstes. Eiskalt.

Magee greift zum Telefon und wählt Villots Nummer.

»Qui?«

»Hier Magee. Der Heilige Vater ist tot.«

Pause. »Sind Sie sicher?«

»Ich bin in seinem Schlafzimmer.«

›Mon Dieu, das ist doch nicht möglich.«

Magee kann sich vorstellen, wie Villot den Schlaf abzuschütteln und das soeben Gehörte zu begreifen versucht.

»Er ist tot, Eminenz.«

»Seit wann?« flüstert Villot kaum hörbar.

»Wahrscheinlich seit etlichen Stunden. Totenstarre ist schon eingetreten.«

»Mon Dieu!«

Magee wartet, läßt Villot Zeit, seine Gedanken zu sammeln.

»Haben Sie sonst noch jemand informiert?«

»Nein, aber seine Nonne hat ihn so gefunden, Eminenz.«

»Halten Sie sie vor der Tür fest. Bevor ich nicht da bin, darf niemand mit ihr sprechen.«

»Jawohl, Eminenz.«

Villot legte eine Pause ein, dann folgen seine Anweisungen. »Bleiben Sie im Schlafzimmer. Schließen Sie ab. Rufen Sie Buzzonetti an. Wecken Sie Lorenzi. Er soll Confalonieri und die anderen anrufen. Da ist doch 'ne Liste, nicht wahr, vom letzten Mal her?«

»Es gibt eine Liste, Eminenz.«

»Gut. Sorgen Sie dafür, das Lorenzi voranmacht. Ich komme sofort rüber.«

Villot legt auf. Magee stellt fest, daß der Staatssekretär schon wieder in die Rolle des Camerlengo geschlüpft ist.

Um 5.20 Uhr schließt Magee die Schlafzimmertür auf und läßt Villot herein. Der Staatssekretär hat sich trotz der Eile rasiert und gekämmt. Er hat dieselbe kleine Tasche bei sich, die er auch an Pauls Totenbett mitbrachte.

Der Camerlengo steht vor einem heiklen Problem. Als er Magee fragte, wie lange der Papst bereits tot sei, hatte er die Absolution, die Vergebung der Sünden, im Sinn. Das unter Theologen heftig diskutierte Kernproblem ist, wie lange Zeit nach dem Tode noch vollständige Absolution gewährt werden kann. Alles dreht sich um die Frage, wie haltbar eine Seele ist. Manche Katholiken behaupten, daß die Seele eines nach langer, zehrender Krankheit – wie Krebs, zum Beispiel – verstorbenen Gläubigen den Körper relativ schnell verläßt, etwa innerhalb von dreißig Minuten nach Eintritt des Todes. Wenn aber jemand kerngesund war, bevor er überraschend hingestreckt wurde, könnte die Seele noch drei, vier Stunden, oder womöglich noch länger im Körper verweilen. Nicht-Katholiken kommen solche Vorstellungen vielleicht albern vor; Katholiken aber können sie doch großen Trost spenden.

Nach Villots Ansicht hat sich die Seele des Albino Luciani, Papst Johannes Paul I., 268. Nachfolger auf dem Throne Petri, noch nicht verflüchtigt.

Villot greift in seine Tasche, zieht ein Fläschchen Weihwasser hervor, öffnet die Flasche und benetzt mit dem Wasser seinen Daumen. Dann stellt er die Flasche auf den Nachttisch und tritt ans Bett. Mit rauher Flüsterstimme beginnt Villot zu singen.

»*Si capax, ego te absolvo a peccatis tuis, in nomine Patris et Filii et Spiritus Sancti. Amen.*«

»Sofern ich dazu fähig bin, spreche ich dich im Namen des Vaters, des Sohnes und des Heiligen Geistes von deinen Sünden frei. Amen.«

Dann schlägt er über Gianpaolos Stirn das Kreuz und berührt anschließend die Endpunkte des Kreuzes mit seinem weihwasserbenetzten Daumen.

»*Per istam sanctam unctionem indulgeat tibi Dominus quidquid deliquisti. Amen.*«

»Durch diese heilige Salbung möge der Herr dir vergeben, welche Sünden du auch begingest. Amen.«

Hernach spendet Villot den Apostolischen Segen.

»*Ego facultate mihi ab Apostolica Sede tributa indulgentiam plenariam et remissionem omnium peccatorum tibi concedo et benedico te. In nomine Patris et Filii et Spiritus Sancti. Amen.*«

»Kraft meines mir vom Apostolischen Stuhl übertragenen Amtes gewähre ich dir vollständige Nachsicht und Erlaß aller deiner Sünden und segne dich. Im Namen des Vaters und des Sohnes und des Heiligen Geistes. Amen.«

Villot tritt vom Bett zurück, verkorkt die Flasche und steckt sie wieder in seine Tasche.

Buzzonetti erscheint. Der Arzt ist aschfahl und ohne Krawatte. Als Magee die Tür hinter ihm schließt, hört er Lorenzi vom Arbeitszimmer aus einen weiteren Anruf erledigen. Vincenza sitzt inzwischen ebenfalls im Arbeitszimmer.

Als Buzzonetti seine Untersuchung beendet, erscheint Confalonieri mit Martin und Noé. Buzzonetti wendet sich an die Anwesenden und sagt: »Koronarokklusion. Er hat nichts gespürt.«

»Wann?« fragt Villot mit ausdrucksloser Stimme.

Buzzonetti räuspert sich und überlegt. »Schätzungsweise gestern abend zwischen halb elf und elf.«

Villot bückt sich und öffnet seine Tasche. Als er sich wieder aufrichtet, hat er den kleinen Silberhammer in der Hand, den Magee ihn zuletzt in Pauls Schlafzimmer in Castel Gandolfo hervorholen sah.

Villot tritt neben die Leiche, nimmt vorsichtig Gianpaolos Brille ab, klappt sie zusammen und legt sie auf den Nachttisch.

Wie einst bei Paul, tippt Villot dem Papst mit dem Hammer vor die Stirn und fragt, ob er wirklich tot sei. Nachdem seine Frage auch beim dritten Male unbeantwortet blieb, informiert Villot die Anwesenden, daß Albino Luciani im Sinne des Zeremoniells der Heiligen Römisch-Katholischen und Apostolischen Kirche tot sei.

Er packt den Hammer ein, klappt die Tasche zu und wendet sich an Magee. »Holen Sie die Nonne rein.«

Magee holt Vincenza.

Trockenen Auges und gefaßt berichtet sie Villot, was sie gesehen und getan habe. Villot dankt und bittet sie, wieder zu Lorenzi hinüberzugehen.

Nachdem Magee wieder einmal die Schlafzimmertür geschlossen hat, wendet Villot den Versammelten den Rücken zu und trifft Entscheidungen, die verheerende Folgen nach sich ziehen werden.

Villot bestimmt, daß der Öffentlichkeit eine Geschichte erzählt werden müsse, die in etlichen Punkten von der Wahrheit abweicht.

Vincenzas Beteiligung müsse geheimgehalten werden. Sie und die anderen Nonnen müßten schnellstmöglich ins Mutterhaus ihres Ordens zurückgeschickt und dort bis zum Ende ihrer Tage jeglichen öffentlichen Kontakten ferngehalten werden.

Die offizielle Version des Vatikans werde lauten, daß Magee, der den Papst zur Frühmesse habe geleiten wollen, ihn tot im Bett vorgefunden habe. Und das, sagt Villot und zeigt auf das zu Arrupes Maßregelung gedachte Papier, dürfe keinesfalls erwähnt werden. Der Öffentlichkeit gegenüber müsse es heißen, daß Gianpaolo bei der Lektüre der ›Nachfolge Christi‹ gestorben sei. Villot erläutert, solche Verschleierung des eigentlichen Sachverhalts sei nötig, um »unglückliche Mißverständnisse« zu vermeiden.

Da meldet sich Buzzonetti: er könne den Leichnam nicht strecken.

Villot bestimmt, daß Zega & Co. hinzugezogen werden. Martin ruft vom Telefon neben Gianpaolos Bett aus das Bestattungsunternehmen an.

Um 6.10 Uhr erscheint der als ›Techniker‹ bekannte Zega-Angestellte mit einem Gehilfen. Der Techniker trägt einen kleinen Koffer bei sich, dem er zum Erstaunen aller ein paar Stricke entnimmt.

Der Techniker erklärt, was er und der Kollege nun zu tun hätten.

»Dann tun Sie's«, bestimmt Villot.

Die beiden Bestatter gehen zum Kopf- und Fußende des Bettes. Der Techniker knotet einen Strick um Gianpaolos Fußgelenk, einen zweiten um seine Knie. Dann packen die beiden die Strickenden und beginnen auf ein Nicken des Technikers hin gleichmäßig zu ziehen. Gianpaolos Knie strecken sich. Die beiden Männer vertäuen die Stricke am Bettgestell, wickeln ein weiteres Seil um die Brust des Papstes, ziehen es straff und strecken so Oberkörper und Rumpf. Danach packt jeder einen Arm, drückt ihn gewaltsam gerade und bettet ihn neben den Körper. In dieser Stellung werden die Arme festgebunden. Die Stricke bleiben so lange, bis die Totenstarre nachläßt und der Leichnam wieder biegsam wird. Die beiden Männer wenden sich dem Kopf zu, den der eine in festem Griff hält, dieweil der andere die Kinnlade in normale Stellung rückt. Dies getan, bedecken sie die Leiche mit einem Bettuch, so daß nur der Kopf frei bleibt, und schieben die herabhängenden Lakenteile säuberlich seitlich unter die Matratze. Nachdem ihm auch noch Augen und Mund geschlossen sind, wirkt Gianpaolo wie in friedlichem Schlaf.

Magee geleitet die beiden Bestatter aus dem Zimmer und sorgt dafür, daß sie am nächsten Vormittag zur Einbalsamierung wiederkommen.

Magee wird die beiden jedoch nicht mehr zu Gesicht bekommen. Im Anschluß an den dramatischen Tod eines Papstes, dessen Pontifikat nur vierunddreißig Tage währte, wird Magee sich schon bald auf vollkommen unerwartete Weise als das Opfer einer unverhofften Wende sehen, an welcher der sowjetische Geheimdienst KGB und die ungeheuerliche Behauptung, der Papst sei vergiftet worden, nicht schuldlos sind.

Es ist Samstagmorgen, der 30. September. Franz Königs Stimmung paßt zum römischen Wetter: sie ist ebenso schlecht. Was er gerade erfahren hat, macht ihn ganz schwindlig, deshalb achtet er genau auf jeden seiner Kardinalskollegen, die sich eben langsam in die Sala Bologna begeben. Er fragt sich, wer von ihnen wohl den sorgsam aufbereiteten und raffiniert ausgelegten Köder geschluckt hat. Während er hier in seiner purpurseidenen Trauergewandung im Vatikan sitzt, ist König sich noch immer sicher, daß die Trugschlüsse jenseits der Leonischen Mauer kein Ende nehmen. Die Reporter haben den ausgelegten Haken begierig geschluckt. König denkt ergrimmt, daß damit zu rechnen war. Das Material ist so verlockend aufbereitet, daß es für die sensationshungrige Meute ein gefundenes Fressen bedeutet.

Aber nicht nur die Journalisten wurden getäuscht, auch auf den Fluren und Höfen des Vatikans kann man radikale Stimmen vernehmen, die verlangen, daß zum erstenmal in der Geschichte an einem Papst eine Autopsie vorgenommen werden müßte. Gianpaolos Leiche sollte geöffnet, die Organe entnommen und im Labor analysiert werden, um festzustellen, ob der Papst vergiftet worden sei. Der Gedanke allein läßt König erzittern.

Wenn nur Angehörige der Kurie eine Leichenöffnung verlangen würden, wäre das schon schlimm genug. In Kürze aber wird hier in der Sala Bologna das Heilige Kardinalskollegium seine erste Sitzung während der Sedisvakanz eröffnen, um zu beraten, ob eine Autopsie angezeigt sei, um auf diese Weise die Gerüchte zum Verstummen zu bringen. Dies findet König ganz besonders irritierend, weshalb er bei den anderen Kardinälen so aufmerksam nach Anzeichen sucht, ob jemand von ihnen auf den Schwindel hereingefallen ist und auf Autopsie drängen wird – womit er in die Falle gegangen wäre, die niemand anders gestellt hat als das ›Komitet Gossudarstwennoi Besopasnosti‹, das KGB, das König von allen sowjetischen Organisationen am meisten haßt und verachtet.

König ist einer der wenigen Kardinäle im Saal, der die Machenschaften des KGB aus erster Hand kennt; und alles, was er über das KGB weiß, deutet darauf hin, daß es hier seine Hand im Spiel hat. Er glaubt, den ›modus operandi‹ des Geheimdienstes zu kennen; nach Königs Ansicht führen Spuren – obschon andere sie vielleicht nicht erkennen –

von Rom nach Moskau in das Gebäude am Dserschinski-Platz, in das sich das Hauptquartier des KGB und die berüchtigte Lubjanka teilen. Wegen der Bedeutung der Operation ist es sehr gut möglich, daß sie vom Leiter des Dienstes, General Jurij Andropow, gutgeheißen, wenn nicht gar geleitet wurde.

König weiß, wie rührig und tüchtig der General sein kann: jahrelang war er an der Verunglimpfung der Kirche rege beteiligt, und es ist gerade erst achtundvierzig Stunden her, daß König auf einer ›Geschäftsreise‹ in Helsinki erfuhr, das KGB bereite einen neuen Schlag gegen die Kirche hinter dem Eisernen Vorhang vor.

Das alles aber verblaßt gegenüber dieser ausgewachsenen Verschwörung zwecks Destabilisierung der Gesamtkirche – mit Hilfe der vorsätzlich falschen Behauptung, daß der Papst von seinen Vertrauten ermordet worden sei. Das eigentliche Konzept der Verschwörung ist so unsicher, daß König, da er die Rechnung des KGB aufgehen sieht, sich dennoch gegen die Annahme, das KGB rechne sich einen vollen Erfolg aus, sperrt. Bis jetzt freilich gelang es – und es scheint weiterhin zu klappen. Andernfalls würde es diese Zusammenkunft jetzt nicht geben, vieles andere wäre gar nicht erst eingetreten, seit König von Gianpaolos Tod vernommen hatte.

Sein Sekretär hatte ihn im Hotel in Helsinki geweckt und ihm die Todesnachricht überbracht. Selbst ein kraftvoller Charakter wie König kann nicht alles erfassen. Er weigerte sich einfach, daran zu glauben; hoffte, wo es nichts mehr zu hoffen gab; wollte das Undenkbare nicht denken; klammerte sich an die Idee, es müsse ein Irrtum vorliegen. Dann traf ihn die Erkenntnis mit buchstäblich atemberaubender Wucht: ein verheißungsvolles Pontifikat war grausam beendet worden; die Kirche bis zur Inthronisierung eines neuen Papstes erneut in höchster Gefahr. König hatte sich aufs Bett gesetzt und gebetet. Als er zum Flughafen gefahren wurde, fand er seine Fassung wieder. Als das Taxi in den Terminal rollte, hörte er die Meldung des finnischen Rundfunks, wonach der Papst von »unbekannten Tätern« vergiftet worden sei. Damit begann es. Als er wieder in Wien war – wo er sich nur so lange aufhielt, um seine Sachen für das Konklave zu packen – hatten Königs Mitarbeiter zu tun, um Reporter abzuwehren, die ihrerseits eine entsprechende Meldung aus Rom vernommen hatten und der Sache nachzugehen versuchten. Damit hatte sich Königs Argwohn verdichtet, aber erst als er in Rom angekommen war und im Vatikan erlebte, wie manche zu verstehen gaben, daß einzig eine Autopsie ›beweisen‹ würde, ob der Papst eines natürlichen Todes gestorben sei, da wurde ihm deutlich bewußt, daß alle Ereignisse die Handschrift des KGB trugen.

Das war gestern gewesen; heute ist ihm klar, daß die Intrige ernstere Konsequenzen hat, als er je für möglich gehalten hätte. Die Vertrauenswürdigkeit der Kirche, des Vatikans und des Papsttums wird unterhöhlt. Es ist entsetzlich.

Während er sich in der Sala Bologna umblickt, fragt sich König, mit welcher Unterstützung er bei seinem Versuch, die Machenschaften des KGB zu vereiteln, wohl rechnen könnte.

König kam als einer der ersten und hat wieder denselben Platz eingenommen, auf dem er während der letzten Sedisvakanz saß, wenn das Kardinalskollegium zusammentrat, um über wichtige Kirchenangelegenheiten zu befinden. Der Saal ist noch ebenso großartig unpersönlich, wie König ihn in Erinnerung hat. Auch die Wandfresken und die wie beiläufig angeordneten Bilder in diesem hochgewölbten Raum können nicht darüber hinwegtäuschen, daß die Sala Bologna kaum jemals zu einem anderen Zwecke als dem heutigen benutzt wurde.

Der lange Tisch, an dem König sitzt, entspricht in seinen Dimensionen dem Vorstandstisch eines multinationalen Konzerns; auch die Stühle könnten von jedem beliebigen Konferenzausrichter stammen. König fragt sich, ob das Wasser in den in regelmäßigen Abständen auf dem Tisch abgestellten Glaskaraffen seit seinem letzten Hiersein wohl ausgewechselt wurde.

Die meisten Kardinäle sind so schwer betroffen, daß sie still und benommen dasitzen und auf den Beginn der Konferenz warten. König ist sich sicher, daß niemand von ihnen Gianpaolos Tod voraussah; das macht die üblen Machenschaften des KGB so abscheulich.

König ist sich ganz sicher, welche Abteilung des KGB das Gerücht in die Welt gesetzt hat: die Kampagne trägt alle bösen Kennzeichen der Abteilung D – für ›desinformazija‹ – des Ersten Direktorats. Nur die Abteilung D konnte so schnell reagiert haben und über die nötige Organisation verfügen sowie auf eine komplexe Erfahrung auf dem Gebiet der Desinformation zurückgreifen: großangelegte Manöver zur Irreführung, Täuschung oder Beeinflussung der Weltmeinung zuungunsten der Kirche. Es sieht ganz so aus, als habe die Abteilung D wieder einmal auf gut Glück eine ihrer aus der Vergangenheit bekannten monströsen Provokationen gestartet. Im Vatikan geht panische Angst um.

Der Erfolg des KGB und der entsprechende Widerhall rühren größtenteils von Villots Entscheidung her. König und die anderen Kardinäle, die das Gespenst der Abteilung D zu erkennen vermögen – dazu gehören Joseph Ratzinger aus München, Joseph Höffner aus Köln, Giuseppe Siri aus Genua und die beiden Polen Stefan Wyszynski aus Warschau und Karol Wojtyla aus Krakau –, können die Verhaltensweise des Camerlengo beim besten Willen nur als unvernünftig bezeichnen. Sie glauben, daß Villot durch den von ihm erdachten Unsinn, Magee habe Gianpaolo mit der ›Nachfolge Christi‹ in der Hand tot im Bett aufgefunden, der Abteilung D in die Hände spielte. Diese Kritik ist schon sehr zurückhaltend und wird durch Mitgefühl weiter gedämpft. Schon bevor er sich den ungeheuren Drücken und Zwängen der letzten Sedisvakanz und des Konklave ausgesetzt sah, waren die Jahre an Villot nicht spurlos vorübergegangen. Und sei es vielleicht nur infolge seines engen Umgangs mit dem Papst –: der Schock über Gianpaolos plötzlichen Tod wirkte sich für Villot besonders traumatisch aus. Die Entscheidungsfähigkeit und das Urteilsvermögen des Camerlengo wurden dadurch nachhaltig beeinträchtigt.

Dieser Schock mag die Ursache dafür sein, daß der Camerlengo so überanstrengt, beinahe schon gequält wirkt. Villot, der an einem Kopfende des Tisches sitzt, sieht wie ein sehr alter Mann aus, der zwar noch bemerkt, daß er die Ereignisse aus dem Griff verlor, aber nicht recht weiß, wie. Selbst König – trotz seines Wissens, daß das KGB hinter dem Komplott steckt – vermag nur mit Mühe auf sämtliche Aspekte der verleumderischen Kampagne halbwegs zufriedenstellende Antworten zu finden.

✱

Die Villot für gewöhnlich eigene Sorgfalt und Weitsicht sind dahin seit er seine ersten befremdenden Entscheidungen in Gianpaolos Schlafgemach traf. Ob er wirklich noch unter Schockwirkung steht oder ob sein maskenhaft starres, beherrschtes Gesicht nahende Hysterie verbirgt; ob es andere Gründe für sein Verhalten gab – niemand weiß es.

Daß Villot Gianpaolos gegen die Jesuiten erhobenen Vorwürfe verheimlichen wollte, kann man verstehen; über den Tod des Papstes gerät die Jesuiten-Krise in Vergessenheit.

Daß er aber Vincenzas Person heraushielt und die Entdeckung des toten Gianpaolo dem Sekretär Magee zuschob, grenzt an Unvernunft.

Unterstellt man, daß Villot sich auf Grund gewisser Überlegungen für diese Tatsachenverdrehung entschied, so wurde seine Idee jedenfalls durch den Ablauf der Ereignisse in wenigen Stunden widerlegt.

✱

Am Freitag gegen sieben Uhr bringt Radio Vatikan die offizielle Todesnachricht. Um diese Zeit erhält Franco Antico den ersten einer Vielzahl von Anrufen, die ihn den ganzen Tag über beschäftigt halten.

Antico ist Generalsekretär der ›Civiltà Cristiana‹. Die Plakate dieser aggressiven, auf dem rechten Flügel beheimateten Organisation waren den ganzen August über in Rom zu sehen gewesen: WÄHLT EINEN KATHOLISCHEN PAPST. Die Vereinigung unterstützt Lefèbvre und bekämpft viele der vom Zweiten Vatikanum eingeführten Neuerungen. Wichtiger im Hinblick auf die folgenden Ereignisse ist jedoch, daß die ›Civiltà Cristiana‹ Gianpaolo für ›einen guten Mann‹ hielt, dem die Durchsetzung eines Vorhabens sehr am Herzen gelegen habe: die Reform der Kurie, in welcher die Organisation den Feind des Traditionalismus Lefèbvrescher Prägung sieht. ›Civiltà Cristiana‹ war während des letzten Interregnums für kurze Zeit ins Rampenlicht der internationalen Medien geraten. Danach war die Organisation praktisch wieder in

Bedeutungslosigkeit gefallen. Die Mitgliederzahlen sind rückläufig; zu ihrer besten Zeit will die ›Civiltà‹ in einundvierzig Ländern fünfzigtausend Anhänger gehabt haben. Daher braucht die Vereinigung dringend etwas Spektakuläres, um zu jenen glorreichen Höhen zurückzufinden, als ›Time‹ und andere Nachrichtenmagazine sich ihrer annahmen und die Beitragsgelder nur so hereinströmten.

Die Journalisten, die Antico im August interviewt hatten, meinten, daß er gut zu den Medici-Päpsten gepaßt haben würde. Er ist versponnen und vertrauensvoll naiv, sieht aber auch Verschwörungen, wo die meisten nichts dergleichen entdecken können. Antico kommt den Erwartungen der Presse gern entgegen; er gehört zu jenen Leuten, ohne die ein gewisser Journalismus einfach nicht auskommt. Alle diese Attribute sorgen dafür, daß der erste Anruf, den er an diesem Freitagmorgen entgegennimmt, katastrophale Folgen haben wird.

Aus Halsstarrigkeit – auch dies einer seiner Charakterzüge – wird er sich später feierlich weigern, den Namen seines Anrufers zu nennen. Er wird immer nur behaupten, es sei »jemand mit guten Beziehungen zum Vatikan« gewesen. Nachdem sich das Szenarium entwickelt hat, werden alle Kardinäle, die eine Intrige des KGB vermuten, Anticos Anrufer mit Bestimmtheit die Rolle eines ›Agent provocateur‹ der Abteilung D zuweisen. Martin, Magee und Noé, allesamt für leichtfertige Äußerungen normalerweise nicht zu haben, werden später darauf bestehen, daß der Mann ein KGB-Agent gewesen sei.

Antico findet es entsetzlich, was er da zu hören bekommt.

Nach dem Ende des Telefongesprächs – Antico meint, es habe etwa zwanzig Minuten gedauert – ist ihm völlig klar, was getan werden muß. Bei seinem sicheren Gespür für Verschwörungen brauchte der Generalsekretär nicht lange überzeugt zu werden, daß er im Namen der ›Civiltà Cristiana‹ stehenden Fußes auf Autopsie bestehen müsse, um zu klären, ob der Papst von ›Unbekannten‹ ermordet worden sei.

Seit 1959, als die Abteilung D geschaffen wurde, verdankt sie ihre augenfälligsten Erfolge beim Ausstreuen von Desinformationen dem Vorhandensein eines Mediums, das sich mit sowjetischer Falschheit und Tücke nicht auf den ersten Blick in Verbindung bringen läßt. Diesem Erfordernis der Abteilung D entspricht der gottesfürchtige Katholik Antico.

Wer der Anrufer war, läßt sich also weiterhin nur mutmaßen. Desinformationsmaßnahmen des KGB haben sich von herkömmlicher sowjetischer Propaganda zu allen Zeiten insofern unterschieden, als die eigentliche Quelle besonders sorgfältig kaschiert wird. In diesem Fall – König sieht die Sache absolut richtig – wurde der Plan, wenn man bedenkt, welche umfänglichen Vorarbeiten nötig sind, um die Verbindung zu Antico aufzubauen, sehr sorgsam ausgearbeitet. Mit ziemlicher Sicherheit gibt es zwischen den Offizieren der Abteilung D und dem eigentlichen Anrufer zahlreiche Zwischenträger. Wenn der Bluff in irgendeinem Stadium auffliegen sollte, wäre es daher nahezu unmöglich, die Spuren bis zum KGB zurückzuverfolgen. Vielleicht ist es so, wie König sagt: Es kommt darauf an, ob man Spuren zu lesen versteht.

In diesem Falle ist die Lunte zwar gelegt, aber noch brennt sie nicht. Die Rolle des Streichholzes spielt das Pressebüro des Vatikans. Etwa zu der Zeit, als Antico sein folgenschweres Telefongespräch führt, stimmt Frater Romeo Panciroli mit Villot den offiziellen Wortlaut der Todesmeldung ab: »Heute morgen gegen 5.30 Uhr betrat der Privatsekretär des Papstes, Pater John Magee, das Schlafzimmer des Papstes. Da er ihn nicht wie gewöhnlich in seiner Kapelle fand, suchte er ihn in seinem Zimmer und fand ihn tot im Bett liegen, während das Licht brannte, als ob er noch lese.«

Am Freitagmorgen um halb acht gibt Panciroli diese Erklärung den wichtigsten ausländischen und italienischen Presseagenturen in Rom telefonisch durch.

Etwa eine halbe Stunde später wird die Ansa, eine italienische Presseagentur, von Antico angerufen. Er verliest eine Erklärung, in der kategorisch festgestellt wird, daß Vincenza den Papst gefunden habe und »den Flur hinuntergerast« sei, um Magee zu wecken. Gianpaolo habe »ein paar Blätter Papier in der Hand« gehalten, die von Antico als »höchst geheime Dokumente« bezeichnet werden.

Verständlich, daß der Ansa-Reporter in helle Aufregung geriet. Anticos Version stand in fast jeder Hinsicht im Widerspruch zur offiziellen Verlautbarung.

Kurz nach acht Uhr schickt Ansa Anticos verblüffende Forderung nach Autopsie zwecks Ermittlung der wahren Todesursache des Papstes über den Draht.

Zur selben Zeit werden in Rom andere Korrespondenten von Antico selbst telefonisch von seiner überrumpelnden Forderung in Kenntnis gesetzt.

Kaum jemand unterbricht Antico mit einer Elementarfrage: Welcher Art sind die Beweismittel? Wurden sie der italienischen Polizei zugänglich gemacht? Gibt es eidliche Aussagen und vereidigte Zeugen? Nichts dergleichen geschieht. Allen erscheint es als voll und ganz ausreichend, daß Antico Sprecher einer Organisation ist, die man im August noch ernst genommen hatte. Seine Äußerungen werden daher wieder zum Nennwert gehandelt.

Die Reporter rufen Panciroli an. Der hat sich noch immer nicht richtig von den anstrengenden Pressekonferenzen des letzten Interregnums und Konklaves erholt und reagiert daher falsch: er gibt sich noch kühler als gewöhnlich. Dadurch schafft er sich bei den Medien keine neuen Freunde; die Reporter werfen ihm Ausflüchte vor. Panciroli ruft Villot an. Der Camerlengo weist den Pressesekretär an, sein Büro zu schließen. Der Verdacht auf eine Verschwörung verstärkt sich.

Niemand wird erfahren, ob Villot sich nicht fragt, wie es möglich war, daß Vincenzas Rolle so schnell schon tatsachengerecht dargestellt werden konnte.

Am frühen Vormittag dieses Freitags stehen Antico und die ›Civiltà Cristiana‹ wieder voll im Rampenlicht. Medienvertreter aus ganz Europa rufen ihn an. Falls die Reporter die wahre Bedeutung seiner so imponierend klingenden Organisation – eine kleine, dahinsiechende Vereinigung, gewissermaßen ein Anhängsel des Lefèbvreschen Soutanensaums – ahnen, so kümmert es sie zumindest nicht. So, wie die Presse seinerzeit den Erzbischof hochgespielt hatte, mißt sie nunmehr der ›Civiltà Cristiana‹ ein überzogenes Gewicht bei. Insofern ist es vielleicht ganz zwangsläufig, daß Antico, gleichermaßen romantik- wie argwohnberauscht, in Kürze schon erklären wird: »Wir verfügen über konkrete Beweismittel, die unsere Forderung nach einer Untersuchung der Todesursache stützen. Wir können damit im Augenblick jedoch nicht an die Öffentlichkeit treten. Wir möchten die gesetzlich verlangte Sorgfalt wahren und nur mittelbar vorgehen.«

Antico läßt anklingen, es sei wohl hilfreich, wenn sich die Reporter an Magee und Vincenza hielten.

Da Panciroli frostig jeden Kommentar verweigert, versuchen die Journalisten, die Nonne und den Sekretär zu erreichen. Zu spät. Drei Stunden nachdem Vincenza den Papst tot aufgefunden hatte, wurde sie gemeinsam mit den übrigen Nonnen aus dem Vatikan gebracht und mithin jedem Rückgriff entzogen. Als sich die Vatikanvermittlung bei Magee meldet und ihm avisiert, Reporter seien auf der Leitung und wünschten ihn zu sprechen, ist der Sekretär klug genug, zunächst einmal bei Villot Rückfrage zu halten. Die Reaktion des Camerlengo aber trifft ihn unvorbereitet. Villot befiehlt, sofort zu packen und sich in ein Seminar weit außerhalb Roms zu begeben und dort weitere Anweisungen abzuwarten. Der völlig verwirrte Magee folgt den Nonnen in die Verbannung.

Nicht lange, und Antico informiert die Presse über diesen neuesten Stand der Dinge. Die Reporter gehen der Sache auf den Grund. Das Pressebüro des Vatikans erklärt, Magee sei »außer Landes gegangen«, und die Nonnen seien »unerreichbar«.

Diesen Punkt hat die Verschwörungstheorie erreicht, als das Kardinalskollegium zu seiner ersten Sitzung zusammentritt.

*

Von den vielen Fragen, die König in der Sala Bologna beschäftigen, tritt eine immer wieder in den Vordergrund seiner Überlegungen: wie konnte sich Anticos Anrufer so schnell und so gut informieren? Angenommen, er wäre ein sowjetischer ›Agent provocateur‹ – dann stellt sich die noch folgenschwerere Frage: Gibt es irgendwo im Vatikan einen Maulwurf des KGB? Undenkbar. König indes weiß nur zu gut, daß er in einer Epoche des Unausdenkbaren lebt.

331

*

Felici kommt als letzter in die Sala Bologna. Den ganzen letzten Monat hindurch war er praktisch Gianpaolos rechte Hand gewesen, hatte mit jedem Kilo seines ungeschlachten Körpers anzudeuten verstanden, *der* verläßliche Vertraute zu sein. Jetzt wirkt er physisch geschrumpft: der gewaltige Kopf und der Nacken scheinen nicht mehr zu seiner übrigen Erscheinung zu passen.

Auch Benelli scheint eingelaufen zu sein. Die Augen liegen tief in den Höhlen, die Wangen sind eingefallen. Es sieht so aus, als habe er jüngst sehr viel geweint.

Niemand zweifelt daran, daß sich Felici und Benelli wieder erholen werden, es liegt einfach in ihrer Natur. Aber im Augenblick scheint für die beiden eine Welt eingestürzt zu sein.

Die Gemütsverfassung des genuesischen Kardinals Siri ist schon schwerer abzuschätzen. Er wirkt hinter seiner Hornbrille unergründlicher denn je. Vielleicht grübelt er darüber nach, was er von seinen Gewährsleuten im italienischen Geheimdienst über die Operation des KGB erfahren hat. Vielleicht glaubt er aber auch, zum zweitenmal die Chance zu haben, Papst zu werden – die er dann aber angesichts seines Alters von zweiundsiebzig Jahren auch für seine letzte halten muß. Vielleicht haben ihn aber auch seine fünfundzwanzig Dienstjahre als Kardinal gelehrt, in ungewissen Situationen wie der gegenwärtigen ein möglichst ausdrucksloses Gesicht zu machen.

Neben Siri sitzt Salvatore Pappalardo. Er scheint sich einzig und allein auf den Notizblock zu konzentrieren, der vor ihm auf dem Tisch liegt. Allen Kardinälen wurden Schreibutensilien auf den Platz gelegt, damit sie sich gegebenenfalls etwas notieren können. Pappalardo war mit einer frühen Vormittagsmaschine aus Palermo eingetroffen und ist immer noch leicht aus der Fassung, daß Baggio sofort über ihn herfiel und ihm die Notwendigkeit klarmachte, sich allen Bestrebungen in Richtung Obduktion zu widersetzen. Dabei hatte er zuvor von entsprechenden Absichten noch gar nichts vernommen. Pappalardo findet die Vorstellung widerwärtig. Eine Autopsie wäre nicht nur ein Bruch mit der Tradition, sondern auch noch eine weitere Zumutung für all die Italiener, denen Pauls Einbalsamierung schon gegen den Strich gegangen war.

Vierunddreißig Kardinäle haben sich in der Sala versammelt, als Villot um Punkt elf Uhr die Sitzung eröffnet. Die restlichen Mitglieder des Heiligen Kardinalskollegiums sind noch nicht in Rom eingetroffen.

Während er Felici scharf im Auge behält, fragt Villot, ob jeder den von ihm unterzeichneten Brief mit der Aufforderung zur Teilnahme am Konklave erhalten habe. Er will Felici nicht noch einmal Gelegenheit geben, sich – wie vor dem Beginn des letzten Konklave – dieses Versäumnisses wegen von Felici angreifen zu lassen. Nachdem er jeden Kardinal bejahend nicken sah, fährt Villot fort.

Er wiederholt beinahe wortwörtlich den blanken Unsinn der von ihm mitformulierten und gebilligten Presseerklärung; fügt sogar noch hinzu, neben Gianpaolos Bett sei ein Exemplar der ›Nachfolge Christi‹ gefunden worden: Buzzonetti habe Tod nach schwerem Herzanfall diagnostiziert, eingetreten wahrscheinlich in der Nacht auf den letzten Freitag gegen elf Uhr.

Keine Fragen.

Villot schlägt vor, die Beisetzung in fünf Tagen vorzunehmen; am Mittwoch, dem 5. Oktober, zugleich der Tag des heiligen Franziskus, des Schutzheiligen ganz Italiens.

Keine Einwände.

Jedermann wartet. Nach längerer Zeit wird das Schweigen von unerwarteter Seite gebrochen. Nur wenige haben damit gerechnet, daß der Dekan des Heiligen Kollegiums das Thema anschneiden würde. Aber Confalonieri sagt, es sei erforderlich, mit zielstrebigen Maßnahmen die gegenwärtig laufende böswillige Verleumdungskampagne zu beenden. So unappetitlich es auch erscheinen möge, eine Autopsie sei nunmehr unumgänglich geworden. Hier und da holt jemand tief Luft. Confalonieri läßt sich jedoch durch nichts beirren und behauptet weiterhin, die Welt müsse zur Kenntnis nehmen, was jeder der hier Versammelten mit letzter Sicherheit wisse: daß Gianpaolo in Frieden abberufen worden sei; sein Pontifikat sei zwar nur kurz, jedoch keineswegs ereignislos gewesen. Aus diesem festen Bewußtsein heraus sei es ebenso vernünftig wie wünschenswert, die einzige Möglichkeit zur Beendigung dieser hinterhältigen Verleumdungskampagne beim Schopfe zu packen. Er werde jedes Votum zugunsten einer Leichenöffnung unterstützen.

König wartet, bis die übrigen das soeben Vernommene überdacht haben. Ihn überrascht Confalonieris Standpunkt ebenso wie jeden anderen. Die Einstellung des Dekans dürfte die Entscheidung der im Augenblick noch Unentschiedenen zweifellos stark beeinflussen, um so schwerer wird es König werden, diese Leute auf seine Seite zu ziehen – ganz zu schweigen von denen, die sich Confalonieris Sichtweise bereits zu eigen machten. König zweifelt nicht einen Augenblick an Confalonieris besten Absichten. Es steht völlig außer Frage, daß keiner der Anwesenden – von einem Maulwurf des KGB ganz zu schweigen – den Dekan zur Unredlichkeit verführen könnte. Confalonieri hat sich seine Meinung nach sorgfältigster Abwägung aller Gesichtspunkte gebildet. Der Umstand, daß König ihm einen Trugschluß unterstellt, ändert nichts an seiner Hochachtung vor dem alten Kardinal.

Mit langsamen, gemessenen Worten beginnt König sodann zu sprechen. Es gebe keinen Präzedenzfall. Seines Wissens sei noch nie an einem Papst eine Autopsie vorgenommen worden. Wäre es daher nicht das beste, die Entscheidung der Vollversammlung der Kardinäle abzuwarten? Würde eine Leichenöffnung nicht Öl in die Flammen gießen, statt sie zu ersticken? Sei es nicht trotz der nur noch kurzen Zeit bis zur Beisetzung nicht besser, die Angelegenheit weiter zu bedenken und sich über das Wochenende untereinander in aller Ruhe zu beraten? Sei die Entscheidung nicht zu folgenschwer, um sie überstürzt herbeizuführen?

So sorgfältig formulierte Fragen gehören zu Königs gewohnter Methode. Im Bewußtsein der Stärke seiner Argumente fährt König ruhig und gezielt fort.

Da sei das Problem der Geheimhaltung. Wie könne man eine Autopsie verheimlichen? Außenstehende müßten hinzugezogen werden. Trotz ihrer Zuverlässigkeit könne es irgendwo eine undichte Stelle geben. Für den Fall, daß der Geheimhaltungsversuch mißlinge – würde der Schaden dadurch nicht um so größer sein?

Und weiterhin; wenn die Autopsie vorab angekündigt werde, möge man doch einmal überlegen, wie sich die Sache ausschlachten lasse. Würde das KGB nicht mit Leichtigkeit behaupten können, das Ganze wäre nichts weiter als eine kosmetische Operation gewesen? Man sehe doch, welche wunderlichen Lügen das KGB auch ohne reale Grundlage schon verbreite. Dann stelle man sich einmal vor, wieviel wirksamer seine Propaganda werden würde, wenn es sich tatsächlich an etwas Greifbares halten könnte. Und wenn das Ergebnis der Autopsie bekannt und so unwiderlegbar sei, wie es nach Ansicht aller hier Versammelten sein werde, was dann? Würden die Attacken aufhören? Mit Sicherheit nicht. Weitere Lügen würden folgen. König kommt auf seine anfänglichen Worte zurück und empfiehlt, mit der Entscheidung zumindest so lange zu warten, bis das Kollegium vollzählig ist.

Erneutes Schweigen tritt ein. Villot wartet, ob noch jemand das Wort ergreifen will.

Felici ist es, der für die zweite Überraschung sorgt. Er behauptet, auch die Anwesenheit aller Kardinäle werde das Problem nicht lösen. Bei der Vollversammlung werde es ebenso unvereinbare Standpunkte geben wie im Augenblick auch. Abgesehen davon sei es durchaus möglich, daß manche Kardinäle erst am Beisetzungstage in Rom eintreffen würden. Angesichts der unvermeidlichen öffentlichen Aufbahrung könne man so lange aber nicht warten. Ebensowenig könne man »aus praktischen Erwägungen« die Entscheidung über spätestens Montag hinausschieben.

Felici hat sich mit dem Techniker unterhalten und weiß daher einiges über die nach dem Tode eintretenden chemischen Umsetzungen. Er schlägt vor, den Leichnam des Papstes von drei Ärzten äußerlich untersuchen zu lassen. Jeder der drei sollte im Anschluß daran einen unabhängigen Bericht über die ›medizinische Ratsamkeit‹ einer Autopsie anfertigen. Diese Berichte würden den Kardinälen bei ihrer nächsten Zusammenkunft am kommenden Montag zur Verfügung stehen.

Felici empfiehlt einen römischen Pathologen und zwei weitere Ärzte.

Nachdem keine Wortmeldungen mehr erfolgen, läßt Villot abstimmen.

Neunundzwanzig Kardinäle unterstützen Felicis Vorschlag.

✳

Höflich, aber wachsam führt Lorenzi einen Trupp Arbeiter durch die päpstlichen Gemächer. Sie überprüfen gemeinsam, ob alle persönliche Habe entfernt worden ist. Es ist früher Samstagnachmittag. Bevor die Nonnen gingen, hatten sie alle Spuren ihrer Anwesenheit gelöscht. Vincenza hat ihr persönliches Weihwasserbecken, das schwarze Holzkreuz über ihrem Bett, ein paar zerlesene Bücher, ein Marienbild sowie die Thermosflasche eingepackt und mitgenommen, die sie sich abends neben das Bett zu stellen pflegte, um gegebenenfalls einen Schluck zu nehmen.

In den letzten vierundzwanzig Stunden haben die Arbeiter jede Spur, die noch auf Gianpaolo verwies, aus diesen Gemächern getilgt. Gummibereifte Karren wurden durch die Zimmer gerollt und mit Kisten und Kästen beladen, die Lorenzi, oftmals den Tränen nahe, gepackt hatte. In einer Pappschachtel befinden sich Gianpaolos von Gammarelli angefertigte Soutanen und sonstige Kleidungsstücke, die zum Teil noch original in Seidenpapier verpackt sind. In einem anderen Karton findet sich Gianpaolos auch zahlenmäßig bescheidenes Schuhwerk: das Oberleder abgenutzt; Absätze, die dringend hätten gerichtet werden müssen. Dazu kommt ein Paar alter Filzpantoffel, wie man sie bei manchen aus der Mode gekommenen Herrenausstattern noch kaufen kann. In zwei Kisten befinden sich Gianpaolos Privatpapiere sowie seine persönliche Korrespondenz: Briefe von Freunden und Verwandten; alte Geburtstags- und Weihnachtskarten; von Politikern aus aller Welt stammende Glückwunschschreiben zu seiner Inthronisierung; Briefe von Bischöfen und Priestern, die ihm ein langes Pontifikat wünschten; von mühsamer Kinderhand geschriebene Anfragen aus seiner alten Diözese, ob man ihn auch im Vatikan besuchen dürfe. Unter Gianpaolos Büchern fand sich eine erstaunliche Anzahl zeitgenössischer Romane, eine populäre Darstellung der Weltgeschichte, etliche naturwissenschaftliche Bände sowie natürlich die philosophischen und theologischen Klassiker, auf die er beim Schreiben der ›Illustrissimi‹ immer wieder zurückgriff. Neben Magazinen und Zeitschriften gibt es Schnellhefter mit Zeitungsausschnitten, die er aufhob, um bei der Ausarbeitung seiner die Welt faszinierenden Ansprachen Aktuelles recherchieren zu können. Auch der Kassettenrecorder wurde eingepackt, mit dessen Hilfe probierte Gianpaolo bisweilen einen Satz oder auch größere Zusammenhänge einer besonders wichtigen Rede aus: er spielte sich die Bänder so lange vor und besprach sie immer wieder aufs neue, bis er mit Aussage und Duktus hundertprozentig zufrieden war. Die Fotos von Gianpaolos Angehörigen hat Lorenzi einzeln in alte Zeitungen eingewickelt, die der Papst aufbewahrt hatte. Die persönlichen Gemälde und Radierungen des Papstes wurden von Lorenzi ebenso sorgsam verstaut wie die farbenfrohen Kissen und sonstigen Dekorationsstücke, mit denen Vincenza Gianpaolos Privaträume etwas wohnlicher gemacht hatte. Die Büchsen und Gläser, in denen sie Gianpaolos Nüsse, Kaffee und Zucker aufbewahrte, befinden sich in einem kleinen Extrakarton. Alles wurde systematisch verpackt, etikettiert und in einen Lagerkeller des Apostolischen Palastes geschafft. Alles in allem sind es über dreißig Packstücke, die bei nächster Gelegenheit den Angehörigen des Verstorbenen übergeben werden.

Ganz zum Schluß führt Lorenzi die Handwerker ins Arbeitszimmer. An keiner anderen Stelle als hier war ihm bislang deutlicher sinnfällig geworden, was der Tod eines Papstes bedeutet. Besonders schmerzlich ist dem Sekretär die Erinnerung an jenen Augenblick, da Villot, nachdem er gerade nebenan Gianpaolo offiziell für tot erklärt hatte, mit dem Pontifikalring, den er Gianpaolo vom Finger gezogen hatte, in der Hand in dieses Arbeitszimmer getreten war. Er hatte Lorenzi um einen Briefumschlag gebeten, in den er den Ring wie nebenbei hineinwarf. Später wird er vor den versammelten Kardinälen feierlich zerbrochen werden. Villot hatte den Sekretär brüsk informiert, daß in Kürze Beamte des Staatssekretariats erscheinen, um alle offiziellen Unterlagen des Papstes einzusammeln und mitzunehmen. Die Papiere und sonstigen Belege hatten drei große Kisten gefüllt.

Der Schreibtisch, an dem Gianpaolo sich durch die Papiergebirge hindurcharbeitete, ist nunmehr leer und abgeräumt. Die auf dem Fußboden verstreuten Akten wurden aufgelesen, die Wandkarte abgehängt. Das Arbeitszimmer wirkt kahl wie ein Ausstellungsraum.

Um sich noch einmal abschließend zu vergewissern, daß auch nichts vergessen wurde, kontrollieren die Männer jeden Spind und jede Schublade. Sie kamen ihrer Aufgabe von Anfang an praktisch schweigend nach. Anfangs dachte Lorenzi, sie sagten vielleicht aus Respekt nichts, oder weil ihnen der Umgang mit den privaten Besitztümern eines Papstes peinlich sei. Nach und nach hat er indes begriffen, daß die Arbeiter bloß gleichgültig sind: sie stehen bereits den größten Teil ihres Berufslebens in vatikanischen Diensten, und Handreichungen für Päpste und mächtige Prälaten haben für sie längst jeden Reiz verloren. Die Männer sind größtenteils gelangweilt. Da es nichts zu sagen gibt, schweigen sie halt.

Nachdem er befriedigt festgestellt hat, daß das Arbeitszimmer ausgeräumt ist, führt Lorenzi die Männer ins Schlafgemach des Papstes hinüber.

Es fällt dem Sekretär noch immer schwer, jenen Raum zu betreten, in dem unmittelbar nach Gianpaolos Tod so rege Geschäftigkeit herrschte. Den ganzen Freitagvormittag zog eine endlose Prozession durch das Schlafzimmer: der für die Vatikanstadt zuständige Geistliche, der Gianpaolos sterbliche Hülle segnete; der Präsident des Staatsrats, der auf die Leiche starrte und so still wieder ging, wie er gekommen war; die Prälaten der Päpstlichen Kammer; der Almosenpfleger Seiner Heiligkeit; Kardinäle und Bischöfe. Lorenzi ist erstaunt, wie viele Leute das Verlangen, wenn nicht gar ein Recht darauf hatten, ans Totenbett zu treten, zu gucken und miteinander zu flüstern. Martin und Villot gingen ständig ein und aus, beratschlagten, planten und entschieden weniger ehrfurchtsvoll als vielmehr unauffällig und geschäftsmäßig.

Im Gegensatz zu der mit Magee getroffenen Vereinbarung waren der Techniker und sein Gehilfe bereits im Laufe des Freitagvormittags wiedergekommen; zu der Zeit war Magee schon fort. Die Ankunft der beiden gab Villot Anlaß, alle aus dem Schlafzimmer hinauszuschicken. Lorenzi wußte bereits, daß es keine Autopsie geben würde, solange sich das Kardinalskollegium in dieser Sache nicht festgelegt hatte. Genausogut wußte er aber auch, daß sich eine Obduktion nicht mehr vornehmen ließ, nachdem der Leichnam mit der Flüssigkeit der Epic Corporation vollgepumpt worden war. Nachdem sich der Techniker und sein Gehilfe eine Stunde im Schlafzimmer zu schaffen gemacht hatten, gingen sie wieder.

Der Sekretär kehrte als einer der ersten in das Sterbezimmer zurück. Gianpaolo lag in vollem Ornat auf dem Bett, die Mitra auf dem Kopf. Die Arme ruhten gekreuzt über der Brust; die Handgelenke waren mit Puder bestreut, um die von den Stricken herrührenden Hautabschürfungen zu kaschieren. Aber ohne Brille und mit fest verschlossenem Mund, denkt Lorenzi, hat der Papst wohl nur wenig Ähnlichkeit mit dem lächelnden Mann und dessen strahlendem Blick, dem er so lange voller Zuneigung gedient hatte.

Kurz darauf trugen Schweizergardisten den Leichnam in die Sala Clementina hinüber. Hier, in der hochgewölbten Vorhalle der päpstlichen Gemächer, wurde Gianpaolo unter den unvergleichlichen Kunstwerken von Giovanni und Cherubino Alberti und Paul Bril aufgebahrt. Die Schweizergarde übernahm die Totenwache.

Das war vor sechsundzwanzig Stunden gewesen.

Inzwischen wirkt das Schlafzimmer vollkommen trostlos. Ein einfaches Laken bedeckt die Roßhaarmatratze des altertümlichen Bettgestells. Die Nachttischlampe und der Teppichläufer sind fort. Der Betschemel steht verloren in einer Ecke. Die Bonbonschale fehlt. Auch Gianpaolos Toilettenartikel wurden eingepackt und aus dem Bad entfernt.

Lorenzi ist gekommen, um die einzige – und in seinen Augen zugleich symbolträchtigste – unter Gianpaolos Habseligkeiten zu holen, die noch nicht fortgeräumt wurde. Auf dem obersten Brett des Kleiderschrankes in einem Pappkarton liegt Gianpaolos inzwischen trockengereinigte Kardinalsrobe, die er in der Sixtinischen Kapelle ausgezogen hatte, um sich von Gammarelli die päpstlichen Gewänder anlegen zu lassen. Lorenzi nimmt den Karton unter den Arm und verläßt bedrückt das Schlafzimmer.

Einer der Männer schließt die Schranktür. Ein Schweizergardist wartet, bis alle das Schlafgemach verlassen haben, schließt dann die Tür und folgt den übrigen über den Flur.

Vor dem Eingang zu den päpstlichen Gemächern warten Villot und Martin. Sie treten wortlos beiseite, lassen Lorenzi und die Arbeiter vorbei. Nachdem sich Gardisten neben der Tür postiert haben, holt Villot einen Schlüssel aus der Tasche und versperrt die Tür, danach versiegelt Martin sie mit Bleistreifen, die erst wieder entfernt werden, wenn ein neuer Papst gewählt ist. Zwischenzeitlich wird niemand mehr die Räumlichkeiten betreten.

*

Boten des Vatikansenders haben den ganzen Tag lang Kopien offizieller Beileidsschreiben zu MacCarthy an den Schreibtisch gebracht. Majestäten, Staatsmänner, geistliche und weltliche Führer aus nahezu allen Ländern kondolierten fernschriftlich, telegrafisch oder telefonisch. Das Staatssekretariat ertrank förmlich in Beileidsbekundungen. Die Fernmeldeeinrichtungen des Außenamtes sind blockiert: aus aller Welt gehen die Berichte von Nuntien ein, die die tiefe Trauer der Bevölkerung ihrer Aufnahmeländer schildern. Alibrandi zum Beispiel hat in einem grandiosen Gemälde Schmerz und Trauer der Iren heraufbeschworen. Tausende von Katholiken – darunter bedeutende Persönlichkeiten wie Edward und Ethel Kennedy, aber auch völlig unbekannte wie eine Familie aus Berlin – gaben ihrem Schmerz Ausdruck. Die deutsche Familie sprach in ihrem Telegramm von »unserem Kummer über das Dahinscheiden eines teuren Freundes«.

MacCarthy zweifelt, ob im Vatikan jemand voll erfaßt, in welchem Maße die Durchschnittsbevölkerung sich mit dem Papst verbunden fühlte, nachdem sie seine Reden gelesen, im Radio gehört oder Gianpaolo auf dem Bildschirm gesehen hatte. Und nicht nur Katholiken waren von ihm angetan: Anwar el Sadat übermittelte telegrafisch eine aufrichtige Würdigung; Indira Gandhi sandte eine rührende Traueradresse. Die Anteilnahme im Ausland wurde durch Ausnutzung der Übertragungsmöglichkeiten sicherlich verstärkt: Der Film über die Aufbahrung des Papstes wurde zur selben Zeit nach Neuseeland wie in die Sowjetunion übertragen.

Das allgemeine Trauern unterscheidet sich sehr von der Anteilnahme an Pauls Tod. Seinerzeit waren die Kondolenzschreiben steif und förmlich, als ob Zwanglosigkeit selbst dem toten Paul gegenüber nicht angebracht sei. Diesmal aber sind die Schreiben oft rührend ungezwungen: eine Gruppe italienischer Kinder, die er bei seiner letzten Mittwochsaudienz empfangen hatte, sandte ein gemeinsames Telegramm: WIR WERDEN DICH SEHR VERMISSEN. Dies ist das allgemeine Empfinden, obwohl es nur selten so bündig ausgesprochen wurde. Kurt Waldheim, Generalsekretär der Vereinten Nationen, rief selbst im Vatikan an. »Er strahlte Hoffnung und Wärme aus. Seine Offenheit, seine Schlichtheit und seine Aufrichtigkeit bezeugten seinen klaren Willen, sein hohes Amt im Sinne der entscheidenden Ziele der gesamten Menschheit zu nutzen.« Das war, auf eine knappe Formel gebracht, der überwiegende Eindruck.

MacCarthy schreibt diese Würdigung ab. Sie läßt sich gut für den vorletzten Absatz seines Skripts, das er über die Reaktionen der Weltöffentlichkeit ausarbeitet, verwenden. Er braucht aber noch einen Schlußgedanken, in dem der von den einfachen Leuten empfundene große Verlust zum Ausdruck kommt.

MacCarthy blättert noch einmal den Stapel der Kondolenzschreiben durch. Obschon viele recht ergreifend sind, kann MacCarthy nichts entdecken, was seinen Vorstellungen entspricht.

Dann fällt ihm ein, wie er selbst auf die Todesnachricht reagiert hatte: »Es ist gerade so, als ob eine Gemeinde ihren Pfarrer verloren hätte.«

Diesen Satz schreibt er auf.

✻

Greeley bildet sich gerade wieder einmal die verschiedensten Meinungen. Er ist fassungslos über die Aufdringlichkeit und Rücksichtslosigkeit der Reporter in der Sala Clementina. Er ist sicher, daß Gianpaolo das Papsttum bis in seine Grundfesten erschüttert habe. Er denkt: »Die große Frage ist, ob die jetzt einfach ihre Notizen vom letzten Mal vorholen und allesamt dasselbe tun – und einfach den mit dem zweitbesten Ergebnis raussuchen.« Er glaubt, daß die Zeit zwischen der Beisetzung und dem Beginn des Konklave – bloß zehn Tage – Benelli »vielleicht weniger Gelegenheit gibt, ein Komplott auszuhecken«.

Greeley ist eben unverbesserlich. An diesem Samstagabend steht er als einer von Hunderttausend inmitten der Menge auf dem Petersplatz und wartet darauf, daß die Bahre auf den Schultern der päpstlichen Thronträger aus dem Apostolischen Palast über die Piazza in den Petersdom getragen wird.

Trotz des angenehm warmen Abends und der ehrfürchtigen Stimmung der Menge fühlt sich Greeley irgendwie schlecht gelaunt. Was ihn diesmal vergrätzt, ist der Umstand, daß er der Verlautbarung des vatikanischen Pressebüros, der Papst sei über der Lektüre der ›Nachfolge Christi‹ gestorben, aufgesessen war. Jetzt behauptet Lorenzi, daß der Papst »persönliche Papiere« gelesen habe. Ferner gibt der Sekretär »einer großen Bekümmerung die Schuld am Tod des Papstes; er hatte, bevor er sich abends zurückzog, von terroristischen Mordanschlägen gehört, und war darüber zutiefst betroffen«. Das nun muß Greeley ziemlich verwirrend vorkommen, und er beginnt sich langsam zu fragen, ob er nicht vielleicht doch bloß ein naiver Amerikaner sei. Natürlich hat er von Anticos Behauptungen gehört. Aber die Theorie, es habe eine Verschwörung zur Ermordung des Papstes gegeben, nimmt Greeley nicht ernst. Außerdem hat er im Augenblick wichtigere Sorgen: er muß sich klarwerden, wer nächster Papst wird. Daß er beim letzten Mal falsch lag, hindert ihn nicht daran, es noch einmal zu versuchen.

Aber nicht nur ihm allein geht es so.

*

Felici hat sich drei Fachleute kommen lassen und recherchiert mit ihrer Hilfe im Archiv. Das Stück blauer Himmel über den hochragenden Außenmauern des Geheimarchivs wich inzwischen tintenschwarzer Nacht. Auf dem Hof draußen zerrt der Wind an den alten Orangenbäumen und droht die schlafenden Tauben davonzuwehen.

Was Felici und seine Helfer an diesem Samstagabend an ihren altersgeschwärzten Arbeitstischen bis in die tiefe Nacht festhält, ist das außergewöhnliche Leben des Papstes Pius VII., den Napoleon wie einen gemeinen Verbrecher zu arretieren und nach Frankreich zu verschleppen wagte. Band für Band wird von den Archivbediensteten herangeschleppt; sie stammen oft aus den geheimsten Ecken dieses geheimsten aller vatikanischen Gebäude. Weil manche Bände so schwer und unhandlich sind, gehört zu jedem Arbeitstisch ein versenkbares Lesepult.

Felici ist gleich nach der Kardinalskonferenz in der Sala Bologna hierher gekommen. Er ist ganz sicher, daß ihm sein Gedächtnis keinen Streich gespielt hat; irgendwo hier in diesem Labyrinth von Millionen einzigartiger Bücher und Dokumente gibt es seiner Ansicht nach eines, das König des Irrtums überführt; es *gibt* den Präzedenzfall einer päpstlichen Autopsie.

Von irgendwoher aus seinem wunderbaren Gedächtnis kommt die Eingebung, bei Pius VII. sei eine Leichenöffnung vorgenommen worden.

Antonio Samore, der Kardinal-Archivar, meint, es schon mit besseren Anhaltspunkten zu tun gehabt zu haben; aber Felici läßt sich von seiner Eingebung sofort stimulieren, legt eine solche Energie und Begeisterung an den Tag, daß Samore und seine beiden Mitarbeiter angesteckt werden und sich sofort an dieser geistigen Schnitzeljagd beteiligen. Die Spuren sind über hundertfünfzig Jahre alt.

Niemand vermag sich auf dieser Reise in die Vergangenheit besser an den Hindernissen vorbeizutasten als die beiden Monsignori, die Samore zu Hilfe geholt hat: der eine ist der sanftmütige, belesene Martino Giusti, seines Zeichens Präfekt des Archivs; der andere heißt Charles Lamb, ist Oberarchivar und stammt aus Schottland, was sich auch nach zwanzigjährigem Rom-Aufenthalt noch an seinem Akzent erkennen läßt.

Die vier haben die am ehesten in Betracht kommenden der 684 Registerbände nach Hinweisen durchforstet; eine mühselige Arbeit, denn die meisten Eintragungen sind handschriftlich vorgenommen worden und kaum noch entzifferbar. Anders aber kann man sich in diesem nur wenigen zugänglichen Lagerhaus der Geheimnisse nicht gezielt an das Gesuchte heranarbeiten.

Die Suche wird durch den Umstand besonders erschwert, daß Dokumente und Unterlagen über Leben und Zeit Pius' VII. nicht chronologisch für sich geordnet sind, sondern sich wie bei anderen Päpsten auch unter den diversen Rubriken wiederfinden. Sie sind zum Teil bei den ›armadi‹ abgelegt, in den ›Miscellanea‹-Schränken, deren Register in griechischer Schrift gehalten sind, andere liegen unter den ›fondi‹, deren Dokumente lediglich onomastisch, also namentlich registriert sind.

Mit dem Instinkt des Spielers hat Felici indes alle Schwierigkeiten beiseite gewischt. Er *wisse*, wiederholte er, daß sich irgendwo hier in diesem Gebäude das Gesuchte befindet.

Lamb schlägt vor, die Suche mit der Bibliothek der Familie Chigi zu beginnen. Der Vatikan gelangte zu Beginn des Zweiten Weltkrieges in den Besitz der Bibliothek, als viele große europäische Privatarchive aus Sicherheitsgründen dem Vatikan übergeben wurden, weil man ihn – ebenso wie vor Zeiten die Zufluchtsstätte Hawaii – vor Kriegsauswirkungen für sicher hielt. Die Familie Chigi hatte wie die Borgheses jahrhundertelang zum päpstlichen Hof gehört und sich als Sammler und heimliche Chronisten der vielen Geheimnisse vieler aufeinanderfolgender Päpste betätigt.

Diese Bibliothek ist im Gegensatz zu manchen anderen bestens katalogisiert und geordnet.

In Windeseile haben sich die vier Männer in jene Epoche vertieft, die mit der Nacht des 6. Juli 1809 begann, als Pius seine Gemächer verließ und über die große Treppe in den Ehrenhof hinabging, der bereits von Napoleons zur Arretierung ausgeschickten Soldaten profaniert worden war. Die Chigi-Papiere behandeln die zweiundvierzigtägige erzwungene Reise des Papstes in allen Einzelheiten. Sie führte den Gefangenen von Italien über die Alpen nach Grenoble, Avignon und über Nizza zurück in die winzige Festung Savona am Golf von Genua. Dort vegetierte Pius VII. über zwei lange Jahre vor sich hin.

Weiter heißt es in der Chigi-Chronik, daß Napoleon im Juni 1812 unter den Engländern einen Plan zur Rettung des Papstes bemerkte. Trotz seiner angegriffenen Gesundheit – Felici liest mit sich belebendem Interesse von einem mysteriösen Magenleiden des Papstes – wurde Pius VII. bei Nacht und Nebel nach Fontainebleau geschafft, wo er knapp drei Jahre festgehalten wurde.

Im März 1814 freigelassen, kehrte Pius VII. im Mai nach Rom zurück.

Felici ist sicher, sich zu erinnern: noch nicht genügend, aber es wird langsam. Er ist schon einmal hier gewesen und hat sich mit den wohlgeordneten Chigi-Unterlagen befaßt. Ihm fällt der Anlaß zwar nicht ein, aber darum geht es auch gar nicht. Jedenfalls nicht im Augenblick. Den anderen sagt er, die Suche könnte bald ein Ende haben.

Nun befassen sich auch die anderen mit dem Gebiet, das Felici absucht: die Endphase des Pontifikats Pius' VII.

Es bleibt eine anstrengende Angelegenheit. Querverweisen muß nachgegangen werden, so daß Lamb und Giusti immer wieder neue Bände heranschleppen müssen. Niemand macht sich etwas daraus. Felicis hartnäckige Suche begeistert sie so, daß ihnen die Nachforschungen an sich schon Spaß machen.

Felici liest weiter; seine Erregung überträgt sich, als er auf den langen Bericht über den Todeskampf eines Papstes kommt, der ohnehin schon genug zu leiden hatte. Der allgegenwärtige Chigi notierte am Ende eines dreiundzwanzigjährigen, von politischen Umwälzungen erschütterten Pontifikats die letzten Worte des Sterbenden: Savona und Fontainebleau.

Am Ende seines Berichts gibt Chigi als wahrscheinliche Todesursache Herzschwäche an.

Felici ist ratlos. Das kann doch nicht sein; er ist sicher, daß ihn sein Gedächtnis nicht im Stich gelassen hat. Er dreht den Wälzer um. Dort, auf der Rückseite, findet sich ein weiterer irritierender Querverweis; wieder einmal muß unter den ›fondi‹ gesucht werden.

Lamb holt ein paar Archivalien heran und legt sie schweigend auf Felicis Lesepult.

Der Kardinal ist nun noch verblüffter als eben. In diesen ›buste‹ finden sich Zeugnisse des 20monatigen Pontifikats Pius' VIII.

Dann fällt es Felici *wirklich* ein. Er irrte. Sein Gedächtnis spielte ihm doch einen Streich. Aber dann hat er rein instinktiv die Antwort gefunden. Vor langen Jahren war er über den Hinweis, dessentwegen er seit sechs Stunden mit den drei Männern Band für Band durchging, gestolpert, als er sich hier im Archiv in die Geschichte päpstlicher Medaillen eingelesen hatte. Paul brauchte diese Informationen, und aus irgendwelchen Gründen beharrte Felici darauf, sie für ihn zu beschaffen. Dabei stellte er fest, daß die ›benemerenti‹, die Medaillen, die für herausragende Dienste an der Kirche verliehen werden, von Pius VIII. geschaffen worden waren. Und in dem Band, der so viele Einzelheiten aus dem überwiegend farblosen und untadeligen Leben dieses Papstes enthielt, fand sich ein flüchtiger Anhaltspunkt. Es handelte sich um einen weiteren Querverweis auf dem Innendeckel der ›busta‹.

Nun zweifelt Felici nicht länger. Wenige Minuten später bringt Lamb die entsprechende ›busta‹ herbei. Er lächelt. Felici vermutet, daß sich der Archivar schon informierte. Das aber schadet nicht: Lamb darf sich ebenfalls einem Gefühl des Triumphes hingeben.

Die drei umringen Felici, der nun die ›busta‹ öffnet. Sie enthält das Originaltagebuch des Fürsten Flavio Chigi.

Felici liest Chigis Bericht vor: der Papst habe vor seinem Tode unter »häufigen Krämpfen« gelitten. Felici blättert um und verfolgt mit dem Finger auf dem Pergament die mit der Gänsefeder geschriebenen Zeilen.

Zum Schluß findet er das Gesuchte. Chigi berichtet detailliert, wie am Tage nach dem Tode des Papstes insgeheim eine Autopsie vorgenommen wurde, um festzustellen, ob er vergiftet worden war. Die obduzierenden Ärzte befanden »die Organe« für gesund, man bemerkte lediglich eine gewisse Schwächung der Lunge, und manche sagten, sein Herz sei schwach gewesen.

Felici lächelt triumphierend. Er hat seinen Präzedenzfall.

*

Vielleicht ist Benelli gedankenlos, vielleicht ist es ihm aber auch egal. Er wurde jedoch zufällig belauscht, und seine Worte kamen Journalisten zu Ohren, die zur Berichterstattung über Gianpaolos Beisetzung und das anschließende Konklave nach Rom gekommen sind. Das Beobachten der Kardinäle ist wieder in Mode gekommen. Kein Mitglied des Heiligen Kardinalskollegiums kann damit rechnen, sich auf dem Weg in die Sixtinische Kapelle der Überwachung durch die Informationssammler und Tipgeber entziehen zu können.

Die Medien sind noch nicht allzulange am Heiligen Stuhl interessiert. Fünfzig Jahre lang brachten nur wenige Zeitungen neben der rein katholischen Presse regelmäßig Berichte aus dem Vatikan. Sogar der ›Osservatore Romano‹ gibt erst seit 1927 päpstliche Äußerungen direkt wieder. Das Pressebüro wurde 1945 eröffnet und hielt es von Anfang an so, daß kein Reporter dort direkte Fragen stellen und auf Antwort hoffen könnte. In der Regel lassen sich über das Pressebüro auch keine Interviews mit Verantwortlichen des Vatikans vereinbaren. Infolgedessen hat sich ein Informantensystem entwickelt.

Manche Informanten arbeiten auf Bestellung. Einige, Paolo Rossi zum Beispiel, finden auf diese Weise ein hübsches Auskommen. Rossi fiel einmal ein Vorausexemplar des ›Annuario Pontificio‹ in die Hände. In dem rot eingebundenen Jahrbuch ist die gesamte kirchliche Hierarchie der Welt dargestellt; es dient den Kurialbeamten daher als unentbehrliches Nachschlagewerk, sozusagen als ›Who's Who?‹. Das Jahrbuch erscheint seit 1716 jeden Januar; das erste Exemplar eines neuen Jahrgangs bekommt jeweils der Papst. Einmal jedoch kam ihm Rossi zuvor, weil er von Insidern erfahren hatte, daß aus dem neuesten Handbuch hervorging, dem Familienoberhaupt der Orsinis – die den Päpsten länger als jede andere römische Familie gedient haben – sei der traditionelle Posten eines päpstlichen Thronassistenten abhanden gekommen. Auf diese Weise zeigte der Papst sein Mißvergnügen darüber, daß Fürst Filippo Orsini, einer der erfolgreicheren verheirateten Playboys Roms, mit einer berühmten Schauspielerin etwas zu intensiv befreundet war. Rossi verriet das Geheimnis, noch bevor das Jahrbuch erschien. Inzwischen ist er seit zwanzig Jahren auf der Jagd nach solchen Delikatessen. Er rühmt sich kirchlicher Kontakte jeglicher Art. Rossi ist mit Sicherheit korrupt; und ein Grund seines Erfolges ist ganz eindeutig, richtige Ahnungen zu haben.

An diesem Samstagabend hat er für sich und einen Begleiter einen Tisch in jenem römischen Restaurant reservieren lassen, wo man mit Fug und Recht erwarten kann, auf mindestens einen Kardinal zu stoßen: ›L'Eau Vive‹ in der Via Monterone, einer kleinen Straße in der Nähe des Pantheons, die von Touristen gewöhnlich übersehen wird. Rossi weiß besser als jeder andere, daß in diesem Lokal die arrivierten Angehörigen des Vatikans zu speisen pflegen: neunzig Prozent der Gäste gehören zur Kirche. Für einen einfachen Gemeindepfarrer liegen die Preise zu hoch; selbst Monsignori müssen erst sparen, wenn sie dieser kulinarischen Sehenswürdigkeit einen Besuch abstatten wollen. Die ›bons vivants‹ werden nicht nur von den vorzüglichen Speisen und Getränken angelockt; ausschlaggebend ist die Bedienung. ›L'Eau Vive‹ wird von einem weiblichen Missionsorden geführt. Die Schwester Geschäftsführerin hat jene Mädchen, die an den Tischen bedienen, mit größter Sorgfalt ausgesucht. Jedes von ihnen ist jung, oft gar hochgewachsen und auffallend hübsch: alle haben mit besonderer Erlaubnis ihre Ordenstracht mit dünnen, eng anliegenden, aber züchtig geschnittenen eleganten Kleidern vertauscht – von denen manche gar geschlitzt sind und sehr viel dunkel-bestrumpftes Bein sehen lassen. Allein die goldenen Kreuze an den Halsketten der Serviererinnen weisen auf ihr Gelöbnis hin. Ihrer angenehmen Stimmen und ihres warmen Lächelns gedenkt man oft noch lange, nachdem jede Erinnerung an das ausgezeichnete Essen verblaßte. Für die empfänglichen Prälaten ist mit diesem Vergnügen keinerlei Versuchung verbunden.

Mit einem Trick, den er nicht zum ersten Male anwendet, hat Rossi einen Tisch im begehrten Hinterzimmer bekommen, wo die Kardinäle zu speisen pflegen. Er trägt einen schwarzen Klerikeranzug mit Goldkreuz auf dem Rockaufschlag. Sollte man seine Rolle anzweifeln, will er behaupten, Redakteur eines Erbauungsblattes zu sein. Er sieht auch entsprechend aus, und in all den Jahren, seit er hierher kommt, um zu lauschen und anschließend mit seinen Informationen hausieren zu gehen, ist er noch nicht einmal aufgefallen.

Aber mit so viel Glück wie heute abend hatte er denn doch nicht gerechnet.

An einem Ecktisch sitzt nicht nur Benelli, sondern bei ihm sind noch zwei weitere Kardinäle, nämlich Suenens und Willebrands. Die drei gehören zu einer lockeren Gruppierung, die sich nach Auffassung von Leuten wie Greeley seinerzeit für Luciani starkgemacht haben soll.

Die drei haben gut gegessen, sich dabei aber nur über Allgemeinheiten unterhalten. Erst als der mit einem Schuß Anisschnaps wohlriechend angereicherte Kaffee serviert wird, nimmt die Unterhaltung einen ernsteren, für Rossi mithin interessanteren Verlauf.

Zu Beginn gibt Suenens zu bedenken, daß die Probleme der Kirche wieder so sind wie bei Pauls Tod: es ist unbedingt erforderlich, die Rolle der Bischofssynode zu bestimmen, die Konfrontation zwischen den moralischen Prinzipien der Kirche und den ethischen Vorstellungen einer modernen Laiengesellschaft beizulegen; die besonderen Probleme der Dritten Welt zu lösen; die Beziehungen zu den osteuropäischen Regierungen zu stabilisieren und – vielleicht als wichtigstes von allem – Mittel zu finden gegen das Nachlassen des religiösen Eifers innerhalb und außerhalb der Kirche. Es ist kaum einen Monat her, seit sich Gianpaolo mit diesem Problem zu beschäftigen begann. Es gab Anzeichen dafür, daß er sie packen würde, aber niemand könnte ernsthaft behaupten, daß das, was er hinterließ, über bloße Verheißungen weit hinausging. Gianpaolo hat wirklich erkennen lassen, daß er anders war. Aber niemand wüßte zu sagen, worin. Gleichwohl darf die Kirche nicht in die Paulinische Ära zurückfallen. Der von Gianpaolo begonnene Dialog muß fortgesetzt werden.

Benelli nickt von Zeit zu Zeit. Rossi sieht darin mehr einen bloßen Akt der Höflichkeit, bezieht vielmehr das Nicken auf Suenens' ›Eröffnung‹.

Die lautsprecherverstärkte Stimme der Geschäftsführerin läßt jede Unterhaltung verstummen. Die Serviererinnen müssen sich vor der großen Marienstatue aufstellen, die in einer Ecke des Restaurants in einer nachgebildeten Grotte thront. Mit andächtig gefalteten Händen und leuchtenden Augen starren die Mädchen die Gipsmaria an. Die Lautsprecherstimme der Geschäftsführerin fordert die Speisegäste auf, von der Spezialität des Hauses Gebrauch zu machen: mit den Mädchen gemeinsam zum Kaffee eine Hymne zu singen.

Die vollen Stimmen der drei Kardinäle geben den zeitlosen Worten des ›Ave di Lourdes‹ besonderen Nachdruck.

Anschließend greift Willebrands den Gesprächsfaden wieder auf. Während des nächsten Pontifikats müsse der Bischofssynode sicherlich eine bedeutendere Rolle zugestanden werden; auf diese Weise könne der Papst die von Suenens angedeuteten Probleme am effizientesten lösen. Wenn den Bischöfen mehr Vollmachten übertragen würden, könnten sie wohl ohne weiteren theologischen Aderlaß die Rebellion eines Lefèbvre oder Küng wirksam beenden. Das ginge mit Sicherheit nicht auf einen Schlag und setze gegenseitiges Geben und Nehmen voraus; aber nichts von alledem ließe sich erreichen, wenn zwischen der Synode und dem nächsten Papst nicht eine verstärkte arbeitsteilige Beziehung entwickelt würde.

Benelli nickt immer wieder zustimmend. Mit seiner aggressiven Stimme, die seine Gesprächspartner oft verärgert oder einschüchtert, wirft er ein: Was es denn mit den Jesuiten auf sich habe? Man denke doch nur einmal daran, wie Arrupe auf Gianpaolos Tod reagierte; sein knappes Statement habe doch wohl weniger Trauer als vielmehr Stoizismus ausgedrückt. Deute dies nicht darauf hin, daß die Gesellschaft Jesu wie bisher weiterzumachen gedenke? Sollte der neue Papst nicht ein für allemal über sie kommen und Arrupe, wenn nötig, in aller Öffentlichkeit ins Glied zurücktreiben?

Rossi ist ganz Ohr: das ist ja wirklich etwas ganz Neues – Benelli legt dar, wie man die Jesuiten bändigen sollte.

Der florentinische Kardinal aber hat sich in Fahrt geredet. Der nächste Papst müsse »energisch« sein, müsse die Progressiven ansprechen, »darf die Konservativen aber nicht vor den Kopf stoßen«. Er müsse von Beginn seines Pontifikats an spürbar über das Zweite Vatikanum hinausgehen, »ohne die Kurie zu enterben«. Auch sie müsse an der Niederwerfung der »Aufsässigen« beteiligt werden.

Rossi zweifelt nicht: was er hier zu hören bekommt, läßt sich nicht allein gut verkaufen, sondern ist von Benelli auch als Signal gedacht, daß er zur Kandidatur für das Amt des Papstes bereit und willens sei. Vielen Leuten werden die Gründe für Rossis Rückschluß nicht recht einleuchten, aber er hat Prälaten genügend lange gelauscht, um zu erkennen, welcher Sinn sich hinter oftmals dunklen Kardinalssprüchen verbirgt. Rossi glaubt genug gehört zu haben, um die Story verhökern zu können, daß der Erzbischof von Florenz, der rührige Giovanni Benelli, wieder einmal in den Ring gestiegen ist, um sein Recht auf Kandidatur zu verteidigen.

*

Am Montag, dem 2. Oktober, kurz vor elf Uhr, versammeln sich fünfundachtzig Kardinäle in der Sala Bologna. Alle sind gespannt und erwartungsvoll. Sie kennen das verbreitete Verlangen nach einer Autopsie und haben von der Verleumdungskampagne gehört; viele sind gern bereit zu glauben, daß das KGB seine Hand im Spiel habe. Was sonst, haben sich die Kardinäle auf dem Wege zu dieser Zusammenkunft gegenseitig gefragt, würde erklären, daß der Verdacht so lange so systematisch genährt wurde, bis eine der verantwortungsbewußtesten und gewissenhaftesten Zeitungen Italiens, der ›Corriere della Sera‹, jüngst geäußert hat, Gianpaolos Tod werfe so große Zweifel auf, daß »wir nicht verstehen können, wieso keine Autopsie vorgenommen wurde, zumal die Verfassung des Vatikans derlei nicht ausdrücklich verbietet«.

Felici hat den ganzen Sonntag über seine Freunde unter den Journalisten angerufen und sie zu einer Pressekampagne zugunsten einer Leichenöffnung zu bewegen versucht. Zunehmend mehr Zeitungs- und Rundfunkkommentatoren erwärmen sich für diesen Gedanken. Viele führen aus, daß die Welt das Vertrauen in offizielle Darstellungen von Ereignissen verloren habe – Watergate wird genannt, die Ermordung des Präsidenten Kennedy, die Untersuchungen im Mordfall Aldo Moro, der Lockheed-Skandal: mithin sollte man der von Villot gebilligten Version des Vatikans keinen Glauben schenken. In der Tat, Villots ausgeklügelte Darstellung der Todesumstände wurde zerpflückt, das Ansehen des Camerlengo hat innerhalb und außerhalb des Stadtstaats schwer gelitten.

Villot hat eine Akte vor sich, die die Eskalation der Kampagne belegt. Anticos ›Civiltà Cristiana‹ treibt weiterhin in den Medien ihr Unwesen. Villot ist jedoch zu der Ansicht gelangt, daß sich der Vatikan durch öffentliche Mißbilligung nur noch mißliebiger machte; an Antico persönlich heranzutreten ist für den Camerlengo zu abwegig, um auch nur ventiliert zu werden. Infolgedessen wird dem Generalsekretär dieser jüngst noch unbekannten Organisation weiterhin eine Aufmerksamkeit zuteil, wie sie gewöhnlich nur Staatsmännern von Rang vorbehalten bleibt. Antico selbst scheint jede Stunde zu genießen; und je mehr über seine Auffassungen berichtet wird, desto zahlreichere Unterstützung findet er.

Ein Adlatus Lefèbvres, so heißt es, stichelt – vermutlich scherzhaft: »Man kann nur schwer an einen natürlichen Tod glauben, wenn man bedenkt, wie viele Geschöpfe des Satans im Vatikan hausen.«

Eine spanische Organisation, die Fuerza Nueva – halbreligiös, profaschistisch und bis dato kaum bekannt – findet in den Medien breites Interesse für ihre Veralberung der vatikanischen Presseerklärung.

In Madrid malt ein unbekannter Philosophieprofessor aus, wie der Papst hätte ermordet worden sein können, und findet großen Widerhall.

Zeitungen, Rundfunk und Fernsehen sorgen dafür, daß die traurige Geschichte von Tag zu Tag größere Kreise zieht; alles und jeder wird in die Kampagne hineingezogen, sogar die Borgias, jene mittelalterlichen Päpste, die ihre Widersacher vorzugsweise mit Schierlingssaft vergifteten. Der Gerüchteküche kann gar nichts gräßlich genug sein. Kein Wunder, daß selbst die verständigsten der in der Sala Bologna versammelten Kardinäle zu der Ansicht gelangen, die ganze Angelegenheit werde vom KGB gesteuert.

Um elf Uhr werden die Saaltüren geschlossen; Villot eröffnet die Versammlung. Er verkündet, die drei Mediziner hätten ihre Gutachten erstellt. Mit ausdrucksloser Stimme verliest er den ersten Bericht.

Er stammt von den beiden niedergelassenen Ärzten. Sie geben zu, daß ihre Schlüsse weitestgehend auf dem ursprünglichen Untersuchungsergebnis Buzzonettis beruhen, der die Untersuchung ›höchstens sieben Stunden nach Eintritt des Todes‹ vorgenommen habe. Buzzonetti konnte keine Gesichtsverfärbung feststellen; keine Blutergüsse, die auf einen Schlag oder Hieb hindeuteten – statt dessen war die Haut ›kreideweiß‹, was auf Blut- beziehungsweise Sauerstoffmangel hinweise. Beide Ärzte halten nach reiflicher Überlegung Buzzonettis Diagnose für zutreffend: Myokardinfarkt, wahrscheinlich nach

Fibrillation, also unregelmäßiger Herztätigkeit: ein schneller Tod. Zur Autopsie bestehe kein Anlaß.

Der Pathologe ist anderer Ansicht als seine Kollegen. Aus ›rein medizinischer‹ Sicht könne er, da er die Leiche erst etwa achtundvierzig Stunden nach Eintritt des Todes untersucht habe, nicht mit letzter Sicherheit garantieren, daß der Tod auf einen schweren Herzanfall zurückzuführen sei, wenn er einen solchen Anfall auch für die wahrscheinlichste Todesursache halte. Um jedoch klinisch sicher sein zu können, müßte eine Obduktion vorgenommen werden.

Villot sagt, das medizinische Mehrheitsvotum sei »mehr als negativ«, eine Obduktion werde eindeutig abgelehnt. Wenn niemand etwas dagegen habe, wolle er jetzt über die Expertenansicht abstimmen lassen. Er legt eine Pause ein und schaut Felici über den Tisch hinweg bedeutungsvoll an.

Zum zweitenmal innerhalb zweier Tage verblüfft Felici seine Kollegen. Er sitzt mit verschränkten Armen da und schweigt. Später wird er sagen, er sei zu der Ansicht gelangt, daß es sinnlos sei, sich dem Urteil von Fachleuten zu widersetzen. Trotz seiner Knappheit wird dies der einzige Kommentar bleiben, den Felici sich zu dieser Angelegenheit gestattet: ein weiterer rätselhafter Punkt der Felici-Legende.

Villot wartet noch immer.

Manche Kardinäle, zum Beispiel Krol, Cooke, Cody und Carberry, sind gerade erst in Rom eingetroffen. Sie und der übrige nordamerikanische Block stehen fest zu König: eine Autopsie ist nicht nötig. Krol ist überzeugt: »Wenn es irgendwelche Gründe gegeben hätte, ein Verbrechen in Betracht zu ziehen, wäre der Vatikan ihnen nachgegangen. Das war nicht der Fall. Mithin gibt es keinen Anlaß zu offiziellen Dementis. Dadurch würden die Leute, die am lautesten nach Autopsie schreien, auch nicht zur Ruhe gebracht – gegen diese Leute ist sowieso nichts zu machen.«

Vicente Enrique y Tarancon und die übrigen spanischen Kardinäle sind ebenso eindeutiger Ansicht: eine Obduktion käme ausschließlich dem allgemeinen Sensationshunger entgegen. In der Runde erhebt sich beifälliges Gemurmel.

Villot spürt einen günstigen Wind und nutzt ihn sofort, um sich und den Vatikan aus den unseligen Schwierigkeiten, die einzig und allein auf seine anfängliche falsche Handhabung der Situation zurückzuführen sind, herauszulotsen: er läßt ganz schnell abstimmen.

Das Ergebnis ist nahezu einstimmig. Es wird keine Obduktion geben; man vertraut im stillen darauf, daß die Gerüchte verstummen werden, sobald sie keinerlei neue Nahrung mehr bekommen. König aber befürchtet schon wieder etwas.

Nachdem das KGB einen solchen Erfolg verzeichnen konnte, wird es sicher zu einem erneuten Versuch ausholen.

24

Aufbahrung und Totenfeier für Gianpaolo blieben bis zum Schluß schlicht. Mehr als sechshunderttausend einfache Leute – von der gleichen Art wie die Teilnehmer an seinen Mittwochsaudienzen – zogen an dem aufgebahrten Leichnam vorbei, ehe der Sarg am Mittwoch, dem 4. Oktober, unmittelbar vor der Beisetzung geschlossen wurde.

Die Meßworte entsprachen im großen und ganzen dem über Pauls Sarg gelesenen Requiem. Auch der Ort war derselbe: der Petersplatz. Dieses Mal aber fehlten Glanz und Glorie, die Großen und die Mächtigen. Die Vereinigten Staaten wurden von Jimmy Carters Mutter vertreten. Bürgermeister Edward Koch repräsentierte die Stadt New York. Jedermann war erleichtert, daß Präsident Videla zu Hause geblieben war und sich die Zeremonie im Fernsehen ansah. Einunddreißig Länder übertrugen die Feierlichkeiten auf dem Petersplatz; aber die größeren Sender zeigten keine Lust, ihre profiliertesten Kommentatoren nach Rom zu schicken. »Die Show haben wir doch erst letzten Monat gebracht«, sagte ein CBS-Verantwortlicher.

Während der anderthalbstündigen Trauerzeremonie regnete es ab und an. Der Wind drohte die große Osterkerze mehrfach zum Erlöschen zu bringen; die völlig durchnäßten Seiten der Bibel blieben beim Johannesevangelium aufgeschlagen.

Um genau 17.50 Uhr römischer Zeit trugen zwölf Kuttenträger den Sarg in die Basilika, von dort aus später in die Gruft. Der Sarg wurde in den Sarkophag, der bereits Gianpaolos Namen trug, gelegt. Darüber packte man eine schwere Steinplatte. Zwei fliegende Engel auf marmornem Flachrelief aus dem fünfzehnten Jahrhundert wachen über dem Grab des Papstes. Sie lächeln.

Dritter Teil

KONSPIRATION

Verworfen jenes Herz,
das Undenkbares denkt.
Verflucht jene Hand,
die Feuerwaffen lenkt.

BALLADE

25

Selbst wenn er, argwöhnisch geworden, versuchen sollte, die sorgfältig gesponnenen Fäden zu entwirren; selbst wenn er ahnen sollte, mit welcher eiskalten Berechnung seine Stärken und Schwächen ausgenutzt und wie menschenverachtend seine Geistesverfassung erkannt und mißbraucht wurde – die Straße, die Agca am 5. Oktober, einem Donnerstag, befährt, läßt nicht zu, solchen Gedanken Raum zu geben. Zunächst einmal hat er mit seinem Laster alle Hände voll zu tun. Der Dodge, Baujahr 1960, ist in einem erbärmlichen Zustand, hat seine Zukunft längst hinter sich. Die Bereifung ist abgelatscht, das Getriebe kracht und mahlt; der Motor – er hätte schon vor gut hundertfünfzigtausend Kilometern ausgetauscht werden müssen – klopft und klingelt besorgniserregend. Von allen Armaturen funktioniert nur noch der Tachometer. Die Bremsbeläge sind abgeschliffen, die Scheinwerfer verstellt. In den meisten westlichen Ländern hätte sich nicht einmal der habgierigste Schrotthändler für das Vehikel interessiert. In der Türkei aber ist solch ein Lastwagen nichts Außergewöhnliches. Sein einziges noch intaktes Anzeigeinstrument bestätigt, daß Agca seit Beginn der Fahrt – er hatte sich den Kilometerstand notiert und das Stückchen Papier aufs Armaturenbrett geklebt – bereits tausend Kilometer mit diesem Wrack zurücklegte. Der Kilometerzähler liefert natürlich keinen Hinweis darauf, daß er zur Bewältigung dieser Strecke eine ganze nervtötende Woche lang auf dem rüttelnden Bock sitzen mußte, jederzeit mit einem störrischen Lenkrad kämpfend, um wenigstens den größten Schlaglöchern auszuweichen. Die Straße führte ihn durch Kappadozien, jene gespenstische Vulkanlandschaft, die sich über Hunderte von Kilometern südöstlich Ankaras hinzieht. So weit das Auge reicht: nur hochragende Felskegel und abgrundtiefe Schluchten. Agca fuhr an den Felsenkapellen von Göreme vorbei, ließ das Höhlendorf Aveilar ebenso hinter sich wie die antiken unterirdischen Städte Daymakli und Derinkuyu. Danach bog er nach Osten ab und durchfuhr jenen Teil der Türkei, der früher einmal Ober-Mesopotamien hieß; in dieser unwirtlichen Landschaft kämpfte der Mensch bereits zwei turbulente Jahrtausende vor Christus ums nackte Überleben.[1] Agca fällt hierzulande ebensowenig auf wie der Laster. Er trägt schwere Militärschnürstiefel, mit denen er fortwährend Kupplung, Gas und Bremse bearbeitet. Zu groben Drillichhosen trägt er ein Flanellhemd mit altmodischem Kragenschnitt. Den Schirm seiner schmierigen Tuchmütze hat er so tief in die Stirn gezogen, daß man ihm nicht mehr so leicht in die Augen sehen kann. Seit jüngster Zeit verbirgt er seine Augen; auch das gehört zu seinen Absonderlichkeiten. Dichte Bartstoppeln an Kinn und Oberlippe sorgen dafür, daß Agca so wirkt, wie er erscheinen möchte: als ein Mann vom Lande, der seinen Geschäften nachgeht.

Vor Antritt seiner langen Fahrt sorgten andere mit außerordentlichem Bedacht dafür, daß dieser Eindruck noch verstärkt wurde. Die Nummernschilder des Dodge wurden mit Dreck beschmiert, so daß die Ziffern kaum noch zu erkennen sind: in der menschenleeren Provinz ostwärts Ankaras kein ungewohnter Anblick. Bis Harran hatte er einen Haufen altersschwaches Mobiliar auf der Pritsche: wäre er angehalten worden, hätte Agca gesagt, die Möbel wären für eine Familie in Harran bestimmt, deren in Ankara verstorbene Verwandte sie ihr vermacht hätten. In Harran wurde das Gerümpel abgeladen und gegen eine Ladung Mais und Hühner vertauscht. Viele der Tiere werden verenden, ehe Agca das nächste Zwischenziel erreicht. Ihm ist das indes egal. In gewisser Weise gilt das auch für sein eigenes Schicksal.

In den fünf Wochen, seit er das sichere Haus der Grauen Wölfe verließ, veränderte sich Agca so langsam, daß er sich dessen selbst gar nicht bewußt wurde. Nichtsdestoweniger sind diese Veränderungen eine Realität. Seine Persönlichkeitsstruktur ändert sich unmerklich; er wird anpassungs- und aufnahmefähiger. Das einzige, was Agca neben einer ständigen sexuellen Spannung bewußt empfindet, ist das Gefühl zunehmender Loslösung; gefühlsmäßige Bindungen an seine Umgebung, denen er jahrelang seine Weiterexistenz verdankte, sind in Wirklichkeit schon nicht mehr gegeben.

Der Anlaß dieser holpernden Fahrt quer durch die Türkei bis zur syrischen Grenze – die Aussicht auf Hilfe bei der Ermordung des neuen Papstes – hatte Agca anfänglich freudig erregt. Aber schon lange bevor er Harran, sein erstes Zwischenziel, erreichte, vernahm er, daß auch dieser Papst schon wieder tot war. Hatte er auf die Nachricht von Pauls Tod noch mit einem Wutanfall und anschließendem Weinkrampf reagiert, so ließ ihn Gianpaolos Tod völlig gleichgültig. Gott hatte es so gewollt, und wenn Gott wollte, würde er ihm eine neue Gelegenheit geben. Zumindest diese Möglichkeit verlor ihren Reiz nicht.

In dieser Gemütsverfassung setzt Agca seine Fahrt fort. Hin und wieder sagt er seine Haßliste her. Aber der alte Lustgewinn – die gehobene Stimmung, das Gefühl der Überlegenheit und ungeheurer physischer Befriedigung – stellt sich längst nicht mehr ein. Die altvertraute Erregung, die Wiederbelebung von Zorn und Haß, empfindet er eigentlich nur noch, wenn er sich all des Bösen vergegenwärtigt, das seine Phantasie mit dem Papst und der Römisch-Katholischen Kirche in Zusammenhang bringt.

Und noch ein weiterer Teil von Agcas Charakter funktioniert einwandfrei wie eh und je: sein gut entwickelter Sinn für Heimlichtuerei und Tücke. Er hat seine kostbare Mauserpistole mitsamt den Patronen in eine Ölhaut gewickelt; dann hat er Waffe und Munition zusammen mit seinem Schreibheft mit den Eintragungen über Paul VI., den ersten Papst, den er zu ermorden beabsichtigte, in einem Loch versteckt, das er in die Unterseite seines Fahrersitzes geschnitten hat. Diesen Trick kennt er noch aus einer Zeit, über die er bislang noch nicht einmal seiner Mutter etwas berichtete. Und im Augenblick ist er sich sicher, daß weder sie noch Turkes und seine Grauen Wölfe wissen, wo er sich wirklich befindet.

Trotz der getroffenen Vorsichtsmaßnahmen weiß Agca, daß sein gesamter Witz und viele Gebete erforderlich sind, um den Argwohn der im Grenzgebiet zu Syrien operierenden türkischen Militärpatrouillen nicht herauszufordern. Die letzten Sommertouristen sind längst verschwunden; erst im nächsten Jahr werden wieder neugierige Besucher die heiligen Karpfen in dem Tümpel neben der Abrahamsmoschee von Urfa bestaunen. Um dorthin zu gelangen, muß er mit seinem klapprigen Dodge erst noch vier mühsame Stunden lang einen Bergrücken nach dem anderen überwinden. Wer sich auf dieser uralten Piste bewegt – denselben Weg zog vor bald zweitausend Jahren schon der König Antiochus I., um sich die hier ansässigen Stämme zu unterwerfen –, wird während der langen Herbst- und Wintermonate von den Militärstreifen automatisch beargwöhnt. Denn hier, wohlverborgen vor den Touristenkameras, hat über Schlünden und Abgründen, im Quellgebiet von Euphrat und Tigris, die Central Intelligence Agency der Vereinigten Staaten ihre Horchposten; Radarstationen decken den Nordosten und Süden ab. Die mit Computern gekoppelten Empfangsstationen sind so empfindlich, daß jedes einzelne in Damaskus, Teheran, ja selbst tief im Innern Rußlands geführte Telefongespräch isoliert und identifiziert werden kann. Und jenseits der Schluchten und Abgründe befinden sich die schwarzen Basaltmauern von Diyarbakir, der Provinzhauptstadt dieser öden, menschenleeren Gegend. Dort unterhalten die Amerikaner einen hochmodernen Luftstützpunkt, von dem aus schwarz bemalte Spionageflugzeuge starten, um Truppenbewegungen in Syrien, Irak, Iran und der Sowjetunion zu fotografieren. Die Präsenz der Amerikaner unterstreicht die Bedeutung der Türkei im Rahmen des gesamten Verteidigungskonzepts der Nato für Südeuropa und das östliche Mittelmeer. Genau dieses System versuchen Agca und mit ihm zahllose Anarchisten zu besiegen.

Angesichts seiner verschrobenen Vorstellungen glaubt Agca blindlings, was ihm in Harran erzählt wurde: daß die Amerikaner, die zu hassen er ebenfalls nicht verlernte, in dieser Gegend mächtig genug seien, um ihre türkischen Verbündeten – sie unterhalten Europas größtes Landheer – dahin zu bringen, daß jeder, der sich auch nur auf die leiseste Art verdächtig macht, sofort aufgegriffen und in schärfsten Gewahrsam genommen wird. Das gefürchtete Militärgefängnis von

Diyarbakir sei voll von Männern, die einzig und allein deswegen festgehalten würden.

In Harran, jenem biblischen Ort mit seinen eigentümlichen Kuppelbauten, wo Abraham – der Genesis zufolge – mehrere Jahre gelebt haben soll, hatte Agca mit jemand eine kurze Unterredung gehabt. Man hatte ihm anschließend gesagt, daß seinen türkischen und amerikanischen Feinden jedes Mittel recht sei, aus ihm den Inhalt dieses Gespräches herauszupressen, sobald er einmal in Verdacht gerate sei. Im Verlauf dieser Unterredung wurde Agca zu einem neuen Zielgebiet in Marsch gesetzt, einem weiteren alttestamentarischen Heiligtum: dem achthundert Kilometer weiter nordostwärts gelegenen Berg Ararat, wo Noah in seiner Arche das Zurückweichen der Flut abwartete. Dort, wo die Türkei an Iran und die Sowjetunion stößt, hofft Agca von dem zweiten Mann, der sein Leben während der letzten achtzehn Monate entscheidend beeinflußte, Näheres zu erfahren.

Der Gesprächspartner in Harran, und der Mann, den Agca irgendwo am Ararat zu treffen beabsichtigt, spielen bei dem Geheimnis, das er bis jetzt zu wahren wußte, die tragenden Rollen.

Selbst wenn die Fahrt nicht so anstrengend gewesen wäre – das protestierende Dröhnen des Lastwagenmotors hätte etliche Male beinahe kleinere Erdrutsche verursacht, jedenfalls lösten sich mehrfach ein paar Gesteinsbrocken und polterten auf die Straße hinunter – und wenn er sich der ständigen Gefahr wegen, einer Militärstreife in die Hände zu fallen, keine Sorgen hätte machen brauchen, fiele es Agca wegen seines fortschreitenden Persönlichkeitswandels immer noch schwer genug, sich deutlich und zuverlässig zu erinnern, wie alles angefangen hatte.

*

Später wird man erkennen, daß alle Geschehnisse in Agcas Unterbewußtsein fest verwurzelt sind. Denkt Agca selbst über sie nach, hat er das Gefühl, jemand anderer sei darin verwickelt; ein jemand, dem er aus ihm selbst unerklärlichen Gründen gestattete, in seinem Körper zu wohnen. Agcas Innenleben verfügt nicht mehr über jenes übliche Steuerungssystem, das für die eindeutige Unterscheidung zwischen Sein und Schein zuständig ist.

Auf Grund dieser Geistesverfassung wird es für Psychiater und Vernehmungsbeamte später um so schwerer werden, seine Motive zu verstehen und gelten zu lassen. Man wird seine vorherrschende Gefühlslage erkennen; die langen Phasen eines griesgrämigen, unergiebigen Schweigens, und wird sich fragen, wie lange er bereits diese Gratwanderung zwischen Normalität und Wahnsinn mitgemacht habe. Man wird erkennen, daß er sich infolge seiner Verfassung über seinen wahren Geisteszustand gar nicht im klaren ist und sich daher auch nicht für geistig verwirrt hält.

Man wird auch herausfinden, daß Agca während dieser Fahrt über die türkischen Landstraßen zufrieden war. Seine Zukunft wird von Dritten bestimmt. So werde es ab sofort nur noch sein, hatte der Gesprächspartner in Harran gesagt, bevor er sich wieder über die Grenze nach Syrien absetzte. Der Mann heißt Sedat Siri Kadem. Agca und er sind seit langer Zeit befreundet.

*

Soviel wird man eines Tages erfahren:
Fünf Jahre lang saß Kadem in der Schule von Yesiltepe eine Bank neben Agca. Er ist fast drei Jahre älter als der Klassenkamerad; ein eher kleiner, muskulöser Typ mit schwarzem Kraushaar und kohlschwarzen Augen. Kadem gehört zu den wenigen Jungen, die Agca wegen seiner geistigen Fähigkeiten weder hänseln noch prügeln; dafür hilft ihm Agca bei den Schularbeiten. Beide verlassen im selben Jahr mit gleich guten Noten die Schule. Kadem sorgt dafür, daß Agca bei der örtlichen Heroin-Mafia einen Job als Fahrer bekommt. Sie bleiben befreundet, aber nachdem sich Agca den Grauen Wölfen angeschlossen hat, verschwindet Kadem plötzlich aus der kleinen, aber doch einträglichen Unterwelt Malatyas. Niemand interessiert sich sonderlich für seinen Verbleib; da die Anarchie bereits das ganze Land in zunehmendem Maße heimsucht, nimmt man an, daß er sich irgendeiner herumziehenden Killerbande angeschlossen habe, um, aus welchen Gründen auch immer, die türkische Demokratie zu stürzen. Im Januar 1977 taucht Kadem wieder in Yesiltepe auf, besucht Agca und nimmt die Freundschaft ebenso beiläufig wieder auf, wie er sie zuvor hatte abreißen lassen. Eines Nachts kommt es zwischen den beiden in Kadems Unterkunft in Malatya zu ersten homosexuellen Handlungen. Agca findet es erregend. Der Erotizismus hat bereits Wurzeln geschlagen; nach sexueller Betätigung plagen ihn unangenehme Schuldgefühle. Nachdem er von Kadem auf Geheimhaltung eingeschworen wurde, erfährt er, wo der Freund das letzte Jahr verbracht hat: in einem Ausbildungslager in Libanon. Dort setzte man ihn auf den letzten Kenntnisstand, wie man die Türkei ›befreit‹, das verhaßte System einer korrupten westlichen Demokratie beseitigt und das Land aus seiner Situation als äußerster Nato-Vorposten im Nahen Osten herauslöst und es in eine geschlossene islamische Gesellschaft zurückverwandelt. Kadem versteht es hervorragend, die Triebkräfte darzustellen, denen Agca seit einiger Zeit folgt. Er schlägt vor, mit Agca zusammen zur Terroristenschule an der Straße irgendwo vor Damaskus zurückzukehren.

*

Der Dodge passiert unbehelligt Diyarbakir. Überall Soldaten. Aber der ramponierte Lastwagen, der Fahrer, die Maissäcke und die Verschläge voller gackernder Hühner erregen bestenfalls beiläufiges Interesse. Außerhalb der Stadt aber wird mit jedem Kilometer, den der protestierend schnaufende Laster auf der öden, windgepeitschten Straße nach Bitlis zurücklegt, das Risiko, von einer Heeresstreife angehalten zu werden, immer geringer. Da draußen in der schneebedeckten Bergeinöde gibt es keine CIA-Basen.

Römer und Parther, Byzantiner und Sassaniden taten alles Erdenkliche, dieses stürmische Hochland besetzt zu halten. Erfolg war ihnen allen nicht vergönnt. Kälte, Schnee und Regen vertrieben sie aus ihren Befestigungen. Auch jetzt entspricht das Wetter der Jahreszeit: ein schneidender Wind schüttelt den Laster; die schwächlicheren Hühner erfrieren, die anderen kauern sich enger zusammen.

Agca packt das Lenkrad fester und duckt sich vor dem ringsum finsteren Himmel. Die Berggipfel verlieren sich in Wolkendunst und Nebelschwaden, die so tief hängen, daß die Sichtweite oftmals nur wenige Schritte beträgt. Agca in der Fahrerkabine ist bis aufs Mark durchgefroren, obwohl die Heizung auf vollen Touren läuft, die Wattejacke bis unters Kinn zugeknöpft ist. Er brüllt die Namen seiner Haßliste heraus, Tränen laufen ihm über das Gesicht – sei es nun der Kälte wegen, oder weil sein Haß wieder einmal hell auflodert.

Diese Fahrt wird er nie vergessen. Aber auch das letzte Mal, als er sich in diese uneinnehmbare Gegend begab, wird in seinem Gedächtnis haften bleiben.

*

Auch dies wurde bekannt:

Am 10. März 1977, einem Donnerstag, besteigen Agca und Kadem in Malatya einen Bus. Nach mehrmaligem Umsteigen gelangen sie zwei Tage später nach Mardin, einer Stadt in der südlichen Türkei, die ebenso blendend weiß wirkt wie die schneebedeckten Gipfel ringsum. Von dort aus marschieren sie eine ganze eiskalte Nacht hindurch weiter nach Süden; von den in ihren Unterständen hockenden türkischen Posten unbemerkt, überschreiten sie die syrische Grenze. Nach einem weiteren halbtägigen Marsch kommen sie in die arabische Barackenstadt Senyurt. Dort wartet ein Lastwagen auf sie und bringt sie in das Ausbildungslager. Im Lager selbst bekommt Agca Kadem nur noch selten zu Gesicht, hat jedoch keine Zeit, sich darüber Gedanken zu machen. Er und Hunderte anderer Rekruten werden im Lager tagtäglich von frühmorgens bis spät in die Nacht geschliffen. Nach einem Monat wird Agca in ein Sonderlager innerhalb des Gesamtkomplexes gebracht. Dort wird er intensiv an vielerlei russischen und amerikanischen Waffen ausgebildet, in Scharfschützentaktik unterwiesen und lernt, wie man unter den verschiedensten Umständen einen Mordauftrag ausführt.

*

Die Psychiater werden später wissen wollen, ob sich noch mehr Verbindliches in Erfahrung bringen läßt. Sie werden Agcas Gedächtnislücken entdecken; werden bemerken, daß er viele Ereignisse einfach verdrängt und keinerlei Gefühlsregungen mehr zeigt. Sie werden überlegen, ob dies auf einen Ich-Verlust – wie es in ihrer Fachsprache heißt – zurückzuführen sei; ob er also wirklich zwischen Essentiellem und Nicht-Essentiellem, zwischen Relevantem und Irrelevantem nicht mehr unterscheiden kann.

Die Vernehmungsbeamten werden versuchen, über die Psychiater Namen und Fakten zu erfahren, um sie mit den in den Computern von einem Dutzend Geheimdiensten gespeicherten Daten zu vergleichen. Die Ärzte werden Agca immer wieder neue Fragen stellen. Wie hießen die Ausbilder? Wie sahen sie aus? Sprachen sie mit irgendeinem Akzent mit arabischer, türkischer oder vielleicht gar russischer Einfärbung? Die Ärzte werden Hunderte von Fragen stellen, die sich beständig um seine Zeit im Ausbildungslager drehen; immer wieder – vorwärts und rückwärts. Und auf diese mühselige Weise wird man den Namen des Mannes erfahren, den Agca am Ararat-Massiv zu treffen beabsichtigt.

*

Des weiteren erfuhr man:
Es ist Samstagmorgen, der 30. April 1977; Agcas letzter Tag im Lager. Seine Tasche ist gepackt; sie enthält nicht mehr als bei seiner Ankunft. Agca aber ist magerer geworden und fühlt sich fit wie nie zuvor. Er wird ins Lagerbüro gerufen. Kadem ist da. Sie fallen sich kurz in die Arme, und Kadem verläßt den Raum. Kurz darauf tritt Teslin Tore ein. Kinn, Augen und Nase, Hals, Schultern, Brustkorb, Oberarme und Schenkel des Mannes lassen eiserne Härte erkennen. Er trägt den selben Kampfanzug wie bei ihrem letzten Zusammentreffen im Sinan-Hotel in der Kisla Cad von Malatya. Als er damals Agca für einen erfolgreich erledigten Drogen-Transport auszahlte, hatte er sich distanziert und herablassend gegeben. Nun tut er herzlich und überschwenglich. Tore fährt Agca in westlicher Richtung durch Syrien und hält auf das Mittelmeer zu. Bei Einbruch der Dunkelheit erreichen sie den Grenzübergang Ciivegozu. Die syrischen Soldaten winken sie durch. Zweihundert Meter weiter hebt sich der türkische Schlagbaum, und Tore wechselt ohne Halt in die Türkei über. Zwei Stunden später halten sie in der Provinzhauptstadt Iskenderun. Sie nehmen sich im Guney-Palas, einem zweitklassigen Hotel an der Temmus Cad, zwei Zimmer und übernachten dort. Am nächsten Morgen bringt Tore Agca zum Flugplatz; die Fahrt dauert nur fünfzehn Minuten. Tore bezahlt bei der THY, der türkischen Luftfahrtgesellschaft, einen einfachen Flug

nach Istanbul und gibt Agca das Ticket. Danach umarmt er ihn, jedoch förmlicher als Kadem es tat, und macht sich davon. Vier Stunden später ist Agca wieder in Istanbul.

✻

Die Psychiater und die vernehmenden Beamten werden nachhaken. Wieso könne er sich solcher Einzelheiten erinnern? Wann, und zwar ganz präzise, sei er ins Sinan-Hotel gegangen? Habe er dort jemanden gesehen? Wie lange er in Malatya für Tore gearbeitet habe? Ob er sich nicht gefragt habe, was Tore wohl in dem Lager gemacht hätte? Sei er Ausbilder gewesen oder Rekrut? Warum habe er Agca Hunderte von Kilometern über Land gefahren? Zu welcher Zeit genau hätten sie die Grenze überschritten? Ob er die Gesichter der Posten identifizieren könnte, wenn man ihm Fotos zeigte? Wo sie unterwegs getankt hätten? Wann sie im Guney-Palas-Hotel angekommen seien? Ob er Hotelangestellte auf Fotos wiedererkennen könne? Habe er sich unter seinem Namen eingetragen? Und Tore – habe der einen falschen Namen benutzt? Womit Tore die Rechnung beglichen habe? Und womit er den Flugschein bezahlt habe?

Diese Fragen werden noch gestellt werden; eindeutige und zweifelnde Fragen, kluge und entgegenkommende Fragen, scharfe und drohende Fragen.

Sie alle indes werden zu nichts führen.

✻

In der Dunkelheit biegt der Dodge auf der Straße nach Bitlis in eine weite Kurve. Die abgefahrenen Reifen des Lasters beginnen zu singen: die Piste hat plötzlich eine Asphaltdecke. Agca braucht sich nicht mehr so sehr zu konzentrieren und denkt daher an das kleine Büchlein, das er sich in die Unterhose gesteckt hat. Es ist nicht dicker als ein Reisepaß und gehört nun auch zu seiner geheimen Welt. Es ist für ihn ebenso kostbar wie sein Übungsheft, die Waffe und die Patronen, die er unter dem Sitz versteckt hält. Ihm fällt ein, daß seine Mutter davon weiß: sie war nicht so klug, wie sie glaubte, Agca merkte es jedesmal, wenn sie die Bücher auf dem Regal in seinem Schlafraum in Unordnung brachte. Aber von diesem kleinen Büchlein wird sie nie etwas erfahren. Das darf keiner. Er mußte versprechen, dafür zu sorgen, bevor er es von Kadem erhielt.

✻

Verzweifelt um einen Durchbruch bemüht, werden die Psychiater und Vernehmungsbeamten Agca zu verstehen geben, daß sie von diesem Büchlein wissen; daß es ein Sparbuch sei, ausgestellt von der Türkiye Is

Bankasi, Hauptniederlassung Istanbul, wo am 13. Dezember 1977 mit einer Einzahlung von vierzigtausend türkischen Pfund – etwa dreitausend US-Dollar – unter dem Namen Mehmet Ali Agca ein Konto eröffnet worden sei. Aber wer hatte Agcas Unterschrift gefälscht? Wofür war das Geld gedacht? Woher kam es?

*

Gegen Mitternacht passiert der Laster Bitlis. Seit seiner Abfahrt in Ankara hat Agca zweitausend Kilometer zurückgelegt. Nachdem er die schlummernde Stadt hinter sich gelassen hat, fährt er von der Straße herunter und legt sich, wie in den vorausgegangenen Nächten auch, im Fahrerhaus schlafen. Hinten auf der Pritsche lassen ein paar noch lebende Hühner ein mattes Gackern hören. Am nächsten Morgen werden auch sie größtenteils verdurstet oder erfroren sein.

Nach zwei Stunden Schlaf wacht Agca auf. Er ist zwar nicht ausgeruht, kann aber nicht länger schlafen: er muß diesem sonderbaren Zwang folgen und immer weitermachen. Er kann es sich nicht erklären – und dem Beamten von der libyschen Botschaft in Ankara hatte er bei ihrem Zusammentreffen sicherlich auch nichts davon erzählt.

Weisungsgemäß hatte er, nachdem sich die Botschaft am Telefon meldete, Tores Namen genannt. Nach kurzem Zögern bat man Agca zu warten. Danach meldete sich eine andere Stimme und schlug als Treffpunkt den belebten Omnibusbahnhof Hippodrom Cad vor. Man hatte sich nur ganz kurz getroffen; Agca konnte nicht mehr vorbringen, als daß er Kadem oder Tore schnellstmöglich sprechen möchte. Der Libyer schlug vor, sich in zwei Tagen an gleicher Stelle wiederzusehen. Als es soweit war, übergab er Agca einen Packen Pfunde und wies ihn an, bei einer Werkstatt am Boulevard Atatürk ein bestimmtes Fahrzeug abzuholen.

Das war der Dodge gewesen, mit dem er jetzt in der Nähe der türkisch-iranischen Grenze um die vereisten Ufer des Vansees herumfährt.

Die Nacht ist noch längst nicht vorbei. Agca hat genügend zeitlichen Spielraum; denn Kadem taxierte, nicht vor Sonnenaufgang am Treffpunkt sein zu können. Während Agca mit einer Hand fährt, kaut er ›yufka‹, ungesäuertes Brot, und trinkt dazu immer wieder ein Schlückchen ›raki‹ aus der Flasche. Der scharfe Anisschnaps treibt ihm die Tränen in die Augen. Agca hat seit Tagen nichts anderes mehr zu sich genommen.

Agca weiß noch, mit welch leidenschaftlichem Nachdruck Kadem sein Versprechen gegeben hatte. Agca hatte wieder einmal erläuternd von den Namen auf seiner Haßliste gesprochen und Kadem wissen lassen, was ihn dazu trieb, eine so weite und gefährliche Reise zu unternehmen, um Hilfe bei der Ermordung eines Papstes zu suchen, der inzwischen bereits verstorben ist. Danach hatte Kadem seinen Schwur getan. Er hatte Agcas Hände ergriffen und gesagt, sehr bald werde man sich mit den übrigen Feinden befassen; Agcas Haß werde gestillt werden.

Als Agca seine Fahrt fortsetzt, findet er diese Aussicht noch immer tröstlich.

In zwei Tagen wird Agca an jenem von Kadem genannten Treffpunkt im Ararat-Massiv auf Tore stoßen.

Tore wird ebenso vom KGB gesteuert wie Kadem.

Villot seufzt gereizt. Will da doch einer der afrikanischen Kardinäle von seiner Zelle aus den Mond sehen können. Noé tut der wütende Camerlengo leid: so etwas geht nun wirklich zu weit. Die beiden beschäftigen sich am Vormittag des 9. Oktober, einem Montag, in Villots Büro mit den letzten Vorbereitungen für das Konklave, das am Samstag beginnen soll. Die Fenster sind zwar geöffnet, aber der Gauloises-Dunst will sich nicht verziehen. Es ist gerade erst neun Uhr, von Villots erster Schachtel Zigaretten sind freilich schon nicht mehr viele übrig. Am Ende dieses Tages wird er dann drei Packungen geschafft haben. Kam er früher mit täglich maximal vierzig Zigaretten aus, so ist das seit einer Woche nicht mehr der Fall. Der wie gewöhnlich anspruchsvolle Villot wirkt im Augenblick noch trostloser und schäbiger als ohnehin; jedenfalls erfährt der xenophobe Franzose ein entsprechendes journalistisches Zerrbild: die Nase noch spitzer, der Mund verkniffener; wenn er lächelt (was in diesen Tagen selten genug der Fall ist) machen seine Augen nicht mit. Seine wollene Soutane – es ist Herbst geworden, der alte Camerlengo mußte seine hübsche seidene Sommersoutane im Schrank belassen – ist über und über mit Zigarettenasche bestäubt.

Villot ist noch immer höchst aufgebracht über einige italienische Presseberichte, in denen nach wie vor weithergeholte Mutmaßungen über Gianpaolos Tod angestellt werden. Die Autopsie-Frage ist noch nicht vom Tisch; zusätzlich wird sogar schon verlangt, daß alle wahlberechtigten und wählbaren Kardinäle sich vor dem Konklave ärztlich untersuchen ließen; die Befunde müßten noch vor der ersten Abstimmung bekanntgemacht werden. Es kursiert sogar das Gerücht, Karol Wojtyla habe sich vor seiner Abreise nach Rom einem EKG unterzogen.

An dieser, von dritter Seite aufgeworfenen Problematik stört Villot nicht so sehr, daß eine Feststellung des Gesundheitszustandes einzelner Kardinäle »der Tradition und der päpstlichen Würde« entgegensteht – ihm geht es um die Kostenfrage. Wollte man einhundertelf überwiegend ältliche Herren gründlich untersuchen, müßte man sie alle ins Gemelli-Krankenhaus schicken. Es würden also erhebliche Kosten entstehen. Villot weiß nur zu gut, daß das bevorstehende Konklave und die anschließende Krönung finanzielle Belastungen dar-

stellen, die sich der Vatikan in einer Zeit steigender Kosten bei rück-
läufigen Einkünften nur schlecht leisten kann. Für das zweite Konklave innerhalb kürzester Zeit wurden natürlich keine Rücklagen gebildet; infolgedessen mußte sich Villot einiges einfallen lassen, um die
Kosten für Gianpaolos Beisetzung umlegen und die zur Wahl des
Nachfolgers erforderlichen beträchtlichen Mittel beschaffen zu
können.

Es sei nicht leicht gewesen, hatte der Camerlengo mürrisch zu Noé
gesagt, alles zu bezahlen, jeden zufriedenzustellen und trotzdem im
Rahmen des Etats zu bleiben. Die Mittel zu diesem Konklave wurden
in gleicher Höhe wie beim letzten zur Verfügung gestellt. Aber seit
August sind die Preise – bei jedem Posten natürlich nur um ein paar
Lire – gestiegen; angesichts der Größenordnung freilich, mit der Villot
es zu tun hat – Unterbringung und Beköstigung von mehr als dreihundert Menschen auf unbestimmte Zeit –, schlägt die Kostensteige-
rung beträchtlich zu Buche. Villot überschlug, daß dieses Konklave
letztlich mit fünfzehn Prozent Mehrkosten verbunden sein könnte.
Um den Problemkomplex Konklave erfolgreich bewältigen zu können, muß man Quartiermeister, Buchhalter und Hotelier zugleich
sein. (Der Gedanke, daß sich in einer weltlichen Regierung Villots
Pendant, der Außenminister, mit derartigen Bagatellen und Nebensächlichkeiten befassen würde, ist selbstverständlich völlig lächerlich,
beweist aber, welche sympathische, räuberromantische Stimmung in
den oberen Rängen der Hierarchie des Heiligen Stuhls herrscht. Hohe
Vatikanbeamte befassen sich häufig mit Nebensächlichkeiten, die in
jeder anderen Regierung von Subalternbeamten des betreffenden Mi-
nisteriums erledigt werden.)

Noé brummt mitfühlend und meint, man sollte dem afrikanischen
Kardinal diesmal doch den Anblick des Mondes gönnen: man würde
Kosten und Mühe sparen, wenn man die Fensterscheiben des Kon-
klave nicht verkleistert.

Villot ist es recht. Sodann wenden sich beide dem nächsten Ansinnen zu. Vor Villot häufen sich die Forderungen jener Kardinäle, die
sich vor zwei Monaten beim Einzug in das letzte Konklave noch klaglos in die Gegebenheiten gefügt hatten. Inzwischen sind aber auch sie
bereits alte Hasen, die ihre fürstliche Macht bereitwillig zur Schau
stellen. Carberry von St. Louis hat der römischen Presse erzählt, im
August »fühlten wir uns, als ob wir durch einen dunklen Tunnel
müßten; nun aber ist es, als ob wir vor einem hellerleuchteten Raum
stünden«.

Cody aber ist diese Helligkeit ganz offensichtlich noch nicht grell
genug. Er hat die auf einem offiziellen Briefbogen seiner Diözese
handschriftlich fixierte Forderung eingereicht, daß das gesamte Be-
leuchtungssystem des Konklave verbessert werden müßte.

Seinem Verlangen gibt Villot jedoch nicht statt. Das würde ja noch
mehr kosten, als die ärztliche Untersuchung aller Kardinäle. Der Ca-

merlengo wendet sich dem nächsten Vorschlag zu, der von Felici eingereicht wurde. Dieser ist der Ansicht, jeder Kardinal sollte ein richtiges Schlafzimmer zur Verfügung gestellt bekommen; im August, als man in nur mit dünnen Bretterwänden unterteilten Boxen untergebracht worden war, habe er nicht schlafen können, weil die Nachbarn zu beiden Seiten seiner Zelle so laut geschnarcht hätten. Camerlengo und Zeremonienmeister ziehen den Stockwerkgrundriß des Konklave zu Rate. Das benutzbare Areal um die Kapelle wurde beträchtlich erweitert. Schlafmöglichkeiten gibt es auf drei Stockwerken. Felici kann ein Eckzimmer im obersten Geschoß bekommen, dazu gehört sogar ein Bad. Damit sollte er zufrieden sein.

Noé nimmt die nächste Anfrage zur Hand. Ein amerikanischer Kardinal möchte einen Aschenbecher neben dem Bett zu stehen haben; beim letzten Male, klagt er, hätte er in Ermangelung eines solchen den Nachttopf benutzen müssen. Villot überprüft eine der vielen von seinen Mitarbeitern erstellten Listen. Im August war für fünfundzwanzig Aschenbecher gesorgt worden. Der Raucher Villot hält die Anzahl für ausreichend. Der Camerlengo diktiert dem sich in der Nähe bereithaltenden Priester-Sekretär eine kurze Notiz: der Kardinal möchte sich einen eigenen Aschenbecher mitbringen.

Und weiter geht's. Ein europäischer Kardinal klagt über Bett samt Matratze, worauf er das letzte Mal habe schlafen müssen. Betten und Matratzen werden auch dieses Mal genauso schmal und dünn sein; es wird auch keine anderen Laken und Decken geben. Jemand bittet um mehr Schreibpapier: abgelehnt. Jeder Kardinal bekommt wieder nur fünf Bogen, um seine Gedanken festzuhalten oder – wie es König und Wojtyla im August zwischen ihren ›Konsultationen‹ hielten – darauf TIC-TAC-TOE* zu spielen.

Noé prüft die Anfrage eines französischen Kardinals, der Vichy-Wasser haben möchte – wenn möglich, zwei Flaschen täglich. Villot befragt seine Preisliste. Vichy ist zwar teurer als italienisches Mineralwasser, aber der Camerlengo entspricht der Bitte. Er ist ebenfalls von Vichy angetan.

Der Münchener Kardinal Ratzinger fragt an, ob er einen Rasierspiegel bekommen könne. Noé fällt ein, daß einem Helfer bei der Jagd nach Nachtgeschirren in einem Kloster Hunderte von kleinen, plastikgerahmten Spiegeln in die Hände fielen. So einer täte es auch. Also wird jeder Kardinal zum Rasieren einen Spiegel bekommen.

Manning von Los Angeles will wissen, ob es eine Teeküche geben wird, wo man sich seine Getränke selber aufbrühen könnte – oder

---

* Der Spieler versucht, in ein Quadrat mit neun Feldern drei Kreuze so zu legen, daß sie diagonal, horizontal oder vertikal eine Linie bilden. Der Gegenspieler versucht dies durch Einzeichnen von Nullen zu verhindern, die ihrerseits wieder nicht zur Linie werden dürfen.

vielleicht sogar einen gutgefüllten Kühlschrank, um sich gelegentlich einen kalten Imbiß zu holen?

Noé zieht eine weitere Liste heran. Aha. Bevor die Gemächer versiegelt wurden, war ein Kühlschrank aus der päpstlichen Küche vorübergehend ins Konklave gestellt worden.

Aramburu fragt, ob man nicht mehr südamerikanische Gerichte auf den Speisezettel setzen könnte. Ständig Pasta wie beim letzten Mal findet er – und nicht als einziger – denn doch etwas zu eintönig.

Villot konsultiert die Vorratsliste, an der ihm eine nennenswerte Einsparung gelang. Im August war für eine Woche eingekauft worden. Da das Konklave damals aber nur etwas länger als einen Tag gedauert hatte, blieb man auf einem gewaltigen Lebensmittelüberschuß sitzen, der schließlich den Armen Roms unentgeltlich zugute kam. Dieses Mal hat Villot nur Nahrungsmittel für vier Tage bewilligt, wodurch er die Kosten fast um fünfzig Prozent drücken konnte. Sollten die Lebensmittel nicht reichen, ließe sich durch die bewußten Drehteller im Zaun Nachschub hereinschaffen. Der Camerlengo ist sogar noch einen Schritt weitergegangen und hat die Rationen beträchtlich gekürzt. Die Bier- und Weinzuteilung zum Beispiel wurde gar um die Hälfte reduziert.

Bedauerlicherweise, läßt er Aramburu schriftlich wissen, könne man keine fremdländischen Gerichte auf den Speiseplan des Konklave setzen.

Die Anfrage eines deutschen Kardinals betrifft das Krankenzimmer. Der letztes Mal dafür vorgesehene Raum habe zwar elektrisches Licht, aber keine vernünftige Steckdose gehabt, von einem Notrufsystem ganz zu schweigen. Ob man nicht einen Netzanschluß installieren und zumindest für eine Grundausstattung zur Reanimation sorgen könnte; ideal wäre natürlich Sauerstoff sowie ein EKG-Gerät. So etwas ließe sich doch sicherlich anmieten, oder?

Villot zuckt die Achseln. Man könnte, aber die Kosten würden seinen Etat überschreiten. Er diktiert eine Ablehnung und erläutert dem Deutschen seine Gründe. Alle diese Stellungnahmen werden den über ganz Rom verstreut wohnenden Kardinälen im Laufe des Tages noch persönlich überbracht werden; denn an allen Aufwandsposten – zu ihnen gehört zum Beispiel der von Priestern unterhaltene Kurierdienst, dessen sich Villot in solchen Fällen bedient – wurde nicht gekürzt.

Nachdem Anfragen und Eingaben größtenteils berücksichtigt sind, machen sich Villot und Noé an die Einkaufsliste. Zweihundert Rollen Toilettenpapier müssen noch beschafft werden. Richard Ginori, einer der führenden italienischen Porzellanfabrikanten, hat die Lieferung des Tischgeschirrs angeboten und seiner Offerte einen geschmackvoll beigen Musterteller beigefügt. Villot nimmt das Angebot dankend an.

Weitere Listen. Zu mieten sind: Papierkörbe und Leselampen mit Klemmfuß. Von Konventen und Klöstern auszuleihen sind: Tischdecken, Servietten, Betschemel und Nachttische.

Villot nimmt noch einen Brief zur Hand. Er stammt von einem der italienischen Kardinäle, Corrado Ursi aus Neapel. Ursi fragt höflich an – der Briefstil läßt seine Bescheidenheit erkennen –, ob man die Kardinäle in der Sixtinischen Kapelle nicht ein bißchen weiter auseinander setzen könnte, damit dieses Mal wenigstens die von Pauls ›Eligendo‹ verlangte geheime Wahl stattfinden könnte?

Wieder einmal seufzt der Camerlengo bekümmert. Er würde auf Ursis Vorschlag gern eingehen; aber die Sixtinische Kapelle läßt sich nicht vergrößern.

Und wieder besteht die Möglichkeit, daß etwas durchsickert. Was sich seit August auch verändert haben mag; Villot ist Realist genug, um einzusehen, daß die menschlichen Schwächen mancher der an den bevorstehenden Prozeduren Beteiligten dieselben geblieben sind.

*

Die Rolle der Vatikanologen ändert sich natürlich auch nicht. Überglücklich interpretieren sie abermals das Uninterpretierbare; bewerten das Unbewertbare; versuchen den Heiligen Geist zu personifizieren, um seinem Walten besser folgen zu können. Die Zahl der Experten ist Legion: Priester im Dienst der Zeitungen; Religio-Soziologen, die von Fernsehsendern unter Vertrag genommen wurden, denen Pauls Beisetzung zwar nicht die Entsendung eines eigenen Korrespondenten wert war, die sich aber dennoch vom Konklave einen günstigen Einfluß auf die Einschaltquoten erhoffen; gottesfürchtige Redakteure mit mysteriösen Verbindungen, die über das Spesenkonto gepflegt werden müssen; Fachjournalisten, die so tun, als ob das Konklave bloß eine weitere Routineangelegenheit wäre; Sensationsreporter, die im Rom-Hilton Hof halten und unter sich ausmachen, welche Gerüchte kolportiert und welche besser in gewaltigen Mengen Gin-Tonic ersäuft werden sollten. Annähernd tausend dieser Leute haben sich im Pressebüro des Vatikans registrieren lassen und dergestalt die Berechtigung erworben, auf die beim letzten Mal übriggebliebenen Kardinalsbiographien zurückzugreifen.

Wie bei allen -ologen handelt es sich bei den Vatikanologen in Wirklichkeit auch nur um Außenstehende, die einen Blick hinter die Tür zu werfen und das Unergründliche zu ergründen trachten. Zwischendurch schwirren sie in Rom herum und schenken jedem ihr Ohr, der ein Gerücht zu verhökern oder eine Tatsache feilzubieten hat.

Paolo Rossi, der Altmeister der Tipgeber- und Mutmaßerzunft, hat in den letzten zehn Tagen mehr Geld als in den verflossenen zwei Monaten gemacht. Seinen Bericht über das im ›L'Eau Vive‹ belauschte Gespräch haben ihm bald zwei Dutzend Journalisten abgekauft. Nun hat er eine neue Benelli-Story anzubieten. Rossi konnte in Erfahrung bringen, daß Benellis Sekretär am vergangenen Sonntag in der polnischen St.-Stanislaus-Kirche in der Nähe der Piazza Venezia zu Mittag gegessen hatte. Wojtyla und zwei andere polnische Bischöfe, Deskur und Wladyslaw Rubin, waren ebenfalls anwesend gewesen. Das klingt zwar nicht gerade sensationell, aber unter Rossis geschickten Händen wird ein höchst interessanter Kuhhandel daraus. Benellis Sekretär, so behauptet Rossi nämlich, sei ausgeschickt worden, um gegen die Zusicherung, daß unter einem Pontifikat Benelli der Bischofssynode größeres Gewicht gegeben werde, sich Wojtylas Stimme zu versichern. Rubin ist nämlich Generalsekretär der Synode, und Wojtyla gehört seit 1971 deren Ständigem Rat an. Die Sache wurde von Rossi natürlich nach bewährter Art ausgeschlachtet: wer neben wem saß, was es zu essen gab, wer was trank – und wieviel. Alles *klingt* authentisch; verbürgt indes ist lediglich Rossis Ruf, solche Einzelheiten in Erfahrung bringen zu können.

Die meisten Kardinäle sind nun wieder in Rom, nachdem sie das Wochenende außerhalb der Stadt damit verbracht haben, zu paktieren, zu kungeln, zu planen, zu feilschen und zu intrigieren. So jedenfalls geht das Gerücht.

Nicht einmal der unermüdliche Greeley kann allen Parolen auf den Grund gehen. Beim letzten Male wußten er und das CREP sich mit der Arbeitsplatzbeschreibung des Papstes ins Gespräch zu bringen. Jetzt kommt Greeley – der gemeint ist, wenn Cody dem Vernehmen nach immer häufiger klagt, ob ihn denn niemand von diesem aufdringlichen Priester befreien könnte – mit neuen faulen Sprüchen. Im Augenblick nehmen er und seine Bundesgenossen dem Konklave die Arbeit ab, indem sie den Kardinälen und der ganzen Welt erzählen, wer nach ihren komplizierten Berechnungen künftiger Papst werden würde. Denn neben dem CREP hat sich Greeley noch mit einem weiteren Akronym verbündet, dem NORC nämlich. Dahinter verbirgt sich das National Opinion Research Center in Chikago. Das NORC hat Computermodelle erarbeitet, womit das Konklave simuliert werden soll. Man hat Daten über »Attitüden und Verhaltensmuster« eines jeden Kardinals über Leute zusammengetragen, »die es wissen müssen«, von denen natürlich, wie es Greeleys Vorgehensweise durchaus entspricht, keiner namentlich genannt wird. Des weiteren »wurde von Fachleuten in Sachen Kardinalskollegium der relative Einfluß eines jeden Kardinals nach einer Skala zwischen eins und fünf bewertet, wobei die Fünf einen sehr einflußreichen Kardinal kennzeichnet, wer mit einer Eins bedacht wird, hat nur einen relativ geringen Einfluß auf seine Kollegen«.

Felici, Benelli und Lorscheider bekamen eine Fünf. Siri, Baggio, Arns von São Paulo und der Madrilene Vicente Enrique y Tarancon wurden mit einer Vier bedacht. Eine Drei erhielten neben anderen König, Gantin, Sin, Suenens und Willebrands.

Und weiter hieß es: »Unter Zuhilfenahme eines von NORC geschaffenen komplizierten Entscheidungsmodells wurde aus den Daten ein gewichtetes Profil erstellt, das die für das Kollegium typischsten Attitüden und Verhaltensweisen in Rechnung stellt. Je nach Abweichung von diesem Profil wurde jedem Kardinal ein Skalenwert zwischen Null und Zweihundert zugewiesen.«

Und genau so wurde es gemacht. Mit denkbar größter Begeisterung erstellte Greeley seine nach Skalenwerten gegliederte ›Profilabweichung‹.

Schlimm für Benelli; denn Greeley und das NORC gaben ihm eine Zwölf. Bertoli erging es mit einer Elf nicht viel besser. Felici erhielt Zehn; Poletti kam auf Neun. König, von Greeley beim letzten Mal vorderhand zum ›Übergangspapst‹ gewählt, dürfte mit einer Acht wohl aus dem Rennen sein. Pironio, einer der Favoriten der Kurie, ist einen Platz besser. Pelegrino, auch er Italiener, belegte Rang Sechs. Unter Fünf – und damit für die in Rom weilenden englischen Journalisten schlagzeilenverdächtig – rangiert Hume. Vor ihm liegt Baggio. Willebrands rangiert als Drittbester auf dieser erstaunlichen Liste. Wenn er nur davon wüßte, würde der Nuntius Alibrandi vielleicht entzückt in die Hände klatschen, denn sein alter Freund Pappalardo ließ sich nur eine so geringe ›Profilabweichung‹ zuschulden kommen, daß ihm Platz Zwei zufiel. Spitzenreiter – der damit erste Papst der Weltgeschichte, welcher jemals von einem NORC-Computer ermittelt wurde –, wurde jener Kardinal, der bei Villot so höflich um mehr Ellenbogenfreiheit in der Sixtinischen Kapelle nachkam: Corrado Ursi.

Greeley gedenkt diese Liste am Donnerstag zu veröffentlichen; das ist nicht nur der ideale Zeitpunkt, um sich selbst größere Publizität zu verschaffen, sondern Greeley kalkuliert, daß die Kardinäle dann einem Machwerk ernsthafte Aufmerksamkeit schenken würden, das bestenfalls so geschmackvoll ist wie das von Ladbrokes beim ersten Konklave eröffnete Wettbuch.

*

Greenan hat für Mätzchen wie Computerprognosen nichts übrig; er zählt sie zu den journalistischen Narreteien, die es auch bei diesem Konklave wieder gibt. Gleichwohl muß der gewitzte, scharfzüngige Redakteur seine hausinterne Liste der ›papabili‹ erstellen, damit der ›Osservatore Romano‹ wieder einmal einen Schwung Titelseiten setzen kann, wobei dann hoffentlich der Kardinal berücksichtigt ist, der vom bevorstehenden dreiundachtzigsten Konklave zum Papst gewählt wird.

Am Nachmittag des 10. Oktober, einem Dienstag, sitzt Greenan an seinem Schreibtisch, auf dem sich Papiere häufen, die nach seiner Ansicht nicht nur interessant und nützlich sind, sondern zudem beweisen, daß die altbewährten Methoden noch immer die ergiebigsten sind.

Alles, was die Kardinäle seit ihrer Ankunft in Rom vor die Öffentlichkeit ertrugen, liegt Greenan in irgendeiner schriftlichen Form vor: ihre Predigten; Äußerungen, die auf Pressekonferenzen fallen, die die amerikanischen und manche europäischen Kardinäle gelegentlich abhalten; Zeitungsberichte; die Texte ihrer in Funk oder Fernsehen abgegebenen Erklärungen. Da Greenan über eine Anzahl guter Kontakte im Kardinalskollegium und in der Kurie verfügt, sind auch von dieser Seite her viele Informationen auf seinem Schreibtisch zusammengeflossen. In der im Vatikan hochgeschätzten Kunst, zwischen Faktum und seiner Interpretation zu differenzieren, nicht unbewandert, gelangen ihm einige bedeutungsvolle Entdeckungen.

Besonders aufschlußreich sind die Predigttexte der Novemdiales-Messen. Seiner zurückhaltenden englischen Art entsprechend, gibt Basil Hume zu *bedenken*, daß man sich, nachdem Gianpaolo begraben sei, nicht in Versuchung führen lassen sollte, auf alle Hoffnungen und Erwartungen, zu denen sein Pontifikat berechtigt hatte, verzichten zu wollen. Die Öffnung der Kirche in Richtung eines kollegialen Führungsstils müsse weitergehen. (Hume ist nicht der Mann, der sich zu doktrinären Festlegungen hinreißen läßt, und in heiklen Fragen wie dieser schon gar nicht.) Dem scharfsinnigen Greenan aber entging nicht, daß viele Kardinäle bemüht sind, das hervorstechendste Merkmal dieses Pontifikats in Vergessenheit geraten zu lassen: dessen pastorale Schlichtheit.

Reichte es im August noch zu, pastoral mit bloß ›seelsorgerisch‹ zu definieren, so ist diese Umschreibung heute nicht mehr umfassend genug. Dieser Umstand stellte die Kurie vor das Problem, neue, mithin unterscheidende Begriffsinhalte verbindlich festzulegen. Es dürfte wohl illusorisch sein, aber der Eindruck war erweckt worden – und haftengeblieben –, daß Gianpaolo nur wenig mehr als ein unbekümmerter Papst war, der die Kinder liebte, sich um die Armen kümmerte und von seiner Mission die verschwommene Vorstellung hatte, sich der Dritten Welt annehmen zu müssen; er war der ›Kleine Mann‹, den alle Welt liebte, weil er unverdrossen gegen starke Widersacher ankämpfte. Wie sein Liebling Pinocchio geriet er ständig in Schwierigkeiten – in seinem Falle mit der Kurie.

In ihrer subtilen und verschlagenen Art, die Greenan, einem erfahrenen Statisten auf dieser sonderbaren Bühne, seit langem geläufig ist, lassen manche Kardinäle vernehmen, daß es an sich gar nicht falsch sei, als nächsten einen ›pastoralen‹ Papst zu benennen – womit ja schon ein deutlicher Vorbehalt erkennbar wird. ›Pastoral‹ sollte aber nicht so verstanden werden, daß man sich darauf beschränken werde, den neuen Papst im Kreise der Oberhirten einer Diözese zu suchen; insbesondere dann nicht, wenn der Betreffende womöglich nicht begreifen könne oder wolle, wie eine an Komplexität keinen multinationalen Konzern nachstehende Organisation funktioniere.

Krol gibt die verblüffende Überlegung zum besten, ein mit der Problematik der Ehescheidung befaßter Kurienkardinal könne durchaus »zutiefst pastoral« sein. Dearden von Detroit geht noch einen Schritt weiter: *alle* Kurienkardinäle seien mitfühlende Männer, sagt er und bringt damit zum Ausdruck, was er unter ›pastoral‹ versteht. Gantin steuert zur Bekräftigung den nicht unvorteilhaften Gedanken bei, »alle Kardinäle sind in gewissem Sinne pastorale Männer – und viele von ihnen stehen einer Diözese vor; ich ja auch«.

Gibt Gantin auf diesem gewundenen Wege zu erkennen, daß er bereit sei, als erster Schwarzer Papst zu werden? Greenan hält nicht dafür. So naiv ist Gantin nicht.

Der Redakteur erkennt die Absicht, weshalb man dem Begriff ›pastoral‹ eine so schwammige Bedeutung zu geben versucht. In seinem neuen Wortsinn kann jeder Kardinal dieses Attribut für sich in Anspruch nehmen. Dieses Mal wird niemand einen ›papabile‹ durch Hervorhebung seiner ›Pastoralität‹ in ein besonders günstiges Licht rücken können, wie es Luciani widerfahren war.

Greenan geht weitere Predigttexte durch. Er hat sie alle bereits mehrfach gelesen und schon die Passagen angestrichen, die Anhaltspunkte liefern, wie sich die Manöver – die natürlich allesamt als ›Konsultationen‹ bezeichnet werden müssen, da man den Rahmen des von Pauls ›Eligendo‹ Zugestandenen geschickt zu wahren weiß – entwikkeln werden.

Confalonieri hat zwar seines Alters wegen das aktive Wahlrecht längst verloren, ist aber dennoch entschlossen, seine Kardinalskollegen wissen zu lassen, von welcher Statur der Papst sein müsse. Der Dekan des Heiligen Kardinalskollegiums hat sich bereits eindeutig erklärt: die kosmetischen Künste des Technikers und seines Einbalsamierungsgehilfen damit indirekt würdigend, hatte Confalonieri davon gesprochen, Gianpaolos Lächeln »schwebe selbst im Tode über seinen Lippen« und erinnere daran, daß er »ein Meteor, der unverhofft am Himmel aufglüht und dann verschwindet« gewesen sei.

Greenan hatte diese Worte bereits vorher unterstrichen. Er sieht in ihnen einen deutlichen Hinweis – eigentlich bemerkenswert, denn ansonsten blieb ihm der Sinn des vorliegenden Predigttextes oft verborgen –, daß der Dekan nach dem Konklave einen zweiten, ähnlich strahlend lächelnden Stern aufsteigen sehen möchte. Der ahnungsvolle Redakteur muß aber noch einen weiteren Hinweis überdenken: der nächste Papst müsse nicht nur gläubig sein und als Inbegriff einer christlichen Lebensführung gelten können, er müsse auch »die großartige Lehre der Kirche« verstehen und mit ihr einiggehen.

Da ist er wieder: der Ruf nach einem Kurienkardinal, der lächelnd mit allen liturgischen Verschandelungen Schluß macht und wieder zur guten, alten Dogmatik zurückkehrt.

Aber wer sollte das sein?

Siri liegt sehr gut im Rennen. Greenan glaubt, daß er die Stimmen, die er im August bekam, auch dieses Mal wieder auf sich vereinigen kann. Siri hat Gianpaolo öffentlich gewürdigt – nett formulierte und effektvoll vorgetragene Worte. Aber alles in allem bekommt man den Eindruck, daß Siri die – unter dicken Lagen Höflichkeit versteckte – Überzeugung hegt, Gianpaolo sei wohl doch kein so guter Papst gewesen, wenn man ihn an den geheiligten Grundsätzen des konservativen

Erzbischofs von Genua mißt: »Primat des Spirituellen – Kirchliche Disziplin – Verschiedene Spiritualität.« Greenan interpretiert diese Schlagwörter so, daß Siri zu verstehen geben wollte, der nächste Papst täte gut daran, sich ihrer zu erinnern.

Und Siri ist ›papabili‹, obwohl er es immer wieder bestreitet. Jedermann weiß das. Greenan setzt Siris Namen auf seine Liste.

Felicis auch – und sei es nur, weil Felici praktisch seine Kandidatur erklärt hatte, indem er den größten Teil einer bemerkenswerten Predigt darauf verwandte, jedermann daran zu erinnern, wie sehr er doch hinter Gianpaolo gestanden habe. Wer anders ist zum neuen Papst besser geeignet als der alte Papstmacher, nicht wahr? Das ist die Frage, die sich hinter allen Bezugnahmen auf die Korintherbriefe und die Evangelisten verbirgt, die Felici für unerläßlich hielt, um seinem ganz elementaren Anliegen mehr Gewicht zu geben. Felici möchte liebend gern Papst werden.

Aber wo bleibt dann Benelli, Gianpaolos zweiter großer Fürsprecher? Von den nicht-italienischen ›papabili‹ ganz zu schweigen.

Greenan erkennt, daß er noch sehr viel lesen muß, ehe seine endgültige Liste steht. Um sich die Arbeit etwas zu erleichtern, geht er zu einem Büroschrank hinüber. Schon beim Öffnen der Tür bekommen seine Augen einen erwartungsfreudigen Glanz, denn: in dem Spind befindet sich seine Flaschensammlung. Säuberlich ausgerichtet – damit die Etiketten auf einen Blick zu erkennen sind – stehen dort etliche vorzügliche irische Whiskeys. Greenan entscheidet sich für eine Flasche, gießt sich ein großzügig bemessenes Quantum ein. Dann liest er weiter. Es wird wieder ein langer Tag werden. Greenan ist sich sicher, daß er wohl noch öfter an den Schrank treten wird, den ein paar Eingeweihte scherzhaft ›Greenans Heiligen-Geist-Depot‹ nennen.

*

Den ganzen Mittwoch hindurch herrscht im Collegio Pio Latino in der Via Aurelia ein reges Kommen und Gehen. Hier, wo seinerzeit Albino Luciani Exemplare seiner ›Illustrissimi‹ verschenkte und erläuterte, warum er das Buch geschrieben hatte, unterhalten sich die Kardinäle nun über einen ganz anderen Autor. Die wohlausgestattete Bibliothek des Lateinamerikanischen Kollegiums bezeichnet eine der wenigen Stellen Roms, in denen noch Exemplare des ›Segno di Contraddizione‹ in größerer Anzahl vorrätig sind. Dabei handelt es sich um den Abdruck des Vortrages, der das Kernstück der Lateran-Exerzitien von 1976 bildete. Normalerweise wird dieser Vortrag von einem italienischen Franziskaner oder einem in Rom residierenden Bischof ausgearbeitet und auf Verlangen des Papstes ihm selbst und der Kurie auch zu Gehör gebracht; 1976 aber hatte Paul IV. Karol Wojtyla gebeten, das Referat zu schreiben und zu halten.

Die Kardinäle, die an diesem Tage das Kollegium aufsuchen, sind allesamt keine Italiener. Zu ihnen gehört Enrique y Tarancon, der den bewußten Vortrag bereits kennt und billigt; trotzdem kam er am späten Nachmittag hierher, weil sich so die Gelegenheit bietet, zu erfahren, wie andere auf Wojtylas Ausarbeitung reagieren. Enrique kann zufrieden sein. Aramburu und Arns von São Paulo, die sich beide schon umgehört haben, erzählen dem Spanier, die Reaktionen seien einhellig gewesen. Die holländischen Kardinäle seien von dem Text besonders beeindruckt. Die Deutschen – alle fünf – hätten sich ebenso positiv geäußert. Die Begeisterung der Asiaten und Afrikaner, insbesondere aber des noch immer humpelnden Polynesiers Pio Taofinu'u, scheint groß zu sein. Kein Geringerer als der Kanzler der Gregorianischen Universität, Gabriel-Marie Garrone (jener, der Paul immer wieder knifflige theoretische Fragen entscheiden ließ), kam dem Lob der sieben französischen Kardinäle zuvor. Er sagte, nichts, was er in seinen dreißig Jahren im Dienste der Kirche studierte, komme hinsichtlich theologischer Unangreifbarkeit dem gleich, was er hier soeben in der Bibliothek des Kollegiums gelesen habe. Garrone ist konservativ gesonnen. Vicente Enrique y Tarancon interessiert aber auch die Meinung des Erzbischofs von Paris. Der liberale François Marty steht Garrone diametral gegenüber; aber auch Marty scheint voll und ganz zufrieden zu sein, und die siebzehn lateinamerikanischen Kardinäle neben Arns und Aramburu fanden ebenfalls mancherlei Bewundernswertes in Wojtylas Darlegungen.

Daß sich so viele Kardinäle in die Bibliothek des Collegio Pio Latino bemühten, ist auf König zurückzuführen. Dieser hatte auf dem Weg zur Versammlung in der Sala Bologna dem einen oder anderen Kardinal gegenüber ein entsprechendes Wort fallenlassen oder bei einem Spaziergang in den vatikanischen Gärten beiläufig ein'paar Andeutungen gemacht. König meidet entschieden alles, was nach einem Werbefeldzug aussehen könnte. Der Gedanke allein, so behauptet er steif und fest, sei völlig absurd; in den Romanen von Morris L. West, die Wojtyla so gern lese, mache sich derartiges Taktieren ja ganz gut; in der Realität aber sähe alles doch ganz anders aus. König beharrt darauf, bloß ›hilfreich‹ zu sein; kein Kardinal, so sagt er ganz verständnisvoll, könne alles über seinesgleichen wissen. Und was Wojtyla betreffe, so gebe er halt ein paar nützliche Hinweise, über die man vielleicht einmal nachdenken könnte. Das sei alles, nicht mehr und nicht weniger.

Es leuchtet ein, daß die Kardinäle, die auf Königs freundliche Hinweise eingehen, sich auch nicht seiner Ansicht verschließen, daß man, erst einmal mit Wojtylas Exerzitien vertraut, sich auch die Zeit für seine sonstigen Schriften nehmen würde. Entgegenkommenderweise wurden die entsprechenden Schriften in der Bibliothek des Collegio bereits deutlich herausgestellt; man ist dort natürlich ebenfalls gern behilflich.

Zum Beispiel gibt es da eine Rede zur Liturgie, die Wojtyla am 7. November 1962 auf dem Zweiten Vatikanischen Konzil hielt; der Aufruf, bei der Gestaltung des Gottesdienstes der Bibel zu Lasten des liturgischen Rahmens breiteren Raum zu geben, spiegelt Wojtylas große Gelehrsamkeit wider. Die Rede ist ebenso sorgfältig abgewogen wie eine andere, die er auf einer späteren Sitzung am 21. November 1962 über die Ursprünge der Offenbarung hielt. Selbst bei flüchtiger Durchsicht seiner Schrift wird deutlich, daß Wojtyla kein mit überholten Vorstellungen behafteter bäuerlicher Frömmler ist. Und Garrone steht unter den Kardinälen mit seiner Überzeugung nicht allein, daß Wojtylas Theologie unanfechtbar ist; sich in sehr starkem Maße mit den gegenwärtigen Ansichten der Kurie deckt und trotz Übereinstimmung mit der Moralphilosophie, die Wojtyla schließlich studiert hat, auf Realismus gründet. (Kardinal Wojtyla ist einer der produktivsten Schreiber des Heiligen Kardinalskollegiums. Die polnische Geschichte und Kultur bieten ihm einen unerschöpflichen Vorrat an Gleichnissen und Sinnbildern, auf die er sich immer wieder beruft. In den letzten beiden Jahren wurde sein Werk im Kreise seiner Kardinalskollegen zunehmend bekannter.)

Und es gibt noch viel mehr, was diese geschäftigen Kardinäle innehalten, nachdenklich werden und manchmal gar Verabredungen absagen läßt, um weiterlesen zu können. Wojtyla über Kommunismus und Atheismus; Wojtylas Verurteilung jener Theologen, die Zweifel durch Leugnung fundamentaler Glaubenssätze säen wie etwa die Heilige Dreifaltigkeit, Christus als Sohn Gottes, seine leibliche Gegenwart bei der Eucharistiefeier, die Unauflösbarkeit der Ehe. Wojtyla über die Bedeutung der Marienverehrung. Wojtyla über die Notwendigkeit einer kraftvollen katholischen Identität; der klingende Aufruf, in einer Welt zunehmender religiöser Orientierungslosigkeit den Glauben mit Festigkeit zu verkünden.

Alle diese Schriften befinden sich hier im Lateinamerikanischen Kollegium. Auf sie alle wird deutlich verwiesen, damit die Kardinäle ohne Mühe feststellen können, wie es dieser polnische Bischof mit ihnen am Herzen liegenden Fragen hält: Wojtylas intelligente Aussagen offenbaren nicht nur Treue und Verpflichtung gegenüber dem Altüberlieferten, sondern lassen auch noch so viel Platz, daß ihm selbst die etwas liberaleren Kardinäle wärmstens beipflichten können.

Zum Beispiel ist da Wojtylas Auseinandersetzung mit dem Atheismus. Er zeigt eine herzerfrischende Offenheit, die auf Leute wie Suenens, Sin und Willebrands ihre Wirkung nicht verfehlt. Wojtyla befürwortet keine vorbehaltlose Verurteilung des Atheismus; denn dadurch würde jedem Dialog zu diesem Thema die Grundlage entzogen. Statt dessen redet er der ›heuristischen Annäherung‹ das Wort; Ziel sei es, zwischen Gläubigen und Ungläubigen Gemeinsames zu entdecken. Dies ist die Grundhaltung seines gesamten Denkens; er beginnt und endet mit der Vorstellung, daß alles dem Erfahrungshintergrund des Menschen entspringe; daß die Kirche selbst noch auf der Suche sei; daß Moralisieren sinnlos und für »die Vorstellung, daß wir im Besitz des Wahrheitsmonopols seien«, kein Platz sei und daß allein die Kirche vor allem niemals als autoritäre Institution erscheinen dürfe. Er sagte dies erstmalig am 21. Oktober 1963 und hat seither seinen Standpunkt immer wieder aufs neue bekräftigt.

Es ist, König sagte es bereits, alles sehr interessant. Sachen, die sich ein Kardinal merken sollte; denn an diesem Mittwochabend mehren sich die Anzeichen dafür, daß die italienischen Kardinäle in der Frage, wem sie ihre Unterstützung zukommen lassen sollen, hoffnungslos zerstritten sind. Zum erstenmal seit 455 Jahren kommt – zwar schwach noch und unbestimmt – das Gefühl auf, daß diesmal ein Nicht-Italiener zumindest eine Chance hat, Papst zu werden.

✳

»Versuchsballons, alles bloß Versuchsballons«, sagt MacCarthy abfällig zu einem Kollegen vom Vatikansender. Die beiden stehen im zweiten Stockwerk des Sendegebäudes neben den Fernschreibern, die fortwährend Agenturmeldungen über Greeley und die NORC-Prognose ausspucken.

MacCarthy kann sich nur mit Mühe des ehemaligen Priesters aus Chikago entsinnen; denn er war nur einer von vielen Beobachtern, die während der letzten beiden Wochen im Sender ein und aus gingen, darauf hoffend, von Radio-Vaticano-Mitarbeitern die vielen mysteriösen Dinge im Umfeld einer Papstwahl erläutert zu bekommen. MacCarthy ist so gut wie überzeugt, daß an diesem fragwürdigen Scherz keiner seiner Kollegen beteiligt ist. Aber da steht es schwarz auf weiß: Associated Press überschreibt ihre Story dreist mit ›Vatikanstadt‹ – vielleicht der besseren Glaubwürdigkeit wegen, denn das eigentliche Büro der Agentur befindet sich im Zentrum Roms – und stellt im folgenden kühn fest: COMPUTER ERMITTELT URSI ALS NÄCHSTEN PAPST.

Ein Bürodiener reißt den Streifen ab und wirft ihn zu einem Haufen ähnlicher Fernschreiben in einen Korb mit der Aufschrift KONKLAVE.

Obwohl erst der halbe Vormittag herum ist, beweist der jetzt schon mit Agenturmeldungen gefüllte Korb das wachsende Interesse der Medien am bevorstehenden Konklave.

»Was da so alles hochgespielt wird«, wundert sich MacCarthy gegenüber seinem Kollegen, »und dann die Behauptung, es könnte irgendwas ganz Außergewöhnliches passieren. Das nehme ich denen nicht ab.«[1]

Was da im Korb liegt, besteht größtenteils sicherlich aus reiner Spekulation; in den Meldungen kommt oft lediglich die Einstellung von Reportern zum Ausdruck, die, im Gegensatz zu MacCarthy, sich dagegen sperren, das Walten des Heiligen Geistes für unkalkulierbar zu halten.

Dennoch: läßt man Greeleys Computerspielchen einmal beiseite, so finden sich in dem Korb genügend Beweise dafür, daß sich die italieni-

sche Presse weiterhin mit vereinten Kräften darum bemüht, Siri gewählt zu wissen. Seit drei Tagen läuft es nun schon so, werden schmei-
chelhafte Persönlichkeitsprofile und fabelhafte Beurteilungen des Erzbischofs von Genua abgedruckt. Zu vermuten, dies hätte irgend etwas
mit ›Konsultation‹ zu tun, wäre schierer Unsinn; das Ganze ist nichts
weniger als eine bestens organisierte Offensive, der entschlossene
Versuch, die Vorstellungen der Wahlmänner in eine und dieselbe Richtung zu lenken. An diesem Donnerstagmorgen hat RAI, der staatliche
italienische Rundfunk, eine zehnminütige Lobeshymne auf Siri gesungen, und zwar derart salbungsvoll, wie es der Staatsrundfunk in der
Vergangenheit nur zum Anlaß just erfolgter Papstwahl fertigbrachte.

MacCarthys Kollege (er gehörte zu jenem Moderatorenteam, das
beim letzten Konklave mit Hilfe der eingeschmuggelten Wanze die
Welt mit einer Erstmeldung überraschen konnte – er selbst indes bleibt
dabei, von der Affäre im voraus nichts gewußt zu haben) hält die ganze
Siri-Kampagne für zulässige psychologische Kriegführung; im Erfolgs-
falle würde mithin jedes Verlangen beseitigt, das Konklave verbotener-
weise elektronisch anzuzapfen. Der Mann weist auf eine Agenturmeldung, die gerade aus dem Fernschreiber tickert. Darin wird behauptet,
Siri verfüge über ein sicheres ›Paket‹ von fünfzig Stimmen.

Der Mann glaubt wie viele andere, daß die Kurie mit Hilfe dieser
erwiesenermaßen laufenden Pressekampagne wieder einmal die
Papstwahl zu beeinflussen versuche. Die Kurienkardinäle versuchten
den noch unentschlossenen Wahlmännern auf diese Weise den Kopf
zu verdrehen, damit sie auf Siri setzten, dessen Bild von den Medien
bis zur Unkenntlichkeit geschönt worden sei. Die Theorie klingt plausibel, vorausgesetzt es gibt im gegenwärtigen Kardinalskollegium diese
›weiche Mitte‹, die beim letzten Konklave daran erkennbar wurde, wie
schnell sich gewisse Herren auf Gianpaolos Seite schlugen.

MacCarthy bleibt skeptisch. Angenommen, es wäre so – gibt er zu
bedenken –, könnte dann das Ganze nicht ein gerissener Trick von Siris
Gegnern sein? Vielleicht hätten sie absichtlich dafür gesorgt, daß sich
alles Interesse auf Siri richtet, nach dem Motto: ›Lass' ihn erst mal auf
die Beine kommen, damit du ihn zu Boden schlagen kannst!‹ (Da, wo
MacCarthy zu Hause ist, gilt ein solches Verhalten in der Politik als
nicht ungewöhnlich.) Seine Feinde dürften bemerkt haben, daß Siris
Rekord in Erzkonservatismus angesichts der Publizität, die ihm zuteil
werde, nicht länger zu halten sei; je mehr man ihn über den grünen
Klee lobe, desto zwangsläufiger sei die Gegenreaktion. Tatsächlich,
fährt der scharfsinnige Ire fort und weist auf eine UPI-Meldung, gebe es
bereits Anzeichen dafür, daß diese Gegenreaktion eingesetzt habe.
›Informierte Quellen‹ – bei den Worten muß MacCarthy schief grinsen,
denn er fragt sich, ob sie nicht wieder einmal statt Fakten nur dummes
Gerede verbreiteten – erinnerten bereits daran, wer Siri wirklich sei:
der Kardinal, der Johannes XXIII. und Paul VI. verabscheute; der Bischof, der das Zweite Vatikanische Konzil als »größte Katastrophe der

jüngsten Kirchengeschichte« interpretierte; der Kirchenfürst, der alles auch nur entfernt nach ›Liberalisierung‹ Aussehende zu vereiteln suche. Sei das der Mann, so fragen die ›informierten Quellen‹ der Agenturmeldung zufolge, der künftig Papst werden sollte – wobei es völlig unerheblich sei, daß sich Siri selbst jetzt als »Mann der Mitte«, als »Gemäßigter« und, was noch mehr verwundere, gar als »Unabhängiger« bezeichne?

Daran erinnert, glaubt MacCarthys plötzlich desillusionierter Gesprächspartner das auch nicht mehr. Er kramt in dem Korb und verweilt bei einer Meldung der Agence France-Presse. Dort steht geschrieben, die französischen Kardinäle rechneten nur mit einem kurzen Konklave: Marty aus Paris, heißt es, gehe von ›höchstens drei Tagen‹ aus. AFP meldet weiter, es sei ›gemeinsame französische Ansicht‹ – was MacCarthy wiederum ein schiefes Lächeln entlockt –, daß Felici ein ›akzeptabler‹ italienischer Kompromißkandidat für den Fall sei, daß Siris Versuch scheitern sollte. Hierfür wird keine Quelle genannt. MacCarthy kann ebensowenig erkennen, welches die ›hochrangigen Quellen‹ sein sollen, von denen in einer anderen Agenturmeldung die Rede ist. Dort heißt es, daß bei anhaltender Zerstrittenheit in den italienischen Reihen sowohl Hume und Willebrands als auch Gantin Kandidaten werden könnten.

»Das könnte jeder andere im Kardinalskollegium auch«, grummelt er.

MacCarthy, von der beim Vatikansender gültigen ehernen Regel geprägt, nur gesicherte Informationen in den Äther zu schicken, wiederholt noch einmal »alles Versuchsballons« und verläßt mit seinem Kollegen den Fernschreibraum.

Am Freitag, dem 13. Oktober, lud Martin Noé zum Mittagessen in seine hübsch möblierte Unterkunft in der Nähe des Damasushofes. Der eigentliche Hof wurde im Zuge der Vorbereitungen des Konklaves gesperrt: dieses Mal haben die ihren Gedanken nachhängenden Kardinäle das Vergnügen, sich auf Steinplatten zu ergehen, auf denen schon die Renaissancepäpste lustwandelten.

Der ältliche Präfekt zeigt auf die Zeitung, die zwischen ihnen aufgeschlagen auf dem Eßtisch liegt, und erkundigt sich noch einmal, was die Kardinäle denn *daraus* zu machen gedächten. Gemeint ist ein im ›L'Osservatore della Domenica‹ auffällig plazierter Artikel. (L'Osservatore della Domenica ist die gern gelesene illustrierte Sonntagsausgabe des ›Osservatore Romano‹.)

Der Artikel trägt die nüchterne Schlagzeile: PROPHEZEIUNG UND REALITÄT. Aber den Hinweis auf den mutmaßlichen Inhalt, weswegen Martin auch nach der Reaktion der Kardinäle fragte, liefert allein der Name des Verfassers. Monsignore Corrado Balducci ist höherer Beamter in der Kongregation für die Evangelisation der Völker, die früher einmal Congregatio De Propaganda Fide hieß. In der Umgebung des Vatikans gilt Balducci, nicht nur im Scherz, als der Hof-Dämonologe.

Der Prälat fertigte eine Studie, die sich mit Übernatürlichem, insbesondere aber mit Prophezeiungen bevorstehenden Unheils befaßt. Diesmal lassen sich Balduccis Nachforschungen mit jenen, die MacCarthy am Vorabend des letzten Konklave angestellt hatte, vergleichen. Während MacCarthy aber überzeugt war, daß der Vatikansender ein paar der schlimmsten Weissagungen des irischen Heiligen Malachias nicht ausstrahlen würde, hat Balducci mit der Veröffentlichung der apokalyptischen Vorausschau des Sehers keine Schwierigkeiten: während des nächsten Pontifikats »werde es eine große Katastrophe geben; es könnte höchstwahrscheinlich ein dritter Weltkrieg sein«. Um Malachias' düstere Prophezeiung noch zu bekräftigen, kommt Balducci auch auf das mysteriöse Dritte Geheimnis von Fatima, das höchstens der neue Papst erfahren wird, zu sprechen. Balduccis Bericht endet mit der Mahnung: »Gott kann eine solche Geißel nicht verhindern, wenn es die Menschheit nicht verdient.«

Mehr als diese furchtbare Drohung fasziniert Noé und Martin an Balduccis Worten deren Bezug aufs künftige Pontifikat. Daß der Artikel am Vorabend des Konklave im unfehlbarsten Blatt überhaupt erscheint, muß als gezielter Wink verstanden werden, in einer bedrohten Welt nur einen entschlossenen Papst die Gläubigen vor einem solchen Verhängnis bewahren zu lassen. Keine Zeit mehr für mehr ›Pastoralität‹, Scherze mit Kindern und Pinocchio-Vergleiche. Jetzt gilt's, sich wieder auf Hölle und Schwefel zu besinnen, um die Gläubigen daran zu erinnern, welcher Glaube allein zur Abwehr des Bösen tauge. Zwischen den Zeilen finden Noé und Martin also den unübersehbaren Hinweis, die Kardinäle mögen doch einen sehr resoluten Mann wählen, der die Kirche sicher durch kommende Fährnisse steuert.

Balduccis Stellung innerhalb der Kurie und das gewählte Erscheinungsdatum des Artikels weisen darauf hin, daß die Siri-Anhänger keineswegs aufgegeben haben, ihren Favoriten als Papst durchzusetzen zu suchen. Sonnenklar ist, daß Balduccis Aufsatz als Mahnung gedacht ist, daß die Apokalypse allein durch die Wahl Siris verhindert werden kann.

Der aber steht im Begriffe, einen erstaunlichen Akt von ›felo de se‹ zu begehen.

*

König kann es nicht fassen. Aber dort steht der Beweis – ein paar tausend Wörter, die Siris Chancen, *jemals* Papst zu werden, restlos zunichte machen.

Samstag, 14. Oktober, Frühstückszeit. Im Deutsch-Ungarischen Kollegium ist es um diese Zeit normalerweise am ruhigsten; denn dann sitzen die Kardinäle und ihre Gastgeber über Wurst und Käse und sprechen nur wenig.

Nun aber ist der Raum von einem Gewirr ungläubiger Stimmen

erfüllt; man versucht, sich auf Siris Verhalten einen Reim zu machen. Was Siri tat, ist in jeder nur denkbaren Hinsicht unglaublich: der Erzbischof von Genua gab der ›Gazzetta del Popolo‹ ein erstaunliches Interview. Er verunglimpfte das Andenken Gianpaolos, indem er die Antrittsrede des verstorbenen Papstes lächerlich machte; drosch auf Villot ein, indem er dessen Amtsführung kritisierte. Siri nahm sich kaum Zeit zum Luftholen und fegte jeden Gedanken an etwaige Kollegialität des nächsten Pontifex mit den Bischöfen vom Tisch. Der unglückliche Reporter, der diese Tirade über sich ergehen lassen mußte, beschreibt, wie er selbst unter Siris Zorn zu leiden hatte. Als er eine höfliche Frage gestellt habe, hätte der Kardinal kratzbürstig geantwortet:»Solch eine Frage lasse ich mir nur von meinem Beichtiger stellen.« Bei einer anderen Frage hätte Siri gewettert:»Ich weiß nicht, wieso Sie mir eine so dämliche Frage stellen können? Wenn Sie wirklich eine Antwort darauf haben wollen, müssen Sie drei Stunden stillsitzen und das Maul halten.«

König liest die Geschichte zum zweitenmal. Sie klingt jetzt sogar noch unglaublicher.

Was mag Siri sich dabei gedacht haben? Dieser maßlose Ton, diese schockierenden Beleidigungen eines Reporters sind doch mit Sicherheit nicht typisch für einen Mann, der die ganze letzte Woche über in den Medien so sicher und gefällig-vernünftig auftrat? Und obendrein; warum ließ er überhaupt zu, daß das Interview nur wenige Stunden vor dem Zusammentreten des Konklave – wenn jedes abfällige Wort seine tödlichste Wirkung erzielt, da keine Zeit mehr für Dementis bleibt – veröffentlicht wird?

König fällt keine Antwort dazu ein.

Aber ebenso außergewöhnlich wie Siris Zornausbruch sind die Gründe dafür, daß er überhaupt publiziert wurde. Siri hatte am Tage zuvor das Interview gegen die verbindliche Zusicherung gewährt, mit der Veröffentlichung mindestens achtundvierzig Stunden zu warten; dann säßen er und seine Kardinalskollegen sicher und eingesperrt im Konklave; niemand hätte mithin Gelegenheit, seine Äußerungen zu lesen. Der Reporter hatte Siris Vorbehalt akzeptiert. Im weiteren Verlauf des Freitags gewährte Siri einem genuesischen Sender ein Interview, bei dem es sich um eine etwas abgeschwächte Version seiner Äußerungen gegenüber der ›Gazzetta del Popolo‹ handelte. Da Siri hier erstaunlicherweise keine Vorbehalte angemeldet hatte, wurde das Interview schon innerhalb der nächsten Stunde ausgestrahlt. Die italienische Nachrichtenagentur Ansa fing das Interview auf und brachte eine kurze Zusammenfassung. Dieses Ansa-Fernschreiben fiel den Redakteuren der ›Gazzetta del Popolo‹ in die Hände, die daraufhin annahmen, Siri hätte seine Auflagen selbst zurückgezogen. Die Redaktion beschloß daraufhin, ihr eigenes, viel explosiveres Interview an diesem Samstagmorgen zu bringen.

Noch ehe König die Zeitung gelesen hatte, war Siri schon mit einem

Dementi zur Hand gewesen. Der Zeitungsreporter drohte ihm aber, die Tonbandaufzeichnung des Gesprächs der Öffentlichkeit zugänglich zu machen. Siri machte einen Rückzieher. Durch sein ungeschicktes Verhalten wurde der Schaden noch vergrößert.

Kurz vor Messebeginn und Konklave bedenkt König Siri noch mit einer letzten Weissagung. Mit samtweicher Stimme murmelt der Wiener Kardinal ein paar ebenfalls auf den Beginn der Messe wartenden Kollegen zu: wenn Siri zum Papst gewählt würde, gäbe es auf dem Petersplatz zunächst »eine schlichte, bescheidene Feier. Später aber, privat, würde er in Gegenwart aller seiner Freunde eine Krönungsfeier veranstalten, daß die Weihrauchschwaden bloß so wallten und waberten.«

Solche Worte machen Siris Chancen endgültig zunichte, geben ihm gewissermaßen den ›coup de grâce‹.

Benellis Aussichten aber bleiben bestehen. Felici zum Beispiel wundert es, daß der Erzbischof von Florenz eine Schreibmaschine ins Konklave mitnimmt – ob er darauf wohl seine Annahmeerklärung auszuarbeiten gedenkt?

∗

Das einsame Abendessen kann am Samstag Greeleys Laune auch nicht bessern. Zunächst einmal ist da die Haltung der amerikanischen Kardinäle – ›völlig willenlos Opfer kurialer Propaganda‹. Besonders verbittert ist Greeley über Carberry, und zwar nicht bloß, weil der zehn Tafeln Schokolade ins Konklave mitgenommen oder vor der amerikanischen Presse erklärte, es sei nun Zeit für einen nicht-italienischen Papst. Das ist ja das Schöne an Greeley: er hat immer noch die Hoffnung, daß Ursi die Wahl gewinnen wird. Was ihn an Carberry wirklich stört, ist, ›daß der gute Kardinal von St. Louis offenbar nicht zu begreifen scheint, daß die Leute keinen bloßen Abklatsch‹ von Gianpaolo als nächsten Papst erwarten.

Und außerdem ist Greeley ärgerlich, eigentlich nichts Neues. »Na gut«, sagt er sich nach dem Essen, »wir haben Johannes Paul verloren«. *Warum*, das muß Gott mit sich selber ausmachen. Kehrt Johannes Pauls Nachfolger wieder in das alte Fahrwasser zurück, werden die Leute zutiefst enttäuscht sein. So ist das heute mit den Katholiken. Da waren sie nun eine kurze Zeitlang stolz auf den Katholizismus, und mit einem Mal stehen sie mit leeren Händen da. Die wollen ihren Stolz wiederhaben. Aber viele dieser Clowns, die da abstimmen, begreifen das ja nicht.«

Ebenso schwer dürften einige dieser ›Clowns‹ auch verstehen können, weshalb Greeley anscheinend nicht in der Lage ist, den letzten Papst ›Papa Gianpaolo‹ zu nennen, wie es doch alle übrigen voller Bekümmerung auch tun.

Vielleicht rührt seine Haltung von einem auf Band gesprochenen

Geständnis über seine Quellen her.[2] Anscheinend gibt es helle Scharen unidentifizierbarer, indes wundervoll beschriebenen Gestalten, die er samt und sonders mit schillernden Pseudonymen belegt. Wahrscheinlich aber verbirgt sich dahinter bloß ein einziger ›Deep Purple‹ alias ›Cincinnati Kid‹. Manche Vatikanologen gehen davon aus, daß Joseph Bernardin, der Erzbischof jener Stadt in Ohio, Greeleys Hauptinformant ist.

Im Augenblick weilt der Erzbischof zu Hause in Amerika. Dieser Umstand würde erklären, weswegen Greeley auf den Petersplatz zurückkehrt, die mondbeschienene Silhouette der Sixtinischen Kapelle anstarrt und sich immer wieder die quälende Frage stellt: Was geht darin vor?

Während des Abendessens in den Borgia-Gemächern – für ein bescheidenes Mahl (›fettuccini, gelato di frutta‹ und einen Schluck Wein) wohl ein etwas zu pompöser Rahmen – vermuten mehrere Kardinäle, das Konklave würde sich wohl bis Montag hinziehen. Diese Bemerkungen werden von jenem Konklavisten, der erneut sein geheimes Tagebuch führt, getreulich festgehalten.[1] Der Mann beobachtet bis in die Nacht das Zustandekommen der einzelnen ›Fraktionen‹. Die siebenundzwanzig Italiener lassen offen erkennen, daß ihre Sympathien vier verschiedenen Kandidaten gehören: Benelli, Ursi, Felici und Siri – trotz seines Fehltritts. Einige der Afrikaner und Asiaten fühlen sich zu Ursi oder Benelli hingezogen, sofern man sich von den auf den Fluren offen ausgetauschten Ansichten leiten lassen will. Aramburu und einige weitere Südamerikaner neigen ebenfalls dem Erzbischof von Florenz zu. Andere Trends sind zur Zeit nicht feststellbar.

König, der vor Beginn des Konklave so eifrig zu Wojtylas Gunsten gewirkt hatte, zog sich sehr früh zurück, anscheinend ohne irgendwelche ›Konsultationen‹ gepflegt zu haben.

Am Sonntagmorgen war Wojtyla in seiner Zelle Nr. 96 schon vor dem Frühstück in die jüngste Verlautbarung des polnischen Ministers für Kirchenangelegenheiten vertieft; zur Überwachung der Kirche gibt es im kommunistischen Polen nämlich ein eigenes Ministerium.

Suenens von Belgien hatte sich schon in aller Frühe mit dem Spanier Vicente Enrique y Tarancon getroffen; ihr Gespräch galt der Lage der spanischen Kirche nach dem Tode Francos und der schweren Verpflichtung der spanischen Kardinäle, dafür zu sorgen, daß die neuerlangte Demokratie nicht zu unliebsamen Exzessen führe.

Beide Männer müssen sich über die Rolle, die sich der ruhige und bedächtige Enrique y Tarancon selbst zugeschrieben hat, bestens im klaren gewesen sein. Bei früheren Konklaven war der Einfluß spanischer Kardinäle bestenfalls minimal. Fast regelmäßig hatten sie sich auf die Seite einer der italienischen ›Fraktionen‹ geschlagen. Enrique aber hatte in den neun Jahren seines Kardinalats sein Land auf die folgenschweren Ereignisse nach Francos Tod vorbereitet. Um den Übergang von der Diktatur zur Demokratie zu erleichtern, wies er seine Bischöfe und Priester an, über Rom hinaus zu sehen. Auf diese Weise, hatte er gesagt, würden sie feststellen können, was gut sei und mit dem neuen Freiheitsgefühl in der spanischen Kirche in Einklang gebracht werden könne. Es war eine wahre Entdeckungsreise gewesen, die nicht immer die volle Billigung der spanischen Traditionalisten fand, die noch den Vorstellungen verhaftet waren, die die Kirche an Franco gebunden hatten. Im Zuge dieser Entdeckungsreise war Vicente Enrique y Tarancon auf Wojtyla gestoßen. Er erkannte, daß die Vorstellungen des Polen über die Weiterentwicklung der Kirche den eigenen sehr nahe kamen. Als sein alter Freund König dann zu verstehen gab, es würde Zeit für einen nicht-italienischen Papst, war ihm ganz selbstverständlich Wojtyla in den Sinn gekommen. Während der letzten Woche hatte Enrique y Tarancon auf seine gewinnende Art den polnischen Kardinal in den Vordergrund geschoben. Es war eine ganz diskrete und taktvolle Kampagne gewesen.

Der Brasilianer Lorscheider befolgt den Rat seines Arztes und versucht die Folgen einer jüngst überstandenen Herzoperation durch eifriges Spazierengehen zu überwinden; begegnet ihm jemand auf den Korridoren, so bleibt er stehen und beginnt ein kleines Gespräch.

Zwei Afrikaner, Gantin und Joseph Malula, der Erzbischof von Kinshasa, gingen auf dem Damasushof auf und ab. Malula hatte Gantin erzählt, was er auch schon dem ›Time‹-Magazin gegenüber geäußert hatte: »Das ganze imperiale Drum und Dran, die Isolation des Papstes, all die mittelalterliche Abgeschiedenheit und Tradition läßt die Europäer annehmen, die Kirche gehöre allein dem Westen – und aus diesem verengten Blickwinkel heraus können sie nicht erkennen, daß junge Nationen, wie die meine zum Beispiel, etwas ganz anderes wollen. Sie wollen Schlichtheit. Sie wollen Jesus Christus. Sie wollen Veränderung.«

»Deswegen sind wir hier«, hatte Gantin vergnügt erwidert, »um Veränderungen zu bewirken.«

Das Frühstück war schnell erledigt. Sin kam der Kaffee ebenso schauderhaft wie beim letzten Male vor. Mit den übrigen hundertzehn Kardinälen eilte er in die Sixtinische Kapelle, damit es endlich losgehen konnte. Die Formalitäten – die Wahl der Stimmzähler, Infirmarii und Revisoren – waren schnell beendet. Noé hatte die Kapelle verlassen, die Wahl konnte beginnen.

Die Herausforderung der Italiener stand schon fest, noch ehe die letzte Stimmkarte auf den Faden gezogen war.

Siri lag, wie im August, diesmal mit dreiundzwanzig Stimmen vorn. Als dies im unmittelbaren Umfeld des Konklave bekannt wurde, begannen sofort lebhafte Spekulationen. Siris brutal-freimütiges Interview in Verbindung mit Balduccis Ruf nach einem energischen Papst, um den Weltuntergang – oder so etwas Ähnliches – zu verhindern, wurden als Hinweise darauf interpretiert, daß die Konservativen nicht etwa in Panik gerieten, sondern einen schnellen Sieg anstrebten. Die dreiundzwanzig Stimmen waren eine respektable Grundlage, um die Stimmen der ›weichen Mitte‹ auf sich zu ziehen, die gerne bereit wären, über einige von Siris schärferen Äußerungen hinwegzusehen, weil sie angesichts der nach Balduccis Darstellung unmittelbar bevorstehenden katastrophalen Zukunft sich von Siri das Heil erhofften. Man kann es sich als Laie nur schwer vorstellen, aber Balduccis Artikel hatte die Gedanken mancher Kardinäle doch deutlich beeinflußt. Viele brachten den Artikel ins Konklave mit, wo Balduccis Mahnungen und Befürchtungen zum Gegenstand einer *längeren Debatte wurden, die als Ergebnis Siris erstaunliche Unterstützung zeitigte.*

Benelli erhielt zweiundzwanzig Stimmen. Niemand war davon sehr überrascht; es stand von vornherein fest, daß Benelli zunächst einmal gut abschneiden würde. Die Frage aber war, ob seine Hintermänner auch im nächsten Wahlgang, wenn sich schon etwas Deutlicheres abzeichnen sollte, zu ihm halten, oder ob sie ihn aus den altbekannten Gründen im Stich lassen würden: der Erzbischof von Florenz kann bei seinesgleichen noch immer Unbehagen, Argwohn und selbst Mißtrauen wecken.

Ursi hatte achtzehn Stimmen erhalten. Im Umfeld des Konklave war man der einhelligen Ansicht, daß er sich zwar gut, aber nicht außerordentlich gut plazieren konnte. Je nach Ergebnis der nächsten ›Konsultationen‹ könnte ihm entweder von Benellis Seite her Unterstützung zukommen oder umgekehrt.

Mit siebzehn Stimmen verblüffte Felici so manchen. Die Interpretation seines Stimmenanteils war in gewisser Weise faszinierend – selbst wenn man berücksichtigt, daß in der Treibhausatmosphäre des Konklave so viele Meinungen und Ansichten zutage treten, ohne daß ihnen Zeit zu reifen bliebe. Felici ist fast ebenso konservativ wie Siri. Vielleicht gilt Felici – falls sich schließlich zeigen sollte, daß Siri für manche Kardinäle selbst am Tage des Jüngsten Gerichts noch nicht akzeptabel wäre – als Alternative.

Eine echte Überraschung aber waren die fünfzehn, auf Pappalardo entfallenen Stimmen. Was könnte denn das bedeuten? Niemand war sich ganz sicher, aber man hatte das Gefühl, Pappalardo könnte ein wirklicher Kompromißkandidat werden, jemand, hinter dem man sich sammelt, sobald keiner der vier führenden Italiener sich einen deutlichen Vorsprung verschafft.

Wojtyla hatte fünf Stimmen auf sich vereinigt. Wie es hieß, zeigte er keine weitere Reaktion als ein flüchtiges Stirnrunzeln. Nach der vielen harten Arbeit, die König zugunsten seines Schützlings geleistet hatte, waren die fünf Stimmen zu Wojtylas Gunsten in den Augen des Wiener Erzbischofs wohl nur ein so karger Lohn, daß er seine Enttäuschung kaum verbergen konnte, verlautete in der Umgebung des Konklave.

Bei dieser ersten Abstimmung erhielten noch zwei weitere Kandidaten Stimmen: für Poletti sprachen sich vier aus, Gantin brachte es auf drei Voten. (Einer anderen Quelle zufolge sollen auch Hume und Sin je eine Stimme bekommen haben.)

Am späten Sonntagvormittag sah es nach allgemeiner Überzeugung ganz so aus, als würden die Italiener die Sache unter sich ausmachen.

Aber nach dem zweiten Durchgang war das Feld schon kleiner geworden; bei Bekanntwerden des Wahlergebnisses kam erstes erstauntes Gemurmel auf: Siri war plötzlich aus dem Rennen gefallen. Nur noch elf Kardinäle, der harte Kern der Unentwegten innerhalb der Kurie, hielten zu ihm. Für ihn war damit bereits alles vorbei; die Möglichkeit, daß Siri nach dem nächsten Wahlgang noch einmal groß herauskommen könnte, bestand nicht mehr. Spekulationen über die Gründe seines Mißerfolgs werden erst später erfolgen. Es wird die Rede sein von Kuhhandel und Versprechungen und, wie es bei dem Schreiber des geheimen Tagebuchs heißt, von ›Interventionen des Heiligen Geistes und der

Realität‹. Das alles wird nichts mehr hergeben. Der springende Punkt ist, daß Siri kurz vor Mittag aus dem Rennen war.

Ursi konnte seine achtzehn Stimmen verteidigen, aber da er sich nicht hatte verbessern können, war der Zug für ihn auch abgefahren. Im nächsten Wahlgang werden seine Hintermänner mit Sicherheit das Lager wechseln. Pappalardos Unterstützer verfuhren bereits so; er gehörte schon nicht mehr zu den Kandidaten.

Felici war mit dreißig Stimmen ein gutes Stück vorangekommen. Man nahm an, daß sein Stimmenzuwachs zu Siris Lasten ging. Damit gab die Mehrheit der Konservativen zu verstehen, daß sie Felici für jenen Kardinal hielten, der nicht nur den von Balducci verheißenen Weltuntergang verhindern, sondern auch ein kleines Wunder vollbringen könnte: nämlich so viele Liberale auf seine Seite zu ziehen, daß ihm ein schneller Sieg zufiele.

Diese rundum gefälligen Überlegungen hatten nur einen Makel: Benelli lag mit vierzig Stimmen vorn. Sein Herumreisen, seine sorgfältigen Vorausplanungen, seine Einladungen ins ›L'Eau Vive‹ begännen sich jetzt auszuzahlen, hieß es. Aber um zu gewinnen, brauchte er immer noch entscheidende fünfunddreißig Stimmen. Bis dahin aber war es noch weit.

Wojtyla hinkte mit neun Stimmen hinterher. Diesmal runzelte er nicht die Stirn, sondern blickte erstaunt drein. So sagte man jedenfalls. Viele Beobachter des Konklave fanden seinen bescheidenen Fortschritt rätselhaft. Wer waren die neun Kardinäle, die ihn unterstützen zu müssen meinten?

Einer von ihnen sicherlich König. Am Sonntagvormittag hatte er in einem halben Dutzend verschiedener Gespräche deutlich gemacht, zu wem er hielt.

Ein anderer war Vicente Enrique y Tarancon. Aber nur wenige hielten seine Unterstützung Wojtylas für bedeutsam. Diesen Beobachtern war nicht entgangen, daß der Spanier und König nach dem Frühstück kurz zusammengetroffen waren. Das Bündnis zwischen dem Wiener Erzbischof und Enrique y Tarancon schlug die Brücke zu dem mächtigen Stimmenblock der Südamerikaner, Afrikaner und Asiaten. Enrique y Tarancon war nämlich nicht nur der unbestrittene Führer der Spanischen Kirche, er verfügte auch über einen unerhörten Einfluß in der Dritten Welt. Sogar der selbstherrliche Aramburu hörte auf ihn.

Nachdem sich der Spanier von Anfang zu Wojtylas Gunsten erklärt hatte, war der Zugang zu dem Reservoir der vierundvierzig übrigen Stimmen Spaniens, Lateinamerikas, Asiens und Afrikas geschaffen. Man könnte mit Recht annehmen, daß auch die australischen, neuseeländischen und westsamoanischen Kardinäle zu überreden seien. Aber das Einvernehmen zwischen König und Enrique y Tarancon wurde größtenteils gar nicht bemerkt.

Das gleiche galt für Krols wertvolle Unterstützung. Mit ziemlicher Sicherheit war Krol einer jener fünf gewesen, die Wojtyla im ersten Durchgang ihre Stimme gegeben hatten. Der Erzbischof von Philadelphia kannte seinen polnischen Landsmann gut, hatte ihn in Amerika in seinem Hause aufgenommen und in aller Stille andere wissen lassen, daß dieser Mann eine wahrhaft makellose Reputation besitze. Bei diesem zweiten Durchgang kamen Cody und Cooke als Befürworter des Kandidaten Karol Wojtyla hinzu.

Aber auch das schien noch nicht sehr bedeutsam zu sein. Wie konnte es auch? Trotz der Tatsache, daß König, Enrique y Tarancon und Krol die denkbar engsten Verbindungen pflegten und gemeinsam auf mehr als die Hälfte der Wahlmänner beträchtlichen Einfluß ausübten, war es ihnen bislang offenbar nur gelungen, sechs Stimmen zu Wojtylas Gunsten zu mobilisieren.

Während des Mittagessens – es gab Makkaroni und ähnliche Teigwaren, dazu einen ziemlich süffigen Rotwein – kamen ein paar Spekulationen auf, ob das österreichisch-spanisch-amerikanische Triumvirat die Kollegen vergeblich zu beeinflussen versucht hätte, oder ob die drei zunächst nur abwarten wollten, wie sich die italienische Herausforderung im nächsten Wahlgang entwickelte, um dann erneut die Initiative zu ergreifen.

Nach dem Essen sah man Cody, Krol, König und Enrique y Tarancon auf dem Damasushof in angeregter Unterhaltung auf und ab gehen; später stießen Suenens und Marty zu ihnen. Nach und nach gingen dann alle zur dritten Stimmabgabe in die Sixtinische Kapelle.

Das Ergebnis bewies, daß das Feld noch kleiner geworden war.

Felici war gebremst worden. Er kam nur noch auf einen Anteil von siebenundzwanzig Stimmen. Felici saß auf seinem Platz, trommelte mit den Fingern und machte ein regloses, entschlossenes Gesicht, sagt man. Felici empfand »völliges Einverständnis«, sagt er.

Achtzehn Wähler blieben Ursi treu. Die Frage lautete nicht warum, sondern: Wie lange noch?

Siri brachte es irgendwie noch immer auf fünf Stimmen. Niemand begriff diese sinnlose Stimmenvergeudung.

Wojtyla schien auf verlorenem Posten, denn es war bei seinen neun Stimmen geblieben. Es herrschte das allgemeine Gefühl vor, daß der Pole mit seinem Charisma bald allein dastünde. Anscheinend gab es keine Möglichkeit, seine Lage zu verbessern.

Poletti und Gantin waren aus dem Blickfeld verschwunden.

Die Runde ging an Benelli. Er brachte es auf fünfundvierzig Stimmen.

Villot empfahl vor dem vierten und letzten Durchgang des Tages eine halbstündige Pause.

In diesen dreißig Minuten kam es zu einigen bedeutsamen Begegnungen.

Zunächst einmal traf sich Vicente Enrique y Tarancon mit Willebrands und König. Danach kam der Spanier mit Aramburu zusammen. Gleichzeitig redete König auf Sin und Gantin ein, die beiden Schlüsselfiguren des asiatisch-afrikanischen Blocks. Diese Zusammenkünfte weckten Interesse, und man spekulierte, daß König das Handtuch werfen und die Niederlage seines Schützlings Wojtyla akzeptieren würde. Aber einstweilen war noch nichts durchgesickert; niemand wußte wirklich, was sich tat.

Villot, Baggio und Pignedoli trafen sich in der Teeküche bei einem Kaffee. Dabei hörte jemand mit, daß die drei sich entschlossen zeigten, das Eintreten des Undenkbaren zu verhindern: die bittere Vergangenheit vergessen und ›den Ring des florentinischen Fischers küssen zu müssen‹. So blumig drückte es der heimliche Tagebuchschreiber aus. Genau das aber würden sie nämlich tun müssen, wenn Benelli gewählt würde. Die drei waren aber ebenso entschlossen, alles zu unternehmen, um das zu verhindern. Villot wurde bestimmt, um Felici aufzusuchen. Während der Camerlengo, im Mund die unvermeidliche Zigarette, davonschlurfte, war bereits eine weitere ›Konsultation‹ im Gange. Pappalardo, Poletti und Ursi trafen Benelli. Von diesem Gespräch weiß man nur, daß es sehr kurz war. Die vier Italiener gingen auseinander, und es schien ganz so, als ob es Benelli nicht gelungen sei, seine Landsleute auf seine Seite zu ziehen.

Das schien indes nicht viel verdorben zu haben: denn im nächsten Wahlgang hatte Benelli zwanzig Stimmen dazugewonnen, so daß er auf insgesamt fünfundsechzig kam und ihm damit zum Sieg nur noch zehn Stimmen fehlten.

Ursis Sympathisanten taten schließlich, was man vor Stunden schon erwartete: bis auf vier hatten sich alle von dem liebenswürdigen neapolitanischen Erzbischof abgewandt.

Erstaunlich aber war, wem sich Ursis ehemalige Befürworter zugewandt hatten.

Wojtyla hatte plötzlich vierundzwanzig Stimmen. Damit war die Bedeutung der von König, Enrique y Tarancon und Krol eingeleiteten stillen ›Konsultationen‹ erkennbar geworden, verdeutlichte aber nur einen Anhaltspunkt des wahren Gewichts ihrer Bemühungen. Die Frage war, ob das Gewicht in diesem späten Stadium – Benelli schien der Thron Petri beinahe sicher – noch durchschlagen würde.

Die sich hier anschließenden Mutmaßungen verursachten ein ebensogroßes Getuschel wie die erstaunliche Tatsache, daß es plötzlich noch einen Kandidaten gab: Kardinal Giovanni Colombo, siebenundsechzigjähriger Erzbischof von Mailand. Bei Beginn des Konklave hatte ihn niemand für ›papabile‹ gehalten. Aber nachdem Villot und Felici ein wenig von ihren Überredungskünsten Gebrauch gemacht hatten, brachten beide als Ergebnis ihres Zusammentreffens eine Verstärkung der Stoppt-Benelli-Bewegung zustande. Colombo – von einem Kurialbeamten gewunden als ›konservativer Gemäßigter‹ bezeichnet – war einverstanden gewesen, in die Rolle des Kompromißkandidaten der Kurie zu schlüpfen, die ursprünglich Felici zugedacht war. Colombo stand irgendwo links von Felici, kam Benelli – verdächtig als jener Italiener, der das italienische Pontifikat beenden würde – jedoch nirgendwo nahe. Benelli, so hieß es, habe als alter Feind der Kurie schon genügend Unheil angerichtet, weil er dem Verwaltungsapparat der Kirche den völlig unerfahrenen Gianpaolo aufnötigte.

Colombo sollte Benelli stoppen; daß er alt, gebrechlich und nicht allzu brillant war, spielte keine Rolle. Er war Italiener und somit eventuell der einzige Kandidat, der Benelli aufhalten konnte. Bei Colombo wäre die Papstwürde gut und sicher aufgehoben und bliebe in der Familie.

Vierzehn Kardinäle hatten sich für ihn entschieden.

Das war das angemessene Ende eines denkwürdigen Tages in der Sixtinischen Kapelle.

＊

Nach dem Abendessen – ›pasta in brodo, insalata‹, dazu Bier oder Wein – waren König, Enrique y Tarancon und Krol eifrig bemüht, verschiedenen Kardinälen gegenüber herauszustreichen, daß den vom Benelli-Lager wohl aus Verzweiflung vorgebrachten Behauptungen zu Lasten Wojtylas eigentlich jede Grundlage fehlte: angeblich würde es für die Kirche außerordentlich gravierende politische Konsequenzen haben, wenn ein Papst aus einem Land jenseits des Eisernen Vorhangs gewählt würde. König setzte seinen Kollegen geduldig, aber beharrlich auseinander, daß Vorteile die Nachteile bei weitem überwögen. Wojtylas drei Fürsprecher unterstützten seine Sache auf ihre ureigenste Weise.

König nahm zu Recht an, daß die Unterstützung der fünf Deutschen für die europäischen Kardinäle von ausschlaggebender Bedeutung wäre; jede Unschlüssigkeit unter den Franzosen und Holländern wäre mit ziemlicher Sicherheit sofort beseitigt, sobald sich die Deutschen eindeutig erklärt hätten. Und die Deutsche Kirche kümmerte sich intensiv um die Belange der Dritten Welt: insbesondere von Ratzinger und Höffner konnte erwartet werden, daß sie das beträchtliche Gewicht ihrer Persönlichkeit benutzten, um etwa verbliebene Kandidaten der Dritten Welt unschädlich zu machen. König bewegte sich instinktiv auf einem Argumentationsniveau, dem sich seine Zuhörer kaum verschließen konnten. Er erinnerte daran, daß Wojtyla ein unbeirrbarer Feind des Kommunismus sei; in einem Land, das direkt an den Eisernen Vorhang grenze, sei der Kommunismus ein ständiges Schreckgespenst; die Bevölkerung sei der festen Überzeugung, eines Tages kämen die Russen über die Autobahnen gefegt und überrollten die Bundesrepublik, um sich das ganze freie Europa zu unterwerfen. Als Papst könnte Wojtyla nicht nur auf seine bereits jetzt vorhandene enorme Kenntnis der kommunistischen Bedrohung zurückgreifen, sondern seine immense Kraft auch nutzen, um den Behinderungen der Religionsausübung hinter dem Eisernen Vorhang zu trotzen. Nicht ungeschickt erinnerte König die Deutschen abschließend daran, daß Wojtyla die Deutsche Kirche für »jegliches Unrecht«, das die Polnische Kirche begangen habe, öffentlich um Vergebung gebeten hatte. Das war das ausschlaggebende Argument, um die fünf Deutschen auf Wojtylas Seite zu bringen.

Krol unterstrich die Qualitäten seines Landsmanns: Wojtylas Furchtlosigkeit, seine körperliche Überlegenheit; daß er es beim Ski, Schwimmen und Laufen mit den Besten unter ihnen aufnehmen könne; seine Gedichte, seine Bescheidenheit; als unerschütterlicher Mann der Mitte vertrete er auf dem Sektor der kirchlichen Dogmatik ›vernünftige Standpunkte‹; kurzum, er könnte – wenn es ein ›Geburtsfehler‹ nicht zufällig verhindert hätte – der typische Amerikaner sein: Krols amerikanische Kollegen waren beeindruckt.

Vicente Enrique y Tarancon warf einen Blick in die Zukunft. Wojtylas Lebensweg, so sagte Enrique zu seinen lateinamerikanischen Kollegen, weise ihn als den idealen Mann aus, um sich mit den Problemen der Dritten Welt zu befassen. Die Kollegen hörten aufmerksam zu.

Diese Beeinflussung ging ganz locker und behutsam vor sich – so sehr, daß Manning, Carberry und Dearden sich hinterher darauf versteiften, von Wahlbeeinflussung nichts gemerkt zu haben. Mehrere Kardinäle zogen sich Sonntag nacht schon früh zurück, um noch Wojtylas ›Segno di Contraddizione‹ zu lesen; König hatte eigens ein paar Exemplare ins Konklave mitgenommen. Auch das gehörte zur sorgsam erdachten Strategie der lockeren Hand!

*

Am Montagmorgen, als sich im Konklave noch kaum etwas regte, verbreitete sich die Neuigkeit, daß Colombo nach einer betend und reflektierend verbrachten Nacht nicht mehr in Betracht gezogen zu werden wünschte. (Eine Quelle behauptet hartnäckig, Colombo habe sich bereits am Sonntagabend, nachdem er von Benelli aufgesucht worden sei, entsprechend entschieden. Benelli selbst bestreitet den Besuch.) Die Neuigkeit war so sensationell, daß Felici sofort in Colombos Zelle huschte. Die beiden Männer waren für fünf Minuten allein. Dann tauchte Felici wieder auf. Einem Augenzeugen zufolge – der Betreffende war kein Kardinal – soll Felicis Gesicht noch starrer gewesen sein als am Tage zuvor in der Sixtinischen Kapelle, nachdem seine Kandidatur gescheitert war. Dann begab sich Felici zu Villot. Die beiden saßen noch zusammen, als zum Frühstück gerufen wurde. Da wußten bereits die meisten, daß Colombo aus dem Rennen war. Colombo setzte sich als einer der ersten zu Tisch. Ein Beobachter sagte später, daß der alte Herr gleich zehn Jahre jünger ausgesehen habe.

Wojtyla erschien mit dem polnischen Primas, Stefan Kardinal Wyszyński. Die beiden nahmen König und Krol gegenüber Platz. König hob grüßend seine Kaffeetasse. Krol lächelte Wojtyla warm und herzlich an und sagte auf polnisch »Alles klar«.

Wojtyla reagierte nicht. Er saß gesenkten Kopfes da und starrte auf seinen Teller. Wer weiß, was er dachte?

Das Benelli-Lager hatte den langen Mitteltisch mit Beschlag belegt. Zu seiner überwiegend italienischen Truppe gehörten ein paar jener Außenseiter, in deren Hände sich der Erzbischof von Florenz nach Ansicht gewisser Kurialer angeblich begeben haben sollte: Owen MacCann, Erzbischof von Kapstadt; Lawrence Picachy, Jesuit, Erzbischof von Kalkutta und Vorsitzender der indischen Bischofskonferenz; Antonio Ribeiro, Patriarch von Lissabon; Franjo Seper aus Jugoslawien; Stephanos Siderouss aus Ägypten – eine buntgemischte Gruppe, die sich aber durchaus zur Geltung zu bringen verstand.

Nachdem Colombo ebenso schnell wieder verschwunden wie nach vorn geschoben worden war, mußten seine vierzehn Stimmen umverteilt werden.

Jedem war klar, daß sich damit neue dramatische Möglichkeiten eröffneten. Wahrscheinlich würden Ursis vier Stimmen zu Benelli überwechseln. Unter den zunehmend verdrießlicheren Italienern kam das Gefühl auf, daß Benelli am Ende immer noch besser sei, als daß die Papstwürde an einen Nicht-Italiener verlorenging. Sollte dieser Sinneswandel wirklich eintreten, brauchte man von den vierzehn Colombo-Stimmen lediglich sechs, um Benelli durchzubringen. Es entstand der Eindruck, daß sich wohl sechs dieser Unbeugsamen überreden lassen würden, ihren Erzfeind auf den Schild zu heben, und sei es nur, um die Papstwürde fest in italienischer Hand zu belassen.

Von beträchtlichen Erwartungen und einiger Spannung begleitet, traten die Kardinäle der Reihe nach zur ersten Abstimmung des Tages an den Altar.

Benelli verbesserte sich auf siebzig Stimmen, hatte den Sieg damit um nur noch fünf Stimmen verfehlt. Wojtyla brachte es auf vierzig.[2]

Villot verordnete eine viertelstündige Pause, um Gelegenheit zu einer Tasse Kaffee oder einer anderen kleinen Erfrischung zu geben.

Wojtyla begab sich schnurstracks in seine Zelle und schloß die Tür mit Nachdruck hinter sich; er wollte ganz eindeutig nicht gestört werden.

Außerhalb der Sixtinischen Kapelle hockten sich Wyszyński, König und Enrique y Tarancon zusammen. Der Pole und der Österreicher sprachen Deutsch; König dolmetschte für Enrique ins Spanische.

Wyszyńskis kräftige Versicherung: »Es wird passieren«, brauchte König indes nicht übersetzen.

Enrique y Tarancon pflichtete ihm bei: »Si, esto ocurrirá.«

Sicherlich konnte es passieren. Aber Benelli stand ganz kurz vor dem Ziel. Der nächste Wahlgang konnte schon die Entscheidung zu seinen Gunsten bringen.

Es sollte aber nicht sein. Im Verlauf der nächsten entscheidenden fünfundfünfzig Minuten verlor Benelli elf Stimmen an Wojtyla. Damit standen jetzt neunundfünfzig Stimmen für Benelli zweiundfünfzig Stimmen für Wojtyla gegenüber. Für den Erzbischof von Florenz war die Partie verloren. Das hieß aber nicht, daß Wojtyla gewinnen würde; denn ihm fehlten immer noch mindestens dreiundzwanzig Stimmen.

Die Kardinäle gingen in die Mittagspause. Eingekeilt von Parteigängern, die ihn sich keinesfalls wieder in seine Zelle zurückziehen lassen wollten, wurde Wojtyla in den Speisesaal geleitet.

Wyszyński nahm ihn beim Arm und flüsterte ihm auf polnisch zu: »Der Heilige Geist verlangt, daß Sie akzeptieren, was hier vor sich geht.«

König übersetzte ins Deutsche und Spanische. Ermunternde Zurufe. Wojtyla wollte König als »richtig blaß und nachdenklich« erscheinen. Der Wiener Erzbischof goß sich aus einer der Karaffen einen Schluck Wein ein und erhob sein Glas Richtung Wojtyla. Diesem improvisierten Toast folgten weitere. Bis hin zu Basil Hume, der zehn Plätze weiter saß, wandten sich bald alle an Wojtyla und tranken dem Polen zu. Der schwieg ein Weilchen. Dann jedoch sagte er leise, aber fest: »Nein, nein, nein.«

Vicente Enrique y Tarancon fürchtete um den frisch gewonnenen Schwung und intervenierte sofort: »Si, si, si!« Dann, dieweil er auf die aufgetragenen Speisen wies (es gab Canelloni), fügte der Spanier hinzu: »Buen provecho!«

Wojtyla grunzte »Smacznego« und begann sich die um die Gabel gewickelten Teigstreifen in den Mund zu stopfen.

Der Benelli-Tisch – eigentlich eine unzutreffende Bezeichnung, denn die Anhänger des Erzbischofs von Florenz saßen im ganzen Saal verstreut – zeigte Niedergeschlagenheit[3].

Das Mittagessen zog sich ungewöhnlich in die Länge: besorgt, gegebenenfalls eine neue Entwicklung der Dinge zu versäumen, hatte es niemand eilig, sich zu erheben. Als der Nachtisch aufgetragen wurde – man konnte zwischen

Eiskrem und Obst wählen –, gingen Willebrands und Baggio zu Wojtyla hinüber. Sie stellten sich einfach neben ihn, sagten kein Wort, sondern leisteten schweigenden Beistand.

Als die Nonnen schließlich demonstrativ abzuräumen begannen, schlenderten die Kardinäle nach draußen und begaben sich größtenteils auf den sonnenbeschienenen Damasushof.

Dort nahmen sich Ratzinger und Höffner sofort unaufdringlich jener Kardinäle aus der Dritten Welt an, die sie für noch unentschlossen hielten. Im Verlauf der nächsten Stunde wurden die Erzbischöfe aus der Dominikanischen Republik, aus Guatemala, Sri Lanka und Indonesien leutselig angesprochen.

Zwischenzeitlich hatten sich König und Wyszyński mit Wojtyla auf dessen Zelle zurückgezogen. Wojtyla saß mit gesenktem Kopf und zwischen den Knien gefalteten Händen auf seinem Bett. Wyszyński hockte auf der Kante des einzigen Stuhls; König lehnte mit dem Rücken an der geschlossenen Tür und versperrte so gleichzeitig jedem weiteren den Zugang.[4]

Wyszyński sprach als erster. Während er sich auf die Armlehnen seines Stuhls stützte, meinte er: »Sie werden akzeptieren müssen«, *um sich dann an König zu wenden:* »Sagen Sie ihm das!«

König zuckte die Achseln. »Hab' ich schon.« *Dann sah er Wojtyla an.* »Sie müssen den Tatsachen einfach ins Gesicht sehen. Der Heilige Geist will es so.«

»Das ist ein Irrtum« – *Wojtylas Antwort war kaum zu vernehmen.*

»Es gibt keinen Irrtum. Gucken Sie sich die Zahlen an, dann haben Sie den Beweis.« *Königs tiefempfundenes Mitgefühl gegen Wojtyla nahm seinen Worten ein wenig von ihrer Schärfe.*

Wyszyński erhob sich, beugte sich über Wojtyla. Dann streckte der alte Kardinal die Hand aus und legte sie dem Jüngeren leicht auf den gesenkten Kopf. »Bitte, Karol, alles hat seine Richtigkeit: Für die Kirche, für Polen, für Sie.«

Keine Reaktion.

»Bitte, Karol. Warum wollen Sie denn nicht das Richtige tun?!«

Wojtyla machte eine ganz leise Kopfbewegung, ohne daß König indes erkennen konnte, was er damit sagen wollte.

»Werden Sie annehmen?« *fragte König mit unsicherer Stimme.*

»Falls das . . .« *Wojtyla beendete den Satz nicht.*

»Ist es. Es ist richtig«, *beharrte Wyszyński.*

Diesmal nickte Wojtyla etwas vernehmlicher. »Lassen Sie uns erst einmal sehen, was der Nachmittag bringt.«

König gab die Tür frei und senkte die Stimme. »So ist es recht. Aber Sie müssen sich nun auf das Ergebnis vorbereiten.«

Als er merkte, daß Wojtyla nicht zu antworten gedachte, fuhr König fort: »Sie müssen Johannes Paul II. heißen.«

Wojtyla hob das Gesicht und blickte König an.

Der lächelte. »Gucken Sie nicht so bekümmert. Sie sind auserwählt worden, das steht fest. Sie werden zum Papst gewählt; und Sie müssen sich so nennen, weil das auf die Kontinuität hindeutet, die wir allesamt benötigen.«

Wojtyla bat, man möge ihn zum Gebet allein lassen.
»Wir alle werden beten«, versprach König.

✳

Der erste Wahlgang des Nachmittags brachte die Entscheidung. Wojtyla bekam dreiundsiebzig Stimmen, Benelli war auf achtunddreißig zurückgefallen.
Um 17.20 Uhr wurde das Ergebnis des achten und letzten Durchgangs verlesen.
Wojtyla hatte siebenundneunzig Stimmen.
Donnernder, langanhaltender Applaus. Dann erhob sich Villot und trat zu dem in sich zusammengesunkenen Erzbischof von Krakau. Wojtyla saß da, hielt den Kopf in den Händen, während Tränen zwischen seinen breiten Fingern hervorliefen: eine plötzlich einsame und isolierte Gestalt unter Michelangelos apokalyptischem ›Jüngstem Gericht‹.

Das Portal der Sixtinischen Kapelle öffnet sich, Noé blickt herein. Was er zu sehen bekommt, läßt ihn erstarren. Hinter ihm recken einige dienstbare Geister sprachlos die Hälse. Auch sie hat das Getöse angelockt. Nach wenigen Minuten füllt sich der ganze Korridor mit den Randfiguren jenes Dramas, das sich soeben in der Kapelle abgespielt hat. Nonnen kommen aus der Küche gerannt. Der Friseur und der Elektriker, das Aufwartepersonal und selbst die Abwehrmänner mit ihren Spürgeräten schieben und drängeln sich nach vorn, um einen Blick in die Kapelle werfen zu können.

Noé steht noch immer vollkommen überwältigt in der Tür. Er ist absolut sicher, daß sich solche Szenen noch nie zuvor in der Sixtinischen Kapelle abgespielt haben. Hier, wo Philibert von Oranien seinerzeit beiläufig seine Pferde unterstellte, während seine Truppen plündernd und raubend durch den Vatikan streiften und bis dahin nicht gekannte Furcht und Schrecken verbreiteten, herrscht vierhundert Jahre danach an diesem sonnigen Montagabend ebenso ungeahnte Freude.

Die meisten Kardinäle haben sich erhoben und klatschen noch immer wild. Andere, vor allem die Afrikaner und Südamerikaner, trommeln mit den Fäusten auf die Tische. Der Polynesier Pio Taofinu'u wiegt sich sanft nach einem nur ihm bekannten Rhythmus. Etliche Italiener brüllen »Viva! Viva!«

König, der Architekt des Sieges, nimmt abwechselnd die Brille ab, putzt sie, setzt sie wieder auf – und beginnt das Spiel von neuem, sobald sie wieder beschlagen ist. Sollte er auch nicht weinen, so hat es doch den Anschein.

Vicente Enrique y Tarancon zeigt immer wieder dieselbe Reaktion. Er steht auf, setzt sich wieder, steht wieder auf, setzt sich, klatscht und lächelt ohne Unterlaß. Noch niemand hat den ernsten Spanier in der Öffentlichkeit so glücklich gesehen.

Krol spricht angeregt mit einigen Amerikanern, läßt sie seine ›Begeisterung und Freude‹ wissen. In all dem Durcheinander können ihn seine Kollegen jedoch kaum verstehen.

Felici schlägt die geballte Faust immer wieder in die andere Hand; er wirkt mehr denn je wie ein seine Gunst verschenkender Imperator.

Siri bringt ein frostiges Lächeln zustande, klatscht jedoch ebenso anhaltend wie die anderen Kardinäle.

Die Deutschen sind außer sich. Sie beglückwünschen sich nicht nur gegenseitig mit artgemäßem Händeschütteln, sondern Ratzinger zeigt sogar eine völlig unerwartete Gefühlsaufwallung und schreit, der Heilige Geist habe sich durchgesetzt.

Basil Hume hat sich besser im Zaum. Er lächelt zwar reserviert, aber seine Zustimmung ist aufrichtig.

Benelli ist ein guter Verlierer, er lächelt etwas gezwungen und nickt zu Wojtyla hinüber, vor dem sich Villot inzwischen aufgebaut hat.

Wojtyla ist noch immer in sich zusammengesunken und allem entrückt; er hält die Hände fest gefaltet und scheint den Lärm um ihn herum gar nicht wahrzunehmen.

Der Camerlengo streckt die Arme aus und bewegt sie langsam und unbeholfen auf und ab – wie ein müder, alter Vogel seine Flügel ausschüttelt: dies seine Art, um Ruhe zu bitten.

Noé wendet sich um und versucht die Menge hinter ihm in den Flur zurückzuscheuchen; man tritt ein paar zögernde Schritte zurück. Aufgeregtes Geflüster: »Wer ist es?«

Noé ignoriert es und geht zu Villot hinein.

Die Ovationen lassen nicht nach. Villots Schlenkerbewegungen werden heftiger, hilfesuchend blickt er in die Runde. Nach und nach wird es still. Die Kardinäle nehmen ihre Plätze wieder ein und sehen zu dem einsamen Wojtyla hinüber.

Noé knufft Villot. Der Camerlengo hüstelt.

Wojtylas Kopf bleibt gesenkt.

Villot tippt ihm leicht auf die Schulter.

Schließlich hebt Wojtyla den Kopf.

König, der nur wenige Schritte entfernt sitzt, ist erleichtert. Während Albino Lucianis Gesichtsausdruck ›Gewißheit‹ spiegelte zeigen Karol Wojtylas Züge ›feste Entschlossenheit‹. So blickt ein Mann, der bereit ist zu tun, was Gott von ihm verlangt.

Krol meint »nicht die Einsamkeit des fremdländischen Papstes« zu erleben, »sondern wie ein willensstarker Mann an eine große Aufgabe herantritt«.

Humes Reaktion ist gleichermaßen interessant. Ihn »dauert der Mann fürchterlich. Aber irgend jemand muß schließlich die ungeheure Last auf sich nehmen.«

Mit gefalteten Händen blickt Villot auf Wojtyla hinunter.

Cody ist nicht der einzige, der die Bedeutung des Augenblicks erfaßt: »Dies ist kein stilles Einvernehmen, es bedeutet die Aufgabe der alten Regel, das Ende des italienisch beherrschten Papsttums, den Beginn der neuen Ordnung aus Polen.«

Die beiden Männer starren sich weiterhin wortlos an – wohl volle dreißig Sekunden lang, wie Felici meint.

Dann stellt Villot in lateinischer Sprache seine erste Frage.

»Nehmen Sie, Höchstehrwürdiger Kardinal, die soeben nach kanonischem Rechte vollzogene Wahl zum Pontifex Maximus an?«

Wojtyla, der sich, bevor er den Kopf hob, die Augen getrocknet hatte, kommen wieder die Tränen.

Felici ist tief bewegt. Er meint, man müsse schon ein ungewöhnlich ausgeglichenes Wesen haben, um seine innere Bewegung so freimütig zu zeigen: »Das ist keine neurotische Reaktion, hier reagiert ein Mann aus tiefstem Innern auf seine Empfindungen.«

Wojtyla blinzelt ein paarmal und antwortet dann ebenfalls auf Latein. Seine beherrschte, volltönende Stimme ist überall in der Kapelle zu vernehmen.

»Gehorsam im Glauben an Jesus Christus, meinen Herrn, und voller Vertrauen auf die Mutter Gottes und die Kirche nehme ich die Wahl trotz aller Bedenken an.«

Tosender Beifall erfüllt die Kapelle. Die sich vor der Tür drängenden Helfer des Konklave fallen ein.

Villot schwenkt die Arme, aber niemand achtet auf seine Geste. Der alte Camerlengo strahlt wie alle anderen auch.

Schließlich beruhigen sich die Kardinäle, dies zweifellos nur, weil sie die Antwort auf Villots nächste Frage hören möchten. Noé wirft einen scharfen Blick hinter sich durch die Tür; das genügt, um das aufgeregte Flüstern dort verstummen zu lassen.

Villot fragt: »Welchen Namen wollt Ihr führen?«

König sieht erst zu Wyszyński hinüber, blickt dann Wojtyla gespannt an. Wyszyńskis Lippen zittern – ob im Gebet oder vor Aufregung, wüßte König nicht zu sagen.

Mit noch nachdrücklicherer Stimme gibt Wojtyla seine Entscheidung bekannt.

Er wolle Johannes Paul der Zweite heißen.

Villot lächelt, wendet sich dem Altar zu und weicht vom Protokoll ab, indem er sich plötzlich wieder umdreht und den neuen Papst umarmt.

Noé hält sich streng an seine überkommenen Pflichten. Er geht zur Tür und erteilt seine ersten Anordnungen während des neuen Pontifikats. Ein Assistent wird angewiesen, das Areal des Konklave wieder zugänglich zu machen; Martin zu benachrichtigen, daß Gammarelli herbeigeholt werden müsse; die Versiegelung der päpstlichen Gemächer zu entfernen und die Räumlichkeiten von ein paar Nonnen staubsaugen und lüften zu lassen. Dann eilt Noé wieder zu Villot zurück. Johannes Paul der Zweite wird von einem vergnügten Kardinal nach dem anderen aufgesucht. Villot schreitet respektvoll ein und geleitet den Papst in Begleitung von König, Krol und Enrique y Tarancon in die Sakristei; dort warten sie auf das Eintreffen des Schneiders.

Johannes Paul geht schnurstracks auf den Kleiderständer zu, an dem die von Gammarelli kurz vor dem Konklave abgelieferten Gewänder hängen. Nachdem er sie kurz gemustert hat, entscheidet er sich.

»Mich braucht keiner anzuziehen«, sagt er jovial auf deutsch zu

König. (Johannes Paul redet polnisch, deutsch, italienisch und ein bißchen französisch munter durcheinander. Wer in der Sakristei dabei war, erinnert sich noch heute gut daran, wie der Papst ohne Mühe von einer Sprache in die andere wechselte.) Der Papst zieht die weiße Leinensoutane an und befestigt die weiße Schärpe. Die Robe paßt erstaunlich gut. Als Martin kurz darauf Gammarelli in die Sakristei geleitet, erkennt der Schneider sofort, daß er für die nötigen kleinen Änderungen bestenfalls Minuten braucht.

*

»Un polacco?«
Greeley meint, die Frage in der Menge auf dem Petersplatz von Mund zu Munde gehen zu hören. Die Nachricht, daß der erste nicht-italienische Papst nach dem Tode Hadrians VI. am 14. September 1523 ein Pole sei, ruft in der Menschenmenge ein ungläubiges Geflüster hervor. Greeley wirft die Computerprognose, der zufolge Ursi sich in Kürze auf dem Balkon der Basilika zeigen müßte, kurzerhand fort. Er registriert die ›ärgerliche, verwirrte und bedrückte‹ Stimmung der Menge. Die Leute starren noch ungläubig zu Felici hinauf, der gerade seine historische Bekanntmachung beendete: »Habemus Papam. Carolum Sanctae Romanae Ecclesiae Cardinalem Wojtyla.«
Danach tritt Noé zu Felici. Gemeinsam hängen sie eine weiße päpstliche Flagge mit rotem Rand über die Balustrade. Sie zeigt noch Gianpaolos Wappen.
Jemand fragt Greeley, ob der Papst ein Schwarzer sei.
»No.«
»Asiatico?«
»No. Un polacco.«
»Un polacco?«
Felici und Noé verlassen den angestrahlten Balkon. Kurz darauf erscheinen sie wieder, postieren sich beiderseits der Tür und blicken erwartungsvoll in die Basilika. Da tut sich etwas; aber niemand auf dem Petersplatz kann wirklich erkennen, was.

*

Nachdem Gammarelli letzte Hand an Johannes Pauls Soutane gelegt hat, tritt der Schneider zufrieden zurück. Ohne Zweifel, so flüstert er Martin zu, noch kein Papst hat sich in seinen Gewändern besser gemacht.
Johannes Pauls rote Samtmozzetta paßt vorzüglich und sitzt bequem um seine breiten Schultern; die goldbesetzte Vorderpartie fällt tadellos. Der weißseidene Pileolus sitzt fest auf dem Kopf und unterstreicht Wojtylas robustes, breites Gesicht.
Seit Johannes Paul die Sakristei verließ und nun darauf wartet, auf

den Balkon hinauszutreten, veränderte sich nach Ansicht des Schneiders Auftreten und Gehabe des Papstes deutlich.

Die tiefliegenden Augen künden wie nie zuvor, daß dies kein Mann ist, der mit den Belanglosigkeiten des Daseins belästigt werden möchte. Auch um Johannes Pauls kräftiges Kinn liegt ein ungeduldiger Zug. Er möchte, daß es vorangeht, denkt der Schneider, er kann es gar nicht erwarten, sich mit den eigentlichen Geschäften des Papstes zu befassen.

Johannes Paul steht ein paar Schritte hinter der Balkontür. Vor ihm ragt Caligulas Obelisk in die Höhe, an dessen Fuß Nero die christlichen Märtyrer verbrennen ließ: wo Petrus gekreuzigt, Paulus geköpft wurde. Dahinter zieht sich die Via della Conciliazione hin, in der die Busse parken, die Gläubige und Neugierige auf den Petersplatz brachten.

Dicht hinter Johannes Paul steht Villot mit ein paar weiteren Kardinälen. Die meisten haben sich jedoch in ihre Unterkünfte zurückgezogen, um vor dem Nachtessen noch ein wenig zu ruhen.

Der Papst will auf den Balkon hinaustreten, wird aber von Noé zurückgewinkt. Einen ganz kleinen Augenblick zögert Johannes Paul; dann aber setzt er sich mit einer ungeduldigen Handbewegung über den Zeremonienmeister hinweg und geht weiter.

Um genau 19.21 Uhr erscheint er im Lichte der Scheinwerfer.

*

MacCarthy spürt eine plötzliche Spannung. Er befindet sich zur Zeit im mobilen Studio des Vatikansenders auf den Bernini-Kolonnaden. Von dort aus läßt sich die Szene auf dem Balkon nahezu ideal beobachten. Aber fürs erste gibt es für MacCarthy so gut wie nichts zu tun. Die erste öffentliche Ansprache des neuen Papstes wird über ein auf dem Balkon installiertes Mikrofon des Vatikansenders live in alle Welt übertragen.

Während er auf den Auftritt des Papstes wartet, versucht MacCarthy die Wahl gewissermaßen perspektivisch zu sehen. Er hält den angenommenen Namen für den ebenso bedeutsamen wie deutlichen Hinweis darauf, daß Johannes Paul einer Linie zu folgen gedenke, die sich wegen der Kürze des Pontifikats seines Vorgängers Gianpaolo noch nicht in aller Deutlichkeit herausschälen konnte. Die relative Jugend des neuen Papstes – er ist erst achtundfünfzig – läßt jeden Gedanken abwegig erscheinen, daß er lediglich als Übergangspapst gewählt worden sei. Im Gegenteil: er könnte gut und gern noch bei Beginn des nächsten Jahrhunderts regieren. Im Augenblick aber, in den ersten Minuten seiner Amtsführung, könnte Johannes Paul straucheln.

Auf den Platz hinabschauend, stellt MacCarthy fest, daß sich die Menge überwiegend aus Römern zusammensetzt, aus Leuten also, die an italienische Päpste gewöhnt sind. Wenn er sich jetzt einen einzigen Schnitzer leistet, wird der Neue verloren haben – vielleicht für immer. Die Sache würde sich herumsprechen; und nach allem, was Johannes

Paul je sagen oder tun würde, könnte es sodann abfällig heißen: »Na ja, ein Pole!« Die Römer können gegenüber ihresgleichen schon sehr grausam sein, was auch Paul erfahren mußte; gegenüber Außenseitern aber gar falsch und niederträchtig. Deshalb ist MacCarthy so gespannt, als Johannes Paul auf das Mikrofon zugeht.

Johannes Paul steht direkt unter den prächtig gestalteten Buchstaben auf der Fassade über dem Balkon, die den Namen des Borghese-Papstes Paul V. bilden. Mit einem scheuen Lächeln hebt er die Arme zu einer grüßenden und anerkennenden Geste. Mit kräftiger Stimme erteilt er dann zum ersten Male den Segen ›urbi et orbi‹.

»Ehre sei Jesus Christus«, singt er.

»Jetzt und immerdar«, antwortet die Menge.

Er senkt die Arme und legt die Hände auf die über die Brüstung hängende Papstfahne. In dieser Haltung wartet er ein Weilchen. Diese kleine Pause hat mit Nervosität nichts zu tun; Johannes Paul weiß mit rhetorischen Mitteln die gewünschte Wirkung zu erzielen. Als er dann weiterspricht, dröhnt von der Piazza her ein überraschtes und freudiges Gebrüll herauf. Johannes Paul sieht zwar polnisch aus, spricht aber ein fast einwandfreies Italienisch.

»Gelobt sei Jesus Christus.«

»Jetzt und immerdar«, brüllt die Menge.

»Teuerste Brüder und Schwestern...«

Jubel und Beifall. Die Menge muß nicht darauf hingewiesen werden, daß dies Gianpaolos Worte waren.

»Wir betrauern noch immer den Tod dieses inniggeliebten Papstes...«

Johannes Paul wartet, daß sich der Beifall legt.

MacCarthy lockert sich. Es wird gutgehen, sagt er sich, es wird wirklich gutgehen.

Sobald der Papst wieder die Stimme erhebt, schweigt die Menge gehorsam.

»Seht, die ehrwürdigen Kardinäle haben einen neuen Bischof von Rom eingesetzt; haben ihn aus einem fernen Land geholt, das aber wegen der Einheit des Glaubens und der christlichen Überlieferung ganz nahe ist.«

Jubelgeschrei brandet auf.

»Ich fürchtete mich, die Ernennung anzunehmen...«

Neue Pause. Es gebe nichts zu fürchten, schallt es von hier und dort aus der Menge herauf.

Johannes Paul gibt sich eine tiefere und klangvollere Stimme.

»Aber ich... aber ich habe das Amt angenommen aus Liebe und Verehrung für Jesus Christus und die Heilige Mutter...«

Er starrt in die Menge; die Menge starrt zurück.

»Ich weiß nicht, ob ich euer...« Er deutet ein leises Kichern an.

»...unser Italienisch...«

Die Menge bricht in erfreutes Gelächter aus.

398

»...gut genug spreche. Korrigiert mich, wenn ich etwas falsch mache.« Unkontrollierter, ekstatischer Jubel ohne Ende.

Johannes Paul hat wieder die Arme ausgestreckt.

»So empfehle ich mich euch in unserem gemeinsamen Glauben und im Vertrauen auf die Mutter Christi und unsere Kirche. Und ebenso empfehle ich mich am Beginn dieses Weges, des Weges der Geschichte und der Kirche, der Hilfe Gottes und der Hilfe der Menschen.«

Die Menge ist jetzt nicht mehr zu halten. Der freudige Tumult übertönt beinahe das Dröhnen der sechs großen Glocken des Petersdoms, die nun jubilierend zu läuten beginnen.

Der Papst steht völlig reglos. Dann breitet er zu einer umarmenden Geste die Arme aus. Wie durch ein Wunder hört der Lärm sofort auf.

»Gelobt sei der Name des Herrn«, singt er.

»Jetzt und immerdar«, antwortet die Menge.

»Unsere Hilfe stehet im Namen des Herrn«, intoniert der Papst.

»Der Himmel und Erde schuf.«

Mit einer majestätischen Armbewegung erteilt Johannes Paul der Zweite seinen ersten päpstlichen Segen.

»Möge der Segen des Allmächtigen Gottes, Vaters, Sohnes und Heiligen Geistes, auf euch herabkommen und für immer auf euch ruhen. Amen.«

Er wendet sich ab und verläßt unter anhaltendem Jubel der Menge den Balkon.

*

Lambert Greenan ist froh, daß er nichts mit der Sonderausgabe des ›Osservatore Romano‹ aus Anlaß der Papstwahl zu tun hat. Keiner der Redakteure hatte ernsthaft mit dem Gedanken gespielt, daß ein Pole auch nur in die engere Wahl gezogen werden könnte. Das Ergebnis ist das Chaos.

Gott sei Dank, denkt Greenan, tobt die Panik weitab von meinem abgeschiedenen Kämmerchen. Drucklegung seiner englischen Ausgabe ist erst in zwei Tagen. Ihm paßt der zeitliche Ablauf der Papstwahl ganz hervorragend – so bleibt genügend Zeit zum Nachdenken und zum Formulieren jener eleganten Sätze, für die er berühmt ist.

Zur Würdigung des Tages hat sich Greenan für einen zwölfjährigen irischen Whiskey entschieden. Mit offenem Kragen, aufgerollten Hemdsärmeln und auf die Nasenspitze geklemmter Brille sitzt er an seinem Schreibtisch, liest und überlegt abwechselnd, bevor er von Zeit zu Zeit eine kurze, vieldeutige Notiz aufs Papier wirft.

Er ist überzeugt, daß nicht nur die Wahl eines Polen zum Papst an sich schon ein Ereignis von außerordentlicher Bedeutung ist, sondern daß das für gewöhnlich bedachtsame Kardinalskollegium mit der Wahl des ersten Nicht-Italieners nach fast fünf Jahrhunderten eine schöpferische Eile an den Tag legte, die das Papsttum aus der sicheren Bahn des

Herkömmlichen trug und einer weitaus interessanteren Entwicklung preisgab – die dennoch mit vielerlei Gefahren befrachtet sein könnte.

Greenan geht davon aus, daß Johannes Paul einfach auf Grund seiner Herkunft und seines Lebensweges von den vielen der größten Probleme, vor denen die Kirche gegenwärtig steht, spezifische Kenntnisse haben müßte.

Er ist Pole, sagt sich der Herausgeber, und auf Grund der historischen und geographischen Situation ihres Vaterlandes haben die Polen ganz besondere nationale Eigenheiten.

»Sind sie die Iren Mitteleuropas?« kritzelt er aufs Papier. Nach einem Schluck Whiskey setzt Greenan hinzu: »Vielleicht nicht. Kommen ihnen aber sehr nahe.«

Der Herausgeber überlegt hin und her. Vor allem dürfte Johannes Paul wohl in der Tradition aufgewachsen sein, daß die Polnische Kirche dem Kommunismus zum Trotz weiterhin die treue Bewahrerin des polnischen Nationalcharakters ist. Greenan weiß, daß die Polnische Kirche während der langen, düsteren Besatzungszeit – erst unter den Deutschen, dann unter den Russen – für die Erhaltung der nationalen Identität verantwortlich war. So ist es auch weiterhin. Trotz rücksichtslosen Drucks von seiten der kommunistischen Vereinigten Polnischen Arbeiterpartei gelang es der Kirche, eine intakte Institution zu bleiben, an der vorbei niemand mit Erfolg das Land regieren kann.

In jüngster Zeit – Greenan notiert, daß sich parallel dazu Johannes Pauls Karriere in der Hierarchie vollzog – gelang der Polnischen Kirche ein etwas beständigeres Arrangement mit der Regierung; von beiden Seiten wird die Notwendigkeit einer friedlichen Koexistenz vorsichtig anerkannt. Ein gewisser Druck ist nach wie vor vorhanden; aber die Kirche in Polen floriert. Ob trotz der Nachstellungen oder dadurch bedingt – die Kirchen sind voll. Vom Glauben her gesehen, stellt sich die Heilige Römisch-Katholische und Apostolische Kirche Polens gefestigter als ihr Gegenstück in jedem beliebigen westeuropäischen Land dar.

»Gefestigter als selbst in Irland, wo Glaube und Nationalismus ein und dasselbe sind«, notiert sich Greenan und greift damit wieder einmal auf seinen eigenen Erfahrungshintergrund zurück.

Greenan fragt sich, ob dies einer der tieferen Gründe sein könnte, weswegen Johannes Paul gewählt wurde. Versucht das Heilige Kollegium auf diese Weise mit den unleugbaren Problemen des Eurokommunismus fertig zu werden, dessen Überzeugungen sogar schon in den katholischen Hochburgen Westeuropas Fuß gefaßt haben? Ist nicht Johannes Pauls eigener Erfolg im Ringen mit dem Kommunismus ein leuchtendes Beispiel dafür, daß die kommunistischen Lehren nicht unbezwingbar sind; daß im Wettstreit um Glaubwürdigkeit und Anhängerschaft die Kirche über die Partei triumphierte?

Es ist sehr gut möglich, daß Johannes Pauls Lebenserfahrung unter dem Kommunismus nicht nur seinen Glauben und Mut auf die Probe stellte und ihm die innere Kraft gab, die nur erlangt, wer zu trotzen gelernt hat, sondern ihn vielleicht sogar überzeugte, daß einem gottlosen, autoritären System nur von einem gottesfürchtigen mit Erfolg Widerstand geleistet werden kann. Gut, wenn es so wäre, sagt sich Greenan; in Zeiten, da die christlichen Werte allenthalben ausgehöhlt werden, ist Festigkeit eine wertvolle Charaktereigenschaft.

Das wahre Problem, denkt der Herausgeber, ist eigentlich vielleicht etwas komplizierter: kann ein Papst, der von der direkten Konfrontation zwischen der bedrängten Polnischen Kirche und der atheistischen Regierung des Landes geprägt worden ist, überhaupt die Subtilität und Flexibilität des Denkens aufbringen, die erforderlich sind, um die vielen anderen Herausforderungen – denen sich die Kirche weltweit gegenübersieht und die weitaus vielfältiger sind als sie in Polen je aufkommen könnten – erfolgreich zu bestehen?

Gedankenverloren nippt Greenan seinen Whiskey. Über Nacht trat die Gesamtkirche eine Reise an, deren Ziel niemand kennt. Dem polnischen Regime, und mithin den es stützenden Russen, dürfte ein polnischer Papst zweifellos alles andere als genehm sein; denn dessen Wahl führt im kommunistischen Machtbereich zwangsläufig zu einer weiteren Stärkung des Glaubens. Gleichzeitig werden die unterdrückten Katholiken im kommunistischen Teil Europas in der Wahl Johannes Pauls die Bestätigung sehen, daß sich die Kirche nach wie vor ihretwegen sorgt; diese Wahl wird ein Fanal sein, das ihnen den Weg weist. Aber wohin würde das alles letztlich führen? So kühn und mutig die Entscheidung zugunsten eines Polen auch war, Greenan wird sich plötzlich bewußt, daß dadurch gleichzeitig eine Situation geschaffen wurde, die zur Entfesselung von der Kirche bislang fremden, menschlichen, politischen und religiösen Leidenschaften führen könnte.

Das Klingeln des Telefons unterbricht Greenans Gedankengänge. (Greenan wird sich an diesen Anruf ebenso lebhaft erinnern wie an das erste Telefongespräch mit Cody ein paar Wochen zuvor; »vielleicht kommt das daher, daß mich nicht jeden Tag ein exaltierter Kardinal anruft«, denkt er.)

»Lambert?«

»Kardinal Cody?«

»Wer sonst? Wie ging's denn so zwischenzeitlich?«

»Bestens, Eminenz.«

»Na, ich hab' schlechte Nachrichten für Sie.«

»Wieder nicht, Eminenz?«

Cody hatte zuvor Greenans Einladung zum Abendessen in der Priorei vorbehaltlich akzeptiert.

»Der Papst möchte, daß wir mit ihm essen und beten. Typisch polnisch.«

»Aber auch sehr irisch, Eminenz.«

»Polnisch, irisch – wo ich zu Hause bin, ist es dasselbe«, grummelt Cody. »Also gut, Sie sprechen mich noch mal darauf an, einverstanden?«

»Absolut, Eminenz.«

Ein plötzlicher Gedanke fährt Greenan durch den Kopf. Der Diözese des Kardinals aus Chikago gehören viele Polen an. Die Sache ist einen Versuch wert.

»Eminenz, wie ist der neue Papst eigentlich so?«

»Häh?«

»Sie haben ihn doch schon getroffen, nicht wahr?«

»Na klar, wer weiß wie oft. Großartiger Mann. Will Ihnen da mal 'n paar Sachen erzählen...«

Die nächsten zwanzig Minuten hört sich Greenan des Kardinals höchstpersönliche Ansichten über den neuen Papst an. Anschließend hat er jedoch den Eindruck, etwas so Vertrauliches vernommen zu haben, daß er es für alle Zeiten besser für sich behält.

Der denkwürdige Anruf endet mit einer unerwarteten Versicherung.

»Lambert, hören Sie mal: das wird der größte Papst aller Zeiten. Mitgekriegt? –: aller Zeiten.«

Grußlos legt Cody auf.

*

Während des Abendessens im Saal der Päpste kümmert sich Johannes Paul um seine Kardinäle.

Für jeden hat er ein freundliches Wort, viele werden von ihm umarmt. Als sich Wyszyński mühsam erheben will, nötigt ihn der Papst mit sanfter Gewalt in den Stuhl zurück und flüstert ihm leise etwas ins Ohr. Beide sind den Tränen nahe.

Als der Papst zu Villot kommt, fragt er den Franzosen unauffällig, ob er wohl Champagner habe.

Villot grient. »Oui, Santissimo Padre, mais oui.«

Trotz des knappen Budgets hatte der Camerlengo vorahnend schon drei Kisten Champagner gekauft und ins Konklave bringen lassen. Irgendwie hatte er das Gefühl gehabt, daß danach verlangt werden würde.

Er gibt die Frage an Noé weiter.

Der Zeremonienmeister ist perplex. »Champagner? Hier?«

»Oui! Et tout de suite!« erwidert der entzückte Franzose.

Nicht lange, und ein paar Nonnen nahen sich mit Flaschen und Tabletts voller Kelchgläser.

Als sie unsicher stehen bleiben, winkt der Papst sie heran. Er nimmt eine Magnum-Flasche, öffnet sie fachmännisch. Dann bittet er Noé, auch die übrigen Flaschen zu öffnen.

Mit den tablettbewaffneten Nonnen im Schlepp, wandert Johannes Paul durch den Saal und gießt jedem Kardinal ein Glas ein. Als die Flasche leer ist, reicht er sie einer Nonne zurück und läßt sich vom Geiste des Augenblicks gefangennehmen und öffnet mit dem Aplomb des gelernten Weinkellners eine Flasche nach der anderen.

Als Johannes Paul Krol das Glas reicht, sagt er: »Ich muß bald mal wieder zu Ihnen nach Philadelphia, damit wir wieder mal zusammen singen können.«

»Jederzeit gern«, erwidert Krol.

Terence Cooke, der Erzbischof von New York, kam auf die Idee – vielleicht, weil er eben mitgehört hatte. Er wendet sich an Krol.

»Warum singt ihr eigentlich nicht jetzt?«

Krol zögert. »Hier singen? Was denn?«

»Ist doch egal, irgendwas Passendes.«

»Das wäre gar nicht schlecht.«

Krol erhebt sich. Als er anstimmt, bringt seine volle Stimme nach und nach die Unterhaltung zum Verstummen. Er singt das lateinische Klagelied ›plurimos annos plurimos‹ als Wunsch für ein langes Leben.

Andere Kardinäle erheben sich und fallen ein.

Johannes Paul lächelt und gießt weiterhin Champagner ein; möglicherweise gar noch etwas schwungvoller.

Nachdem Krol geendet hat, kommt Beifall auf. Der Papst strahlt beifällig; anscheinend genießt er die improvisierte Feier.

»Los, singen Sie den ›Mann aus dem Gebirge‹«, schlägt Cody vor und schwenkt sein Glas. ›Der Mann aus dem Gebirge‹ ist eins der Lieblingslieder des Heiligen Vaters.

»Aber auf polnisch«, fügt Wyszyński hinzu. Der alte Kardinal schaut triumphierend und erwartungsvoll um sich. Wahrscheinlich erkennt er mehr als jeder andere hier im Saal die tiefere Bedeutung, die ein polnischer Papst für die Kirche und für die Welt hat. In gebrochenem Deutsch wendet er sich an König: »Wird werden alles ganz anders, ganz anders.«

König nickt zustimmend.

Wyszyński fordert Krol noch einmal auf, polnisch zu singen.

Der Erzbischof von Philadephia räuspert sich und intoniert dann das alte Volkslied ›Góralu, czy ci nie zal‹*.

Die Gläser werden gesenkt, Stille tritt ein. Alle lauschen Krols voluminösem Gesang. Nur wenige verstehen die Bedeutung der polnischen Worte: »... Mann aus dem Gebirge, warum hast du deine schönen Berge und silbernen Bäche verlassen? – Für Brot, Herr, für Brot.« Die Worte aber spielen keine Rolle; Krol vermag ein Gefühl zu vermitteln, das einer Übersetzung nicht bedarf.

Er kommt mit seinem Vortrag zum Ende.

Angesichts des Papstes gibt es nur leisen Beifall.

Johannes Paul aber sagt still: »Das war wundervoll. Würden Sie das bitte noch einmal singen?«

Wyszyński hat eine Idee: »Singen Sie doch statt ›für Brot, Herr, für Brot‹ einmal ›für dich, Herr, für dich‹.«

---

* Etwa: Mann aus dem Gebirge, sei nicht so traurig, komm wieder zurück, A. d. Ü.

Krol nickt und beginnt von neuem.

Während Krol singt, schenkt Johannes Paul fleißig Champagner ein.

Nach Krols Vortrag äußert der Papst noch einen Wunsch.

»Singen Sie es doch noch einmal«, bittet er.

»Und ich singe mit«, sagt Johannes Paul.

Krol stimmt die rührende Ballade zum dritten Male an.

Martin sieht Noé an und schüttelt fassungslos den Kopf. Der Präfekt versteht von Papstwahlen wahrscheinlich ebensoviel wie jeder andere Anwesende, aber so etwas Abwegiges hat er bislang weder gesehen noch gehört. Martin entgeht nicht, daß der Papst, nachdem er allen Kardinälen eingeschenkt hat, nun, immer noch Krol begleitend, auch noch die Nonnen zu bedienen beginnt.

Auf den in der Tradition des von Italienern ausgeübten Pontifikats fest verwurzelten Noé wirkt das Ganze einfach unglaublich. Gießt doch der Papst so ganz beiläufig den Nonnen Champagner ein und singt, als ob beides seine lebenslange Gewohnheit wäre.

»Das muß wohl die polnische Art sein«, sagt Martin verwundert und runzelt leicht die Stirn.

Nachdem das Lied zu Ende ist, fallen sich der Papst und Krol inmitten des allgemeinen Beifalls in die Arme und beginnen eine vergnügte Unterhaltung auf polnisch. Einige der italienischen Kardinäle, deren Sprache bei Anlässen wie diesem so oft tonangebend war, lächeln sich gegenseitig matt und elend zu. Sie haben keine Ahnung, wovon die Rede geht.

Nicht nur Jaime Sin hörte man fragen, ob dies die italienische Art sei, ein heroisches Gesicht zu ziehen – oder ob das möglicherweise etwas anderes zu bedeuten hätte.

✳

Seit einer Woche befindet sich Agca wieder in Istanbul – in jenem stinkenden, angemieteten Raum abseits der Orou Cad hinter der großen Moschee des Sultans Süleyman des Prächtigen.

Bevor sie sich auf den frostklirrenden Hängen des Berges Ararat getrennt hatten, wies Teslin Tore Agca darauf hin, daß an diesem Montag weitere dreißigtausend türkische Pfunde seinem Konto bei der Istanbuler Niederlassung der Türkiye Is Bankasi gutgeschrieben würden.

Vor ein paar Stunden war Agca, wie von Tore angewiesen, mit seinem Sparbuch zur Bank gegangen. Ein Kassenangestellter nahm ihm das Buch ab und bat ihn zu warten. Als der Schalterbeamte zurückkam und Agca das Buch wieder aushändigte, war die Einzahlung darin verbucht.

Agca war in sein Zimmer zurückgekehrt, hatte sich aufs Bett geworfen und pausenlos sein Sparbuch studiert. Nach türkischen Maßstäben war er nun – auf dem Papier – ein reicher Mann: er besaß den Gegen-

wert von fast fünftausend amerikanischen Dollar – nach seiner Überzeugung mehr Geld, als irgend jemand in Yesiltepe auch nur im Traum
zu besitzen wähnte.

Aber Tore war unerbittlich gewesen: Agca dürfe erst nach besonderer Erlaubnis etwas von dem Geld abheben. Tore hatte ihm klargemacht, daß das ein ›Test‹ sei.

Agca versteht das. Bei den Grauen Wölfen gibt es fortwährend Tests,
um das Ausmaß der Loyalität sowie die Stärken und Schwächen eines
Mitglieds herauszufinden.

Rätselhaft aber findet er die Instruktionen, die Tore ihm bezüglich
der Grauen Wölfe gab. Kein Angehöriger der Organisation dürfe je von
dem geheimen Treffen am Berge Ararat erfahren, und das, obwohl er
darauf bestanden hatte, dasselbe Ziel wie Oberst Turkes zu verfolgen:
die Türkei von allen verhaßten westlichen Einflüssen zu befreien, das
Land zu ›den alten Methoden‹ zurückzuführen.

Tore behauptet, Turkes sei ehrgeizig und gefährlich für jeden, der
erkenne, was er in Wirklichkeit sei: nämlich jemand, nicht mächtig
genug, um eine derartige Säuberungsaktion durchzuführen. Das, setzt
Tore hinzu, sei ein weiterer Grund für Agca, Turkes und seinen Grau-
en Wölfen gegenüber keinerlei Andeutungen über ihr Geheimtreffen
zu machen. Agca ist einverstanden.

Andererseits hat sein desorientierter und disassoziierter Geist aber
auch keine Mühe zu akzeptieren, welche neue Rolle er nach Tores
Anweisungen nun innerhalb der Grauen Wölfe spielen soll. Für die
Organisation muß Agca als ein ebenso begeistertes und furchtloses
Mitglied erscheinen wie zuvor. Gleichzeitig mit größtem Bedacht darauf achten, nicht den türkischen Behörden aufzufallen; sich von seiner
alten kriminellen Umgebung fernhalten und einen beispielhaften Lebenswandel führen.

Agca ist mit allem einverstanden.

✳

Obwohl sein Verhalten vollkommen wirr erscheint, werden Psychiater
später zu der Ansicht gelangen, daß es erkennbare klinische Reaktionen gibt. Sie werden mit Agca das dumpfe Gefühl seiner nachlassen-
den Willenskraft teilen, daß seine Gedanken und manchmal auch seine
Worte ihm von ›außenher‹ aufgenötigt wurden – und sich seiner Kontrolle weitestgehend entziehen. Die Psychiater werden von ›Persön-
lichkeitsambivalenz‹ sprechen. Doch erst später.

✳

Während Agca in dieser Montagnacht in seinem übelriechenden Zimmer liegt, die verläßliche Mauser unter dem Kopfkissen, sein Sparbuch
betrachtend, genügt es ihm, sich Tores Versprechen zu erinnern, daß

es bald so weit sein werde; daß er anfangen könnte, ein paar seiner Feinde, deren Namen ihm nicht aus dem Kopf gehen, umzubringen.

Nachdem er in dem Café unter seiner Behausung die Rundfunknachrichten gehört hatte, war seine Haßliste automatisch um einen Namen bereichert worden:

Johannes Paul II.

Nachdem Johannes Paul zum Papst gewählt worden war, versuchte man auf jede nur denkbare Weise, seinen Gedanken und Absichten auf die Spur zu kommen. Man versuchte zu definieren und zu erklären und die Hintergründe seiner Wahl zu erhellen und ihren Sinn zu erläutern.

Man vergegenwärtigte sich seine polnische Herkunft. Die Wahl eines im Feuer der polnischen Innenpolitik gehärteten Papstes und die vorsichtige Hinnahme seiner Wahl seitens des polnischen Staates und des weiteren sowjetischen Umfelds wurde als stillschweigende Anerkennung gewertet, daß es selbst unter dem Kommunismus neben Sachen des Kaisers auch Dinge gibt, die Gottes sind.

Durch seine Wahl stellte sich die Kirche der Auseinandersetzung zwischen Christentum und Kommunismus mit neuem Schwung. Die Wahl wurde nicht nur als entscheidende Bekräftigung des Führungsanspruchs der römischen Kirche in allen Belangen der Christenheit gedeutet, sondern auch als Geltendmachung der Vorreiterrolle bei der noch wichtigeren Suche nach Verständigung mit Menschen jeglicher Art und Überzeugung interpretiert.

Hier nun war ein Papst, der auf Grund jahrzehntelangen Erlebens einer Konfrontation zwischen der eigenen Kirche und dem Kommunismus der Entwicklung der Beziehungen zum weltweiten Marxismus einen neuen Anstoß geben konnte. Er konnte bei der Suche des Heiligen Stuhls nach einem modus vivendi mit den Regierungen Osteuropas vorangehen; da er einem historischen Grenzland entstammte, wo sich Glaube und atheistische Weltanschauung begegnen, konnte er der katholischen Universalität ein neues Gesicht geben und das Empfinden der Anteilnahme der Kirche an den tatsächlichen Leiden der gewöhnlichen Leute neu beleben. Seine Botschaft würde nicht die eines bequemen bourgeoisen Katholizismus sein, sondern der Appell an alle Katholiken, daß die Menschenwürde im Glauben an die Kreuzigung und Auferstehung des Herrn zu finden sei.

Da Johannes Paul als eine seiner ersten administrativen Entscheidungen verkündete, daß die Lateinamerikanische Bischofskonferenz – die wegen des Todes seiner Vorgänger bereits zweimal vertagt worden war – nun im kommenden Januar stattfinden würde, entwickelte sich sofort eine Debatte darüber, wie ein Papst, der der marxistischen Ideologie der Gesellschaftsveränderung einige lobenswerte Gesichtspunkte abzugewinnen vermochte, wohl zu der in manchen Teilen Südamerikas kraftvoll vertretenen Befreiungstheologie stehe. Vatikanologen aller Schattierungen mutmaßten, daß zumindest seine intellektuelle

Konsistenz gewährleisten dürfte, sich nicht wie Paul dazu hinreißen zu lassen, Katholiken, die die Befreiungsbewegung unterstützen, Höllenfeuer und Exkommunikation anzudrohen. Sie verwiesen auf Lektionen, die Johannes Paul in der Vergangenheit erteilt hatte; in Krakau zum Beispiel, wo er der Regierung bedeutende Zugeständnisse hinsichtlich neuer Kirchenbauten und der Glaubensunterweisung der Kinder abringen konnte. Daß er als Gegenleistung versprochen hatte, Krakauer Katholiken würden keine Polizisten mehr umbringen, bedeutete nicht, daß er leichtfertig an seiner Gemeinde gehandelt oder sich selbst kompromittiert hätte. Ebenso war er einer der führenden Befürworter der Streiks des Jahres 1976 gewesen, die in Krakau zur Bildung des Studentischen Solidaritätsausschusses geführt hatten; als eines der Ausschußmitglieder unter verdächtigen Umständen zu Tode kam, hatte er die Behörden heftig angeklagt. Wojtyla war einer der Förderer der zwischenzeitlich berühmten ›Fliegenden Universität‹ gewesen, die von Historikern und anderen Wissenschaftlern gegründet worden war, um über Themen, die auf dem offiziellen Vorlesungsplan nicht erscheinen durften, zu lesen.

Er hatte sich auch nicht gescheut, in der Polnischen Kirche noch anzutreffende widerwärtige Tendenzen zu verurteilen: Rassismus und – ganz besonders – Antisemitismus. Dabei ging er deutlich über die offizielle Einstellung der Polnischen Kirche hinaus. Seine eigenen Leiden, Entbehrungen und Plagen standen ihm deutlich ins Gesicht geschrieben. Im Gegensatz zu den meisten katholischen Würdenträgern hatte er eine weltliche Universität besucht, war er ein erfolgreicher Autor, Linguist, Philosoph und Reisender – er war nicht nur mehrfach in Nord- und Südamerika gewesen, sondern hatte sogar Neuseeland besucht –; alle diese Gegebenheiten deuteten nach Ansicht der Vatikanologen darauf hin, daß er wahrscheinlich den Schwerpunkt der päpstlichen Aktivität von den theologischen Grundsatzfragen verlagern und sich mehr auf die soziale Verantwortung der Kirche konzentrieren würde. In diese Richtung bewegten sich die Spekulationen.

Johannes Paul hatte einmal gesagt: »Wir können nicht Christen und Materialisten zugleich sein.« Nun denn; wo blieb da die wachsende Anhängerschaft der Befreiungstheologie? Sicherlich hoffte man in ihren Reihen, daß man es schließlich mit einem Papst zu tun hätte, der bewies – so makellos er auch als Anti-Kommunist ausgewiesen sein mochte –, daß er sich arrangierte und mit dem Marxismus leben konnte; ferner wurde die Meinung geäußert, daß man in ihm nicht nur sofort den geistigen Führer Osteuropas erkenne, sondern auch den Papst Afrikas, Asiens und Lateinamerikas. Dort wären Marxismus und Katholizismus zur Vorbereitung der Revolution verschmolzen worden. Wenn Johannes Paul schon nicht die eigentliche Führung übernähme – würde er dann zumindest großzügig darüber hinwegsehen?

Er würde nicht.

Er warnte alle, die versuchten, »Christus umzumodeln, ihn auf die eigenen Dimensionen zurechtzustutzen«, ganz unmißverständlich, während seines Pontifikats auf Hilfe und Unterstützung zu hoffen. Die Kommentatoren fingen an, Flüge nach Puebla (Mexiko) zu buchen, wo die Bischofskonferenz tagen sollte. Es roch nach Konfrontation.

Bis dahin jedoch gab es noch viel Vorrangigeres zu erwägen und zu beden-
ken. In seiner ersten Botschaft an die Welt – sie war wiederum knapp und
direkt und dankenswerterweise bar jeglicher ekklesiastischen Verklausulierung
– machte Johannes Paul deutlich, daß seine polnische Herkunft nur »von
geringer Bedeutung« sei; niemand sollte sich dadurch von dem universalen
Charakter seines Amtes und der von ihm zu verkündenden Botschaft ablenken
lassen. Zur vermutlich uneingeschränkten Freude der auf dem Petersplatz
versammelten zweihundertfünfzigtausend Menschen versprach er, »der Zeu-
ge des Werkzeugs Gottes zu sein (und) allen, insbesondere den auf die Probe
Gestellten, das gleiche Wohlwollen entgegenzubringen«.

Das, sagten die Vatikanologen, sei eine hochpolitische Aussage, gerichtet
gegen die andauernden verheerenden Auseinandersetzungen in Libanon und
Kambodscha sowie gegen alle andernorts ausgetragenen Feindseligkeiten. Um
sie zu beenden, würde er Einfluß und Gewicht seines Amtes einsetzen.

In derselben Predigt aber sprach er auch davon, sich jeder Einmischung in
weltliche Politik zu enthalten. Daß der Heilige Stuhl mit vielen Ländern
diplomatische Beziehungen unterhalte, sollte nicht implicite als Billigung der
jeweiligen Regimes gelten; andererseits sollte die Diplomatie des Heiligen
Stuhls »Verständnis« haben »für mögliche weltliche Werte, Interesse an und
Hilfe bei menschlichen Problemen. Diese müssen gelöst werden; manchmal
durch direktes Eingreifen, vor allem aber durch Gewissensbildung und einen
besonderen Beitrag zu Gerechtigkeit und Frieden auf internationaler Ebene.«

Die Worte wurden immer wieder geprüft. Zweifellos lieferten sie keinen
Hinweis auf beabsichtigte politische Abstinenz des Heiligen Stuhls; sie waren
auch alles andere als tatenlose Respektierung weltlicher Macht: auf diesem
Gebiet waren Johannes Pauls Ziele eindeutig. Er war entschlossen, jedes
widerspenstige Regime, mit dem der Heilige Stuhl diplomatische Beziehungen
pflegte, zur Anerkennung des wahren Werts »der Freiheit, der Achtung vor
dem Leben und der Menschenwürde – denn der Mensch ist kein Mittel zum
Zweck –, der Redlichkeit des Handelns, der Gewissenhaftigkeit der Arbeit und
des pflichtgemäßen Strebens nach dem gemeinsamen Wohl, des Geistes der
Versöhnlichkeit und der Aufgeschlossenheit gegenüber spirituellen Werten«
zu bewegen.

Manche behaupteten, daß damit Pauls ›Ostpolitik‹ schon modifiziert wor-
den sei und daß es, trotz Johannes Pauls Versuch, die Bedeutung seiner
Herkunft herunterzuspielen, nur ein Pole so einfühlsam habe ausdrücken
können.

Aber während man seine Äußerungen noch prüfte und studierte, war diese
bedeutsame erste Woche des Pontifikats für andere praktisch ein Grund zum
Feiern; denn der Papst hatte allen Bediensteten des Vatikans aus Anlaß seiner
Wahl eine Gratifikation im Gegenwert von zweihundert Dollar gewährt. Die-
ser Bonus zu Beginn eines neuen Pontifikats war alter Brauch. Dazu gehörte
auch die Wiederernennung aller Ressortchefs (mit Ausnahme des leidenden
amerikanischen Kardinals John Wright). Seit Johannes Pauls Amtsantritt gab
es indes einen gewichtigen Unterschied: die Wiederernennungen bedeuteten
nicht unbedingt mehr die normale Amtszeit von fünf Jahren. Die Kurial-

beamten konnten davon ausgehen, daß es Veränderungen geben würde, sobald Johannes Paul sich mit seinem Verwaltungsapparat hinreichend vertraut gemacht hatte. Die Kurie war daher sofort verunsichert und beunruhigt: so war man noch von keinem Papst behandelt worden.

Zu den Mutmaßungen gesellten sich auch Fragen. Insbesondere hätte man gern gewußt, ob eine so stark dominierende Persönlichkeit ein anderes zuvor abgegebenes Versprechen einhalten könnte: nämlich alle katholischen Bischöfe der Erde in die Leitung der Kirche einzubinden und damit das Kollegialitätsprinzip zu verwirklichen, das auf dem Zweiten Vatikanischen Konzil so heftig diskutiert worden war. Johannes Paul hatte von Teilung der Verantwortung gesprochen, aber er mußte erst noch zeigen, wie das Prinzip in praxi funktionieren sollte. Dachte er daran, der Bischofskonferenz mehr Macht in die Hände zu legen? Oder sollten die Entscheidungen eher auf lokaler Ebene getroffen werden – was zur Folge hätte, daß man sich generell weniger auf Rom zu berufen brauchte? Niemand war sicher. Man tröstete sich gegenseitig damit, daß dies alles zum aufregenden Stil des neuen Pontifikats gehörte. Camelot* nun auch im Vatikan. Die Bewunderung der schieren Energie und Tatkraft Johannes Pauls aber ließ die meisten Fragen rasch in Vergessenheit geraten. Am hervorstechendsten äußerte sich der Schwung des Papstes in dem häufig wiederholten Verweis auf die fundamentale Beziehung zwischen Christus und Petrus und auf die ungebrochene Linie, an deren vorläufigem Ende er als 269. Nachfolger auf dem Thron des Apostels stand. Trotzdem hatte er natürlich mehr geerbt als nur eine annähernd zweitausendjährige Tradition. Zu seinem Erbe gehörten auch die Lehren der letzten sechs Wochen, in denen durch die katalysierende Wirkung von Gianpaolos Pontifikat das Papsttum eine neue Prägung bekommen hatte. Gianpaolos kurze Amtszeit hatte in der Kirche eine neue Selbst-Erweckung bewirkt; seine vierunddreißig Tage hatten ausgereicht, um den Pessimismus, die Verwarnungen und das Wehklagen des Paulinischen Pontifikats zu beenden. Gianpaolo war es gewesen, der den Boden bereitete, indem er Mitgefühl und neue Hoffnung weckte.

Aber angesichts von Johannes Pauls großem Charisma war dies weitgehend in Vergessenheit geraten. Dem neuen Papst wurden Zauberkräfte angedichtet. Er wurde Opfer einer nur von Fan-Magazinen her bekannten Heldenverehrung. Typisch hierfür war die Reaktion des Liverpooler Erzbischofs, Derek Worlock, der Johannes Paul bekanntlich beschrieb als den »größten Intellektuellen, den ich je kennengelernt habe . . . er lacht mit dem ganzen Gesicht und hat ein wunderbar sprühendes Temperament. Er besitzt eine phantastische Fähigkeit, alles zu analysieren und abzuwägen«.

---

* Der Sage nach eigentlich die Stadt und Burg, wo König Artus Hof hielt. Nachdem ›Parcival‹ John Kennedy amerikanischer Präsident geworden war und die wohl etwas angestaubte Administration auf Trab gebracht und auf den Kopf gestellt hatte (auch er galt als Außenseiter, da er als erster Katholik Inhaber des Präsidentenamts war), bezeichnet Camelot heute alles, was etwa frischen Wind, feinere Kultur, eine gewisse Aufregung, höheres intellektuelles Niveau gleichzeitig ausdrücken soll. (C. ist stark idealisierend zu verstehen.) Anm. d. Übers.

Das alles ist zweifellos richtig, trotzdem wird nicht klar, wie sehr sich Johannes Paul in ganz alltäglichem, menschlichem Sinne von den beiden Vorgängern, deren Namen er annahm, unterscheidet.

✻

Am Sonntagmorgen um fünf Uhr gehen im obersten Stockwerk des Papstpalastes die Lichter an. Die Polizisten auf dem Petersplatz stapfen mit schweren Schritten umher und versuchen sich diensteifrig zu geben. Es ist zwar noch dunkel, und die große Piazza liegt leer und verlassen da; aber die Streifenpolizisten müssen jederzeit damit rechnen, daß Monsignore Dziwisz hinter den Bronzetüren zum Vorschein kommt und kontrolliert, ob die Wachen auch ihren Dienst korrekt versehen.

Dieser 19. November 1978 ist der vierunddreißigste Tag der neuen Regierung – die Polizisten zählen die Tage, obwohl sie halb im Scherz meinen, nach Gianpaolo werde niemand mehr auf die Dauer des neuen Pontifikats wetten wollen –, und Dziwisz macht allen weiterhin das Leben schwer. Der Monsignore in seiner schwarzen Soutane taucht überall und jederzeit unerwartet auf und steckt seine gebieterische Nase in Dinge, um die sich früher niemand kümmerte. Den Polizisten ist Dziwisz unheimlich, denn der entdeckt sofort alles, was mit der neuen Ordnung nicht in Einklang steht. Seit Johannes Pauls Amtsübernahme sah man ihn bereits zweimal in der Dunkelheit zwischen den bröckelnden Säulen der Bernini-Kolonnaden herumhuschen. Die Polizisten fragen sich, was er dort zu finden hoffte? Obwohl soviel von den Roten Brigaden die Rede ist und es heißt, Rom sei nun einer der Brutplätze des urbanen europäischen Terrorismus, befinden sich die Polizisten schließlich noch immer auf vatikanischem Grund und Boden; ihrer Meinung nach gibt es für Dziwisz' Verhalten gar keinen Grund. So etwas macht nur nervös.

Die Polizisten sind von ihrem Vorgesetzten zu besonderer Wachsamkeit verpflichtet worden: der Chef selbst hatte seine Anweisungen direkt vom italienischen Innenminister empfangen, den Villot um Verstärkung der Sicherheitsmaßnahmen auf dem Petersplatz gebeten hatte – auf Ersuchen von Monsignore Dziwisz. Die Streifenpolizisten auf der Piazza beschäftigt die Frage: hat Dziwisz zuvor den Papst konsultiert, oder waren auch die Verschärfungsmaßnahmen wieder einmal auf einen seiner einsamen Entschlüsse zurückzuführen?

Denn das sei sehr gut möglich, murren die Polizisten. Niemand hat davon gehört – weder aus dem Vatikan noch aus dem Polizeihauptquartier –, daß der Papst etwa in größerer Gefahr als seine Vorgänger sei. Trotzdem – nachdem jetzt die Lichter in den päpstlichen Gemächern brennen, patrouillieren sie entschlossen und aufmerksam umher. Wegen der automatischen Waffen und kugelsicheren Westen wirken die Bewegungen der Männer plump und unbeholfen. Außerdem müssen sie ihre Zigaretten in der hohlen Hand verbergen: Dziwisz hat es nicht gern, wenn im Dienst geraucht wird.

Die Polizisten haben versucht, sich über Dziwisz so gut es ging zu informieren. Sie wissen, daß er mit Vornamen Stanislaw heißt, knapp vierunddreißig Jahre alt ist, Polnisch, Italienisch, Französisch und Deutsch gleich gut beherrscht und nunmehr als Erster Privatsekretär des Papstes amtiert. Er arbeitet bereits seit dreizehn Jahren für Wojtyla, und die Männer haben bemerkt, daß die Beziehung zwischen Papst und Sekretär ebenso eng wie zwischen Vater und Sohn ist. Die Streifenpolizisten sind der Ansicht, daß Johannes Paul Dziwisz gern gewähren, ihn im Vatikan absichtlich frei herumstöbern läßt, um Lethargie und Unfähigkeit auf die Spur zu kommen und auszumerzen. Die Polizisten wundert das nicht; denn hatte nicht Johannes XXIII. auf die Frage, wie viele Menschen im Vatikan arbeiten, einmal selbst geantwortet: »Ungefähr ein halber!«? Aber die Art, wie Dziwisz seinen Pflichten nachgeht, ärgert die Streifenbeamten. Er erwartet unmittelbaren Gehorsam und kann sich brutal offen und herablassend geben; so schlimm war nicht einmal Macchi. Wenn irgend möglich, verfällt er ins Polnische, was die Italiener im Vatikan immer wieder aus der Fassung bringt. Die Polizisten hörten Villot jüngst einmal flüstern, nach Art und Gehabe könnte Dziwisz gut und gern die Reinkarnation eines der Helfershelfer Richard Nixons sein; angeblich soll sich Villot wieder einmal ernsthaft fragen, ob es nicht Zeit wäre, zurückzutreten, um der ›Angst‹, die Dziwisz anscheinend um sich verbreite, aus dem Wege zu gehen.

Und dann mußt du mal sehen, sagen die Polizisten auf ihren Streifengängen zueinander, wie er Martin gebändigt hat. Obwohl der Präfekt wiederernannt wurde, soll sich einiges geändert haben. Obschon er nach wie vor unangemeldet und ungerufen den Papst aufsuchen darf, tut er es kaum noch; jedenfalls seit Dziwisz ihn scharf darauf hingewiesen hatte, daß der Papst von derlei Störungen nicht angetan sei. Und der tägliche Terminkalender muß erst von Dziwisz gutgeheißen werden; er – und nicht Martin – ist es dann, der mit dem Papst die Termine durchspricht. Auch wenn Martin dabei ist, frönt Dziwisz seiner Angewohnheit, Polnisch zu reden – am Ende einer solchen Unterhaltung friert es den frostig dreinblickenden Martin tatsächlich.

Aber das, geben die Polizisten untereinander zu bedenken, sei ja noch gar nichts gegenüber der Art, wie er mit Noé umsprang. Auch dieser wurde wieder zum Zeremonienmeister ernannt; aber etliche Streifenpolizisten wetteten bereits, für wie lange? Manche meinen, Noé würde innerhalb Jahresfrist abgelöst werden, was für vatikanische Verhältnisse sehr schnell wäre. Andere tippen, daß er ein bißchen länger bleiben dürfte; eine zu schnelle Entfernung aus dem Amt könnte leicht für eine antiitalienische Tendenz des neuen Pontifikats gehalten werden. Mit ziemlicher Sicherheit jedoch sind Noés Tage gezählt – vielleicht von dem Augenblick an, als Noé den Papst am Hinaustreten auf den Balkon der Peterskirche zu hindern versuchte. Auch danach gab es wiederholt Zusammenstöße. Wenn Noé vor einem öffentlichen Auftritt des Papstes das Mikrofon für ihn aufbaut, rückt es sich Johannes Paul regelmäßig anders zurecht; wenn der Zeremonienmeister bei einer Prozession etwa auf gleicher Höhe mit dem Papst zu bleiben versucht, wird er vom Papst barsch fortgewinkt; wenn sich Noé bei einem Empfang in nächster Nähe des Papstes hält, wird er geflissentlich übersehen. Erst letzten Mittwoch, als sich Johannes Paul zur wöchentlichen Audienz in die Nervi-Halle begeben wollte, hatte sich Noé über den Sitz des päpstlichen Käppchens aufgeregt. Johannes Paul hatte ihn ärgerlich ausgeschimpft. Aus eigener Erfahrung wissen die Polizisten, daß Noé sich weder ändern kann noch will; Nörgelei und Pedanterie sind ein Teil seines Wesens. Der hinfällige alte Paul und der großzügige Gianpaolo tolerierten seine Aufmerksamkeit; aber Johannes Paul hat das offensichtlich nicht vor. Hinter seinem Lächeln verbirgt sich ein explosives Temperament. Eines Tages, denken die Polizisten, wird Noé zu weit gehen. Das macht die Wetterei so interessant – man weiß, daß dieser Tag nicht mehr allzu fern ist. Bis es soweit ist, kann man der Familie und seinen Freunden noch erzählen, was sich in den päpstlichen Gemächern so alles verändert hat.

✳

Dreißig Minuten nachdem die Polizisten das Licht in den päpstlichen Gemächern hatten angehen sehen, hat sich der Papst bereits mit dem Messer rasiert und zunächst heiß, dann kalt geduscht; zum Schluß mit eiskaltem Wasser – das halte den Kreislauf in Schwung, hatte er seinen engsten Mitarbeitern empfohlen. Danach zog er sich eine weiße Leinensoutane mit dem dazugehörigen weißen Pileolus an und stieg in seine derben Stiefel. Damit ist er für einen weiteren Achtzehnstundentag gerüstet.

Wie jeden Morgen geht er nach der Dusche in sein Schlafzimmer zurück und betet vor einem eindrucksvollen Marienbild, das über seinem Betschemel hängt. Es hatte bereits in Krakau in seinem Schlafzimmer an der Wand gehangen. Das Bild weist als einziges in seinen Räumlichkeiten auf seine Vergangenheit hin. Manche Besucher fragen sich, ob der Papst auch durch den Verzicht auf persönliche Erinnerungsstücke seine Herkunft herunterspielen möchte.

Aber in seiner Verehrung der Jungfrau Maria kommt sein polnisches Erbe sehr deutlich zum Ausdruck. Während der wenigen Wochen seines Pontifikats hat Johannes Paul immer wieder darauf hingewiesen, daß sein Leben und seine Frömmigkeit ganz im Zeichen der polnischen Marien-Verehrung stehe. Auch im Laufe des heutigen Tages gedenkt er, auf dieses Thema zurückzukommen, und zwar beim Mittags-Angelus: es ist für ihn so selbstverständlich, daß er sicherlich überrascht wäre, wenn jemand darüber eine Bemerkung fallenließe.

Um dreiviertel sechs erhebt er sich von den Knien und verläßt sein Schlafzimmer.

*

In der Privatkapelle warten Dziwisz und Magee bereits auf den Papst. Es ist jetzt drei Wochen her, daß Magee aus seinem aufgezwungenen Exil wieder zurückgerufen wurde. Johannes Paul selbst hatte nach ihm geschickt und ihn zu seinem englischsprachigen Privatsekretär ernannt. Der Papst weiß, daß niemand besser als Magee für die heikle Aufgabe geeignet ist, die Brücke zwischen der neuen päpstlichen Familie und der Kurie zu schlagen. Aber im Gespräch mit Dziwisz habe Magee klargestellt – behauptet die im Vatikan immer noch gedeihende ›Irische Mafia‹ hartnäckig –, daß er sich Einmischungen nicht bieten lassen würde. Dziwisz habe prompt auf Polnisch geantwortet. Magee habe ihn eiskalt unterbrochen und darauf verwiesen, daß er diese Sprache nicht beherrsche; er habe vorgeschlagen, daß sich Dziwisz und die übrigen Polen im päpstlichen Stab in Zukunft der im Vatikan üblichen Sprache, des Italienischen, zu bedienen versuchen sollten. Mit ihm, Magee, könnten sie es indes auch auf Englisch oder Französisch versuchen. Polnisch aber sei sinnlos. Die irische Mafia goutierte die Story.

An diesem Morgen begrüßen beide Sekretäre den Papst mit dem traditionellen »Santissimo Padre«. Dann folgen sie ihm zum Altar, um die erste Messe des Tages zu feiern.

*

Um 7.30 Uhr begibt sich der Papst mit seinen beiden Sekretären zum Frühstück. Mieczyslaw Wyslocki, der polnische Leibarzt des Papstes, ist bereits anwesend. Wyslocki gehört zum Gefolge, das sich der Papst aus Krakau, Warschau und anderen polnischen Diözesen mitgebracht hat; alles in allem sind es über vierzig Priester und Nonnen, die sich über den gesamten Vatikan verteilen. Sie alle erstatten Dziwisz Bericht.

Wyslockis Anwesenheit erinnert Magee an Buzzonettis unglückliche Lage; denn obwohl er die beiden letzten Päpste betreute und der Gesundheitskommissar des Vatikans ist, wurde er noch nicht wieder zum Arzt des päpstlichen Haushalts bestellt. Das allein ist für Buzzonetti schon irritierend genug, noch besorgniserregender dagegen findet er es, daß seine Versuche, den Papst einer gründlichen Untersuchung zu unterziehen, vereitelt wurden. Dziwisz hatte wiederholt behauptet, der Papst habe keine Zeit dafür und verfüge außerdem über eine robuste Gesundheit. Buzzonetti hält das für wahrscheinlich, möchte sich aus verständlichen Gründen aber selbst ein Bild machen. Und allen Versuchen zum Trotz bekam Buzzonetti auch keinerlei Einsicht in Johannes Pauls Krankengeschichte.

414

Magee erkennt, daß er in dieser Angelegenheit an Wyslocki herantreten muß. Jetzt aber ist nicht die rechte Zeit dafür, denn der Arzt ist von Wurst und Schinken aus Polen vollständig in Anspruch genommen. Wöchentlich einmal werden mit Flug 303 der polnischen Gesellschaft LOT Lebensmittel aus Warschau eingeflogen; dabei sind dann auch polnisches Bier und Brot sowie Buchweizen für ›blini‹. Die Pfannkuchen werden mit saurer Sahne serviert und gehören zu den Lieblingsgerichten des Papstes.

Die Küche bringt überhaupt nur die traditionelle polnische Landmannskost auf den Tisch. Magee findet das Essen sehr schmackhaft, obwohl ihm die Portionen nach den frugalen Mahlzeiten, die bei Paul und Gianpaolo üblich waren, oft einfach zu mächtig sind.

Johannes Paul allerdings hat einen gesunden Appetit, oft läßt er sich noch einen zweiten Schlag geben. Beim Frühstück an diesem Sonntag beschränkt er sich wie gewöhnlich auf interne Themen.

Er möchte wissen, wie man auf seinen jüngsten Erlaß reagiert habe: keine nachmittägliche Siesta mehr für sämtliche päpstlichen Bediensteten, sondern ›normale Arbeitstage‹. Keine Probleme, meldet Dziwisz.

Wie weit denn der Tennisplatz sei? Der Papst hatte darum gebeten, einen der Plätze für ihn wieder herzurichten. Dziwisz sieht Magee an. Die Arbeiten seien im Gange, berichtet Magee. Johannes Paul hat noch eine Frage. Ob man anstelle des von Paul angelegten, geschickt getarnten Dachgartens nicht einen Swimmingpool installieren könnte? Ihm wäre nichts lieber, als morgens vor allem anderen erst einmal ein paar Bahnen schwimmen zu können. Magee erklärt, einem früheren Gutachten zufolge sei es nicht möglich, auf dem Dach des Apostolischen Palastes ein Schwimmbecken anzulegen. Der Papst läßt nicht nach: ob man dann wenigstens in Castel Gandolfo ein Bassin anlegen könnte? Dann könnte er doch zumindest im Sommer schwimmen.

Dziwisz mischt sich ein und wirft dem Papst in flinkem Polnisch ein paar Worte zu. Magee wartet geduldig, bis Dziwisz geendet hat, und bittet ihn dann um Übersetzung. Es ist alles ganz zwanglos und locker, aber niemand würde leugnen, daß Unterströmungen am Werk sind.

*

Um 8.30 Uhr fährt Johannes Paul mit dem nur ihm vorbehaltenen Lift in den dritten Stock. Die diensthabenden Schweizergardisten fallen auf ein Knie. Die blau uniformierten Wachen vor dem offiziellen Arbeitszimmer des Papstes nehmen deutlich Haltung an, die Konturen der Schulterhalfter unter ihren Jacken werden dabei deutlicher sichtbar.

Die nächsten drei Stunden arbeitet der Papst an seinem Schreibtisch an der endgültigen Fassung seiner Angelus-Ansprache. Er schreibt langsam und überdenkt erst einmal alles gründlich, ehe er etwas zu Papier bringt. Dies entspricht seiner geistigen Veranlagung, gehört aber auch zu seiner wissenschaftlichen Disziplin. Johannes Pauls Schriftzüge sind kühn und charaktervoll.

*

Um halb zwölf kommen Dziwisz und Noé ins Arbeitszimmer. Der Zeremonienmeister hat ein goldgesäumtes rotes Samttuch mitgebracht.

Damit treten die beiden hinter dem Papst an das mittlere der drei Fenster, und Dziwisz öffnet es. Vom Platz unter ihnen schallen Hochrufe und Beifall herauf. Dziwisz schätzt die Menge auf knapp zweihunderttausend Menschen. Mit dieser Zahl ist bei Johannes Pauls Angelus-Ansprachen immer zu rechnen. Der Sekretär hilft Noé das Tuch ordentlich über das Fenstersims zu hängen. Dann stellen sie ein schweres gläsernes Lesepult auf das Fensterbrett und sichern es. Schließlich baut Noé das Mikrofon auf. Danach starren die beiden Männer noch einen Augenblick auf die vielen Fernsehkameras, Pressefotografen und Reporter hinunter, die auf der Piazza in Stellung gegangen sind.

Hinter ihnen probt Johannes Paul mit lauter Stimme seine Ansprache. Schlüsselwörter hat er sich unterstrichen und dazu die Stellen markiert, wo Pausen zu machen sind. Der Vortrag selbst ist gemessen; die Aussage abgewogen. Einerseits beabsichtigt er nämlich, als geborener Schauspieler eine gute Vorstellung zu geben; andererseits sind seine Worte ein weiterer Hinweis darauf, daß sich in seinem Pontifikat päpstliche Theologie und Politik geschwind vermischen, während sich die Anlässe zu pastoraler Besorgnis immer mehr häufen.

Eine Minute vor zwölf verläßt der Papst seinen Schreibtisch und tritt ans Fenster. Noé und Dziwisz halten sich im Hintergrund.

Johannes Paul beginnt seine Ansprache.

*

Alles, was er jetzt und in den folgenden Wochen sagte, wurde geprüft und in die Chronologie der Erklärungen und Weisungen des Papstes eingereiht. Seine Worte wurden mit den in seiner Jugend herausgebildeten Vorurteilen, Einstellungen und Überzeugungen erklärt. Wenn Johannes Paul auf die Menschenwürde besonderes Gewicht legt, erinnerten sich Vatikanologen, die nach Polen gereist waren, um tiefer in seine Vergangenheit einzudringen, daran, daß er als junger Mann die Schreie der von der Gestapo willkürlich Zusammengetriebenen gehört hatte. Der Debniki-Platz in Krakau war Zugang zu einem eigens errichteten jüdischen Ghetto: Wojtyla erlebte den Nazi-Terror praktisch vor der eigenen Haustür. Auschwitz, Symbol des modernen Völkermords mit technischen Mitteln, liegt in einem Winkel seiner alten Erzdiözese. Fühlte er sich deswegen gezwungen darauf zu verweisen, daß er allen mit eigenen Augen erlebten Scheußlichkeiten zum Trotz noch immer an die angeborene Würde des Menschen glaube; genauso wie die Nazis sie nicht hätten aus der Welt schaffen können, würde es ihren Nachfolgern trotz verfeinerterer Methoden der Entmenschlichung nicht gelingen? Hatte er dabei Rußland und seine Satelliten im Sinn? Sollte ihnen dies eine besondere Warnung sein, daß er, obwohl er seine Herkunft hintangesetzt habe – es war eigentlich beim wackeren, allerdings vergeblichen Versuch geblieben –, nicht tatenlos zusehen könne und wolle, wenn die kommunistische Unterdrückung in Polen über ein bestimmtes Maß hinausging? Es hörte sich ganz so an, und nicht nur Vatikanologen spürten die Verunsicherung im Vatikan. Mehrere beim Heiligen Stuhl akkreditierte Botschafter unterrichteten ihre Regierungen, daß solche Äußerungen deutliche Hinweise darauf seien, daß dieses Pontifikat das politisch brisanteste seit den Tagen Pius' XII. werden dürfte.[1]

Und sicherlich war Johannes Paul direkter als seine Vorgänger. Nicht einmal Gianpaolo war so geradeheraus gewesen. Johannes Paul beabsichtigte, niemanden über die Leitmotive seines Pontifikats im unklaren zu lassen. In seinen Äußerungen fand sich auch kein Hinweis auf gemeinschaftliche Gedankenarbeit; nichts ließ erkennen, daß die Entwürfe seiner Reden von fremder Hand erarbeitet waren. Aussage und Stil, Syntax und entscheidende Redewendungen sowie besondere Ausdrücke und Bibelzitate wiesen den Papst als alleinigen Autor aus. Selbst seine Antrittspredigt und die erste Enzyklika, ›Redemptor Hominis‹ – letztere hatte er auf Polnisch entworfen und selbst ins Lateinische übersetzt –, waren überwiegend persönliche Aussagen.

Sehr schnell wurde deutlich, daß seine Feststellungen als Verdeutlichung seiner tiefen Überzeugung vom unersetzlichen Wert des Lebens »von innerhalb des Mutterleibes bis hin zum natürlichen Tode« gedacht waren. In seiner Welt war Abtreibung zu unvorstellbar, als daß dies Wort auch nur in den Mund genommen würde. Seine Formulierung war der deutliche Hinweis, daß er nicht die Zeit hätte, irgendwelchem Drängen auf Änderung seiner Einstellung ein Ohr zu leihen. Dasselbe galt für Ehescheidung und Geburtenkontrolle: auch darüber gebe es nichts zu debattieren.

Johannes Paul brachte die zeitlosen und unangenehmen Wahrheiten über die Kirche wieder in rechte Erinnerung; sie habe nur wegen ihrer tiefinneren festen Überzeugungen überdauert; an ihm sei es, diese Wahrheiten zu hegen, zu verteidigen und zu vermitteln, um die Fortexistenz der Kirche zu sichern. Ein verwässerter Glaube könne mit den Zerstreuungen der modernen Welt nicht konkurrieren: wer zögere, die in der Tradition wurzelnde Autorität anzuerkennen, müsse sich der Sünde des Hochmuts bezichtigen lassen, weil er von der irrigen Annahme ausgehe, daß aus früher gemachten Erfahrungen nichts zu lernen sei.

Drei Monate nach seiner Wahl stand fest, daß aus einem Kardinal, der in Polen ein hartnäckiger Gegner eines rücksichtslosen Staates gewesen war, in Rom ein energischer Verfechter der Orthodoxie geworden war. Das hätte niemanden überraschen sollen.

Hinter seinem Lächeln, seiner Wärme im persönlichen Umgang, hinter seinen plötzlichen und unerwarteten Krankenbesuchen in den römischen Hospitälern, hinter seinem ungezwungenen Gedankenaustausch und dem brüderlichen Verhältnis mit seinen Mitbischöfen; hinter seinem angeborenen Gefühl

für Würde, das dem Ansporn durch den eigenen Erlebnishintergrund ent-
sprang, hinter dem Gesamteindruck, daß er als oberster Hirte entschlossen sei,
sich der gewöhnlich abstumpfenden Institutionalisierung des Pontifikats zu
widersetzen –: stand einzig und allein ein unnachgiebiger Traditionalismus.
Darüber sollte auch nicht hinwegtäuschen, daß er Zeit für die Rolle des
Gemeindepfarrers fand und Ehen segnete, in schmuckloser schwarzer Soutane
in einem der Beichtstühle in der Peterskirche saß und Bußen verhängte oder
Kinder in die Höhe hielt und ihnen liebevoll ins Gesicht blickte. Seine Einstel-
lung zur Dogmatik, seine Ansichten über Gottesdienst und pastorale Fürsorge
und jede weitere strittige Frage, mit der er es zu tun bekam, wiesen ihn als
starren Orthodoxen aus. Er würde nicht einen Fingerbreit jenes Bodens preis-
geben, auf dem er stand. Er wollte kein Neuerer, er wollte ein ständiger Mahner
sein und die Erinnerung an die alten katholischen Wahrheiten wachhalten.
Manche fragten sich, ob er sich nicht zu sehr tröstete mit dem Beifall, der ihm in
der Nervi-Halle bei seinen Mittwochsaudienzen entgegenschlug, beziehungs-
weise des Sonntags vom Petersplatz zu ihm heraufschallte? Man fragte, ob ihm
bewußt sei, daß es jenseits seiner unmittelbaren Horizonte Katholiken gab, die
sich unbehaglich zu rühren begannen?
Doch er war noch für Überraschungen gut.

*

Am 21. November 1978, einem schönen, sonnigen Tag, fährt kurz vor
14. 30 Uhr ein Mercedes Pullman die Via della Conciliazione entlang,
besser: läßt sich im Strom der übrigen Fahrzeuge treiben, die ebenfalls
mühsam in Richtung Petersplatz kriechen. Der silbrige Lack des Wagens ist verschmutzt und staubbedeckt, denn die Reise ging über mehr
als siebenhundert Kilometer.

Die ermüdende Fahrt hatte zwei Tage zuvor begonnen. Der Fahrer
gehört zu den ›Chauffeurs de Monseigneur‹, einer eigens zu jenem
Zweck gegründeten Elitetruppe, den Mann im Fond des Mercedes
durch ganz Europa herumzufahren. Als sie in dem abgelegenen
Schweizer Dorf Riddes die Fahrt angetreten hatten, hatte der alte Mann
kerzengerade gesessen. Jetzt, sechsunddreißig Stunden später, sitzt
der zweiundsiebzigjährige Erzbischof Marcel Lefèbvre noch immer
stolz und trotzig aufrecht, obwohl während der Fahrt nach Rom über
Alpenpässe, durch die Weintäler der Lombardei und im Verkehrsge-
wühl der Autostrada nur ein paarmal kurz gerastet worden war. Lefèbvre hat mit dem Fahrer unterwegs kaum gesprochen. Dem Mann
macht das nichts aus; er hält es bereits für ein Vorrecht, in der Nähe
eines Kirchenführers zu sein, den er noch mehr als den Papst selbst
verehrt. Der Mann ist einer von zwanzig Fahrern, die jederzeit bereit,
willens und in der Lage sind, auf eigene Kosten Lefèbvre innerhalb
ganz Europas dorthin zu fahren, wo er gerade seine Einwände und
Vorbehalte artikulieren, eine illegale Messe zelebrieren oder wieder
einmal die Autorität des Mannes bestreiten möchte, dem er in Kürze

gegenübertreten wird: Johannes Paul. Das bevorstehende Treffen macht den Chauffeur besorgt und aufgeregt. Er ist erschrocken und verwirrt zugleich, weil sein Fahrgast eine so stoische Ruhe zeigt. Nicht einmal als sie an der Peripherie Roms von zwei Begleitfahrzeugen in Empfang genommen wurden und die letzte Phase dieser historischen Reise begann, hatte der Erzbischof die geringste Gefühlsregung gezeigt. Sein Gesichtsausdruck ist trotz aller Angegriffenheit gefaßt und resolut. Niemand, denkt der Chauffeur, nicht einmal dieser polnische Papst, wird die Entschlossenheit eines Marcel Lefèbvre erschüttern.

Als der Mercedes nach links in die Via del San Ufficio einbiegt, schließen die beiden Begleitfahrzeuge dicht auf. Im ersten Wagen sitzt in vollem Ornat der Kardinal Giuseppe Siri. Siri ist seit dem Ende des Konklave erstmalig wieder in Rom; das Geräusch der knallenden Sektkorken und die polnischen Gesänge klingen ihm immer noch in den Ohren. Auch sein Gesicht ist starr. Im zweiten Begleitfahrzeug sitzt Silvio Oddi, ein Kurienkardinal, dem manche nachsagen, ein noch größerer katholischer Extremist als Siri zu sein. Die beiden Kardinäle haben beträchtlichen Druck ausgeübt, um dieses Treffen zustande zu bringen. Trotzdem sind beide überrascht, daß der Papst sich dazu bereit erklärte; denn beide sehen keine Möglichkeit zu Kompromissen respektive zu einem Rückzieher von seiten Lefèbvres. Als sie den Erzbischof gerade eben außerhalb Roms in Empfang genommen hatten, war ihnen eisig eröffnet worden, er sei nicht zum Zuhören hergekommen und beabsichtige auch keine Friedensverhandlungen zu führen.

Am Glockentor wird der kleine Konvoi von Kameramännern, Fotografen und Reportern erwartet. Da sie von dem Treffen vorab informiert worden waren, hatten sie sich wieder einmal – wie schon so oft während der sich nun bereits dreizehn Jahre hinziehenden Rebellion Lefèbvres – in der festen Erwartung eingefunden, daß er bei seiner Rückkehr aus dem Vatikan berichten werde, wie er es diesem Papst gegeben habe – so, wie er öfters Paul niedergerungen hatte und wohl auch über Gianpaolo triumphiert hätte.

Lefèbvre läßt halten. Der Erzbischof dreht die hintere Scheibe herunter, ignoriert die Fragen der Reporter und starrt unfreundlich in die Kameras. Zufrieden, daß der Augenblick seiner Ankunft auf Zelluloid festgehalten ist, kurbelt er die Scheibe wieder hoch und läßt weiterfahren. Da der Wagen über das Kopfsteinpflaster hüpft, achtet Lefèbvre nicht auf die salutierende Schweizergarde.

Der Konvoi fährt um die Rückseite der Basilika herum, überquert den Papageienhof und rollt auf den größeren Damasushof. Die Fahrzeuge parken am hinteren Ende des Hofes in der Nähe des Lifts zum Staatssekretariat und den päpstlichen Gemächern.

Dziwisz und Magee stehen zum Empfang der Besucher bereit. Dann nehmen sie und die beiden Kardinäle den Erzbischof in die

Mitte und führen ihn in den kleinen Salon, wo Johannes Paul die meisten seiner Audienzen gibt.

Der Papst steht mit verschränkten Händen in der Mitte des Raums. Er geht auf die Besucher zu und umarmt zunächst Lefèbvre, dann die beiden Kardinäle, und geleitet seine Gäste zu einem Tischchen, auf dem bereits Kaffee und Biskuits warten. Die beiden Sekretäre spielen Bedienung. Man unterhält sich etwas gespreizt über Belanglosigkeiten.

Siri und Oddi haben diese Zusammenkunft nicht nur in die Wege geleitet, sondern auch dem Erzbischof geraten, was er sagen, wann und wie er seine Äußerungen vorbringen sollte. Sie sind zwar in jeder Hinsicht seine Leitfiguren, selbst aber nicht teilnahmeberechtigt – das hatte ihnen der Papst, ehe er dem Treffen zugestimmt hatte, ganz deutlich gemacht. Schrittweise und behutsam komplimentieren Dziwisz und Magee die beiden Kardinäle aus dem Salon. Magee schließt hinter sich die Tür.

Sie bleibt fünfzehn Minuten geschlossen. Dann springt sie plötzlich auf: im Rahmen steht Johannes Paul und hält Lefèbvres Ellenbogen. Der Erzbischof wirkt benommen. In der Tür umarmt der Papst den Erzbischof noch einmal herzlich. Auf Französisch sagt der Papst: »Das geht in Ordnung, das geht in Ordnung.«

Lefèbvre nickt, sagt aber kein Wort.

In Begleitung der Sekretäre und Kardinäle kehrt Lefèbvre zu seinem Wagen zurück. Der Konvoi verläßt den Vatikan. Am Glockentor gibt der Fahrer Gas und rauscht an den erwartungsvoll kakelnden Medienvertretern vorbei.

Die Rebellion, zu der sich Marcel Lefèbvre am 8. Dezember 1965 erstmalig erhoben hatte, und die er in der Folgezeit durch geschickt in die Öffentlichkeit getragene Konflikte auszuweiten und am Leben zu halten verstand, ist vorbei.

Aber wie sah das Ende aus?

Wer hat gesiegt?

*

Greeley glaubt zu wissen, was passiert ist: der dynamische Papst hat den störrischen alten Erzbischof einfach bezaubert. Auch dieser nur ihm verständliche Rückschluß fließt in jenes Buch ein, das er über seinen Sommer in Rom in aller Eile herausbringt. Andere Theorien gehen davon aus, daß Lefèbvre in den fünfzehn Minuten unter vier Augen irgendwie erkannte, daß Tradition nicht nur das ist, was sich in ein paar aus dem Regal gegriffenen Büchern nachlesen läßt, sondern durch sich fortentwickelnde Erfahrungen modifiziert und ergänzt werden kann. Auch dies klingt zu glatt und eingängig. Noch andere beriefen sich wieder einmal auf die Vergangenheit des Papstes und behaupteten, er habe sich während des Gesprächs »großzügig und verständnisvoll« gezeigt und gesagt, es sei »richtig« gewesen, daß Lefèbvre seine Befürchtungen einem Mann vorgetragen habe, der sich der Bedeutung der alten Werte bewußt sei.

In Wahrheit war alles ganz anders.[2]

Mit einer Eindringlichkeit, die Lefèbvre völlig aus der Fassung brachte, stellte der Papst fest, daß er den Erzbischof exkommunizieren könnte – und vielleicht auch würde, noch ehe dieser den Vatikan verlassen hätte. Der Papst war in Tonfall und Wortwahl kalt bis an die Grenze zur Brutalität. Wenn Lefèbvre etwas sagen wollte, wurde er zornig zu schweigen geheißen. Der Papst ließ sich nicht mehr unterbrechen und hielt dem Besucher einen zehnminütigen Vortrag, in dem er unter anderem hervorhob, daß es gar nicht allein um die Tridentinische Form der Messe ging; daß vieles andere, was Lefèbvre gesagt und getan habe, verfehlt und in den Augen der Kirche illegal gewesen sei; daß der vergebliche Versuch, die Uhr zurückzudrehen, als Mißachtung der päpstlichen Autorität anzusehen sei. In diesem Ton kam noch vieles andere zur Sprache. Dann wechselte Johannes Paul abrupt die Richtung – worauf vielleicht Lefèbvres nachhaltig verstörter Blick zurückzuführen war – und ließ erkennen: für den Fall, daß der Erzbischof weiterhin hartnäckig gegen den Strom der gültigen katholischen Auffassung anschwimmen wolle, möge er in seiner Schweizer Bergeinsamkeit bleiben, aber mit seinem bestens bekannten Drang nach Publizität und der Art, wie er sich während der letzten dreizehn Jahre der Medien zu Attacken gegen die Päpste bedient habe, müsse es dann ein für allemal vorbei sein. In Lefèbvres Priesterseminar dürften keine Reporter mehr eingeladen werden; es dürfe keine neuen Artikel mehr geben, in denen mit verzweifelter Rhetorik dem Überholten das Wort geredet werde; für Lefèbvres Buch ›J'accuse‹ dürfe nicht mehr geworben werden; es dürfe keine wohlinszenierten Fernsehauftritte mehr geben und keine öffentlichen Reden der Art, wie er sie 1976 in Lille gehalten habe, als er die neue Form der Messe wiederholt mit dem Wort ›bâtard‹ bedacht hatte – »bastardierter Ritus, bastardierte Sakramente und bastardierte Priester«. All dieses müsse aufhören. Des weiteren müsse Lefèbvre ebenfalls garantieren, daß sich seine Anhänger der öffentlichen Verbreitung von Lehren, die im Gegensatz zu den gegenwärtigen Auffassungen der Kirche stünden, enthielten. Andernfalls müßten auch sie mit Exkommunikation rechnen.

Danach hatte der Papst minutenlang geschwiegen. Lefèbvre kapitulierte. Sein Versprechen, sich in sein einsames Schweizer Seminar zurückzuziehen und sich Schweigen aufzuerlegen, war kaum mehr als ein Flüstern.

Johannes Paul nahm ihn beim Arm und geleitete ihn sanft zur Tür.

*

Während der restlichen Novembertage und Anfang Dezember öffneten und schlossen sich die Türen des päpstlichen Empfangszimmers mindestens drei-ßig-, oft sogar vierzigmal täglich. Es war ein einziges Kommen und Gehen von Besuchern, die von Martin hereingeführt und hinausgeleitet wurden. Manche verbrachten weniger als fünf Minuten bei Johannes Paul; mit anderen blieb er eine Stunde oder länger zusammen. Der Papst beschränkte seine Kommentare im allgemeinen auf das Nötigste, zögerte andererseits aber nicht, Kardinäle oder Beamte ungeachtet ihrer Bedeutung zu unterbrechen, sobald sie vom Thema abschweiften oder Selbstverständlichkeiten vorbrachten. Des öfteren ahnte er den Kernpunkt im voraus und kam mit einer wohlgezielten Frage zu einem schnellen Entschluß. Seine Ungeduld wurde jedoch dadurch gemildert, daß er jedem seine volle Aufmerksamkeit schenkte und mit seinen tiefliegenden blauen Augen durchdringend ansah. Johannes Paul verarbeitete eine ungeheu-re Menge an Details, verlor jedoch nie den größeren Zusammenhang aus den Augen. Er konnte aber auch jemanden in Verlegenheit bringen, wie Villot schon früh erfahren mußte. Der Staatssekretär sann laut über die Möglichkeit einer neuen vatikanischen Initiative in Libanon nach, als der Papst abrupt aufstand und Villot mit der Bemerkung, jetzt sei nicht der richtige Zeitpunkt dazu, zur Tür geleitete.

Am Ende seiner langen, anstrengenden Arbeitstage hing Johannes Paul oft bis zu einer Stunde hinter der von Martin ausgearbeiteten Terminplanung zurück, obwohl Dziwisz und Magee jedes Anliegen schon auf Herz und Nieren geprüft hatten, noch ehe jemand überhaupt zum Papst vorgelassen wurde. Daran änderte auch nichts, daß die beiden Sekretäre ständig mahnten, auf Pünktlichkeit und Bündigkeit mehr Wert zu legen. Oft genug ging der letzte Besucher erst nachts und kurz vor Toresschluß.

Die Samstage und Sonntage bildeten keine Ausnahme. Außer einem gele-gentlichen viertelstündigen Nickerchen nach einem späten Mittagessen gönnte sich der Papst keine Ruhe. Selbst wenn er sich die Beine vertrat – er wußte es fast täglich so einzurichten, daß ihm eine Stunde Zeit für einen Spaziergang in seinem Dachgarten blieb –, war gewöhnlich ein Besucher dabei, während Magee oder Dziwisz sich im Hintergrund hielten, um gegebenenfalls eine gerade getroffene Entscheidung zu notieren. Das Verhältnis der beiden Sekretäre untereinander war herzlich, obwohl Magee ein wenig die Wärme vermißte, die im Umgang mit Lorenzi und Macchi spürbar wurde. Weder Dziwisz noch Johannes Paul hatten großes Interesse daran gezeigt, wie die Dinge während der letzten Pontifikate gehandhabt worden waren; sie wollten, daß alles nach ihrer Methode vonstatten ging – nach einem durch und durch polnischen System, das durch sorgfältiges Vorarbeiten gekennzeichnet war.

Neben den offiziellen Audienzen, von denen im ›Osservatore Romano‹ stets die Rede war, hatte der Papst noch zahlreiche andere, nicht für die Öffentlich-keit bestimmte Unterredungen, von denen manche gar als ›Geheim‹ eingestuft wurden. Zur letzteren Kategorie gehörten zu Beginn seines Pontifikats auch die Vorträge über die Lagebeurteilung der italienischen Regierung hinsichtlich der Roten Brigaden. Der Papst empfing auch höhere Beamte der amerikanischen Central Intelligence Agency, die ihm wahrscheinlich die sowjetische Globalstra-

tegie der nächsten Monate umrissen. Angehörige des ägyptischen Geheimdienstes unterrichteten ihn über den Nahen Osten. Was ihm zu Ohren kam, koordinierte er mit den Informationen, die ihm Casaroli lieferte. Bei ihrer ersten Unterredung in seiner Eigenschaft als Papst hatte Johannes Paul Casaroli angewiesen, ›Auge und Ohr‹ für ihn zu sein. Für diese Aufgabe war Casaroli der ideale Mann. Im übrigen empfing Johannes Paul auch eine ganze Anzahl Polen, die ihm die Ereignisse im Zuge der wachsenden Widerstandsbewegung gegen das polnische Regime darstellten und gewichteten.

Aktuelle Entwicklungen während eines bestimmten Tages machten es oft erforderlich, zusätzliche Termine einzuschieben. Während der ersten Wochen hatte Johannes Paul eine Vielzahl von Personen empfangen, die in den Augen mancher Mitarbeiter seines Stabes leider ›bedeutungslos‹ waren: polnische Reporter, Geistliche und Freunde aus Krakau oder aus seiner römischen Studentenzeit. Dafür ist jetzt keine Zeit mehr. Die vielen zur Tagesroutine gehörenden Begegnungen, Sitzungen und Beratungen lassen solche vergnügliche Abwechslung nicht mehr zu. Aber er unternahm alles Erdenkliche, damit es ihm nicht so erging wie seinen Vorgängern. Er widersetzte sich allen Versuchen der Kurie, ihn dahin zu bringen, sich bei der Informationsbeschaffung allein auf die offiziellen Kanäle zu verlassen. Er wollte Zeitungen lesen, aber keine von der Kurie vorbereitete Presseübersicht. Er nahm sich Zeit für die Rundfunk- und Fernsehnachrichten; machte deutlich, daß seine Effizienz als Papst um so größer werde, je mehr er sich tagtäglich mit dem befasse, was außerhalb der vatikanischen Mauern vor sich gehe. Er wies seine Sekretäre an, ihn keineswegs vor irgendwelcher Kritik abzuschirmen. Er zeigte eine zwanghafte Neugier, was man von seinem Pontifikat hielt. Das alles war sehr lobenswert.

In mancher Hinsicht aber auch unrealistisch – der Zuschnitt des Amtes ließ eine Johannes Pauls Wünschen entsprechende Arbeitsweise einfach nicht zu. Trotzdem versuchte er es.

Die Kurialbeamten wurden angewiesen, den Umfang ihrer Informationsschriften möglichst auf eine Seite zu beschränken. Und der Papst bewies trotz Wahrnehmung seiner bischöflichen Aufgaben – er besuchte regelmäßig seine römischen Kirchengemeinden – ein gutes Verständnis für das Administrative. Die neun Heiligen Kongregationen waren aufgefordert, ihn in jeder zu behandelnden Frage über sämtliche Lösungsmöglichkeiten zu unterrichten. Er wollte keine vorgekauten und fertig ausformulierten Verdikte sehen; vielmehr korrekt aufbereitete Fakten unterbreitet bekommen. Wenn er schon die Verantwortung für etwaige Verdikte trug, wollte er sich auch eine eigene Meinung bilden. Zahlreiche Kuriale billigten seine Methode nicht und reagierten darauf mit bürokratischer Zurückhaltung.

Böse Ahnungen verdichteten sich zu gegenseitigem Mißtrauen. Während der Jahre als Mitglied der Bischofssynode, bei seinen Rom-Besuchen und im Umgang mit anderen Kardinälen hatte Johannes Paul erfahren, wessen die Kurie fähig war. Er hatte aber nicht vor, mit sich so umspringen zu lassen. Der Konflikt wurde noch unausweichlicher durch die Weigerung des Papstes, die Legislative ausschließlich‹ seinem Verwaltungsapparat zu überlassen. Er hatte die Kurie wiederholt in allen Einzelheiten wissen lassen, was er getan sehen wollte. Und wie jeder andere überlastete Behördenchef auch, beschränkte sich Johannes Paul dabei sehr oft auf ein Minimum an Höflichkeit.

Außer den Unbeugsamen sah ihm ein jeder solche kleinen Entgleisungen gern nach, denn der Papst trieb sich selbst erbarmungslos an und stand ständig unter Druck. Enttäuschungen machten ihn nur noch entschlossener. Als er von Pericle Felici erfuhr, daß sich Hans Küng in Tübingen wieder regte, fragte der Papst verdrossen: »Warum tut er das?« Als Felici zu erklären begann, fiel ihm Johannes Paul ins Wort. »Nein, nein, nicht jetzt, später. Wir müssen uns noch um vieles andere kümmern. Außerdem stellt Küng vielleicht fest, daß er es jetzt mit einem anderen Papst zu tun hat – mit dem er besser nicht spielen sollte!«[3]

Die Selbstdisziplin, die Johannes Paul bewies und von anderen erwartete, wurde sprichwörtlich. In seinem Pontifikat stellten sich ein Arbeitsrhythmus und eine Zuverlässigkeit ein, die von der Spitze ausgingen. Aber was in trübe Stumpfheit hätte ausarten können, wurde durch den Humor des Papstes gemildert. Es war ein Humor ganz spontaner Art, weder vorgetäuscht noch erzwungen, und gelegentlich gar sehr diesseitig-polnisch. In der Öffentlichkeit, insbesondere bei seinen Mittwochsaudienzen, machte Johannes Paul keine bedeutungsschweren Pausen vor einem Scherz und erwartete auch keine Reaktionen; ein oder zwei Späße gehörten einfach ganz selbstverständlich zu allen seinen Äußerungen. Besucher entläßt er ebenfalls oft mit einem kleinen Scherz. Auf diese Weise versucht er ungewöhnliche Entscheidungen erträglicher zu machen.

Baggio kam und erstattete über Cody Bericht. Der Papst hörte ihm zwanzig Minuten lang zu; dann wurde Dziwisz dazugebeten. Die drei Herren konferierten weitere dreißig Minuten. Die abschließende Entscheidung muß Baggio verblüfft haben: Monatelanges Reisen, sorgfältige Beweissuche und all die vertraulichen Berichte, zunächst an Paul, später an Gianpaolo, waren anscheinend vergeblich gewesen. Johannes Paul entschied, Cody nicht weiter zu behelligen. Für den Fall, daß Baggio die Gründe erklärt wurden, blieben sie ebenso geheim wie die gesamten Beratungen an jenem Wintermorgen im Salon des Papstes. Die Spekulationen indes hörten nicht auf. Johannes Paul hatte seinerseits deutlich gemacht, daß ihn das Gerede außerhalb der Kirche weniger kümmerte; er sei mit den Geschehnissen innerhalb seines unmittelbaren Einflußbereichs hinreichend beschäftigt. Ihm schien nicht klar zu sein, daß das Interesse am Cody-Skandal innerhalb und außerhalb der Kirche gleich groß war.

Marcinkus wurde für Freitag, den 1. Dezember 1978, zum Rapport bestellt. Er blieb eine Stunde mit dem Papst allein. Die umfangreiche Akte, die Benelli und Felici über das Finanzgebaren der Vatikanbank zusammengetragen hatten, kam mit keinem Wort zur Sprache. Der Ordner lag, anscheinend ungeöffnet, auf dem Schreibtisch des Papstes. Aber sowohl Marcinkus als auch Felici stimmten in einem überein: der Papst hatte den Vorgang zweifellos gelesen. An diesem Freitag zog er es jedoch vor, die erste Auslandsreise seines Pontifikats zu besprechen – nach Mexiko, einem in geistlicher Hinsicht für die Kirche ebenso gefährlichen Krisenherd wie die von den Kommunisten Polens in Bewegung gebrachten Verhältnisse.

Der Papst wollte, daß Marcinkus wieder eine vertraute Rolle übernähme und auf der Mexiko-Reise als sein Leibwächter fungierte. Man möge dem sechsund-

fünfzigjährigen Bankier die Annahme verzeihen, daß die Zeit finanzieller Glücklosigkeit nun hinter ihm läge, er sich wieder uneingeschränkter Gunst erfreute und Sicherungsaufgaben für einen Papst übernehmen sollte, der nach Kenntnis der Akte auf seinem Schreibtisch ebensogut ein paar höchst sachdienliche Fragen hätte stellen können.
Daß die Fragen nicht gestellt wurden, wird aber dazu führen, daß später andere Fragen aufkommen.

✳

Obwohl er fast ein Jahr nicht hier war, findet sich Alibrandi instinktiv zurecht. Er kennt jede Treppenflucht, weiß, wohin ein jeder Korridor führt. Es sind noch dieselben Wandgemälde, und auch die Schweizergardisten scheinen nicht gealtert zu sein. Nichts hat sich verändert; trotzdem ist alles anders. Den Apostolischen Palast umgibt eine zuvor ungekannte ›Atmosphäre‹: alles wirkt irgendwie gezielt und zweckbestimmt; der Nuntius glaubt, bei seinen Besuchen in Pauls letzten Regierungsjahren keinen vergleichbaren Eindruck bekommen zu haben.

Magee erwartet den Nuntius vor dem Empfangszimmer des Papstes. Der Sekretär wirkt ebenso gelassen wie bei Alibrandis letztem Besuch. Sie plaudern ein Weilchen über gemeinsame Freunde in Irland, die angespannte Wirtschaftslage des Landes und über den Flug des Nuntius. Ein nichtssagendes Gespräch zur Überbrückung der Wartezeit.

Alibrandi sind zehn Minuten zugestanden worden; mehr konnte Magee an diesem besonders geschäftigen Dezembertag nicht für ihn herausholen.

»Viel Glück«, murmelt der Sekretär mit einem Blick auf die Uhr. Dann klopft er und öffnet die Tür.

Der Papst wird von der Lektüre eines Dokuments völlig in Anspruch genommen, nimmt die eintretenden Männer entweder nicht wahr, oder läßt sich zumindest beim Lesen nicht stören. Schließlich aber – Alibrandi und Magee haben fast schon seinen Schreibtisch erreicht –, legt er das Papier aus der Hand, erhebt sich, kommt hinter dem Schreibtisch hervor und umarmt den Nuntius, ehe er ihn zu einem Sofa hinübergeleitet.

Magee geht hinaus.

Alibrandi weiß, daß der Papst seinen vorab eingesandten Bericht über die Situation der Irischen Kirche bereits gelesen hat; er hält sich daher gar nicht erst mit der Wiederholung jener Fakten auf, sondern kommt sogleich zur Sache.

»Werden Heiligkeit Irland mit einem Besuch beehren?«

Der Papst lächelt. »Wir werden sehen...«

»Nächstes Jahr feiert Knock das Hundertjährige...«

In dem irischen Dorf Knock soll 1879 die Jungfrau Maria einigen zwanzig Menschen als eine von drei Lichtgestalten erschienen sein; die anderen beiden, beteuerte man, seien Joseph und der Evangelist Johannes gewesen. Seither hat Knock für viele irische Katholiken eine ähnliche Bedeutung wie Lourdes.

»Am 21. August sind's hundert Jahre her. Das wäre das geeignetste Datum für einen Besuch«, schließt Alibrandi.

»Wir werden sehen...«

Alibrandi strahlt. »Si, Santissimo Padre, si.«

Er ist sich sicher, daß seine Reise nicht vergeblich war. »Wir werden sehen...« interpretiert er als Annahme der Einladung. Schließlich ist Knock ein Marienheiligtum, und der Nuntius weiß genug über den Papst, um annehmen zu können, daß dieser dem Besuch eines Marienheiligtums niemals abgeneigt ist.

Der Nuntius geht zum zweiten Punkt über, den er sich vorzubringen vorgenommen hat.

»Santissimo Padre, es wäre wundervoll, wenn Eurem Besuch die Ernennung eines neuen Kardinals für Irland voraufgehen würde.«

Erneutes Lächeln. »Wir werden sehen...«

Alibrandi strahlt dankbar. Er beherrscht die Feinheiten dieser Welt des Herunterspielens und Unausgesprochenen. Der Nuntius ist nunmehr sicher, daß in Kürze Tomás O'Fiaich, Erzbischof von Armagh und Primas von Groß-Irland, zum Kardinal erhoben wird. Der Nuntius glaubt, daß die Beförderung die Entwicklung der Ereignisse in Ulster in seinem Sinne nachhaltig und positiv beeinflussen wird.

*

Humes Ernennung – der Kardinal wurde mehr und mehr für die Seele des progressiven Intellektualismus gehalten – wurde als verbindlicher Hinweis auf die Grundtendenz des neuen Pontifikats aufgefaßt. Bei seiner Rückkehr nach London hatte Hume diesen Eindruck entgegenkommenderweise noch verstärkt, indem er seinen Priestern auseinandersetzte, welche Hoffnungen er selbst für die Kirche unter Johannes Pauls Führung hege: mehr »Dialog«, mehr Nachdruck auf »Dienst an Gott und unseren Nächsten in einer pluralistischen und verweltlichten Welt«. Hume sprach von einer neuen Ära, in der der Papst die Differenzen innerhalb der römischen Kirche und zwischen dem Katholizismus und den übrigen christlichen Bekenntnissen beilegen würde. Obwohl Hume auf die nicht-christlichen Religionen nicht zu sprechen kam, klangen die von ihm umrissenen Zielsetzungen höchst verheißungsvoll.

Vorderhand indes entwickelte sich ein unglückliches Spannungsverhältnis zwischen Johannes Paul und dem liberalen Argentinier Eduardo Pironio. Wie Johannes Paul, waren Pironio Unterdrückung und Gewalt persönlich nicht unbekannt. 1976 war der Kardinal in aller Eile, als man entdeckte, daß sein Name auf der Todesliste einer rechtsextremistischen Terrororganisation stand, von seiner Diözese Mar del Plata abgezogen worden. Paul hatte Pironio zum Präfekten der Kongregation für die Ordensleute und Säkularinstitute ernannt. Er war ein mitfühlender Administrator gewesen, der eher als jeder andere bereit war, Verständnis für jene Priester aufzubringen, die von ihren Ordenspflichten entbunden werden wollten. Im Dezember 1978 hatte Johannes Paul im Verlauf einer hitzigen, kurzen Unterredung von Pironio verlangt, daß ›schwierige‹ Ordensleute von seiner Kongregation diszipliniert würden. Pironio weigerte sich. Zornige Worte gingen hin und her. Später stritt man sich darüber, ob Pironio wutentbrannt davongelaufen oder vom Papst hinausgeworfen worden war.

Anschließend sang Johannes Paul mit den Kindern auf dem Petersplatz Weihnachtslieder.

Die Erkenntnis setzte sich durch, daß seine Vorstellung vom Papsttum, sofern es um die Führung der Kirche ging, in starkem Maße in der Tradition der Pius-Päpste verwurzelt war. Um es auf einen kurzen Nenner zu bringen: Johannes Paul glaubte in aller Unschuld, daß die in seinen Händen ruhende Macht dazu benutzt werden sollte, das von ihm für nötig Erachtete schnellstmöglich durchzusetzen. Keine Rede davon, daß ihm vor seiner Autorität etwa bange war.

Ebenso aufschlußreich und nachdenklich stimmend zeigte sich seine Arglosigkeit auch in anderen Dingen. Anfang Dezember zum Beispiel hatte er Casaroli gebeten, dafür zu sorgen, daß er sein erstes weihnachtliches Pontifikalamt als Papst in Bethlehem zelebrieren könnte – »ohne jegliches israelisch-vatikanisches Protokoll zu wahren oder zu begründen«.[4]

Casaroli war perplex. Er begann die Probleme aufzuzählen: mangelnde Zeit; der Umstand, daß der Heilige Stuhl keine diplomatischen Beziehungen mit Israel unterhielt; die potentielle persönliche Gefahr für den Papst. Johannes Paul unterbrach ihn. Als Bethlehem noch jordanisches Jurisdiktionsgebiet gewesen sei, habe er sich als Kardinal inkognito dorthin begeben. Probleme habe es damals nicht gegeben. Warum das denn heute anders sein sollte? Casaroli hatte sich davongemacht und bei der israelischen Regierung vorgefühlt. Die Israelis lehnten aus Sicherheitserwägungen ab. Als Johannes Paul davon erfuhr, schüttelte er bloß den Kopf. Casaroli bemerkte, daß Johannes Paul nicht begriff, daß ein Papst nicht wie ein Kardinal inkognito auf Reisen gehen dürfe.

Johannes Paul predigte zu Weihnachten in der Peterskirche. Urbi et orbi. Er ist unser Friede: für einen ungemein komplexen Mann Schlußfolgerung und Abschluß eines folgenschweren Jahres.

Der Sturm aber braute sich zusammen.

*

Am 6. Januar 1979 um 12.35 Uhr wechselt die DC-10 der Aeromexico erneut den Kurs. Dreißigtausend Fuß unter der Maschine liegt die mittelamerikanische Landbrücke, sind die verschwommenen Konturen Kubas auszumachen. Marcinkus und Dziwisz sitzen beim Papst in der Kabine.

Johannes Paul spricht bekümmert davon, daß die bisherigen Ereignisse in Kuba ohne Zweifel für die Entwicklung zur unübersichtlichen Lage Mittel- und Südamerikas mitverantwortlich sind.

Jahrhundertelang galt Kuba als beispielhafter Vorposten der Kirche; fünfundneunzig Prozent der Bevölkerung waren katholisch. Als Fidel Castro 1959 an die Macht kam, war er klug genug, die Kirche gewähren zu lassen. 1962 gab es das Schweinebucht-Fiasko: das von John Kennedy, erster katholischer Präsident der USA, angezettelte Landeunternehmen scheiterte. Die zum Sturz des kommunistischen Diktators angetretenen Exilkubaner wurden zurückgeschlagen. Das Verhältnis zwischen dem Castro-Regime und der kubanischen Kirche änderte sich schlagartig; denn Castro nahm zu Recht an, daß der Geistlichkeit die Eindringlinge aus Miami durchaus willkommen gewesen wären. Er begann sofort mit der ›Regulierung‹ der Kirche und schickte über 600 Priester und mehr als 2000 Nonnen außer Landes. Die katholischen Schulen wurden verstaatlicht, die Zahl der Priester auf zweihundert beschränkt. Katholiken wurde der Zugang zum öffentlichen Leben erheblich erschwert. Im Laufe der letzten fünfzehn Jahre sank der katholische Bevölkerungsanteil Kubas auf weniger als vierzig Prozent, während sich die Bevölkerung selbst explosionsartig auf neun Millionen vermehrte.

Viele der von Castro Ausgewiesenen gingen zunächst in die Sümpfe Mittelamerikas, wo viele von ihnen Gefallen an der Befreiungstheologie fanden. Sie beteiligten sich am Kampf gegen autoritäre Regime; zuerst in San Salvador, dann in Paraguay, schließlich in Brasilien und Argentinien. Sie wandten sich gegen die multinationalen Konzerne, die die einheimische Wirtschaft rücksichtslos ihrer wichtigsten Rohstoffe beraubten. Sie verurteilten jegliche Unterdrückung. Priester und Nonnen haben noch immer und jederzeit mit Folter, Haft und Tod zu rechnen. Das Risiko ist ihnen jedoch nicht zu groß; sie nehmen alles hin, sofern es eine Änderung der Verhältnisse zu bewirken verspricht.

Diese Priester und Nonnen fanden im Marxismus Trost und Zuspruch. Der Jesus Mittelamerikas – ein toter Gott, gefoltert und gegeißelt, der dortzulande grundsätzlich in Schwarz oder Dunkelrot, der Farbe geronnenen Blutes, gekleidet dargestellt wird – hat eine neue Bedeutung unterstellt bekommen: er ist hauptsächlich der Erlöser der Armen; der revolutionäre Christus war selber arm, also können sich die Millionenheere der neuen Armen Lateinamerikas hinter ihm sammeln und in der Gewißheit des Herrn Revolutionen inszenieren. Auf diese Weise ist die Kirche in die politischen Turbulenzen der ganzen Region verwickelt – in einem Maße, das nicht länger hingenommen werden könne, meint der Papst.

Marcinkus und Dziwisz begnügen sich mit Zuhören. Sie erkennen nicht nur die Bedeutung seiner Worte; sie hoffen, daß das Sprechen dem Papst ein wenig über die unangenehmen Szenen hinweghilft, die sich kurz zuvor an Bord der DC-10 abgespielt hatten.

Die Maschine wurde von Marcinkus im Auftrage des Vatikans gechartert. Das Innere wurde beträchtlich verändert: hinter dem Flugdeck wurde für den Papst ein kleiner Schlafraum eingebaut; an einem

Spant wurde ein Kruzifix aufgehängt; auf dem Fußboden der Kabine liegt ein Noppenteppich, der ebenso wie das Bettzeug aus dem Vatikan stammt. Neben der Schlafkabine befindet sich der Tagesraum des Papstes, ausgestattet mit einem Eßtisch und ein paar Armsesseln. Hinter dem Aufenthaltsraum liegt die besondere päpstliche Pantry mit einem Gefrierschrank voller polnischer Lebensmittel. Neben der kleinen Küche beginnen die Sitze der Ersten Klasse, auf denen Marcinkus, Dziwisz, Noé und andere Würdenträger ihren Platz haben. Die letzten beiden Sitzreihen sind von Ciban und seiner Sicherheitstruppe belegt. Sie haben während des Fluges dafür zu sorgen, daß ›sie‹ nicht nach vorn kommen.

›Sie‹ sind die Scharen von Reportern, Fotografen und sonstigen Rundfunk- und Fernsehleuten, die in der Touristenklasse untergebracht sind. Zwecks Kostensenkung waren den Medien Plätze verkauft worden. Als Entschädigung für den überhöhten Flugpreis bekommt jeder Mitreisende eine abgepackte Mahlzeit sowie Cocktails nach Belieben. Seit dem Abflug in Rom wurde schon viel getrunken und geschweinigelt. Nach einer kurzen Zwischenlandung in Santo Domingo wurde der Flug über die Karibische See in Richtung Mexiko fortgesetzt; desgleichen das Saufen und Witzereißen.

Als Mittelamerika in Sicht kam, beabsichtigte der Papst, ins Pressedeck zu gehen.

Das war keine zufällige Eingebung. Johannes Paul hatte wiederholt sein Interesse an guten Beziehungen zu den Medien bekannt. Er sieht darin eine notwendige Ausweitung seines Vorhabens: lehren, überzeugen, mahnen sowie Mobilisierung von Meinungen innerhalb der Kirche. Solches ließe sich am besten durch richtigen Einsatz der Medien erreichen, hatte er seinen Gehilfen anvertraut.

Das soll nicht heißen, daß er jederzeit mit der Berichterstattung über Kirchenangelegenheiten einverstanden ist; gelegentlich ließ er bei der Lektüre bestimmter Stories Erstaunen und leichte Verärgerung erkennen. Am meisten ärgert er sich über Berichte, die ganz eindeutig auf undichte Stellen in der Kurie zurückzuführen sind. Johannes Paul hat wissen lassen, daß jeder, der als Quelle solcher Geschichten ermittelt wird, mit einem strengen Verweis rechnen muß. Trotz allem ist er auf dieser seiner ersten Auslandsreise als Papst darauf erpicht, eine gute Presse zu bekommen. Deshalb wollte er sich ins Pressedeck begeben.

Zunächst ging alles gut. Während Johannes Paul den Gang entlangging, gab er vor Kassettenrecordern und Filmkameras auf die Fragen der Journalisten bereitwillig Antwort.

Als er den Gang etwa halb hinunter war, begannen gewisse Journalisten plötzlich auf die Sitze zu steigen und über Kollegen hinwegzuklettern. Sie drangen auf Ciban und seine Männer ein und schubsten den Pressesekretär Panciroli und Noé zur Seite, um näher an den Papst heranzukommen. Das alles ging unter so heillosem Fluchen vonstatten, daß selbst einige der übrigen Journalisten verlegen wurden. Ein

Reporter, der sich vielleicht etwas zu gründlich für den Flug gestärkt hatte, geriet sich mit einem Fernsehkameramann in die Haare. Der Wortwechsel war dem Papst einfach zuviel: Er machte auf dem Absatz kehrt und marschierte in seine Kabine zurück.

Während die Maschine über Mexiko Stadt in den Sinkflug geht, sagt sich Johannes Paul, daß das Fehlverhalten einer Handvoll Journalisten gemessen an dem, was nun vor ihm liegt, völlig unerheblich ist. Zunächst einmal ist Mexiko das einzige lateinamerikanische Land, dessen Verfassung ›religiöse Propaganda‹ verbietet. Mexiko erkennt keine Kirche an – und verweigert die Anerkennung der Souveränität des Vatikans ebenso wie die Aufnahme diplomatischer Beziehungen mit dem Heiligen Stuhl, selbst auf unterster Ebene. Trotzdem gibt es in der übervölkerten Hauptstadt dreimal mehr getaufte Katholiken als in der Dreimillionenstadt Rom. Man geht davon aus, daß Mexiko Stadt im Jahre 2000 etwa einunddreißig Millionen Einwohner zählen wird.

Der Zwiespalt zwischen einer weltlichen Regierung und der von ihr beherrschten überwiegend katholischen Bevölkerung ist nur zu augenfällig.

Acht Meilen ostwärts der Stadt, wo die Papstvisite beginnen soll, rollt die DC-10 auf dem Benito-Juarez-Flughafen aus und kommt fern vom Terminal zum Stehen.

∗

Um Punkt dreizehn Uhr erscheint Johannes Paul in der vorderen Tür der Maschine.

Hinter ihm murmelt Noé:»Santissimo Padre, die Luft ist sehr dünn – Ihr dürft Euch nicht anstrengen.«

Dziwisz fährt dem Zeremonienmeister sofort über den Schnabel. Ein Mann vom Bodenpersonal, der oben auf der Treppe steht, ist der Ansicht, der Sekretär habe Noé gebeten, den Mund zu halten.

Der Papst ignoriert den Vorfall hinter seinem Rücken und schreitet die Stufen hinab.

Dreitausend ›handverlesene‹ Mexikaner, zusammengepfercht auf zwei eigens angefertigten Tribünen, brechen in Jubelgeschrei aus. Eine Mariachi-Kapelle im traditionellen Dreß mit Sombrero spielt ›Cielito Lindo‹, einen beliebten Schlager, in dem es sich um ›einen hübschen kleinen Himmel‹ und ein ebenso hübsches junges Mädchen dreht.

Johannes Paul steht nun auf der untersten Stufe der Gangway. Er blickt kurz um sich, hebt dann seine weiße Seidensoutane ein paar Zoll in die Höhe, so daß weiße Baumwollsocken über seinen braunen Schuhen zu sehen sind. Dann läßt er sich auf Hände und Knie nieder und küßt den mexikanischen Boden.

Diese scheinbar spontane Geste ist das Ergebnis gründlicher Forschungen von Dziwisz und Magee. Die beiden hatten Pauls sämtliche Auslandsreisen nachverfolgt. Das Küssen der Erde vor Betreten eines

Landes hatte sich als die erfolgreichste Geste herausgestellt. Johannes Paul nahm sie daher in sein Repertoire auf.

Als Johannes Paul sich wieder erhebt, schlägt ihm ein plötzlicher Windstoß die Mozzetta über den Kopf. Hilfreiche Hände befreien ihn sofort. Der Papst steht da und strahlt. Sein Stab, Marcinkus an der Spitze, rast die Gangway hinunter und stellt sich schützend um Johannes Paul.

Der mexikanische Staatspräsident und seine Gattin treten vor. Sie überreicht dem Papst einen Strauß roter Rosen, den Johannes Paul Noé weitergibt. Eingedenk der fürchterlich antiklerikalen Haltung seiner Regierung, beschränkt sich der Präsident auf eine knappe Grußadresse. Sie zeichnet sich neben ihrer Banalität durch den Umstand aus, daß Johannes Paul nicht ein einziges Mal als Papst erwähnt wird, er figuriert lediglich als ein »vornehmer Besucher«. Der Präsident und seine Gattin verlassen den Flughafen, der bereits bei Morgengrauen für den gesamten Luftverkehr gesperrt worden war, weil nach den Worten eines offiziellen Sprechers sonst vielleicht jemand »dem Papst eine Bombe auf den Kopf werfen« könnte.

Erst als die Fahrzeugkolonne des Präsidenten das Vorfeld verlassen hat, können die Bischöfe des Landes ihre Willkommensgrüße aussprechen. Sie kommen zögernd nach vorn, ohne die schwerbewaffneten Polizisten, die das Flugzeug umringt haben, aus den Augen zu lassen. Die Geistlichen tragen schwarze Hosen. Nichts deutet darauf hin, daß es sich um Priester handelt: niemand trägt ein Kreuz oder ein anderes christliches Symbol. Nach mexikanischem Recht dürfen Priester und Nonnen nur auf geweihtem Boden geistliche Tracht anlegen. Villot hat mit der mexikanischen Regierung persönlich verhandeln müssen, damit der Papst in seinen gewohnten Gewändern das Land bereisen durfte.

Johannes Paul hat kaum mit der Begrüßung seiner Bischöfe begonnen, als auch schon die Pressemeute aus dem Flugzeug herausdrängt und sofort über den Papst, seinen Stab und das Empfangskomitee herfällt.

Marcinkus zögert keinen Augenblick: wütend treibt er mit Fäusten, Ellbogen und unter Einsatz seines ganzen Körpers die Pressevertreter beiseite. Die Heftigkeit seines Einschreitens läßt die Meute für ein Weilchen zurücktreten. Marcinkus packt den Papst und schiebt ihn schnell in einen wartenden Bus. Das merkwürdige Fahrzeug – das Dach fehlt – ist in den vatikanischen Farben, Weiß und Gelb, dekoriert. Marcinkus nötigt den Papst auf eine Plattform direkt hinter dem Fahrer. Das päpstliche Gefolge rangelt um die Sitzplätze, Marcinkus selbst steht und starrt wütend zu dem sich wieder sammelnden Pressekorps hinüber. Johannes Paul klammert sich an eine Metallstange, der Bus setzt sich in Richtung Mexiko Stadt in Bewegung.

Auf dem Vorfeld schießt die Polizei Tränengasgranaten in den Journalistenhaufen, hernach gehen die Polizisten mit schweren Stiefeln und geschwungenem Gummiknüppel gegen die herumtaumelnden Reporter und Fotografen vor. Es ist ein Vorgeschmack kommender Ereignisse.

✳

Vor dem Bus fährt eine Kolonne Polizeifahrzeuge. Polizeibeamte in enganliegenden schwarzen Trainingsanzügen begleiten den Bus zu Fuß. In Mexiko Stadt sind aus Anlaß des Papstbesuchs hunderttausend Polizisten und Soldaten zusammengezogen worden; darunter auch tausend Scharfschützen, die so auf den Dächern postiert wurden, daß sie den Bus jederzeit im Auge behalten können. Die Fahrtroute des Papstes wird von zwanzig Kampfhubschraubern fortwährend abgeflogen. Zweitausend Ärzte und sechstausend Krankenschwestern halten sich in speziell eingerichteten Erste-Hilfe-Stationen bereit.

Geht man von den Menschenmassen aus, müssen sämtliche zwölf Millionen Einwohner der Hauptstadt auf den Beinen sein; dazu kommen wohl noch schätzungsweise zwei Millionen Besucher von außerhalb, die ebenfalls die Straßen säumen. Eines jedoch dürfte dem Papst nicht entgehen: der größte Teil Schaulustiger sind junge Leute; die Hälfte der mexikanischen Bevölkerung ist jünger als fünfzehn Jahre.

Während der Festzug langsam durch die Straßen rollt, brüllen Millionen von Kehlen pausenlos »Viva el Papa«, wird der Bus mit Konfetti und Blumen überschüttet. Die Insassen stehen schon nach kurzer Zeit knöcheltief in Blüten.

Einer der Reporter, der den prügelnden Polizisten entkommen und den Bus einholen konnte, glaubt, daß »die weißgekleidete, die Arme ausbreitende Gestalt eine mythische Wiederkehr zu wiederholen scheint – die Rückkehr des sagenhaften Aztekengottes Quetzalcoatl*... Der weiße Papst bringt sein eigenes ›Mysterium‹ mit sich. Er scheint erstaunt, bewegt und entzückt zu sein.«

Noé indes ist besorgt. Dziwisz kann da sagen, was er will; aber die große Höhe kann zu Schwindelanfällen und Herzklopfen führen, so daß selbst kräftige Männer das Bewußtsein verlieren und umfallen.

Im Laufe des Nachmittags erreicht das sonderbare Gefährt des Papstes die prachtvolle Kathedrale am Zocalo-Platz in Mexiko Stadt. Um das hochragende Bauwerk aus dem sechzehnten Jahrhundert drängen sich zweihunderttausend Menschen. Es kommt hier zu weiteren Zu-

---

* »(grüne) Federschlange« war die in religiöser Hinsicht bedeutendste Gestalt des vorkolumbianischen Mexiko. Er herrschte im 10. Jh. in Tollan (Tula de Allende) und propagierte einen humanen, von Menschenopfern freien Kult. Nach Auseinandersetzungen mit den Befürwortern des Menschenopfers verließ er sein Land zu Schiff. Nach seiner Vergöttlichung verführten Weissagungen über seine dereinstige Rückkehr die Azteken zu dem tragischen Irrtum, er sei in Gestalt des Cortez wieder erschienen. (Anm. d. Übers.)

sammenstößen zwischen Polizei und Presse, dreißig Reporter werden verletzt.

Als der Bus rüttelnd zum Stehen kommt, schießt Noé nach vorn und redet auf Marcinkus ein.

»La turista«, beharrt der Zeremonienmeister, »kann sich sehr übel auswirken.«

Marcinkus guckt erstaunt. »Welcher Tourist ist übel?« Er blickt in die Runde. Die Polizei treibt die Pressevertreter zurück.

»Nein, nein, nein«, schnappt Noé, »die Höhe.«

Marcinkus zuckt die Schultern. Er hat keine Ahnung, worüber sich der Zeremonienmeister Sorgen macht. Der hünenhafte Leibwächter verspürt keine negativen Auswirkungen des niedrigeren Luftdrucks.

Noé reiht sich hinter dem Papst zum feierlichen Einzug in die Kathedrale ein. Er hat keinerlei Zweifel: Johannes Paul zeigt zunehmende Erschöpfung. Sein Schritt ist langsamer geworden, auch scheint er den Kopf nur noch mit Mühe hochhalten zu können. Er scheint die viertausend Menschen in der Kirche gar nicht zu bemerken; es sind sogar Frauen in schwarzen Spitzenmantillas anwesend, die dem vorbeikommenden Papst die Hände zu küssen versuchen. Als er den Thron erreicht hat, beugt sich Noé zu ihm hinunter und flüstert ihm ins Ohr: »Das macht die Höhe. Ruhig und langsam atmen, dann geht alles gut.«

Der Papst nickt.

Beim Sprechen kehren seine Kräfte zurück. Bei seiner Predigt in perfektem Spanisch gewinnt seine Stimme wieder ihr vertrautes Timbre. Zunächst erweist er der Schutzheiligen Mexikos, der Jungfrau von Guadelupe, seine Reverenz und kommt sodann auf die Bedeutung der Marienverehrung allgemein zu sprechen.

»Mexico siempre fiel«, sagt er nach einer kleinen Pause in Abwandlung des polnischen Wahlspruchs ›Polonia semper fidelis‹. Donnernder Applaus erfüllt die Kathedrale.

Johannes Paul strahlt und wartet, daß sich der Beifall legt. Er blickt auf sein Manuskript. Man sieht, wie sich seine Lippen lautlos bewegen. Als er den Blick wieder hebt, ist sein Lächeln verschwunden. Ein entschlossener Zug um seinen Mund gibt den träge dahinfließenden spanischen Sätzen unwiderrufliche Endgültigkeit.

Er sagt, es seien »theologische Abweichungen« zu beklagen. So etwas wie eine »neue Kirche« gebe es nicht, auch keine »vom Volk geborene« Kirche. »Neue Argumente« lasse er ebenfalls nicht gelten. Auf dutzenderlei Weise warnt er vor der verhaßten Befreiungstheologie. Sie sei nicht nur abzulehnen, sagt er und fordert alle Katholiken Mexikos auf – eine vage Handbewegung schließt ganz Südamerika ein–, ihre Treue zum Papsttum zu bekennen und sich seiner Vorstellung von der Kirche anzuschließen. Während er die Stimme erhebt, scharf um sich blickt und sich überhaupt nicht um sein Manuskript kümmert, das er zweifellos auswendig beherrscht, sagt Johannes Paul, daß allein die traditionelle Kirche ein Volk schaffen und nähren könne, damit es in Glauben, Hoffnung und brüderlicher Liebe wachse. Von der Befreiungstheologie – das Wort selbst kommt ihm gar nicht über die Lippen, aber jedermann weiß, was gemeint ist – und dem auferstandenen Christus und der Universalkirche dürfe nie in einem Atemzug die Rede sein.

Dann spendet er seinen päpstlichen Segen. Es ist vorbei, aber niemand glaubt, daß dies das Ende sei.

*

Zwei Tage später besucht ›Su Santidad‹ das Heiligtum der Madonna von Guadelupe. Seine Predigt dort ist die offizielle Eröffnung der in Puebla tagenden Lateinamerikanischen Bischofskonferenz.

Eine Million Menschen drängen sich um das Marien-Heiligtum von Guadelupe; vierzigtausend Bereitschaftspolizisten sind aufgeboten. Hubschrauber kreisen in der Luft. Um die Menge herum sind Schützenpanzer aufgefahren. Alles wirkt eher wie eine militärische Übung denn eine friedliche Versammlung zu Ehren des geistlichen Führers der Menge.

Außer gelegentlichem Zuwinken kümmert sich der Papst überhaupt nicht um die ungeheure Menschenmenge, er konzentriert sich vielmehr hauptsächlich auf die vor ihm stehenden Nonnen und Priester. Die Nonnen haben seit seiner Ankunft unablässig applaudiert. Den Papst stört das offensichtlich. Ruhegebietend legt sich Noé schließlich einen Finger auf die Lippen. Johannes Pauls Ärger ist noch spürbar, als er zu sprechen beginnt.

Er weist mit dem Finger auf die Nonnen und sagt mit schneidender Stimme: »Denkt daran, wer ihr seid. Ihr seid die symbolischen Bräute Christi.«

Er wirft ihnen vor, Aktion für Gebetsersatz zu halten. »Ihr müßt aufhören, euch um sozio-politische Fragen und radikale Ideologien zu kümmern.«

Die Nonnen werden unruhig. »Ihr müßt aufhören, nach neuen Horizonten und Erfahrungen zu suchen.«

Johannes Paul mahnt, sie sollten sich ihren Umgang sehr sorgfältig aussuchen. Die Leute, mit denen sie Umgang pflegten, sollten stets nach »Kriterien des Evangeliums« ausgewählt werden – dies der deutliche Hinweis darauf, den Kontakt mit Befreiungstheologen zu meiden. Und zum Schluß gibt er ihnen noch einen guten Rat – sie sollten mehr beten.

Die Nonnen, hierher gekommen, um ihm zuzujubeln und sich über seinen Besuch zu freuen, sind bestürzt. Mehrere scheinen den Tränen nahe zu sein.

Johannes Paul läßt von ihnen ab und wendet sich der mexikanischen Geistlichkeit zu.

In noch schärferem Ton – »ein Richter, kein Hirte«, hält ein Journalist für sich fest – erinnert er sie an ihre Pflichten: »Ihr seid Priester und Ordensleute, aber keine gesellschaftlichen oder politischen Führer.« Und nach einer Pause: »Wir wollen uns nicht der Illusion hingeben, daß wir dem Evangelium dienen, wenn wir durch übertriebene Anteilnahme an weltlichen Problemen unser Charisma verwässern.«

Die Priester sind wie gelähmt. Viele fragen sich, was der nächste Tag erst bringen wird, wenn Paul in Puebla vor den Kardinälen und Bischöfen seine programmatische Predigt halten wird. Jeder ist sich darüber im klaren, daß seine Worte für das Ergebnis dieser wichtigsten Konferenz in der jüngsten Geschichte der Südamerikanischen Kirche richtungweisend sein werden; vielleicht werden sie auch die künftige Tendenz seines an Überraschungen nicht gerade armen Pontifikats enthüllen.

※

Sichtlich ermüdet und schlanker geworden – er hat schon drei Pfund abgenommen, weil auch er dem nicht entging, was seit den Olympischen Spielen in Mexiko hierzulande ›Montezumas Rache‹ genannt wird –, rollt Johannes Paul in seinem eigenartigen Gefährt langsam durch die Straßen Pueblas. In dem harten tropischen Licht sieht sein Gesicht blaß und elend aus. Etwa zwei Millionen Menschen säumen die Straßen. Es ist Sonntag, der einzige freie Wochentag dieser bedauernswerten armen Leute. Die Menschen tragen ihre beste Kleidung und haben sich zu Ehren des Papstes zusätzlich mit gelb-weißen Papier- oder Stoffstreifen geschmückt. Diejenigen, an denen der Papst gerade vorbeifährt, recken ihm ihre Kruzifixe und Rosenkränze entgegen und verlangen schreiend seinen Segen.

Die Szenen sind nicht nur bewegend, sondern auch ein wenig beängstigend. Marcinkus scheint wachsamer denn je zu sein. Ciban und seine Sicherheitseinheit marschieren mit ein paar Polizisten neben dem Fahrzeug einher. Aus Anlaß der Papstvisite wurden in Puebla Polizeikräfte in einer Gesamtstärke von zehntausend Mann zusammengezogen.

Am späten Vormittag erreicht die Fahrzeugkolonne das Priesterseminar am Stadtrand von Puebla. Dort tagt die Bischofskonferenz.

Auf dem Fußballplatz des Seminars ist ein Altar errichtet worden. Annähernd vierhunderttausend Menschen stehen auf Spielfeld und Rängen.

Als der Papst seinen Thron erreicht hat, wendet er seine volle Aufmerksamkeit erneut den unmittelbar zu seinen Füßen Sitzenden zu. In der ersten Reihe sitzen die neunzehn lateinamerikanischen Kardinäle. Aramburu macht ein strenges, aber zufriedenes Gesicht; der selbstherrliche Argentinier hat wissen lassen, daß die vom Papst vertretene harte Linie seine Billigung finde. Lorscheider und Arns, beide Franziskaner und namhafte Liberale, wirken nachdenklich. Die beiden haben sich vergeblich um Einsicht in das Manuskript jener Rede bemüht, die Johannes Paul nach dem Mittagessen vor den Bischöfen zu halten gedenkt. Nach Baggio – er ist Lorscheiders Kopräsident der Konferenz – bestand der Papst selbst auf dem Verbot der Einsichtnahme. Die Liberalen sehen darin kein gutes Omen. Neben den Kardinälen sitzen in den vordersten Reihen noch einige hundert Bischöfe und Monsignori.

Gleich zu Beginn seiner Ansprache macht Johannes Paul deutlich, daß die vor ihm sitzende kleine Schar der Privilegierten seine Botschafter seien und den Auftrag hätten, aufzubrechen und die dreihundert Millionen Katholiken Lateinamerikas zur Hinnahme seiner nun folgenden kompromißlosen Botschaft zu bewegen.

Als erstes umreißt Johannes Paul erneut die Position der Kirche in der Frage der Ehescheidung. Er sieht darin eine »Bedrohung der Familiensolidarität«. Alle guten Katholiken hätten daher das in mehreren lateinamerikanischen Ländern in jüngster Zeit verabschiedete neue Scheidungsrecht gar nicht zur Kenntnis zu nehmen. Das war knapp, aber scharf formuliert.

Als nächstes befaßt er sich mit der Geburtenkontrolle. Ihr stemmt er sich noch verbissener als frühere Päpste entgegen. Es dürfe keine »blinden Bemühungen um Reduktion der Geburtenrate um jeden Preis« geben, »mein Vorgänger, Paul IV., hatte (in diesem Zusammenhang) von der ›Reduzierung der Gäste beim Fest des Lebens‹ gesprochen.«

Die Liberalen lauschen entsetzt den tadelnden Worten – hier in Mexiko verdoppelt sich die Bevölkerungszahl alle zehn Jahre; fast die Hälfte aller Neugeborenen in ganz Südamerika ist unehelicher Abkunft.

Nach seinen ernüchternden Äußerungen und einem kleinen Lächeln spendet er der Menge seinen apostolischen Segen, ehe er sich zum Mittagessen zurückzieht. Er ißt kaum etwas und spricht noch weniger. Er ist in Gedanken offenbar bereits mit der nächsten Veranstaltung beschäftigt.

Am frühen Nachmittag geht er ins Refektorium des Priesterseminars und setzt sich mitten an einen der langen Tische. Um ihn herum sitzen die Hierarchen ganz Lateinamerikas. Johannes Paul hält den Kopf über sein Manuskript gesenkt, das er auf polnisch verfaßt, revidiert und schließlich ins Spanische übertragen hat. Er allein kennt den Text; niemand hat ihm bei der Ausarbeitung geholfen. Da weder Kameraleute noch aufmerksame Reporter zugegen sind, versucht Johannes Paul gar nicht erst den lächelnden, gelassenen Seelsorger zu spielen.

Er erinnert daran, daß seit der letzten Konferenz zehn Jahre ins Land gegangen seien. Damals habe Paul gesprochen. Nun sei er, Wojtyla, gekommen, um sie an einige wichtige Wahrheiten zu erinnern. Ein großer Teil des Positiven rühre von der 68er Konferenz her; aber man

könne auch nicht »die Falschinterpretationen, die sich bisweilen ergeben hätten, ignorieren«.

Lorscheider macht sich Notizen. Arns fühlt sich offenbar unglücklich und trommelt mit den Fingern auf der Tischplatte herum. Baggio
wirft ihm einen Blick zu. Als Arns sein Getrommel einstellt, blickt der
Trouble-Shooter des Vatikans wieder unbeteiligt vor sich hin.

Der Papst redet unerbittlich weiter, seine kategorischen Äußerungen dulden keinen Widerspruch. Er sagt, er sei über gewisse »Uminter-
pretationen« der Evangelien zutiefst unzufrieden. Das habe zu »Ver-
wechslungen« geführt. Die Menschen dürfen über die »wahre Befreiung« nicht im unklaren gelassen werden. »Wahre Befreiung« sei »Befreiung von Sünde«, nicht mehr und nicht weniger.

Er macht eine Pause zum Umblättern. Von überall her hört man
Federn kratzen.

Der Papst spricht weiter. Hauptaufgabe der Seelsorger sei es, »Lehrer der Wahrheit zu sein – nicht einer irdischen, rationalen Wahrheit,
sondern der Wahrheit, die von Gott kommt«!

Das ist ein vernichtender Schlag gegen eine der Grundüberzeugungen der Befreiungstheologie, die davon ausgeht, daß »die Wahrheit,
die von Gott kommt«, nur im Rahmen der konkreten politischen und
gesellschaftlichen Situation entdeckt werden kann. Für Befreiungstheologen ist geistliche Wahrheit nicht von der irdischen Realität zu
trennen; so reicht es ihnen auch nicht, das Evangelium nur getreulich
zu verkünden, wenn es nicht gleichzeitig durch Identifizierung mit
den Unterdrückten vorgelebt wird.

Johannes Paul beweist eine erstaunliche Kenntnis der neuen Lehre,
die er zugunsten der traditionellen Auslegung der Schrift weiterhin
bekämpft und zurückweist. Die »Umdeutung« der Evangelien sei
schlicht »theoretische Spekulation statt wahrer Meditation über das
Wort Gottes«. Die »Neudeutung« Christi »entspreche nicht der kirchlichen Katechese«.

Der Papst greift nach einem Glas Wasser. Dann blickt er seine Kardinäle der Reihe nach an, denn ihnen gelten seine nächsten Worte. Er
erinnert sie daran, was er am Wahlabend in Rom kurz vor dem gemeinsamen Gebet in der Sixtinischen Kapelle zu ihnen gesagt hatte: Hauptanliegen seines Pontifikats werde die Sorge für eine soziale Ekklesiolo-
gie sein.

Einige Kardinäle nicken.

Johannes Paul lächelt und wendet sich wieder seinem Manuskript
zu. Das Streben nach einer diesem Versprechen gerecht werdenden
Amtsführung sei der Grund, weswegen er sich jetzt so energisch jeder
Andeutung, es könne zwei Kirchen geben, widersetze.

Er blickt auf und wartet auf Reaktionen der Überraschung. »Zwei
Kirchen«, wiederholt er, »wie geht das an?« Er sagt, die institutionelle
und offizielle Kirche werde gegenwärtig von Leuten attackiert, die sie
auf Grund einer Fehlbeurteilung für mit schweren Mängeln behaftet

hielten; diese Leute hätten sich entschieden, einer »neuen Kirche« zu folgen, »die vom Volk ausgehe und sich in den Armen konkretisiere«. Wieder hält Johannes Paul einen Augenblick inne und spreizt die Hände. Es soll wohl heißen, er glaube zwar nicht, darauf verweisen zu müssen, wolle es aber trotzdem tun: es gebe nur eine Kirche, die, der sie alle angehörten, die Kirche, deren Oberhaupt er sei.

»Das Predigen des Evangeliums ist kein individualistisches Handeln. Es ist nicht dem Ermessen der einzelnen und individuellen Kriterien und Auffassungen überlassen, sondern hat in Übereinstimmung mit der Kirche und ihren Hirten zu geschehen.«

Alles andere sei das Ergebnis »bekannter Formen der ideologischen Verhaltenssteuerung«. Mit anderen Worten: Marxismus.

Erneute Pause. Der Papst hat keine Eile. An dieser Stelle scheiden sich die Geister. Er hat seinen Standpunkt in aller Eindeutigkeit und Strenge dargetan. Jetzt will er seinen Zuhörern Zeit geben, die volle Tragweite seiner Worte zu erfassen.

Dann beginnt er mit dem konstruktiven Teil seiner Ausführungen. Man dürfe zu keiner Zeit vergessen, daß sich die entscheidende christliche Botschaft auf Gott und sein Wirken auf Erden beziehe. Sodann beschäftigt er sich mit einem Paradoxon, mit dem sich zeitgenössische Philosophen auch schon befaßt haben: dies sei eine Zeit, in der immer mehr über Freiheit geredet und geschrieben werde, während es sich in Wirklichkeit um eine Ära unübertroffener Versklavung und Qual handele.

Er bietet eine Lösung an. Während der christliche Humanismus mehr sei als das, was Humanität allein der Unterdrückung entgegenzusetzen habe, führe ein atheistischer Humanismus auf direktem Wege dazu, dem Menschen »eine entscheidende Dimension seines Wesens zu rauben, nämlich die Suche nach dem Göttlichen, und sein Wesen mithin auf schlimmste Weise zu erniedrigen«.

In diesen Worten kommt Johannes Pauls meisterhafte Beherrschung des religiösen Intellektualismus zum Ausdruck. Er hat über Philosophie und Tat nachgedacht. Sein Verstand ist nicht nur schöpferisch, sondern auch analytisch. In weltlichem Sinne bedeuten seine Worte, daß die Suche nach »Befreiung« de facto zur Versklavung führen könne.

Er sagt seinen Zuhörern, wie sich dieses Problem überwinden lasse – durch sinnvolle Anwendung der »Katholischen Soziallehre«, die auf die Menschenwürde besonderes Gewicht lege. Der Papst bewegt sich wieder auf vertrautem Gelände. Er weist seine Bischöfe darauf hin, daß »die vollständige Wahrheit über das menschliche Sein die Grundlagen der kirchlichen Soziallehre wie der wahren Befreiung schafft.«

Seine Worte sind Balsam, aber können sie auch seine anfängliche Schärfe mildern?

*

Die Reaktion erfolgte erwartungsgemäß schnell. Baggio und andere Kuriale wurden beschuldigt, Johannes Paul ›schlecht beraten‹ zu haben. Diese Kritiker wollten – oder konnten – nicht glauben, daß der Papst alleiniger Autor seiner Erklärungen von Puebla war. Sie versahen die Tausende von Reportern, die über die Papstreise berichteten, ihrerseits mit von Erbitterung nicht freien Erklärungen. Ein führender Befreiungstheologe sagte, nur eine Verpflichtung zur »Befreiung entsprechend dem Evangelium« zähle; »Theologie ist, was man abends tut, wenn man müde ist«. Ein anderer ließ sich nicht davon abbringen, daß der Papst »aus dem Reich des Idealen heraus redet. Die Realität ist zu dramatisch, zu tragisch, um sie zu ignorieren. Der Papst hat von der Schrift eine idealistische spirituelle Auffassung.«

Das war der Anfang vom Ende der Johannes Paul zugestandenen Schonzeit. Nur wenige erkannten, was geschehen war; der Papst selbst vielleicht am allerwenigsten. Er ließ sich weiterhin von der unkritischen Begeisterung der Massen gefangennehmen, die er überall auf die Beine brachte.

Bevor er sich zum Rückflug nach Rom in die Maschine begab, stellte er noch einen letzten Gedanken in den Raum. »Ich kam mit der Botschaft der Liebe, der Liebe Gottes, der Jungfrau Maria, der Kirche und des Papstes. Ich hinterlasse euch die Grüße eines Freundes. (Ich verlasse) euch, eure Kinder und eure Familien mit einer brüderlichen Umarmung.«

Dann war Juan Pablo Segundo in der Luft. Keiner der Tausende von Menschen, die sich zu seinem Abflug eingefunden hatten, wußte, was er vor der Bischofskonferenz zur Sprache gebracht hatte. Ihnen genügte es, daß sie sich sechs Tage lang durch religiösen Eifer von der Realität des alltäglichen Kampfes ums Dasein hatten vorübergehend ablenken lassen.

Niemand glaubte wirklich an irgendwelche Veränderungen. Wie sollte es dazu wohl kommen? Ein Befreiungstheologe meinte, die Frage sei zu lächerlich, um auch nur eine ernsthafte Antwort in Betracht zu ziehen.

In gewisser Weise war das die Antwort. Der Papst hatte gesprochen. Die Hierarchie hatte zugehört. Wenn man es recht bedachte, würden aber die, auf die es wahrscheinlich am meisten ankam, weitermachen wie zuvor; die Priester in den Kistenholzstädten; die katholischen Ärzte und Nonnen, die landauf, landab in diesem ungeheuer weiten Kontinent nach wie vor Kontrazeptiva verschrieben; und vor allem natürlich jene Millionen, denen die neue Militanz des Christentums attraktiv erschien.

Es würde keine Rolle spielen, daß die Konferenz von Puebla den Konservatismus des Papstes bestätigte. Es würde auch nichts ändern, wenn man als nachträglichen Zusatz zum dickleibigen Schlußdokument einräumte, daß sich nicht alle lateinamerikanischen Kirchenführer weit genug von den Reichen und politisch Mächtigen distanziert oder »sich hinreichend mit den Armen identifiziert« hätten.

Den Armen wäre das einerlei; für sie würde sich sowieso nichts ändern. Sie wußten das ebensogut wie jeder andere im Umfeld eines Besuches, der in der Theorie soviel erbracht hatte, was in der Praxis zu nichts führen würde.

*

Donnerstag, 1. Februar 1979. Agca verdankt es seinen in dem syrischen Ausbildungslager erworbenen Fertigkeiten, daß er an diesem eiskalten Donnerstagnachmittag seinen gegenwärtigen Standort unentdeckt beziehen konnte. Er steht an einer Ecke der Nuruosmaniye Caddesi, der Straße, in der sich die Zentralredaktion der ›Milliyet‹, der wichtigsten unabhängigen türkischen Tageszeitung, befindet. In drei Stunden gedenkt er, einen Mord zu begehen.

Während er herumsteht und teils vor Erregung, aber auch vor Kälte zittert, kann er noch immer nicht begreifen, wie schnell alles gegangen war.

Am letzten Montag hatte er unter der Tür seiner Behausung in der Nähe der Moschee Süleymans des Prächtigen einen Zettel vorgefunden. Er sollte in Ankara die Nummer 27 48 92 anrufen. Agca wußte, daß der Anschluß zur libyschen Botschaft gehörte, kam der Aufforderung nach und erfuhr, daß er im Istanbul Hilton einen für ihn hinterlegten Brief abholen sollte, den er aber erst in der Sicherheit seiner Behausung öffnen dürfte. Agca tat, wie ihm geheißen.

Der Brief trug keine Unterschrift. Agca aber kannte die Schriftzüge. Um sich zusätzlich zu vergewissern, verglich er die Schrift mit einer Probe, die er in seinem Sparbuch aufbewahrte. Die Merkmale waren identisch, beide Nachrichten stammten von Teslin Tores Hand.

Tores Instruktionen waren unmißverständlich. Agca sollte die Grauen Wölfe davon überzeugen, daß es an der Zeit wäre, Abdi Ipekci umzubringen. Ipekci ist nicht nur der Herausgeber des ›Milliyet‹ und einer der angesehensten türkischen Journalisten, er ist gleichzeitig Vizepräsident des Internationalen Presse-Instituts. Agca lernte alle Anweisungen auswendig: denn die letzte Instruktion lautete, den Brief sofort nach Kenntnisnahme zu verbrennen. Auch das tat er, nachdem er die beigefügten zwanzigtausend türkischen Pfunde eingesteckt hatte.

Am Tag darauf hatte er das Geld seinem Sparkonto gutschreiben lassen.

Nachdem das erledigt war, hatte er Mehmet Sener und Yavus Caylan, die örtlichen Führer der Grauen Wölfe, angerufen. Beide waren mit Ipekcis Ermordung einverstanden. Es wurde nicht viel darüber geredet, warum gerade der Herausgeber ausgesucht worden war. Es hatte wahrscheinlich gereicht, daß Sener Ipekci für einen ›Gemäßigten‹ hielt; für solche Leute war in der fanatischen Welt eines Agca und seiner Kumpane kein Platz.

Details des Mordplans waren schnell besprochen. Sie alle drei wollten Ipekci tagsüber beschatten, bevor Agca ihn dann abends umbrächte. Als der Herausgeber an diesem Morgen seine Wohnung verließ, hatten sie sich an ihn gehängt. Caylan, Sohn eines Taxiunternehmers, hatte sich zu diesem Zweck die altersschwache Droschke seines Vaters ausgeliehen. Sie hatten Ipekci bis in die Redaktion des ›Milliyet‹ verfolgt. Später, als er zur Mittagspause herauskam, belauerten sie das

Restaurant, in dem er aß; danach hatten sie sich auf dem Rückweg zur Zeitung wieder hinter ihren Mann gehängt. Einmal hatte Agca Ipekci ganz beiläufig überholt und sich schnell nach ihm umgedreht, um sich sein Gesicht zu merken. Auch den Trick hatte er in Syrien gelernt.

Während Agca nun mit der Mauser unter dem Pullover an der zugigen Straßenecke wartet, weiß er, daß sich Sener und Caylan mit ihrem Taxi irgendwo ganz in der Nähe aufhalten. Wenige Augenblicke vor acht werden sie wieder auftauchen; denn für Punkt acht Uhr haben sie Ipekcis ›Hinrichtung‹ angesetzt.

Agca geht insgeheim seine Haßliste durch. Als die abgesprochene Zeit näherrückt, beschäftigt er sich ebenso gründlich und noch einmal mit den Einzelheiten des Mordplans. Um 19.50 Uhr geht Agca langsam die Nuruosmaniye Caddesi bis zur Nummer 65 hinunter. Es sind nur wenige Menschen unterwegs, und auch der Verkehr ist nur schwach. Agca stellt sich auf der gegenüberliegenden Straßenseite an eine Mauer und beobachtet den Werkseingang der Zeitung, den Ipekci auf dem Wege ins Büro oder nach Feierabend immer benutzt. Agca hofft, nicht allzusehr aufzufallen.

Er holt die Mauser hervor und verbirgt sie hinter seinem Rücken.

Kurz vor acht taucht Ipekci auf, um, wie jeden Abend, wenn er Spätdienst hat, zum Essen nach Hause zu fahren. Er geht auf seinen Wagen zu.

Agca hinterher.

Am oberen Ende der Straße erscheint Caylan mit dem Taxi. Sener sitzt hinten und hält eine Tür leicht geöffnet. Langsam rollt das Taxi die Straße hinunter.

Agca hält sich dicht hinter Ipekci, die Pistole in seiner Rechten. Er wirft einen kurzen Blick über die Schulter. Das Taxi hängt gut zwanzig Schritt zurück, genau wie vereinbart.

Plötzlich dreht sich Ipekci um und blickt Agca verständnislos an. Als er den Pistolenlauf auf seine Nasenwurzel gerichtet sieht, schreit er nur: »Nein!«

Agca schießt Ipekci eine Kugel in den Kopf. Der Mann fällt zu Boden, Blut fließt aus Nase, Mund und Ohren. Agca tritt neben den Toten und feuert weiter, bis das Magazin leer ist.

Das Taxi fährt vor. Sener reißt den Schlag auf.

Agca wirft noch einen Blick auf Ipekci und brüllt, wie in Tores Brief verlangt: »Die Grauen Wölfe üben Rache.«

Dann stimmt er das traditionelle Erkennungsgeheul der Organisation an und springt, die Pistole noch immer in der Hand, in das Taxi. Caylan rast sofort die Straße hinunter.

Die ersten Entsetzensschreie gehen im Dröhnen des defekten Taxi-Auspuffs unter.

*

Der Mord erschüttert die Türkei. Er findet auch international ein breites Echo. Man hält den Mord für den Beweis eines weiteren Dahinschwindens von Recht und Ordnung; Mutmaßungen werden geäußert, daß die Türkei derzeit wohl unregierbarer denn je sei. ›Milliyet‹ und der türkische Journalistenverband setzen auf die Ergreifung der Täter eine Belohnung von sechs Millionen türkischen Pfund aus – mehr als hunderttausend US-Dollar, für ein armes Land wie die Türkei eine ungeheure Summe Geldes. Augenzeugen haben die Flucht der Mörder beobachtet. Agcas dreistes Rachegeschrei und sein Geheul sorgen dafür, daß die Tat automatisch den Grauen Wölfen angelastet wird.

Und genau das hatte Teslin Tore geplant.[5] Der vom KGB gelenkte Terrorist, der Agca monatelang geführt hatte, der für seine Schulung in der syrischen Wüste gesorgt und ihn mit beträchtlichen Geldmitteln ausgestattet hatte, die mit an Sicherheit grenzender Wahrscheinlichkeit von seinen sowjetischen Geldgebern stammen, kann sich befriedigt sagen, daß sich die Investition lohnte. Trotz oder wegen seiner geistigen Verwirrung hat sein Schützling auf äußerst fachgerechte Art seinen ersten Mord begangen.

∗

Das Verbrechen wird von zwei in Ankara ansässigen Botschaften besonders aufmerksam registriert.

Die eine diplomatische Vertretung stellt die Nuntiatur des Heiligen Stuhls im ruhigen peripheren Stadtteil Cancaya dar. Der Nuntius hat gerade von Villot einen höchst vertraulichen Bericht erhalten; der Staatssekretär bittet um Fühlungnahme mit der türkischen Regierung, da Johannes Paul zur Feier des Festes des heiligen Andreas, des Schutzheiligen der Kirche von Konstantinopel, Istanbul einen Besuch abstatten möchte. Der Papst möchte seinen Besuch gleichzeitig als Ausdruck der Versöhnung zwischen der Römisch-Katholischen und den Orthodoxen Kirchen aufgefaßt wissen. Das Andreasfest ist Ende November, in zehn Monaten also.

Die politische Instabilität und die unaufhörlich über die Türkei hinwegrollende Gewaltwelle beunruhigen den Nuntius in Ankara sehr. Er sieht in dem Mord an Abdi Ipekci die ideale Möglichkeit zu einer Fallstudie, um seine Befürchtung zu beweisen, daß ein Besuch in diesem terrorgeschüttelten Lande für den Papst zu gefährlich sei. Er beginnt daher Material über den Mord zu sammeln, um seine Überzeugung zu untermauern, daß Menschen von einer so fanatischen Geisteshaltung, der der Herausgeber zum Opfer fiel, auch ohne zu zögern den Papst angreifen würden.

In der Farabi Sokak Nr. 43, nur wenige Straßenzüge von der Nuntiatur des Heiligen Stuhls entfernt, befindet sich die schwerbewachte israelische Gesandtschaft. Neben der russischen Botschaft ist kein anderes Gebäude in Ankara besser gesichert als diese Fluchtburg, in der ein Dutzend jüdische Diplomaten mit ihren Familien leben.

Selbstverständlich wurden die Einzelheiten über den Mord an Ipekci über Kurzwelle ins Außenministerium nach Tel Aviv übermittelt. Zu diesen Details gehört auch eine überraschend exakte Beschreibung der Täter; Agca ist besonders gut getroffen, die Informationen wurden den Israelis vom türkischen militärischen Geheimdienst, MIT, überlassen. Zwischen dem Außenministerium in Tel Aviv und dem ganz in der Nähe gelegenen Hauptquartier des Zentralinstituts für Nachrichtenbeschaffung und Sonderaufträge – MOSSAD – besteht eine praktisch nicht anzapfbare Fernschreibverbindung. Die über diese Leitung übermittelten Täterbeschreibungen speist der MOSSAD in seine Computer ein, um festzustellen, ob sie sich mit wenigstens einem der Tausende von gespeicherten Persönlichkeitsprofilen von Terroristen decken. Das ist jedoch nicht der Fall. Da aber die Gesandtschaft in Ankara Agca als den Anführer der drei Killer bezeichnet hatte – obwohl sein Name noch nicht bekannt ist –, wird seine Personenbeschreibung in eine zweite Datei eingefüttert: dort sind die Namen und Merkmale jener Terroristen gespeichert, die nach Ansicht des MOSSAD höchstwahrscheinlich erneut zuschlagen werden.

30

Warum er denn unter der Soutane eine kugelsichere Weste tragen solle, fragt Johannes Paul am Montag, dem 28. Mai 1979, über den Frühstückstisch hinweg.

Dziwisz, Magee, Martin und Marcinkus sitzen vor den Resten des Frühstücks, das wieder einmal ebenso polnisch wie kräftig war, und lassen den fünften Mann antworten. Agostino Casaroli stellt seine Finger gegeneinander und erklärt, man solle die Anregung für das nehmen, was sie in Wirklichkeit sei – eine List des Vorsitzenden der Vereinigten Polnischen Arbeiterpartei, Edward Gierek. In fünf Tagen beginne der Papst seine ausgedehnte Polen-Reise, und Gierek versuche querzutreiben. Casaroli sagt, der polnische Staats- und Parteichef behaupte zwar das Gegenteil, aber wenn der Papst eine kugelsichere Weste trage, würden die Medien mit ziemlicher Sicherheit davon in Kenntnis gesetzt werden; eine entsprechende Mitteilung würde die Behauptung erhärten, daß der Papst selbst in seiner Heimat ein Sicherheitsrisiko sei. Solche Andeutungen gehören zu einer heimtückischen Kampagne, die von den polnischen Behörden in Gang gesetzt worden war, um den Papstbesuch zu hintertreiben.

»Sehr primitiv«, schließt Casaroli, »und auch ganz typisch.«[1]

Der Papst pflichtet ihm bei.

Andererseits, gibt Casaroli zu bedenken, könnte man dem Vatikan Verantwortungslosigkeit vorwerfen, wenn sich der Papst über Giereks vordergründige Besorgnis um seine Sicherheit hinwegsetzte: denn Gierek hatte anklingen lassen, daß die polnische Regierung von den vielen gegen den Papst ausgestoßenen Drohungen wußte. Infolgedessen, fährt Casaroli fort, wäre es wohl klug, eine kugelsichere Weste im Gepäck des Papstes mitzuführen.

»Ich werde nie eine anziehen«, erklärt der Papst.

»Natürlich nicht«, pflichtet Casaroli bei.

Er verschweigt jedoch, daß er nach Eintreffen des Giereksschen Gesuchs im Staatssekretariat bei Gammarelli sofort ein paar Soutanen bestellt hatte, unter denen sich eine kugelsichere Weste unauffällig tragen ließe. Die Kleider würden rechtzeitig vor Antritt der Polen-Reise im Vatikan abgeliefert werden. Casaroli hat schon entsprechende Anweisungen gegeben, daß diese Soutanen im Gepäck des Papstes mitgeführt werden. Sollte es die Lage in Polen erforderlich machen, gedenkt

Casaroli den Papst im Fall des Falles zum Tragen der Weste zu überreden. Bis dahin braucht über die Angelegenheit kein Wort mehr verloren zu werden.

Diese Voraussicht ist typisch für jenen Mann, der als neuer Staatssekretär Nachfolger des im März unverhofft verstorbenen Villot geworden war. Johannes Paul hatte mit der Ernennung Casarolis zum ranghöchsten Kurialbeamten volle sechs Wochen gewartet. Casarolis zielbewußte Vorstellungen von der ›Ostpolitik‹, der Annäherung zwischen der Kirche und den atheistischen Regimen Osteuropas, hatten Johannes Paul so lange zögern lassen. Der Papst teilt Casarolis Begeisterung für die Ostpolitik nicht jederzeit. Er hatte wissen lassen, daß er über den besten Weg, einen ›Dialog‹ mit dem Kommunismus anzubahnen, weiter ›reflektieren‹ wolle. Schließlich aber hatte er Casarolis außerordentliche diplomatische Begabung doch anerkennen und ihn zum Staatssekretär ernennen müssen. Obwohl Casaroli jetzt erst zwei Wochen in seinem neuen Amt ist, zeigt er ein bemerkenswertes Geschick bei der Anpassung der päpstlichen Wunschvorstellungen an die Erfordernisse der weltlichen Politik; der Vatikan und die profane Welt kommen sich durch die Reisetätigkeit des Papstes immer näher und liegen gelegentlich, wie zum Beispiel im Fall der bevorstehenden Polen-Reise, annähernd auf Kollisionskurs.

Das Gespräch bewegt sich nun um die Frage, wie Polen durch den näherrückenden Besuch zum Epizentrum der Wiederbelebung des Katholizismus in Osteuropa werden könnte.

Dziwisz erzählt, er bekomme fast jeden Tag von überallher auf dem flachen Land Meldungen von Erhebungen gegen den Kommunismus. Der Sekretär telefoniert stundenlang mit Polen, um das Besuchsprogramm verbindlich abzuklären. In Zbrosza Duza, einem rußigen Weiler mit langer militant-religiöser Tradition, hatten die Dörfler mit dem Transparent ›Die Kirche ist unsere Regierung‹ auf der Straße demonstriert und ein Selbstverteidigungskomitee der Gläubigen gebildet. Potentielle Schnüffler der Regierung werden von den Gläubigen mit Mistforken begrüßt. In Opole Stare (Alt-Oppeln) hatte man eine Kirche gebaut: über Nacht waren auf das Dach einer Kate zwei Türmchen gesetzt worden. Tausende von Katholiken kamen zur Weihe dieser bescheidenen und illegalen Kirche des Sel. Maximilian [Kolbe]. Die Warschauer Zentralregierung befahl erneut, das Gebäude abzureißen – zwanzig Jahre zuvor war die Vorläuferin dieser Kirche in Alt-Oppeln schon einmal niedergerissen worden. Angesichts des bevorstehenden Papstbesuchs widersetzten sich die Einwohner diesmal jedoch dem Abriß. Man hat einen Streifendienst und ein Alarmsystem organisiert; sollten Regierungskräfte sich an der Kirche zu vergreifen wagen, werden in sechs Nachbargemeinden die Glocken geläutet.

Nicht nur in Polen, erläutert Casaroli, im ganzen Ostblock habe man gemerkt, daß die Beziehungen zur Kirche in ein kritisches neues Stadium getreten seien. In Litauen und in der Ukraine, in Ungarn und in der Tschechoslowakei – wo die Kirche unter den schärfsten Unterdrückungsmaßnahmen zu leiden gehabt habe – gebe es Anzeichen von neugefaßtem Mut unter den Gläubigen.

Der Papst hört aufmerksam zu. Er hat in den letzten Monaten deutlich gemacht, wieviel ihm an solchen informellen Informationen gelegen ist. Ein derartiges Frühstücksgespräch ist ein Charakteristikum der engen freundschaftlichen Beziehungen zwischen dem Papst und seinem engsten Mitarbeiterstab. Seiner nächsten Umgebung gegenüber – der Vatikan nennt sie mehr oder weniger zwangsläufig die ›polnische Mafia‹ – gibt sich der Papst locker, ohne indes überfreundlich zu sein; er hat die Zügel fest in der Hand, obwohl er gewöhnlich ganz ungezwungen ist, um so mehr überraschen seine gelegentlichen heftigen Zornausbrüche. Hinterher pflegt er dann im allgemeinen klarzustellen, man dürfe nicht vergessen, daß er allein die Verantwortung des Amtes trage; er erwarte von seiner Umgebung nicht nur Ratschläge, sondern auch die Bereitschaft, Befehle entgegenzunehmen.

Wegen seiner erst jüngst erworbenen Kompetenzen ist Casaroli noch ein ziemlicher Neuling in diesem Küchenkabinett. Nachdem der Papst ihm ein paar Minuten zugehört hat, beginnt er ungeduldig zu nicken: die Gesamtentwicklung in Osteuropa ist ihm in allen Einzelheiten ebenso geläufig wie dem Staatssekretär. Daher wendet sich Johannes Paul an Dziwisz.

»Erzählen Sie mir mehr über Polen«, bittet er. Von Polen zu hören, wird er in diesen Tagen nicht müde.

Dziwisz erzählt, daß in einer polnischen Diözese siebzigtausend Menschen eine Petition unterschrieben hätten, die Messe fortan in Rundfunk und Fernsehen zu übertragen. Von der Kanzel der Johannes-Kathedrale in Warschau herab seien erstmalig die Kirchenverfolgungen in Polen offen kritisiert worden – und das bei einer Gelegenheit, als zahlreiche Parteifunktionäre zwischen der Gemeinde saßen.

Dziwisz' Worte machen deutlich, daß das seit mehr als tausend Jahren inbrünstig katholische Polen – einstmals Roms östlichstes Bollwerk gegen Mongolen, Türken und Russen – beweise, daß seine Kirche, obwohl inzwischen ihres ungeheuren Grundbesitzes beraubt, pausenlos bedrängt und längst notleidend, im Augenblick um so mehr als überragender Träger des Widerstandes gegen den Kommunismus respektiert werde. Je mehr sich die Parteikader um Festigung ihrer Macht bemühten, desto stärker werde die Kirche zum Quell des Nationalstolzes und des Bewußtseins verlorener Freiheiten.

Der Papst reagiert auf Dziwisz' Worte mit zustimmendem Murmeln. Niemand anderer am Tisch ist in Wort und Gedanke dem Papst näher als Dziwisz. Auch wesensmäßig ist er Johannes Paul sehr ähnlich, obwohl nur wenige Privilegierte den Papst genügend kennen, um dies beurteilen zu können: Dziwisz' wahrer Charakter entspricht keineswegs den Vorstellungen der Polizisten auf dem Petersplatz;

hier im Speisezimmer des Papstes äußert er sich ebenso artikuliert, aber gewinnend, und leise zurückhaltend wie Johannes Paul privatim.

Der Polen-Besuch jedenfalls, darauf versteift sich der Sekretär, werde ein absoluter Erfolg werden.

Magee, Marcinkus und Martin jedoch wissen, was diese kräftige Beteuerung zu bedeuten hat: Stanislaw Dziwisz versucht, über die an Johannes Pauls Pontifikat offen geäußerte Kritik hinwegzuspielen

*

Niemand wüßte zu sagen, wann es begann. War es an jenem Morgen, als die Presse die erste spöttische Karikatur brachte? Von Christus argwöhnisch beobachtet, wandelte Johannes Paul über das Wasser seines unlängst in Castel Gandolfo fertiggestellten Swimmingpools. »In ein paar Jahren mach ich mich selbständig«, ließ der Karikaturist den Papst sagen. Andere, eher weniger amüsante Anspielungen folgten; Ansatzpunkte waren sein Polentum, sein Konservatismus und seine Reisepläne. Geschmacklose Papst-Witze folgen den Karikaturen auf dem Fuße. Gipfel der Geschmacklosigkeit war wohl folgende Geschichte: Während der Papst durch den für ihn reservierten Teil der Vatikanischen Gärten trabt, erscheint ihm Jesus. Die Pointe: »Nie wieder einen polnischen Papst«, sagt Jesus, »zumindest nicht zu meinen Lebzeiten.«

Mit dem Joggen hatte es seine Richtigkeit. Wenn irgend möglich, schlüpfte der Papst in einen Trainingsanzug und trabte um die Grünflächen des Apostolischen Palasts herum. Einer von Cibans Leuten folgte ihm natürlich diskret. Manchmal hielt auch Marcinkus eine Runde mit. Zwischen den beiden Männern hatte sich eine unbeschwerte, nichtsdestoweniger enge Beziehung entwickelt, was die Kritik keineswegs zum Verstummen brachte. Es ging das Gerücht, daß Marcinkus den Papst dazu verleitet hätte, über die prekäre Finanzlage der Vatikanbank hinwegzusehen – die italienischen Behörden spürten mit Nachdruck ihren Verbindungen zu Sindona und Calvi nach – und Johannes Paul irgendwie dazu hätte überreden können, sich auf seine seelsorgerische Arbeit zu konzentrieren und die geschäftliche Seite der Kirche weitestgehend in Marcinkus' Händen zu belassen. Es gab nichts, was diese Behauptungen wirklich hätte untermauern können. Aber das Gerücht hielt sich ebenso hartnäckig, wie die Karikaturen und Witze anhielten.

Das galt auch für das Märchen, daß Cody »offensichtlich mit Erfolg auf die polnische Karte gesetzt hat, um die von verantwortungsbewußten Kurialbeamten eingeleiteten Versuche, ihn des Amtes zu entheben, zu konterkarieren«. Diese Unterstellung stammt, wen wundert es, vom selbsternannten Tugendwächter der Kirche, Andrew Greeley. Cody, so behauptet er, habe »seine früheren finanziellen Zuwendungen an Polen – und auch ein paar Überweisungen aus jüngster Zeit, wie aus Quellen in Chikago verlautet –, die Größe des polnischen Anteils an der Einwohnerzahl Chikagos und seine vorgebliche Freundschaft mit dem Papst zu einer erfolgreichen Gegenoffensive gegen seine Feinde zusammengefaßt«. Angeblich habe der Papst Cody eine Tätigkeit in Rom angeboten – es sei zwar nicht ausdrücklich die Rede davon gewesen, aber

447

wahrscheinlich wollte der Papst Cody so besser im Auge behalten können –, aber Cody habe abgelehnt. Johannes Paul »zögert, etwas gegen einen Kardinal zu unternehmen, der ihm auf den Thron verholfen habe«, spann Greeley seinen Faden weiter aus. Damit konnte er es aber nicht bewenden lassen. Er konnte sich eine letzte Spitze gegen den Papst nicht verkneifen. Johannes Pauls angebliches Verhalten Cody gegenüber »muß ernsthafte Fragen nach persönlicher Schwäche aufwerfen«. Kardinal Krol glaubte nicht als einziger Kirchenfürst, daß Greeleys Bosheit eher Anlaß zu ernsten Fragen gebe.

Wer Johannes Paul wirklich kennt, findet es absolut unverständlich, wie man ihm auch nur die leiseste persönliche Schwäche unterstellen könne. Ganz besonders Magee hat des Papstes immerwährende Willenskraft zu bewundern gelernt, eine Kraft, die einem disziplinierten und analytischen Verstand entspringt. Trotz seiner überlegt pragmatischen Verhaltensweise ist sein gesamtes Tun von Mitgefühl durchdrungen. Darüber hinaus widerlegen auch zahlreiche andere Charaktereigenschaften jede These von persönlicher Schwäche. Seine Erfahrungen mit dem Kommunismus stärkten seinen Widerstandsgeist gegenüber allem, was in seinen Augen als Bedrohung der Kirche erscheint.

Gleichzeitig förderten diese Erfahrungen sein politisches Bewußtsein; auf diesem Gebiet ist er Casaroli gar überlegen. Die beiden Männer verbrachten manch langen Abend mit der Erörterung der Weltlage. Den vom Staatssekretariat verfaßten Abrissen geheimdienstlicher Erkenntnisse widmet er von allen Dokumenten den größten Eifer. Manchmal wird er auch von der CIA über Vorhaben und Intentionen der Sowjets unterrichtet. (Allem Anschein nach hatte Präsident Carter verfügt, den Papst an den Erkenntnissen des amerikanischen Geheimdienstes teilhaben zu lassen; zu Beginn seines Pontifikats hatte Frau Rosalynn Carter anläßlich einer Privataudienz ein persönliches Schreiben des Präsidenten übergeben, in dem dieser Beschluß wohl noch einmal bestätigt wurde.) All dieses vergrößerte sein angeborenes Verständnis für politische Entwicklungen. Er hatte eine bereits ausgeprägte Neugier für so ziemlich alles und jedes mit ins Amt gebracht. Er wollte gern zuhören, wenn jemand etwas zu sagen hatte; umgekehrt aber ließ Substanzloses ihn ungeduldig werden. Ungeduld war ein Merkmal seines Pontifikats, zweifellos bildete auch sie einen gedeihlichen Nährboden für Kritik. Am spürbarsten wurde diese Ungeduld, wenn er merkte, daß andere seine absolute Verpflichtung gegenüber kircheninternen Lehrsätzen nicht erkannten – in seinen Augen symbolisierte sich diese Verpflichtung in der Frage des Zölibats. Er hatte eine heroische Vorstellung vom Priestertum; sie verband sich mit einer radikalen Auffassung von der ›Erhabenheit des priesterlichen Zölibats‹. Er hielt an der Überzeugung fest, daß ein Priester lebenslänglich mit seinem Berufe verheiratet sei, folglich hatte er es bis jetzt abgelehnt, Priester auf deren Bitte hin vom Gelöbnis zu entbinden.

Johannes Paul hatte seine Vorstellungen vom Priestertum in einem langatmigen Dokument dargetan: »Brief an alle Priester der Kirche«. Jedem Geistlichen war im April ein Exemplar zugeschickt worden. Auf diesen Brief reagierten die Betroffenen mit nachhaltiger Heftigkeit; wilde Polemik und Schmähungen machten auch vor dem Apostolischen Palast nicht halt.

Dem Papst war eine solche Reaktion völlig unverständlich.

Er hoffe, so hatte der Papst den Appell an seine Priester begonnen, »daß ich hier aus eigener Erfahrung sprechen darf«. Solche Anspielungen auf das eigene Erleben sind für Johannes Pauls Abhandlungen charakteristisch.

In diesem Ton ging der Brief weiter; es war ein bewegender Monolog des Papstes in seiner Eigenschaft als Priester, der sich an seinesgleichen richtete; die Wendung »unser Priestertum« kam immer wieder im Text vor.

Hinter seinen behutsamen Worten stand jedoch ein eiserner Entschluß. Johannes Paul legte dar, weshalb die Frage des Zölibats seiner Ansicht nach überhaupt aufgetaucht war. »Vielleicht wurde in den letzten Jahren – zumindest in gewissen Kreisen – zuviel über das Priestertum, über die ›Identität‹ des Priesters, über den Wert seiner Präsenz in der heutigen Welt und so weiter diskutiert und zu wenig gebetet.«

Er machte deutlich, daß der Brief nicht als theologische Abhandlung über das Amt gedacht war, sondern als Ermutigung gelten solle; ein Priester biete dem anderen in einem kritischen Augenblick seine Unterstützung an. Der Brief sollte aber auch an alte Grundsätze erinnern: »Hier geht es darum, Christus und der Kirche gegenüber sein Wort zu halten. Dieses Worthalten ist gleichzeitig Pflicht und Ausweis der inneren Reife eines Priesters.« Deshalb, fuhr er fort, sollte man, »insbesondere in kritischen Augenblicken«, nicht »beim Dispens Zuflucht suchen«.

Die Bitten um Dispens häufen sich im Vatikan. In den ersten sieben Monaten seines Pontifikats wurde Johannes Paul von knapp fünfhundert Priestern um Entbindung von ihrem Gelöbnis gebeten. Wer wegen Heiratsabsichten um Dispens nachsuchte, wurde abschlägig beschieden. Da gab es gar nichts zu diskutieren; die Betreffenden müssen ihrem Eid gehorchen, wenn sie Katholiken bleiben wollen. Nur ein paar alte, dem Tode bereits nahe Priester würden für eine Entpflichtung ernstlich in Betracht kommen.

Damit waren die Fronten klar. Wenn ein Priester heiraten wollte, mußte er sich zwischen menschlicher und himmlischer Bindung entscheiden; ihm wurde aber unterstellt, daß er seine Wahl getroffen hätte, bevor er in den geistlichen Stand getreten war. Ein Priester, der zu heiraten wagte, würde auf der Stelle exkommuniziert werden.

Die Reaktion auf den Brief war vorhersehbar. Dem Papst wurde vorgeworfen, daß er es sich zu einfach mache; zu eng mit einer Theologie verbunden sei, die die vom Zweiten Vatikanischen Konzil eingeleitete Neuorientierung geistig noch nicht verarbeitet habe. Er wurde beschuldigt, zu verkennen, daß nicht die Treue zu einem bestimmten Familienstand Priorität habe, sondern die Treue zu dem Amt, das den Priestern übertragen worden sei. Johannes Pauls Vergleich zwischen dem Sakrament der Ehe und dem Versprechen der Ehelosigkeit, das ein Priester bei seiner Ordinierung ablegte, wiesen die Gegner des Papstes erbittert zurück; sie räumten ein, die Ehe sei sicherlich das Sakrament der Liebe; die Ordination sei aber nicht das Sakrament des Zölibats.

Hans Küng mischte sich in den Streit ein. Er bezichtigte den Papst der »Verletzung des Grundrechts auf Ehe innerhalb der Kirche, während er sich draußen als Verteidiger der Menschenrechte ausgebe«. Gegenüber einem Papst, der in Polen aktiv gegen Verhaftung, Folterung und Ermordung von Priestern *gekämpft hatte, der sich jeder Verweigerung von Glaubens- und Bürgerrechten entgegengestemmt und in seiner Heimat wohl mehr als jeder andere zur Ermutigung der Kirche geleistet hatte, war dies ein hartes Urteil.*

Der Aufruhr hielt an. König versuchte die Wogen zu glätten, indem er vor Priestern in Wien erklärte, der Papst versuche die Frage des Zölibats über das Niveau »eines bloßen Verwaltungsakts« hinauszuheben »und zu zeigen, daß heilige Versprechen und tiefe Gewissensüberzeugungen involviert sind«.

Königs Schlichtungsversuch ging zwischen anderen Ansichten einfach unter. Man stellte den nicht gänzlich ungerechtfertigten Vergleich an, daß Johannes Pauls Brief ebenso wie Pauls Enzyklika ›Humanae Vitae‹ die Kontroverse nicht wie beabsichtigt beigelegt, sondern nachgerade verschärft habe. Von überallher schossen sich liberale Theologen, von denen nur wenige es mit Küngs intellektueller Feuerkraft aufnehmen konnten, auf den Papst ein. Mexiko, hieß es, sei ganz eindeutig kein Einzelfall: nicht nur die Befreiungstheologie sei verketzert, gleichzeitig seien alle anderen Erwartungen zunichte gemacht worden, die man bei Beginn des neuen Pontifikats gehegt habe. Die Liberalen befürchteten, dies sei der Beginn einer von großer Sturheit gekennzeichneten Ära; wenn es um die Ausübung des höchsten kirchlichen Lehramts gehe, nähmen sich Paul VI. und selbst Pius XII. neben Johannes Paul wie Waisenknaben aus. Niemand bezweifelte des Papstes Anziehungskraft auf die Massen, seine faszinierende Persönlichkeit, sein Charisma. Aber seine Gegner fürchteten, er werde diese Eigenschaften nutzen, um auch noch die letzten ekklesiastischen Schlupflöcher zu vernageln. Kurz gesagt, er sei dabei, polnisch zu werden. Aber eigentlich erklärte niemand, was es mit diesem garstigen kleinen ethnischen Schandfleck auf sich hatte.

Aber in der ersten Juniwoche des Jahres 1979 verstummten die Kritiker. Auch sie waren gefesselt von dem Inbegriff eines frommen Mannes, der Polen als Kardinal verlassen hatte und nun als Papst heimkehrte. In der gesamten Geschichte der Päpste fand sich nichts Vergleichbares.

✳

Zar Alexander der Erste ließ hier seine Truppen Revue passieren; die Deutschen paradierten hier ebenfalls; die Rote Armee nahm an dieser Stätte öffentliche Hinrichtungen vor; die Polnische Vereinigte Arbeiterpartei schließlich taufte ihn Siegesplatz. Am Abend des 2. Juni 1979, es ist ein Samstag, haben sich auf diesem schicksalsträchtigen Platz im Zentrum Warschaus mehr als dreihunderttausend Menschen in friedlicher Absicht versammelt.

Die Anwesenheit dieser gewaltigen Menschenmenge stellt den lebendigen Beweis für die vernichtende Niederlage der Partei. Alle Versuche, den Besuch des Papstes zu vereiteln, herunterzuspielen oder durch kleinliche Auflagen zu behindern, haben sich als grandioser Fehlschlag erwiesen. In der Nacht zum Donnerstag hatte ein Tieflader unter großer Anteilnahme der Bevölkerung ein gut zehn Meter hohes Kreuz, eine mit geschnitzten Eichenbohlen verkleidete Stahlrohrkonstruktion, auf den Siegesplatz gebracht. Zuvor war ein gewaltiges Holzpodest errichtet worden; es wirkt aber wie aus Granit, weil darüber entsprechend bemaltes Sackleinen geworfen wurde. Ein bereits wartender Kran hievte das Kreuz aufs Podest. Seither wurde es für Polen und die übrige Welt zum Symbol, Gegenstand der Verwunderung und Brennpunkt der Hoffnung. Unter dem hochragenden Kreuz steht der Altar, dessen Vorderseite mit den polnischen Farben und dem alten gekrönten Reichsadler geschmückt ist. In der nahegelegenen kommunistischen Parteizentrale dürfte man einen solchen Altarschmuck als Provokation empfinden.

Im Laufe des Samstags hatte Noé für ein weiteres Symbol gesorgt. Aus einem Fenster hinter dem Podest hatte er eine Fahne mit dem päpstlichen Wappen gehängt, nachdem die Behörden sich zögernd damit einverstanden erklärt hatten. Für die versammelte Menge ist dieses Wappen der letzte, zu Herzen gehende Beweis, daß Jan Pawel wirklich heimgekehrt ist.

Die Menge hatte seit Stunden in brütender Hitze ausgeharrt und geduldig auf den Beginn der Messe gewartet. Dabei betrachtete man immer wieder das päpstliche Emblem und empfand stille Genugtuung, daß Christus und Maria, die beiden Zentralgestalten im Leben des Papstes, darauf dargestellt sind. Die in dem Banner zum Ausdruck kommende Schlichtheit und persönliche Bestätigung des zentralen Dogmas sprechen die Menge an. Niemandem entgeht, daß das Kreuz hinreichend weit aus der Mitte gerückt ist, um an seinem Fuß Platz für ein rotseidengesticktes M – wie Maria – zu lassen. Man nimmt erfreut zur Kenntnis, daß der Papst seine polnische Herkunft nicht vergessen hat. Wie könnte er auch?

Man vertreibt sich die Wartezeit, indem man die jüngsten Witze weitererzählt. »Warum gibt es in den Läden keine gelbe Farbe mehr?« – »Hat die Polizei aufgekauft und ihre Gummiknüppel damit gestrichen, daß sie wie Kerzen aussehen.« Oder: »Warum kann man keinen schwarzen oder weißen Stoff mehr bekommen?« – »Hat die Miliz gekauft, damit sie sich aus Sicherheitsgründen als Priester und Nonnen verkleiden kann.«

Sicherheitserwägungen hatten als letzter verzweifelter Vorwand herhalten müssen, um den eigentlichen Beginn des Besuches herunterzuspielen. Nur fünfhundert Personen waren vorgelassen worden, um den Papst bei seiner Ankunft auf dem Flughafen Okecie zu begrüßen. Johannes Paul küßte den polnischen Boden, als er seinen Fuß darauf setzte. Die offizielle Begrüßung durch Vertreter der Partei war unterkühlt-herzlich, obschon die Grußadresse mit der Anrede »Heiligkeit« gewürzt war, und eine gewisse Befriedigung über die polnische Nationalität des Papstes nicht unterdrückt wurde. Johannes Paul erwiderte, ausschließlich religiöse Gründe hätten ihn zu seinem Besuch bewogen. Danach wurde er von Edward Gierek im alten Belvedere-Palais empfangen. Als Gierek dem Papst spielerisch vor die Brust tippte, vermuteten einige Beobachter, der Parteichef habe sich überzeugen wollen, ob Johannes Paul eine kugelsichere Weste unter die Soutane gezogen hätte.

Dies alles indes war nur Geplänkel; denn das erste große, festliche Ereignis der Reise bildete die heilige Messe auf dem Siegesplatz.

Plötzlich taucht in der späten Nachmittagssonne die untersetzte, leicht gebeugte Gestalt des Papstes vor dem Altar auf. Langanhaltendes Klatschen empfängt Johannes Paul. Grüßend erhebt er seine Arme. So verharrt er eine Minute, ehe er sie wieder sinken läßt. Sofort hört das Klatschen wieder auf. Er hat seine Gemeinde deutlich im Griff.

Johannes Paul ergreift das Wort. Gelegentliches Knacken und Rauschen in den Lautsprechern macht seine Worte bisweilen unverständlich. Nicht schlimm, denn sein Hauptanliegen ist jedermann klar.

Zunächst einmal erinnert er daran, daß Paul VI. bereits Polen besuchen wollte. Pause. Mehr braucht er nicht zu sagen. Alle Anwesenden wissen, daß das Regime ihm die Erlaubnis verweigerte. Dann fügt Johannes Paul hinzu, Pauls Reisewunsch sei so groß gewesen, daß er, Wojtyla, sich diesem Druck nicht habe widersetzen können.

»Der Papst konnte nicht länger Gefangener bleiben...«

Die Pause ist nur kurz, aber niemand entgeht die Anspielung. Wieder brandet Beifall auf.

»... des Vatikans.«

Gelächter. Der Papst beweist, daß er die Regeln nicht vergessen hat, wie man eine Sache herumreißt: daß er immer noch weiß, wie man seine Gegner überlistet.

Sodann seine erste Erklärung: »Die Kirche brachte Christus nach Polen; (dieser Umstand) weist den Weg zu einem Verständnis der großartigen und fundamentalen Realität Mensch. Denn der Mensch ist schließlich nicht ohne Christus zu verstehen, noch kann er sich ohne Christus selbst erfahren. Er kann weder verstehen, wer er ist, welches seine eigentliche Würde ist, noch kann er seine wahre Berufung oder seine letzte Bestimmung erkennen. Ohne Christus kann er nichts von alledem verstehen. Deshalb kann Christus nirgendwo auf der Welt aus der Geschichte des Menschen verdrängt werden.«

Das war es: die glasklare Feststellung, daß der Kommunismus nicht obsiegen kann. Minutenlang hemmungsloser Beifall. Hier steht Jan Pawel und gibt die christologische Begründung der Menschenrechte. Hier sagt ein polnischer Papst der ganzen Welt, daß die Kirche in Polen nach dreißig Jahren kommunistischer Unterdrückung und Indoktrination ihrer Verantwortung nicht entsagt. Niemals.

*

In den nächsten sieben Tagen verkündete Johannes Paul seine Vision, daß die Menschenrechte überall dort, wo man sie im Augenblick leugnet, durch den Glauben wiederhergestellt würden. Es bräuchte seine Zeit, aber der Erfolg sei gewiß. Seine verhüllten Angriffe gegen die polnische und im übergeordneten Sinne sowjetische Unterdrückung rief wahre Begeisterungsstürme hervor. Während er ostentativ nach Osten blickte, wo Europa am Ural endet, versicherte er wiederholt, er sei gekommen, um die Mühseligen und Beladenen – die Kroaten, Böhmen und Slowaken, die Serben und die Ruthenier, die Letten und Esten – ans Herz der Kirche zu ziehen. Er sei sicher, daß sie alle ihn – den Behinderungen des Informationsflusses zum Trotz – hören würden. Er verkündete ein unverrückbares christliches Menschenbild. Er sagte, ihm sei klar, daß sich die Menschheit in vielerlei unterscheide; ebenso – und vielleicht deutlicher – bewußt sei er sich der systembedingten ideologischen Unterschiede. Und er versprach, daß »die Suche nach Lösungen, die es der menschlichen Gesellschaft ermöglichen, die vor ihr liegenden Aufgaben zu bewältigen und in Gerechtigkeit zu leben, vielleicht das Hauptmerkmal unserer Zeit ist«. Das genügte. Johannes Paul hatte erreicht, was er sich vorgenommen hatte: die Steigerung der Selbstachtung und der Zuversicht aller Katholiken, die unter dem Kommunismus leben mußten. Er war aus der verwunderlichen Auseinandersetzung zwischen spiritueller Kraft und materieller Macht als Sieger hervorgegangen. Er hatte sich der Prärogativen des Papsttums auf brillante Weise bedient – hätte er als einfacher Priester derlei Äußerungen getan, wäre er mit Sicherheit eingesperrt worden –, um nicht nur seinen Landsleuten, sondern jedermann, der irgendwo unter der Tyrannei zu leiden hatte, Hoffnung zu spenden.

✳

Auch Sonntag, der 10. Juni, ist ein schöner Tag. Die Sonne brennt auf die TU-134 A der polnischen Fluggesellschaft LOT. Für den Rom-Flug hat die Maschine einen neuen, glitzernd weißen Anstrich bekommen. Auch die Innenausstattung wurde völlig überholt. Im Salon des Papstes im Vorderteil stehen Armsessel und ein Bett. In der Pantry hat es eisgekühlten Champagner, Wodka, Kaviar und Fischhäppchen jeglicher Art. Die Kabinenstewards sind angewiesen, sämtliche während des Fluges nicht verbrauchten Nahrungs- und Genußmittel zum Abflughafen Krakau zurückzubringen.

Johannes Paul erscheint am frühen Nachmittag. Er wirkt sehr erschöpft. Während der letzten Woche hat er zweiunddreißig Predigten und Ansprachen gehalten und jede einzelne zuvor eigenhändig entworfen. Er hatte Auschwitz, »dieses Golgatha unserer Zeit«, ebenso besucht wie seine geliebten Berge und die größeren Marienheiligtümer Polens. Überall hatten sich verzückte Menschenmengen um ihn versammelt. Hier in Krakau nun wird er die Rückreise antreten.

Vielleicht hunderttausend Menschen säumen die Zufahrtswege zum Flughafen, viele weinen.

Beim Erscheinen des Papstes huschen Parteioffizielle auf dem Vorfeld herum. Einer von ihnen hält eine politisch gefärbte Rede und gibt vor, der Staat teile die von Johannes Paul im Verlauf seines Besuches geäußerten Sorgen. Der Papst hört reglos zu.

Dann ist Kardinal Wyszyński an der Reihe. Der Primas von Polen wich während der Besuchsreise kaum einmal von Johannes Pauls Seite; jede seiner Gesten war die Verkörperung des polnischen Patriotismus.

Nichts kümmert die beiden mehr als der Glaube und Polen, davon war auf dieser Reise von beiden wohl auf hunderterlei verschiedene Weise die Rede gewesen. Auch jetzt kommt der Primas wieder darauf zu sprechen. Wyszyński blickt Johannes Paul an und bittet mit gefühlsbewegter Stimme: »Bevor Ihr von polnischen Schwingen nach Rom zurückgetragen werdet, werft noch einmal einen Blick auf Eure Kinder und Landsleute und segnet die teure Heimat.«

Sichtlich bewegt und den Tränen nahe, nimmt Johannes Paul Abschied.

»Dort drüben, jenseits der Alpen, wird meine Seele im Klang der zum Gebet rufenden Glocken den Herzschlag meiner Landsleute hören.«

Ein letzter Hinweis darauf, daß die Kirche zählt, und nicht der Staat.

Er kniet geschwind nieder, drückt seine Lippen auf den Asphalt. Als er sich wieder erhebt, rinnen Tränen über sein Gesicht. Mit tiefbekümmerter Stimme erklärt er: »Zum Abschied küsse ich diesen Boden, von dem sich mein Herz nie lossagen wird.«

Er wendet sich ab und geht langsam auf die Maschine zu.

Mit vor Bewegung gerötetem Gesicht folgt ihm Wyszyński auf den Fersen.

Am Fuß der Gangway sehen sich Papst und Kardinal ein letztes Mal an. Keiner von beiden traut sich zu sprechen.

Dann tritt Wyszyński zurück. Einen Schritt nur, aber das genügt. Johannes Paul steigt langsam die Stufen zum Flugzeug hinauf.

In der Tür wendet er sich wieder um und lächelt unter Tränen. Vornstehende glauben, »Mut, Christus wird mit euch sein«, zu hören.

Sicher ist sich jedoch niemand, denn im selben Augenblick wurden die Aggregate der Maschine hochgefahren.

Der Papst verschwindet in seiner Kabine. Augenblicke später sieht man sein Gesicht an einem Fenster. Als die Maschine an den Start rollt, weint er noch immer.

*

Analytiker in den Polen-Referaten der westlichen Geheimdienste, insbesondere der CIA, interpretierten den Besuch als ernsthaften Rückschlag für die kommunstische Partei des Landes. Der Papst hatte die Macht der Kirche in seiner Heimat nur zu deutlich gemacht. Nach Meinung dieser Analytiker konnte auch der Kreml über Johannes Pauls großen persönlichen Triumph nur Unbehagen empfinden. Trotz massiver Einschränkungen der Berichterstattung – in kommunistischen Ländern bringen die Medien nur rigoros zensierte Meldungen –, gingen die Analytiker davon aus, daß die Botschaft des Papstes durch Mund-

*propaganda, dem im gesamten sowjetischen Satellitensystem effizientesten
›Medium‹, unter die Leute gebracht würde. Infolgedessen, so überlegte man
sich weiter, würde das sowjetische Politbüro den Einfluß dieses höchst polnischen Papstes auf die eigene Globalstrategie zur Kenntnis nehmen müssen.
Kein westlicher Analytiker konnte allerdings voraussehen, wie die Russen
reagieren würden. Nach den Erfahrungen der Vergangenheit war jedoch sicher,
daß sie reagieren würde.*

*

Am späten Nachmittag des 24. Juni 1979 betritt ein Losverkäufer das
Polizeihauptquartier in Istanbul. Der Mann gehört zu jenen Informanten, die die Polizei über die Vorgänge auf dem Schwarzen Markt auf
dem laufenden halten. Gegen ein geringes Entgelt liefert der Mann
regelmäßig Hinweise auf kleinere Kriminelle, die er in Cafés und Klubs
beim Verkaufen seiner Lose entdeckt.

Heute glaubt er eine so wichtige Information anbieten zu können,
daß er nie mehr arbeiten müßte; er sieht sich bereits als Millionär – in
Landeswährung natürlich.

Der Losverkäufer ist zufrieden, wie der wachhabende Sergeant auf
seine Geschichte reagiert. Er trommelt sofort einen Trupp schwerbewaffneter Polizisten zusammen. Die Männer springen auf zwei Laster,
der Losverkäufer wird in die Fahrerkabine des einen LKW geschoben.
Zwanzig Minuten später haben die Fahrzeuge den Stadtbezirk Beyoglu
erreicht, ein liederliches Nachtbar- und Bordellviertel. Die LKW passieren den gewaltigen Galata-Zwinger aus dem vierzehnten Jahrhundert
und halten vor dem Maramara-Kaffeehaus, das zwar erst vor ein paar
Monaten eröffnet wurde, aber bereits ein fester Treffpunkt der Grauen
Wölfe ist.

Die Laster blockieren die Straße beiderseits des Eingangs und machen so jedes Entkommen unmöglich. Dann strömen die Polizisten in
das Lokal und verteilen sich unter den konsternierten Gästen.

Agca begrüßt die Männer mit dem trotzigen Geschrei, er hasse alle
Polizisten. Einer von ihnen fährt ihm kräftig über den Mund – mit der
Faust, während ein anderer Handschellen um Agcas Gelenke schnap-
pen läßt. Ein dritter Polizist schiebt ihn zur Tür. Das Überfallkomman-
do läßt Agcas Kumpane ungeschoren und tritt den Rückzug an. Auf
dem Bürgersteig vor dem Café steht der Losverkäufer. Agca mustert
ihn gründlich und lächelt.

Der Informant lächelt unsicher zurück. Vielleicht denkt er an die
sechs Millionen türkische Pfunde, die auf Agcas Ergreifung ausgesetzt
sind. Er lächelt noch immer, als Agca ausholt und den Informanten
verächtlich mit dem Fuß in die Leiste tritt. Der Losverkäufer bricht
zusammen und windet sich vor Schmerzen. Die Polizisten kümmern
sich nicht um ihn, schieben den meistgesuchten Mann der Türkei auf
den erstbesten Laster.

*

Kartal-Maltepe. Wer einmal in den flachen Gebäudekomplex innerhalb einer hohen Sicherheitsumzäunung gebracht wurde, fürchtet die ganze Gegend. Istanbul ist über dreißig Kilometer und damit Lichtjahre entfernt. Kartal-Maltepe. Hier wird gefoltert und gequält, manchmal auf die raffinierte, gemeinhin jedoch auf die primitive Weise. Kartal-Maltepe wurde von der wackelnden Linksregierung der Türkei als Verwahrungsort der gefährlichsten Anarchisten ausersehen, manche kommen nie wieder heraus. Nach der Verhandlung vor einem der Kriegsgerichte, die hier von morgens bis abends tagen, und anschließendem Todesurteil werden sie gehängt oder erschossen und anschließend auf dem Gelände dieses fürchterlichsten aller türkischen Militärgefängnisse verscharrt. Die patrouillierenden Soldaten haben Befehl, jeden zu erschießen, der über den Zaun zu klettern versucht.

Das Gefängsnis ist so angelegt, daß sich inmitten der peripheren Gebäude ein gesonderter Block befindet, in dem die gewalttätigsten Gefangenen untergebracht sind. Um dorthin zu gelangen, muß man acht verschiedene Kontrollpunkte passieren. Jeder ist ständig mit zwei Mann besetzt; auch sie haben Befehl, jeden, der den Kontrollpunkt unbefugt zu passieren versucht, sofort zu erschießen.

Das Gebäude selbst ist ein Stahlbetonbunker, der sich höchstens durch Beschuß mit schwersten Waffen knacken ließe. Die vierzig winzigen Zellen werden pro Schicht von achtzig Soldaten bewacht. Vor jeder Zelle befindet sich eine dicke Stahltür. Licht gibt es nicht. Das einzige Möbelstück bildet eine mit Scharnieren an der Wand befestigte Stahlpritsche, die von Ketten in der Horizontalen gehalten wird. Die Stahlplatte fungiert gleichzeitig als Tisch, von dem die Gefangenen die zweimal täglich ausgeteilten Mahlzeiten zu sich nehmen können. Bettzeug gibt es nicht. Ein Loch im Fußboden muß in jeder Zelle als Abort herhalten. Allen Gefangenen werden Leibriemen, Hosenträger und Schnürsenkel abgenommen, um Selbstmordversuche zu erschweren. Der Tod ist den hier herrschenden Existenzbedingungen jederzeit vorzuziehen.

In diesen Hochsicherheitrakt wurde Agca nach seiner Festnahme gebracht.

Vierundzwanzig Stunden nach seiner Einschließung erhält er am Abend des 25. Juni seinen ersten Besuch. Innenminister Hassan Günes ist mit einer Militärmaschine aus Ankara auf einer staubigen Piste innerhalb des umzäunten Areals gelandet.

Selbst unter seinen sozialistischen Ministerkollegen gilt Günes als radikaler Linker, der nach eigenem Bekunden entschlossen ist, jedes nur erreichbare Mittel einzusetzen, um die rechtsextremistischen Terroristen, die sich schwerster Verbrechen schuldig gemacht haben, zu überführen und abzuurteilen. Politisch gesehen steht Günes dem von Teslin Tore vertretenen Extremismus sehr nahe; obwohl er keineswegs dessen Gewaltmethoden billigt, verfolgen beide dasselbe Ziel: Unschädlichmachung der Rechten und Schaffung eines sozialistischen Staates, der der Sowjetunion besonders gewogen wäre.

Günes trifft mit Agca im Büro des Gefängniskommandanten zusammen. Die beiden bleiben vierzig Minuten unter vier Augen. Danach fliegt Günes nach Ankara zurück.

Nahezu fünf Monate werden vergehen, ehe Agca seine Darstellung dieses Gesprächs gibt. Jetzt aber begibt sich Agca zum Erstaunen der Wachen und Mitgefangenen pfeifend und lächelnd in seine Zelle zurück.

*

Alibrandis normalerweise schon überschäumende gute Laune wird noch besser, seitdem er weiß, daß alles getan ist. Der elastische Schritt, die Stimme und das Lächeln, mit dem er jedermann bedenkt, verraten die Aufregung des Nuntius. Der morgige Samstag, der 29. September 1979, wird der Höhepunkt monatelanger hektischer Vorbereitungen werden. Alibrandi hat ungezählte Male mit Tomás O'Fiaich telefoniert, der gemeinsam mit Casaroli im Juli von Johannes Paul den roten Kardinalshut erhalten hatte. Er hat die für die weltliche Seite des Ereignisses verantwortlichen Ressortchefs der Regierung angerufen, die irischen Bischöfe und den Vatikan. Alibrandi meint, allein mit Rom Dutzende von Telefongesprächen geführt zu haben, bis endgültig feststand, daß der Papst Irland besuchen würde. Morgen vormittag nun wird Johannes Paul auf dem Dubliner Flughafen landen.

An diesem Freitagabend sitzt Alibrandi in seiner Nuntiatur an der Navan Road und bedenkt die wahrscheinlichen Auswirkungen des historischen dreitägigen Besuchs. Obwohl die Visite als rein pastoral hingestellt wird, hofft jeder, insbesondere aber der politisch wache Nuntius, daß das Erscheinen des Papstes die sich immer mehr verschlechternde Lage im Norden des Landes positiv beeinflussen wird. Aus Rom wurde bereits leise angedeutet, daß der Papst freimütig über die Notwendigkeit, die sinnlosen Gewaltakte einzustellen, zu sprechen beabsichtigte. Was Johannes Paul im einzelnen zu sagen gedenkt, ist jedoch nach wie vor sorgsam gehütetes Geheimnis. Nicht einmal Magee, Alibrandis direkter Draht in die päpstlichen Gemächer, wußte zu sagen, wie weit der Papst gehen wolle oder wie entschlossen und dezidiert er sich äußern werde.

Grund zum Nachdenken hat Alibrandi mehr denn je. Nur einen Monat zuvor, Ende August, hatte die IRA an einem einzigen Tage zweiundzwanzig weitere Opfer gefordert: der in England höchst populäre Lord Mountbatten und drei weitere Personen an Bord seiner vor der Küste der Grafschaft Sligo kreuzenden Yacht wurden ermordet; im Verwaltungsbezirk Down gerieten achtzehn englische Soldaten in einen Hinterhalt und fielen. Die Wut der Protestanten in Ulster und die allgemeine Reaktion in England waren so heftig, daß Casaroli dem Papst zu bedenken gegeben hatte, ob es nicht vernünftiger sei, den Besuch auf einen späteren Zeitpunkt zu verschieben.

O'Fiaich, Alibrandi und Magee gingen sofort zum erfolgreichen Gegenstoß über. Casaroli, so gaben sie jeder für sich zu verstehen, habe gänzlich unrecht. Jetzt sei die Anwesenheit des Papstes in Irland erforderlicher denn je.

Johannes Paul schloß sich ihrer Ansicht an. Er würde nicht nur fahren und seiner Leidenschaft für Marienheiligtümer frönen – in diesem Fall ging es um Knock in der Grafschaft Mayo –, sondern auch zu den Zuständen im Norden Stellung beziehen.

Um ›dem Heiligen Vater eine vollständige Übersicht über die Lage in der Provinz zu verschaffen‹, hatte Alibrandi Johannes Paul eine Reihe von Positionspapieren zugeleitet. Einige von Casarolis Beratern im Staatssekretariat meinen, daß Alibrandis Argumente im Hinblick auf den Ulster-Protestantismus trotz gefälliger diplomatischer Umschreibungen die Rachsucht des Sizilianers durchscheinen ließen. Die Berechtigung dieses Vorwurfes bestreitet der Nuntius energisch. Er hält daran fest, neutral und unvoreingenommen jegliche Gewalt zu verurteilen, egal, ob sie von der IRA oder ihren Gegnern ausgehe. Er behauptet zu Recht, daß nur wenige ausländische Diplomaten sich in so starkem Maße wie er selbst für die Krise interessierten – und daß er sich namens der Kirche der Herbeiführung eines gerechten und dauerhaften Friedens verpflichtet fühle.

Mit ebenso großem Nachdruck vertritt er seinen Standpunkt, daß England, historisch gesehen, eine Besatzungsmacht sei, die im Falle der Provinz Ulster eine protestantische Enklave auf traditionell katholischer Insel unterhalte. Alibrandi hält den Papst auf Grund seiner eigenen Erfahrungen für einen eingeschworenen Feind jeglicher Art von Besatzung – besonders dann, wenn sie im Namen des Glaubens erfolge.

Obwohl es sich um anerkennenswerte Gesten handelt, rechnet der Nuntius damit, daß es unter dem Strich überhaupt nichts ändert, daß die in Ulster stationierten englischen Truppen Zelte zur Verfügung gestellt haben, damit zweitausendfünfhundert Schulkinder aus der Republik Irland untergebracht werden können, bis der Papst in Drogheda die Messe zelebriert, oder daß die meisten protestantischen Geistlichen der Nordprovinz den Besuch des Papstes begrüßen. Der Nuntius fragt sich, wieweit es sich dabei wohl nur um Lippenbekenntnisse handele, um bloßes Überspielen der Differenzen? Er wüßte gerne, ob der Waffenstillstand nur befristet sei; denn Teile der protestantischen Geistlichkeit Ulsters glauben in ihrer Bigotterie, den Katholizismus unablässig bekämpfen zu müssen, um zu verhindern, daß Nordirland Rom in die Klauen fällt. In der Vergangenheit schon hatte sich Alibrandi überlegt, daß viele jener Geistlichen gewissermaßen von der Verbreitung antikatholischer Schauermärchen zu leben schienen. Inzwischen ist er aber ebenso überzeugt, daß bestensfalls Johannes Paul, und niemand sonst, diese ablehnende Haltung gegenüber dem Katholizismus überwinden könnte.

Alibrandi ist der festen Ansicht, daß der Papst ›unter vollem Einsatz seiner seelsorgerischen Fähigkeiten‹ in Irland ebenso wie seinerzeit in Polen die Dinge beim Namen nennen werde, um der Gewalttätigkeit ein Ende zu bieten. Die dann eintretende Ruhe würde es den ›alten Scheusalen‹ – Alibrandi meint die englischen Soldaten – ermöglichen, sich aus Ulster zurückzuziehen. Der kleine Nuntius wird bei solchen Gedankenspielereien ganz aufgeregt.

Alibrandi wird sich später nicht festlegen können, aber es ist sehr gut möglich, daß er schon entsprechende Ahnungen hatte, als an diesem Freitag wieder einmal das Telefon läutete.

Casaroli meldet sich aus dem Vatikan und kommt sofort zur Sache.

»Hören Sie gut zu«, sagt der Kardinalstaatssekretär, »wir sind gerade informiert worden, daß der Heilige Vater hingerichtet werden soll, falls er irischen Boden betritt.«

Alibrandi ist fassungslos. »Hingerichtet?« bringt er mühsam heraus.

»Ja, ermordet. Hingerichtet. So hat man uns jedenfalls mitgeteilt.«

Der Nuntius zittert. »Ist die Quelle zuverlässig?«

Casaroli geht über die Frage hinweg. Wer weiß, weswegen er Alibrandi nicht darüber in Kenntnis setzte, daß der ungeheuerliche Hinweis vom britischen Botschafter beim Heiligen Stuhl stammte, der seinerseits vom britischen Secret Intelligence Service in London informiert worden war?[2]

Der Nuntius versuchte es noch einmal. »Seit Mountbattens Ermordung habe ich diese Möglichkeit befürchtet. Es gibt Zusammenhänge.«

»Kann schon sein. Wichtig ist folgendes: die Drohung ist ernst zu nehmen. Wir fassen sie entsprechend auf...«

»Es könnte höchstwahrscheinlich in Drogheda passieren, die Stadt liegt in Grenznähe...«

»Es könnte *überall* passieren!«

»Gott bewahre!«

Casaroli fährt fort, daß in diesem späten Stadium die Reise nicht mehr abgesagt werden könne.

»Gott sei Dank«, haucht der Nuntius.

»Die irische Polizei muß in Alarmbereitschaft versetzt, dem Heiligen Vater größtmöglicher Schutz gewährt werden.«

Alibrandi verspricht, dafür Sorge zu tragen. Nach Beendigung des niederschmetternden Telefongespräches ist er vollkommen empfindungslos. Er fragt sich, wie die Polizei auf dieser Insel der entfesselten Leidenschaften jemandes absolute Sicherheit gewährleisten wolle.

Langsam findet der Nuntius wieder zu sich selbst. Er wirft einen Blick in sein Notizbuch und greift zum Telefon.

*

*Die Folgen des Telefongesprächs, das Alibrandi mit dem Leiter der Sonderabtei-
lung im Dubliner Hauptquartier der Garda führte, setzten in jenem Augenblick
ein, da sich der Papst bei seiner Ankunft auf dem Dubliner Flughafen am
Sonntagmorgen nun schon gewohnheitsmäßig bückte, um den Asphalt des
Vorfelds zu küssen. Bewaffnete Geheimpolizisten wichen nicht von seiner Seite,
und in weitem Umkreis war in aller Eile ein Sicherheitskordon gebildet worden.
Die irische Polizei war einigermaßen zuversichtlich, einen etwaigen Attentäter
sofort ausmachen zu können. Die Risiken selbst wurden nicht geringer. Die
Auftritte des Papstes im ganzen Land machten es einem Schützen relativ leicht,
ganz besonders in den belebten, schwer gesicherten Straßen von Belfast und
Derry. Letztlich ruhte die Sicherheit des Papstes in den Händen der irischen
Sondereinsatzgruppe, wobei es sehr darauf ankam, ob die Männer etwa drohende Schwierigkeiten vorab erkannten und auf kritische Situationen schnell genug
reagierten.*

*Marcinkus und Ciban mit seiner Vigilanztruppe waren zur Stelle. Speziell
Ciban wußte um die Gefährdung des Papstes auf dieser geteilten Insel; er war
von einem höheren irischen Polizeioffizier in die Problematik besonders einge-
wiesen worden, kannte aber auch den Bericht, der Casaroli übergeben worden
war. Ciban hatte seine Männer daran erinnert, was der italienische König im
Jahre 1897 gesagt hatte, nachdem er mit knapper Not dem Dolchstoß eines
Attentäters hatte ausweichen können: »Sono gli incerti del mestiere« – Berufs-
risiko. Auf dem Flug hierher hatte Ciban seine Männer ermahnt, das Risiko des
Papstes auszuschalten, gegebenenfalls sogar unter Einsatz des eigenen Lebens.*

*Solcherart war der Hintergrund des Besuches. Er war in weitestem Sinne als
Anerkennung des Heiligen Stuhls für die mehr als tausendjährige irische Treue
zur Kirche gedacht. Und der Papst sparte von Anfang an nicht mit Belehrun-
gen. Zum ersten Pontifikalamt im Phoenix-Park vor den Toren Dublins hatten
sich mehr als anderthalb Millionen Menschen eingefunden. Große Menschenmengen erwarteten den Papst auch in Galway und im Marienwallfahrtsort
Knock. Johannes Paul überbrachte seinen verzückten Zuhörern eine vertraute
und willkommene Botschaft. Er erinnerte an die historischen Bindungen zwischen Irland und Rom, pries die irische Glaubenstreue und rühmte die familiä-
ren Tugenden. Und fortwährend brachte er das Geheimnis des Lebens aus
katholischer Sicht zur Sprache.*

*»Zur Ehe muß die Bereitschaft zu Kindern gehören. Kennzeichen des christli-
chen Ehepaares ist es, als Geschenk gegenseitiger Liebe von Gott bereitwillig
Kinder zu empfangen. Achtet den von Gott gegebenen Zyklus des Lebens; denn
diese Achtung ist ein Teil unserer Ehrfurcht vor Gott, der Mann und Frau nach
seinem Bilde schuf, und dessen eigene lebensspendende Liebe sich in ihrem
Geschlechte spiegelt. Und allen sage ich: habt absolute und heilige Ehrfurcht vor
der Unantastbarkeit des menschlichen Lebens vom Augenblicke der Empfängnis
an. Das Vatikanische Konzil hat festgestellt, daß Abtreibung eins der scheuß-
lichsten Verbrechen ist. Ungeborenes Leben nach seiner Empfängnis zu zerstören, heißt Untergrabung aller moralischen Prinzipien, die die wahren Garanten
des menschlichen Wohls sind. Die Verteidigung der absoluten Unverletzlichkeit ungeborenen Lebens ist die Rechtfertigung des menschlichen Lebens und*

der Würde des Menschen. Möge Irland niemals nachlassen, die Würde und Unverletzlichkeit allen menschlichen Lebens von der Empfängnis bis zum Tode vor Europa und der ganzen Welt zu bezeugen.«

Alibrandi konnte beruhigt sein. Der Papst hatte, wie erhofft, die alten moralischen Grundsätze neu bekräftigt und den Schwankenden wie den Bedenkenlosen zu denken gegeben.

Und so kam Johannes Paul nach Drogheda in der Grafschaft Louth. Um einen hochdramatischen Augenblick mitzuerleben, hatten sich mehr als eine Viertelmillion Menschen versammelt; viele von ihnen waren aus den katholischen Ghettos über die nahe nordirische Grenze gekommen. Die kleine Grenzstadt am Boyne hatte sich der Papst für die programmatischste Rede seiner Reise vorbehalten. Der scharfe, feuchte Seewind zerrte an seiner Soutane, während Johannes Paul mit Leidenschaft und innerer Bewegung für eine Beendigung der Gewalt plädierte. Da es eine christliche Aufhebung sozialen oder internationalen Unrechts geben müsse, »verbietet das Christentum die Auflösung solcher Situationen durch von Haß bestimmte Handlungen, durch Ermordung Schutzloser, durch terroristische Methoden. Laßt mich noch weitergehen: das Christentum versteht und anerkennt den hochherzigen und fairen Kampf um Recht und Gerechtigkeit; aber das Christentum wendet sich entschieden dagegen, Haß zu schüren und Gewalt zu befürworten oder heraufzubeschwören und allein um des Kampfes willen zu kämpfen. Das Gebot ›Du sollst nicht töten‹ muß das Gewissen der Menscheit leiten, wenn sich die furchtbare Tragödie Kains nicht wiederholen soll.«

Mahnend gibt er zu bedenken, daß Gewalt immer zerstöre, was sie zu verteidigen vorgebe, nämlich die Würde und Freiheit des Menschen. Gewalt zerstöre das Gesellschaftsgefüge und sei stets ein Verbrechen gegen die Menschheit.

Mit weittragender Stimme richtet er dann einen direkten Appell an die Menge: »Nun möchte ich mich an alle Männer und Frauen wenden, die in Gewalttaten verwickelt sind. Ich appelliere an Sie, ich bitte Sie inständig, ich bitte Sie auf den Knien, verlassen Sie die Pfade der Gewalt, kehren Sie zu friedlichen Methoden zurück. Sie werden sagen, Sie suchten Ihr Recht. Auch ich glaube an das Recht und suche Gerechtigkeit. Gewalt schiebt den Tag der Gerechtigkeit aber nur hinaus. Weitere Gewalt in Irland wird das Land, das Sie zu lieben vorgeben, nur ruinieren und die Werte, an denen Sie vorgeblich hängen, nur vernichten. Im Namen Gottes bitte ich Sie: kehren Sie zu Christus zurück, der starb, damit der Mensch in Vergebung und Frieden leben kann. Er wartet auf Sie, er wartet sehnlichst auf jeden von Ihnen, damit er Ihnen allen sagen kann: eure Sünden sind euch vergeben, gehet hin in Frieden.«

Kurz darauf wies ein Sprecher der IRA darauf hin, daß der Papst bei diesem Appell aber nicht wirklich auf die Knie gefallen sei. Diese zynische Bemerkung ließ erkennen, daß das Morden weitergehen würde.

Wie in Mexiko und Polen würde sich auch in Irland in Wirklichkeit nichts ändern. Zumindest aber hatte niemand Johannes Paul umgebracht.

*

Donnerstag, 11. Oktober 1979, vormittags. Mehmet Ali Agca hat es sich auf der Anklagebank bequem gemacht und reibt sich die Nase, wenn er nicht gerade gähnt. Er trägt dieselbe Kleidung wie in der Haft; die Sachen sind aus Anlaß der Verhandlung im Mordfall Abdi Ipekci jedoch gewaschen und gebügelt, Agca selbst war rasiert worden und hatte sich die Haare schneiden lassen müssen. Ihm ist zwar ein Pflichtverteidiger beigestellt worden, aber Agca will seine Sache selbst vertreten.

Sobald er auf der Anklagebank Platz genommen hatte, fragte der Ankläger, ob er in der Haft körperlich mißhandelt oder psychischem Druck ausgesetzt worden sei. Es waren die üblichen Fragen, mit denen die Anklage den stereotypen Beschuldigungen der Verteidigung, die Gefangenen würden automatisch gefoltert, die Spitze zu nehmen versucht. Jedermann rechnete damit, daß Agca die Haftbedingungen kritisieren würde, aber er hatte für beide Fragen nur ein einsilbiges »Nein«. Danach hatte er sich zaghaft lächelnd im dichtbesetzten Gerichtssaal umgeschaut. Seitdem hat er an der Verhandlung keinerlei weiteres Interesse gezeigt.

Sein Verhalten wird kommentarlos zur Kenntnis genommen. Forsches Auftreten und wortlose Unverschämtheit sind das Normalverhalten der Terroristen, die auf dem Wege zu lebenslanger Haft oder Hinrichtung durch den Gerichtssaal geschleust werden. Niemand gibt etwas auf Agcas körperliches Unbehagen und sein merkwürdiges Gehabe. Er versucht fortwährend, ein Bein um das andere zu drehen, schiebt die Hände in die Achselhöhlen oder ballt die Fäuste, als ob er pantomimisch innere Bewegung darstellen wollte. Ein Psychiater würde von ›nicht sachbezogener Symbolisierung‹ sprechen. Später, wenn man zu ergründen versucht, was Agca zu diesem Verhalten in dem muffigen Gerichtssaal bewogen habe, wird davon auch die Rede sein.

Der Ankläger trägt den Fall ohne Eile vor. Er kennt das Ergebnis; denn Agca hat sich bereits für schuldig bekannt.

Für den Staat ist dieses Verfahren trotzdem von Bedeutung. Auf Regierungsebene war entschieden worden, daß die Beweisführung vollständig und unangreifbar sein müsse, um überzeugend zu belegen, daß in der Türkei nicht nur Gerechtigkeit walte, sondern sich auch niemand seiner gerechten Strafe entziehen könne.

Sichtlich ungeduldig hört sich der Richter die Einzelheiten der polizeilichen Ermittlungen an: siebzig Beamte haben an dem Fall gearbeitet, zweihundertfünfundvierzig Verdächtige waren einvernommen worden; achtzig von ihnen werden im Zusammenhang mit anderen Verbrechen noch festgehalten; vierhundertsechsundfünfzig Geschosse, die Ipekcis Todeskugel ähnelten, waren ballistischen Tests unterzogen worden. Dann war der Durchbruch gekommen. Das Gericht vernimmt, wie Agca auf Grund eines ›Hinweises‹ verhaftet worden war.

Bevor ihn seine Bewacher daran hindern können, springt Agca auf und wendet sich an den Richter. Er kommt vom Hundertsten ins Tausendste, redet ohne jeden Zusammenhang.

Die Psychiater werden dies später als Symptom seiner allgemeinen geistigen Zerrüttung deuten. Dieses An-der-Sache-vorbei-Reden, wie es die Deutschen nennen, ist ausgesprochen typisches Symptom einer entsprechenden Geistesverfassung. Der Patient redet ungemein viel, sagt jedoch kaum etwas Sachbezogenes, und zwar nicht etwa in Verkennung der Situation, sondern aus Taktik, den Kontakt mit seiner unmittelbaren Umwelt zu vermeiden. Mit letzter Sicherheit läßt sich Agcas plötzlicher Wortschwall vor dem Gerichtshof so aber nicht einordnen, weil sich die Psychiater erst lange Zeit später mit Agca beschäftigen werden.

Er spricht von einem Handel.

Der Ankläger springt auf und protestiert: Einspruch.

Agca kümmert sich gar nicht um ihn und redet pausenlos weiter; der Gerichtsstenograph vermag mit seinen Ergüssen kaum mitzuhalten.[3]

»Nach meiner Verhaftung kam Innenminister Günes ins Gefängnis und sprach mit mir. Er hat mir ein Geschäft vorgeschlagen.«

Agcas Verteidiger springt auf und versucht, seinen Klienten zum Schweigen zu bewegen.

Agca ignoriert ihn und fährt fort. »Das war ein Geschäft. Ein Geschäft! Ein Geschäft! Ein Geschäft! Mir wurde ein Geschäft angeboten. Ich würde sagen, ein hoher Angehöriger der Grauen Wölfe hat mir den Mord an Ipekci befohlen.«

Der Ankläger greift ein und weist den Richter darauf hin, daß Agca den Mord soeben erneut gestanden habe.

Agca fährt fort: »Wenn ich gestehen würde, verspricht man mir . . .«

»Unerheblich«, sagt der Ankläger.

Der Richter stimmt ihm zu.

Die Bewacher drücken Agca wieder auf die Anklagebank. Er lächelt noch einmal ungewiß in den Gerichtssaal.

Kurz darauf vertagt der Richter die Beweisaufnahme um zwei Wochen.

＊

Agca wird in seine Zelle im Hochsicherheitstrakt von Kartal-Maltepe zurückgebracht. Kurze Zeit später bekommt er einen Brief. Das allein ist gegen die Gefängnisvorschriften. Agca erkennt die Handschrift sofort. Teslin Tore hat Kontakt aufgenommen. Agca lernt den Brief auswendig und zerreißt hernach das Papier weisungsgemäß in kleine Schnitzel, die er in das Abortloch wirft.

Neben dem Brief gibt es auch noch andere Hinweise, auf Agcas bevorzugte Behandlung. Er wird nicht gequält und darf regelmäßig spazierengehen. Er darf sich selbst Essen kaufen, so daß er nicht auf die ekelhafte Suppe angewiesen ist, die den Mithäftlingen vorgesetzt wird. Als weitere Übertretung der Gefängnisvorschriften durfte Agca auch das Geld behalten, das er während seiner Verhaftung bei sich trug. Agca hatte einen Teil seines Sparguthabens abgehoben, nachdem ihm Tore nach dem Mordanschlag auf Ipekci von sich aus die schriftliche Erlaubnis dazu erteilte. Nach Agcas Verhaftung war das Konto aufgelöst worden; in seinem letzten Brief hatte Tore Agca benachrichtigt, daß das restliche Geld aufgehoben und im Zuge der nächsten Stufe eines ausgeklügelten Plans in die entsprechende Fremdwährung umgetauscht worden sei.

Die Konturen dieses Plans wurden deutlicher, als Agca zum zweitenmal vor Gericht erschien. Er wies den Richter gelassen darauf hin, daß er es sich anders überlegt habe und sich als ›nicht schuldig‹ bekenne. Agca versteifte sich darauf, Ipekci nicht getötet zu haben, aber zu wissen, wer der Täter sei. Der Richter fragte, ob Agca bereit sei, den Namen des Täters zu nennen. Agcas Antwort war verblüffend: »Heute nicht, bei der nächsten Sitzung.« Der Richter vertagte die Verhandlung noch einmal, diesmal aber, ohne einen Wiederaufnahmetermin zu nennen.

✳

Sieben Tage nach Johannes Pauls Rückkehr aus den Vereinigten Staaten landete der erste bestürzende Bericht auf Magees Schreibtisch. Das Papier trägt den Vermerk ›z.Hd. Sr. Heiligkeit‹ und ist von Casaroli bereits abgezeichnet. Erzbischof Jean Jadot, der päpstliche Legat in Nordamerika und Ständige Beobachter des Heiligen Stuhls bei der Organisation Amerikanischer Staaten, OAS, hat eine umfangreiche Analyse des Papstbesuchs eingesandt. Jadots mit Bedacht gewählte Worte weisen ihn als einen Diplomaten alter Schule aus: als Repräsentant des Papstes betreut er in den USA fünfzig Millionen Katholiken. Jadot stellt das oftmals emotionale und bisweilen gar aggressive Echo des Papstbesuchs mit behutsamen Worten dar.

Auch die amerikanischen Kardinäle haben ihre Berichte bereits abgeliefert. Sie alle zeigten sich entschlossen, der Papstvisite ihre besten Seiten abzugewinnen. Krol spricht von einem elektrisierenden Effekt auf Katholiken und Nicht-Katholiken. Cody erinnert fast sehnsüchtig an die unvergleichliche Fernsehberichterstattung, die seiner Ansicht nach dazu beigetragen habe, daß sich der Durchschnittsamerikaner der vergeistigten Persönlichkeit des Papstes bewußt geworden sei. Manning (Los Angeles) und Cooke (New York) sind der optimistischen Annahme, der Besuch habe den Eindruck vermittelt, daß sich die katholische Lebensweise auf eine lange Tradition gründe und daß der Papst als Verkörperung der Macht des Heiligen Geistes Gutes bewirkt haben müßte.

Jadot und die Kardinäle können noch so sehr beschönigen und um die Sache herumreden: im Gefolge des Amerika-Besuchs ist im Apostolischen Palast wieder jene Qual eingekehrt, die Magee parallel zu Paul für begraben hielt.

Die enttäuschenden Nachrichten aus Amerika, immerhin eines der großen katholischen Länder, haben Johannes Paul physisch und geistig sehr mitgenommen. Während des letzten Monats ist er beträchtlich gealtert; er geht gebückter als zuvor. Er singt auch nicht mehr, wenn er durch seinen Palast eilt. Er wirkt tief verletzt und verständnislos.

Er habe doch nur die gültigen orthodoxen Lehren neu formuliert, sagte er einmal zu Magee. Und das hatte er ganz gewiß.

Gleich nach seiner Ankunft in Boston hatte er nur allzu deutlich Einhalt verlangt, nachdem er den amerikanischen Katholiken vorgehalten hatte, in welchen Fällen sie sich der Verletzung des geltenden Rechts und der Mißachtung der Lehre schuldig gemacht hätten. Er sei nicht zum Diskutieren gekommen, sondern um zu bestimmen; er wolle sich keine Entschuldigungen anhören, sondern erwarte Gehorsam.

Falls Johannes Paul nicht tatsächlich kommandierte, ein bloßer Appell waren seine Worte gewiß nicht – ebensowenig wie er gewillt war, sich seinen Überzeugungen zuwiderlaufende Vorstellungen anzuhören. Er sprach recht humorig und versprühte seinen natürlichen Charme; aber im Kern war seine Botschaft eindeutig: materialistische Grundeinstellung und Permissivität müßten aufhören; »Flucht in sexuelle Freuden, die Flucht in die Drogen, die Flucht in die Gewalttätigkeit, die Flucht in die Gleichgültigkeit« müßten aufhören; die Vorstellung, daß das Priesteramt nicht unbedingt lebenslang gelte, müsse aufgegeben werden; die Überlegung, daß Homosexualität nicht grundsätzlich ›moralisch zu verurteilen sei‹, sei fallenzulassen; die Annahme, Priester und Nonnen könnten sich nach Belieben kleiden, sei unberechtigt; mit der Behauptung, daß Abtreibung unter gewissen Bedingungen zulässig sei, müsse Schluß gemacht werden; das Ehescheidungsbegehren müsse eingestellt werden.

In New York, Philadelphia, Chikago und Washington fielen die gleichen Äußerungen. Nach einer Rede vor den Vereinten Nationen – vor einem doch recht skeptischen Publikum hob er besonders hervor, daß Krieg und Rüstungswettlauf aufhören müßten – war der Papst nach Rom zurückgekehrt.

Jetzt, am 20. November, sechs Wochen nach der Beendigung des Besuchs, erhält der Vatikan noch immer Berichte aus den Vereinigten Staaten, in denen von negativen Reaktionen auf Johannes Pauls Visite die Rede geht.

Mexiko, Polen, Irland und USA – überall wird dasselbe Grundmuster deutlich. In ganz Lateinamerika hat die Befreiungstheologie eher noch an Boden gewonnen; das polnische Regime verstärkt den Druck; in Ulster nimmt das Morden kein Ende. Und auch in Nordamerika, wo Johannes Paul besonders nachdrücklich eine Verhaltensänderung verlangte, blieb alles beim alten. Katholiken beantragen weiterhin die Scheidung, benutzen Empfängnisverhütungsmittel, gehen homosexuelle Beziehungen ein, lassen Abtreibungen vornehmen, billigen und befürworten weiterhin die Euthanasie. Priester und Nonnen bevorzugen weiterhin weltliche Gewandung und versuchen nach wie vor, aus dem geistlichen Stand zu treten. Frauen wollen immer noch zum Priester geweiht werden. Praktisch in der gesamten Amerikanischen Kirche äußert sich irgendwo sturer Widerspruchsgeist, Verachtung für die traditionelle Dogmatik, die Bereitwilligkeit zu gefährlichen Experimenten auf theologischen Sektoren, die nach Ansicht des Papstes sakrosankt sind. Magee, der alle Reaktionen auf die Amerika-Reise studierte, kommt zu der Überzeugung, daß nicht der Papst an den Vorkommnissen schuld ist, sondern gewisse radikale Elemente der Amerikanischen Kirche, die sich immer wieder neue Spitzfindigkeiten einfallen lassen, um ihr Verlangen nach Wandel zu untermauern. Diese Leute sind es, und nicht der Papst, die die Kräfte entfesselten, die nun an den jahrhundertelang unangefochtenen Glaubensgrundsätzen zerren und rütteln.

Seine Ansicht, daß sich die von ihm verabscheute ›Konsum-Ideologie‹ in den Vereinigten Staaten am ausgeprägtesten manifestiere, sieht Magee durch Johannes Pauls Amerika-Reise bestätigt. Der Sekretär fürchtet, daß diese ›Konsum-Ideologie‹ der Menschenwürde und dem Überleben der menschlichen Rasse ebenso abträglich ist wie der atheistische Marxismus.

Während des letzten Monats war in den päpstlichen Gemächern darüber gesprochen worden, daß Johannes Paul sein Mißvergnügen artikulieren sollte. Manche Kuriale gar meinen, er sollte noch einen Schritt weitergehen und mit den Sanktionsmöglichkeiten seines Amtes Gehorsam und Unterwerfung erzwingen. Einem solchen Ansinnen aber tritt Casaroli nachdrücklich entgegen. Nach Ansicht des Kardinalstaatssekretärs könnte ein solcher Schritt katastrophale Folgen zeitigen: angesichts von Sanktionen könnten viele amerikanische Priester und Nonnen der Kirche den Rücken kehren. Und wenn dieser Fall eintrete, könnte sich ein unüberschaubarer Domino-Effekt ergeben. Solchen Umwälzungen in den Vereinigten Staaten würden Verwerfungen in ganz Lateinamerika, Afrika und Asien auf dem Fuße folgen. Behutsames, überlegtes Agieren sei das beste, rät Casaroli.

Magee weiß besser als die meisten, wie schwer sich Johannes Paul mit Tatenlosigkeit anfreunden könnte. Der Sekretär hat noch keinen Papst erlebt, der sich selbst so unermüdlich bis an die Grenzen seiner physischen Belastbarkeit vorantrieb wie Johannes Paul. Hartnäckig hält sich das Gerücht, für Johannes Pauls Hektik sei eine Weissagung des verblichenen Padre Pio verantwortlich; dieser stigmatisierte Franziskanermönch soll das Zweite Gesicht besessen haben. Es heißt, bei einem Besuch des Mönchs sei Johannes Paul geweissagt worden, sein Pontifikat werde nur kurz sein und mit Blutvergießen enden. Magee weiß, daß an dem Gerücht nichts Wahres ist. Die Bemerkungen des Papstes nähren es, wenn auch unabsichtlich, zumindest aber teilweise. Am 4. November, dem Fest des heiligen Borromäus, seines Namenspatrons [Carlo Borromeo], hatte der Papst vor fast einer Viertelmillion Menschen auf dem Petersplatz gesagt, der Heilige sei ein Beispiel für seelsorgerische Liebe und bischöfliche Pflichterfüllung gewesen, gepaart mit einer Hingabe, die »Strapazen und selbst Todesgefahr« nicht achtete.

Magee ist sich bewußt, daß solche Worte nicht von ungefähr fallen. Auf diese Weise macht Johannes Paul der Öffentlichkeit deutlich, daß nichts ihn von seiner Pflichterfüllung abhalten könne.

Daher wird er auch Ende des Monats die Türkei besuchen. Magee hält nicht als einziger dafür, daß Johannes Paul in Istanbul so großen Gefahren ausgesetzt sein wird, wie sie seit Menschengedenken noch keinem Papst drohten.

✳

Am Freitag, dem 23. November, findet der Abendappell in Kartal-Maltepe erst nach achtzehn Uhr statt. Das Militärtribunal hat lange getagt, um anhängige Fälle aufzuarbeiten. Als der Appell beginnt, ist es fast schon sieben. Die Kontrolle der sechshundertneunundzwanzig Gefangenen dauert eine Stunde. Acht von ihnen steht ihre letzte Nacht bevor. Sie sollen nach dem Willen des Gerichts bei Tagesanbruch sterben. Die Todeskandidaten sind in den Nachbarzellen untergebracht; Agca hört, daß einige von ihnen beten. Agca betet seine Haßliste herunter.

Er ist noch dabei, als ein größerer Trupp Soldaten im Hochsicherheitstrakt erscheint. Nicht weniger als sechs Offiziere führen den Haufen an; der Ranghöchste trägt die Uniform eines Oberstleutnants des türkischen Heeres, die übrigen sind zwei Hauptleute und drei Leutnantsdienstgrade. Der Stabsfeldwebel und seine zwölf Mann tragen Karabiner, einer hat gar deren zwei. Die Offiziere haben Seitenwaffen umgeschnallt.

Es ist nichts Ungewöhnliches, daß ein Halbzug im Sicherheitstrakt erscheint. Für gewöhnlich werden die Todeskandidaten schon abends abgeholt, damit man morgens nicht schon vor Tag aufstehen muß, um sie in den Hinrichtungshof zu bringen.

Das Geräusch der den Gang entlangstapfenden Stiefel bringt die Zelleninsassen zum Verstummen. Plötzlich bleibt der Trupp vor einer Zellentür stehen. Der Oberstleutnant erkundigt sich mit lauter Stimme bei seinen Offizieren, ob der Gefangene hinter der Tür erschossen oder gehängt werden solle. Sobald der Delinquent seine Angst herauszuschreien beginnt – die Methode funktioniert zuverlässig –, wiederholt der Trupp sein Spielchen vor der nächsten zufällig ausgesuchten Tür. Die Soldaten sehen darin einen gelungenen Scherz.

Auf diese Weise arbeitet sich der Trupp bis zu Agcas Zellentür vor.

Dort verzichtet man jedoch auf die Frage, ob Kugel oder Strick, und reißt die Riegel zurück. Der Oberstleutnant und die beiden Hauptleute treten in die Zelle, die restlichen Soldaten postieren sich auf dem Gang. Der eine Hauptmann zieht seinen Kampfanzug aus. Darunter trägt er eine zweite Uniform. In Windeseile zieht Agca die Montur über.

Agca marschiert hinter dem Oberstleutnant aus der Zelle und nimmt einen Karabiner in Empfang. Der Trupp nimmt ihn sofort schützend in die Mitte. Einer der Leutnante schließt die Zellentür und verriegelt sie. Dann marschiert der Trupp ab.

Nach zehn Minuten sind die acht Kontrollstellen passiert. Neben dem letzten Wachhäuschen sind Fahrzeuge abgestellt. Der Oberstleutnant führt seine Männer zu einem Dreitonner. Während Agca mit den Soldaten auf die Pritsche klettert, setzt sich einer der Leutnante neben den Oberstleutnant ins Fahrerhaus. Der Laster rollt an der Wache vorbei und nimmt die Straße nach Istanbul.

Agca streift den Kampfanzug ab. Am Stadtrand Istanbuls hält der Dreitonner gerade lange genug, damit Agca über die Heckklappe auf die Straße springen kann. Im Hosenbund unter dem losen Hemd steckt die Pistole, die ihm einer der beiden Hauptleute gegeben hat. In seiner einen Hosentasche sind etliche tausend türkische Pfund, und im Kopf hat Agca die Instruktionen, die ihm der Oberstleutnant in der Zelle noch zugeflüstert hatte.

Diese Anweisungen stehen im Widerspruch zu den Befehlen, die Agca dem von Teslin Tore ins Gefängnis geschmuggelten Kassiber entnommen hatte.

Im Augenblick sind Agca beide Versionen egal.

Er bummelt ein Stückchen zurück und verschwindet in dem Gewirr von Nebenstraßen, die ihm so bekannt sind. Er ist aufgedreht und voller Erwartungsfreude. Als er eine noch engere, dunklere Gasse erreicht, schlüpft er in eine Nische und wartet. Er kennt die Gewohnheiten seines Opfers. Kurze Zeit später taucht der Mann auf. Nachdem er den ganzen Tag lang seine Lose zu verkaufen versucht hatte, ist er nun auf dem Heimweg. Agca läßt den Mann passieren; dann tritt er aus der Nische, geht ihm nach und tippt ihm auf die Schulter. Der Mann dreht sich um. Bevor er etwas sagen kann, schießt Agca den Losverkäufer, der ihn verraten hatte, in den Kopf.

Agca macht kehrt und geht eilig davon. Niemand verfolgt ihn. Solche Morde gehören in Istanbul fast zur Tagesordnung.

*

Die Flucht aus dem Gefängnis hatten die Grauen Wölfe organisiert. Einige der Offiziere und Soldaten, die Agca herausmogelten, gehören der Organisation selbst an. Der Oberstleutnant hatte Agca angewiesen, sich in Istanbul zu einem sicheren Haus der Grauen Wölfe zu begeben. Es hätte nur unnötiges Aufsehen erregt, wenn ihn der Militärlaster dort direkt abgesetzt hätte. Die Rache an dem Losverkäufer hatte sich Agca allerdings selbst geschworen.

Agca begibt sich aber nicht zu dem sicheren Versteck, sondern folgt

Tores völlig anderen Anweisungen. Er geht in ein Café, bestellt Tee und läßt sich einen Briefbogen samt Umschlag geben. Er leiht sich von dem Kellner einen Bleistift und schreibt einen Brief. Er adressiert ihn an den Herausgeber des ›Milliyet‹ und gibt ihn dann auf.

Der Herausgeber erschrickt. Er läßt alle anderen Pläne zur Aufmachung der Titelseite fallen und entwirft ein Layout, das Agcas Worte besonders herausstellt. Als nächstes ruft er das Büro des Ministerpräsidenten an. Von dort aus wird sofort alles Nötige veranlaßt, um die Suche nach Agca auf den Raum Istanbul zu konzentrieren. Hunderte von Soldaten und Polizisten werden zur Verstärkung auf die Straßen geschickt. In der bislang größten Menschenjagd der türkischen Geschichte werden ganze Stadtviertel durchkämmt. Der Ministerpräsident telefoniert mit dem Päpstlichen Nuntius in Ankara, der ruft sofort Casaroli im Vatikan an. Unterdessen hat sich der diensthabende Beamte in der israelischen Botschaft über eine eigene Quelle beim ›Milliyet‹ über das Vorgefallene unterrichtet. Er gibt seine Information sofort über Fernschreiben nach Tel Aviv weiter. Dort wird die Nachricht im Lichte anderer Ereignisse ausgewertet: in Madrid sind vor dem Büro einer Fluggesellschaft drei Bomben explodiert; in Beirut arbeitende MOSSAD-Agenten warnen, ähnliche Anschläge seien auch für andere europäische Städte geplant. Der MOSSAD interpretiert die Drohungen als gut organisierten Protest gegen die Papstreise in die Türkei – teilweise aber auch als Hinweis, daß trotz der Bedeutung der Türkei für die Nato nicht jedermann der Ansicht sei, daß Johannes Paul ein Land besuchen sollte, in dem elementare Menschenrechte mit Füßen getreten werden.

Aber der MOSSAD in Tel Aviv, Casaroli im Vatikan, Ministerpräsident und Nuntius in Ankara und der Zeitungsherausgeber in Istanbul wissen allesamt keine Antwort auf die grundlegende Frage: Arbeitet Agca allein oder hat er als Beteiligter an einer größeren Verschwörung der Zeitung geschrieben, er gedenke den Papst im Verlauf seines zweitägigen Türkei-Besuches zu ermorden.

Am Morgen des 28. November 1979 dringt die Maschine des Papstes in den türkischen Luftraum ein. Damit wird diese Frage besonders drängend.

*

Vor dem Abflug in Rom hat sich Ciban über den Stand der Dinge nach Agcas Fahndung informiert.

In Esenboga, Ankaras schäbigem internationalem Flughafen – auch die überall an den Wänden hängenden Fahndungsfotos von Hunderten politischer Verbrecher beiderlei Geschlechts können die abblätternde Farbe nur teilweise verdecken –, stellt der Sicherheitschef des Vatikans weitere drängende Fragen. Sein Gesprächspartner, ein türkischer Viersternegeneral in besten Jahren, zuckt die Schultern. In der Türkei sei ein Flüchtiger nicht so leicht aufzuspüren, aber der Papst werde gut beschützt werden. Der General wendet sich um und weist auf die vielen Panzer, Halbkettenfahrzeuge und Mannschaftstransportwagen voller feldmarschmäßig ausgerüsteter Soldaten. Diese Streitmacht hält dem Papst eine Handvoll Schaulustiger vom Leibe. Und das, sagt der General stolz, sei nur ein Teil der getroffenen Sicherheitsvorkehrungen. Vierzig Kampfhubschrauber – einige habe man sich von den Amerikanern geborgt – werden über dem Papst in der Luft hängen. Seine Fahrtroute werde jederzeit von nicht weniger als zehntausend Soldaten gesichert. Genau wie in Mexiko, denkt Ciban. Diesmal jedoch ist die Bedrohung viel konkreter.

Irgendwo dort draußen lauert Agca. Niemand weiß, wann oder wie er zuschlagen wird. Ein Mann, der aus Kartal-Maltepe entkommt, ist zu allem fähig, meint der General. Ciban fühlt sich durch diese Bemerkung keineswegs beruhigt. Er wünscht bei Gott, daß der Papst besser auf Casaroli und andere, die ihm die Absage des Besuchs dringend anrieten, gehört hätte. Statt dessen hatte Johannes Paul gesagt, er habe nichts gehört, was als hinreichender Grund für einen Sinneswandel in Betracht komme. Während des Fluges hatte Ciban Johannes Paul über die Situation unterrichtet. Die Reaktion des Papstes hatte den harten Sicherheitsbeamten zutiefst bewegt. Der Papst hatte Ciban in die Augen gesehen und schlicht und einfach »Ich vertraue auf Gott« geantwortet.

Vor den Augen der unbewegt wirkenden Beamten des Außenministeriums küßt der Papst die türkische Erde, als er seinen Fuß darauf setzt. Er erhebt sich und sieht zu den Soldaten hinüber.

Noé neben ihm murmelt: »Es werden keine Reden gehalten.«

Johannes Paul nickt und wendet den Blick ab. Er hatte eine kostbare Stunde damit verbracht, die korrekte Aussprache türkischer Begrüßungsfloskeln zu üben.

Langsamen Schrittes geht er zu dem Bus, der ihn und sein Gefolge – darunter auch Kardinal William Baum von Washington und vier weitere Kardinäle – nach Ankara befördern soll. Der Bus hängt sich hinter einen Panzer, ein zweiter Tank folgt. Während der dreiviertelstündigen Fahrt in die Stadt – der Flugplatz liegt gut 35 Kilometer außerhalb – lassen die beiden Kampfwagen ihre Geschütztürme kreisen. In Ankara gibt es nur wenige Katholiken neben ein paar tausend orthodoxen Christen, die ihrerseits größtenteils die letzten Überlebenden des Oströmischen Reiches darstellen. Diese geringe Zahl an Christen ist einer der Gründe für den Beschluß der türkischen Regierung, den Papst lediglich als Staatsoberhaupt eines kleinen Landes mit diplomatischen Beziehungen zur Türkei zu behandeln. Flächenmäßig ist der Vatikan kaum größer als so manches Dorf, das der Papst auf dem Wege nach Ankara berührt.

Johannes Paul ist nicht als Oberhaupt der Kirche gekommen – die Türken hatten die Einreiseerlaubnis davon abhängig gemacht. Seit seiner Ankunft tut das Regime alles Erdenkliche, um den Besuch herunterzuspielen; er kommt den türkischen Machthabern, ehrlich gesagt, sehr ungelegen. Die Verhältnisse im Lande sind unsicherer denn je. Durchschnittlich alle acht Stunden wird ein politisch motivierter Mord begangen. Die Beziehungen der Türkei zum benachbarten Iran sind heikel; denn das mörderische Regime des Ajatollah Khomeini läßt seiner Wut freien Lauf. In ihrer Teheraner Botschaft hält Khomeini fünfzig Amerikaner als Geiseln gefangen. Nachdem er jüngst die Vereinigten Staaten besuchte, ist auch der Papst in den Augen des Ajatollah eines jener Werkzeuge des westlichen Imperialismus, die seiner Auffassung nach in den ›Mülleimer des Todes‹ gehören. Und das türkische Regime vermutet nicht zu Unrecht, daß Khomeinis frösteln machende Ansicht auch auf ein Land übertragen wird, das jemanden, der beim Ajatollah in Ungnade gefallen ist, so freundlich gegenübertritt. Alles in allem kommt also Johannes Pauls Besuch der Regierung jener fünfundvierzig Millionen moslemischen Türken höchst ungelegen.

Und darüber hinaus gibt es noch Agcas Drohung. Der Ministerpräsident hat angekündigt, daß buchstäblich Köpfe rollen werden, wenn Agca seine Drohung irgendwie wahrmachen sollte. In den letzten vierundzwanzig Stunden gab es annähernd zweihundert Festnahmen. Wer auch nur im leisesten Verdacht steht, Agca zu kennen, wird verhört. Noch aber hat sich seine Spur nicht gefunden.

Der Papst wird in die Kapelle der italienischen Botschaft in Ankara gebracht, wo er in kluger Würdigung des Islam ausführt, daß die Muslimen Jesus als Propheten verehrten und der Jungfrau Maria huldigten und sie sogar in ihren Gebeten anriefen. Zur Bestätigung seiner Worte zitiert er aus dem Koran.

Zum Höhepunkt des Besuches fliegt der Papst mit seinem Gefolge nach Istanbul, dem Konstantinopel der alten Kirche. Überall dort finden sich die Zeugnisse aus christlicher Zeit. Paul war zehn Jahre zuvor einmal hier gewesen. Damals hatte es keine Drohungen gegeben. An diesem Donnerstag, dem 29. November 1979, begrüßt Johannes Paul Dimitrios den Ersten, der immer noch den alten Titel ›Ökumenischer Patriarch von Konstantinopel‹ trägt. In Dimitrios' St.-Georgs-Kathedrale feiern der Papst und der Patriarch gemeinsam die Eucharistie. Zwei türkische Soldaten sitzen mit der Maschinenpistole auf den Knien nur wenige Schritte von den betenden Kirchenfürsten entfernt; den beiden dürfte die Bedeutung des Augenblicks wohl kaum bewußt sein. Johannes Paul ist der erste Papst, der seit dem Schisma des Jahres 1054 einer orthodoxen Messe beiwohnt. Wie der Handvoll Vatikanologen, die den Papst auf dieser Reise begleiten, nicht entgeht, achtet Johannes Paul jedoch sorgfältig darauf, nicht als Teilnehmer, sondern lediglich als Zeuge zu erscheinen.

Die beiden Kirchenväter bedenken ihre jeweiligen ›Schwesterkirchen‹ wechselseitig mit ein paar unerschrockenen Worten. Dann

471

tauscht man Geschenke aus, und Johannes Paul gibt seiner Hoffnung Ausdruck, zum Zeichen des »ungeduldigen Verlangens nach Einheit« in Kürze schon mit Dimitrios betend am Grabe des Apostels Petrus knien zu können.

Niemand ist so unfreundlich und fragt, wann das der Fall sein werde. In der gespannten Atmosphäre Istanbuls möchte niemand aus der Umgebung des Papstes eine solche Frage erörtern. Wie man Ciban zu Noé sagen hörte, sei es das Hauptanliegen aller, »den Heiligen Vater heil nach Hause zu bringen«.

Am Freitag, dem Fest des heiligen Andreas, zelebriert der Papst mit Dimitrios die Messe zu Ehren des Heiligen. Nachdem so dem Zweck dieser seltsam-grotesken Pilgerfahrt Genüge getan ist, tritt Johannes Paul im Schutz eines waffenstarrenden Sicherheitskordons die Rückreise an.

Obschon Agca den angedrohten Anschlag nicht verübte, befindet er sich noch immer auf freiem Fuß.

*

Offiziere des Militärischen Nachrichtendienstes, MIT, haben seine Spur aufgenommen. Während sich die Maschine des Papstes in den Himmel über der Türkei schwingt, sind MIT-Agenten mit zwei Wagen bereits unterwegs. Die Fahrt geht nach Erzurum in Ostanatolien, wo die Türkei an Iran und die UdSSR grenzt. Die Landschaft zu beiden Seiten der endlosen Piste ist aschgrau, rostrot oder gelbbraun, je nachdem.

Schließlich haben die MIT-Männer die Gebirgsstadt Erzurum erreicht. Sie wollen einen Mann namens Timar Selcuk verhören, der sich seinen bescheidenen Lebensunterhalt als Fremdenführer verdient, indem er den wenigen Sommertouristen auf Verlangen Erzurums imposante Festung aus byzantinischer Zeit zeigt. Die MIT-Offiziere haben ihn jedoch im Verdacht, weitaus mehr Geld zu verdienen, indem er sich als Führer illegaler Grenzgänger verdingt und seine Kundschaft über die türkisch-iranischen Grenzpässe schleust.

Selcuk zeigt sich erstaunlich entgegenkommend.[4] Als ihm ein Foto Agcas gezeigt wird, gibt er unumwunden zu, den Mann zwei Tage zuvor im Efes, einem der bescheideneren Hotels der Stadt, getroffen zu haben. Agcas Identität sei ihm nicht bekannt gewesen, insistiert Selcuk. Richtig sei jedoch, daß er Agca auf dem Schmugglerpfad durch die Berge ein Stück Weges geführt habe.

Die MIT-Leute drängen: Warum nur ein Stück des Weges? Warum nicht bis auf iranisches Territorium?

Selcuks Antwort klingt plausibel: Einerseits sei ihm das wegen der Amok laufenden Killerbanden Khomeinis zu gefährlich gewesen; andererseits habe unterwegs jemand auf sie gewartet und Agca übernommen.

Die MIT-Männer verlangen eine Personenbeschreibung, aber Selcuks Angaben sind nur vage. Ungeduldig geworden, zeigt ihm einer der Agenten ein Foto. Selcuk betrachtet es eingehend und sagt dann, jawohl, das sei der Mann, der unterwegs zu ihnen gestoßen sei.

Die Fotografie zeigt Teslin Tore.

Je deutlicher Johannes Paul seinem rigorosen Aktivismus frönte; je öfter er mit dem Hubschrauber italienische Arbeiterviertel besuchte; je größer sein Vergnügen, wenn er fortwährend Kinder hoch in die Luft hob; je häufiger er mit Erklärungen, Adressen, Predigten und Botschaften in den Medien auftauchte; je mehr es ihm gelang, seine sonntäglichen Angelus-Segnungen fernsehgerecht und nachrichtenwirksam zu gestalten; je mehr er schrieb; je mehr Probleme er anpackte; je mehr er nicht nur die unmittelbar vatikanische, sondern gar die Weltbühne zu beherrschen schien; je öfter er jeden nur möglichen Anlaß wahrnahm – zum Beispiel die Ernennung eines neuen Kurialbeamten, der Tod irgendeines mehr oder weniger wichtigen Kirchenmannes, das Erscheinen einer neuen vatikanischen Briefmarke gar –, um vor größerem Publikum zu sprechen; je häufiger und wirksamer er dies und noch vieles andere tat – desto rätselhafter und beunruhigender wurde er in den Augen seiner Kritiker.

Man attackierte ihn auf allen Ebenen. Während man einräumte, daß er zweifellos der rechte Papst zur rechten Zeit sei, und sei es auch nur, weil er den die Kirche und die profane Welt durchdringenden revolutionären Wandel erkenne, ging man zum Angriff über, weil er sich von der päpstlichen Tradition ganz offensichtlich nicht lösen wollte. Wohl wahr, er schien sich der Funktion aller öffentlichen Sakramentalien – wie Weihungen oder Segnungen – zutiefst bewußt zu sein. Prozessionen und zusätzliche liturgische Weihen ließen unfehlbar erkennen, daß sie zu den beherrschenden Faktoren seiner ungekünstelten Gottesverehrung gehörten. Religiöse Prachtentfaltung vor entsprechend ehrfürchtig-beeindruckten Menschenmassen schien ihn zu stimulieren. Die Kritiker des Papstes behaupteten, diese sehr äußerlichen Hinweise auf die Einzigartigkeit seiner Kirche betonten nur die Unterschiede zu anderen Formen des christlichen Gottesdienstes. Mit besonderer Kritik bedachte man Johannes Paul, weil er den verbrämten Rahmen seiner Mittwochsaudienzen in der Nervi-Halle oder, bei schönem Wetter, auf dem Petersplatz so offensichtlich genoß: Kardinäle in hermelinbesetzter roter Seidenrobe, mit Hellebarden bewaffnete Schweizergardisten unter Helm und Küraß, Erzbischöfe und Bischöfe, Äbte und Ordensobere in vollem Ornat. Dieses Drumherum, sagten die Kritiker, trage nicht zum Ökumenismus bei und sei wohl kaum geeignet, Herz und Verstand von Millionen anderen Christen zu gewinnen, die sich Johannes Pauls Interpretation des Mysteriums sowieso nicht unbedingt zu eigen machten oder seine Anschauungen über die wahre Wirklichkeit des Menschen nicht zwangsläufig teilten.

Solche Kritik nahm Johannes Paul mit stoischer Ruhe hin. Gelegentlich unterhielt er sich, meistens bei Tisch, mit seinem Stab über den einen oder anderen Vorwurf. Er akzeptierte, daß viele Angriffe das Werk ihrer Fehleinschätzung päpstlicher Motive wegen sattsam bekannter Kritiker seien. Diese Kritik sei Teil eines größeren Problems, mit dem jeder neue Papst zu kämpfen habe: nach der anfänglichen Euphorie die Erkenntnis der wahren Realität vermitteln zu müssen. Die Kritik wurde zurückgewiesen, denn niemand begriff, daß Johannes Paul die zeitlose Macht und Amtsautorität des Papstes absichtlich neu herausstrich. Denn damit wollte er daran erinnern, daß die Triade Papst-Pontifikat-Vatikan, so abgewandelt – hinderlich und widersprüchlich wie sie Nicht-Katholiken erscheinen mochte –, für einen Katholiken eine komplexe und tröstliche Instanz blieb, die mit einer von keiner anderen Konfession zu übertreffenden Bestimmtheit verdammte, verbot, urteilte, strafte, genehmigte und anordnete. Diesen klassischen Rahmen des Papsttums gedachte Johannes Paul auszufüllen. Er hielt es von Anfang an für wichtig, sich den Schein einer mystischen Führerschaft zu geben; er wollte deutlich machen, daß er in Wort und Tat das Charisma der Macht symbolisierte. Diese Absicht stand hinter der verstärkten optischen Hervorhebung des Traditionalismus, hinter dem lateinischen Wortlaut aller seiner offiziellen Erklärungen (Gianpaolo fand die lateinische Sprache nicht jederzeit für angebracht) und hinter dem Pomp und Glanz, der in Pauls letzten Jahren doch recht verblichen war. Auch diese Prachtentfaltung gehörte zu Johannes Pauls Vorhaben einer Neubelebung des Papsttums; er gedachte die Katholiken daran zu erinnern, im Papst den Stellvertreter Christi zu sehen, so daß Gehorsam oder Ungehorsam gegenüber dem Papst in Wirklichkeit Gehorsam oder Ungehorsam gegenüber Jesus sei.

Seine Verleumder ließen sich dadurch nicht besänftigen. Sie behaupteten, er zeige noch mehr als Paul zu seinen besten Zeiten alle Anzeichen eines Alleinherrschers; während es durchaus recht und billig sei, auf jeden Affront gegen sein Amt mit einer – wenn auch nicht unbedingt öffentlichen – Zurechtweisung zu reagieren, hätte er sich nicht notwendig auf die Behauptung des status quo versteifen müssen.

Als Beispiel wurde die erste bedeutsame Berufung in ein kuriales Amt genannt. Nach dem Tode des Kardinals Wright ersetzte der Papst ihn im September 1979 als Präfekt der Heiligen Kongregation für den Klerus durch Oddi, einen der einflußreichsten kurialen Reaktionäre, der seinerzeit das Gespräch mit Lefèbvre vermitteln half. Nach anfänglichem Erstaunen erfreute diese Ernennung die meisten Kurialbeamten, denn sie hätten wohl in ihren kühnsten Träumen nicht erwartet, daß der Papst sein Blatt so deutlich zeigte. Man nahm Oddis Ernennung als deutliches Signal dafür, wie der Papst die nach wie vor strittige Frage des Zölibats aus der Welt zu schaffen gedenke. Oddi als festverwurzelter Anhänger des traditionellen Kastensystems war die Aufgabe übertragen worden, dafür zu sorgen, jedem verständlich zu machen, daß das Priesteramt lebenslang und zölibatär gemeint sei und ausschließlich Männern vorbehalten bleibe. Das ganze Gerede um verheiratete Priester und ordinierte Frauen sei damit gestorben. Oddi werde schon für ein ordentliches Begräbnis sorgen.

Vielerorts war man bestürzt und entsetzt. Oddis Ernennung rief unter Priestern und Nonnen, insbesondere in den Vereinigten Staaten, eine Welle grollender Verärgerung hervor. Doch diese Kritik verlief größtenteils im Sande, noch ehe sie den Papst erreichte. In gewisser Hinsicht war das schade: nagender Ärger blieb und wuchs sich zur Rebellion aus, weil der Papst ehrlichem Protest vermeintlich absolut gleichgültig gegenüberstand.

Die Betroffenen gewannen den Eindruck, daß der jedermann anfänglich blendende Sonnenschein, und mit ihm so viele Hoffnungen und Erwartungen, erloschen sei; daß dieser polnische Papst in Wirklichkeit aus italienischem Holze geschnitzt sei; daß dieses Pontifikat trotz seiner hohen Blüte noch fest in erschöpftem Boden verankert sei; daß die feilgehaltene Weisheit ihrer verlockendsten Darbietung zum Trotz eine Enttäuschung bedeute.

Die Verteidiger der Amtsführung des Papstes – sie waren nach wie vor in der Mehrheit – verwiesen auf die Situation, die Johannes Paul geerbt hatte: immer weniger Kirchgänger; schwach besuchte Priesterseminare; eine sich immer eigenmächtiger gebende Kirche, die von innen und außen bedroht war. Mit jedermann verständlichen Worten versuchte Johannes Paul diesen Niedergang aufzuhalten. Manche hielten ihn für undemokratisch, aber wo stand denn geschrieben, daß die Kirche eine Demokratie zu sein habe? Johannes Paul tat, was Päpste schon immer getan hatten: er stützte den Glauben gegen die Anfeindungen einer Welt, die in seinen Augen immer böser wurde. Innerhalb des von ihm errichteten spirituellen Schutzwalls war für Hader und Zwietracht keine Zeit; jetzt galt es, sich der alten Wahrheiten zu besinnen, andernfalls wäre die Kirche verloren. Der Papst machte deutlich, daß sich die Dinge schon zu weit in Richtung Konformität entwickelt hätten, um nicht schließlich zur Unterwerfung unter weltliche Wertvorstellungen zu führen. Deswegen widersetzte er sich so energisch der Verwässerung traditionell geheiligter Glaubensgrundsätze.

Seine anscheinende Marienbesessenheit galt vielen als fragwürdig; Nicht-Katholiken würden dadurch nur verprellt, hieß es. Und manch einer fragte sich, ob Johannes Paul nicht zu weit gegangen sei, als er den Marienheiligtümern in Paraguay und Uruguay die Verantwortung für die gedeihliche Entwicklung der Kirche in den genannten Ländern zuschrieb – ohne auch nur ein mißbilligendes Wort für die beiden Regime zu finden, die jeden Katholiken – egal, ob Priester, Nonne oder Laie – verfolgten, der sich ihrer repressiven Politik nicht gewogen zeigte. Als man in Bolivien den 212. Militärputsch inszenierte, hatte Johannes Paul lediglich die Hoffnung geäußert, daß der Bruderkrieg aufhören werde, nachdem er zur Jungfrau von Copacabana (nur wenige im Vatikan hatten zuvor schon einmal etwas von dieser lokalen Schutzpatronin gehört) um Vermittlung gebetet habe.

Diese Kritiker erkannten nicht, daß die Marienverehrung in seiner slawischen Herkunft begründet lag. Maria ist Teil polnischer Spiritualität, die transzendentale Obrigkeit, die den Papst auf mancherlei Weise prägte. In Johannes Pauls Umgebung galt es als unrealistisch, zu erwarten, daß er von ihr ablassen würde. Maria half ihm die Verantwortung für die Erhaltung des Glaubens und der Ethik zu tragen; sie erinnerte an das historische Bewußtsein und das Dogma der Kirche und trug zur Aufrechterhaltung dessen bei, was der Papst selbst einmal »die objektive Bedeutung des Magisteriums« – die von Gott inspirierte Lehre – nannte.

Man fragte sich, was seine wiederholten Bezugnahmen auf seine Verpflichtung gegenüber dem Zweiten Vatikanum im einzelnen zu bedeuten hätte. Im zweiten Jahr seines Pontifikats hatte jedermann erkannt, daß die Versprechungen des Konzils noch ihrer Verwirklichung harrten, daß wahrhaftig noch ein weiter Weg zurückzulegen war, um die von Johannes Paul ersehnte »Reife der Entwicklung und des Lebens« zu erlangen. Die Hoffnung war dem Pessimismus gewichen. Seine Worte, vorrangigste Hauptaufgabe seiner Herrschaft sei es, »mit umsichtigen, aber ermutigenden Maßnahmen die exakteste Umsetzung der Richtlinien und der Tendenz des Konzils« zu fördern, bedeuteten nach Ansicht seiner Kritiker in Wirklichkeit, daß das Zweite Vatikanum nicht der Anfang, sondern das Ende einer Entwicklung gewesen sei. Strittige Fragen seien nicht wieder neu belebt, wohl aber von oben her entschieden worden. Befreiung und Reform hörten sich gut an, aber was sich Papst und Betroffene darunter vorstellten, käme sich etwa so nahe wie die beiden Pole – und dieser Pole gedenke es dabei zu belassen.

Diese Ansicht trug einer elementaren Tatsache keine Rechnung: daß das Zweite Vatikanum die Kirche zu einer Wegscheide geführt hatte. Es galt, schwere Entscheidungen zu treffen, die allein dem Papst oblagen. Johannes Paul hatte gar keine Möglichkeit, allen aus dem Konzil hergeleiteten Erwartungen und Forderungen stattzugeben. Andererseits konnte er die Realitäten der profanen Welt auch nicht ignorieren. Johannes Paul war in einer ›ausweglosen Lage‹, um die Worte eines seiner Apologeten zu gebrauchen. Schließlich entschloß er sich, im Falle gewisser Empfehlungen des Zweiten Vatikanums auf der Stelle zu treten. Zunächst gedachte er, andere Fragen zu erledigen. Die Alarmglocken würden eben weiter schrillen müssen, äußerte er seinem Stab gegenüber.

Seine Gegner bestreiten seine Einstellung gegenüber dem Kollegialitätsprinzip: es gebe keinen stichhaltigen Beweis einer breiteren Streuung der Macht und Entscheidungskompetenz; eine größere Verantwortungsteilung zwischen Johannes Paul und seinen Mitbischöfen sei nicht feststellbar. Des weiteren: nichts deute darauf hin, daß er in der kollektiven Weisheit des Episkopats eine Möglichkeit zur Lösung der anstehenden kritischen Fragen sehe, oder daß er eine Dezentralisierung seiner Amtsgewalt ernsthaft in Betracht ziehe. Es sei nicht zu erkennen, daß er in Kürze Gianpaolos Versprechen wahrmachen werde; statt dessen scheine die Bischofssynode, obschon sie häufiger tage, nur allzuoft als Resonanzkörper für die Beschlüsse des Papstes zu dienen. Mehr scheine von aller Kollegialität nicht übriggeblieben zu sein, behauptete die Kritik.

Natürlich war auch an diesen Vorwürfen wieder ein Körnchen Wahrheit. Er hatte den umstrittenen ›Brief‹ an seine Priester geschrieben; er neigte dazu, seinen Standpunkt – wie in Puebla – darzutun und es dann seinen Bischöfen zu überlassen, die Einzelheiten untereinander auszumachen. Er erwartete, daß sie den groben Grundzügen seiner Politik folgten. Er war an einer kircheninternen ›loyalen Opposition‹ als Regulativ nicht interessiert. Gleichwohl hörte er zu. *Wenn die Tür seines Arbeitszimmers auch nicht so weit offen war wie die Gianpaolos, versperrt war sie nun gewiß nicht. Während seines ersten Amtsjahres empfing Johannes Paul mehr Besucher als Paul in den letzten drei Jahren seines Lebens. Jedermann durfte sein Anliegen vorbringen; aber er wollte nicht beeinflußt werden. Irgendwo hörte die Kollegialität auf, andernfalls wären gewisse Funktionen des Papsttums dahin. So argumentierte die Verteidigung.*

Der Kurie war eine derartige Kontroverse größtenteils willkommen; divide et impera – himmlisch! Johannes Paul war so beschäftigt – mit anderen Problemen; er mühte sich redlich, das Papsttum unters Volk zu bringen, und widmete sich zunehmend der internationalen Arena –, daß er nach seiner anfänglichen, Wandel verheißenden Weigerung, die Ressortleiter für fünf Jahre zu ernennen, mehr als ein Jahr lang so gut wie nichts tat, was seinen Verwaltungsapparat beunruhigt hätte.

Unbeschadet dessen, was die Welt von diesem energischen, tatkräftigen Papst hielt – und das war sehr viel –, sah man in den Amtsstuben des Apostolischen Palasts in Oddis Ernennung den Beweis, daß der Papst gescheit genug sei, die kuriale Karte zu spielen. Die Zahl der weiblichen Bediensteten würde nicht nennenswert steigen, und überraschende Ernennungen gab es auch nur wenige. Die importierten Polen, die Johannes Paul beim ›Osservatore Romano‹, beim Vatikansender, in den Kongregationen, Ausschüssen, Tribunalen und Sekretariaten unterbrachte, waren Gott sei Dank konservativ. Selbst die Überraschungen brachten die Kurie nicht aus der Façon. Casarolis ›sostituto‹ war erstmalig kein Italiener, und ein Litauer fand sich plötzlich in die höheren Ränge des diplomatischen Dienstes des Heiligen Stuhls versetzt. Wohl interessant, aber die Erde bebte nicht.

Nichtsdestoweniger gaben sich Johannes Pauls Kritiker in den Reihen der Kurie untereinander zu verstehen, daß man sich trotz seiner Wärme, seines Stils, seiner bislang unbekannten Publikumswirksamkeit nach Pauls VI. Zeiten sehnte; man räumte gar ein, daß man sich unter Paul nach Pius verzehrt habe, was zumindest wohl beweise, daß jeder Generation die eigene Jugend unvergeßlich bleibe. Dennoch fand man Grund zur Klage. Es stimme zwar, daß Johannes Paul sich in ihren Amtsstuben gezeigt habe – wenn auch nicht so oft wie Gianpaolo, der unverhofft wie ein Kastenteufelchen aufgetaucht und verschwunden sei –, aber man müsse doch bemängeln, daß er anscheinend gar nicht wüßte, was er von ihnen eigentlich wollte. Er stelle zwar eine Menge Fragen, die Antworten aber scheine er so gut wie nie zu berücksichtigen. Weniger wichtige Dokumente stapelten sich bei Magee und Dziwisz auf dem Schreibtisch. Wenn die beiden den Papst damit behelligten, schiebe er die Sachen oft auf die lange Bank. Und ein ordentlicher Verwaltungsmensch sei er auch nicht; auf seinem Schreibtisch herrsche eine beträchtliche Unordnung, obschon er nur selten Mühe habe, ein wichtiges Schriftstück wiederzufinden. Manche Kuriale befürchten bereits, sie würden ganz geschickt übergangen; ein darob verstimmter Monsignore sagte: »Wir tun das Unsere, und der Papst tut das Seine, und nur selten ist es das gleiche.«

Im November 1979 kam dann das böse Erwachen. In ihren winzigen, schlecht und altmodisch möblierten Büros zwischen Aktenschränken und Papierkörben

– in denen, bösen Zungen zufolge, so viele von auswärtigen Priestern und Bischöfen eingereichte Vorschläge landeten – legten die Kurialbeamten ihre Arbeit beiseite und stellten sich eine einzige Frage: Was hatte es zu bedeuten, daß alle Kardinäle ganz kurzfristig nach Rom bestellt worden waren? Fernbleiben war nur durch schwere Erkrankung zu rechtfertigen. Den Kardinälen war befohlen worden, alle Termine abzusagen oder zu verschieben und sich im Vatikan einzufinden.

Der Grund für die kurzfristige Einberufung: der Papst gedachte mit seinen Kardinälen die Notwendigkeit einer Kurialreform zu erörtern. Nach viertägigen Debatten konnten die Bediensteten aufatmen. Obwohl aus der Sala Bologna durchsickerte, es solle Umstrukturierungen und Einsparungen geben, stellte sich heraus, daß man sich zunächst keine Sorgen zu machen brauchte. Es gab gewisse Rationalisierungen – ein winziger Einschnitt hier, Zusammenlegung von zwei kleinen Abteilungen dort. Keine dieser Maßnahmen aber bot Anlaß zu ängstlichem Herzklopfen. Den Kurienkardinälen war es tatsächlich gelungen, bei Johannes Paul durchzusetzen, daß ›die gegenwärtigen Strukturen im wesentlichen erhalten‹ blieben. Trotzdem wurde hier und da geäußert, der Papst habe die Kurie hereinzulegen versucht. Wo im Apostolischen Palast die Paranoia gedieh, hieß es, es werde noch schlimmer kommen; vielleicht nicht gerade morgen; aber kommen werde es! Denkt nur an unsere Worte! Der Papst ist unberechenbar. Man brauche sich schließlich nur einmal anzusehen, wie er das geheimste aller Geheimnisse – den Reichtum des Vatikans – offen zur Sprache gebracht habe.

*

Seinen hundertdreißig in der Sala Bologna versammelten Kardinälen eröffnete der Papst, es sei nun an der Zeit, zumindest ihnen gegenüber die Geheimniskrämerei aufzugeben und mit den Märchen und Fabeln über den Reichtum des Vatikanstaats und des Heiligen Stuhls Schluß zu machen. Er mahnte jedoch, nichts nach außen dringen zu lassen; daß er auf die Vertraulichkeit der Fakten eigens hinwies, ließ erkennen, daß er sehr wohl von undichten Stellen wußte, über die Einzelheiten immer wieder nach draußen sickerten.[1]

Die Bilanz war zunächst von Marcinkus erstellt worden. Zwei andere Finanzexperten des Vatikans – Kardinal Egidio Vagnozzi, der Präfekt für wirtschaftliche Angelegenheiten des Heiligen Stuhls, und Kardinal Giuseppe Caprio, der Verwaltungspräsident des Patrimoniums des Heiligen Stuhls – hatten das Zahlenwerk anschließend überarbeitet, noch ehe Casaroli endlich letzte Hand anlegte. Der einzige andere Kardinal, dem vorab Einblick in die Unterlagen gewährt worden war, hieß Sergio Guerri und war Gouverneur von Vatikanstadt. Von diesen Herren flankiert, kam der Papst sofort zur Sache.

Das Jahr 1979 endete mit einem Defizit von umgerechnet 20,2 Millionen Dollar. Für 1980 erwartete man einen Unterschuß von mehr als 28 Millionen Dollar. Der gegenwärtige Verlust entspreche einem Drittel des Jahreshaushalts. Bei Fortsetzung des Trends wäre der Vatikan, »in buchhalterischem

Sinne«, 1984 bankrott. Deshalb, fuhr Johannes Paul fort, sei es dringend nötig, »die Sache realistisch zu sehen«.

Man hörte keinen Laut. Felici erinnerte sich, die Atmosphäre sei noch gespannter gewesen als seinerzeit, da man hier in der Sala Bologna davon erfuhr, daß das KGB Gianpaolos Tod auszuschlachten versuchte. Johannes Paul hatte eine noch größere Gefahr für die Kirche zur Sprache gebracht.

Er sprach über eine Stunde, legte dar, daß sich der Vatikan seit 1975 in »ernsthaften wirtschaftlichen Schwierigkeiten« befinde. Paul habe den Haushaltsentwurf für 1975 abgelehnt und sofort wirksame, einschneidende Kürzungen verlangt.

Johannes Paul stellte fest, dies sei nicht möglich gewesen, da sich die vatikanischen Dienstkräfte während Pauls Pontifikat verdoppelt hätten. Die Gehälter schlügen nunmehr mit jährlich 22 Millionen Dollar zu Buche. Daß die Einkommen an die Kennzahlen der italienischen Wirtschaft gekoppelt seien, wirke sich bei einer dortigen Inflationsrate von über zwanzig Prozent besonders kostenträchtig aus.

Es gebe noch weitere, ebenso gewichtige Kostenstellen. Der Betrieb des Vatikansenders koste im Augenblick jährlich elf Millionen Dollar. ›L'Osservatore Romano‹ setze jährlich 2,7 Millionen Dollar zu. Die Gesamtkosten aller Druckerzeugnisse des Vatikans beliefen sich jährlich auf knapp fünfzehn Millionen Dollar.

Danach befaßte sich der Papst mit den zehn vatikanischen Museen. Trotz steigender Besucherzahlen und erhöhter Eintrittspreise sei nicht ein einziges in der Lage, Gewinn zu erwirtschaften. Unter dem Strich brächten die Museen einen Jahresverlust von zwei Millionen. Die Unterhaltungskosten der Sixtinischen und der anderen Kapellen, der Raffael-Loggien, der Vatikanischen Sammlungen und der prachtvollen Treppenhäuser überträfen die Einnahmen aus dem Eintrittskartenverkauf per saldo um 1,5 Millionen Dollar pro Jahr.

Die Verwaltungskosten der Diözese Rom seien auch gestiegen, sie beliefen sich jetzt auf 1,3 Millionen Dollar.

Und schließlich gebe es noch einen gewaltigen Posten: die Erfüllung des vornehmsten, des Missionsauftrages der Kirche. Der Unterhalt aller draußen eingesetzten Priester, Nonnen, Ärzte und Schwestern belaufe sich jährlich auf fünfzig Millionen Dollar.

Johannes Paul wandte sich den Einnahmen zu.

Er bezifferte den Peterspfennig für 1979 mit vier Millionen Dollar. Dieses von Katholiken aus aller Welt gesammelte Geld ist traditionell gedacht zur Finanzierung größerer karitativer Aufgaben, Katastrophenhilfe etwa, oder um die Kosten der Papstreisen oder größerer Kirchentreffen aufzufangen: unter Johannes XXIII. waren die Aufwendungen für das Zweite Vatikanische Konzil größtenteils aus dem Peterspfennig finanziert worden. Paul hatte dann mit diesen Geldern regelmäßig seine Haushaltsdefizite auszugleichen versucht.

Die von der Kongregation zur Verbreitung des Glaubens organisierten Sammlungen hätten 44 Millionen erbracht. Diese Einnahmen hätten sich im Verlauf der letzten drei Jahre nur geringfügig verändert; inflationsbereinigt seien sie gegenüber 1975 indes beträchtlich zurückgegangen.

Der Gewinn von acht Millionen Dollar aus Duty-free-Konzessionen des Vatikans sei auch niedriger als im Jahr zuvor ausgefallen.

Sonderbriefmarken hätten drei Millionen eingebracht; gegenüber 1977 eine Steigerung, aber das habe seinen Grund wohl in »besonderen Umständen«, meinte der Papst in Anspielung auf die beiden Konklaven des Jahres 1978. Mit Gewinnen in gleicher Höhe sei in den kommenden Jahren daher nicht zu rechnen.

Überschüsse aus weltweitem vatikanischem Immobilienbesitz hätten nicht mehr als neun Millionen Dollar erbracht.

Und dann kam Johannes Paul zur letzten Bilanzposition. Er bezifferte die Erträge aus vatikanischen Investitionen mit rund achtundzwanzig Millionen Dollar.

Zum ersten Male hatte ein Papst Zahlen offenbart – wenn auch nur hinter den vermeintlich sicheren Wänden der Sala Bologna –, die bisher immer nur einigen ganz wenigen Vertrauten seines Stabes zur Kenntnis gelangt waren.

Manche der Kardinäle hielten Johannes Pauls Bruch mit dieser strengen Tradition für bedeutungsvoll. Man warf Marcinkus neugierige Blicke zu; der aber blieb unbeteiligt und schwieg.

Trotz ihrer für Gianpaolo angestellten erschöpfenden Untersuchungen wußten nicht einmal Benelli oder Felici, wie die Finanzlage des Instituts für fromme Werke, IOR, im Augenblick wirklich aussah. Je näher er Johannes Paul gekommen war, desto verschlossener gab sich Marcinkus offenbar in Angelegenheiten der Vatikanbank. Angeblich war er immer noch wütend, daß im letzten Jahresbericht der Basler Bank für Internationalen Zahlungsausgleich – die BIZ analysiert regelmäßig den Devisenstand von Banken der zehn wichtigsten Industrienationen, der Schweiz selbst sowie die Situation von an sonstigen wichtigen Bankplätzen ansässigen Geldinstituten – die Fremdeinlagen bei der IOR für 1977 in Höhe von hundert Millionen Dollar erschienen. Benelli und Felici hatten überschlagen, daß beim IOR vatikanische Gelder in Höhe von 600 bis 700 Millionen Dollar lägen; die Gesamteinlagen der Bank beliefen sich auf annähernd 1,5 Milliarden US-Dollar.[2] Obendrein dürfte der vatikaneigene Immobilienbesitz mit ca. zwei Milliarden Dollar veranschlagt werden.

Von diesen Ziffern war beim Papst jedoch nicht die Rede.

Bernardin Gantin zum Beispiel war bestürzt. Ihm brauchte nicht besonders gesagt zu werden, daß sich mit Johannes Pauls Eröffnungen viele, wenn nicht gar alle von Gianpaolo ihm gegenüber umrissenen Pläne für die überschaubare Zukunft erledigt hätten: also keine zusätzlichen Kirchengelder für die Dritte Welt; keine Rede mehr davon, Kirchenfonds in stärkerem Maße humanitären statt kapitalistischen Zwecken zuzuführen und damit in den ärmeren Ländern Arbeitsplätze zu schaffen, um Hunger und Krankheit zu bannen. Wenn die von Johannes Paul vorgelegten Zahlen stimmten, blieb für solche Träumereien nur wenig oder gar kein Geld mehr übrig. Gantin befürchtete, daß der Vatikan seine Gelder wie bisher weiterarbeiten lassen würde. Trotzdem, von allen Kardinälen fragten sich nicht nur Benelli und Felici immer wieder, wie sehr die Vatikanbank IOR von der Sindona-Calvi-Affäre wirklich angeschlagen sei. Wurde die Lage schlimmer dargestellt, als sie eigentlich war?³ Hatte sich Johannes Paul raten lassen, die seinem Zahlenwerk folgende dringende Bitte um finanzielle Unterstützung – vermutlich dachte er an zusätzliche Gelder aus Diözesankassen und Kirchenfonds – hätte bei den Kardinälen nur dann Aussicht auf Erfolg, wenn er ihnen die Finanzlage des Vatikans in den düstersten Farben schilderte?

Die betroffenen Kardinäle wußten es nicht zu sagen. Außerdem hielten sie die Sala Bologna nicht für den geeigneten Ort, um solchen Fragen nachzugehen. Und da Johannes Paul nicht befragt wurde, brauchte auch Marcinkus nicht zu erklären, wie er und das IOR eine erstaunliche Serie finanzieller Katastrophen überlebten. Beim Verlassen der Sala Bologna fragte sich so mancher Kardinal, weswegen der noch immer neben dem Papst stehende Marcinkus so unbeschwert und sorglos aussehe. Lag seinem Verhalten eine triftige geschäftliche Entschuldigung zugrunde? Oder gab es vielleicht noch andere Ursachen?

*

Jedermann wußte, weswegen sich Johannes Paul mit Hans Küng befaßte. Im anhaltenden Nachhall des Amerika-Besuches wurde dem Papst unter anderem offen vorgeworfen, er sei mit dem amerikanischen Katholizismus außer Tritt gefallen, insbesondere was Fragen der Sexualität betreffe.

Diesen Behauptungen schloß sich Küng an. Er hatte sich im Rückblick mit Johannes Pauls erstem Amtsjahr befaßt. Küng bezweifelte den Anspruch des Papstes, ein wahrer geistlicher Führer zu sein, ein Hirte, ein Befürworter der Kollegialität, der Ökumene verpflichtet sowie weltoffenen Geistes zu sein. Küng fragte sich gar laut, ob der Papst ein Christ im geltenden Wortsinne sei? Niemand konnte sich erinnern, daß ein Papst zu seinen Lebzeiten je mit solchen giftigen, schmähenden und verleumderischen Behauptungen bedacht worden sei; nicht einmal Paul hatte solche Wutanfälle ausgelöst. Besonders heftig kritisierte Küng Johannes Pauls Auffassung von verschiedenen Rechten – das Recht des Priesters auf Heirat wurde nach Küng »im Evangelium und in den alten katholischen Wahrheiten« garantiert; das Recht, »nach gründlicher Gewissensprüfung«, mit offizieller Erlaubnis »dem Priesteramt zu entsagen«, statt der von diesem Papst durch einen Verwaltungsakt eingeführten unmenschlichen Praxis, einem solchen Dispensierungswunsch nicht zu entsprechen; das Recht der Theologen – vom Schlage eines Küng – auf freie Meinungsäußerung; das Recht der Nonnen, sich nach Gutdünken zu kleiden; das Recht der Frauen auf Priesterweihe, »das sich aus dem heutigen Verständnis des Evangeliums sicherlich herleiten läßt«; das Recht der Ehepaare auf Geburtenkontrolle durch Empfängnisverhütung.

Küngs diesbezügliche Veröffentlichungen wurden zur bis dato meistgelesenen Kritik an einem Papst. Manche glaubten, Vergleichbares ließe sich nur bei Luther finden. Andere sagten, Küngs Ausfälligkeiten seien noch schlimmer als jeglicher Ungehorsam der Jesuiten. In deren Falle hatte Johannes Paul das Vorhaben seines Vorgängers ausgeführt. Er hatte den todgeweihten

Generaloberen, Pedro Arrupe, zum Rapport bestellt und ihm vorgetragen, was er von seinem Orden erwartete: die sofortige Beendigung der Krise zwischen Kirche und Gesellschaft Jesu. Arrupe hatte versprochen, dafür zu sorgen. Damit schien der Fall endgültig erledigt zu sein. Bei Küng aber lagen die Dinge anders. Der publizierende Theologieprofessor, der die Grundsätze des Papstes persönlich angriff und zu allem Unheil auch nicht nachließ, die Gültigkeit des Unfehlbarkeitsdogmas in Abrede zu stellen, war mit ein paar scharfen Worten ganz offensichtlich nicht zum Schweigen zu bringen. Johannes Paul ließ sich Küngs dicke Akte kommen, die von der Heiligen Kongregation für die Glaubenslehre unter Verschluß gehalten wurde. Beim Lesen des Vorgangs packte den Papst eine heftige Wut, die er auch Felici, Benelli und Ratzinger, von denen er sich im Fall Küng beraten ließ, nicht verhehlte. (Der Papst hatte den Münchner Kardinal bereits als Ersatz für den leidenden Franjo Seper als Präfekt der Kongregation für die Glaubenslehre ins Auge gefaßt.) In theologischer Hinsicht teilte Ratzinger die Ansichten des Papstes; er war auch sonst aus dem gleichen Holze. Hinter seinem sanftmütigen Gehabe verbarg sich ein stählerner Wille, wie schon mancher seiner Diözesanpriester erfahren mußte. Über das Problem Küng hatten sich Johannes Paul und Ratzinger mehrfach ausgiebig telefonisch unterhalten.[4]

Mit nicht zuletzt ihn selbst verblüffender Eile wurde Küng nach Rom befohlen, dort in den dritten Stock des unfreundlichen Dienstgebäudes der Kongregation für die Glaubenslehre eskortiert und seinen Vorgesetzten vorgeführt. Sie hörten ihn an und urteilten schnell. Ausnahmsweise wurde der Spruch sogar durch das Pressebüro des Vatikans veröffentlicht; ein sicheres Zeichen, daß Johannes Paul der Welt Hans Küngs Schicksal nicht verheimlichen wollte: er galt nicht mehr als katholischer Theologe und verlor die kirchliche Lehrbefugnis.

Bis ins Jahr 1980 hinein hielt das Murren an. Der gesamte brasilianische Episkopat verweigerte Küngs Suspendierung seine Billigung. Die Deutsche Kirche schüttelte den Kopf: »Mein Gott!« Auch dieser Sturm schien sich nicht legen zu wollen.

Plötzlich und unerwartet rührte sich der Papst erneut. Er war gerade von einer triumphalen Afrika-Reise zurückgekehrt – sechs Länder, siebzig von eigener Hand verfaßte Predigten, ebenso viele Messen, und das alles bei kräftezehrender tropischer Hitze – und richtete sich auf die Feierlichkeiten zu seinem sechzigsten Geburtstag am 22. Mai ein, nach dem ein Frankreich-Besuch geplant war. Für diesen Augenblick entschied sich der Papst, um »diese Küng-Geschichte ein für allemal aus der Welt zu schaffen«. So äußerte er sich Ratzinger gegenüber am Telefon, als er den Kardinal über sein Vorhaben unterrichtete. In fehlerlosem Deutsch vertrat der Papst vor den deutschen Bischöfen mit Nachdruck Küngs Suspendierung. Er setzte Unfehlbarkeit begrifflich in die Nähe der »prophetischen Vision von Christus und der Kirche« und verstand darunter »das Amt Christi«, das ER selbst dem Apostel Petrus und mithin dem Papst übertragen habe. Aber Johannes Paul ging noch weiter und billigte auch den ein Konzil formierenden Bischöfen der Kirche zu, bei dieser Gelegenheit von jedem Irrtum frei zu sein.

Lambert Greenan notierte sich: »Küngs Schweigen ist ohrenbetäubend; der hat endlich seine verdiente Strafe weg!« Der Herausgeber teilte die allgemeine und befriedigende Ansicht des Vatikans, daß dieser Papst mit seinen Kritikern überzeugend umzugehen verstand und sich vor dem öffentlichen Beweis nicht scheute.

Aber dieses Pontifikat hatte auch eine geheime Seite, von der nur wenige Auserwählte etwas wußten. Sie rührte von einer noch größeren und zunehmend deutlicher werdenden Konfrontation her – der Auseinandersetzung zwischen Johannes Paul und jenen Kräften, die seiner Ansicht nach die Polnische Kirche ebenso bedrohten wie die in seiner geliebten Heimat noch verbliebenen kümmerlichen Reste der Freiheit.

✳

Johannes Paul hatte den Heiligen Stuhl von Anfang an mit der Weltpolitik in Berührung gebracht, obwohl er in seiner Antrittsrede eine gegenteilige Absicht bekundete. Er verurteilte Neutronenwaffen und Rassismus; er wurde im Streit um die Hoheitsrechte im Beagle-Kanal, einer Meeresstraße an der Südspitze Südamerikas, von Argentinien und Chile als Vermittler angerufen, um die drohende Kriegsgefahr zwischen den beiden Nachbarstaaten abzuwenden. Er äußerte sich häufig zur Lage im Nahen Osten. Niemand im Staatssekretariat hatte solche diplomatische Aktivität bei einem seiner Vorgänger erlebt. Dies war jedoch nur die sichtbare Seite; denn in anderen Fällen agierte der Papst im geheimen.

Diese heimliche Einmischung in die Politik ergab sich aus seinen immer schärfer werdenden Anspielungen auf den Kommunismus. Johannes Paul griff die ihm verhaßte Weltanschauung von verstandesmäßiger wie moralischer Seite her an. Schließlich war das von einem Papst, der eine unnachgiebige Politik gegen jegliche Unterdrückung zu einem der wesentlichen Grundzüge seines Pontifikats gemacht hatte, auch nicht anders zu erwarten. Teilweise reagierte er dabei auch auf die Kritik von Katholiken aus dem Ostblock und auf die Ansichten von strammen westlichen Antikommunisten, nach deren Meinung sich Zugeständnisse nur erreichen ließen, wenn die von Johannes XXIII. begonnene Politik – also der Übergang von starrer Ablehnung und Konfrontation zu Entspannung und Dialog – fallengelassen werde. Der Dialog werde weitergehen, aber unter Johannes Paul von einer realistischeren Ausgangsposition her geführt, um unter Einsatz seiner nicht unbeträchtlichen Möglichkeiten größere Glaubens- und Bürgerfreiheiten zu erreichen. Insgeheim aber ging der Papst weit über diesen für die Öffentlichkeit abgesteckten Rahmen hinaus. Symbolisch gesprochen, nahm er das Papsttum in seine kräftigen Hände und benutzte es als Waffe zum Schutz der in Polen ausgebrochenen Aufbruchstimmung. Die Risiken waren ungeheuerlich – für ihn selbst wie für jenen Mann in Polen, den er insgeheim beriet. Bisweilen muß sich der Papst gefragt haben, ob das Ergebnis nicht die empfindliche Stabilität der politischen Verhältnisse in ihrer beider Heimat zerstören würde. Trotzdem glaubte Johannes Paul – nachdem er einen Monat nach seiner

Rückkehr aus Krakau einen vertraulichen Bericht erhalten hatte, der sich mit den Auswirkungen seines Polen-Besuchs befaßte – keine andere Wahl zu haben. Unter den Mitgliedern der achtzehntausend polnischen Kirchengemeinden entwickelte sich eine Stimmung, an der die Herausforderung eines jungen Mannes schuld war, der nach dem Papst zur zweiten faszinierenden Gestalt der polnischen Gegenwartsgeschichte werden sollte: Leszek ›Lech‹ Walesa. Obwohl er internationale Berühmtheit erlangen wird, sehen die Polen in ihm die Personifizierung eines Traums. Er hatte versprochen, die regierungshörigen polnischen Gewerkschaften durch eine Organisation mit Biß und authentischer Macht – die zu gebrauchen man sich nicht scheuen werde – abzulösen. Diese Bewegung hatte sich den Namen ›Solidarität‹ gegeben, der Walesa eingefallen war, nachdem er die päpstliche Enzyklika ›Redemptor Hominis‹ gelesen hatte, in der zu ›gemeinsamem Handeln‹ ausdrücklich aufgerufen wurde. Walesa war der Führer seiner Bewegung, der ihre Ziele und Absichten am häufigsten artikulierte.

Im Juli 1979 hatte der Papst einen geheimen Brief an Walesa geschrieben und den Namen seiner Organisation ausdrücklich gutgeheißen.[5]

Damit entwickelte sich zwischen den beiden Männern eine Beziehung, von der im Vatikan nur Casaroli, Marcinkus, Dziwisz und Magee etwas wußten. Zu jeder Tages- und Nachtzeit rief Johannes Paul Walesa zu Hause in Danzig an und erörterte mit ihm die Geschehnisse. Die Gespräche waren kurz und harmlos; beide Männer waren sich nur zu deutlich bewußt, daß die polnischen Behörden Walesas Leitung mit an Sicherheit grenzender Wahrscheinlichkeit angezapft hatten. Der Papst rief aber in Danzig nicht an, um sich informieren zu lassen; dazu bediente er sich anderer Kanäle: die polnische Kirche versah ihn mit hervorragenden Lagebeurteilungen. Johannes Paul wollte Walesa hauptsächlich zu verstehen geben, daß er einen mächtigen Freund habe, der das Zustandekommen der ›Solidarität‹ entschlossen begünstige.

Der Papst erzählte seinen eingeweihten Vertrauten, daß Walesa sich vielleicht zur größten Herausforderung auswachsen werde, vor der die Vereinigte Polnische Arbeiterpartei je gestanden habe; sollte sich die Solidarität, die erste wirkliche unabhängige Gewerkschaft des Ostblocks, tatsächlich etablieren, würde sich auch die Lage in den übrigen osteuropäischen Ländern revolutionierend ändern. In seiner Umgebung hatte man bisweilen den Eindruck, der Papst glaube, daß Walesa mehr bewirken könnte als er selbst.

Auch auf seiner Frankreich-Reise – in deren Verlauf er die französischen Gläubigen immer wieder schalt, daß die Zahlen der Kindstaufen nur deshalb rückläufig verliefen, weil Kirchenbesuch und kirchliche Trauungen immer mehr zurückgingen und zunehmend weniger Männer und Frauen sich zum Dienst in der Kirche berufen fühlten; weil die Beherzigung traditioneller Verbote von Scheidung und Geburtenkontrolle sehr zu wünschen übrig lasse und die Unabdingbarkeit des Zölibats zunehmend bestritten werde – hielt Johannes Paul mit Walesa Kontakt.

Der Papst gemahnte den Gewerkschafter zur Vorsicht. Casaroli hatte aus Osteuropa Hinweise bekommen, daß sich die Russen von der ›Solidarität‹ zunehmend beunruhigt fühlten.

Nachdem er die Franzosen ordentlich zurechtgestaucht hatte und wieder in den Vatikan zurückgekehrt war, entwarf Johannes Paul mit Casaroli einen Brief an Walesa. Der Papst schrieb, daß er weiterhin zu Rat und Unterstützung aus dem Hintergrund fest entschlossen sei, wiewohl der Gewerkschaftsführer nunmehr eine Politik der Mäßigung verfolgen müsse; für überstürzte Aktionen sei im Augenblick nicht die rechte Zeit; es sei jetzt eine Phase friedlicher, bedächtiger Fortschritte gekommen. Ein Kurier brachte das Schreiben nach Polen. Am Mittwoch, dem 11. Juni 1980, kehrte der Mann mit Flug LOT-303 nach Rom zurück und wurde von einem Dienstwagen des Vatikans auf dem Leonardo-da-Vinci-Flughafen erwartet. Im Apostolischen Palast zog er Walesas Antwort aus seinem Diplomatenköfferchen. Walesa schrieb, er werde vorsichtig sein, könne und wolle aber im Augenblick die Eigendynamik der Ereignisse nicht stoppen.

Der Papst berief in seinem privaten Arbeitszimmer sofort eine Konferenz ein.[6] Anwesend waren Casaroli, Marcinkus und Dziwisz. Man erörterte die wichtige Frage: Wie wird die Sowjetunion höchstwahrscheinlich auf die Solidarität reagieren? Denn die Vereinigte Polnische Arbeiterpartei würde ihr Stichwort aus Moskau bekommen. Man prüfte eine Anzahl Möglichkeiten. Die Russen würden nichts tun. Die Russen würden über das polnische Regime politischen Druck ausüben. Die Russen würden gegen die polnischen Arbeiter militärisch vorgehen lassen. Die Russen würden selbst intervenieren – und in Polen einmarschieren.

Die erste Möglichkeit war schnell erledigt. Jedem war klar, daß die Russen irgendwie reagieren würden. Casaroli hielt kräftigen politischen Druck – zumindest zunächst einmal – für eine realistische Möglichkeit. Das polnische Regime würde die Solidarität mit Drohungen einzuschüchtern versuchen; man würde Zweifel auszustreuen und Zwietracht zu säen versuchen, um Gewerkschaftsführung und Arbeiterschaft zu entzweien. Man würde mit einer Verbesserung der Konditionen und der allgemeinen Versorgungslage locken und Erleichterung gewisser Restriktionen versprechen. Kurz und gut, man würde auf das Standardrepertoire zurückgreifen, um die Polen daran zu erinnern, daß der Status quo besser als eine fragwürdige Zukunft sei.

Das Argument war plausibel. Marcinkus aber war nach wie vor davon überzeugt, daß man Gewalt anwenden würde. Das sei schon immer so gewesen. Bedrohungen ihrer Existenz würden von der Sowjetunion traditionell gewaltsam beseitigt.

Johannes Paul pflichtete ihm bei. Die Frage sei dann aber: Entschieden sich die Russen für mittelbare Gewalt – oder schafften sie das Problem selbst aus der Welt?

Anhand der vorhandenen Erkenntnisse – sie entstammten zumeist dem Staatssekretariat aus Osteuropa zugeleiteten Berichten – konnte man sich hier nicht festlegen.

Man beschloß daher, König bei künftigen Beratungen hinzuzuziehen. Wegen seiner einzigartigen Kenntnis der sowjetischen Intentionen und auf Grund seiner weit hinter den Eisernen Vorhang reichenden Verbindungen *werde der Wiener Kardinal-Erzbischof wohl am ehesten wissen, was die Russen zu tun beabsichtigten.*

Casaroli, der seit seinem Amtsantritt besondere Beziehungen zur CIA gepflegt hatte, griff wieder einmal auf deren Erkenntnisse zurück.[7]

Es galt aber auch noch andere Angelegenheiten zu erörtern, zum Beispiel stand dem Papst seine bislang anstrengendste Auslandsreise bevor: ein zwölftägiger Besuch in Brasilien. Siebenundvierzig Reden würde er halten müssen; er hatte eigens Portugiesisch gelernt, um die hundert Millionen Katholiken des Landes, die größte katholische Einzelbevölkerung der Welt, in ihrer Muttersprache anreden zu können. Unter Anleitung eines Privatlehrers beschäftigte er sich unter Zuhilfenahme von Übungsschallplatten zwischen Mitternacht und zwei Uhr früh mit dem Portugiesischen. Inzwischen konnte er die Entwürfe seiner Reden und Predigten schon selbst in diese Sprache übertragen.

Die Reise begann Ende Juni. Es war dafür gesorgt, daß der Papst über die Ereignisse in Polen auf dem laufenden gehalten wurde.

Arns und Lorscheider begleiteten Johannes Paul durch das anscheinend endlose Land mit seinen quälenden Sozialproblemen. Die Gegensätze des Landes beunruhigten den Papst sichtlich: Slums neben Wolkenkratzern; hier unglaublicher Reichtum, dort unvorstellbare Armut. Eine lächelnde Militärregierung kann den Papst nicht darüber hinwegtäuschen, daß in diesem Lande während der letzten zehn Jahre neun Bischöfe eingesperrt, vierunddreißig Priester gefoltert und mindestens acht umgebracht wurden.

Wie üblich hat Johannes Paul die dem Anlaß seines Besuches entsprechenden Worte gewählt. Nachdem er sich zu Scheidung, Abtreibung und Geburtenkontrolle geäußert hat, findet er mutige Worte zur Notwendigkeit einer Bodenreform, reklamiert die Rechte der Minderheiten und macht am 10. Juli in Manaus bezeichnenderweise die Rechte der Arbeiter, einschließlich das auf Streiks, geltend.

Am Tage zuvor war er vom Vatikan informiert worden, daß sich die Solidarität zu einem Arbeitskampf rüste. Walesa habe mitteilen lassen, daß er – wenn man seinen Forderungen nicht entgegenkäme – zum Generalstreik aufrufen würde.

Der Papst setzte seinen Besuch fort, dabei betonend, daß das Geistliche den Vorrang habe und Priester sich aus der Politik herauszuhalten hätten. Das Pikante und Ironische seiner Worte war aus seiner Stimme nicht herauszuhören.

Der Besuch endete mit einem Dämpfer. Obwohl manche glaubten, daß sich nur so der Einfluß der Kirche in den Kistenholzstädten festigen lasse, verbot es der Papst seinen brasilianischen Bischöfen in aller Schärfe, verheiratete Männer zu Priestern zu weihen. Der Papst ließ sich auch nicht dadurch besänftigen, daß man zu bedenken gab, nur so ließe sich in den Slums der Rückhalt der Befreiungstheologie abbauen.

Auf dem langen Rückflug nach Rom sprach der Papst kaum noch über die nun hinter ihm liegende Visite. Seine Gedanken galten den Ereignissen in Polen. Öffentlich konnte er nichts tun. Casaroli hatte warnend darauf hinge-

wiesen, daß die friedliche Durchsetzung der Solidarität durch eine öffentliche Stellungnahme verzögert, wenn nicht gar verhindert werde. Der Papst sah das ein. Gleichwohl widersetzte er sich jedem Gedanken, Walesa zur Aufgabe seiner Pläne zu bewegen. Nach einem Jahr verdeckter päpstlicher Unterstützung sei das dem jungen Gewerkschaftsführer, der in Polen ohnehin schon beträchtlichem Druck ausgesetzt sei, nicht anzutun.

Den Sommer verbrachte Johannes Paul in Castel Gandolfo. Auch in seiner Sommerresidenz berief er immer wieder Geheimkonferenzen ein. Nach und nach spitzte sich die Frage auf einen einzigen Punkt zu: Wie könnte der Papst am besten intervenieren?

Am Montag, dem 4. August, erhielt Johannes Paul die gefürchtete Nachricht. Königs feines Ohr hatte in Wien vernommen, daß die Russen ernsthaft mit dem Gedanken spielten, dem polnischen Regime eine Säuberungsaktion vorzunehmen zu befehlen, sich der Führer der Solidarität zu bemächtigen und damit gleichzeitig die Bevölkerung zu warnen, daß im Falle weiterer Unruhen das Kriegsrecht eingeführt werde. Sollte sich der Widerstand erheben, werde die Rote Armee in Polen einmarschieren. Die Lage war ausgesprochen ernst.[8]

Johannes Paul allein weiß, wann sein Entschluß fiel, daß er – er allein – dringend etwas unternehmen müsse; vielleicht faßte er den Entschluß bei einem seiner Morgenspaziergänge in den Gärten von Castel Gandolfo; vielleicht beim Essen mit seinen Sekretären, vielleicht aber auch, während er im Swimmingpool ein Dutzend Längen schwamm. Irgendwo und irgendwann in der ersten Augustwoche des Jahres 1980 beschloß Johannes Paul, den ungewöhnlichsten Brief zu schreiben, der je aus der Feder eines Papstes geflossen war.

Auf seinem privaten Papier mit dem päpstlichen Wappen schrieb Johannes Paul, eigenhändig und in russischer Sprache, einen ganzseitigen Brief an den Staats- und Parteichef der Sowjetunion, Leonid Breschnew.[9]

Der Papst teilte dem Staatschef drohend mit, daß er im Falle einer sowjetischen Invasion dem Thron Petri entsagen, nach Hause zurückkehren und an der Seite seiner polnischen Landsleute auf die Barrikaden steigen würde.

»In Christus, Ihr...«, schloß der Papst und adressierte den Umschlag, ebenfalls handschriftlich, an Leonid Breschnew, Kreml.

Fragte sich nur noch, wer den Brief nach Moskau überbringen sollte.

Einer der üblichen Priester-Kuriere des Staatssekretariats kam nicht in Betracht. Dafür war die Angelegenheit viel zu heikel, politisch einfach zu brisant.

König wäre der richtige Mann; aber seine Abwesenheit von Wien würde sicherlich nicht unkommentiert bleiben. Jemand aus dem Vatikan würde den Brief überbringen müssen.

Dziwisz kam seines vergleichsweise niedrigen ›Dienstgrads‹ wegen nicht in Betracht. Der Brief sollte Breschnew persönlich übergeben werden. Ein Monsignore, und sei er auch Privatsekretär des Papstes, war nicht bedeutend genug, um den Führer des mächtigsten kommunistischen Landes der Erde damit zu beeindrucken, daß der Papst ernstlich beabsichtige, sein Amt niederzulegen und sich in Polen an die Spitze des Widerstandes gegen die Rote Armee zu stellen.

Casaroli wäre nicht ungeeignet. Er sprach Russisch und kannte die sowjetischen Auffassungen. Der Staatssekretär wäre ein gewichtiger Emissär, der die Kremlherren zweifellos hellhörig machen könnte. Aber seine Abwesenheit vom vatikanischen Außenamt könnte ebenfalls zu unerwünschter Publizität führen, was Johannes Paul peinlichst zu vermeiden suchte.

Auch Marcinkus kam durchaus in Betracht. (Marcinkus' Einsatz als Kurier würde einigermaßen plausibel machen, weswegen er allen von ihm zu verantwortenden finanziellen Fehlschlägen des IOR zum Trotz noch eine beträchtliche Zeit im Amt blieb. Persönliche Gefälligkeiten kann der Papst so schnell nicht vergessen, und dieser Umstand dürfte Marcinkus geholfen haben, als 1982 von Johannes Paul verlangt wurde, seinen Bankier in die Wüste zu schicken.) Der Chef des IOR verfügt über beeindruckende Qualitäten. Er ist ein enger Vertrauter des Papstes. Sein Rat während der Polen-Spannungen war ebenso hilfreich wie Casarolis Lagebeurteilungen. Auch er sprach Russisch. Er würde sich von Breschnew nicht bange machen lassen, und seine Abwesenheit vom Vatikan würde nicht auffallen; denn in seiner Eigenschaft als Bankier des Vatikans mußte er oft kurzfristig eine Reise antreten, um irgendwo in der Welt den Geschäften des Heiligen Stuhls nachzugehen. Aber war er auch verläßlich?

Es heißt, der Brief sei in der zweiten Augustwoche in Moskau persönlich ausgehändigt worden. Es folgten zwei Monate einer intensiven, höchst geheimen Pendeldiplomatie zwischen Warschau, Moskau und Rom, die schließlich die Voraussetzungen für die Unterzeichnung der historischen Übereinkunft zwischen der Solidarität und der polnischen Regierung vom November 1980 schuf.

Am 12. November verkündete der Papst bei seiner Mittwochsaudienz in der Nervi-Halle seine »Freude über diese kluge und durchdachte Übereinkunft«. Er fügte hinzu, »die Reife, die in den vergangenen Monaten das Handeln Unserer Landsleute bestimmte, wird weiterhin für Uns charakteristisch sein«. Dies war das einzige Mal, daß er zu den Vorgängen in Polen öffentlich Stellung nahm.

Die Russen waren nicht einmarschiert. Breschnew aber konnte Johannes Paul dessen Untersützung der Solidarität weder vergeben noch vergessen. Dieser trotzige polnische Papst besaß in der Tat immensen Einfluß und wirkliche Macht. Seine Person versprach den sowjetischen Machthabern für die Zukunft weitere Schwierigkeiten.

Agca hat sich zum Tragen einer ›kefijeh‹ überreden lassen. Diese lose herabfallende arabische Kopfbedeckung wird lediglich von einer verknoteten Schnur gehalten. Eine ›kefijeh‹ schützt ebenso gegen die Kälte der Wüstennacht wie tagsüber vor den sengenden Sonnenstrahlen. Dazu trägt Agca Wüstenstiefel, die ihm Teslin Tore in Beirut besorgte. Sie passen gut zu seinem ausgeblichenen Kampfanzug der US-Army, der überzähligen Heeresbeständen entstammt und Jahre nach dem Vietnamkrieg seinen Weg in dieses Ausbildungslager in der libyschen Wüste, gut siebzig Kilometer südlich von Tripolis, gefunden hat. Das Camp liegt an der Straße nach Al-Qyaddahiyal, wo Oberst Muammar al Qathafi[1], der Führer dieses Wüstenvolkes, in einem Nomadenzelt geboren wurde. In einer ganz ähnlichen Behausung hat Agca die letzten beiden Monate gewohnt.

Einmal sah Agca Qathafis Hubschrauber über dem Lager schweben. Von seinem Instrukteur, einem kleinen, vierschrötigen Amerikaner, den jedermann schlicht ›Major Frank‹ nennt, weiß Agca, daß sich Qathafi gern und regelmäßig hierher fliegen läßt und das Lager aus der Luft betrachtet. Denn hier, so brüstet sich Major Frank gern, wird die ›crème‹ – die Terroristen-Elite – auf Herz und Nieren geprüft; es ist gewissermaßen ihr ›Examenssemester‹, wie Frank nicht müde wird zu behaupten.

Der Major ist der erste Amerikaner, mit dem es Agca je zu tun hatte. Anfänglich irritierte ihn das. Seit Jahren rangieren Amerika und die Amerikaner ganz oben auf seiner Haßliste. Das bleibt auch so, aber trotzdem findet Agca den Major Frank ganz passabel. Hauptsächlich wohl deswegen, denkt Agca, weil Frank so realistisch vom Töten spricht. Major Frank hat Agca gestanden, mehr als zwanzig Menschen umgebracht zu haben, und während des letzten Monats demonstrierte er, wie man einen Mord mit den unterschiedlichsten Waffen am besten bewerkstelligt. Agca war zutiefst beeindruckt. Er wüßte gern mehr über Major Frank; aber Fragen sind nach der Lagerordnung nicht erlaubt. Das ist eine zwingende Vorsichtsmaßnahme für den Fall, daß einer der ›Examenskandidaten‹ später verhaftet wird. Agca gerann das Blut in den Adern, als er von Frank erfuhr, was die Israelis mit gefangenen Terroristen anstellen.

Major Frank nämlich muß es wissen; denn er hat eine kurze Zeitlang israelische Offiziere die Methoden der Gegenspionage gelehrt. Damals war Frank Terpil noch CIA-Agent und gehörte zu den Sabotage-Fachleuten des Dienstes. Nun befindet er sich auf der Flucht vor der amerikanischen Justiz. Eine große Spruchkammer in Washington erhob gegen ihn Anklage wegen Lieferung von Sprengstoffen an Libyen, wegen Konspiration zur Ermordung eines Qathafi-Gegners, wegen Anwerbung ehemaliger amerikanischer Militärflieger für die libysche Luftwaffe und wegen Anwerbung von Einzelkämpfern (›Green Berets‹) für das Ausbildungslager, in dem sich Agca gegenwärtig befindet. Terpil ist wesentlich gefährlicher als die übrigen hundert Ausbilder im Camp. Das macht Terpil für Agca so attraktiv.[2]

Das Lager ist ganz anders als das syrische, in dem sich Agca mehr als zwei Jahre zuvor aufgehalten hatte. Mit politischen Vorträgen über die Geschichte der PLO und ihres langen Kampfes für einen palästinensischen Staat, über den bösen Zionismus oder den bedrohlichen westlichen Imperialismus wird man hier nicht behelligt. Solche Themen sind tabu. Agca hat schnell herausgefunden, warum. In diesem Camp befinden sich anscheinend Terroristen jeglicher politischen Couleur. Sie werden ausgebildet und verschwinden wieder. Niemand fragt, woher sie kommen, wohin sie gehen. Daß Fragen solcher Art nicht gestellt werden, gehört ebenfalls zu den festen Grundregeln dieses Lagers.

Im Augenblick richtet sich Agca für seinen Einsatz her. Er vertauscht ›kefijeh‹, Stiefel und Kampfanzug gegen einen in Ostdeutschland geschneiderten dreiteiligen Anzug. Der billige Koffer und seine übrigen Kleidungsstücke sind gleichen Ursprungs. In seiner Tasche befindet sich ein Flugschein der Lufthansa. Er weiß, daß Tore in der bulgarischen Hauptstadt Sofia auf ihn wartet.

Was seit Ende 1979, als ihn Tore auf dem Schmugglerpfad ostwärts von Erzurum in Empfang nahm, bis jetzt geschah, kann Agca in keinen logischen Zusammenhang mehr bringen. Mancher Einzelheiten ist er sich deutlich bewußt, anderer erinnert er sich nur lückenhaft. Die Psychiater werden sich später fragen, ob er sich in dieser Phase in katatonischen Stupor – in eine durch sogenanntes Spannungsirresein bedingte Stumpfsinnigkeit – ›verloren‹ hatte. Das würde ebenso die Gedächtnislücken wie Agcas erstaunliche Erinnerung an gewisse Einzelheiten erklären: er kann ganze Unterhaltungen wiedergeben; weiß, wer unfreundlich zu ihm war oder ihm geholfen hatte.

Des ersten Teils seiner Reise – von Nordwest-Iran gen Süden nach Syrien – erinnert er sich nur verschwommen; möglich, daß er dafür mehr als einen Monat gebraucht hat. Im Februar 1980 jedenfalls waren Agca und Tore in Damaskus. Dort hatten sie sich mit Kadem getroffen. Er nahm die homosexuelle Beziehung zu Agca sofort wieder auf und pflegte sie, bis er die Stadt verließ, um nach Libyen zu gehen, wie er Agca sagte. Ende April erschien Tore in der von ihm für Agca angemieteten Behausung mit einer zwei Tage alten Ausgabe des ›Milliyet‹. Darin war zu lesen, daß Agca von einem Istanbuler Gericht in Abwesenheit zum Tode verurteilt worden war. Agca erinnert sich, nur die Schultern gezuckt und stundenlang über den Bericht gekichert zu haben. Auch dieses Verhalten deckt sich mit seiner Geistesverfassung.

Als nächstes erinnert er sich, daß Tore ihm im Juni einen indischen Reisepaß gebracht hatte. Tore habe gesagt, »von nun an bist du Yoginder Singh«. Ebenso, wie er seinerzeit in der Türkei stundenlang sein Sparbuch betrachtet hatte, findet Agca jetzt ein nicht endenwollendes Vergnügen daran, den nur unzulänglich gefälschten Paß zu untersuchen.

Am 3. Juli erschien Tore noch einmal in Agcas Unterkunft und brachte ihm eine Reisetasche sowie fünfhundert amerikanische Dollar. Er schärfte Agca sorgfältig seine Instruktionen ein und ließ sie ihn zwecks Kontrolle wiederholen. Dann nahmen beide ein Taxi zum Internationalen Flughafen von Damaskus. Dort erhielt er von Tore einen Flugschein nach Sofia. Agca erinnert sich, daß sich Tore beschwert habe, zehn syrische Pfund als Flughafengebühr bezahlt haben zu müssen.

Vom Flughafen Vrajdebna nahm Agca ein Taxi zum Vitoscha-Hotel in der Innenstadt Sofias. Er bekam Zimmer 911, das bereits im voraus bezahlt war. Auf seinem Nachttisch fand Agca eine Nachricht der Hoteldirektion, daß ihm für Speisesaal und Zimmer-Service Kredit eingeräumt sei.

Am Abend des 5. Juli 1980 empfing Agca zwei Besucher: der erste gab sich als Omer Mersan aus, der andere stellte sich bloß mit ›Maurizi‹ vor. Agca war schnell davon überzeugt, daß beide Tore und Kadem kannten. Agca erinnert sich, daß er mehrere Stunden mit seinen Besuchern verbrachte.

Maurizi fragte Agca, was er seit seinem Auszug aus Yesiltepe gemacht habe. Er ließ ihn seine Haßliste vollständig herunterbeten. Er fragte Agca gründlich über dessen religiöse Überzeugungen aus und wollte das Notizbuch mit den Anmerkungen über Paul sehen. Maurizi blätterte es durch und ließ sich von Agca einzelne Eintragungen erläutern. Er fragte, warum er sich gezwungen fühle, einen Papst zu ermorden. Agca hatte seine Gründe genannt und dann etwas zu essen aufs Zimmer bringen lassen. Während der Mahlzeit war er von Maurizi weiter befragt worden. Er kam wieder auf Agcas religiöse Überzeugungen zurück, gab aber mit nichts zu erkennen, ob er sie billigte oder nicht. Schließlich ließ er von Agca ab. Mersan ließ sich von Agca den indischen Paß geben, blätterte ihn kopfschüttelnd durch und sagte, Agca habe gewaltiges Glück gehabt, mit einer so plumpen Fälschung über die Grenze gelangt zu sein. Er reichte den Paß Maurizi hinüber, der ihn einsteckte. Dafür zog Mersan einen anderen Reisepaß hervor. Das türkische Reisedokument mit der Nummer 136 635 lautete auf den

Namen Faruk Ozgun; eingestempelt waren Einreisevermerke von London (Heathrow), Paris (Charles de Gaulle) und München-Riem. Das Paßfoto zeigte Agca, aber sein Geburtsjahr war mit 1953 angegeben; man hatte ihn fünf Jahre älter gemacht. Mersan reichte Agca den Paß und wies ihn an, das Dokument bis auf weiteres bei allen seinen Reisen zu benutzen.

Danach waren die beiden Männer wieder gegangen. Mersan, ein in München residierender türkischer Schmuggler, hatte von da an mit der Operation nichts mehr zu tun.[3]

›Maurizi‹ aber ist den westlichen Nachrichtendiensten als Maurizi Folini bekannt; man weiß, daß er als übergeordneter KGB-Agent auf dem Balkan operiert und über gute Beziehungen zu den extremen Linken der italienischen Roten Brigaden verfügt.

In den folgenden vier Monaten traf Agca Folini bei zwei weiteren Anlässen. Beim erstenmal übergab er Agca fünfhundert Dollar Taschengeld. Das andere Mal informierte er ihn, daß Agca zur Ausbildung nach Libyen kommen werde. Als Agca in dem Trainingscamp eintraf, war auch Kadem dort; er verschwand aber kurz nach Agcas Ankunft. Die beiden sahen sich nie wieder.

Im Lager traf Agca weitere vier Männer, die in seinem Leben noch eine bedeutsame Rolle spielen sollten: Ali Chafic, Ömer Ay (ein türkischer Terrorist und Angehöriger der Grauen Wölfe), Ahmed Jooma und Ibrahim El Haya. (Im Dezember 1981 nannte die amerikanische Regierung die Namen von Chafic, Jooma und El Haya als Angehörige eines libyschen Kommandos, das unterwegs sei, um Präsident Reagan zu ermorden. Daraufhin wurde nach den dreien weltweit gefahndet. Im Januar 1982 wurde Ömer Ay in Hamburg von der Polizei festgenommen. Die Türkei verlangte seine Auslieferung, aber die deutschen Behörden gaben dem Gesuch nicht statt, da sich Ay zunächst für in der Bundesrepublik begangene Straftaten verantworten sollte.)

Die vier sind ebenso wie Agca in der Kunst des Mordens, Bombenlegens und der Durchführung sonstiger Terrorakte unterwiesen worden. Auf einem Sonderlehrgang wurden ihnen die erforderlichen Kenntnisse zur erfolgreichen Ausführung einer ›Operation‹ vermittelt – unter diesem Begriff versteht Terpil Mord im Gewühl einer Menschenmenge. Man hat sie auf die Wichtigkeit von Planung, Durchführung, Voraussicht möglicher Komplikationen und Schaffung von Ablenkungsmöglichkeiten hingewiesen. Man zeigte ihnen Lehrfilme von der Ermordung des Präsidenten Kennedy in Dallas und ließ sie erfolgreich durchgeführte Anschläge auf Politiker in Spanien und anderen Ländern analysieren. Schließlich wurden sie zu einem Team zusammengefaßt und übten unter dem gestrengen Auge ihres Ausbilders weiter.

*

Während die anderen im Lager zurückbleiben, muß sich Agca auf die Reise machen. Körperlich ist er noch besser in Form als nach dem Lageraufenthalt in Syrien. Im libyschen Camp mußte Agca regelmäßig zum Arzt, der ihm weitestgehend dieselben Fragen wie Folini stellte. Gegen seine Depressionen hatte ihm der Arzt zwei Medikamente verschrieben: Largactil und Phenelzin. Das letztere zeigte Nebenwirkungen, unter denen Agca noch immer leidet: trockener Mund, Verstopfung, Schwindelanfälle, Abschwächung der Libido, Schwierigkeiten beim Urinieren. Am schlimmsten aber sind die quälenden Kopfschmerzen, die ihn immer wieder unverhofft überfallen. Der Arzt sagte, daß auch sie zu den üblichen Nebenwirkungen des Phenelzins gehören, er müsse beide Medikamente aber trotzdem weiter einnehmen. Agca nahm dies zur Kenntnis und bekam einen Halbjahresvorrat ausgehändigt, den er beim Verlassen des Lagers im Koffer mitnimmt. In diesem Medikamentenvorrat sieht Agca den einzigen Hinweis darauf, daß seine Rückkehr ins Lager nicht vor Mitte 1981 vorgesehen ist. Aber selbst das ist nicht gewiß. Als die Boeing 737 der Libyan Airways in Tripolis abhebt, weiß Agca wahrscheinlich ebensowenig, daß er eine Reise angetreten hat, an deren Ende sein Name in den Geschichtsbüchern stehen wird.

*

Kardinal Sin kann kaum noch an sich halten. Seit Wochen wird er von allen Seiten bestürmt. Ferdinand und Imelda Marcos, dem Diktatorenpaar der Philippinen, war keine List zu schade, um den Papstbesuch zu ihrem eigenen Nutzen umzumünzen. Das Präsidentenpaar hatte sich um die Erlaubnis bemüht, in der Maschine des Papstes mitreisen zu dürfen. Außerdem hätten sie es gern gesehen, wenn Johannes Paul eine private Messe für sie gelesen hätte. Kurzum: sie versuchten auf vielerlei verschiedene Weise, den Aufenthalt des Papstes in ihrem Land in Billigung ihres autoritären Regimes zu verkehren. Sin hatte sich den beiden erfolgreich widersetzt; hatte zugleich aber noch schwere Auseinandersetzungen mit der ihm untergebenen Geistlichkeit: viele seiner Priester sind nicht allein gegen den Besuch, weil er dem verhaßten Regime entgegenkommt, sondern weil sie befürchten, daß Johannes Pauls Konservatismus für die Philippinen nicht das Richtige sei. Die Kirche hierzulande versucht sich nämlich von dem Vorwurf, nichts als die willfährige Helferin der Reichen und Mächtigen zu sein, loszumachen. Die philippinischen Priester und Nonnen geben sich noch offener militant als ihre lateinamerikanischen Amtsbrüder und -schwestern.

So die Lage, als Johannes Paul mit Gefolge am 17. Februar 1981 in Manila landet. Da man sich erinnerte, daß beim Besuch Pauls VI. ein Attentatsversuch unternommen wurde, sorgte das Regime dafür, daß Johannes Paul, kaum daß er philippinischen Boden geküßt hatte, von einem dichten Sicherheitskordon abgeschirmt wurde. Die Umstände erinnern sehr stark an den Besuch in der Türkei. Der mondgesichtige Sin bleibt ruhig. Er wartet darauf, daß der Papst seine Gedanken enthüllt.

Der Augenblick kommt am späten Nachmittag dieses ersten Besuchstages während eines offiziellen Empfangs durch das Ehepaar Marcos und in Anwesenheit einiger Regierungsmitglieder. Die Weltpresse wittert Verdruß und ist natürlich zur Stelle. Er läßt auch nicht lange auf sich warten. Mit fester und gemessener Stimme – erprobte Vatikanologen erkennen daran, daß sich Ärger zusammenbraut – weist Johannes Paul darauf hin, sein Besuch sei pastoraler Natur und erfolge »im Namen Jesu Christi«. Der Papst dreht sich ein wenig und sieht den Präsidenten samt Gattin geradeheraus an. Er läßt seinen eisigen Blick eine Weile auf den beiden ruhen. Johannes Paul ist verärgert, offenbar besonders schwer verärgert; denn er trägt seinen Angriff eiskalt vor. Er gibt zu verstehen, daß eine Verletzung der Menschenrechte durch nichts zu rechtfertigen sei, und wirft dem sich plötzlich unbehaglich fühlenden Präsidenten, seiner Frau und ihren Regierungsmitgliedern einen raschen Blick zu. Dann verurteilt er alles, was sich das Regime anlasten lassen muß und endigt mit einem direkten Appell an die anwesenden Minister, »jene Reformen und Maßnahmen vorzunehmen, die auf eine wirklich humane Gesellschaft abzielen, in der Männer, Frauen und Kinder bekommen, was ihnen zusteht, um in Würde leben zu können, und in der insbesondere den Armen und Unterprivilegierten die Hauptsorge gilt«.

Sin ist es zufrieden. Er hat dem Papst zu verstehen gegeben, daß der Besuch nur sinnvoll sei, wenn er Partei ergreife und dem Marcos-Regime in aller Deutlichkeit seinen Standpunkt klarmache.

Papst und Kardinal lassen die enttäuschten Regierungsvertreter mit ihren Problemen allein. Es sind noch weitere bittere Wahrheiten zu verkünden. Johannes Paul gedenkt, dem Klerus den Standort abzustecken. Vor Hunderten von Geistlichen sagt er in der Kathedrale zu Manila: »Ihr seid Priester und Ordensleute, aber keine gesellschaftlichen oder politischen Führer oder Vertreter weltlicher Macht.«

Bei seiner nächsten Ansprache geht er noch einen Schritt weiter. Vor vielen versammelten Priestern und Nonnen warnt er davor, Zuflucht zur Gewalt zu nehmen. »Der Weg zu eurer totalen Befreiung führt nicht über Gewalt, Klassenkampf und Haß, sondern über Liebe und friedlichen Gemeinsinn.«

Marcinkus und Casaroli entgeht nicht, daß diese Worte auch als Mahnung an andere gerichtet sind: Lech Walesa und seine Solidarność-Bewegung sollen nicht zu ungestüm drängen; nicht jetzt, wo schon so viel erreicht wurde.

Hier auf den Philippinen, denkt der Papst, habe er zwei Fliegen mit einer Klappe geschlagen: sowohl dem Regime wie seinem Episkopat klargemacht, daß sie sich zu bessern hätten, wenn sie Katholiken bleiben wollten.

Am 23. Februar fliegt Johannes Paul nach Norden weiter, um sich einem breiteren Problem zuzuwenden. Die Reise geht nach Japan, wo er in Hiroshima und Nagasaki über die Gefahren eines Nuklearkrieges spricht. Er findet Worte, die zu den schönsten seines bisherigen Pontifikats zu rechnen sind. Denken sie daran, daß Johannes Paul das ›dritte Geheimnis‹ von Fatima kennt, oder an den von Balducci am Vorabend des Konklave veröffentlichten Artikel? – jedenfalls sagen sich einige aus der Umgebung des Papstes, daß er eine atomare Katastrophe womöglich für näher bevorstehend hält als viele meinen. So findet die Asien-Reise des Papstes einen düsteren Ausklang.

*

Am 17. April 1981 wird Yitzhak Cahani, der jüngst ernannte Attaché an der israelischen Botschaft in Ankara, von einem Kontaktmann im MIT angerufen.

Cahani erfährt, daß sich Agca an der Universität von Perugia unter dem Namen Ozgun für einen Sprachkurs eingeschrieben habe. Ein türkischer ›Gelegenheitsarbeiter‹ – im Jargon des MIT ist darunter jemand zu verstehen, der irgendwo in Europa als Gastarbeiter sein Geld verdient und dem Dienst gelegentliche Informationen zuspielt – habe Agca erkannt. Cahani wird ganz aufgeregt, als sein Anrufer vom MIT ihm mitteilt, Agca sei in Begleitung zweier Männer gewesen, bei denen es sich der Beschreibung nach um Tore und Folini handeln müsse.[4]

Cahani ist ein findiger Kopf und professioneller Abwehrmann. Zu diesem Beruf gehöre es, so pflegt er gern zu sagen, »aus dem Lärm einzelne Stimmen heraushören« zu können. Das aber fällt auch Cahani, dem obersten israelischen Abwehroffizier in der Türkei, nicht immer leicht, denn oft klingt die ›Geräuschkulisse‹ seltsam verzerrt. Die einzelnen Anarchistengruppen lügen ganz selbstverständlich, was aber auch bei den türkischen Sicherheitskräften, der MIT eingeschlossen, nicht anders ist. Nach allem, was er inzwischen weiß, gelangt Cahani indes trotz vorsichtigster Einschätzung zu der Ansicht, daß Agca nicht bloß ein weiterer türkischer Durchschnittsterrorist ist.

Das beweist auch seine eigene, immer umfangreicher werdende Akte über Agca. Zum einen ist da die Tatsache, daß die Operation zur Befreiung Agcas aus seinem Istanbuler Gefängnis von einem Professionalismus gekennzeichnet war, an dem selbst der MOSSAD nichts auszusetzen fände. Obschon Agcas Flucht von Türken bewerkstelligt worden war, standen wahrscheinlich Berater des KGB oder anderer östlicher Geheimdienste hinter ihnen. Der Verdacht allein hätte genügt, um Cahani zu alarmieren; aber es kam noch anderes hinzu. Agca ist nach wie vor in Freiheit, obwohl die Interpol-Fahndung nach ihm höchste Dringlichkeitsstufe hat – das heißt, jede der angeschlossenen Polizeien hat bei Erkennung sofort zur Festnahme zu schreiten. Trotzdem pendelte Agca in den letzten drei Monaten zwischen der Bundesrepublik und der Schweiz lautlos und unbehelligt hin und her. Jedesmal verschwand er durch das berühmteste aller Schlupflöcher – den Ausländergrenzübergang ›Checkpoint Charlie‹ in Berlin. Cahani hatte sich mitfühlend angehört, welcher Kummer die Kollegen seines MIT-Gewährsmannes plagte, die sich an Agcas Fersen gehängt hatten. Deutscherseits wurden die MIT-Fahnder von Angehörigen des Bundesnachrichtendienstes, BND, begleitet. Anscheinend hatte der BND die türkischen Kollegen wissen lassen, daß man Agca wegen seiner beiden in der Türkei begangenen Morde auf deutschem Boden nicht verhaften werde; man fürchte Racheakte von seiten einer der vielen türkischen Terroristengruppen, die sich in der Bundesrepublik eingenistet hätten.[5] Davon ganz abgesehen war es durchaus möglich, daß es der BND für sinnvoller hielt, Agca vermeintlich unbehelligt hin und her wechseln zu lassen, um herauszufinden, wohin er den BND schließlich führen werde. Deswegen hat es zwischen den beiden Nachrichtendiensten wohl Reibungen gegeben, die ebenfalls dazu beitrugen, daß Agca weiterhin auf freiem Fuß ist. Cahani indes glaubt noch weitere Gründe zu erkennen: auf seinen Reisen durch Europa stieg Agca immer in guten Hotels ab; er scheint also wohlbetucht zu sein. Derart großzügige Mittel können nur von einem Zahlmeister stammen. Nach Cahanis Ansicht verweist auch Agcas Finanzlage auf eine Beteiligung des KGB.

Den entscheidenden Beweis schließlich erhielt Cahani von einem in Sofia residierenden MOSSAD-Agenten, der, von Tel Aviv alarmiert, sofort nach Agcas Eintreffen aus Libyen seine Spur aufgenommen hatte. Agca war wieder in das Hotel Vitoscha gezogen. Nach wenigen Tagen bereits besuchte ihn ein gewisser Abuzer Ugurlu, der über den ganzen Balkan verstreut als ›der Pate‹ der regionalen Unterwelt gilt. Ugurlus Schmuggelgeschäfte mit der Türkei bringen jährlich Umsätze in Höhe von etlichen Millionen Dollar; da sich seine Aktivitäten und Verbindungen über ganz Europa erstrecken, brachte Ugurlu selbst es auch zu mehreren Millionen. In Sofias bester Wohngegend besitzt er ein imposantes Haus, seine Nachbarn sind prominente Mitglieder der bulgarischen KP.

Die westlichen Nachrichtendienste kennen die Gründe, die Ugurlu zu Macht und Ansehen verhalfen. Die ihm zugestandenen Privilegien und Entfaltungsmöglichkeiten honorierte Ugurlu seinerseits mit unschätzbaren Diensten. Seit Jahren werden ungeheure Mengen Waffen über die Grenze in die Türkei geschafft und dort an Terroristen jeglichen politischen Standorts verteilt. Ugurlus Schmugglernetz hat sich bei diesen Versuchen, im wichtigen Nato-Land Türkei einen Umsturz herbeizuführen, als eine der effizientesten Verteilerorganisationen erwiesen. Die Computer von CIA, MIT und SIS bestätigen die Meldung des MOSSAD-Agenten in Sofia an seine Zentrale in Tel Aviv: Ugurlu verfügt über engste und direkte Beziehungen zum bulgarischen Geheimdienst, der seinerseits enger als jeder andere östliche Nachrichtendienst mit dem KGB verknüpft ist.

Ugurlus Besuch bei Agca bekräftigte – zumindest nach Ansicht der MOSSAD-Analytiker – nicht nur den Schluß, daß Agca Beziehungen zum sowjetischen Geheimdienst habe, sondern beweise ebenso seine zunehmende Bedeutung für das KGB.

Bei seinen Überlegungen kam Cahani auf zahlreiche Rückschlüsse. Ugurlus Schmugglernetz sorgte dafür, daß Agca derart unangefochten in Europa herumreisen konnte. Zweck dieser Reisen sei es, überlegte sich Cahani, Agca mit dem Einsatzgebiet vertraut zu machen, in dem er früher oder später einen Auftrag durchzuführen habe. Zunächst nahm der Attaché an, daß Agca gegen eine jüdische Einrichtung in der Schweiz oder der Bundesrepublik eingesetzt werden sollte: in Frage kamen Botschaften, Gesandtschaften, El-Al-Büros, jüdische Banken – kurzum alles, was irgendwie mit Israel in Zusammenhang zu bringen war. Nach Warnungen aus Tel Aviv wurde alles jüdische Eigentum in den beiden Ländern zusätzlich gesichert. Der MOSSAD teilte seine Befürchtungen neben dem BND auch dem Bundeskriminalamt mit; denn zu Aktivitäten oder Schritten auf dem Territorium der Bundesrepublik ist der Bundesnachrichtendienst nicht berechtigt; er darf lediglich außerhalb der deutschen Grenzen operieren. Die Antwort war kühl.

Dann verschwand Agca wieder einmal über ›Checkpoint Charlie‹. Cahani wartete wochenlang geduldig auf neue Nachrichten.

Agcas Auftauchen in Perugia ist bedeutsam. Mit Tore und Folini im Schlepp, könnte er einen Anschlag auf eine der vielen jüdischen Einrichtungen in Italien im Schilde führen.

Cahani geht in den Chiffrierraum der Botschaft und macht sich an die Verschlüsselung eines Fernschreibens an den MOSSAD in Tel Aviv.

*

Am Samstag, dem 18. April 1981, geht in der DIGOS-Zentrale im dritten Stock des römischen Polizeihauptquartiers die Nachricht ein, daß sich ein mutmaßliches Terroristenkommando in Perugia aufhalte. Der MOSSAD, von dem die Information stammt, hat die Männer als ›Mehmet Ali Agca alias Faruk Ozgun, Teslin Tore und Maurizi Folini‹ identifiziert. Während Tore und Folini vage dem ›sowjetischen Geheimdienst‹ zugeschrieben werden, liegt dem Bericht über Agca eine Kopie des Fahndungsschreibens der Interpol bei. DIGOS ist die zu Recht berühmte italienische Anti-Terror-Truppe, die eigens zur Bekämpfung der Roten Brigaden aufgestellt wurde. Die Truppe ist unterbesetzt und daher überarbeitet. Die Zusammenarbeit mit dem MOSSAD steht nicht zum besten; denn die überlasteten DIGOS-Leute glauben ebenso wie ihre deutschen Kollegen vom BKA, die israelischen Abwehrmänner hätten einen übertriebenen Hang zum Spekulativen.

Der Diensthabende in Rom telefoniert mit der Polizei in Perugia; aber deren Nachforschungen führen zu nichts. Es ist letztlich Ostersamstag. Die Ausländer-Universität ist geschlossen. Die Polizei in Perugia sieht keine Möglichkeit, den Hinweisen der DIGOS nachzugehen; es klingt sowieso alles höchst unwahrscheinlich. Der Gedanke, ein Terroristentrupp könnte in Perugia ein lohnendes Ziel für einen Anschlag finden, erscheint den Polizeiverantwortlichen denn doch etwas weit hergeholt. Am Dienstag wird man weitersehen, aber bis dahin läßt sich kaum etwas tun.

Nach Abschluß ihrer Ermittlungen ist die Polizei in Perugia keineswegs überrascht, von Agca und dessen Kumpanen keine Spur gefunden zu haben. Zwar hatte sich ein Faruk Ozgun tatsächlich an der Universität eingeschrieben, war aber bei Vorlesungen nie aufgetaucht. Niemand konnte sich erinnern, die beiden anderen Namen je gehört zu haben. Die Polizei sah sich keiner ungewohnten Situation gegenüber: bei ihrer Arbeit wird so manche Schuhsohle vergebens verschlissen. Die Polizei von Perugia setzt DIGOS vom Fehlschlag der Ermittlungen in Kenntnis. DIGOS informiert die Interpol-Zentrale in Paris, und in Tel Aviv schließt sich endlich der Kreis: falls sich das Terroristenkommando überhaupt in Perugia aufgehalten habe, dann seien die Männer inzwischen jedenfalls wieder verschwunden.

Beim DIGOS in Rom glaubt man sogar, die Terroristen hätten nicht einmal italienischen Boden betreten.

Tel Aviv fordert Cahani in Ankara per Telex auf, weiterhin seinen ›Stimmen‹ zu lauschen. Obschon er sich nicht viel davon verspricht, hört er sich weiter um. Er hat das unbestimmte Gefühl, daß Agca in Bälde zuschlagen wird. Und obwohl er nicht weiß, wo, glaubt Cahani das Ziel trotzdem zu kennen: entweder ein jüdisches Gebäude oder ein Jude selbst. Dem Attaché liegt das Wetten eigentlich nicht, aber darauf würde er ein Monatsgehalt setzen.[6]

*

Am Mittwoch, dem 6. Mai, erörtert Johannes Paul mit seinem Stab zwei Stunden lang ein Problem, das ihn nach Ansicht seiner Umgebung mittlerweile ebenso beschäftigt wie die polnische Frage. Zur Debatte steht das heikle Problem der Beziehungen zwischen Heiligem Stuhl und der Volksrepublik China.

Unter Casaroli hat sich eine sechs Mann starke Arbeitsgruppe seit Monaten mit diesem Problem befaßt. Einige seiner Mitarbeiter hatten den Papst auf seiner Asien-Reise begleitet und bei der Gelegenheit die informellen Kontakte mit der Chinesischen Kirche erneuert. Ein Jahr zuvor, im März 1980, hatte Johannes Paul König nach Peking beordert, um sich über die Situation zu informieren. Nach zehn Tagen war König pessimistisch gestimmt zurückgekehrt: die chinesischen Katholiken mußten zu Rom Distanz halten, um in einem grundsätzlich feindlichen

Klima in religiöser Hinsicht überleben zu können. Religionsausübung war ihnen nur unter den Auspizien einer regierungsnahen Organisation namens Nationale Vereinigung Patriotischer Katholiken zugestanden. Diese Vereinigung hatte ihre Bischöfe seit 1949 ohne Zustimmung des Vatikans gewählt.

Diese Wahlen waren zwar kirchenrechtswidrig, aber nicht ungültig. Trotz mangelnder Bestätigung durch den Heiligen Stuhl verkörpern sie die allein wichtige Kontinuität der Priesterweihe. Dazu kommt, daß die chinesischen Bischöfe von Marcel Lefèbvre unterstützt werden, da sie ihren drei Millionen Gläubigen im Lande die lateinische Tridentinische Messe lesen.

Die Beziehungen zwischen China und dem Heiligen Stuhl reichen drei Jahrhunderte weit zurück; begannen, als im sechzehnten Jahrhundert erstmalig Jesuitenpatres nach Peking kamen. Sie wurden mit offenen Armen empfangen. Dann aber beging Rom einen folgenschweren Fehler und widersetzte sich den Vorstellungen der Jesuiten, die chinesische Kultur mit der katholischen zu verschmelzen. Wäre dies nicht passiert, hätte China durchaus ein katholisches Land werden können. Nachdem sich Rom aber dem Vorhaben der Jesuiten versagte, ging der katholische Einfluß zurück; die chinesischen Katholiken blieben eine kleine Minderheit, die zuweilen toleriert, meist jedoch verfolgt wurde, ohne indes jemals von ihrem Glauben zu lassen. Seit seinem Amtsantritt hatte Johannes Paul die Chinesische Kirche mehrfach mit versöhnlichen Äußerungen bedacht.

Aber er wollte noch mehr tun.

An diesem Vormittag erörtern die Konferenzteilnehmer die Möglichkeit eines offiziellen China-Besuchs. Sollte er zustande kommen, würde Johannes Paul als erster Papst in der im neunzehnten Jahrhundert und im Stile der französischen Gotik erbauten Pekinger Kathedrale die Messe lesen; an Gottesdienste in Kanton und Schanghai wird ebenfalls gedacht. Ein solcher Besuch wäre nicht nur als Brückenschlag zwischen den beiden ältesten Mächten der Erde zu werten, er wäre auch als Akt der Anerkennung der ungeheuren Bedeutung Chinas seitens des Heiligen Stuhls aufzufassen. Und sollte man in Moskau darin den Ausdruck päpstlicher Wertschätzung für die sowjetische Spielart des Kommunismus sehen, so ließe sich das halt nicht ändern.

Casaroli erklärt, dem Besuch stehe nach wie vor ein anscheinend unüberwindbares Hindernis entgegen: Taiwan.

Die Pekinger Regierung werde über einen Papstbesuch erst dann mit sich reden lassen, wenn der Heilige Stuhl seine diplomatischen Beziehungen mit der nationalchinesischen Regierung von Taiwan abgebrochen habe.

Jeder Konferenzteilnehmer kennt das Dilemma: auf Formosa blüht und gedeiht die Kirche. Es gibt zweihunderttausend nationalchinesische Katholiken; die Kirche dort besitzt ein eigenes, lobenswertes Bildungswesen, zu dem unter anderem die einzige chinesische Katholische Universität der Welt gehört. Ebenso wie die Vereinigten Staaten angefleht werden, ihre schützende Hand nicht fortzuziehen, ist der Heilige Stuhl zu weiterem geistlichem Zuspruch verpflichtet.

Daran, beharrt Johannes Paul, werde sich auch nichts ändern. Dennoch, fügt er hinzu, müsse eine Möglichkeit gefunden werden, Peking näherzukommen.

Da ließe sich eine Reihe von Möglichkeiten in Betracht ziehen, sagt Casaroli.

Vielleicht solle man daran anknüpfen, daß sich Johannes Paul in Manila mit gut hundert chinesischen Christen getroffen habe, die aus Anlaß seines Philippinen-Besuchs eigens aus Peking herübergeflogen seien. Der Papst hatte ihnen bedeutet, daß die Vergangenheit Vergangenheit sei: er gebe freimütig zu, daß Fehler gemacht worden seien, aber nur die Zukunft zähle.

Dieses Signal sei in Peking vorsichtig aufgefangen worden. Jetzt, schlägt Casaroli vor, sei es an der Zeit, sich dies zunutze zu machen und als nächstes an den von der Regierung akzeptierten Pekinger Bischof heranzutreten. Das Staatssekretariat könne ja in geeigneter Form schriftlich wegen der Möglichkeit eines persönlichen Treffens vorfühlen. Er, Casaroli, sei bereit, zu Gesprächen nach Peking zu fliegen.

Johannes Paul ist einverstanden.

Die nächste, noch heiklere Frage gilt einem chinesischen Jesuiten, der im vergangenen September nach zweiundzwanzigjähriger Haft entlassen worden war. Aus chinesischer Sicht sei dies eindeutig als Friedensfühler gemeint. Warum also, gibt der Staatssekretär zu bedenken, solle man diese Geste nicht mit einer Gegenleistung honorieren? Wäre es nicht angebracht, fragt er den Papst, den Jesuiten zum Erzbischof von Kanton zu ernennen? Könne man in Peking darin etwas anderes sehen als den aufrichtigen Wunsch des Heiligen Stuhls, sich wieder mit den Angelegenheiten der Chinesischen Kirche selbst befassen zu dürfen?

Der Papst ist ganz seiner Meinung. (Im Juni 1981 gab der Heilige Stuhl die Ernennung bekannt. Die Nationale Vereinigung Patriotischer Katholiken kritisierte die Beförderung. Als nächstes protestierte die chinesische Regierung energisch gegen die Einmischung des Heiligen Stuhls in die inneren Angelegenheiten der Chinesischen Kirche. Die Tür war wieder zugefallen, blieb aber nicht lange geschlossen. Im Zuge der vielleicht wichtigsten zeitgenössischen Fortentwicklung der Beziehungen zwischen der Kirche und einem Staat war der Dialog zwischen Rom und Peking bereits 1982 in vollem Gange. Niemand zweifelt an der großen Bedeutung dieser Kontaktaufnahme. Die Sowjetunion verfolgt die Annäherung mit bösesten Ahnungen. Alte, unvergessene Ängste des Sowjetkommunismus werden wieder wach: Welche weltliche Macht könnte es mit chinesischer Verschlagenheit, gepaart mit vatikanischer Schläue, wohl aufnehmen? Ein Grund mehr für Moskau, Johannes Pauls Wahl zum Papst zu bedauern.)

Am Nachmittag dieses Mittwochs verläßt Johannes Paul den Apostolischen Palast in seinem weißlackierten Geländewagen, an den man sich inzwischen gewöhnt hat. Auf dem Petersplatz warten gut fünfzigtausend Menschen. Das sind zwar weitaus weniger Schaulustige und Gläubige als zu Beginn seines Pontifikats, aber immer noch wesentlich mehr, als seine Vorgänger gemeinhin auf die Beine brachten. Die großen Menschenmengen bereiten dem für die päpstliche Sicherheit zuständigen Ciban fortwährend Kopfzerbrechen. Heute hat seine Sicherheitstruppe erstmalig brauchbare Hilfe bekommen. Neben der römischen Stadtpolizei hat sich ein Trupp DIGOS-Agenten auf dem Petersplatz verteilt, während andere sich wachsam in der Nähe des Geländefahrzeugs halten. Der lächelnde und segnende Papst umrundet langsam den Petersplatz.

Johannes Pauls weit ausgebreitete Arme schließen auch jene fünf Männer ein, die sich am Rande der Menge bewußt voneinander fernhalten und das päpstliche Gefährt mit aufmerksamen Blicken verfolgen. Sie entfernen sich schließlich ohne das geringste Anzeichen wechselseitigen Erkennens. Grund zur Zufriedenheit für Maurizi Folini und Teslin Tore; denn die beiden KGB-Agentenführer hatten dies Ibrahim El Haya, Ahmed Jooma, Ömer Ay, Ali Chafic und Mehmet Ali Agca ausdrücklich eingeschärft.

DER PAPST UND DER SCHAKAL

Wär's abgethan, so wie's gethan ist, dann wär's gut,
Man thät' es eilig: – Wenn der Meuchelmord
Aussperren könnt' aus seinem Netz die Folgen,
Und nur Gelingen aus der Tiefe zöge:
Daß mit dem Stoß, einmal für immer, alles
Sich abgeschlossen hätte – hier, nur hier –
Auf dieser Schülerbank der Gegenwart –
So setzt' ich weg mich übers künft'ge Leben.

MACBETH

In der Telefonzentrale des Vatikans legt der Nachtdienst, eine ältliche Nonne, das Buch aus der Hand. Von Tagesanbruch bis Mitternacht ist die Zentrale stets von jeweils einem halben Dutzend Schwestern besetzt, die im Schichtdienst Tausende von Gesprächen vermitteln. An diesem Mittwoch, dem 13. Mai 1981, ist es jedoch noch nicht einmal drei Uhr früh, und nach außen hin schläft der Vatikan noch. Die Nonne aber weiß es besser; deswegen hat sie zu lesen aufgehört, denn jeden Augenblick muß eines der Lämpchen auf ihrem langen Vermittlungstisch aufleuchten. Die Nonne streift die Kopfhörer über ihre Haube und konzentriert sich auf die Lämpchen und Knöpfe ihrer Zentrale.

Neben ihrem Platz liegt eine maschinengeschriebene Liste der Notrufnummern. Ciban, Buzzonetti, der zwischenzeitlich wieder zum päpstlichen Leibarzt ernannt wurde, Casaroli, Dziwisz und Magee sowie Martin und Noé schlafen neben dem Telefon. Handschriftlich nachgetragen sind die Sammelnummern des römischen Polizeipräsidiums und des Gemelli-Hospitals. Beide Nummern stehen erst seit Ende April auf der Liste.

Die Nonne ist sich zwar nicht sicher, nimmt aber an, daß ihr Nachtdienst mit der spürbaren Verschärfung der vatikanischen Sicherheitsmaßnahmen zusammenhängt. Die Schweizergarde überprüft nun auch die Identität selbst langjähriger Bediensteter des Vatikans; Cibans Sicherheitstruppe hat ihren Streifendienst verstärkt; die Polizisten auf dem Petersplatz sind zahlreicher geworden. Die Nonne weiß sich keinen Reim darauf zu machen, und alle, die sie deswegen gefragt hat – ihre Kolleginnen in der Vermittlung, Angestellte des Apostolischen Palasts oder des Duty-free-Ladens –, waren wegen der plötzlichen Verschärfung der Sicherheitsvorkehrungen ebenso verwundert.

Daran ist überhaupt nichts Geheimnisvolles. Casaroli hat angeordnet, daß im Fall einer ernsten Erkrankung des Papstes sofort das Krankenhaus alarmiert wird. Der Kardinalstaatssekretär teilte Marcinkus, Buzzonetti, Dziwisz und Magee in diesem Zusammenhang mit, auf diese Weise wolle er vermeiden, daß noch einmal ähnliche Kritik aufkommen könne wie seinerzeit wegen der unentschlossenen Behandlung Pauls oder wegen des merkwürdigen Verhaltens nach Gianpaolos Tod. Daher werde der Papst diesmal beim ersten Anzeichen einer medizinischen Komplikation sofort ins Gemelli-Krankenhaus gebracht werden. Für die Sammelnummer des Polizeipräsidiums auf der Notrufliste gibt es eine ebenso harmlose Erklärung: Es handelt sich um eine reine Vorsichtsmaßnahme, die Ciban im Zuge einer seiner regelmäßigen Routineüberprüfungen der Sicherheitsvorkehrungen angeordnet hat. Ciban hat keinerlei Hinweise erhalten, daß Gefahr im Verzuge sei; im Gegenteil, auf Grund seiner letzten Informationen aus dem Polizeipräsidium ist davon auszugehen, daß den Roten Brigaden auf Grund der vereinten Bemühungen von Polizei, Carabinieri und DIGOS zumindest in Rom das Pflaster zu heiß geworden ist.

Diese Hintergründe sind der Nonne natürlich unbekannt. Sie weiß nur, daß es um drei Uhr wieder etwas zu tun gibt; denn die im Vatikan patrouillierenden Wachen Cibans haben sich weisungsgemäß des Nachts von verschiedenen Kontrollpunkten aus zu jeder vollen Stunde zu melden. Nachdem die Nonne die einkommenden Gespräche alle zum Wachlokal beim Glockentor durchgestellt hat, nimmt sie ihr Buch wieder zur Hand und hofft auf eine weitere Stunde ungestörten Lesens, ehe die Kontrollprozedur wieder von vorn beginnt.

*

Kurz nach vier Uhr löst sich ein Schatten aus den noch dunkleren Bernini-Kolonnaden. Es ist einer der vierundzwanzig am Rande des im Augenblick stillen Petersplatzes stationierten Stadtpolizisten. Der Mann geht über den Platz zum Obelisken hinüber, wo ebenfalls ein Kollege postiert ist. Die beiden rauchen eine Zigarette und starren dabei gelangweilt zu den unbeleuchteten Gebäuden des Vatikans hinüber. Die Polizisten mögen den Nachtdienst nicht, weil niemals etwas passiert.

Eine Stunde später geht im Apostolischen Palast das erste Licht an, eine halbe Stunde darauf ist das ganze oberste Geschoß erleuchtet. Die Polizisten drücken ihre Zigaretten aus. Der eine, ein abtrünniger Katholik, stellt seinem Kameraden eine intime Frage: Ob das Zölibat wohl schuld sei, daß man in der Umgebung des Papstes so früh aufstehe? Wie erhofft, regt die Frage den anderen zu einem Gespräch über die persönlichen Gewohnheiten und Schwächen des Papstes an. Badet er oder duscht er lieber? Singt er beim Waschen polnische Lieder oder etwa Pop-Songs? Nimmt er immer noch ein kräftiges polnisches Frühstück zu sich, oder hat er sich inzwischen an die römischen Gepflogenheiten gewöhnt und läßt es morgens mit einer Tasse Kaffee und einem Brötchen bewenden? Mit solchen Reden bringen die beiden ihre Schicht hinter sich. Bei Dienstschluß haben sie sich darauf geeinigt, sich bei Bekannten im Vatikan nach den Antworten erkundigen zu wollen.

*

Um acht Uhr verläßt Johannes Paul das Eßzimmer und geht in sein privates Arbeitszimmer hinüber. Seine Eßgewohnheiten sind die gleichen geblieben: ein kräftiges Frühstück, ein leichtes Mittagbrot, eine ordentliche Abendmahlzeit. Mehr als sonst in seinen Gemächern spiegeln sich in seinem Arbeitszimmer sein eigener Geschmack und seine Persönlichkeit. Auf dem Schreibtisch stehen holzgerahmte Fotos seiner Eltern. Im Regal reihen sich überwiegend polnische Bücher. Wo Paul VI. Norman Mailers ›Die Nackten und die Toten‹ stehen hatte, befindet sich nun Morris L. Wests letztes Opus ›Die Gaukler Gottes‹. Es handelt von einem Papst, der behauptet, ihm sei das Ende der Welt und die Wiederkehr Christi geoffenbart worden, und zur Rettung der Menschheit von seinem Amt zurücktritt. Kurialbeamte, die das Buch gelesen haben, halten es für raffiniert zusammengestrickten Unsinn. Sie können natürlich die Parallelen zwischen Wests Fiktion und Johannes Pauls Brief an Breschnew nicht kennen.

∗

Vor Zimmer 31 im dritten Stockwerk der Pensione Isa, einem kleinen Hotel in der Nähe des römischen Hauptbahnhofs, macht das Zimmermädchen halt. Die meisten Logiergäste sind Studenten oder relativ unbemittelte Touristen, die für einen vernünftigen Preis eine bequeme Unterkunft in der Nähe des Petersplatzes suchen. Die meisten Gäste verlassen das Haus in der Frühe, nehmen in einer der Kaffeestuben in der Nachbarschaft ein schnelles Frühstück zu sich und kehren am frühen Abend wieder zurück, um sich frisch zu machen und danach zum Nachtessen wieder außer Hauses zu gehen. Dieser Rhythmus hat sich eingebürgert, und das Hotel kommt daher mit relativ wenig Zimmerpersonal aus: da alle Gäste gewöhnlich spätestens um neun ihre Zimmer verlassen haben, kann die Handvoll Putzfrauen und Zimmermädchen ihrer Arbeit ungestört nachgehen.

Der Gast auf Zimmer 31 hat sich in den beiden letzten Tagen aber nicht an diese Routine gehalten. Er kommt und geht zu jeder Tageszeit, hält sich dazwischen immer wieder stundenlang auf seinem Zimmer auf. Das Zimmermädchen hörte ihn gelegentlich in einer ihr fremden Sprache etwas vor sich hinmurmeln. Das Mädchen fragt sich, ob sein Verhalten irgendwie mit den Tablettenfläschchen zusammenhängt, die sie auf seinem Nachttisch entdeckt hat. Wer so viele Tabletten nimmt, muß schon sehr krank sein, denkt das Mädchen. Der sonderbare Gast war am Montag eingetroffen; mehr als ein Köfferchen und eine kleine Reisetasche hatte er nicht bei sich gehabt. Er hatte drei Übernachtungen im voraus bezahlt; demnach wird er morgen früh wieder fort sein, sagt sich das Zimmermädchen erleichtert, und ich kann meinen gewohnten Rhythmus wieder aufnehmen.

Mit den Reinigungsutensilien in der Hand lauscht das Mädchen noch einen Augenblick an der Tür. Nichts ist zu vernehmen. Er wird sich unbemerkt davongemacht haben, während ich die anderen Zimmer hergerichtet habe, überlegt das Mädchen. Sie klopft einmal leicht und tritt dann ein. Obwohl sie immer glaubte, das Verhalten ihrer zufällig überraschten Logiergäste zu kennen, ist sie vollkommen perplex. Der Mann springt in Unterhemd und -hosen aus dem schmalen Einzelbett und starrt sie an. Er duckt sich zusammen, als erwarte er einen Angriff, drückt die Ellenbogen gegen seine Flanken und zieht das Gesicht hinter die geballten Fäuste. Dabei brüllt er das Mädchen in einer ihr unverständlichen Sprache an. Sie versteht trotzdem. Sie soll wieder gehen.

Das Mädchen stammelt eine Entschuldigung, dreht sich um und zieht die Tür hinter sich zu.

Agca klettert wieder ins Bett.

*

Mittags treffen sich Johannes Paul und Casaroli im Arbeitszimmer des Papstes zu einer Besprechung über die jüngste Nordirland-Krise, die den Heiligen Stuhl und Premierministerin Margaret Thatcher auf Kollisionskurs brachte.[1] Papst und Kardinalstaatssekretär haben erfahren, daß alle Umstände darauf hinweisen, daß die britische Regierung die Hintertreibung einer höchst geheimen Initiative des Heiligen Stuhls zur Lebensrettung des inhaftierten IRA-Mannes, Bobby Sands, zumindest geduldet habe.

Sands' Hungerstreik im berüchtigten Belfaster Maze-Gefängnis hatte das Weltinteresse auf das britische Ulster-Engagement gelenkt. Aus der Haft heraus war Bobby Sands in das britische Unterhaus gewählt worden. Sands hatte sich mit Eintritt ins Erwachsenenalter gelobt, für Ulsters Befreiung von der – von ihm so gesehenen – britischen Fremdherrschaft zu arbeiten und war dafür gar zu sterben bereit. Seit Beginn seines Hungerstreiks wurde die Befürchtung laut, daß sich nach seinem Tode Nachahmer fänden, und es im Gefolge ihres freiwilligen Sterbens in der ganzen Provinz zu einer allgemeinen schweren Eskalation der Gewalttätigkeiten käme.

Der Papst hatte Magee zu seinem Koordinator der Ereignisse in Nordirland bestellt. Magee schloß sich mit Alibrandi und O'Fiaich kurz. Alle drei hatten das unbehagliche Gefühl, daß ihre Telefongespräche abgehört würden – vielleicht von englischen SIS-Agenten, die nach allgemeiner Ansicht seit einiger Zeit beiderseits der inneririschen Grenze arbeiten sollten. In der Republik Irland hielt man die britische Botschaft in Dublin für das Nest der Agenten; O'Fiaichs Palais in Nordirland dürfte nach Ansicht seiner Freunde elektronisch überwacht werden, weil der Kardinal es ebenso wie Alibrandi für wesentlich hielt, mit den Konfliktparteien zu reden – und es daher zwangsläufig mit Gesprächspartnern mit Verbindungen zu verbotenen Organisationen zu tun habe, für deren Aktivitäten sich die Sicherheitskräfte nachhaltig interessierten. Infolgedessen mußten sich Magee, Alibrandi und O'Fiaich am Telefon zwangsläufig verschleiernd äußern.

Als Sands gegen Mitte April zunehmend schwächer wurde, zweifelte Magee auf Grund seiner Informationen nicht mehr an der Notwendigkeit eines vatikanischen Einschreitens.

Am Donnerstag, dem 23. April, unterbreitete Magee Johannes Paul seine Vorstellungen. Der Papst hatte aufmerksam zugehört, sich aber nicht festlegen wollen. Tags darauf hatte er in Magees Gegenwart die Angelegenheit mit Casaroli erörtert. Der Kardinalstaatssekretär hatte gewohnheitsmäßig die Finger gegeneinander gestellt und einen Vorschlag gemacht: der Heilige Stuhl selbst solle nicht intervenieren, wohl aber Magee nach Belfast fahren und an Sands appellieren, den Hungerstreik abzubrechen. Gleichzeitig wolle Casaroli selbst die britische Regierung zu gewissen Zugeständnissen gegenüber den im H-Block des Maze-Gefängnisses einsitzenden IRA-Leuten zu bewegen versuchen.

Während des Wochenendes vom 25. auf den 26. April hielt Magee engen Kontakt mit Alibrandi und O'Fiaich, dieweil Casaroli mehrfach mit dem britischen Botschafter beim Heiligen Stuhl zusammentraf. Darüber hinaus gab es mehrere Telefongespräche mit Großbritannien: der Vatikan hatte den dringenden Wunsch, daß Downing Street sein Vorhaben nicht falsch auffassen würde. Es wurde ganz besonders darauf abgehoben, daß die vatikanische Initiative nicht als irgendeine Unterstützung der Gewalttäter mißverstanden werden dürfe; der Heilige Stuhl interveniere einzig und allein aus humanitären Gründen. Casaroli ließ wissen, daß die Initiative Whitehall passiert habe und dort auch nicht anders aufgefaßt worden sei.[2] Daß die Reaktion scheinbar kühl ausfiel, sei verständlich. Die vatikanischen Vorschläge müßten erst noch gründlich geprüft werden. Um etwas zu erreichen, sei gegenseitiges Geben und Nehmen unerläßlich. Bei vorhandenem gutem Willen jedoch bleibe der Erfolg nicht aus – womit die bewährte Methode des Heiligen Stuhls, geduldig und insgeheim zu verhandeln, wieder einmal triumphiert hätte.

Am Montag, dem 27. April, hatte sich der Plan insofern konkretisiert, als die Familie Sands über O'Fiaich hatte erkennen lassen, daß Magee willkommen sei und Bobby ihn trotz seines bedrohlich geschwächten Zustands im Gefängnislazarett zu sprechen wünsche. Magee buchte einen Flug nach London mit Anschluß nach Belfast. Der britische Botschafter beim Heiligen Stuhl informierte das Londoner Außenamt. Insoweit war alles normal. Magee würde mit einem roten Diplomatenpaß des Heiligen Stuhls reisen und das übliche Entgegenkommen gegenüber einem hochrangigen päpstlichen Emissär erwarten können. In einem Punkt freilich unterschied sich die Reise vom Normalen: das Staatssekretariat wies den britischen Botschafter noch einmal besonders darauf hin, daß höchste Geheimhaltung unverzichtbar sei; die Reise dürfe in keinem Stadium ruchbar werden. Die Familie Sands war zur entsprechenden Zusammenarbeit bereit, und O'Fiaich hatte sich vergewissert, daß die IRA diesmal aus dem Besuch kein Kapital zu schlagen beabsichtige. Casaroli war so darum bemüht, nur möglichst wenigen Kenntnis über den genauen Reisetermin zu geben, daß nicht einmal Hume und Heim über Abflug und Ankunft informiert wurden. Sie brauchten es auch wirklich nicht zu wissen, denn London war nur als kurzer Zwischenaufenthalt auf der Reise nach Belfast vorgesehen. Dem britischen Botschafter indes wurden alle Details zugänglich gemacht: Magee würde am Morgen des 29. April, einem Mittwoch, mit der Alitalia nach London fliegen und dort eine Maschine der British Airways nach Belfast nehmen. Der britische Botschafter setzte seinen Außenminister entsprechend in Kenntnis.

Was danach passierte, bringt Johannes Paul und Casaroli noch heute in Wut; denn trotz vereinbarter Geheimhaltung gab es zweifellos irgendwo ein Leck. Magee befand sich noch in der Luft, als die englischen Medien seine bevorstehende Ankunft bereits meldeten. Zahlreiche Reporter hatten Ian Paisley, einen der Führer der nordirischen Protestanten, angerufen und um eine Stellungnahme gebeten. Er äußerte sich entsprechend gehässig. In seinen Augen war Magees Besuch »eine nicht hinzunehmende Einmischung der römischen Papisten« in die Angelegenheiten des »protestantischen Ulster«.

Magees sorgfältig abgeschirmte geheime Mission war in aller Munde, noch ehe er in Heathrow englischen Boden berührte. Dort erwarteten ihn Peter Blaker, der Stellvertreter des Außenministers, Lord Carrington, und Michael Allison, Staatsminister im Nordirland-Ministerium. Beide gaben zu verstehen, daß sich die britische Regierung zu Zugeständnissen gegenüber IRA-Häftlingen nicht nötigen lasse (der IRA ging es um die Einräumung des Kombattantenstatus, um in etwa der Kriegsgefangenschaft entsprechende Haftbedingungen zu erreichen). Magee kamen die beiden Männer kalt und förmlich vor. Die Schlagzeilen der Medien fand er entsetzlich: auf gar keinen Fall, hieß es in den Berichten, würden Ulster-Protestanten zu Sands' Rettung beitragen, wenn darin ein Zurückweichen der britischen Regierung vor den ›Terroristen‹ zu sehen sei.

Zwei Tage lang pendelte Magee zwischen Sands' Krankenlager und britischen Regierungsvertretern hin und her. Schließlich aber hatte er der Thatcher-Regierung nicht das geringste Zugeständnis abhandeln können. Er verließ Belfast in der Überzeugung, daß der Heilige Stuhl von London ›hereingelegt‹ worden sei. Wenn es die seiner Ansicht nach sorgfältig inszenierte Kampagne in den Medien nicht gegeben hätte, wären die Gespräche vielleicht nicht ergebnislos geblieben. Aber angesichts der übertriebenen Publizität, die seine Bemühungen begleitete, hatte Magee kaum Aussichten, die vom Papst so sehnlich gewünschte Kompromißlösung zu finden.

Unendlich trauriger – aber um die Kenntnis eines neuen britischen Tricks bereichert, wie er im Freundeskreis seiner irischen Mafia erzählte – hatte Magee danach vom Vatikan aus alles Erdenkliche zur Auflösung der Hungerstreikkrise getan. Bobby Sands war darüber gestorben.

Inzwischen gab es einen zweiten Hungerstreiktoten; mit weiteren mußte gerechnet werden.

Nachdem Johannes Paul und Casaroli die Lage erörtert haben, wird Magee dazugerufen. Man sagt ihm, der Heilige Stuhl könne sich nicht länger öffentlich um die Angelegenheit kümmern. Man werde jedoch aus dem Hintergrund weitermachen.

Magee geht, um O'Fiaich und Alibrandi zu unterrichten.

*

Soviel steht fest:

Agca verbringt den größten Teil des Vormittags auf Zimmer 31 und überliest immer wieder seine Notizen. Es handelt sich um Instruktionen, deren letzte Einzelheiten Agca von Tore bei einem Treff in Mailand erhielt. Tore weiß nichts von Agcas Notizen, deren zufällige Entdeckung monatelanges zweckorientiertes Training und Planen hinfällig machen würde. Aber halsstarrig, wie Agca nun einmal allen Medikamenten zum Trotz noch immer ist, hatte er sich seine Instruktionen heimlich stichwortartig notiert.

Folini hatte ihm zwei Millionen Lira gegeben, damit er in Rom seinen Lebensunterhalt bestreiten konnte. Bei der Gelegenheit hatte er wiederholt, nach erfolgreicher Erledigung des Auftrages würde Agca drei Millionen Deutsche Mark, eine neue Identität und Unterschlupf in Bulgarien bekommen. Diese Zusicherung war höchstwahrscheinlich vom KGB gedeckt. Agca hatte keinen Grund, an Folinis Worten zu zweifeln. Seitdem bei der Türkiye Is Bankasi am 13. Dezember 1977 erstmalig vierzigtausend türkische Pfund zu seinen Gunsten eingezahlt worden waren, hatte er reichlich Gelegenheit gehabt, sich von den Ressourcen und finanziellen Möglichkeiten seiner neuen Auftraggeber zu überzeugen.

In Mailand demonstrierten ihm Tore und Folini, wie sorgfältig sie alles zu vermeiden wußten, was auf ihre direkte Beteiligung an der geplanten Operation hingedeutet hätte. Tore sagte ihm abschließend, auf dem Mailänder Hauptbahnhof sei für Faruk Ozgun – Agca benutzte den Decknamen noch immer – ein Paket deponiert. Nach einem flüchtigen Händedruck machten sich Tore und Folini davon. Agca gedachte sie am kommenden Wochenende im Vitoscha-Hotel in Sofia wiederzusehen.

Agca war zur Gepäckaufbewahrung gegangen, hatte sich ausgewiesen und sein Paket in Empfang genommen. Angesichts seiner Größe war es erstaunlich schwer. Agca ging auf die Bahnhofstoilette, schloß sich ein und öffnete das Paket. Es enthielt eine in Belgien hergestellte Selbstladepistole vom Typ Browning und die passende Munition vom Kaliber 9 Millimeter. Die Pistole war in Österreich beschafft worden, das Geld stammte mit ziemlicher Sicherheit von Folini. Als Käufer trat ein weiterer Dunkelmann in Erscheinung: Horst Grillmeir, ein alter Kumpan des Schmugglers Omer Mersan und des bulgarischen Mafia-Bosses Ugurlu.[3]

Weisungsgemäß steckt Agca die Pistole zunächst einmal in seine Reisetasche.

Über andere Instruktionen setzt er sich hinweg. Er will sich die Haare nicht färben lassen, ebensowenig denkt er daran, sich ein Kreuz um den Hals zu hängen und sich so als katholischer Pilger zu tarnen. Allein der Gedanke, das Symbol einer ihm so verhaßten Person zu tragen, macht ihn schon körperlich krank.

Kurz vor zwei Uhr nimmt Agca wieder Tabletten gegen seine Depressionen. Tore hatte ihn noch einmal mit einem kleinen Vorrat versorgt, um sich bis zum Eintreffen in Sofia behelfen zu können. Agca gedenkt die Reise bereits am Abend anzutreten. Zunächst einmal mit dem Zug bis Florenz, von dort aus per Flugzeug nach Genf. In Genf gibt es Direktanschluß nach Sofia. Die anderen Terroristen seines Kommandos werden sich unabhängig voneinander auf verschiedenen Wegen zu den befohlenen Zielorten durchschlagen.

Agca macht sich ihretwegen keine Sorgen. Er weiß, daß sie bloß Randfiguren des Vorhabens sind. Er wünscht, seine Kopfschmerzen würden nachlassen.

Agca zieht sich an, wäscht und rasiert sich. Danach setzt er sich wieder aufs Bett und betet stumm seine Haßliste herunter, ohne jedoch einen Blick von seiner Armbanduhr zu lassen.

✳

Gegen fünfzehn Uhr haben sich etwa achtzigtausend Menschen auf dem Petersplatz eingefunden. Unter den Wartenden stehen Ann Odre, eine nicht mehr ganz junge Amerikanerin aus Buffalo im Staate New York, sowie Rose Hall, eine muntere, einundzwanzigjährige Jamaikanerin. Die beiden haben sich ihre Plätze mit Bedacht ausgesucht. Sie stehen unmittelbar an der Absperrung ganz in der Nähe des Podests. Johannes Paul muß mit seinem kleinen Geländewagen also erst an ihnen vorbei, um dann vom Podest aus zu den Versammelten sprechen zu können. Die beiden Frauen stehen mit Blick auf die Peterskirche ein paar Schritt voneinander entfernt. Hinter ihrem Rücken, praktisch unmittelbar vor den Bernini-Kolonnaden, parken zwei Lastwagen. Der eine ist eine mobile Erste-Hilfe-Station, vom anderen Wagen aus verkauft man Vatikan-Briefmarken. Ein Krankenwagen schiebt sich langsam durch die Menge und stellt sich neben das fahrbare Postamt. Die Frauen sehen zwar überall zahlreiche Polizisten, aber die Sicherheitsmaßnahmen scheinen trotzdem nur recht lax gehandhabt zu werden. Mehr oder weniger beiläufig kontrolliert wird nur, wer die Absperrung passiert, um unmittelbar zu Füßen des Podests in gesonderten Boxen seinen Platz einzunehmen.

Die Frauen hatten nicht mit einer so großen Menschenmenge gerechnet. Obschon die beiden sich nicht kennen, ließen sie sich bei der Auswahl ihres Standortes von demselben Gedanken leiten: einen Platz zu finden, von dem aus man nach dem Ende der Zeremonie schnellstens fortkommt.

Lowell Newton, ein Amerikaner, hat sich auf eine der Fontänen gestellt und findet seinen Platz ebenfalls sehr gut gewählt. Er kann über die Köpfe der Menge hinwegsehen; auch das Licht ist seinem Vorhaben günstig.

Die geduldig wartende Menge auf dem Petersplatz wächst noch immer.

*

Um vier Uhr geht Johannes Paul in sein Schlafzimmer und zieht sich eine frischgebügelte weiße Seidensoutane an, unter der sich dank Gammarellis geschickten Händen unbemerkt eine kugelsichere Weste tragen ließe. Der Schneider hat sich indes vergebens bemüht; denn der Papst weigert sich weiterhin, Gebrauch davon zu machen. Er hat sogar angeordnet, die Weste aus seinen Gemächern zu entfernen. Der bloße Gedanke daran, erklärte er verärgert seinen beiden Sekretären, vertrage sich schon nicht mit der eigentlichen Bedeutung seines Amtes.

Der Papst geht nach dem Umkleiden ins Arbeitszimmer nebenan, wo Dziwisz ihn bereits erwartet. Der Sekretär wird den Papst im Geländewagen auf seinen üblichen zwei Runden um den Petersplatz begleiten. Sofort danach beabsichtigt Dziwisz wieder ins Arbeitszimmer zurückzukehren, um einen weiteren Bericht über die Lage in Polen fertigzustellen. So wie Magee den Papst über die Vorgänge in Ulster auf dem laufenden hält, bemüht sich Dziwisz um die neuesten Informationen über den Stand der Dinge in der alten Heimat. Ihm ist es sogar gelungen, den Papst dazu zu überreden, in seine heutige Nachmittagspredigt ein paar Anmerkungen zu Polen einzuflechten. Auch Johannes Paul ist der Ansicht, daß der Solidarität eine weitere verbale Unterstützung durchaus recht sei.

*

Zu schwarzen Hosen und Schuhen trägt Agca ein am Hals offenes weißes Hemd und einen Sportsakko. Während Agca sich hinter Lowell Newtons Platz vorbeidrängelt und etwa direkt gegenüber Ann Odre und Rose Hall Aufstellung nimmt, trägt er die geschlossene Reisetasche am Riemen über der rechten Schulter.

Ein paar Minuten später zwängt sich Ömer Ay durch die Menge und stellt sich schließlich rechts neben Agca. Mit dem Körper verdeckt er auf diese Weise Agcas Reisetasche.

Keiner der beiden Männer verrät auch nur im geringsten, daß man sich kennt. Etwas weiter weg, ganz nahe bei Newton, wartet Ali Chafic.

Agca weiß, daß Jooma und El Haya auf der anderen Seite des Platzes, ganz in der Nähe des Glockentors, inzwischen Posten bezogen haben müssen.

*

Um 16.50 Uhr erreichen Johannes Paul und Dziwisz den auf dem Damasushof wartenden Geländewagen. Casaroli, Martin und Noé befinden sich ebenfalls auf dem Hof. Der Papst nimmt seinen Staatssekretär beiseite und bespricht etwas unter vier Augen mit ihm. Danach wendet er sich Martin zu und erinnert ihn daran, bei der Terminplanung für den nächsten Vormittag Zeit für die Durchsicht von Papieren anzusetzen. Martin verspricht daran zu denken.

Dziwisz steigt in den Geländewagen, hockt sich auf einen der weißledern bezogenen Rücksitze.

Der Papst steht an seinem gewohnten Platz und hält sich an einer weißgestrichenen Griffstange fest. Luigi Felici, der päpstliche Fotograf, setzt sich Dziwisz direkt gegenüber. Er soll für ein paar lebendige Aufnahmen sorgen, die der Papst einigen engen Freunden zu Weihnachten schicken möchte.

Um genau siebzehn Uhr rollt der Wagen aus dem Hof.

Obwohl das Fahrzeug vom Petersplatz aus noch gar nicht zu sehen ist, beginnt dort bereits allgemeines Hurrageschrei. Die Menge weiß, daß der Papst unterwegs ist, denn bei diesen Anlässen sind Zeitplan und Fahrtroute stets unverändert.

Als der Geländewagen das Glockentor erreicht, wird er von Cibans Männern, DIGOS-Agenten und uniformierter Stadtpolizei in die Mitte genommen. Durch die Anwesenheit der Sicherungsgruppe wirkt der kleine Wagen des Papstes noch verwundbarer. Bei seinem Erscheinen auf dem Petersplatz steigert sich der Lärm zum Gebrüll. Inzwischen dürften sich gut hunderttausend Menschen zur Begrüßung des Papstes gegenseitig überschreien.

Johannes Paul winkt und lächelt. Das Jeep-artige Gefährt rollt hinter Jooma und El Haya vorbei. Es ist zwar noch ein paar hundert Schritt von Newton entfernt; aber der Amerikaner hebt bereits die Kamera und macht sich bereit.

Ann Odre hat Schwierigkeiten mit ihrer Brille; die Sonne spiegelt sich so in den Gläsern, daß sie kaum noch etwas erkennen kann. »Ist doch zum Verrücktwerden«, denkt sie, »da kommt man von so weit her, und dann macht einen die Sonne fast blind.«

Rose Hall hat einen derartigen Lärm noch nie zuvor erlebt. Sie versucht einer Nachbarin klarzumachen, daß es auf Jamaika nicht einmal beim Karneval so lautstark zugehe, aber die Frau schüttelt nur den Kopf. Rose Hall kann sich in dem Geschrei nicht verständlich machen.

Agca und Ay lachen und winken fortwährend dem Papst zu – sie wurden entsprechend angewiesen. Sie sehen, wie die weißgekleidete Gestalt vom Wagen herab den am unteren Ende des Platzes Stehenden grüßend zuwinkt.

Das Fahrzeug hält langsame Schrittgeschwindigkeit, es sind vielleicht drei Stundenkilometer. Im Augenblick schaut Johannes Paul in Richtung des Obelisken in der Platzmitte, um den sich Zehntausende scharen. Johannes Paul winkt und lacht.

Newton läßt die Kamera sinken, der näherkommende Papst wendet ihm den Rücken zu. Dabei fällt ihm ein, daß der Papst bei der zweiten Runde nach außen, und damit direkt in die Kamera, blicken wird.

Befehlsgemäß arbeitet sich der Polizist Vito Ceccarelli durch die Menschenmenge. Er geht seiner Nase nach und strebt zu jenen Stellen des Platzes, wo sich seiner Erfahrung nach am ehesten eine Festnahme vornehmen läßt. Ceccarelli gehört zu einer Einheit der römischen Stadtpolizei, die in Zivil nach Taschendieben fahndet. Er schätzt seine Arbeit gar nicht, weil er sich mit den Ellenbogen durch die Menge kämpfen muß und bei Festnahmen zwar reichliche Aufregung verursacht, aber nur wenig Dank erntet. Als der Papst vorüberkommt, befindet sich Ceccarelli gerade in der Nähe einer der Fontänen und drängelt sich nach rechts in Richtung Kolonnaden weiter; er weiß, daß die Taschendiebe dort besonders gern ihr Unwesen treiben, weil das Gewirr der Straßen hinter den Kolonnaden ein Entkommen erleichtern.

Auch Ann Odre und Rose Hall sehen beim Passieren seines Gefährts nur Johannes Pauls breiten Rücken. Auch sie wissen, daß er auf seiner nächsten Runde in ihre Richtung blicken wird.

Diese zweite Rundfahrt beginnt um genau 17.15 Uhr.

Johannes Paul begibt sich auf die andere Seite des Wagens, blickt nach außen, wobei er Dziwisz teilweise den Blick verstellt. Der Fotograf Felici ist ausgestiegen, nachdem er über die Schulter des Papstes hinweg ein paar Rollen Film verarbeitet hat. Er geht nun zwischen den Sicherungsmännern vor dem Fahrzeug her. Dabei fotografiert er die verzückte Menge ebenso wie den offensichtlich überglücklichen Papst.

Um 17.18 Uhr kommt der Papst an Newton vorüber. Er scheint direkt in die Kamera zu winken. Mit einer so guten Aufnahme hätte Newton zu keiner Zeit gerechnet.

Das Fahrzeug rollt weiter, Ann Odre und Rose Hall gebärden sich ebenso freudig erregt wie anscheinend jedermann in ihrer Umgebung.

Niemand bemerkt, daß der Reißverschluß der Reisetasche geöffnet wird und eine Hand darin verschwindet. Als die Hand wieder auftaucht, liegt jener Browning in ihr, den Agca mitgebracht hat.

Als Johannes Paul an ihm vorüberkommt, quält sich der Polizist Ceccarelli noch immer durch die Menge. Dabei registriert er beinahe automatisch, daß der Papst einer die polnische Fahne schwenkenden Gruppe besonders breit zulächelt.

Als das Fahrzeug vorbei ist, wendet sich Ceccarelli um und schiebt sich in Richtung mobiles Postamt weiter vor. Mit etwas Glück läßt sich dort vielleicht ein Taschendieb festnageln, so daß dieser strapaziöse Nachmittag doch noch leidlich zufriedenstellend endet.

Dziwisz sieht, daß es vielleicht noch zwanzig Meter bis zum Ende der zweiten Runde sind.

Ganz spontan tut Johannes Paul wieder einmal das, was seinen Sekretär Dziwisz regelmäßig nervös macht: er greift in die Menge und hebt ein Kind auf Armeslänge vor sich in die Höhe. Diesmal ist es ein kleines Mädchen mit zerzaustem Blondhaar. Der Papst nimmt das Kind in den Arm, küßt es und reicht es seiner völlig ekstatischen

Mutter zurück. Dziwisz hat regelmäßig Angst, daß sich ein Kind dem Papst entwindet und zu Boden fällt. Jedesmal aber, wenn er dem Papst diese Möglichkeit vor Augen führt, lacht Johannes Paul nur. Dziwisz sieht nervös zu, wie sich der Papst bückt und hinauslehnt, um einem anderen Mädchen im weißen Kommunionkleidchen die Hand zu geben. Danach richtet sich Johannes Paul wieder auf und überlegt, wen er als nächstes in den Arm nehmen oder persönlich begrüßen könnte. Auf diese Weise versucht Johannes Paul selbst im größten Getümmel noch sein Papsttum den Massen näherzubringen.

Als Johannes Paul bis auf etwa sechs Schritt an Ann Odre und Rose Hall heran ist, fällt der erste Schuß.

*

Nicht jeder glaubt sofort an einen Schuß. Ann Odre denkt zunächst an eine Fehlzündung und wirft einen Blick zu den hinter ihr parkenden Fahrzeugen hinüber.

Rose Hall glaubt, jemand habe einen Feuerwerkskörper losgelassen; dabei hatte sie gedacht, so etwas komme nur beim Karneval in Kingston vor.

Ceccarelli identifiziert das Geräusch sofort als Mündungsknall einer Schußwaffe. Aber auch er ist irritiert. Seine Erfahrungen beschränken sich lediglich auf den Schießstand der römischen Stadtpolizei mit seiner hervorragenden Akustik. Hier, auf dem von Menschen wimmelnden Platz, ist die Richtung nicht so leicht auszumachen. Ceccarelli blickt sich suchend um, bahnt sich dann rücksichtslos einen Weg durch die Nächststehenden. Andere in der Menge verteilte Polizisten tun das gleiche.

*

Noch ehe das erste Echo verhallt ist, weiß Dziwisz, was vorgefallen ist: das war ein Schuß. Einen flüchtigen Moment lang weiß er nicht, ob jemand beziehungsweise wer getroffen wurde.

Johannes Paul steht aufrecht und umklammert den Handlauf.

»Hinlegen«, will Dziwisz schreien, als der Papst zu schwanken beginnt.

Agcas erste Kugel traf den Papst in der Magengegend und verursachte mehrere Verletzungen des Magen-Darm-Trakts.

Instinktiv drückt Johannes Paul die Hand auf die Einschußwunde, um das hervorquellende Blut zurückzuhalten.

Luigi Felici bemerkt den entsetzten, verwirrten Blick des Papstes und läßt die Kamera sinken.

Johannes Paul taumelt und krümmt sich, obwohl er krampfhaft versucht, sich aufrecht zu halten. Er greift mit der blutverschmierten

Linken haltsuchend nach dem Handlauf. Im vergeblichen Versuch, das hervorquellende Blut zum Stehen zu bringen, krallt sich seine Rechte in die Soutane. Sein Gesicht verzerrt sich vor Schmerz, als er langsam auf Dziwisz niedersinkt.

*

Mit ausgestrecktem rechtem Arm geht Agca noch einmal mit dem Browning ins Ziel. Er steht mit beiden Füßen fest auf dem Boden und hält die Beine leicht gespreizt; ihm ist beigebracht worden, daß dies die beste Position sei, um in einer Menge festen Stand zu behalten. Er denkt daran, was ihm seine Ausbilder in Libyen eingebläut haben: »Laß dir Zeit. Geh' sorgfältig ins Ziel. Denk daran, daß das Überraschungsmoment auf deiner Seite ist.«

Wieder feuert Agca.

Das zweite Geschoß trifft die rechte Hand des Papstes. Johannes Pauls Arm fällt hilflos herab.

Agca erkennt, daß das hervorsprudelnde hellrote Blut die weiße Soutane besudelt.

Noch einmal zieht er den Abzug durch.

Die dritte Kugel schlägt in Johannes Pauls rechten Arm.

*

Der Fahrer des Papstes blickt hinter sich. Er reißt den Mund auf, bringt aber keinen Ton heraus.

Dziwisz wiegt Johannes Paul auf dem Schoß. »Danke«, sagt der Papst, »danke.«

Der Sekretär schreit den Fahrer auf italienisch an: »Los, erst zurück, dann vorwärts. Los! Bring uns hier raus!«

Ringsum tobt das Chaos.

Dziwisz deckt den Papst mit dem eigenen Körper und treibt den Fahrer brüllend zu schnellerer Fahrweise an.

Die Reihen der Sicherheitskräfte wirbeln mit gezogener Waffe durcheinander, brüllen Befehle, die der nächste Gegenbefehl wieder aufhebt.

Die Menge beginnt zu wogen; ein einziger furchtbarer Satz geht von Mund zu Mund. In einem Dutzend verschiedener Sprachen ausgestoßen, bedeutet er doch stets dasselbe: »Sie haben den Papst erschossen!«

Luigi Felici bekreuzigt sich. Ein Polizist drückt ihn zur Seite.

Der Geländewagen des Papstes schiebt sich mit qualvoller Langsamkeit durch die Menge. Das Innere des Wagens bietet ein Bild des Schreckens. Hervorquellendes Blut tränkt Johannes Pauls Soutane, verschmiert sein Brustkreuz, läuft über die weißen Lederpolster und tropft auf den Boden. Alle um Johannes Paul sich Bemühenden sind blutverschmiert.

Der Papst ist kaum bei Bewußtsein. Seine Augenlider flattern. Er flüstert irgend etwas auf polnisch vor sich hin. Dziwisz, der ihn hält, murmelt etwas, was auch niemand deutlich verstehen kann. Der Sekretär spricht ein polnisches Sterbegebet.

∗

Ann Odre dreht sich in die Schußrichtung um. Wieder kracht es. Die Kugel trifft sie voll in die Brust. Schwerverletzt bricht sie zusammen.
   Noch ein Schuß.
   Das Geschoß fährt Rose Hall in den linken Arm. Auch sie stürzt zu Boden. Zwei unschuldige Zuschauer sind damit ebenfalls ernsthaft verletzt.
   Agca blickt nach rechts. Ay ist fort.
   Mit der Pistole in der Hand stürmt Agca hinter ihm her. Er läuft auf die vor den Kolonnaden parkenden Laster und den Krankenwagen zu.

∗

Beim dritten Schuß hat Ceccarelli die Richtung erkannt. Noch ehe die nächsten Schüsse fallen, setzt er sich in Bewegung und bahnt sich mit rudernden Armen und gesenktem Kopf wie ein Bulldozer einen Weg durch die Menge. Auch er arbeitet sich zu den abgestellten Fahrzeugen vor.

∗

Newton ist von der Fontäne heruntergesprungen und bewegt sich in Schußrichtung vorwärts. Plötzlich sieht er einen jungen Mann aus der Menge hervorbrechen und mit einem schwarzen Revolver in der Hand eiligst davonrennen.
   Aus Angst, selbst beschossen zu werden, dreht Newton sich zur Seite. Er hofft, der Flüchtende werde sich noch unbemerkt fühlen. In gut drei Schritt Entfernung rennt er an Newton vorbei. Der unerschrockene Amerikaner springt sofort herum und fotografiert den Flüchtenden.
   Es ist Ali Chafic.
   Auf der anderen Seite des Petersplatzes sind Jooma und El Haya – die von dort aus eigentlich unterstützend hätten eingreifen sollen – von ihrem Posten fortgelaufen, noch ehe der Geländewagen in ihre Nähe kam.
   Die beiden glauben ebenso wie Chafic und Ay (sie haben alle vier in etwa die gleiche Ausbildung hinter sich wie Agca auch), daß Agca seinen Auftrag erfolgreich erledigt und daß der Papst, der es gewagt hatte, das kommunistische Rußland herauszufordern, die passende Antwort bekommen hätte.

*

Agca hat es fast geschafft. Die Menge weicht vor seiner geschwungenen Pistole zurück. Als er das mobile Postamt erreicht hat, schleudert er den Browning fort; die Waffe rutscht unter das Postfahrzeug.
Im gleichen Augenblick zieht ihm jemand die Beine weg.
So kam der Polizist Ceccarelli doch noch zu seiner Verhaftung.

*

Der Geländewagen schleicht durch das Glockentor. Dort wartet ein Krankenwagen mit laufendem Motor. Die Besatzung legt Johannes Paul eiligst auf eine Trage und hebt ihn in die Ambulanz.

Dziwisz fährt mit.

Mit Blaulicht und Martinshorn rast der Krankenwagen zum Gemelli-Krankenhaus.

Johannes Paul flüstert immer wieder nur ein Wort: »Madonna.«

Für die drei Kilometer bis zum Hospital braucht der Krankenwagen im dichten Feierabendverkehr qualvoll lange zwanzig Minuten. Wenn später von dem Mordanschlag die Rede ist, wird man auch immer wieder auf das Verhalten der Krankenwagenbesatzung zu sprechen kommen.

Die beiden Sanitäter versuchen den Papst so bequem wie möglich zu betten. Beide finden es ebenso unglaublich wie abscheulich, was dem Papst, einer der geachtetsten Persönlichkeiten der Erde, angetan wurde. Sie sind so entsetzt, daß sie darüber teilweise die Erste-Hilfe-Regeln vergessen. Statt den Papst ruhigzuhalten, lassen sie Johannes Paul immer wieder sein beschwörendes »Madonna« wiederholen. Jedesmal, wenn er das Wort mühsam hervorstößt, verzieht sich sein Gesicht vor Schmerzen, und ein neuer Blutschwall sprudelt aus seiner Bauchwunde hervor.

Während der wilden Fahrt über Bürgersteige und Ampelkreuzungen hockt Dziwisz auf dem Boden der Ambulanz und hält die zerschmetterte Rechte des Papstes. Auch die Schußverletzung am Arm blutet noch immer. Dziwisz ist nicht so leicht zu erschüttern; er hat in Polen genügend Gewalt erlebt, um zu wissen, daß in einer solchen Situation Kaltblütigkeit geboten ist. Aber während er sich nach außen hin gelassen gibt, hat ihn eine derartige Stumpfheit befallen, daß ihm nicht einmal die elementarste Frage einfällt: Hat jemand bereits über Funk das Krankenhaus alarmiert?

Natürlich nicht. Der Fahrer hat genug damit zu tun, unter Aufbietung seiner ganzen Fahrkunst den Patienten schnellstmöglich ins Krankenhaus zu bringen. Obwohl er auf Grund seiner geschickten Fahrweise manche kostbare Sekunde gewinnt, erweist es sich als schwerwiegendes Versäumnis, daß niemand daran dachte, das Krankenhaus vorab zu informieren.

Nachdem einer der Sanitäter einen schnellen Blick aus dem Fenster geworfen hat, wendet er sich wieder dem Papst zu und sagt begütigend lächelnd: »Wir sind bald da.«

»Danke«, flüstert der Papst, »vielen Dank.« Die Anstrengung beim Sprechen führt zu einem erneuten Blutschwall.

Der Krankenwagen kommt mit quietschenden Reifen vor der Notaufnahme zum Stehen.

Der Fahrer springt heraus und läuft ins Haus. »Der Papst! Wir bringen den Papst!« schreit er einer verschreckten Krankenschwester zu.

Die Frau macht auf dem Absatz kehrt, läuft in ein Zimmer und kommt fast augenblicklich mit zwei Ärzten und drei weiteren Schwestern heraus. Einen Karren vor sich herschiebend, rennen alle sofort zum Krankenwagen.

Die beiden Ärzte springen hinein, einer der beiden stolpert fast über Dziwisz. Ohne sich darum zu kümmern, wenden sich sofort beide dem Papst zu. Einer der beiden – er kann vor Entsetzen nicht sprechen – winkt die Schwestern heran. Sie helfen ihm, die Trage aus der Ambulanz zu heben und auf den Karren zu legen.

Während sie sich noch abmühen, fragt der Papst kaum verständlich: »Perchè l'hanno fatto?« – Warum hat man das getan?

Langsam greift kühle Geschäftsmäßigkeit um sich. Zeit zum Antworten hat niemand. Im Geschwindschritt wird Johannes Paul ins Gemelli-Krankenhaus gerollt.

Dziwisz folgt der Trage. In dieser ungewohnten Umgebung fühlt er sich verloren, weshalb sich sein Entsetzen und seine Bekümmerung noch vertiefen.

Wie er mit dem Lift ins neunte Stockwerk des Hospitals hinaufkam, weiß er nicht mehr. Dort befindet sich eine separate Abteilung: ein Aufnahmeraum, ein Operationssaal, dazu eine Intensivstation, die mit modernstem Pflege- und Reanimationsgerät ausgestattet ist. Dies ist das Allerheiligste, wo Giancarlo Castiglione, der Chefchirurg des Krankenhauses, seine Privatpatienten operiert. Castiglione aber ist zur Zeit in Mailand. Sein Kollege, Francesco Crucitti, hat bereits anrufen lassen, daß Castiglione dringend benötigt wird. Als Crucitti ins Aufnahmezimmer kommt, ist Castiglione bereits unterwegs, um eine Privatmaschine nach Rom zu nehmen.

Der Operateur tritt zu Ärzten und Schwestern an die Trage. Hier, im Zentrum des Dramas, kennt man keine Panik, wird kein Wort vergeudet, gibt es keine unnötige Bewegung. Hier herrscht straffe Disziplin, tut man ruhig und ohne Aufhebens das Nötige. Zum ersten Male, seit Johannes Paul in seine Arme sank, keimt in Stanislaw Dziwisz ein Hoffnungsschimmer.

Noch ehe Castiglione eintrifft, ist das Nötigste bereits getan. Soutane und Unterkleider wurden dem Papst fachmännisch vom Leibe geschnitten. Man hat ihm das massive goldene Brustkreuz abgenommen und in einer Ecke des Aufnahmezimmers auf den blutgetränkten Kleiderhaufen gelegt. Der Papst wurde an einen Tropf mit Kochsalzlösung gehängt und mit einem grünen Operationslaken bedeckt. Seinen Ring hat man isolierend überklebt, damit EKG und EEG und weiteres elektronisches Gerät, das pausenlos herangerollt wird, auf gar keinen Fall in der Funktionsweise beeinträchtigt werden. Behandschuhte Hände greifen in ruhigem, nur zu gut bekanntem Rhythmus nach den jeweils erforderlichen Instrumenten. Das Ärzte- und Schwesternteam kämpft nicht zum ersten Male um ein Menschenleben.

Johannes Paul ist schon in aller Eile von einem jüngeren Arzt untersucht worden. Blutdruck und Puls wurden gemessen, die Brust abgehorcht und der Augenhintergrund betrachtet. Aus dem Labor kommt das Ergebnis der ersten Blutprobe: A negativ. Johannes Pauls Blutgruppe ist nicht allzu häufig.

Crucitti läßt sich von der Blutbank des Krankenhauses fünf Frischblutkonserven bringen.

Dann untersucht er den Papst noch einmal selbst. Die Arm- und Handverletzung sind relativ unbedeutend. Das Loch in Johannes Pauls Unterleib macht Crucitti am meisten zu schaffen.

Er richtet sich auf und befiehlt, Johannes Paul sofort für eine Notoperation vorzubereiten.

Dziwisz' Stichwort ist gefallen. Er beugt sich zu dem totenbleichen, flach und langsam atmenden Papst nieder, nähert seinen Mund dem linken Ohr des Papstes und beginnt den Sterberitus seiner Kirche zu murmeln. Dann beugt er sich noch tiefer hinunter, um des Papstes Beichte zu hören.

Seine priesterlichen Pflichten sind getan. Dziwisz tritt zurück. Um das Leben des von ihm wie einen zweiten Vater verehrten Mannes zu retten, bedarf es nun anderer Kunstfertigkeiten.

Mit einem letzten gequälten »Madonna« des Papstes macht sich der Anästhesist ans Werk.

EPILOG

Der Papst lag fünfeinhalb Stunden auf dem Operationstisch. Drei Liter Blut, also drei Fünftel der normalerweise im Körper zirkulierenden Menge, wurden transfundiert. Er bekam vorübergehend einen künstlichen Darmausgang angelegt und wurde mit Antibiotika behandelt. Kurz vor Mitternacht erlangte er das Bewußtsein wieder. Trotz einer postoperativen Benommenheit galten die ersten Worte seinem Attentäter. »Ich vergebe ihm«, sagte er flüsternd zu Magee und Dziwisz, die an seinem Krankenbett wachten.[1]

Im Polizeipräsidium in der Innenstadt Roms wurde Agca die ganze Nacht lang verhört. Er wurde weder geschlagen noch eingeschüchtert; die Vernehmungsbeamten erkannten, daß solche Methoden bei ihm nicht wirken würden. Er kam ihnen recht wirr vor; denn als Antwort auf ihre Fragen betete er häufig Teile seiner Haßliste herunter. Bei der Leibesvisitation hatten sie eine Notiz gefunden, die zugegebenermaßen von seiner Hand stammte: »Ich töte den Papst aus Protest gegen den Imperialismus der Sowjetunion und der Vereinigten Staaten und aus Protest gegen den in El Salvador und Afghanistan praktizierten Völkermord.«

Spätestens in diesem Augenblick erkannte die römische Polizei, daß Agca kein gewöhnlicher Terrorist war.

Nachdem Zimmer 31 in der Pensione Isa von der Polizei mit dürftigem Erfolg durchsucht worden war, traf in den frühen Morgenstunden des 14. Mai der erste Psychiater ein (man zog nicht nur Psychiater im Dienste des italienischen Geheimdienstes hinzu; andere Nachrichtendienste schickten ihre eigenen Fachleute). Er befragte Agca eine Stunde lang, las seine Aufzeichnungen und kam zu einem ersten Befund. Er hielt Agca im klinischen Sinne für nicht verrückt, sondern dachte eher an eine hebephrenische Schizophrenie. Für eine Festlegung war es noch zu früh, aber die Anzeichen waren gegeben: Depersonalisation, Disrealisierung. Er hielt Agca für selbstmordgefährdet. Andere Psychiater kamen, um die von den türkischen Behörden zugänglich gemachten Einzelheiten aus Agcas Krankengeschichte nachzuprüfen. Sie bemühten sich geduldig um ein exaktes Persönlichkeitsbild und lernten Agca so in den nächsten Wochen immer besser kennen. Über den wahren Charakter seiner Krankheit konnten sich die Ärzte jedoch nicht einigen. Die Frage war mittlerweile auch nur noch von rein akademischem Interesse. Man hatte sich mit anderen, wahrscheinlich viel wichtigeren Fakten zu befassen.

Sie begannen zutage zu treten, als drei höhere Beamte des Bundeskriminalamts heimlich nach Rom flogen, um Agca zu vernehmen. Wie aus dem stenografischen Protokoll der Vernehmung hervorgeht, stellten sie Agca am Nachmittag des 15. Mai insgesamt 192 Fragen. Die Befragung selbst war sehr mühsam; denn Agca konnte nur mittelbar über einen italienischen Staatsanwalt vernommen werden. Trotzdem brachten die drei BKA-Beamten so geheimhaltungsbedürftige Dinge mit nach Hause, daß nur ein Teil der Ermittlungsergebnisse über Interpol Paris an die Polizeien der angeschlossenen Länder weitergegeben wurde. Der vollständige BKA-Bericht wurde dem damaligen Bundeskanzler Helmut Schmidt ins Amt geschickt. Die Veröffentlichung des Inhalts steht noch aus.

Nachdem die BKA-Beamten nach Wiesbaden zurückgekehrt waren, flogen zwei höhere MOSSAD-Offiziere mit El-Al Nr. 385 von Tel Aviv nach Rom. Yitzhak Cahani, der Attaché an der israelischen Botschaft in Ankara, hatte sie vorab mit Daten und Fakten aus Agcas Vorleben wohl versorgt. Das BKA-Team hatte es zum Teil auch deswegen so schwer gehabt, weil keiner der Deutschen der türkischen Sprache mächtig war. Die MOSSAD-Männer waren da im Vorteil: beide beherrschten fließend Agcas Muttersprache. Die italienische Polizei hatte in ihrem Falle nichts gegen eine direkte Befragung Agcas einzuwenden. Bei fünf Sitzungen im Verlauf von drei Tagen trugen die MOSSAD-Offiziere genügend Steinchen zusammen, um sich daraus ein Gesamtbild zu machen.

Während der folgenden Wochen trug man fleißig Beweismaterial zusammen: beim DIGOS, beim italienischen Geheimdienst, beim Bundeskriminalamt in Wiesbaden, beim Bundesnachrichtendienst in Pullach bei München, im CIA-Hauptquartier in Langley (Kalifornien), beim Secret Intelligence Service im Londoner ›Century House‹, beim österreichischen Sicherheitsdienst in Wien, im Hauptquartier des MIT am Boulevard Atatürk in Ankara und in der MOSSAD-Zentrale (Tel Aviv) wurden die Akten immer umfänglicher. Immer mehr Beweismaterial wurde in Computern und auf Mikrofilm gespeichert: wortreiche Berichte, Protokolle, Erklärungen und Bewertungen.

Als im Juli 1981 vor dem Schwurgericht in Rom das Verfahren gegen Agca eröffnet wurde, kam jedoch nicht ein einziges der von den genannten Geheimdiensten und Polizeidienststellen zusammengetragenen Beweisstücke auf den Richtertisch. Agcas Motive wurden durch die dreitägige zügige Beweisaufnahme keineswegs erhellt; die meisten Beobachter des Verfahrens hatten das Gefühl, die Hintergründe sollten absichtlich im dunkeln bleiben. Agca wurde zu lebenslanger Haft verurteilt; bei guter Führung könnte er im Jahre 2009 bedingt entlassen werden. Nach seiner Verurteilung verbrachte Agca das erste Jahr in Einzelhaft; gelegentlich besuchten ihn jedoch noch Beamte westlicher Dienste, deren Interesse freilich nachließ, als Agcas Geist sich immer mehr verwirrte. Er begann sich schließlich etwas zurecht zu phantasieren. Da blieben die Besucher aus. Agca hatte ihnen nichts mehr zu sagen.

∗

Johannes Pauls Genesung machte erstaunliche Fortschritte. Charakteristisch für ihn, daß seine ersten Gedanken anderen galten. Den beiden ebenfalls verletzten Frauen ließ er Blumen schicken. Als sich Kinder unter dem Fenster seines Krankenzimmers einfanden und ihm ein Volkslieder-Ständchen brachten, schickte er Dziwisz eiligst hinunter und ließ ausrichten: »Ich segne euch und würde euch am liebsten der Reihe nach küssen.«

Im Spätsommer und Herbst 1981 erholte er sich in Castel Gandolfo und plante bereits neue Reisen – nach England und Spanien. Und noch immer träumte er davon, China zu besuchen.

Er nahm seine schwierige Gratwanderung zwischen geistlicher Führerschaft und unbestreitbarer weltlicher Macht wieder auf. Diese beiden Aspekte seines Amtes konvergierten in Polen in zunehmendem Maße. Er ließ sich nicht von der Verteidigung der Prinzipien der Solidarität abbringen; seine dritte Enzyklika – ›Laborem Exercens‹ – erschien, als in Polen die erste Streikwelle rollte. Je mehr das polnische Regime mit Repressalien drohte, desto mehr sah man in den Worten dieser Enzyklika – die von vielen für seine bislang beste gehalten wurde – den Beweis, daß Johannes Paul Menschenwürde auch mit dem Recht auf sinnvolle Arbeit unter gerechten Bedingungen gleichsetzte: das hieß nichts anderes, als sich zu Gewerkschaften zusammenfinden, nach vertretbaren Arbeitsnormen streben und das allgemeine Wohl des arbeitenden Menschen steigern zu dürfen. So, wie eine frühere Enzyklika dem Namen ›Solidarność‹ Pate stand, so floß ›Laborem Exercens‹ in die Gewerkschaftssatzung ein.

Nachdem die Solidarität verboten und Lech Walesa verhaftet worden war, startete nun Johannes Paul eine weitere ungewöhnliche Geheiminitiative. Über den Allensteiner Erzbischof Josef Glemp, der nach Wyszyńskis Tod polnischer Primas geworden war, nahm Johannes Paul mit dem polnischen Regime, und mithin mit dem Kreml, Verhandlungen auf. Da Staats- und Parteichef Breschnew im Sterben lag, verhandelte Johannes Paul den größten Teil des Jahres 1982 im Grunde genommen mit Jurij Andropow, der an der Spitze des KGB gestanden hatte, als Agca seinen Mordversuch unternahm. Die Situation entbehrte nicht der Ironie.

Von Casaroli, Marcinkus und Dziwisz, seinen alten Vertrauten und

Ratgebern in allen Solidarność-Fragen, erneut unterstützt, machte sich Johannes Paul an die schwierige Aufgabe, auf Walesas Freilassung und die Aufhebung des Kriegsrechts in Polen hinzuarbeiten.

Es dauerte zehn Monate – wiederholte Rückschläge blieben nicht aus–, ehe Johannes Paul seinem Ziel näher kam. Wenn er meinte, verzagen zu müssen, wußte Marcinkus ihm neue Kraft zu geben. Obwohl die Schmähungen und Verleumdungen in den Medien kein Ende nahmen und er zudem noch anderem Druck ausgesetzt war – die italienischen Behörden gaben weiterhin zu verstehen, daß sie ihn liebend gern ins Verhör nehmen würden–, war Marcinkus als ergebener Helfer und verläßliche Stütze des Papstes jederzeit zur Stelle. Vielleicht spielte er bei den Bemühungen des Papstes sogar die tragendste Rolle.

Weil er Johannes Paul immer wieder Mut machte, ließ der Papst nicht nach. Im November 1982 schließlich starb Breschnew, Andropow wurde sein Nachfolger. Just am Tage seiner Machtübernahme kam aus Warschau die Nachricht, daß Walesa freigelassen würde.

Der Vatikan nahm diese Ankündigung mit gelassener Genugtuung zur Kenntnis. Über Polen hinaus stellte sich der Papst als ein geistlicher Führer dar, der rassische, regionale und theologische Grenzen und Streitfragen überwand. Er betete weiterhin für eine bessere Welt, in der die Menschheit durch die Kraft des Gebetes und des Glaubens eine größere Chancengerechtigkeit fände. Und den alten Glaubenssätzen – Bekämpfung der Geburtenkontrolle, der Scheidung, der Abtreibung und des vorehelichen Geschlechtsverkehrs – verlieh er weiterhin mit einer Vehemenz Ausdruck, die nicht überall und jederzeit verstanden wurde.

Was die Stabilität der Kirche bedrohte, fegte er beiseite – so zum Beispiel weitere Finanzskandale im Zuge gewisser Enthüllungen des Jahres 1982, die zeigten, wie tief die Vatikanbank in die Geschäfte der in Mißkredit geratenen Banco Ambrosiano verwickelt war. Marcinkus, der sich hinter dem Rücken eines noch immer mächtigen und selbstsicheren Papstes gewissermaßen aus der Schußlinie hielt, überlebte auch diesmal. Je mehr man ihn angriff, desto gelassener und sicherer gab er sich. Ihm war indes klarer als jedem anderen, was möglicherweise noch passieren könnte.

*

Johannes Pauls engste Umgebung – Noé gehörte nicht mehr dazu, denn er war im März 1982 unverhofft als Zeremonienmeister durch Magee ersetzt worden – gelangte zu der Überzeugung, daß der Papst im Gefolge des Attentats von dem Gedanken bewegt, wenn nicht gar besessen sei, daß der Welt bis zum Jahre 2000 noch Entscheidendes bevorstehe, was sich durch ›Ereignisse‹ andeute. Wenn er mit seiner geliebten und vertrauten polnischen Mafia in seinen Gemächern beisammen saß, hatte er des öfteren Entsprechendes anklingen lassen.

Seine zunehmende Hinwendung zur Eschatologie* blieb nicht verborgen.

Seine Vertrauten vermuten, daß diese Ahnungen die Ursache seines Mystizismus bedeuten; daß es ihnen zuzuschreiben ist, daß er immer öfter und deutlicher erkennen läßt, daß er eine durch seine Lehren geläuterte und neu belebte Kirche ins nächste Jahrtausend führen werde. Alles was er sagt und tut, bestätigt seine theologische Auffassung, daß Geburt, Tod und Auferstehung Christi die Schlüsselereignisse der Menschheitsgeschichte darstellen; der Mensch, sei er nun Christ oder nicht, könne nur Erlösung finden, wenn er der Wiederkehr Christi sicher sei.

Johannes Paul sieht theologische Lehrsätze nicht als didaktische Argumente, sondern als Vehikel zur Lösung der sozialen und ethischen Probleme seiner Zeit. Er verbreitet die Lehren des Magisteriums als Bekräftigung weltlicher Verantwortung, als Ermutigung zu einer heroischen Auffassung vom Priesteramt und insbesondere als Ermunterung zu einer positiven Grundeinstellung zur Menschheit.

Seine Grundsätze haben sich seit seiner Amtsübernahme im Oktober 1978 nicht geändert: wichtige Entscheidungen trifft er allein, er weicht keinen Fingerbreit vom einmal eingeschlagenen Wege ab. In den Augen mancher ist er mehr Prophet als Herrscher, eher Prediger als Administrator, statt eines ausgewiesenen Pragmatikers eher charismatischer Mystiker.

Johannes Paul hat von allem etwas. Dazu bleibt er seiner Pflichtauffassung treu. Obschon er weiß, weswegen er ermordet werden sollte, hat ihn dieses Wissen nicht im geringsten bewogen, in seiner Führerrolle im Kampf um Gerechtigkeit und Menschenwürde nachzulassen. Er bekämpft den Marxismus mit solcher Heftigkeit und dringenden Vorrangigkeit, als glaubte er, die Zeit arbeite gegen ihn. Der Papst weiß besser als alle, die mit seinem Schutz betraut sind, daß ein nächster Anschlag wahrscheinlicher wird, je länger der erste zurückliegt. Er wird immer in Gefahr sein.

Nur ein sehr besonderer Mann kann mit diesem Wissen leben und der Welt ein beruhigend lächelndes Gesicht zeigen.

---

* Lehre von den letzten Dingen. Es handelt sich um Glaubensvorstellungen, die sowohl das Endschicksal des Einzelmenschen als auch eine universale Enderwartung betreffen. In der christlichen Eschatologie geht es auch um die Verwirklichung des Friedensreiches Gottes, die mit der Erlösungstat Christi begonnen hat, aber noch nicht vollendet ist. (Anm. d. Übers.)

QUELLENHINWEIS

Dieses Buch entstand als Ergebnis zweiundzwanzigmonatiger Recherchen in Italien, in der Türkei, in den Vereinigten Staaten, in Spanien, Syrien, Libanon, Bulgarien, in der Bundesrepublik Deutschland, in Frankreich, Österreich, England, Irland, Kanada sowie in Asien und Afrika. Dabei wurden insgesamt mehr als 300 000 Reisekilometer zurückgelegt; die Niederschrift von über hundert Interviews ergab ein Konvolut von mehr als sechs Millionen Wörtern; hinzu kamen dann noch umfängliche Belege und Unterlagen – etwa acht Millionen Wörter. Zu diesen Belegen zählen zum Beispiel Agcas Schulbücher, das Testament Pauls VI., eine sehr wichtige Akte des österreichischen Geheimdienstes und vieles andere mehr. Als wir uns an unsere Nachforschungen machten, ahnten wir, daß wir es nicht leicht haben würden; wir konnten uns jedoch nicht vorstellen, mit welchen Schwierigkeiten wir es zu tun bekämen. Das Unterfangen hätte jederzeit scheitern können, indes bewahrten uns eine immense Geduld und das große Verständnis unserer Quellen vor dem Mißerfolg. Diese Informanten führten uns über die verschlungenen Pfade der Administration, der Kirchengeschichte und der vatikanischen Tradition. Sie lehrten uns die Interpretation der subtilen Schachzüge des Vatikans und machten uns auf die korrekte Bedeutung einer winzigen liturgischen Änderung aufmerksam. Von ihnen erfuhren wir, was es heißt, wenn aus einem alten Gebet ein Wort gestrichen wird, wenn eine Audienz beim Papst etwas länger als vorgesehen dauert, wenn in eine Routinepredigt eine knappe Sentenz eingeschoben wird, wenn eine Enzyklika vordergründig ein Thema behandelt und dabei eigentlich auf etwas ganz anderes abstellt. Solcherart ist nun einmal die Vorgehensweise des Vatikans. Geheimniskrämerei in fast unvorstellbarem Ausmaß.

Dennoch gelang es uns, den Schleier zu lüften. Vatikanische Bedienstete äußerten sich uns gegenüber mit erstaunlicher, geradezu rührender Freimütigkeit, ohne Rücksicht auf die Gefahr einer sofortigen Exkommunizierung. Einige unserer Informanten sind im Verlaufe unserer Nachforschungen verstorben; mit ihrem Tode dürfen wir Roß und Reiter nennen. Wenn es sachdienlich war, haben wir unsere Quellen in manchen Fällen namentlich genannt. Die meisten unserer Informanten sind indes noch gesund und munter; infolgedessen werden wir ihre Identität nicht enthüllen. Unsere einzige Gegenleistung für die gewährte Hilfe bei unseren Recherchen bestand in der Zusicherung der Anonymität der Quellen.

Andere Informanten gewährten uns Einblick in die zwielichtige Welt der Geheimdienste. Sie hatten dafür vielerlei Gründe, die im einzelnen jedoch hier nicht interessieren. Ausschlaggebend war lediglich, daß sie uns geholfen haben.

ANMERKUNGEN

KAPITEL 2

1) Wir hielten uns im Winter 81/82 in Yesiltepe auf und informierten uns an Ort und Stelle. Begleitet wurden wir von bewaffneten Offizieren des türkischen militärischen Nachrichtendienstes MIT. Ihr Ranghöchster, Ahmed Tok, nannte es eine ›unerläßliche Schutzmaßnahme‹, daß er und seine Männer zu keiner Zeit von unserer Seite wichen. Insofern war uns ihre Anwesenheit recht. Yesiltepe war zur Zeit unseres Besuchs ein ebenso ungemütliches Pflaster wie zur Blütezeit der Anarchie: während unserer Recherchen in der winzigen Ortschaft geschahen neben einem Mord noch drei gescheiterte Mordversuche. Der MIT beschaffte uns auch Kopien jener ärztlichen Gutachten, aus denen zu erkennen war, in welcher Geistesverfassung Agca seinerzeit Yesiltepe verließ. Zwangsläufig beschäftigten sich diese Gutachten auch mit Agcas Jugendzeit, so daß wir mit deren Hilfe Agcas psychische Entwicklung seit seiner frühesten Jugend rekonstruieren konnten. In diesem Zusammenhang wurden von uns auch Lehrer und Klassenkameraden Agcas interviewt. Auf der Grundlage der dabei gewonnenen Erkenntnisse und Fakten führten wir umfangreiche Gespräche mit Agcas Familie, wobei uns ein von der türkischen Regierung gestellter Dolmetscher zur Seite stand, was keineswegs ideal, andererseits aber nicht zu ändern war. Obendrein wußten wir, daß Tok alle Fragen und Antworten auf Band mitschnitt. Trotzdem konnten wir anhand dieser Gespräche mit den Familienmitgliedern die Stichhaltigkeit der ärztlichen Gutachten und der Berichte Dritter überprüfen. Nach anfänglichem Argwohn und Verärgerung wegen der neuerlichen Anwesenheit von Polizisten taute die Familie nach und nach auf und äußerte sich schließlich zum ersten Male freimütig über Mehmet Ali. Adnan Agca zeigte sich besonders entgegenkommend. Er schilderte uns Gespräche und Begebenheiten, in die sein Bruder verwickelt war, und zeigte uns Mehmet Alis Bücherregal und jene Schachtel, in der er seine Mäuser versteckte. Adnan erinnerte sich, daß Mehmet Ali, als er auf die Zwanzig zuging, immer häufiger von seinem Haß auf alle nicht-moslemischen Religionen und insbesondere auf den Katholizismus gesprochen hatte. Ob er mit eigenen Ohren von seinem Bruder gehört habe, daß er einen Papst zu ermorden gedenke? Nach einer Weile sagte Adnan mit ruhiger, aber kräftiger Stimme: »Sehr oft, sehr oft.« Die Aussagen seiner Familie bestätigten weitgehend die offizielle Einschätzung Agcas als die einer gestörten Persönlichkeit. Uns wurde klar, weswegen ein Arzt bezüglich Agca bemerkte, daß »die primitiven Triebe und Phantasien seines Seelenlebens stärker wurden als die Realität. Er glaubte bereits sehr früh, daß von ihm nur Schlechtes zu erwarten sei«.

KAPITEL 3

1) Villots Wirken zu Pauls Lebzeiten läßt sich auf mehrfache Weise rekonstruieren. So gibt es interne Aktennotizen des Staatssekretariats, weniger offizielle Schreiben an andere Kirchenfürsten sowie Berichte über seine eigenen Äußerungen, die er im Freundeskreise gelegentlich bei Tische fallenließ. Wir konnten aus allen diesen Quellen schöpfen.

2) Ein ranghoher Kurialbeamter, der zu jenen etwa ein halbes Dutzend Persönlichkeiten gehörte, die uns diskret in die Interna des Papsttums einweihten, behauptete nachdrücklich, die Akten des Staatssekretariats stützten diese Annahme hinreichend. Zur Bekräftigung seiner Behauptung legte er uns mehrere Aktennotizen vor, die er über vergleichsweise unbedeutende Angelegenheiten führte. Keine von ihnen war beantwortet worden; unter die eine hatte Villot tatsächlich »hat Zeit bis später« gekritzelt. Der Kurialbeamte versteifte sich darauf, daß zu jener Zeit »niemand etwas tat. Jeder hielt bloß seinen Stuhl warm. Ich habe viele private Briefe an Freunde geschrieben – das war die eine Möglichkeit, um Dampf abzulassen.« Einige dieser Briefe ließ er sich freundlicherweise zurückschicken, um sie uns zugänglich zu machen. Auf diese Weise erhielten wir faszinierende Einblicke in das Tun und Treiben im Apostolischen Palast, dieweil man auf den Tod des Papstes wartete.

KAPITEL 4

1) Wir erfuhren, daß es im Vatikan zumindest zwei unveröffentlichte Untersuchungen der Frage gibt, weshalb so viele Terroristen der Gegenwart dem Katholizismus entstammen. Die erste Studie wurde nach Moros Ermordung in Auftrag gegeben, die andere ein Jahr später. Beide Arbeiten sollen wichtige Erkenntnisse über die Befreiungstheologie beinhalten, der sich in Südamerika so viele katholische Priester aktiv verschrieben. Diese Bewegung hält Gewaltakte unter gewissen einschränkenden Bedingungen für zulässig. Es überrascht wohl nicht, daß eine derartige Auffassung im Vatikan keine Gnade findet. Sich mit dieser befreiungstheologischen Bewegung zu befassen, wollte Paul indes – wie so vieles andere auch – seinem Nachfolger überlassen.

KAPITEL 5

1) Mit zunehmender Dreistigkeit der Terroristen vergrößerte sich die Furcht, daß sie auf vatikanischem Territorium landen und sich der Bewohner zwecks Erpressung von Lösegeld bemächtigen könnten. Es wurden besondere Sicherheitsmaßnahmen getroffen, um einen etwaigen Plan dieser Art zu vereiteln.

KAPITEL 7

1) Einzelheiten dieser Art wurden vom Vatikan offiziell angegeben und ergänzt durch die eher inoffiziellen Erinnerungen von Insidern und Beteiligten. Zwischen Dezember '81 und Juni '82 haben wir in Rom davon erfahren.
2) Er blieb es bis zu seinem Tode im Jahre 1982. Bis zuletzt bestand Cody darauf, Opfer einer unvergleichlichen Verleumdungskampagne zu sein. Zum Teil trifft das auch zu; trotzdem spricht vieles nach wie vor gegen ihn.

KAPITEL 9

1) Zwei bedeutende irische Politiker bestätigten unabhängig voneinander, daß im Jahre 1976 zur Zeit des Kabinetts Liam Cosgrave auf Regierungsebene die Frage der weiteren Tragbarkeit des Nuntius Gegenstand einer ›informellen‹ Erörterung war.
2) Erzbischof Alibrandi stand uns am 23. April 1982 zu einem längeren Interview zur Verfügung. Gelegentlich bat er dabei, das Tonband für eine Weile abzuschalten,

um sich noch offener äußern zu können. Wir sagten ihm zu, bestimmte Passagen seiner Äußerungen vertraulich zu behandeln.

3) Kardinal Aramburus Ansichten wurden uns im Mai 1982 bekannt. Aramburu hielt sich in Rom auf, um Papst Johannes Paul II. über die Haltung der Argentinischen Kirche in der Falkland-Frage zu unterrichten. Der Papst spielte mit dem Gedanken eines England-Besuchs. Viele seiner vatikanischen Ratgeber meinten, er solle nicht fahren. Wie uns Aramburu mitteilte, habe er »äußerst nachdrücklich« vorgebracht, der Papst sollte in der Hoffnung auf einen Beitrag zur friedlichen Beilegung des Konflikts nicht nur nach England, sondern auch nach Argentinien reisen. Im Juni 1982 kam der Papst seiner Anregung nach; dennoch gab es Krieg. England eroberte schließlich die von argentinischen Streitkräften besetzten Inseln zurück.

4) König hat sich uns gegenüber zu diesen Spekulationen geäußert. Er räumte ein, daß die Ursache zum Teil in der traditionellen vatikanischen Geheimniskrämerei zu sehen sei. Des weiteren gab er vorsichtig zu verstehen, daß ein verantwortungsbewußter Gebrauch von Informationen manche der absonderlichen Gerüchte wohl gar nicht erst aufkommen ließe. Er äußerte sich daher so freimütig, wie er es verantworten zu können glaubte.

KAPITEL 11

1) Villots Ansichten sind in den im Staatssekretariat geführten Akten über die Erzdiözese Chikago festgehalten. Wir erfuhren davon im Juni 1982. Da Cody bereits verstorben war, konnte die Stichhaltigkeit seiner Auffassungen nicht mehr nachgeprüft werden.

2) MacCarthy stellte uns seine Manuskripte und Programmnotizen jener fraglichen Zeit zur Verfügung.

KAPITEL 12

1) Als sich Frau Agca uns zuliebe die geschilderten Einzelheiten vergegenwärtigte, kam ihr eigener religiöser Fanatismus zum Vorschein. Während des ganzen Interviews ließ sie nur selten Emotionen erkennen; sie geriet allerdings in Erregung, als sie zugab, daß Agca sich durch Alkoholkonsum und Bordellbesuche über moslemische Lehrsätze hinweggesetzt habe. Sie fragte sich, ob ihr Sohn vielleicht durch das Sammeln von ausgeschnittenen Zeitungsberichten über den Papst vergiftet worden sei. Nach und nach begann sie die Erklärung für das Verhalten ihres Sohnes im Koran zu suchen. Immer wieder sagte sie, der Wille Gottes habe ihn dazu getrieben. Insofern erschien es Frau Agca völlig erklärlich, daß ihr Sohn vom rechten Wege abgekommen sei; denn er sei von »gefährlichen Kräften«, die ihrer Ansicht nach den allein wichtigen Willen Gottes zu zerstören trachteten, irgendwie vergiftet worden. Ihre Vorstellungen haben die Persönlichkeitsentwicklung ihres Sohnes zweifellos beeinflußt.

KAPITEL 13

1) Lucianis Gesundheitszustand war in Venedig ein offenes Geheimnis. Zahlreiche Diözesanpriester lieferten uns Beispiele Lucianischer Frömmigkeit. Sie rundeten das Bild ab, das uns ein emsiger Sekretär zeichnete. Seine Beurteilung der Rolle Lucianis lautete schlicht, er habe an seinem ihm von Gott zugewiesenen Platz nur seine Pflicht getan.

KAPITEL 15

1) Wie es heißt, hat der CIA Casaroli später davon in Kenntnis gesetzt, daß sich das Konklave relativ einfach würde abhören lassen. In einer Aktennotiz des Staatssekretariats vom 25. September 1981 kommt Villots Besorgnis zum Ausdruck; es ist darin von der Durchführung einer ›sorgfältigen Untersuchung‹ die Rede, ob sich künftige Konklaven gegen elektronische Lauschangriffe nicht besser sichern ließen.

2) Bei der Erhellung der Aktivitäten des IOR unter Marcinkus' Leitung waren uns neben Tana de Zulueta, dem Rom-Korrespondenten der Londoner ›Sunday Times‹, auch zwei Kardinäle behilflich, nämlich Felici und Benelli, die bis zu ihrem Tode – sie starben 1982 kurz nacheinander – noch weiteres Material über die angeschlagenen Finanzen und Verbindungen der Vatikanbank zusammentrugen.

KAPITEL 16

1) König legte nachdrücklich Wert auf die Feststellung, daß die meisten Kardinäle seiner Auffassung seien und daß die weltlichen Medien das Taktieren gewaltig übertrieben dargestellt hätten.

KAPITEL 17

1) Wir haben uns verpflichtet, seine Identität, von der wir im Juni 1982 erfuhren, für uns zu behalten.

2) Die Einzelheiten der Wahlprozedur stammen aus zwei verschiedenen Quellen, deren Verläßlichkeit nicht zu bezweifeln ist.

KAPITEL 18

1) Gammarelli erzählte uns, daß sich Gianpaolo bei ihm schriftlich bedankt habe.

KAPITEL 19

1) Unabhängig von Agcas eigener, nachträglichen Darstellung, die wir in Rom und Ankara den Polizeiakten entnehmen konnten, läßt sich diese Schilderung seines Geisteszustandes auch noch auf andere Belege stützen. Sie finden sich in den Unterlagen jener von den Nachrichtendiensten berufenen Psychiater, die sich mit Agcas Verhalten auseinandersetzten. Im Oktober 1981 wurden Agcas Kontakte mit der libyschen Botschaft in Ankara unter türkischen militärischen Nachrichtendienst, MIT, bewiesen; die Quelle will der MIT aus verständlichen Gründen nicht nennen. Ein diesbezüglicher Bericht wurde der türkischen Militärregierung Ende November 1981 zugeleitet. Der Sache wurde nicht nachgegangen. Bei einem Essen im Grand Hotel von Ankara erfuhren wir am 19. Januar 1982 von einem MIT-Mitarbeiter, der wahrscheinlichste Grund für die Vernachlässigung dieser Information sei wohl darin zu sehen, daß sich die notleidende türkische Wirtschaft eine Gefährdung ihrer Handelsbeziehungen mit Libyen nicht leisten könne. Wenn Agca öffentlich mit Libyen in Verbindung gebracht worden wäre, hätte es auf eine solche Gefährdung der Beziehungen ohne weiteres hinauslaufen können. Der MIT-Mann drängte uns trotzdem, diesen Zusammenhang zwischen Agca und Libyen publik zu machen. Nachprüfungen ergaben, daß MOSSAD und Bundesnachrichtendienst mit ziemlicher Sicherheit von Agcas Herantreten an die Libyer wußten.

KAPITEL 20

1) Wir mußten versprechen, die Quelle der Einzelheiten aus Vincenzas Leben in päpstlichem Dienst nicht zu nennen (die betreffende Person ist noch in kirchlichen Diensten).

2) Uns wurden die Einzelheiten bezüglich dieses Treffens unentgeltlich zur Kenntnis gebracht.

3) Von dieser Geschichte gibt es im Vatikan mehrere Versionen. Wir haben uns für die am wenigsten sensationelle entschieden.

4) Als Villot diese kleine Geschichte später einmal erzählte, stellte sich heraus, daß er viel sympathischer war, als man nach Kenntnis seines der Öffentlichkeit bekannten Zerrbilds vermutet hätte.

5) Im Juni 1982 flüchtete Calvi bei Nacht und Nebel von Italien nach England. Er bediente sich einer Motorbarkasse, mit der normalerweise Konterbande nach Jugoslawien geschmuggelt wurde. Der Stil seiner Flucht paßte durchaus zu seinen finanziellen Machenschaften. Unmittelbar nach seiner Ankunft in London versteckte er sich in Chelsea Cloisters, einem großen Appartement-Haus an der King's Road. Wäre er in Italien geblieben, hätte er sich neben anderem auf vier Jahre Haft und eine Geldstrafe von mindestens 7 Mill. Pfund Sterling wegen Verletzung der Devisenkontrollbestimmungen gefaßt machen müssen.

Die Recherchen zu einem am 13. Februar 1983 in der ›Sunday Times‹ veröffentlichten Sonderbericht lassen deutlich werden, daß »der Vatikan bis jetzt nicht in aller Offenheit« die Rolle des IOR bei Calvis Machenschaften dargelegt hat. Obwohl man nicht annehmen kann, daß der Vatikan wissentlich in einen vorsätzlichen Betrug verwickelt war, kann man sich gerade deswegen nur um so schwerer vorstellen, daß Marcinkus Calvis dubiose Machenschaften völlig entgangen sein sollen.

Jedenfalls wurde Calvis anfänglich gute internationale Reputation im Bewußtsein der Öffentlichkeit zunehmend fragwürdiger; wie es heißt, soll daran eine von seinem ehemaligen Mentor, Sindona, inszenierte Verleumdungskampagne schuld sein. Calvi wurde erpreßt und zahlte an Sindona mehr als eine halbe Million Dollar. Schlimmer noch: nachdem die Bank von Italien Calvis Geschäftsgebaren überprüft hatte, wurde er im Mai 1981 verhaftet, angeklagt und für schuldig befunden. Nach dem Verfahren wurde er gegen Kaution bis zum Abschluß der Verhandlung vor der Berufungsinstanz auf freien Fuß gesetzt.

Calvi zog sich zunehmend zurück und ließ sich seltsamerweise mit einigen besonders widerwärtigen Unterweltgestalten ein. Am 11. Juni 1982, ein paar Tage vor Beginn der Berufungsverhandlung, verließ er Italien, wie oben erwähnt, per Barkasse und erreichte London am 15. Juni. Sofort nach seiner Ankunft nistete er sich heimlich in dem Appartementhaus ›Chelsea Cloisters‹ ein.

Am 18. Juni 1982 wurde Calvi morgens um halb acht tot aufgefunden; er hing an einem drei Fuß langen Strick unter der Blackfriars Bridge (Dominikaner-Brücke, sic!). In seinen Taschen fanden sich ein paar schwere Steine, sein Reisepaß, seine Brille und siebentausend Pfund in bar.

KAPITEL 22

1) Von dieser Konferenz erfuhren wir im Dezember 1981. Ein höherer Kurialbeamter, der sich über Gianpaolos Stil äußerte, ließ ein paar Einzelheiten fallen. Wir brauchten sechs Monate, um weitere Mosaiksteinchen (die meisten rührten von gezielten Indiskretionen her) zu sammeln und zu einem Gesamtbild zusammenzufügen. Wir glauben, daß unser Bericht die Interessen der einzelnen Informanten nicht tangiert.

2) Über Vinzencas Verhalten und Reaktionen wurde von der Civiltà Cristiana berichtet. Unabhängig davon bekamen wir von einem Kurialbeamten, der auf Grund seiner Stellung wahrhaftig Bescheid wissen mußte, eine eigene Darstellung.

KAPITEL 25

1) Vom MIT eskortiert, fuhren wir im Januar 1982 mit dem Taxi Agcas Route ab.

KAPITEL 26

1) Der offensichtlich aufrichtige Rundfunkmann wird sich dieser Unterhaltung später nur schmerzlich erinnern und zu verstehen geben, die Sache sei es »vielleicht wert, als Beispiel in jede ›Wie sehr man sich doch irren kann-Anthologie‹ aufgenommen zu werden«.

2) Von der Existenz des Tonbandes war 1981 lediglich im ›Chicago Lawyer‹ die Rede. Obschon sich so ein ernüchternder Einblick in Greeleys Methodologie ergibt, kann man mit Greeley trotzdem Mitleid haben. Während er wie jeder andere dem Vatikan auf die Schliche zu kommen versuchte, hielt er es zweifellos für nötig, sich auf nicht zu beweisbare Informationen zu verlassen. Bedienstete des Heiligen Stuhls zögern aus gutem Grund, offen ihre Meinung zu sagen. Sie verweisen auf das Schicksal jener, die sich in der Vergangenheit als Informationsquelle identifizieren ließen: sie wurden entweder in die Wüste geschickt oder, wenn es sich um Laienbedienstete handelte, gar aus vatikanischen Diensten entlassen. Diese Zurückhaltung beeinträchtigt natürlich nicht unbedingt die Glaubwürdigkeit. Wir wollen damit nur zu verstehen geben, mit welchen Schwierigkeiten jedermann bei seinen Recherchen zu kämpfen hat.

KAPITEL 27

1) Dieser Konklavist ist eine von insgesamt drei Quellen, die uns nach Zusicherung der Wahrung ihrer Anonymität wertvolle Berichte über die Vorgänge lieferten. Mag manchen auch die Bereitwilligkeit, Geheimnisse des Konklave auszuplaudern, moralisch verwerflich erscheinen; die voneinander unabhängigen Berichte jedenfalls stimmen erstaunlich genau überein. Die Angaben unserer Informanten wurden von gewissen Kardinälen zum Teil zögernd bestätigt. Aber auch sie hatten, zweifellos wegen der von Villot vor Beginn des Konklave auf Geheimnisbruch angedrohten Maßnahmen, darum gebeten, nicht namentlich zitiert zu werden. Dies haben wir zugesichert. Es gibt keinerlei Hinweise darauf, daß Bedienstete des Vatikansenders oder sonst jemand versucht hätte, diesmal wieder eine Wanze zu plazieren.

2) Eine unserer Quellen bestreitet dies Ergebnis und behauptet hartnäckig, es habe eine noch größere Sensation gegeben: der Holländer Jan Willebrands habe ebenfalls ein paar Stimmen bekommen. Diese wären mutmaßlich von den Kardinälen abgegeben worden, die in der Wahl Wojtylas eine zu große politische Gefahr für die Kirche gesehen hätten. Wie aus derselben Quelle verlautet, soll Willebrands nach Vorliegen des Ergebnisses sofort Wojtyla zu unterstützen begonnen haben. Vielleicht trug auch dies dazu bei, daß sich der Kardinal John Carberry am 17. Oktober 1978 bei einer Pressekonferenz zu der Bemerkung genötigt sah: »Ich würde Ihnen gern alles erzählen – Sie würden einen Schrecken bekommen –, aber ich kann es nicht.« Schade – denn von Carberry wäre möglicherweise die Bestätigung der Kandidatur des Holländers gekommen.

3) Eine Quelle behauptete hinterher (so überzeugend, daß Greeley die Äußerung veröffentlichte), Benelli »war verbittert, weil Wojtyla bloß ein Jahr jünger als er selbst war und weil mit dem Alter gegen seine, Benellis, Kandidatur argumentiert wurde«. Diese unwahrscheinliche Reaktion des Kardinals wird von keiner anderen Quelle bestätigt. Benelli war ein viel zu gewiefter Taktiker, um sich Emotionen anmerken zu lassen.

4) Die Einzelheiten dieser historischen Zusammenkunft erfuhren wir 1982 erstma-

lig von König. Er konnte die Unterhaltung nicht nur wortwörtlich wiedergeben, sondern wußte auch die Bewegungen und Gesten der drei anwesenden Kardinäle darzustellen.

KAPITEL 29

1) Dies wird durch Berichte der Nuntiaturen in Großbritannien, Australien und in der Republik Irland eindeutig bestätigt.

2) Zwei wohlsituierte Angehörige des vatikanischen Stabes lieferten uns praktisch identische Berichte.

3) Die Geschichte wurde von Felici bis zu seinem Tode im Jahre 1982 immer wieder gern erzählt.

4) Der Wortlaut findet sich in einer vertraulichen Akte des Staatssekretariats, in die wir 1982 Einblick nehmen durften.

5) Tores Rolle wurde uns erstmalig verdeutlicht, als wir im Dezember 1981 und im Januar 1982 mit Offizieren des türkischen Geheimdienstes MIT in Ankara und Wien zusammentrafen. Ihre Überzeugung, daß Tore seit 1977 im Auftrag des KGB in der Türkei Unruhen schürte, konnten unsere Gesprächspartner hinreichend belegen. Die Auffassung des MIT wurde auch von Major Otto Kormek vom österreichischen Geheimdienst bestätigt, mit dem wir uns in seiner Wiener Dienststelle zwischen dem 9. und 13. Dezember 1981 mehrfach in dieser Angelegenheit unterhielten.

KAPITEL 30

1) Casarolis Worte wurden einer späteren detaillierten Darstellung dieses Gesprächs entnommen. Die Einzelheiten drangen aus dem Staatssekretariat an die Öffentlichkeit, als sich die Beziehungen zwischen dem Heiligen Stuhl und der Volksrepublik Polen infolge der päpstlichen Unterstützung der Solidarität bedeutend verschlechtert hatten.

2) Von dieser außergewöhnlichen Unterhaltung berichtete uns Erzbischof Alibrandi am 23. April 1982. Obschon seit dem Telefongespräch bereits mehr als zwei Jahre verstrichen waren, erinnerte sich Alibrandi noch aller Einzelheiten, wußte allerdings nicht zu sagen, woher Casaroli seine Informationen hatte. Dies war nicht das erste Mal, daß der Heilige Stuhl von ihm gewogenen Nachrichtendiensten Hinweise bekam. Zum Beispiel wurde Kardinalstaatssekretär Villot sowohl vom MOSSAD wie vom Bundesnachrichtendienst Anfang 1978 von einem terroristischen Komplott in Kenntnis gesetzt, Papst Paul VI. zu entführen und nach Libyen zu schaffen. Der britische Geheimdienst SIS war wochenlang Drohungen gegen den Papst im Zusammenhang mit seinem Irland-Besuch nachgegangen. Außer dieser einen wurden alle anderen als Äußerungen von Wirrköpfen abgetan. Da London wußte, daß Alibrandi eine Beendigung der britischen Herrschaft in Ulster nicht unrecht wäre, gibt es gute Gründe für die Annahme, daß der SIS ihn nicht wissen lassen wollte, daß der englische Geheimdienst in irgendeiner Weise mit der Abschirmung des Papstes befaßt war. Eine SIS-Quelle deutete an, eine entsprechende Kenntnis Alibrandis könnte »künftig zu allen möglichen Komplikationen führen«. So ließe sich erklären, warum Casaroli ihm die Herkunft seiner Informationen nicht verriet.

3) Das stenografische Protokoll dieser Verhandlung ging den Istanbuler Sicherheitsbehörden später verloren. In türkischen Zeitungen wurde über die Verhandlung jedoch mehrfach berichtet. Der verläßlichste Bericht indes stammt von Claire Sterling und erschien in ›Reader's Digest‹ im September 1982. Sie schreibt, von Günes selbst Agcas Andeutung eines Kuhhandels erfahren zu haben. Frau Sterling fügte hinzu, daß Günes mit Nachdruck geäußert habe, »wenn alle gegen mich erhobenen Vorwürfe wahr wären, hätte man mich schon längst aufgehängt«. Eine gute Antwort – aber

räumt sie wirklich jeden Zweifel aus? Günes verweigerte jede weitere Einlassung; mithin bleibt Agcas Geschichte an einer höchst interessanten Stelle lückenhaft.
4) Als wir im Februar 1982 in Ankara mit MIT-Offizieren zusammenkamen, wurden uns Selcuks Vernehmungsprotokolle gezeigt. Selcuk selbst hat uns in Erzurum anschließend die Korrektheit der Aufzeichnungen im großen und ganzen bestätigt.

KAPITEL 31

1) Die bei dieser Zusammenkunft Anwesenden ermöglichten uns später die genaue Rekonstruktion. Beträchtliche Hilfe erhielten wir auch von Tana de Zulueta, dem hervorragenden Rom-Korrespondenten der Londoner ›Sunday Times‹, dessen eigene Berichterstattung über den verworrenen Stand der vatikanischen Finanzen zu den Großtaten des enthüllenden Finanzjournalismus gehört.
2) Bevor Benelli im Oktober 1982 starb, wies er noch darauf hin, daß von den jährlichen IOR-Überschüssen etwa fünf bis zehn Millionen Dollar dem Papst direkt zufließen.
3) Zwei vatikanische Informanten, die es wissen müssen, beharrten uns gegenüber darauf, daß die finanziellen Verluste des Vatikans weitaus geringer als erwartet waren. Einer der beiden drückte sich so aus: »Marcinkus merkte im letzten Moment, was passierte, und konnte daher durch geschickte finanzielle Maßnahmen einen großen Teil des Geldes retten, das andernfalls verloren gewesen wäre. Er hat vielleicht vierzig Prozent in Sicherheit bringen können, was ja immerhin schon eine beachtliche Leistung war.« Der zweite Informant versuchte mit dem Hinweis auf eine ›inoffiziell-offizielle Politik‹ die Bemerkung des anderen abzuschwächen: »Es paßt nicht zu dem jetzt verbreiteten Image eines verarmten Vatikans.«
4) Nach Ratzingers Ernennung zum Präfekten der Heiligen Kongregation für die Glaubenslehre erzählte uns Bruder Bruno Fink, der Privatsekretär des Kardinals, im Mai 1982, daß der Papst vermutlich Ratzingers Rat im Fall Küng für ›sehr bedeutsam‹ gehalten habe. Daß gegen Küng eine Art Hexenjagd entfesselt worden sei, wurde von Fink bestritten. Der Sekretär behauptete: »Küng hat sich alles selbst zuzuschreiben. Grund zur Klage hat er eigentlich nicht. Die ganze Sache wurde nach Beweislage entschieden, und die sprach gegen ihn.«
5) Von dieser Botschaft erfuhren wir erstmalig am 9. Dezember 1981 in Wien von dem österreichischen Abwehrmajor Otto Kormek. Er ließ anklingen, seine Informationen aus »kirchlichen Quellen« geschöpft zu haben. Mehr wollte er nicht sagen. Als wir bei einem anderen österreichischen Abwehrmann, dessen Namen wir verschweigen müssen, nachhakten, erfuhren wir, daß die Information wohl aus Kardinal Königs Palais stammte. Hierzu wollte sich der normalerweise entgegenkommende Kardinal nicht äußern, weil derlei »am besten nicht offen zur Sprache gebracht wird«. Auch in diesen Worten kann man einen der typischen Kardinals-Sprüche sehen: man kann sie zum Nennwert nehmen, kann ihnen aber auch eine tiefere Bedeutung unterstellen. Im Bundeskriminalamt in Wiesbaden, dem deutschen Gegenstück des FBI, gaben zwei Polizeioffiziere – Kommissar Helmut Brückmann und Hauptkommissar Hans-Georg Fuchs – zu, daß die heimliche Unterstützung der Solidarität in diesem Stadium entscheidend beeinflußte, was der Gewerkschaft – und letztlich Johannes Paul selbst – später widerfuhr.
6) Die Details dieses Zusammentreffens sind zwangsläufig unvollständig. Die Einzelheiten finden sich in zwei Papieren; das eine wird offenbar in Casarolis Amt verwahrt, das andere liegt bei den persönlichen Papieren des Papstes. Wir wurden erst knapp zwei Jahre später von dem Vorfall unterrichtet. Die anscheinend wesentlichen Grundzüge wurden uns von zwei Angehörigen des vatikanischen Stabes unabhängig voneinander enthüllt. Unter Rückgriff auf eigene Kontakte in Polen konnte unsere verläßliche Geheimdienst-Quelle in Wien grundsätzlich bestätigen, was sich im Sommer 1980 im Vatikan ereignete. Trotzdem kann dieser Bericht die Ereignisse nur teilweise wiedergeben. Solange keiner der direkt Beteiligten weitere Einzelheiten

beizusteuern gedenkt, muß dieser Bericht trotz seiner Unzulänglichkeit weiterhin als breite Bestätigung der Zusammenkunft und der folgenden Entwicklungen gelten.

7) Wie so vieles andere ist auch die wahre Rolle der CIA in dieser Angelegenheit noch zu klären. Obwohl wir versuchten, unter Hinweis auf das Gesetz über die Informationsfreiheit zumindest Fingerzeige zu erhalten, ließ die CIA die Katze nicht aus dem Sack. Aber Fuchs und Brückmann in Wiesbaden und Kormek in Wien erzählten uns, daß nach Ansicht ihrer Dienststellen die CIA bei der Unterrichtung Casarolis über die Lage in Polen eine entscheidende Rolle gespielt habe.

8) Es bleibt unklar, ob die Richtigkeit dieser Einschätzung von der CIA bestätigt wurde. In Washington D. C. wurde jedenfalls nichts Entsprechendes öffentlich bekannt. Andererseits hätte eine Bestätigung durch die CIA eigentlich wohl keinen Unterschied gemacht. Man verließ sich zweifellos auf Königs Hinweis, und es besteht durchaus die Möglichkeit, daß die CIA-Dienststelle in der amerikanischen Botschaft in Wien ebenfalls zu Königs Quellen gehörte. König jedenfalls bewahrt in dieser Angelegenheit Stillschweigen. Andere indes verwiesen uns auf die CIA.

9) Einzelheiten des Briefes wurden vom amerikanischen Sender NBC erstmalig am 21. September 1982 veröffentlicht: angeblich sollte die Information aus einer vatikanischen Quelle stammen. Es überrascht wohl nicht, daß der Vatikan anschließend sofort die NBC-Story dementierte. Trotzdem ließen andere vatikanische Quellen erkennen, daß der Papst angesichts der Ereignisse in Polen die Indiskretion gutgeheißen habe.

KAPITEL 32

1) Es gibt mehrerlei Schreibweisen des Namens. Am häufigsten wird Gaddafi oder Kaddafi geschrieben. Richtig ist alles, denn da es sich um eine phonetische Übertragung des Namens aus dem Arabischen handelt, gibt es keine verbindliche Schreibweise. Auf den Rat eines Wiener Rechtsanwalts hin haben wir uns für die Version entschieden, der sich der Oberst selbst vorzugsweise bedient: Muammar al Qathafi.

2) Frank Terpils terroristische Aktivitäten waren Thema eines Fernsehfilms (›Der gefährlichste Mann der Welt‹). Wichtigster Teil des Films war ein Interview mit Terpil; er beschrieb, wie er Agca ausgebildet hatte. Das Interview wurde in Beirut gefilmt. Kurz nachdem der Film fertiggestellt war, suchten Terpil im Dezember 1981 drei Männer auf und nahmen ihn mit. Seither wurde er nicht mehr gesehen. In den Vereinigten Staaten steht sein Name nach wie vor auf der Fahndungsliste. Terpils ehemaliger Arbeitgeber, die CIA, wollte sich zu im Nahen Osten kursierenden Gerüchten nicht äußern: Terpil sei ein CIA-Agent, der sich Qathafis Vertrauen erschlichen und seinem Dienst unsagbar wichtige Informationen über die Pläne des Obersten geliefert habe. Später, so heißt es weiter, sei Terpils wahre Rolle erkannt worden; er sei daher nach Beirut geflohen und habe das bewußte Interview gegeben, weil er gehofft habe, sich durch diesen Schritt in die Öffentlichkeit der Rache des Libyers entziehen zu können. Diese Geschichte wirft mehr Fragen auf, als sie beantwortet. Wenn er wirklich ein CIA-Spitzel war, warum hat ihn die Agentur dann nicht heimlich herausgeholt, statt zuzulassen, daß er in die Öffentlichkeit trat? Seine Enthüllungen konnten den Ruf der CIA nicht besser machen. Wer waren die Männer, die ihn mitgenommen hatten? Nach der einen Version sollen es CIA-Leute gewesen sein, die ihn heimholten. Eine andere, wahrscheinlichere Auffassung besagt, daß die drei Männer Libyer gewesen seien. Wie es in Wahrheit auch gewesen sein mag, ironischerweise verschwand Terpil, ehe der Film weltweit gezeigt wurde. Zwei Zeugen, die im Falle seiner Ergreifung gegen Terpil hätten aussagen sollen, starben 1982 unter merkwürdigen Umständen. Der erste verschwand, als sein Boot vor den Bahamas explodierte. Der andere, Kevin Mulcahy, ein ehemaliger CIA-Bediensteter, der die amerikanische Regierung auf eigene Faust zur Anklageerhebung gegen Terpil bewogen hatte, wurde im November 1982 in Virginia tot aufgefunden; seine Todesumstände waren ebenfalls ausgesprochen rätselhaft.

3) Nachdem Mersan 1981 von der deutschen Polizei verhört worden war, verließ er seinen Münchner Schlupfwinkel und verschwand irgendwo in Osteuropa. Er wurde in Warschau, Ost-Berlin und Sofia noch gesehen, ehe er endgültig untertauchte. Polizei und Nachrichtendienste eines halben Dutzends westlicher Länder würden ihn noch immer gern über seine Beziehungen zu Agca und ›Maurizi‹ befragen.

4) Einzelheiten über den Anruf und Cahanis Rolle erfuhren wir im Februar 1982 in Ankara. Diese neuen Informationen erklären recht gut, wie sich die nachrichtendienstlichen Erkenntnisse über Agca häuften.

5) Die Behauptung, daß der Bundesnachrichtendienst, wie geschildert, agiert habe, wurde in unserer Gegenwart von Major Otto Kormek vom österreichischen Nachrichtendienst wiederholt. Der Vorwurf war von der türkischen Regierung erhoben und über diplomatische Kanäle den deutschen Behörden zur Kenntnis gebracht worden. Varol Adcin, ein Regierungssprecher, sagte zu uns in Ankara: »Die Reaktion der Deutschen ist völlig unbefriedigend. Sie winden sich bloß hin und her.« Mit dem Vorschlag, daß MIT-Agenten Agca auf dem Territorium der Bundesrepublik kidnappen und mit ihm in die Türkei verschwinden sollten, sei der BND ebenfalls nicht einverstanden gewesen.

6) Im Februar 1982 riefen wir Cahani in Ankara an und teilten ihm unseren Erkenntnisstand mit. Sein einziger Kommentar war: »Wenn Sie's wissen, warum rufen Sie mich dann überhaupt noch an?« Danach legte er auf.

KAPITEL 33

1) Die Quellen, die uns über eine der wichtigsten Initiativen informierten, die der Heilige Stuhl in Nordirland je zu starten versuchte, können wir selbstverständlich nicht beim Namen nennen. Unsere Gewährsleute sind in die Angelegenheiten der Kirche in Ulster, in der Republik Irland und im Vatikan noch immer aktiv einbezogen. In zwei Fällen bat man uns ausdrücklich, keine Namen zu nennen, da man sich sorgte, daß eine Preisgabe der Identität angesichts von Mord und Totschlag sehr leicht die eigene Person oder die Familie gefährden könne, auf jeden Fall aber die berufliche Karriere ernstlich aufs Spiel setzen würde. Man sollte sich daher mit der Feststellung begnügen, daß die Details dieses wichtigen Treffens schriftlich niedergelegt sind und daß uns Auszüge dieses Protokolls im Mai und Dezember 1981 in Dublin und schließlich im April/Mai 1982 in Rom mit immer neuen Einzelheiten vertraut machten.

2) Die Londoner Reaktion ist in den Akten des Staatssekretariats belegt. Man kann mit gutem Grund annehmen, daß die Protokolle absolut getreu wiedergegeben wurden. Ein irischer Informant versuchte uns indessen davon zu überzeugen, daß Hume sich wegen Magees republikanisch-irischer Herkunft seiner Entsendung widersetzt habe. Hume hingegen behauptet, daß er »in dieser Sache keine offizielle Mitteilung verlautbaren ließ«. Im Grunde genommen weist alles darauf hin, daß sich Hume für alles begeisterte, was zum Abbau der Spannungen in Ulster beitragen könnte.

3) Am 13. Dezember 1981 wurde uns im Intercontinental-Hotel in Wien eine vollständige Abschrift einer Akte des österreichischen Sicherheitsdienstes übergeben, die beweist, wie Agca in den Besitz der Schußwaffe gelangte. So läßt die Akte auch erkennen, wie gewissenhaft die Österreicher die Herkunft der Pistole bis zu Otto Tintner zurückverfolgten, einem siebzigjährigen Waffenhändler, der seinem todbringenden Geschäft in einem Lädchen in Mühldorf, drei Autostunden von Wien entfernt, nachgeht. Tintners Geschäftsunterlagen sind im Grunde genommen so einwandfrei, wie es die strenge österreichische Gesetzgebung verlangt. Aus der Akte geht aber hervor, daß die den Browning betreffenden Belege vernichtet waren. Trotzdem gelang es der österreichischen Abwehr, Grillmeir als Käufer der Waffe zu ermitteln. Wie so viele andere, die mit Agca irgendwie zu tun hatten, verschwand auch Grillmeir später ganz urplötzlich. Mit ziemlicher Sicherheit setzte er sich nach

Bulgarien ab. Der Akte zufolge war er schon vorher ein ›häufiger Besucher‹ dieses Landes gewesen. Die Akte beleuchtet auch, wieweit sich die Geheimdienste gegenseitig trauen. Aus einem der Dokumente geht hervor, daß der MOSSAD irgendwie in Agcas Mission verwickelt sein könnte. Bei seiner Analyse entwickelt der Urheber des Schriftstücks, ein Angehöriger des österreichischen Geheimdienstes, eine alles andere als überzeugende Argumentation, die letztlich auf ein paar üble antisemitische Verleumdungen hinausläuft. Fairerweise muß gesagt werden, daß dieser eine Bericht die Ausnahme bildet, im übrigen beweist die Akte eine hervorragende österreichische Aufklärungsarbeit, die nicht nur ein deutliches Bild vom Ausmaß des europäischen Terrorismus vermittelt, sondern auch erkennbar macht, in welchem Maße das KGB terroristische Aktivitäten unterstützt und fördert. Vielleicht sollte noch eines erwähnt werden: der Grund, weswegen uns die Akte übergeben wurde. Der Mann, der uns die Akte zugänglich machte, sagte, er hoffe auf diese Weise die Wahrheit über die seiner Ansicht nach in seinem Nachrichtendienst herrschende interne Rivalität ans Licht zu bringen:»Wir werden viel zu sehr politisch kontrolliert. Oft können wir keine vernünftige Arbeit leisten, sofern jemand belästigt werden muß, der über einen ›guten Draht‹ verfügt. Es gibt überhaupt keinen Zweifel, daß im Fall Agca vieles falsch angefaßt wurde. Die Akte beweist es.« Das tut sie in der Tat.

Im Februar 1983 wurde Grillmeir von der österreichischen Polizei verhaftet, weil er große Mengen ›Kriegsmaterial‹ ins Land zu schmuggeln versuchte. An einem tschechisch-österreichischen Grenzübergang war ein Kleinlaster mit Wiener Kennzeichen angehalten worden. Bei der Durchsuchung fand man neben einer großen Menge anderer Waffen auch sieben sowjetische Dragunow-Scharfschützengewehre; die ersten dieser Art, die je in westliche Hände fielen. Diese Gewehre besitzen ein Zielfernrohr und ein Bajonett, daß sich zu einer Schere zusammensetzen läßt, mit der man Stacheldraht durchtrennen kann. Grillmeir, der gerade aus Bulgarien zurückgekehrt war, behauptete hartnäckig, die Waffen für einen in München ansässigen deutschen Waffenhändler namens Paul Saalbach zu importieren. Als die Wiener Polizei ihren deutschen Kollegen bat, Saalbach festzuhalten, wurde ihnen mitgeteilt, der Mann arbeite für den Bundesnachrichtendienst. Vom BND selbst war keine Stellungnahme zu bekommen. Die Vorstellung, daß sich der Bundesnachrichtendienst Grillmeirs als Waffenschieber bediente – der Laster hatte mehr als 700 Waffen und fünfzehntausend Schuß Munition an Bord –, brachte die Österreicher in Rage; sie mutmaßten, daß sich Grillmeir mit Hilfe des BND so lange ihrem Zugriff habe entziehen können. Zwangsläufig kam die Frage auf: Inwieweit war der BND in den Fall Agca verwickelt? Hatte der deutsche Dienst – wie es uns gegenüber im Februar ein Österreicher formulierte – »weggeguckt, als Agca durch Deutschland nach Rom reiste«?

KAPITEL 34

1) Im Anschluß an den Mordversuch gab es vatikanintern heftige Auseinandersetzungen, ob man der umfassenderen Frage eines Komplotts weiter nachgehen solle. Das eine Lager – der Sprecher war Kardinal Casaroli – argumentierte, daß eine weitere Verfolgung der Angelegenheit neue Schwierigkeiten mit dem Ostblock nach sich ziehen würde. Casaroli glaubte, es gebe nichts her, wenn die Involvierung des KGB nachgewiesen und herausgestellt werde. Außerdem glaubte er: wenn man zulasse, daß sich das öffentliche Interesse fortwährend auf den Mordanschlag konzentriere, könnten Wirrköpfe ohne jegliche Verbindung zu irgendwelchen Geheimdiensten zur Nachahmung angeregt werden. Casarolis Befürchtungen bestätigten sich, als der Papst Anfang 1982 bei einem Portugal-Besuch von einem geistig verwirrten Priester mit dem Messer angegangen wurde. Der Priester, der früher zu Marcel Lefèbvres Organisation gehört hatte, wegen zu extremer Anschauungen aber zum Gehen aufgefordert worden war, behauptete, der Papst betreibe den »Ausverkauf der Kirche«. Die Einstellung, die sich im Vatikan schließlich durchgesetzt hatte, erklärt auch die in gewisser Weise lethargische Haltung des italienischen Justizmini-

sters hinsichtlich des Attentats. Nachdem er anfänglich mit Nachdruck behauptet hatte, Agca sei ein allein operierender unausgeglichener religiöser Fanatiker, war er später offenbar ebenso eifrig wie Casaroli darum bemüht, das Attentat in Vergessenheit geraten zu lassen. Trotz heftigen Drängens der Presse ließ er sich fast ein Jahr lang von seiner Untätigkeit nicht abbringen. Im Zuge der sich verstärkenden Abkühlung zwischen dem Heiligen Stuhl und dem polnischen Regime wurde dann im Vatikan – wie man uns sagte, mit Billigung des Papstes – die Entscheidung getroffen, daß allen Anschlägen auf sein Leben nachzugehen sei, wenn nötig bis vor Moskaus Haustür. Die italienischen Ermittlungen wurden wiederaufgenommen: Ilario Martella, einer der erfahrensten Ermittlungsbeamten des Landes, wurde mit der Koordination betraut. Martella arbeitete in aller Heimlichkeit, wobei er von MOSSAD, DIGOS, BND und MIT tatkräftig unterstützt wurde. Im Dezember 1982 hatte er so viel Material zusammengetragen, daß er öffentlich verkünden konnte, er habe gegen sieben Personen – fünf Türken, zwei Bulgaren – Haftbefehle ausgestellt. Der Name des einen wurde mit ›Oral Celik‹ angegeben; dahinter verbarg sich Timar Selcuk, der Kontaktmann in Erzurum, der diesen Decknamen 1982 angenommen hatte. Von MIT-Angehörigen erfuhren wir, daß sich Selcuk »jetzt mit ziemlicher Sicherheit« in Bulgarien aufhalte. Martella räumte auch ein, daß jene Männer, gegen die er Haftbefehle ausgestellt hatte, für Folini und Tore bloß »als Laufjungen« arbeiteten.

Plötzlich entwickelte die ›Bulgarian Connection‹ eigenen Schwung. Lelio Lagorio, der italienische Verteidigungsminister, lieferte den bis dahin stichhaltigsten öffentlichen Beweis – außerhalb dessen, was wir in diesem Buch dokumentiert haben – der bulgarischen Komplizenschaft nicht nur bei dem Mordanschlag auf den Papst, sondern auch bei der Entführung des NATO-Generals James Lee Dozier durch die Roten Brigaden im Dezember 1981. Herr Lagorio eröffnete dem italienischen Parlament, daß die italienische Spionage-Abwehr schon seit geraumer Zeit den Funkverkehr des bulgarischen Geheimdienstes abgehört habe. »Um die Zeit des Anschlags auf den Papst, insbesondere aber an den unmittelbar vorangegangenen Tagen«, sei »der Funkverkehr ungewöhnlich rege« gewesen. Wie der Minister weiter ausführte, hätten die codierten Sprüche bereits in Italien weilenden Agenten, darunter mit ziemlicher Sicherheit auch Folini und Tore, gegolten. Des weiteren gab Herr Lagorio der Befriedigung der italienischen Regierung Ausdruck, daß drei Diplomaten der bulgarischen Botschaft in Rom »beim Attentat als Helfershelfer fungiert« hätten. Wenige Monate vor dieser Eröffnung hatten alle drei bereits das Land verlassen und waren im Schutz ihrer diplomatischen Immunität sicher nach Sofia zurückgekehrt.

Wenige Stunden nach diesen Enthüllungen ließ der Vatikan diskret durchsickern, man erwäge den Abbruch »sämtlicher Beziehungen« mit Bulgarien. Diese Indiskretion fiel zeitlich mit der Erklärung des italienischen Außenministers, Emilio Colombo, zusammen, daß der italienische Botschafter in Sofia nach Rom zurückberufen worden sei, daß Bulgarien seinen Botschafter aus Rom ebenfalls abziehe und mit der Möglichkeit eines vollständigen diplomatischen Bruchs zwischen beiden Ländern ernsthaft zu rechnen sei.

Angesichts eines unerhörten diplomatischen Drucks aus dem Westen geriet die bulgarische Regierung in Sofia in Panik. Man setzte in Sofia eine Pressekonferenz an, um alle Anschuldigungen zurückzuweisen. Journalisten aus aller Welt wurden dazu eingeladen. Die Pressekonferenz wurde ein totales Fiasko. Nur wenige Journalisten ließen sich von den Bulgaren überzeugen, Opfer einer »niederträchtigen Kampagne« geworden zu sein. Viele waren der Ansicht, daß die schlecht fundierten Dementis die Beweise für eine bulgarische Beteiligung an dem Papst-Attentat nur erhärteten.

Kurz nachdem die Entwicklung diesen Lauf genommen hatte, nahm sich der Papst selbst der Angelegenheit an. Zur Weihnachtszeit 1982 – im Vatikan widmet man sich traditionell dem Gebet und stiller Reflexion – konferierte Johannes Paul mehrfach mit Casaroli und anderen ranghohen Beratern über die Lage. Von dem Papst nahestehenden Quellen erfuhren wir Anfang Januar '83, daß Johannes Paul II. »nun nicht mehr zweifelt, daß die Russen hinter Agcas Mordversuch standen«.

Der Papst wollte alle Welt wissen lassen, daß die Sowjets die Kirche im Visier hätten. Unter Berücksichtigung seiner Informationen von der CIA und anderen

Nachrichtendiensten, so behauptete er, trage der Mordanschlag ganz und gar die klassischen Kennzeichen des KGB. Er wies darauf hin, wie sorgsam man sich gehütet habe, eine direkte Verbindung mit Moskau herzustellen; deswegen sei der bulgarische Geheimdienst, praktisch ein Stellvertreter des KGB, der über hinreichend Möglichkeiten verfüge, Agenten und Waffen nach Italien einzuschleusen, vorgeschickt worden. Hinter der Auswahl Agcas lasse sich ebenfalls die übliche KGB-Methode erkennen. Agca war bekanntlich mit der Rechten – ganz konkret mit den neonazistischen Grauen Wölfen – verbündet und hatte obendrein nichts zu verlieren.

Um die Sache noch verworrener zu machen, glaubte der Papst nun, Agca sei auf ausdrückliches Geheiß des KGB in Libyen ausgebildet worden.

Obwohl er den Anschlag überlebt hatte, war Johannes Paul zu der Ansicht gelangt, daß das Attentat in vielerlei Hinsicht doch erfolgreich gewesen sei. Die Solidarität in Polen war in den Boden gestampft worden; der katholischen Kirche war vorgeführt worden, daß selbst der Papst nicht unversehrbar sei. Die Russen, so schloß er grimmig, hätten nur einen Fehler gemacht: das KGB habe es weder geschafft, Agca zur Flucht zu verhelfen noch habe es ihn umbringen lassen können. Jetzt, Anfang 1983, sei es zu spät. Agca hatte die Komplizenschaft des KGB bereits enthüllt.

Wenn man davon ausgehe, daß alles sehr wahrscheinlich so gewesen sei, argumentierte Casaroli – wir berufen uns hier wieder auf unserer Ansicht nach verläßliche vatikanische Quellen –, dann sei es durchaus möglich, daß es dem KGB recht sei, daß alle Welt über seine Beteiligung Bescheid wußte – daß das KGB den Anschlag auf den Papst absichtlich so hinzustellen versuche; daß für jedermann die Fähigkeit der Russen erkennbar werde, jegliche sich irgendwo regende Opposition sofort auszumerzen. Unter dieser Voraussetzung, fuhr Casaroli fort, spiele eine weitere Herausstreichung der Beteiligung des KGB den Sowjets nur in die Hände. Man dürfe höchstens zulassen, meinte der vorsichtige Kardinalstaatssekretär, daß sich die Ereignisse ohne ungebührliches Drängen von seiten des Vatikans selbst aufklärten.

Anfang 1983 war man sich in den höheren vatikanischen Rängen also nicht einig, wie weit man öffentlich gehen sollte. Beobachter fragten sich bereits, inwieweit der Vatikan eingeschüchtert sei. Man wies darauf hin, daß die vatikanische Unterstützung von antikommunistischen Kräften Lateinamerikas plötzlich stark verringert worden sei; daß in den Vereinigten Staaten gegen die entschlossene nukleare Abschreckungspolitik der Regierung Reagan opponierende Bischöfe vom Vatikan nicht gemaßregelt worden seien; daß der Papst Jassir Arafat empfangen habe, in dessen einem syrischen Lager Agca seine terroristische Grundausbildung erhalten habe. Der scharfsinnige amerikanische Publizist William Safire stellte in der ›New York Times‹ eine Frage, die vielen durch den Kopf ging: »Was steckt hinter diesen vatikanischen und antiterroristischen Positionen, die vor zwei Jahren noch entschlossen verteidigt wurden?« Safire meinte, »wie noch kein Papst seit Petrus« habe Johannes Paul erkannt, daß »seine Kirche mit Caesar leben müsse«.

Aber wie lange? Alles, was wir von Johannes Paul wissen beziehungsweise über ihn erfahren haben, deutet sehr darauf hin, daß er nur auf eine passende Gelegenheit wartet; daß er ganz entschieden der Ansicht ist, die volle und absolute Wahrheit über die Ursachen und Hintergründe des Attentats müsse ans Licht kommen, und daß er zum Beispiel dafür hält, daß ein Buch wie dieses seine Entschlossenheit, die Wahrheit an den Tag zu bringen, nur fördern kann. Dem Attentäter selbst vergab der Papst: am 27. 12. 1983 besuchte Johannes Paul II. ihn in dessen Zelle. Ali Ahmet Agca küßte dem Pontifex vor den Augen der Weltöffentlichkeit die Hand.

KURZBIBLIOGRAPHIE

Ambrosini, Maria Luisa. The Secret Archives of the Vatican. London: Eyre and Spottiswoode, 1979

Bull, George. Inside the Vatican. London: Hutchinson, 1982

Castle, Tony. Through the Year with Pope John Paul II. London: Hodder and Stoughton, 1981

Clancy, John G. Apostle for Our Time. London: William Collins, 1964

Craig, Mary. Man from a Far Country. London: Hodder and Stoughton, 1979

Granfield, Patrick. The Papacy in Transition. Dublin: Gill and Macmillan, 1981

Greeley, Andrew M. The Making of the Popes. London: Futura Publications, 1979

Hasler, August B. How the Pope Became Infallible. New York: Doubleday & Company, 1981

Hebblethwaite, Peter. The Year of Three Popes. London: William Collins, 1978

Luciani, Albino. Illustrissimi. London: William Collins, 1979

Martin, Malachi. The Decline and Fall of the Roman Church. London: Martin Secker and Warburg, 1982

Nichols, Peter. The Politics of the Vatican. London: Pall Mall Press, 1968

Nichols, Peter. The Pope's Divisions. London: Faber & Faber, 1981

St. John-Stevas, Norman. Pope John Paul II. London: Faber & Faber, 1982

Whale, John. (Hrsg.) The Pope from Poland. London: William Collins, 1980

INDEX